Kuba

Internationale Märkte

Herausgegeben von
Prof. Dr. Herbert Strunz

Band 12

PETER LANG
Frankfurt am Main · Berlin · Bern · Bruxelles · New York · Oxford · Wien

Mareike Martini/Tina Stopp

Kuba

Eine Insel zwischen ökonomischen Zwängen und ideologischen Träumen

PETER LANG
Europäischer Verlag der Wissenschaften

Bibliografische Information Der Deutschen Bibliothek
Die Deutsche Bibliothek verzeichnet diese Publikation in der Deutschen Nationalbibliografie; detaillierte bibliografische Daten sind im Internet über <http://dnb.ddb.de> abrufbar.

Die Umschlagabbildungen zeigen:
links: Die CDRs (Komitees zur Verteidigung der Revolution) sind mit ihrer revolutionären Propaganda in jedem Stadtviertel vertreten.
Mitte: Che Guevara übergroß am Platz der Revolution in Havanna – „Immer vorwärts bis zum Sieg"
rechts oben: Kubanische Gelassenheit – „Den Sozialismus verteidigend"
rechts unten: Typischer Straßenzug einer kubanischen Kleinstadt

Gedruckt mit Unterstützung des Bundesministeriums für Bildung, Wissenschaft und Kultur in Wien.

ISSN 1435-473X
ISBN 3-631-55013-8

www.peterlang.de

Inhaltsverzeichnis

Einleitung

Im Zuge der Entscheidung für ein unabhängiges und sozial gerechteres Heimatland wandte sich Kuba nach dem Sieg von Castros Revolution auch vom kapitalistischen System ab und entzog sich den Jahrhunderte währenden kolonialen Interessensansprüchen Spaniens und der Vereinigten Staaten von Amerika, welche die mit sozialer Verelendung einhergehende Unterwicklung des Landes begünstigt hatten.

Durch die daraus resultierende Einbindung in den sozialistischen Weltmarkt konnte die Insel weitgehend industrialisiert werden und zahlreiche soziale Errungenschaften erzielen. Im wirtschaftlichen Bereich entstanden jedoch neue Abhängigkeiten, in denen viele der heutigen Probleme des Landes begründet liegen.

Als Ende der 1980er Jahre die meisten sozialistischen Volkswirtschaften zusammenbrachen, wurde weltweit auch mit dem Untergang des kubanischen Tropensozialismus gerechnet. Doch dazu kam es bis heute nicht. Kuba beschreitet auch weiterhin einen wirtschaftlichen und politischen Sonderweg, wenngleich unter äußerst schwierigen Bedingungen.

Aufgrund der ökonomischen Probleme und der erstarrten politischen Strukturen in Kuba und der anhaltenden Aggressionen und Sanktionen der USA stellt die Insel heute für viele potentielle Investoren und Exporteure noch einen weißen Fleck auf der Landkarte der Weltwirtschaft dar.

Kuba ist jedoch seit dem letzten Jahrzehnt bestrebt, seine Wirtschaft zunehmend für ausländische Investitionen zu öffnen. Mittels zahlreicher Reformen, hauptsächlich im Wirtschafts- und Finanzbereich, wurden die Gegebenheiten an die Erfordernisse des Weltmarktes zunehmend angepasst. Hierbei hat die nachhaltige und sozial verträgliche Entwicklung des Landes immer noch oberste Priorität, weshalb von Seiten der Regierung eine strikte Kontrolle der Geschäfte ausländischer Unternehmer erfolgt. Kann man mit einem Produkt, einer Dienstleistung oder einem Projekt den nationalen Strategien entsprechen, erhält man ausreichende Unterstützung und kann mit zahlreichen Fördermaßnahmen seitens des kubanischen Staates rechnen.

Nach genauer Abwägung der Potentiale und Risiken des Marktes mag sich eine Geschäftsbeziehung zu Kuba unter den jetzigen Verhältnissen also durchaus lohnen, insbesondere da momentan kaum Wettbewerb von US-Unternehmen befürchtet werden muss und die politische Situation noch relativ stabil ist. Es ist jedoch nicht von der Hand zu weisen, dass in den nächsten Jahren ein Systemumbruch zu erwarten ist, weshalb es auch von Vorteil sein kann, zu diesem Zeitpunkt als Unternehmen bereits in Kuba etabliert zu sein.

Der vorliegende Band gibt einen Einblick in die Entwicklung und die aktuelle Situation der politischen, wirtschaftlichen, gesellschaftlichen und infrastrukturellen Rahmenbedingungen Kubas. Eine Darstellung der verschiedenen Wirtschaftssektoren des Landes und spezifische Hinweise für die Marktbearbeitung vervollständigen die Betrachtungen zum Investitionsumfeld. Durch die zukunftsgerichtete Analyse von Potentialen und Risiken wird eine umfassende Orientierungshilfe für eine Geschäftstätigkeit in Kuba gegeben.

Abkürzungsverzeichnis

Abb.	Abbildung
ACYC	*Asociación Cultural Yoruba de Cuba* (Kubanische Yoruba-Kulturvereinigung)
ADI	Ausländische Direktinvestition
AHK	Außenhandelskammer
AKP-Staaten	Länder in Afrika, der Karibik und dem Pazifik
ALCA	*Area de Libre Comercio de las Américas* (Gesamtamerikanische Freihandelszone)
Art.	Artikel
BIP	Bruttoinlandsprodukt
CAA	*Cuban Adjustment Act* (US-Migrationsgesetz)
CADECA	*Casa de Cambio* (Wechselstube)
CDR	*Comité de la Defensa de la Revolución* (Komitee zur Verteidigung der Revolution)
CEN	*Comisión Electoral Nacional* (Nationale Wahlkommission)
CEPAL	*Comisión Económica de América Latina y el Caribe* (Wirtschaftskommission für Lateinamerika und die Karibik)
CITMA	*Ministerio de Ciencia, Tecnologia y Medio Ambiente* (Ministerium für Wissenschaft, Technologie und Umwelt)
CPI	*Centro de Prensa Internacional* (Internationales Pressezentrum)
CTC	*Central de Trabajadores Cubanos* (Kubanischer Gewerkschaftsbund)
CUC	konvertierbarer kubanischer Peso (international nicht anerkannt)
CUP	traditioneller kubanischer Peso
DGCI	*Dirección General de la Contrainteligencia cubana* (Kubanischer Staatssicherheitsdienst)
ECLAC	*Economic Commission for Latin America and the Caribbean* (Wirtschaftskommission für Lateinamerika und die Karibik)
FAO	*Food and Agriculture Organization* (Ernährungs- und Landwirtschaftsorganisation der Vereinten Nationen)
FAR	*Fuerzas Armadas Revolucionarias* (Revolutionäre Streitkräfte)

FRE	*Frente de Energía Renovable* (Bündnis für erneuerbare Energien)
FTAA	*Free Trade Area of the Americas* (Geplante gesamtamerikanische Freihandelszone)
IHK	Industrie- und Handelskammer
IWF	Internationaler Währungsfonds
Kap.	Kapitel
KP	Kommunistische Partei Kubas
MFP	*Ministerio de Finanzas y Precios* (Ministerium für Finanzen und Preise)
MICONS	*Ministerio de la Construcción* (Bauministerium)
MINAGRI	*Ministerio de la Agricultura* (Ministerium der Landwirtschaft)
MINAL	*Ministerio de la Industria Alimenticia* (Ministerium der Lebensmittelindustrie)
MINAZ	*Ministerio del Azúcar* (Zuckerministerium)
MINCEX	*Ministerio del Comercio Exterior* (Ministerium für Außenhandel)
MINIL	*Ministerio de la Industria Ligera* (Ministerium für Leichtindustrie)
MINJUS	*Ministerio de la Justicia* (Justizministerium)
MINREX	*Ministerio de Relaciones Exteriores* (Ministerium für Auswärtige Angelegenheiten)
MINVEC	*Ministerio para la Inversión Extranjera y la Colaboración Económica* (Ministerium für ausländische Investitionen und wirtschaftliche Zusammenarbeit)
MITRANS	*Ministerio del Transporte* (Transportministerium)
MTSS	*Ministerio de Trabajo y Seguridad Social* (Ministerium für Arbeit und Sozialversicherung)
MTSS	*Ministerio de Trabajo y Seguridad Social* (Ministerium für Arbeit und Sozialversicherung)
n.v.	nicht vorhanden
NGO	*Non Governmental Organisation* (Nichtregierungsorganisation)
OAS	Organisation Amerikanischer Staaten
OCPI	*Oficina Cubana de la Propiedad Industrial* (Kubanische Behörde für Industrielles Eigentum)

OFAC	*Office of Foreign Assets Control* (Kontrollbehörde für ausländische Vermögenswerte der USA)
ONAT	*Oficina Nacional de Administración Tributaria* (Nationale Steuerbehörde)
OPEC	Organisation Erdöl exportierender Länder
ORI	*Organización Revolucionaria Integrada* (Organisation der revolutionären Bewegung)
PCC	*Partido Comunista de Cuba* (Kommunistische Partei Kubas)
PSP	*Partido Socialista Popular* (Sozialistische Volkspartei)
RGW	Rat für gegenseitige Wirtschaftshilfe
SIME	*Ministerio de la Sideromecánica y el Reciclaje* (Ministerium für Metallbearbeitung und Recycling)
SINA	US-Interessenvertretung in Havanna
SU	Sowjetunion
TRD	*Tienda Recaudadora de Divisas* (Geschäft zur Abschöpfung von Devisen)
UBPC	*Unidad Básica de Producción Cooperada* (Basiseinheit kooperativer Produktion)
UdSSR	Union der Sozialistischen Sowjetrepubliken
UJC	*Unión de Jóvenes Comunistas* (Vereinigung junger Kommunisten)
UNESCO	*United Nations Educational, Scientific and Cultural Organisation* (Organisation für Bildung, Wissenschaft und Kultur der Vereinten Nationen)
UNFPA	*United Nations Populations Fund* (Bevölkerungsfonds der Vereinten Nationen)
UNO	*United Nations Organisation* (Organisation vereinter Nationen)
UPEC	*Unión de Periodistas de Cuba* (Vereinigung kubanischer Journalisten)
USD	Dollar, Währung der Vereinigten Staaten
WFOE	*Wholly Foreign Owned Enterprise* (Unternehmen, dass sich zu 100% in ausländischem Besitz befindet)
WHO	*World Health Organization* (Weltgesundheitsorganisation)
WTO	*World Trade Organisation* (Welthandelsorganisation)

1 Politisches Umfeld

1.1 Entwicklung des politischen Umfeldes Kubas

1.1.1 Vom Kolonialismus zum Neokolonialismus: bis 1959

1.1.1.1 Interessenanspruch der USA – ein Damoklesschwert

Bereits im Jahre 1823 meldeten die Vereinigten Staaten von Amerika mit der Monroe-Doktrin zum ersten Mal offiziell ihren natürlichen Interessenanspruch auf Kuba an. Der damalige US-Außenminister Adams betonte hierbei, dass *„der Anschluss Kubas an die föderative Republik unverzichtbar sein“* würde und erklärte somit die Insel zu einem *„natürlichen Anhängsel des nordamerikanischen Kontinents“*.[1]

José Martí, Freiheitskämpfer und Nationalheld, der am 19. Mai 1895 in den Kämpfen um die Unabhängigkeit Kubas sein Leben verlor, warnte zeitlebens vor den Machtgelüsten aus dem Norden, auch wenn der direkte Gegner im Krieg noch die alte spanische Kolonialmacht war.[2] Anfang 1898 trat die USA in den Unabhängigkeitskrieg mit der bereits ausgezehrten spanischen Armee und dem geschwächten kubanischen Rebellenheer ein. Bereits am 1. Januar 1899 sah sich Spanien gezwungen die Hoheit über „David“[3] formell an den „Goliath“ im Norden zu übergeben.[4]

1.1.1.2 Geburtsfehler der neuen Unabhängigkeit

"Die Herren zu wechseln bedeutet nicht, frei zu sein"[5]
José Martí

Kuba war zwar seit 1898 formal unabhängig, befand sich aber unter US-amerikanischer Militärverwaltung. Auch die Unabhängigkeit der jungen Republik Kuba, die im Jahre 1902 ausgerufen wurde, sicherte der Insel im Grunde keine offizielle Souveränität.[6] Denn 1901 (mit der

---

[1] vgl. Hoffmann, 2000: 32f

[2] vgl. ebd.: 35

[3] Anm.: Die Assoziation Kubas mit dem Namen David prägte Martí in einem Brief, den er kurz vor seinem Tod (18.05.1895) verfasste: *„[...] Ich habe im Inneren des Ungeheuers gelebt und kenne seine Eingeweide: und meine Schleuder ist die Schleuder Davids.“* (vgl. Hoffmann, 2000: 37)

[4] vgl. Hoffmann, 2000: 41

[5] vgl. Dill, 1974: 51

[6] vgl. Hoffmann, 2000: 41f

Aufnahme des als *Platt-Amendment*[7] bekannt gewordenen Zusatzes in die kubanische Verfassung) erfolgte die gesetzliche Verankerung der neokolonialen Herrschaft der Vereinigten Staaten, denen im Artikel III das Recht zur Intervention eingeräumt wurde.[8] De facto kann dieser Zusatz als eine Kuba aufgezwungene Bedingung für den Rückzug der amerikanischen Truppen gewertet werden[9] und bedeutete den fast nahtlosen Übergang von der spanischen zur amerikanischen Kolonialherrschaft. Das Land war somit zu einer Hälfte eigenständige Republik und zur anderen Protektorat der USA.[10]

Der Problemfall Guantánamo – damals und heute

Infolge der erwähnten Zusatzklausel zur Verfassung kam es Anfang 1903 zur Ratifizierung eines Abkommens über Kohleverlade- und Marineeinrichtungen und einige Monate später zu einem das *Platt-Amendment*[11] explizit einbindenden Vertrag zwischen den beiden Regierungen, auf dessen Grundlage 117,6 km² kubanisches Staatsgebiet bei Guantánamo in einen US-Marinestützpunkt umgewandelt wurde und ein weiteres Gebiet bei Bahía Honda dazu vorgesehen wurde. 1934 wurde unter Roosevelt ein neuer Vertrag zwischen den beiden Nationen unterzeichnet, der den nie errichteten zweiten Stützpunkt endgültig ausschloss, jedoch die Aufrechterhaltung desjenigen bei Guantánamo für solange weiterhin vorsah, bis die Vereinbarungen von 1903 in gegenseitigem Einverständnis geändert würden. Die Pacht für diese militärische Enklave, die hierfür in den Anfangsjahren an Kuba bezahlt wurde, lag bei der Zahlung von 2.000 USD jährlich, die trotz ihres Anstiegs auf 4.085 USD pro Jahr noch lange kein angemessenes Niveau erreicht hat und von Kuba bisher aus Würdegefühl und absoluter Ablehnung (nach Angaben der kubanischen Regierung) nie angenommen wurde. Die einst über 3.000 auf dem Gebiet des Stützpunktes arbeitenden Kubaner, wurden fast alle durch Personal anderer Nationalitäten ersetzt. Bisher wurde der Stützpunkt zu vie-

[7] Anm.: Der Verfassungszusatz wurde nach Orville H. Platt., seinem Initiator im US-Senat, benannt.
[8] vgl. Burchardt, 1996: 25
[9] vgl. Kubanische Regierung, 11.01.2002
[10] vgl. Hoffmann, 2000: 42
[11] vgl. US-Kongress: *Platt Amendment*, 1903

len Zwecken verwendet, von denen keiner in der ursprünglichen Vereinbarung vorgesehen war. So zum Beispiel wurden dort ausreisewillige „Konterrevolutionäre" konzentriert, um ihnen später die Auswanderung in die Vereinigten Staaten von Amerika zu ermöglichen. Mehrmals kam es in der traurigen Geschichte des Stützpunktes auch schon zu Schüssen auf das kubanische Staatsgebiet, die einige Opfer unter den kubanischen Soldaten forderten. Kuba fordert seit der Gründung des Stützpunktes die Wiedereingliederung des gegen seinen Willen besetzten Abschnitts des Staatsgebietes. Solange aber die Vereinigten Staaten von Amerika den Stützpunkt nicht aufgeben wollen (wofür aufgrund der strategischen Bedeutung Kubas als Militärbasis in der Karibik auch keine Kursänderung zu erwarten ist) wird die im Dekret von 1934 geforderte Übereinstimmung wohl kaum möglich sein, womit der Stützpunkt auch weiterhin als Quelle zahlreicher Streitigkeiten zwischen den beiden Nationen erhalten bleiben wird.[12] Laut Angaben des Internationalen Roten Kreuzes waren im April 2004 dort 660 Personen aus 40 Ländern inhaftiert, unter ihnen sogar einige Minderjährige. Sie alle waren im Oktober 2001 vom US-Militär in Afghanistan festgenommen. Washington hat ihnen seither nicht den Status von Kriegsgefangenen anerkannt, keine Anklagen bzw. Urteile gegen sie formuliert und ihnen auch keine Möglichkeit gegeben, ihre Anwälte zu sprechen oder ihre Familien zu sehen.[13]

1.1.1.3 Nordamerikanischer Neokolonialismus auf Kuba

Republik des Platt-Amendments

Die kubanische Politik dieser sechs Jahrzehnte war von Korruption, Gewalt und der ständigen Einmischung Washingtons geprägt. Vor allem in der *República Plattista*, die formal bis 1934, dem Jahr der Aufhebung dieses quasikolonialen Verfassungszusatzes, bestand, wurde von kubanischen Politikern, die im Grunde amerikanischen Marionetten gleichkamen, jeglicher Opposition mit US-amerikanischen Interventionen gedroht. So kam es 1906 für drei Jahre lang zur zweiten Be-

[12] vgl. Kubanische Regierung, 11.01.2002
[13] vgl. IPS Resumen Político Anual, 2005: 16

setzung der Insel durch die Vereinigten Staaten von Amerika, für die junge Republik Demütigung und Zeichen des Versagens zugleich.

Auch der Mythos der Rassengleichheit des Unabhängigkeitskampfes nahm sehr schnell Schaden. Aufgrund der erneuten Marginalisierung und des Ausschlusses der *Cubanos de Color*[14] vom politischen Geschehen kam es 1912 zu einem Aufstand, der das Verhältnis zwischen Schwarzen und Weißen auf der Insel nachhaltig negativ beeinflusste.[15]

Im wirtschaftlichen Teil der Umfeldanalyse wird auf die ökonomische Situation dieser Zeit und auf die Zuspitzung der sozialen Lage genauer eingegangen. Die damit verbundene Wiederbelebung des kubanischen Nationalismus führte im Jahre 1925 zur Gründung der Kommunistischen Partei Kubas PCC *(Partido Comunista de Cuba)*, nachdem es bereits im Vorfeld zur Bildung radikaler Studentenbewegungen und der zunehmenden Organisation der Arbeiterbewegung in einem nationalen Gewerkschaftsverband gekommen war.

Dieser aufbegehrende politische Widerstand wurde von Gerardo Machado, der von 1924 bis 1933 als Diktator über die Insel herrschte, aufs Schärfste bekämpft.[16] Das Land war von Streiks, Sabotageakten, Folter und bitterer Repression gegeißelt. Machados zunehmende Ähnlichkeit mit Mussolini in Italien ließ ihn seine Rückendeckung durch die USA verlieren, wodurch ein neuer Generalstreik ihn zur Flucht ins Exil trieb. Das kurzfristige Wechseln Washingtons auf die Seite der kubanischen Opposition konnte als Teil der „Politik der guten Nachbarschaft mit Lateinamerika" angesichts der Zunahme faschistischer Tendenzen in Europa gewertet werden. Trotzdem hielt die US-Regierung unter Roosevelt an ihrem Kurs fest, eine Machtübernahme durch radikale nationalistische Kräfte auf der Tropeninsel zu verhindern. Dieses Bemühen schien aber in den Unruhen der damaligen Zeit nicht durchsetzbar. Eine von Fulgencio Batista angeführte Revolte war der Anstoß zu einem regelrechten politischen Umsturz. Ramón Grau wurde neuer Präsident und änderte die politischen Verhältnisse Kubas vollkommen. Neben der Annullierung des *Platt Amendments*

---

[14] Farbige Kubaner

[15] vgl. Hoffmann, 2000: 42f

[16] vgl. ebd.: 44f

stieß er unter dem Motto *„Kuba den Kubanern"* zahlreiche soziale und ökonomische Reformen, jedoch ohne revolutionären Charakter, an. Die USA waren schockiert über diese Entwicklung, wollten aber nicht mit einer militärischen Intervention reagieren.[17] Sie nutzten deshalb ihre wirtschaftliche Machtstellung gegenüber der Insel und schlossen, unter Verweigerung der diplomatischen Anerkennung der amtierenden Regierung, Kuba von den Zuckerabkommen aus. Dies verstärkte den Druck auf die Regierung enorm, die von „links" ohnehin als zu moderat und von „rechts" als zu radikal betrachtet wurde. In dieser Krise gelang es den USA, Batista für sich zu gewinnen. Diesem gelang es durch Putschdrohungen Grau zum Rücktritt zu bewegen, woraufhin ein alter liberaler Politiker unter Anerkennung der USA als Präsident und Batista als Armeechef bestätigt wurde. Noch in diesem Jahr, 1934, gaben die USA das *Platt Amendment* von selbst auf, womit ihr Einfluss auf die kubanische Politik deutlich geringer wurde.

Die Ära Batista

Batista hatte im Grunde von 1933 bis 1958 entweder als Armeechef oder als Staatspräsident eine zentrale Machtposition inne und stärkte diese zunehmend mit harter Repression durch das Militär. Erst 1940 jedoch, nachdem vom Regime eine neue Verfassung verabschiedet wurde, die endlich die von 1901 ersetzte und erstaunlich liberalen Charakter hatte, kandidierte er für das Amt des Präsidenten, welches er bis 1944 behielt. Von 1944 bis 1948 übernahm Grau nochmals diese Stellung, bis 1952 war Prío Amtsinhaber. Beide hinterließen Resignation und Enttäuschung bei der Bevölkerung, weil unter ihrer Herrschaft eher Korruption und Spekulation als Entwicklungsperspektiven für die Insel Einzug hielten. Als Führer der Opposition gegen die korrupten Präsidenten Grau und Prío kristallisierten sich Eduardo Chibás und seine Partei des kubanischen Volkes heraus. Sein tragischer Selbstmord im August 1951 ließ die Opposition geschockt und führerlos zurück. Zu den für Juni 1952 angekündigten Präsidentschaftswahlen galt sein Nachfolger trotz allem als Favorit. Batista, der seine Chancen auf einen Sieg dahinschmelzen sah, bediente sich rechtswid-

[17] vgl. Hoffmann, 2000: 46f

riger Mittel, setzte in einem Militärputsch im April die Verfassung von 1940 außer Kraft und sagte die Wahlen ab.

Fidel Castro kommt ins Spiel

In einem Bezirk Havannas wollte Fidel bei genau diesen Wahlen für einen Sitz als Abgeordneter der von Chibás gegründeten Partei im kubanischen Parlament kandidieren. In dieser Zeit war er ein wahrhaftiger Fürsprecher der parlamentarischen Demokratie. Er reichte gegen Batista Anklage wegen Verfassungsbruchs ein, die jedoch wie zu erwarten abgelehnt wurde. Aus diesem Grund (sich auf das laut Art. 40 (2) der Verfassung von 1940 gültige Recht auf Widerstand beziehend) organisierte er eine bewaffnete Truppe, mit der er am 26. Juli 1953 die Moncada-Kaserne in Santiago de Cuba stürmte. Der Angriff, der aufgrund der Dimensionen (165 Mann gegen die militärische Besatzung der zweitgrößten Kaserne des Landes) fast aussichtslos war, endete tragisch und mit zahlreichen Todesopfern unter den *compañeros*[18] Fidels. Er wurde inhaftiert und verteidigte sich selbst mit seiner berühmt gewordenen Rede *„La historia me absolverá – Die Geschichte wird mich freisprechen"*.[19] Sowohl auf nationaler als auch auf internationaler Ebene hatte er plötzlich hohe Bekanntheit erlangt. 1955 kam Fidel vorzeitig frei und ging nach Mexiko ins Exil, um den weiteren Kampf vorzubereiten. Dort schloss er sich auch mit dem argentinischen Arzt Ernesto „Che" Guevara zusammen. Bereits am 25. November 1956 ging er mit 82 Mann zum nächsten Angriff über. Diesmal steuerte er mit der Motoryacht Granma die Südostküste Kubas an. Wieder geriet seine Truppe in einen Hinterhalt, wieder gab es viele Todesopfer unter den Revolutionären. Fidel konnte sich mit einer kleinen Gruppe Überlebender bis in die Sierra Maestra durchschlagen. Von dort aus wurde mit dem Aufbau eines Rebellenheers begonnen, dessen Stärke sehr schnell anstieg. Geschickte Öffentlichkeitsarbeit, z.B. ein geheimes Treffen mit einem Reporter der New York Times und Veröffentlichung des Interviews, führte zu einer enormen Aufwertung seiner persönlichen Position in der Weltöffentlichkeit. In der Zeit bis zum Einzug in Havanna konnte die Insel an verschiedenen Guerilla-Fronten

[18] Kameraden
[19] Castro Ruz, 1973

unter Führung von Raúl Castro, Che Guevara, Camilo Cienfuegos und Juan Almeida Stück für Stück zurückerobert werden. Die Lage im Land spitzte sich so zu, dass sogar Washington sich weigerte, Batista weiterhin den Rücken zu decken. Noch in der Nacht der Jahreswende 1958/59 flüchtete der Diktator aus dem Land und die Revolutionäre zogen am 1.1.1959 unter Jubel in Havanna ein.[20] Fidel folgte ihnen allerdings erst sieben Tage später, da er die Rückkehr aus der Sierra Maestra für eine Reise quer durch das Land nutzte, sich somit die Sympathien breiter Teile der Bevölkerung endgültig sicherte und die Massen mobilisierte, was sich neben der Macht der Waffen als zweiter wichtiger Stützpfeiler des Sieges der Revolution erwies.[21]

Rückblickend lässt sich feststellen, dass einer der zentralen Beweggründe für die Revolution vor allem darin lag, dass in der Geschichte der jungen Republik bisher alle zivilen politischen Reformversuche zum Scheitern verurteilt gewesen waren.[22]

1.1.2 Drei bewegte Jahrzehnte: 1959 bis 1989

1.1.2.1 Zuspitzung des Konflikts – eine rasante Kettenreaktion

Interessenkonflikte nach dem Sieg der Revolution

Es standen sich nun Industrielle und Großgrundbesitzer, die von der wirtschaftlichen Ausbeutung Kubas durch die USA unheimlich profitierten und diejenigen, die gerade vom Joch der Diktatur Batistas befreit worden waren und nun auf eine gerechtere Zukunft unter Fidel hofften, gegenüber.[23] Anfangs wurde noch eine Doppelherrschaft zwischen revolutionärer Führung und einer liberalen Regierung angestrebt, um die Bande zu den bürgerlichen Kräften nicht zu sehr auf die Zerreißprobe zu stellen. Dennoch kam es bald zum offenen Bruch.[24]

Die Veränderungen auf Kuba, die nach dem Sieg der Revolution Einzug hielten, ließen die Angst der USA und vor allem der besitzenden bürgerlichen Klasse Kubas ansteigen, dass Castro auch US-Eigentum

[20] vgl. Hoffmann, 2000: 48ff
[21] vgl. ebd.: 66ff
[22] vgl. ebd., 2000: 54
[23] vgl. Burchardt, 1996: 25
[24] vgl. Hoffmann, 2000: 68

nationalisieren könnte. Alle politischen Parteien der Ära Batistas waren gleich zu Beginn mit Ausnahme der Kommunistischen Partei aufgelöst worden. Bereits im April 1959 wurde der *comandante en jefe* in Washington nur noch eisig empfangen, woraufhin der kubanische Revolutionsführer jegliche finanzielle Hilfen der USA, der Weltbank und des IWF zum Wiederaufbau seines Landes ablehnte.[25]

„Wenn zwei sich streiten, freut sich der Dritte"

Ob Fidel Castro erst durch die konfrontative Außenpolitik der USA in die Arme der UdSSR getrieben wurde, ist ein viel diskutiertes Thema. Noch am 21. Mai 1959 hatte er sich folgendermaßen geäußert: *„[...]Die Revolution will einen Weg gehen zwischen dem Kapitalismus, der die Menschheit aushungert, und dem Kommunismus, der ihre wirtschaftlichen Probleme löst, aber dafür die Freiheiten unterdrückt, die ihnen so teuer sind [...]."* Eins jedoch ist gewiss: die von ihm bewusst forcierte Radikalisierung der revolutionären Bewegung auf Kuba und der Versuch der Ausdehnung der Revolution auf Lateinamerika verursachte einen Konflikt mit dem kapitalistischen Norden, der ohne die Hilfe von mächtigen Verbündeten kaum haltbar gewesen wäre. Die einzige Option im sich abzeichnenden Szenario des Kalten Krieges war demnach die SU.[26] Die UdSSR kooperierte wegen der strategisch günstigen Lage Kubas gern mit der Insel.[27] Ein erstes Militärabkommen war die Folge.[28]

Im Laufe dieser Entwicklung weigerten sich 1960 amerikanische Ölgesellschaften auf Kuba, sowjetisches (und somit das für Kuba preiswertere) Öl, zu raffinieren. Diese Aktion griff wie ein Funke auf ein Pulverfass über. Fidel ordnete kurz darauf die Beschlagnahmung und Verstaatlichung der großen ausländischen Unternehmen, unter ihnen auch der Ölraffinerien, an.[29] Was nun folgte, war das Verbot der Mehrzahl der Exporte nach Kuba und zusätzlich die fast völlige Streichung der Zuckerimportquote. Daraufhin unterstellte Fidel bis Ende

[25] vgl. Hoffmann, 2000: 70
[26] vgl. ebd.: 72
[27] vgl. Burchardt, 1996: 26
[28] vgl. Hoffmann, 2000: 74
[29] vgl. ebd.: 73

1960 fast alle Bereiche der Wirtschaft dem kubanischen Staat, was im Januar 1961 auf Initiative der USA den Abbruch aller diplomatischen Beziehungen zwischen Washington und Havanna[30] zur Folge hatte und Anfang Februar 1961 die Verhängung eines generellen Handelsembargos gegen Kuba auslöste.[31] Es herrschten nun auf der Insel keine eindeutig kapitalistischen Verhältnisse mehr. Der Sozialismus als dominante Wirtschaftsform war jedoch noch nicht ausgerufen worden.[32] Mittlerweile hatten Hunderttausende ihrer Heimat den Rücken gekehrt und waren nach Florida ins Exil gegangen.[33] In diesem Zusammenhang soll jedoch nicht unerwähnt bleiben, dass mit denen, die vor der Installation der Revolutionsregierung in den Norden flohen, auch Millionen von Dollars aus Kuba verschwanden. Die Plünderung der Reserven der National Bank war ein sehr harter Schlag für die Wirtschaft der Zuckerinsel.[34] Ricardo Alarcón de Quesada, der derzeit amtierende Präsident der Nationalversammlung Kubas führt hierzu weiterhin aus: *„Diese [...] Plünderung [...] geschah mit der Duldung oder gar Kooperation der US-Behörden. Sie halfen den Dieben bei der Flucht und hießen sie in ihrem Land willkommen. [...]“*[35]

Militärisches Fiasko in der Schweinebucht 1961

Die Vereinigten Staaten von Amerika versuchten mittlerweile mit CIA-Sabotageakten gegen Fidel und seine ehemaligen Waffenkameraden vorzugehen. Es folgte die Invasion in der Schweinebucht im April 1961, obwohl Kennedy kurz zuvor öffentlich erklärt hatte, dass es niemals einen Militäreinsatz gegen die Tropeninsel geben würde.[36] Zu dieser Zeit verkündete Fidel endgültig, dass die Revolution unter roten Fahnen stehe, auch um auf den Rückhalt aus dem sozialistischen Lager hinzuweisen.[37] Der Angriff auf Kuba endete mit einer Niederla-

---

[30] vgl. Hoffmann, 2000: 74
[31] vgl. Alberto, 1996: 108
[32] vgl. Hoffmann, 2000: 74
[33] vgl. ebd.: 101
[34] vgl. Alarcón de Quesada, 2000: 4
[35] Alarcón de Quesada, 2000: 4
[36] vgl. Burchardt, 1996: 26
[37] vgl. Hoffmann, 2000: 76

ge für die USA, was den Hass der amerikanischen Regierung auf Fidel Castro noch mehr schürte.

Kuba-Krise von 1962

Der Kalte Krieg hatte mit dem Bau der Berliner Mauer bereits einen traurigen Höhepunkt erreicht,[38] als 1962 die Welt aufgrund der Spannungen zwischen den USA und der UdSSR und ihrem auf Kuba ausgetragenen Mächteringen fast an den Rande eines III. Weltkrieges gelangte.[39] Denn Chruschtschow, der damalige Generalsekretär der KPdSU hatte den Plan gefasst, atomare Mittelstreckenraketen auf Kuba zu stationieren, da sich das militärische Gleichgewicht zu jenem Zeitpunkt zugunsten der USA verschoben hatte und der „kleine Bruder“ schutzlos weiteren US-Invasionen ausgeliefert gewesen wäre. Kurz vor Eskalation des Konflikts wurden die Raketen nach zahlreichen Verhandlungen jedoch abgezogen und die USA machte im Gegenzug das Zugeständnis der Anerkennung der nationalen Unabhängigkeit Kubas und des Verzichts auf jegliche Invasionen in Kuba.[40]

Die „letzte und absurdeste Zwangsjacke des Kalten Krieges“[41]

Diese Krise zog jedoch trotz ihrer friedlichen Beilegung zwei folgenschwere Konsequenzen nach sich: zum einen war Kuba in das Interessengebiet der UdSSR übergegangen und zum anderen konnten ab 1962 die Finanz-, Wirtschafts- und Handelsembargos als institutionalisiert betrachtet werden. Dies wiederum veranlasste die kubanische Regierung dazu, endgültig alles US-Eigentum auf kubanischem Boden zu verstaatlichen. Die USA veranlassten im Gegenzug den Ausschluss Kubas aus der OAS, der Organisation Amerikanischer Staaten, woraufhin 15 lateinamerikanische Staaten in kürzester Zeit ihre wirtschaftlichen Beziehungen zu Kuba einstellten und Kuba seinen regionalen Markt verlor.[42]

[38] vgl. Hoffmann, 2000: 77
[39] vgl. Burchardt, 1996: 26
[40] vgl. Hoffmann, 2000: 79
[41] vgl. Alberto, 1996: 110
[42] vgl. Burchardt, 1996: 26

Im Grunde kann hier gar nicht mehr von einem Embargo gesprochen werden, da dieses Instrument im Normalfall „nur“ bezweckt, die Ausfuhr bestimmter Warengruppen zu unterbinden. Kuba wurde jedoch in seinem Zugang zu Märkten, zu Technologie und vor allem auch zu Finanzierung komplett blockiert. Der direkte Handel zwischen den USA und Kuba ist seit diesem Zeitpunkt unmöglich.

Elisio Alberto[43] äußerte sich dazu wie folgt: *„Die Blockade (oder das Embargo) war eine unmenschliche Maßnahme, […] die die internationale Gemeinschaft immer noch zu Recht beunruhigt: kein Volk verdient es, erstickt zu werden, weil man seine Führung bestrafen will. Es existiert kein Gericht, das die Vollmacht hätte, im Namen des Gesetzes das Todesurteil durch Verhungern zu verhängen. Die Blockade hat auf der ganzen Welt Solidaritätskampagnen ausgelöst.[…]“*[44]

Auch von der kubanischen Nationalversammlung wurde 1999 proklamiert, dass die US-Wirtschaftsblockade ein Verstoß gegen die 1951 von 124 Staaten, unter anderem auch von Kuba und den USA, unterzeichnete Konvention der Vereinten Nationen zur Verhütung von Völkermord und somit ein Genozidakt sei.[45]

1975 bis 1980: Einzige Phase der Entspannung

Es kam immer wieder zu Veränderungen an der Blockade. Aufgrund der seit 1975 leicht entspannten Beziehungen zwischen den beiden rivalisierenden Weltsystemen, wurde der Handel zwischen Kuba und einigen US-Firmen, allerdings nur über ihre Töchter im Ausland, von den Vereinigten Staaten von Amerika zugelassen. In dieser Zeit konnten sich die Beziehungen zwischen den beiden Ländern auch noch weiter entspannen, denn Jimmy Carter war von 1976 bis 1980 amtierender Präsident. Als Zeichen dieser Besserung wurden im Jahr 1977 „ständige Vertretungen“ in Washington und Havanna eingerichtet, um die seit 1961 fehlenden Botschaften wenigstens ansatzweise zu ersetzen. In diesem Zeitraum begann die kubanische Regierung auch einen Dialog mit moderaten Gruppen der exilkubanischen Gemeinde.[46] Erstmals

---

[43] Anm.: Elisio Alberto ist ein kubanischer Intellektueller, der im Ausland lebt und dort publiziert.
[44] Alberto, 1996: 108
[45] Asamblea Nacional del Poder Popular de la República de Cuba, 1999, www.cubasi.de (20.10.03)
[46] vgl. Hoffmann, 2000: 103

wurde es zahlreichen Exilkubanern erlaubt, ihre Familien auf der Insel zu besuchen und Dollarüberweisungen für ihre Angehörigen zu tätigen.

Diese vergleichsweise friedliche Epoche wurde unter Reagan abrupt abgebrochen und das Reisen nach Kuba und Geldsendungen wurden wieder untersagt. Die Regelung zum Handel mit Kuba über Drittländer blieb jedoch bis 1992 erhalten.[47] Die US-amerikanische Kuba-Politik nach 1989 wird im Anschluss ebenfalls näher beleuchtet.

1.1.2.2 Innenpolitik der Republik Kuba bis 1989

"Seid realistisch, versucht das Unmögliche!"[48]
Ernesto „Che" Guevara

Der kubanische Sonderweg

Drei Jahre nach dem triumphalen Einzug in Havanna konnte die Revolution auf eine enorme sozio-ökonomische Umwälzung zurückblicken und de facto nach innen und außen als verteidigt angesehen werden. Jetzt erst konnte mit dem wirklichen Staatsaufbau begonnen werden.[49] Der bürokratische Sozialismus der SU war vor allem dem jungen Revolutionär „Che" Guevara aber noch zu halbherzig, da er bisher keinen „neuen Menschen", der sich ohne materielle Interessen für das Volk und die Revolution aufopfert, hervorgebracht hatte.[50] Es wurde im Grunde ein gleichzeitiger Aufbau von Sozialismus und Kommunismus angestrebt, was jedoch in seiner Verwirklichung stark behindert wurde, da Kuba regelrecht einer belagerten Festung glich und sich nicht frei entfalten konnte.[51]

Der entstehende kubanische Sozialismus blieb in vielem ein Sonderweg. Denn wenn man bedenkt, dass die ideologische Linie eher auf den Reden Fidels und weniger auf den Schriften von Marx und Engels beruhte und auch seine Person die im Grunde führende Position der Arbeiterklasse in den Hintergrund drängte, mutete die neue Staatsform eher fidelistisch als marxistisch-leninistisch an. Auch die Kommunis-

---

[47] vgl. Habel, 1993: 265
[48] vgl. Hoffmann, 2000: 86
[49] vgl. ebd.: 79
[50] vgl. ebd.: 85ff
[51] vgl. Dutschke, 1968: 11ff

tische Partei Kubas, die 1965 offiziell als zentrale politische Macht etabliert wurde, unterstand der Revolutionsführung, und nicht umgekehrt wie es Marx und Engels vorgesehen hatten.[52] Ende der 70er Jahre, nachdem es viele Fluktuationen in den Ämtern der Regierung gegeben hatte, galt die Revolution als institutionalisiert und Fidel Castro war *„eine mit allen Orden ausgestattete politische Figur“*.[53]

> **Hat die Revolution je geendet?**
> „Über den Beginn der Revolution herrscht Übereinstimmung, kaum jemand kann aber sagen wann sie enden werde oder geendet habe. Wenn es ein Ende der Revolution auf Kuba gäbe, dann müsse dies um 1970 angesiedelt werden, als das radikale Experiment abgebrochen und Kuba Kurs auf die Institutionalisierung nehmen musste.“[54]

Das Schicksal der Andersgesinnten

"Innerhalb der Revolution: Alles! Gegen die Revolution: Nichts!"[55]
Fidel Castro (30.06.1961)

Alle Andersgesinnten hatten unter harter Repression sehr zu leiden, oft blieb ihnen als einziger Ausweg nur noch die Flucht ins Ausland. Der im Exil lebende kubanische Schriftsteller Elisio Alberto umschreibt die Situation sehr treffend: *„Im unaufhaltsamen Eifer der Revolution des Volkes […] gab es nur Platz für die Tapferen. Entweder sprang man auf den fahrenden Wagen auf, oder man blieb […] im Reich der Bourgeoisie zurück. War man einmal an Bord, so konnte man nicht nach Wunsch vom Wagen abspringen. War man müde oder gab man auf, zweifelte man oder hatte man Angst, so wurde man von der Avantgarde an Armen und Beinen hochgehoben, über dem Buch der Geschichte geschaukelt und auf den Müllhaufen des Feindes geworfen. In den Knast oder auf das Floß.“*[56]

In dieser Zeit wurde auch der Begriff der *gusanos* geprägt, was soviel wie „Würmer“ bedeutet. Damit wurden zum Beispiel die ausreisewil-

---

[52] vgl. Hoffmann, 2000: 89f
[53] vgl. Spielmann, 29.08.2003
[54] Pérez-Stable, 1995: 157f, Übersetzung durch die Autorinnen
[55] vgl. Hoffmann, 2000: 157
[56] vgl. Alberto, 1996: 16

ligen *„unerwünschten Elemente"* in ihren *barrios*[57], in der Schule oder auf Arbeit aufs Ärgste beschimpft, da sie sich durch ihren oder den von Familienmitgliedern gestellten Ausreiseantrag bereits als "Konterrevolutionäre" entpuppt und somit in eine prekäre Situation katapultiert hatten. Da die Bearbeitung solcher Anträge jedoch Jahre dauern konnte, wurden viele von ihnen, großteils aber nur die Männer, bis zur endgültigen Genehmigung in ein Arbeitslager gesteckt, um der Revolution bis dahin wenigstens noch bei der Erfüllung der Planvorgaben von Nutzen sein zu können.

Wer, vor allem auch um nicht die Familie zu gefährden, nicht auf einem Floß illegal flüchten wollte, musste diese Tortur über sich ergehen lassen, da ihm dann die Ausreise in die USA im Flugzeug sicher war. Vielen fiel es jedoch nicht leicht, ihrer Heimat den Rücken zu kehren. In den meisten Fällen blieben Angehörige und Freunde zurück, und man ging in dem Bewusstsein, dass man, zumindest unter Castro, als *gusano* niemals mehr die Erlaubnis zur Rückkehr zu seinen Wurzeln bekommen würde.[58]

Wer blieb, um öffentlich gegen die neue Regierung und ihr System zu rebellieren, wurde in den meistens verhaftet. Auch viele ehemalige Waffenkameraden Fidels erlitten dieses Schicksal. Gemeinsam hatten sie für die gleiche Sache gekämpft, für die Befreiung des kubanischen Volkes von der Diktatur Batistas und gegen die misslichen Umstände, denen sich weite Teile der Bevölkerung ausgesetzt sahen. Nun fanden sie sich in einem System wieder, in dem die Freiheit erneut eingeschränkt war. Erst 1991 wurden die letzten Anti-Batista-Kämpfer freigelassen, die in den 60er Jahren gegen Castro rebelliert hatten.[59]

Innenpolitische Annäherung an die UdSSR

Mitte der 60er Jahre folgte der verstärkten wirtschaftlichen Kooperation mit der UdSSR nun auch eine Annäherung in der Innenpolitik. Es kam zu einer weiteren Verstaatlichungswelle, so dass bis 1970 alle Wirtschaftsbereiche in staatlicher Obhut waren.[60] Die Zeit zwischen

---

[57] Stadtteile
[58] vgl. Fernández Barrios, 2000: 181ff
[59] vgl. Zeuske (a), 2000: 151
[60] vgl. Stahl, 1992: 477

1971 und 1976 ist als das graue Jahrfünft, als die wohl schlimmste Etappe der Kulturpolitik der Regierung zu bezeichnen. Diese Etappe der „Säuberung" der intellektuellen Szene mündete schließlich in die Schaffung eines Kulturministeriums.[61]

Kern dieser Institutionalisierung war im Grunde der Ausbau des politisch-militärischen Apparates gewesen.[62] 1976 kam es mit der Verabschiedung der sozialistischen Verfassung zu einer wirklichen Angleichung des politischen Systems an das sowjetische Vorbild. Interessant ist in diesem Zusammenhang, dass Castro erst seit 1976 formales Staatsoberhaupt der Tropeninsel ist. Zuvor hatte dieses Amt, wenn auch fast nur repräsentativ, Osvaldo Dortícos inne.[63] Seit diesem Jahr hält Fidel Castro somit offiziell alle Macht in seinen Händen. Ein weiteres Resultat der Festigung des neuen politischen Systems war ein neues, sehr repressives Strafgesetzbuch, das 1979 ratifiziert wurde.[64]

Auf Gegenkurs

Eine ideologische Abwendung von der Sowjetunion ließ sich 1986 feststellen, als die kubanische Regierung nicht der Perestroika-Bewegung folgte. Ab diesem Zeitpunkt wurde in Kuba der harte Kurs der *rectificación*[65] gefahren, wobei sich bei einer verstärkten Betonung des eigenständigen Modells mehr und mehr auf seinen nationalistischen und revolutionären Charakter berufen wurde. Es kam u. a. zu einer verschärften Zentralisierung von politischen Entscheidungsprozessen.[66] Dass die sozialistischen Ordnungen beider Länder in ihrer Entstehung voneinander abweichen, und sich Kuba im Vorfeld des Zusammenbruch des Ostblocks auch wieder auf seine ganz eigenen Ideale besonnen hatte, könnte auch einer der Gründe dafür sein, weshalb der Tropensozialismus nicht mit seinem wichtigsten Verbündeten zusammen unterging.

---

[61] vgl. Alberto, 1996: 83
[62] vgl. Zeuske (a), 2000: 119
[63] vgl. Hoffmann, 2000: 70
[64] vgl. Zeuske (a), 2000: 122
[65] Berichtigung von Fehlern und negativen Tendenzen
[66] vgl. Cole, 1998: 10

Der „Fall Ochoa“

1989 kam es zur Verhaftung von Arnaldo Ochoa, der nach Fidel und Raúl der ranghöchste General war, einst als Revolutionär an der Seite von Camilo Cienfuegos gekämpft hatte, für Kuba in zahlreichen internationalen Missionen an der Front stand und beim Volk sehr beliebt war. Zusammen mit drei seiner Kameraden wurde er in einem Schauprozess wegen Drogenhandels, Waffenschmuggels und ehrloser Lebensführung zum Tode durch Erschießung verurteilt. Inwiefern es sich hierbei lediglich um die Beseitigung eines potentiellen politischen Konkurrenten und Reformers gehandelt hat, ist noch immer unklar.[67] Gewiss jedoch war, dass nach diesem Prozess vorerst keine Abweichungen in der Parteilinie mehr zu befürchten waren.

1.1.2.3 Die Außenpolitik Kubas bis 1989

Außenpolitisch versuchte die kubanische Regierung stets ihren eigenen ideologischen Weg zu gehen.[68] Das Ziel bestand vor allem darin, die regionale Isolation zu durchbrechen.[69] Dies äußerte sich besonders in den Versuchen des Revolutionsexports, der jedoch die Beziehungen zu den OAS-Staaten nur noch mehr belastete.[70] Der größte Verfechter der Weltrevolution war Che Guevara. Sein Bestreben gipfelte darin, dass er sich im Frühjahr 1965 von all seinen Ämtern zurückzog, sich über einen Brief[71] vom kubanischen Volk verabschiedete und nach Bolivien ging, um im festen Glauben an die Übertragbarkeit der Strategien der kubanischen Revolution dem Land zu seiner Unabhängigkeit zu verhelfen. Die heldenhafte Aktion scheiterte jedoch, Che wurde verhaftet und am 8.10.1967 vom bolivianischen Militär ermordet.[72] Als Mythos lebt er aber heute noch in vielen Herzen weiter.

Außerdem war es Kuba an einem Führungsanspruch in der Dritten Welt gelegen. Militärische Einsätze wie 1974 in Angola oder 1977 in Äthiopien waren Teil dieser Bemühungen. Deutlich wurde dieser An-

---

[67] vgl. Alberto, 1996: 227f
[68] vgl. Cole, 1998: 10
[69] vgl. Burchardt, 1996: 26
[70] vgl. Marshall, 1993: 49f
[71] *„[...] Andere Völker der Welt verlangen nach meinen bescheidenen Bemühungen. [...]“*
[72] vgl. Hoffmann, 2000: 86ff

spruch auch durch die Wahl Fidel Castros zum Vorsitzenden der Blockfreien Staaten 1979, eine Position, die er bis 1982 innehatte.[73]

Kuba erlitt 1989 mit dem Wegfall seiner wirtschaftlichen sowie politisch-militärischen Bündnispartner des Ostblocks und auch durch die fortschreitende Isolierung in der eigenen Region zum Beispiel durch die Wahlniederlage der Sandinisten Anfang 1990 in Nicaragua einen schweren Schlag, der aufgrund der plötzlich völligen Isolation zwangsläufig zu einem Kurswechsel in der Außenpolitik führte.[74]

1.1.3 Globaler Strukturwandel ab 1989

1.1.3.1 Entwicklung der US-Politik gegenüber Kuba

"[...] Sie überlegen nicht, ob sie uns die Kehle durchschneiden sollen oder nicht, sondern ob sie dazu lieber einen Dolch oder ein Rasiermesser nehmen."[75]
Roberto Robaina (bis 1999 kubanischer Außenminister)

Sämtliche Kriterien der US-amerikanischen Kubapolitik (das Sicherheitsrisiko durch die militärische Kooperation mit der UdSSR, die Gefahr des Exports revolutionärer Tendenzen in die Region und somit die Ausbreitung des Sozialismus) wurden mit dem Zusammenbruch des Ostblocks in Frage gestellt.[76] Denn alle sowjetischen Truppen waren bis 1991 vollständig abgezogen und das kubanische Militär wurde um mehr als die Hälfte reduziert, womit im Grunde so gut wie kein Sicherheitsrisiko vom „Zwerg" Kuba für die mächtigen Vereinigten Staaten von Amerika mehr ausging. Von einer sozialistischen Bedrohung konnte angesichts des plötzlichen Wegfalls faktisch aller ehemaligen Verbündeten Kubas ebenso keine Rede mehr sein.[77] Doch warum suchten die USA auch weiterhin die Konfrontation mit Kuba und hielten an ihrer seit 1959 bestehenden außenpolitischen Linie der Insel gegenüber fest bzw. verschärften sie sogar?

Als eine Erklärung hierfür könnte u.a. die emotionale Komponente der Verletzung imperialen Stolzes aufgrund des „sich-einfach-nicht-unterordnen-wollenden-Kubas" herangezogen werden, die zu diesen

---

[73] vgl. Marshall, 1993: 49f
[74] vgl. Targ, 1992. 66
[75] vgl. Burchardt, 1996: 34
[76] vgl. Kaufmann Purcell, 1998: 44
[77] vgl. Burchardt, 1999: 116

irrationalen, ja schon fast aggressiv-imperialistischen Handlungen führen.[78] Clinton hingegen verwies in einer seiner Reden auf ein anderes, eher edel anmutendes Motiv: „*[...] Die Kubaner haben den Wunsch nach Freiheit, wie auch andere Völker dieser Hemisphäre, aus Osteuropa und aus der Sowjetunion. Die Vereinigten Staaten sehen sich verpflichtet, das kubanische Volk beim Übergang zur Demokratie zu unterstützen. [...]*“[79]

Der exilkubanische Schriftsteller Alberto setzt dieser Aussage ein interessantes Statement entgegen: „*Die Regierung der Vereinigten Staaten [...] trägt heute aus einem einfachen Grund einen Teil der Schuld an dem, was meinem Land geschehen ist: man kann nicht für etwas kämpfen, dass man nie gemocht hat. Und sie haben uns nie gemocht. Sie begehrten uns und sie begehren uns. Wir wussten es. Und wir wissen es. Der Antiimperialismus ist daher kein ungerechtfertigtes Gefühl, sondern die natürliche Reaktion des Beleidigten gegenüber seinem Beleidiger.*“[80]

Auf internationale Proteste gegen die Blockade, die vor dem Hintergrund der weltweiten wirtschaftlichen Liberalisierung ein absurdes politisches Element bleibt,[81] wird in den meisten Fällen mit Ignoranz reagiert, was ein deutliches Indiz dafür ist, dass die Politik gegenüber der Tropeninsel nicht allzu sehr von außenpolitischen Interessen bestimmt ist.[82] Der Außenhandel ist für die US-Wirtschaft, im Gegensatz zur Weltwirtschaft, von eher geringfügigerer Bedeutung, da sein Anteil am BIP des Landes keinen allzu großen Anteil hat. Die US-amerikanische Kuba-Politik ist seit jeher den Grundzügen der unsensiblen US-Außenwirtschaftspolitik und der schlecht nachvollziehbaren Innenpolitik unterworfen und unterliegt damit in gewisser Weise zu einem Teil auch dem Einfluss der Exilkubaner in Miami.[83]

---

[78] vgl. Burchardt, 1996: 33

[79] o.V.: *Support for a democratic transition in Cuba*, 28.01.1997: Preface, Übersetzung durch die Autorinnen

[80] Alberto, 1996: 107

[81] vgl. Burchardt, 1999: 127

[82] vgl. Burchardt, 1996: 32

[83] vgl. Burchardt, 1999: 122

Die exilkubanische Gemeinde

In den ersten Jahren nach der Revolution waren mehr als 200.000 Kubaner in die USA, nach Florida geflüchtet. Hierbei handelte es sich mehrheitlich um weiße, wohlhabende und gebildete Angehörige der Mittel- und Oberschicht. Sie gingen in der Hoffnung, bald zurückkehren zu können. Dieser Fall trat jedoch nie ein, weshalb sich unter ihnen eine tiefe Verbitterung breit machte. Die exilkubanische Gemeinde in Florida ist mittlerweile auf etwa 1,7 Millionen Menschen angewachsen, wovon mehr als 4/5 in Miami, dem so genannten *Little Havanna* wohnen. Sie genossen mit ihrem Status als von der kubanischen Regierung politisch Verfolgte eine Vorzugsbehandlung und wurden schnell in die US-Gesellschaft eingegliedert. Diese Castro feindlich gesinnte Gruppe sollte in jedem Fall differenziert betrachtet werden. Auf der einen Seite sorgen die so genannten „Hardliner" für eine verlässlich feindliche Stimmung und extreme Aktionen, auf der anderen Seite wächst auf der politisch weniger einflussreichen, moderaten Seite immer mehr der Wunsch nach einem Dialog mit Castro, um so Veränderungen anzustoßen.[84] Aufgrund ihres politischen Schwergewichts soll im Folgenden näher auf die „Hardliner" eingegangen werden.

Dieser Kreis besteht hauptsächlich aus von der Revolution entschädigungslos enteigneten Industriellen und Großgrundbesitzern, unter ihnen auch der Rumproduzent Bacardí, die ihrem Geld nachtrauern und die durch die von Castro erfahrene Demütigung zu seinen „treusten" Feinden zählen. In Zahlen ausgedrückt repräsentieren sie das Exil nur zu einem geringen Teil, verfügen jedoch über ein hohes Maß an wirtschaftlicher Macht. Organisiert in der *Cuban American National Foundation CANF* betreiben sie eine effiziente zivile Lobby-Politik, vor allem was die Präsidentschaftswahlen angeht.[85] Eine Umfrage des Miami Heralds unter Exilkubanern ergab, dass sie nicht bereit sind, einen Kandidaten zu wählen, der sich auch nur ansatzweise für eine Aufhebung des Handelsembargos, des Reiseverbots etc. einsetzen würde.[86] Ihr jahrelanger Führer, der 1997 verstorbene Millionär Jorge

[84] vgl. Cole, 1998: 148
[85] vgl. Hoffmann, 2000: 102
[86] vgl. IPS Economics Press Service 14/03: *Cuba – EE.UU.: Viajeros a la vista*: 1

Más Canosa,[87] hatte es zu seinen Lebzeiten sogar auf eine Präsidentschaft in einem Kuba nach Fidel abgesehen.[88] Das politische Engagement der „Hardliner" des Exils findet in der Anti-Castro-Stimmung der US-Regierung de facto den idealen Nährboden.[89] Denn beide Gruppen wollen keine Aussöhnung mit der Revolution, sondern den Sturz Castros und seines Systems.[90] Trotz allem ist es den exilkubanischen „Hardlinern" nicht möglich, die US-Politik gegenüber Kuba zu diktieren. Ihr Einfluss ist zwar vorhanden, aber nur begrenzt, nämlich bei Interessen, die sich mit der Meinung der US-amerikanischen Gesellschaft und der US-Regierung schneiden. Bei Themen wie zum Beispiel der Immigration von Kubanern in die Vereinigten Staaten von Amerika, wurden ihre Forderungen jedoch einfach überhört und sich seit Ende 1994 vollkommen an der Grundhaltung der US-amerikanischen Gesellschaft orientiert.[91]

Nun noch einige Worte zu den so genannten *dialogueros*. Sie finden ihre Interessenvertretung vor allem in der 1993 gegründeten Organisation *Cambio Cubano*. Dieser Teil der Gemeinde wird auch zunehmend von US-Unternehmern unterstützt, die gegen die Blockadepolitik Washingtons sind. Anfangs stand die kubanische Regierung auch dieser moderaten Gruppe des Exils misstrauisch gegenüber. Seit April 1994 jedoch, hatte das Eis begonnen zu schmelzen, und beide Seiten bemühten sich einen Dialog herzustellen. In einer ersten, in Havanna durchgeführten Konferenz „Die Nation und die Emigration" wurden Annäherungsperspektiven diskutiert, ebenso wie auf der Folgekonferenz Ende 1995. Resultate waren die Schaffung von Rechtsgrundlagen für exilkubanische Investitionen von kubanischer Seite und die Einführung von Einreiseerleichterung für Exilkubaner auf die Insel. Die Kontakte endeten jedoch Anfang 1996 abrupt, als es zum Abschuss zweier exilkubanischer Flugzeuge im kubanischen Luftraum kam.[92] Erst im Mai 2004 fand die dritte Konferenz dieser Art in Havanna

[87] vgl. Burchardt, 1999: 170
[88] vgl. Burchardt, 1996: 33
[89] vgl. Hoffmann, 2000: 103
[90] vgl. ebd.: 119
[91] vgl. Hoffmann, 1997: 4
[92] vgl. Burchardt, 1999: 172

statt, auf der unter anderem harsche Kritik an den Maßnahmen der Bush-Administration geübt wurde.[93]

Auch als es Ende November 1999 um die Rückgabe des kubanischen Flüchtlingsjungen Elián González an Kuba ging, dessen Mutter beim Fluchtversuch ertrunken war, weshalb er von der US-Küstenwache zu seinen Verwandten in Florida gebracht wurde, hatten die Miamihardliner politisch das Nachsehen. Elián, der als Opfer eines von exilkubanischen „Hardlinern" medienwirksam aufgeputschten Sorgerechtsstreites festgehalten wurde, obwohl sein Vater in Kuba Recht auf die Rückgabe seines sechsjährigen Sohns hatte, durfte Ende Juni 2000 dennoch durch ein Machtwort Clintons auf die Insel zurückkehren. Eine Entscheidung, die zwar von den Kubanern auf der Insel, die monatelang dafür demonstriert hatten, sehr begrüßt wurde, ihm aber den Hass der extremen Fraktion der Miamikubaner einbrachte und er somit auch nicht mehr auf ihre Stimmen bei der Präsidentschaftswahl, die im Januar 2001 Bush gewann, zählen konnte. Der Bundesstaat Florida scheint bei diesen politischen „Kopf-an-Kopf-Rennen" das Zünglein an der Waage zu sein.[94] Fidel war mit dieser Aktion (der Mobilisierung der Massen für die kubanische Sache) auf jeden Fall ein politisches Meisterstück gelungen, zum einen da er erreicht hatte, die Exilkubaner in den USA politisch zu isolieren[95] und zum anderen da er geschickt von der sich zuspitzenden Lage und der Wirtschaftskrise auf Kuba ablenkte und den immer mehr abhanden gekommenen Konsens unter der kubanischen Bevölkerung wieder ein bisschen stärkte.[96]

Der Cuban-Democracy-Act von 1992

Doppelte Blockade der Insel

Im Herbst 1992 kam es unter der Regierung Bush mit der Ratifizierung des 1990 noch zurückgewiesenen *Cuban-Democracy-Act* zu einer weiteren Verschärfung der Blockadebestimmungen. Einem politischen Schachzug gleich wurde die Gesetzesinitiative kurz vor den

---

[93] vgl. IPS Resumen Político Anual, 2005: 23
[94] vgl. o.V.: *Cronología de una infamia*, 2000, www.elian.cu (04.01.04)
[95] vgl. Hoffmann, 2000: 125
[96] vgl. Zeuske (a), 2000: 156

Präsidentschaftswahlen diskutiert, was sowohl zu ihrer Unterstützung durch die Republikaner als auch durch die Demokraten führte. Denn weder Bush noch Clinton wollten einander in der Anti-Castro-Rhetorik nachstehen.[97] Das als *Torricelli-Act*[98] bekannt gewordene Gesetz hatte in der für Kuba so misslichen Lage der Isolation vor allem zwei Zielsetzungen: es sollte den Bemühungen der kubanischen Regierung zur wirtschaftlichen Reintegration in den kapitalistischen Weltmarkt entgegenwirken[99] und die kubanische Wirtschaft regelrecht in die Knie zwingen, um die Regierung auf diese Art und Weise ihre soziale Legitimation verlieren zu lassen.[100]

Neue Sanktionen

Die Bestimmungen des *Torricelli-Acts* verboten mit sofortiger Wirkung jegliche Einfuhr von Lebensmitteln durch US-Firmen auf die Insel. Da die US-Tochtergesellschaften, die über Drittstaaten bisher seit 1975 wieder mit Kuba in Handelsbeziehung gestanden hatten, gezwungen wurden, diese einzustellen, kann man sich leicht vorstellen, dass der Wegfall ihrer Quote, die bei den Importen in diesem Bereich bei 91% lag, katastrophale Auswirkungen auf die Lebensmittelversorgung der Bevölkerung hatte.[101] Hinzu kam noch, dass die USA allen mit Kuba in Beziehung stehenden Staaten Wirtschaftssanktionen androhte.[102] Da diese Sanktion die Prinzipien der Souveränität der Staaten missachtet, kam es zu internationalen Protesten, vor allem aus den europäischen Reihen.[103] Es erfolgten außerdem weitere Reise- und Geldsendungsbeschränkungen.[104] Eine Sanktion, die ebenfalls aus dieser Zeit stammt, ist, dass Handelsschiffe, die in einem kubanischen Hafen einlaufen, für 180 Tage in keinem US-Hafen mehr anlegen dür-

---

97 vgl. Hoffmann, 1997: 2
98 Anm.: Robert Torricelli ist der Name des Initiators des Gesetzes im US-Kongress
99 vgl. Hoffmann, 1997: 3
100 vgl. Cole, 1998: 4
101 vgl. Burchardt, 1999: 116
102 vgl. US-Kongress: Cuban Democracy Act 1992: *Section 1704, International Cooperation a and b*
103 vgl. Burchardt, 1996: 27
104 vgl. US-Kongress: Cuban Democracy Act 1992: *Section 1706, Sanctions (c) Restrictions on Remittances to Cuba*

fen.[105] Um die Grundversorgung der Bevölkerung sichern zu können, muss Kuba nun z.B. Weizen überteuert in anderen angrenzenden Staaten kaufen, obwohl es sich damit auf dem US-Markt wesentlich günstiger eindecken könnte. Hart getroffen wurde Kuba auch vom Importverbot medizinischer Apparate. Aber auch alle kubanischen Produkte, ja sogar Rohstoffe, werden von den USA boykottiert.[106]

Förderung der internen Opposition und der „Demokratisierung"

Das *Torricelli*-Gesetz versuchte gleichzeitig, konterrevolutionäre Elemente auf der Insel zu begünstigen und zu festigen. Trotz der bestehenden Sanktionen wurden Investitionen von US-Firmen im Kommunikationsbereich, besonderes in den Ausbau der Telefonnetze zugelassen, um den Austausch zwischen Kubanern auf und außerhalb der Insel voranzutreiben. Des Weiteren ist es US-amerikanischen Nichtregierungsorganisationen erlaubt, im humanitären Bereich Hilfe auf Kuba zu leisten und den Aufbau kubanischer NGOs zu unterstützen. Gleich einem trojanischen Pferd sollen die hiermit verbundenen Finanzströme in Richtung Kuba zur Stärkung der inneren Opposition beitragen, ebenso wie die Förderung der Kommunikation über Telefon, Radio und TV mit der Außenwelt zu einer Unterwanderung des kubanischen Systems führen soll.[107] Ricardo Alarcón de Quesada merkte an, dass hiermit im Grunde nur das in einen Gesetzestext gefasst wurde, was seit dem Sieg der Revolution bereits in vollem Gange ist. *„[...] das berühmte Gleis II [...] besagt nun als Gesetzestext, was sie schon seit dem Jahr ´59 betrieben haben. [...]"*[108] Raúl Castro verurteilte diese Schiene der US-Politik als *"ideologische Subversion"*.[109] Trotz der schweren Auswirkungen auf die wirtschaftliche Lage der Insel konnte das Ziel „Demokratie in Kuba" im Sinne der USA durch dieses Gesetz nicht erreicht werden. Auch aus diesem Grund drängten Castro-Gegner auf eine weitere Verhärtung des politischen Kurses gegenüber der Insel.[110]

---

[105] vgl. US-Kongress: Cuban Democracy Act 1992: *Section 1706, Sanctions (b) Prohibition on Vessels*

[106] vgl. Burchardt, 1999: 116

[107] vgl. García Gómez, 1996: 215

[108] Alarcón de Quesada (a), 2002: 163, Übersetzung durch die Autorinnen

[109] vgl. Hoffmann, 1997: 20

[110] vgl. ebd.: 3

Besonderheiten der Migrationspolitik beider Staaten

USA: Empfang mit „open arms"

Die Migrationspolitik der USA, als Teil der allgemeinen politischen Linie gegenüber dem Inselstaat, ist von dem Versuch der Destabilisierung des Systems gekennzeichnet. Bereits 1966, ein Jahr nach der zweiten großen Flüchtlingswelle in die USA, trat das *Cuban Adjustment Act* in Kraft, das sich nur auf kubanische Flüchtlinge bezog, ihnen den Status politisch Verfolgter zusicherte[111] und sie als Freiheitshelden erscheinen ließ.[112] Republikflucht und illegale Einreisen wurden mit dem CAA regelrecht herausgefordert, da als Belohnung Recht auf Einreise und Erlaubnis zum Aufenthalt winkten.[113]

Kuba: Die Emigration als „Ventil"

Fidel Castro wusste die *open-arms*-Politik der USA als politisches Instrument zu nutzen. Innenpolitisch eröffnete ihm die Emigration von Andersdenkenden eine Möglichkeit der „Säuberung" der eigenen Reihen und zur Entspannung von schweren Krisensituationen gelang es ihm mit selbst ausgelösten Emigrationswellen Druck auf die US-Regierung auszuüben.[114] Einige Zeit nach der dritten größeren Flüchtlingswelle wurde Kuba in einem Vertrag von 1984 die Erteilung von 20.000 Visa jährlich zugesichert. Diese Abmachungen wurden von den USA seither jedoch fast völlig ignoriert, so dass es für Kubaner fast unmöglich blieb, auf legalem Weg die Einreisegenehmigung zu erlangen. Neben der üblichen illegalen Art, das Land auf dem Floß zu verlassen, wurden von verzweifelten Ausreisewilligen sogar ausländische Botschaften in Havanna besetzt.[115] Anfang der 90er Jahre gab es eine Änderung in der kubanischen Gesetzgebung, wonach die illegale Flucht von der Insel nicht mehr als politischer Tatbestand gesehen, sondern als Wirtschaftsemigration eingestuft wurde. Ein positives Resultat dieser Neudefinition war die Minderung des Strafmaßes. Haftstrafen wurden nun durch Arbeitseinsätze oder Bußgelder ersetzt.[116]

---

111 vgl. García Gómez, 1996: 39
112 vgl. Burchardt, 1996: 28
113 vgl. Castro Ruz, 26.5.2003
114 vgl. Jordan, 1993: 184
115 vgl. IPS Resumen Político Anual, 2003: 39
116 vgl. Burchardt, 1996: 28

Die letzte große Fluchtwelle im August 1994

"Kuba kann die Grenzen der USA nicht mehr länger verteidigen."[117]
Fidel Castro, 8.8.1994

Der provozierende Teufelskreis des einerseits so schwer zu erlangenden Visa und des andererseits so verlockenden Empfangs auf US-amerikanischen Boden nach einer illegalen Flucht aus der Heimat (in der seit den Verschärfungen der Blockadebestimmungen eine wirtschaftliche Krise herrschte) führte dazu, dass es zwischen 1990 und Mitte 1994 zu über 45.000 Fluchtversuchen kam. Um einer Eskalation der sich zuspitzenden Lage auf der Insel vorzubeugen, öffnete Fidel im August 1994 einen ganzen Monat lang die Grenzen. Circa 32.000 Kubaner traten auf selbstgebauten Flößen die lebensgefährliche Reise nach Florida an, um die Vereinigten Staaten von Amerika beim Wort zu nehmen und ihren „Empfang erster Klasse" einzufordern.[118]

Die USA waren zum Opfer ihrer eigenen Politik geworden. Bereits nach elf Tagen ordnete die US-Regierung an, keine kubanischen Flüchtlinge mehr ins Land zu lassen. Im Schnellverfahren wurde sich auf den nunmehr ordnungsgemäßen Verlauf der legalen Vergabe der 20.000 Visa geeinigt. Der Status der illegalen Immigranten wurde dem der üblichen US-Migrationspolitik angepasst.[119] Damit wurde auch dem Willen der US-Steuerzahler entsprochen, da sich diese durch die hohen zu tragenden Integrationskosten für die kubanischen Immigranten benachteiligt gefühlt hatten. Für die exilkubanischen „Hardliner" war das neue Abkommen eine politische Niederlage, weshalb sie versuchten, ihre Kräfte mit dem Vorantreiben des Entwurfs des *Helms-Burton*-Gesetzes erneut unter Beweis zu stellen.[120] Tragischerweise gab es unter den geflüchteten *balseros*[121] auch zahlreiche Todesopfer. Ihr Schicksal und die dramatische Situation auf der Insel, hatte die Gesellschaft traumatisiert zurückgelassen.[122]

[117] vgl. Burchardt, 1996: 28
[118] vgl. Hoffmann, 2000: 116
[119] vgl. Burchardt, 1996: 28
[120] vgl. Hoffmann, 1997: 4
[121] Floßflüchtlinge
[122] vgl. Hoffmann, 2000: 116

Das Cuban Liberty and Democratic Solidary Act von 1996

Vorgeschichte

Seit der Fluchtwelle vom August 1994 zeigte Clinton etwas mehr Kooperationsbereitschaft. Ein vermeintliches Tauwetter in den Beziehungen der beiden Staaten hatte eingesetzt.[123] Man befand sich in Verhandlungen zur Migrationsthematik und der bereits vorliegende Gesetzentwurf des Republikaners Jesse Helms zur nochmaligen Verschärfung der Blockade wurde von den Demokraten nicht unterstützt, ganz im Gegenteil, es wurden sogar einige Restriktionen gelockert. Reisen von Exilkubanern auf die Insel und Dollarüberweisungen wurden wieder zugelassen.[124]

Diese Phase der zaghaften gegenseitigen Annäherung endete abrupt am 24. Februar 1996, als es zum Abschuss zweier US-Privatflugzeuge durch die kubanische Luftwaffe kam.[125] Hierbei wurden vier Piloten der exilkubanischen Vereinigung *Brothers to Rescue* getötet. Nach kubanischen Angaben erfolgten zahlreiche Warnungen über die Konsequenzen einer Luftraumverletzung, bevor es zu den Schüssen kam. Es muss auch festgehalten werden, dass diese Vereinigung schon am Abwurf von systemfeindlichen Flugblättern über Kuba beteiligt war und ihr Eindringen in den Luftraum der Insel somit von kubanischer Seite als offene Provokation aufgefasst wurde.[126]

Die Anerkennung der territorialen Souveränität Kubas durch die USA war 1962 als Voraussetzung für eine friedliche Lösung der Raketenkrise erfolgt. Aus diesem Blinkwinkel ist der Vorfall zwar immer noch sehr bedauerlich, sollte aber als *„Akt der nationalen Selbstverteidigung“*[127] eingestuft werden, da jeder souveräne Staat das Recht

[123] vgl. Burchardt, 1999: 116
[124] vgl. Burchardt: 1996: 29
[125] Anm.: Die drei für den Abschuss verantwortlichen Angestellten der kubanischen Luftwaffe wurden, in Abwesenheit, vor einem US-Gericht im August 2003 zu lebenslänglicher Haft verurteilt. Da sie sich aber in Kuba aufhalten, ist die Ausführung des Urteils sehr unwahrscheinlich. Die Anklage war 1997 von den Familien der Opfer angeschoben wurden. Diese erhielten aus eingefrorenen Guthaben kubanischer Gesellschaften fast 40 Mio. Dollar Entschädigung. (vgl. IPS Revista Mensual 08/03: *Encausan a cubanos*: 22)
[126] vgl. Burchardt, 1996: 30
[127] Ricardo Alarcón de Quesada, vgl. Burchardt, 1996: 31

auf Verteidigung seines Luftraums hat. Der Abschuss war dennoch ein politisches Eigentor Castros. Er hatte die Geduld verloren und wurde dafür von US-amerikanischer Seite mit noch mehr Überheblichkeit und Geringschätzung bestraft,[128] denn seit diesem Zeitpunkt wurde von der US-Regierung vollkommen auf Konfrontation geschalten. Die Charterflüge wurden wieder ausgesetzt, die Anti-Castro-Propaganda über Radio Martí ausgeweitet und kubanische Diplomaten in den Vereinigten Staaten in ihrer Bewegungsfreiheit eingeschränkt.[129] Die härteste von allen Maßnahmen jedoch war die Verabschiedung des *Cuban Liberty and Democratic Solidary Act* im März 1996 *(„im Namen der Freiheit des kubanischen Volkes und in Gedenken an die vier Piloten")* und die damit erfolgte nochmalige Verstärkung der Wirtschaftsblockade gegen die Zuckerinsel.[130]

Der „letzte Sargnagel"?[131]

"Um es klar und deutlich zum Ausdruck zu bringen: ob Castro Kuba in vertikaler oder horizontaler Position verlässt, ist seine Sache und die des kubanischen Volkes. Aber er muss und wird Kuba verlassen."[132]
Jesse Helms (1996)

Das auch unter dem Namen *Helms-Burton-Bill*[133] oder *LIBERTAD Act* bekannte Gesetz wurde zwar aufgrund einer kurzfristigen außenpolitischen Krise verabschiedet, hat aber in seinen vier Kapiteln die Blockadebestimmungen nunmehr regelrecht in die nordamerikanische Außenpolitik einbetoniert.[134] Bisher hatten diese der Präsidentendirektive unterlegen, jetzt handelt es sich hierbei um verbindliche Gesetzestexte, deren eventuelle Aufhebung sich nun ungleich schwieriger gestaltet.[135] Die inhaltlichen Schwerpunkte des Gesetzes, das nunmehr seit August 1996 in Kraft ist, lassen den enormen Einfluss der exilkubanischen „Hardliner" erkennen. In diesem Fall konnten sie ihr Ge-

---

128 vgl. Alberto, 1996: 110ff
129 vgl. Burchardt, 1996: 30
130 vgl. Burchardt, 1999: 117
131 vgl. ebd.: 117 (Dan Burton, Mitinitiator des Gesetzes, bezeichnete es 1996 als *„letzten Nagel im Sarg von Fidel Castro."*)
132 vgl. Burchardt, 1996: 28
133 Anm.: Der Republikaner Jesse Helms und der Demokrat Dan Burton sind die Initiatoren des Gesetzes im Kongress der Vereinigten Staaten von Amerika.
134 vgl. Hoffmann, 1997: 5
135 vgl. Burchardt, 1999: 117

wicht wirklich vollkommen geltend machen, da wegen der zugespitzten öffentlichen Meinung in den USA aufgrund der vorangegangenen Ereignisse ernsthafte Diskussionen und Proteste innerhalb des Landes gegen die Bestimmungen des Gesetzes nicht zu erwarten waren.[136] Jesse Helms, zum Beispiel, wurde nach der Unterzeichnung des Gesetzes vom Unternehmen Bacardí mit einem Festbankett für „seine Verdienste" geehrt,[137] eine Geste, die viel über die wahren „Drahtzieher" des Gesetzes aussagt. Dennoch sollte das Gesetz nicht nur als Ausdruck exilkubanischer Interessen eingeordnet werden. Vielmehr dient es der US-Regierung auch sehr gut als Drohgebärde zur Beeinflussung der Kuba-Politik der mit der Insel in Beziehung stehenden Drittstaaten.[138] Es soll nicht unerwähnt bleiben, dass das *LIBERTAD Act* nicht nur eine Abkehr vom internationalen Recht, sondern sogar vom Verfassungsrecht der Vereinigten Staaten, darstellt.[139]

Extraterritoriale Ausdehnung der US-Sanktionen

"[...] Wer mit Kuba handelt, macht sich zum Komplizen der Illegalität."
Jesse Helms und Dan Burton (1996)[140]

Der erste im Gesetz behandelte Sachverhalt ist die extraterritoriale Ausweitung der bestehenden internationalen Sanktionen gegen die kubanische Regierung. Es legt u.a. die Aussetzung von US-Hilfsgeldern an Länder fest, die mit Kuba Handel betreiben, Kredite gewähren oder Projekte vor Ort unterstützen.[141] Außerdem wird internationalen Finanzinstitutionen mit der Streichung der US-Beiträge in der Höhe eventuell an Kuba gewährter finanzieller Hilfen gedroht.[142] Dies verursachte aufgrund der Einschränkung in der Entscheidungsfreiheit der Länder internationale Proteste und Handelsstreitigkeiten vor der WTO.[143] Des Weiteren erfolgt die Nennung möglicher Szenarien, die gegenüber Kuba von der Supermacht aggressiv beantwortet werden würden.

---

136 vgl. Hoffmann, 1997: 4
137 vgl. Burchardt, 1996: 33
138 vgl. Hoffmann, 1997: 17
139 vgl. Martínez, in: Poonal, 1995: 1
140 vgl. Burchardt, 1996: 31
141 vgl. US-Kongress: Cuban Liberty and Democratic Solidarity Act 1996: *Title I – Strengthening International Sanctions against the Castro Government*
142 vgl. Hoffmann, 1997: 5
143 vgl. ebd.: 11

Demokratie auf der Insel im US-Sinne

Im zweiten Kapitel klingt bei der Diktierung zahlreicher Bedingungen an zukünftige kubanische Regierungen das neokolonialistische *Platt-Amendment* von früher mit.[144] Der Gesetzestext legt fest, dass das Embargo erst dann aufgehoben und Unterstützung erst dann gewährt werden darf, wenn dem US-Kongress das Bestehen einer „demokratischen Übergangsregierung" im Sinne der US-Bedingungen auf Kuba[145] und die erfolgten Eigentumsentschädigungen an die betreffenden nordamerikanischen BürgerInnen nachgewiesen werden.[146] Den Kubanern werden mit diesem Kapitel Kriterien für eine Gesellschaftsordnung auferlegt, ohne diese jemals selbst bestimmt zu haben. Das Ausmaß der Konditionen zeichnet de facto bereits einen Zustand nach dem Sturz Castros ab. Nicht nur die moderate Gruppe des Exils (wie hier ihr politischer Führer Alfredo Durán) verurteilt diese Bestimmungen aufs Schärfste: *„Mit dem Helms-Burton-Gesetz würde Kuba von der Diktatur Fidel Castros in die Vormundschaft des US-Kongresses fallen."*[147] Auch auf der Insel macht sich selbst unter den Castro-Gegnern Unmut gegen den Neokolonialismus aus dem Norden laut.[148] Im Falle einer politischen Wende auf der Insel im Sinne des US-Gesetzestextes wären die neuen Verhältnisse durch das *Helms-Burton-Bill* von einem ebenso undemokratischen Geburtsfehler behaftet wie zur Zeit der ersten Republik auf Kuba zu Beginn des 20. Jahrhunderts.[149] Es ist offensichtlich, dass das Gesetz nicht dazu dienen soll, wirklich Demokratie in Kuba herbeizuführen, sondern vielmehr dazu, die quasi-koloniale „Erdrosselungspolitik" der Vereinigten Staaten von Amerika durchzusetzen und auf lange Frist ihren Großmachtanspruch durchzusetzen.[150] Denn selbst wenn die so genannten demokratischen Verhältnisse auf der Insel hergestellt wären, würde die Blockade, laut US-Ausführungen, noch um wenigstens weitere sechs Jahre bestehen bleiben.[151]

---

[144] vgl. US-Kongress: Cuban Liberty and Democratic Solidarity Act 1996: *Title II – Assistance to a free and independent Cuba*

[145] vgl. Hoffmann, 1997: 6

[146] vgl. Martínez, in: Poonal, 1995: 1

[147] vgl. Hoffmann, 2000: 121

[148] vgl. ebd.: 120f

[149] vgl. Hoffmann, 1997: 7

[150] vgl. ebd.: 18

[151] vgl. Alarcón de Quesada (a), 2002: 138

Alteigentümeransprüche – Klagerecht für Exilkubaner

Kernpunkt des dritten und international wohl meist diskutiertesten Kapitels ist die Umwandlung der Alteigentümeransprüche von einer rein kubanischen in eine kubanisch-nordamerikanische bzw. fast weltweite Angelegenheit. Alle Entschädigungsforderungen der von der Revolution enteigneten Exilkubaner wurden mit dem Gesetz rückwirkend in Ansprüche von US-Bürgern verwandelt, was ihnen nun das Recht einräumt, ausländische Firmen, die einst auf der Insel verstaatlichten Besitz nutzen, in den USA vor ein Gericht zu bringen.[152] Da von dieser anmaßenden Regelung weite Teile des Landes betroffen sind, häufen sich die Fälle von ausländischen Unternehmen, die sich aufwendigen Verfahren unterziehen müssten.[153] Besonders belangt werden können hierbei Firmen, die gleichzeitig auch an Geschäften in den USA beteiligt sind.[154] Das berüchtigte Kapitel hat jedoch bisher noch nie volle Anwendung gefunden, weshalb solche Klagen noch nicht erhoben werden konnten. Dem Präsidenten der Vereinigten Staaten von Amerika obliegt aller sechs Monate die Entscheidung über die weitere Aussetzung der einen Handelskrieg regelrecht provozierenden Bestimmungen.[155]

Das Kapitel mutet einem Programm zur Wirtschaftsförderung exilkubanischer Großindustrieller an. Großindustrieller deshalb, weil als Voraussetzung für Klagen exilkubanischer US-Bürger ein früheres Eigentum von mindestens 50.000 USD gilt.[156] Wirtschaftsförderungsprogramm deshalb, weil den potentiellen Streitparteien laut dem Gesetz die außergerichtliche Einigung zur Abwendung von Klagen möglich ist. Sollte also Bacardí den Vertreiber von Havanna Club, Pernod Ricard, verklagen, so könnte dieser sein Geschäft auf Kuba ganz einfach durch eine Geldabfindung retten. Die neue Blockadeverschärfung würde demnach den einst Enteigneten eine Art Gewinnsteuer zuführen. Dass das Kapitel noch immer ausgesetzt ist, scheint diesem Plan

---

[152] vgl. US-Kongress: Cuban Liberty and Democratic Solidarity Act 1996: *Title III – Protection of Property Rights of United States Nationals*

[153] vgl. Burchardt, 1999: 117

[154] vgl. Spadoni, 2001: 27

[155] vgl. Hoffmann, 1997: 12

[156] vgl. Spadoni, 2001: 27

nicht abträglich zu sein: Ausländische Investoren werden somit nicht daran gehindert, aus ihren Geschäften auf der Insel Profit zu schlagen, sind aber einer ständigen Bedrohung ausgesetzt und könnten somit die Veranlassung zu einer Abführung von Gewinnanteilen ans Exil bereits jetzt sehen.[157]

Am Erhalt der Blockade in ihrer jetzigen Form sind die exilkubanischen Adressaten des Gesetzes schon deshalb interessiert, weil die Durchsetzung derartiger Ansprüche ohne das Bestehen des Embargos in hohem Maße unwahrscheinlich wäre.

Einreisebeschränkungen

Weiterhin legt das Helms-Burton-Gesetz im vierten Kapitel, das nicht wie das dritte ausgesetzt werden kann, fest, dass Aktionäre und Vertreter von ausländischen Unternehmen, die in Kuba in Objekte, die US-Ansprüchen unterliegen, investieren und investiert haben, und deren Familienangehörige, keine Einreisegenehmigung in die USA bekommen dürfen.[158] So z.B. haben Vertreter der kanadischen Firma Sherrit, die an Geschäften mit Kuba in großem Maße beteiligt sind, seitdem keine Einreiseerlaubnis für die Vereinigten Staaten von Amerika mehr bekommen.[159]

Auswirkungen des Gesetzes

Für die USA: Ausdehnung des Großmachtanspruchs

Betrachtet man die weltweiten Proteste gegen die Ausweitung der US-Sanktionsgesetzgebung auf Drittstaaten müsste von einer Isolation der Vereinigten Staaten von Amerika ausgegangen werden.[160] Juristisch trifft dies zwar zu, auf politischer Ebene jedoch kann davon nicht die Rede sein.[161] Die juristische Isolation ist für die Vereinigten Staaten aufgrund ihres Supermachtcharakters aber relativ unbedeutend, da internationale Abkommen von ihnen oft nicht beachtet werden.[162]

[157] vgl. Louis F. Desloge III (exilkubanischer "Hardliner"), vgl. Burchardt, 1999: 122f
[158] vgl. Spadoni, 2001: 28
[159] vgl. IPS Economics Press Service 20/03: *Noticortas – Capítulo III de la Ley Helms-Burton*: 21
[160] vgl. García Gómez, 1996: 219
[161] vgl. Hoffmann, 1997: 11
[162] vgl. ebd.: 16

Vor allem von Seiten der exportabhängigen US-Unternehmen wurde bislang immer wieder versucht, die Embargobestimmungen zu lockern. Derartige Initiativen stießen allerdings auf harten Granit und konnten nichts bewirken.[163] Gegen den weltweiten US-amerikanischen „Sanktionismus" engagiert sich seit Anfang 1997 auch die US-Organisation USA Engage. Ihr erklärtes Ziel ist die Begrenzung jeglicher Wirtschaftssanktion auf einen gewissen Zeitraum und ihr automatisches Auslaufen, um solch festbetonierte Blockaden wie im Falle Kubas von vornherein verhindern zu können.[164] Auch die seit 1992 jährlich von Kuba angestrengten Resolutionen vor der UNO für eine Aufhebung der Kuba-Blockade zeigten bisher keine Wirkung, obwohl die Anzahl der gegen das US-Embargo stimmenden Länder mit steigender Tendenz bisher immer die absolute Mehrheit ausmachte.[165] Vor allem auf dem gesamten amerikanischen Kontinent wurde die US-amerikanische Blockadepolitik scharf verurteilt, so z.B. von der Vereinigung Karibischer Staaten (ACS) und den NAFTA-Staaten Kanada und Mexiko.[166]

Für die EU: Trotz Handelsstreit politische Annäherung an die USA

Die EU ist das beste Beispiel dafür, wie sich parallel zur wachsenden Kritik an den letzten beiden Kapiteln des *Helms-Burton-Bills* und der damit verbundenen Verletzung internationalen Rechts auch eine gleichzeitige Annäherung an die Kuba-Politik der USA und demnach eine Verhärtung in der politischen Linie gegenüber der Insel vollzogen hat. Bis zur Verabschiedung dieses Gesetzes stellte die EU mit ihrer Bereitschaft zum Dialog ein bedeutsames Gegengewicht zum Konfrontationskurs der USA in Sachen Kuba dar.

Obwohl noch Ende Oktober 1996 vom Rat der EU eine Regelung ratifiziert wurde, die es Unternehmen der europäischen Mitgliedsstaaten verbietet, den extraterritorialen US-Bestimmungen nachzukommen und ihnen im Falle einer Anklage nach dem *Helms-Burton*-Gesetz eine Gegenklage ermöglichen soll,[167] ergibt sich mit der am 2. Dezem-

[163] vgl. Hoffmann, 2000: 121
[164] vgl. Hoffmann, 1997: 16
[165] vgl. IPS Economics Press Service 18/03: *Cuba–EE. UU. La carga del embargo*: 1
[166] vgl. Burchardt, 1996: 31
[167] vgl. Anderson, 1997: 12ff

ber 1996 verabschiedeten „Gemeinsamen Position“ gegenüber Kuba ein deutlicher Hinweis für den neu eingeschlagenen außenpolitischen Kurs. In diesem Dokument wird die Ausweitung von wirtschaftlichen Hilfsgeldern an Besserungen im Bereich der Menschenrechte und eindeutige Fortschritte in Richtung Demokratie gekoppelt.[168] Dan Fisk, Mitarbeiter des Gesetzesinitiators Helms, sah diesen Zusammenhang mit Genugtuung: *„[...] Seit das LIBERTAD Gesetz in Kraft getreten ist, wurden von der internationalen Gemeinschaft noch nie dagewesene politische und diplomatische Initiativen gegenüber Kuba ins Leben gerufen. Die bemerkenswerteste Errungenschaft ist die Annahme einer Gemeinsamen Position der 15 EU-Mitgliedsstaaten. [...]“*[169] Der politischen Kehrtwende im Dezember war jedoch noch ein anderes europäisches Politikereignis vorausgegangen. Im Mai 1996 erfolgte in Spanien ein Regierungswechsel von sozialdemokratisch zu konservativ. José María Aznár beendete kurz nach Amtsantritt (mit der Streichung spanischer Wirtschaftshilfen für Kuba) den von seinem Vorgänger González gefahrenen freundschaftlichen Kurs gegenüber der Tropeninsel. Aznár galt auch als Freund der exilkubanischen „Hardliner“. Seine Kooperation mit der Politik Washingtons wollte Spanien wahrscheinlich mit der Verschonung spanischer Firmen von den neuen US-Sanktionen honoriert bekommen.[170] Denn offiziell wurden wegen dem *Helms-Burton*-Gesetz vom spanischen Parlament keine Gegengesetze zum Schutz der Wirtschaft des Landes verabschiedet. Wenn man bedenkt, dass das Handels- und Investitionsvolumen Spaniens in Bezug auf Kuba viel ausgedehnter ist als bei den übrigen EU-Staaten,[171] wird die Rolle Spaniens als treibende Kraft in dem Prozess der politischen Annäherung der EU an die USA durchschaubarer.[172]

Die Spekulation der USA bestand sicherlich darin, dass die EU wegen des winzigen Kubas nicht ihren wichtigsten Bündnis- und Handelspartner zu verlieren bereit war. Daraus resultierte auch die unnachgiebige Haltung der USA, sogar angesichts der Anfang 1997 drohenden

---

[168] vgl. Hoffmann, 1997: 12
[169] Fisk, 1997: 5, Übersetzung durch die Autorinnen
[170] vgl. Hoffmann, 1997: 12
[171] vgl. ebd.: 10
[172] vgl. ebd.: 10

EU-Klage vor der WTO. Dem US-amerikanischen Kalkül entsprechend zog die europäische Staatengemeinschaft diese Anklage im Mai 1998 zurück. Dafür wurde der EU seitens der USA garantiert, dass europäische Investoren von den Regelungen des *Helms-Burton*-Gesetzes nicht betroffen werden können.[173] Auch für die WTO wären Verhandlungen über das Gesetz dahingehend verheerend, dass sich die US-Regierung bzw. die extremeren Kräfte des Kongresses auf die „nationale Sicherheit" des Landes berufen würden und somit die Institution als internationales Schiedsgericht in Frage stellen könnte. Der Kompromiss zwischen WTO, EU und den USA besteht deshalb darin, die *Helms-Burton*-Problematik gar nicht erst, wie zuvor von der EU geplant, international auf die Tagesordnung zu bringen und sie als Damoklesschwert über den Köpfen aller hängen zu lassen. Allen drei beteiligten Seiten scheinen die momentane Situation der Nichtinkraftsetzung der umstrittenen Regelungen des Kapitels III und eine passive Verhaltensweise die wohl funktionalste Lösung zu sein.[174] Im Falle der extraterritorialen Ausdehnung der US-Bestimmungen ging es für die gesamte Staatengemeinschaft um eine wichtige Absteckung der Regeln im „Spiel" der globalen Wirtschaftsbeziehungen. Die USA konnten durch die nicht erfolgte WTO-Klage die Blockadebestimmungen für die restlichen Staaten der Welt aufrechterhalten, sich somit noch mehr als Supermacht etablieren und können somit die Normen der internationalen Rechts- und Wirtschaftsordnung auch weiterhin missachten. Es bleibt zu hoffen, dass die EU endlich gegen die undemokratischen Bestimmungen des *Helms-Burton*-Gesetzes vorgeht und aktiv ihren Unwillen gegenüber der US-Außenpolitik, die weder international hinnehmbar noch haltbar ist, wirkungsvoll zum Ausdruck bringt. Denn nicht zuletzt ignoriert die Übereinkunft zwischen USA und EU sogar das Recht auf Selbstbestimmung des kubanischen Volkes.[175]

Weitere Destabilisierungsversuche jenseits von Gesetzen

Im Oktober 1996 wurde im kubanischen Luftraum über Varadero eine staatliche US-Maschine bei der Abgabe einer Flüssigkeit beobachtet

[173] vgl. Burchardt, 1999: 121
[174] vgl. Hoffmann, 1997: 13
[175] vgl. Burchardt, 1999: 121f

und bereits im Dezember desselben Jahres kam es genau in diesem Gebiet zur Ausbreitung einer in Kuba bisher nicht bekannten Insektenplage, die beträchtliche Ernteausfälle zur Folge hatte. Mit höchster Wahrscheinlichkeit handelte es sich hierbei um einen biologischen Angriff der USA.

Ab April 1997 war nochmals eine Verhärtung im Konfrontationskurs der USA gegenüber Kuba zu spüren. Innerhalb von sechs Monaten wurden mehr als zehn Bombenanschläge auf Hotels in Havanna und Varadero verübt. Tragischerweise forderten die Explosionen neben vielen Verletzten auch ein Todesopfer. Kubanischen Untersuchungen zufolge kam der Sprengstoff aus den USA, weshalb die Vermutung nahe lag, dass einige Bombenleger vom Norden aus angeheuert worden waren, um mit den Anschlägen einen der wichtigsten Wirtschaftszweige, nämlich den Tourismus, zunichte zu machen.

Das einzige Zugeständnis in der Blockadepolitik war im März 1998 die Wiederzulassung einiger zwei Jahre zuvor ausgesetzter Regelungen in Bezug auf Zivilflüge nach Kuba und Geldsendungen bis zu 100 USD im Monat an Angehörige auf der Insel. Und dies vielleicht auch nur als Reaktion auf die etwa zum gleichen Zeitpunkt erfolgte Meldung des Pentagon darüber, dass von Kuba keine Sicherheitsbedrohung für die USA ausgehe.[176]

Die fünf kubanischen Helden

Mitte September 1998 wurden die Kubaner Antonio, Gerardo, Fernando, Ramón und René in den USA unter dem Vorwurf der Spionage festgenommen. Sie waren als Agenten der kubanischen Staatsicherheit in Miami auf Mission, um, so kubanische Rhetorik, die Pläne der exilkubanischen terroristischen Mafia aufzuspüren und das kubanische Volk vor Terrorakten aus dem Norden zu schützen. Demzufolge werden in den USA nicht fünf Spione sondern fünf Kämpfer gegen den Terrorismus festgehalten. Die Fünf hatten jedoch verdeckt als Agenten gearbeitet, waren demzufolge nicht ordnungsgemäß in den USA gemeldet und machten sich dort deshalb strafbar. Das Strafmaß für solche Delikte liegt jedoch nur bei maximal 15 Jahren und nicht bei

[176] vgl. Burchardt, 1999: 117ff

lebenslänglich.[177] Die fünf Kubaner wurden in einem Gericht im exilkubanischen Miami, unter denkbar ungünstigen Voraussetzungen für ein gerechtes Urteil also, in einer absolut verkürzten Verhandlung zu bis zu zweimal lebenslänglich verurteilt. Seitdem laufen Solidaritätskampagnen auf Kuba und in der ganzen Welt für ihre Befreiung. Bisher sind bereits 243 Solidaritätskomitees in 81 Ländern für sie gegründet worden.[178] *Volverán*[179] heißt das hoffnungsvolle Motto der Insel im Kampf um seine Helden. Die Ehefrau von Gerardo, die seit dessen Verhaftung von den US-Behörden kein einziges Mal zu ihm gelassen wurde, reiste Anfang Oktober 2003 sogar nach Brüssel, um EU-Politikern von der ungerechten Behandlung ihres Mannes und seiner Leidensgenossen zu berichten. Daraufhin erging eine EU-Note mit der Aufforderung um neue Prozesse und eine menschenwürdigere Behandlung der Inhaftierten an die USA. Auch die Tochter Ernesto „Che" Guevaras versuchte kurz darauf bei einer Reise durch Kanada über die Ungerechtigkeiten bzgl. der Fünf aufzuklären.[180]

Am 10. März 2004 fand ein von den Verteidigern der Fünf, aufgrund des unfairen Verfahrens in Miami, der unzureichenden Beweislage und den unverhältnismäßigen Urteilen beantragtes Berufungsverfahren in einem Gericht in Atlanta statt. Das Jahr 2004 verstrich jedoch, ohne dass die Resultate dieses neuen Prozesses bekannt wurden.[181]

1.1.3.2 Tendenzen der Innenpolitik Kubas

"Der Revolution war die Zukunft abhanden gekommen, sie hatte plötzlich nur noch Vergangenheit."[182]
Michael Zeuske (2000)

Die tiefe Strukturkrise und der schlagartige Wegfall praktisch aller ehemaligen Verbündeten hatte das Land regelrecht gelähmt und die Bevölkerung traumatisiert.[183]

---

[177] vgl. IPS Revista Mensual 03/03: *Cuba EE.UU. – Espías o Agentes?*: 6f
[178] vgl. IPS Resumen Político Anual, 2005: 17
[179] Sie werden wiederkommen.
[180] IPS Revista Mensual 10/03: *Por los cinco:* 28
[181] vgl. Schulz, in: Cuba Sí revista 01/04: *Gefangen im Bush-Imperium*: 10 und vgl. IPS Resumen Político Anual, 2005: 17
[182] Zeuske (a), 2000: 139
[183] vgl. ebd.: 138

Vor allem in der Wirtschaft wurden, angesichts der Krise im Land, Reformen durchgeführt, worauf im wirtschaftlichen Teil der Makroumfeldanalyse genaueres Augenmerk gelegt wird. Zwischen 1990 und 1995 war eine Öffnung Kubas nach innen und außen zu verspüren.[184] Seit 1996 verhärtete sich Kubas Kurs jedoch wieder. Politische Freiräume wurden mehr denn je eingeschränkt. Elisio Alberto beschrieb die Situation auf der Insel wie folgt: *"Die Blockade versetzt die Insel in einen Kriegszustand. In einem Krieg führenden Staat kann das Recht auf freie Meinungsäußerung nicht gelten, da man so dem Gegner einen Raum zugestehen würde, den er uns verweigert."*[185]

Das *Helms-Burton*-Gesetz zwang die kubanische Regierung regelrecht zu einer Erneuerung ihres Legitimationsanspruches.[186] Im März 1996, als Reaktion auf die Verabschiedung des US-Gesetzes, wurde mit einer Rede Raúl Castros eine Verhärtung in der Innenpolitik mit der Begründung der aggressiven US-Politik eingeleitet. Von vielen Angehörigen des Staatsapparates wurden Treuebekundungen gegenüber Fidel und Raúl eingefordert.[187] Vor allem die bis dahin tolerierten Nichtregierungsorganisationen, die sich allmählich auf Kuba ausgebreitet hatten, wurden von der Regierung allesamt als „Trojanische Pferde" beschimpft, unter stärkere Überwachung gestellt und somit in ihrem ohnehin schon beschränkten Handlungsumfang noch mehr eingeengt. Die so genannte Zivilgesellschaft wurde seitdem eindeutig als weiteres subversives Element der US-Aktivitäten zur Unterwanderung des Systems eingestuft.[188] Anfang 1997 gipfelte diese Entwicklung in der Verabschiedung des Gesetzes 80 *„Zur Bekräftigung der kubanischen Würde und Souveränität"*, welches das *Helms-Burton*-Gesetz (zumindest in Kuba) für ungültig erklärt und für eine Kooperation mit den Vereinigten Staaten von Amerika Strafen androht und somit auch als ein Instrument zur Verfolgung von Regimegegnern dienen kann.[189] 1999 wurde zusätzlich das Gesetz 88 *„Zum Schutz der nationalen Unabhängigkeit und der Wirtschaft Kubas"* als Gegenspieler zum *Helms-*

[184] vgl. Zeuske (a), 2000: 155
[185] Alberto, 1996: 108
[186] vgl. Burchardt, 1996: 29
[187] vgl. Hoffmann, 1997: 17
[188] vgl. Hoffmann, 2000: 124
[189] vgl. Asamblea Nacional del Poder Popular de la República de Cuba: *Ley 80*, 24.12.1996

Burton-Gesetz ratifiziert, welches ebenfalls drakonische Strafmaße für die Kollaboration mit den USA vorsieht.

Der innenpolitische Diskurs war vollkommen verhärtet worden[190] und die aggressive US-Blockade-Politik hatte somit in gewisser Weise systemstabilisierend gewirkt. Mehr noch: die Frontstellung zu den USA war und ist sogar bedeutendes Instrument für den Erhalt der Macht des sozialistischen Staatsapparates. Alle innenpolitischen Entscheidungen werden somit de facto als Gegenreaktion auf die feindlich gesinnte Kubapolitik der USA begründet.[191]

Die ständige Bedrohung aus dem Norden und das damit verbundene gemeinsame Feindbild stärkten aber auch in gewisser Weise den nationalen Zusammenhalt in der kubanischen Gesellschaft.[192] Ein Sturz des kubanischen Systems und eine völlige Destabilisierung der nach der Krise 1993 leicht erholten Wirtschaft konnten demzufolge nicht erreicht werden, womit das Hauptziel des *Helms-Burton*-Gesetzes wie bereits 1992 beim *Torricelli-Act* verfehlt wurde.[193]

Die bereits begonnenen Reformen im Binnenmarkt wurden durch Gegenreformen weitestgehend unbrauchbar gemacht, um laut Raúl Castro 1996, den *„Nährboden für die subversive Arbeit des Feindes"* zu schmälern.[194] Angesichts des eingelegten Rückwärtsgangs im Reformprozess[195] sollte aber auch bedacht werden, dass nicht nur die Blockade alleiniger „Sündenbock" für die Wirtschaftskrise Kubas ist. Zahlreiche wirtschaftliche Fehlentscheidungen der kubanischen Regierung, die nur halbherzig durchgeführten Veränderungen und allzu konservative politische Strukturen haben ebenso zur prekären Situation auf der Insel beigetragen. Seit 1998/99 wachsen die sozialen Ungleichheiten in Kuba immer mehr. Demzufolge steigt auch die Unzufriedenheit innerhalb der Bevölkerung an.[196] Im Grunde handelt es sich hierbei um einen großen Kreis von vielen kleinen Teufelskreisen.

---

[190] vgl. Zeuske (a), 2000: 155
[191] vgl. Hoffmann, 2000: 119
[192] vgl. Burchardt, 1996: 29
[193] vgl. Spadoni, 2001: 36
[194] vgl. Hoffmann, 1997: 17
[195] vgl. Hoffmann, 2000: 117
[196] vgl. Zeuske (a), 2000: 155

Zum einen wäre da der des kubanischen Staatschefs, der als erklärter Anti-Neoliberaler mit dem neoliberalen Argument, dass der Wegfall der Blockade und ein Ansteigen des Handels mit den USA eine Wohlstandssteigerung auf Kuba auslösen wird, aufwartet – und dies obwohl bisher alle Entwicklungsländer Lateinamerikas auch ohne US-Blockade noch an Unterentwicklung leiden.

Zum anderen existiert der Teufelskreis der angespannten außenpolitischen Lage, der tief greifende innenpolitische Veränderungen kaum erwartbar macht. Die massive Bedrohung aus dem Norden setzt die kubanische Regierung unter den enormen Druck, keine falsche Entscheidung treffen zu dürfen, was wiederum jegliche Bemühung um Reformen und Strukturveränderung enorm verlangsamt.[197]

1.1.3.3 Tendenzen der Außenpolitik Kubas

1989 wurde mit dem Abzug aller Truppen aus Angola ein deutliches Zeichen dahingehend gesetzt, dass man sich vom militärischen Internationalismus abgewandt hatte.[198]

Die 90er Jahre waren vor allem vom Versuch geprägt, einer wirtschaftlichen Wiedereingliederung Kubas in das System der kapitalistischen Weltwirtschaft politisch den Weg zu bereiten.[199] Hierbei spielten besonders die Reintegration in die eigene Region und der weitere Ausbau der Beziehungen zur EU eine Rolle. Von Versuchen des Revolutionsexports hatte man mittlerweile abgesehen. Der Aufbau normaler diplomatischer Beziehungen mit so vielen Ländern wie möglich wurde zum erklärten Ziel der Regierung.[200] Kuba unterhält inzwischen wieder diplomatische Beziehungen zu fast allen lateinamerikanischen und karibischen Staaten.[201] Für viele Länder Lateinamerikas und Afrikas ist Kuba vor allem deshalb ein interessanter Partner, weil es mit seinen sozialen Errungenschaften Resultate vorweisen kann, die für andere „Dritte-Welt-Länder" im Zuge der immer mehr voranschreitenden Globalisierung immer verlockender werden.

---

197 vgl. Burchardt, 1999: 125f
198 vgl. Targ, 1992: 66
199 vgl. Hoffmann, 2000: 124
200 vgl. Grabendorff, 1993: 90
201 vgl. o.V.: *Außenpolitik Kubas*, www.auswaertiges-amt.de (13.01.04)

Internationale Forderungen nach politischer Demokratisierung und einer Verbesserung der Menschenrechtslage waren dem Bemühen Kubas um mehr weltweite Kooperation jedoch abträglich und trugen bisher bereits einige Male eher zu frostigen außenpolitischen Beziehungen als zu einer Veränderung auf der Insel bei.[202]

Auch im Zuge der Ratifizierung des *Helms-Burton-Bills* kam es zu einer verstärkten politischen Isolierung Kubas auf der Weltbühne.[203] In diesem Punkt war das Kalkül der US-Regierung und der Exilkubaner also aufgegangen. Der Inselstaat wird jedoch nicht müde, die seit Jahrzehnten andauernde Blockadepolitik der Vereinigten Staaten von Amerika und ihre stetige Verhärtung öffentlich aufs Schärfste zu verurteilen und die Rückgabe des US-Stützpunktes in Guantánamo zu verlangen. Damit verbunden ist das Werben um weltweite Solidarität gegen den US-Imperialismus.[204]

Weltoffenheit wurde 1998 während des Besuchs des Papstes, der in einer Mission der Versöhnung auf die Insel gekommen war, demonstriert. Denn die katholische Kirche war von Beginn der Revolution an eine Quelle direkter Opposition gewesen. Zwar musste die Bevölkerung im Vorfeld reichlich auf die hohe Visite eingestimmt und einige Zugeständnisse seitens der Regierung, wie die Wiederzulassung des seit Jahrzehnten abgeschafften Weihnachtsfestes, gemacht werden, doch konnte Fidel Castro mit dieser Einladung auch bewirken, dass sich ein prominenter Antikommunist an der Seite Kubas öffentlich gegen die US-Blockade wandte.[205]

Kuba setzte sich in dieser außenpolitischen Epoche auch weiterhin für die Belange der Entwicklungsländer ein und befürwortete die Süd-Süd-Kooperation.[206] Internationales Engagement bewies der Inselstaat zudem in Krisensituationen mit humanitärer Hilfe vor Ort in den betroffenen Regionen.[207]

---

[202] vgl. Hoffmann, 1997: 11
[203] vgl. ebd.: 16
[204] vgl. Targ, 1992: 110
[205] vgl. Burchardt, 1999: 134ff
[206] vgl. Kaplowitz, 1993: 4
[207] vgl. Attfield, 1993: 79

1.2 Kuba im 21. Jahrhundert: die aktuelle politische Situation

1.2.1 Kuba-Politik der USA

Im November 2000 hatten bei den Kongresswahlen die Republikaner gewonnen, im Januar 2001 hielt George W. Bush im Weißen Haus Einzug und mit ihm, so Fidel Castro, *„die Politik der extremen Rechten der Vereinigten Staaten."*[208]

1.2.1.1 Streit um die eingeschränkte Reisefreiheit von US-Bürgern

"Das Reiseverbot tut nicht Fidel Castro weh, sondern nur den Amerikanern"[209]
Byron Dorgan[210] *(2003)*

Bestimmungen für Reisen von US-Bürgern nach Kuba

Seit 1963 ist es US-Bürgern nicht erlaubt nach Kuba zu reisen. Ausnahmen hiervon stellen vor allem Regierungsbeamte, Diplomaten, Journalisten, kubanischstämmige US-Amerikaner mit Familienangehörigen auf Kuba dar.[211] Letztgenannte haben nun aber auch nur eine Reise aller drei Jahre frei, weitere bedürfen ebenso wie die aller anderen „normalen" US-Bürger der Genehmigung der OFAC.[212] Für US-Bürger, die eine nicht von der US-Behörde OFAC genehmigte Reise auf die Insel antreten, stehen Geldstrafen zwischen 55.000 und 250.000 USD und Freiheitsstrafen bis zu 10 Jahren.[213] Seit 2003 gehören auch Mitglieder von Nichtregierungsorganisationen mit humanitären Zwecken und US-Landwirte zu dem privilegierten Kreis der Ausnahmen.[214]

Die Zahl derer, die jährlich legal nach Kuba reisen, liegt bei circa 160.000. Eine Dunkelziffer von etwa 40.000 illegalen US-Besuchern, Tendenz steigend, wird vermutet.[215] Nicht unerwähnt sollte bleiben,

---

[208] Castro Ruz, 01.05.2003: 7
[209] vgl. o.V.: *Kuba-Reiseverbot: Kongress stoppt Bush*, 24.10.2003, www.spiegel.de (21.12.03)
[210] Anm.: demokratischer US-Senator
[211] vgl. OFAC, 1999
[212] vgl. IPS Revista Mensual 10/03: *Otras – Eliminarán permiso de entrada*: 24 und IPS Resumen Político Anual, 2005: 10
[213] vgl. IPS Revista Mensual 11/03: *Cuba – EE.UU.: El mundo contra el embargo*: 5 und BBC News: *Who lobbies Bush on Cuba?*, 24.10.2003
[214] vgl. IPS Economics Press Service 14/03: *Cuba – EE.UU.: Viajeros a la vista*: 1ff
[215] vgl. ebd.: 1 und Revista Mensual 10/03: *Cuba – EE.UU.: Fuertes obstáculos a inicitiva congresional*: 4

dass z.B. Reisen von US-Bürgern in den Irak oder nach Nordkorea keinen derartigen Restriktionen unterliegen.[216]

In engem Zusammenhang mit den Reiserestriktionen stehen die Bestimmungen für die Sendungen von Dollars auf die Insel bzw. die während der Reise nach Kuba von US-Bürgern eingeführten Geldmengen. Der Hintergrund der Regelung ist die Absicht, jeglichen Dollar-Geldstrom für den kubanischen Staatsapparat unzugänglich zu machen bzw. so gering wie möglich zu halten, aber trotz allem die interne Opposition finanziell zu unterstützen.

Auch diese Restriktionen hatten mit dem *Helms-Burton-Bill* von 1996 Gesetzescharakter bekommen. Immer mehr US-Abgeordnete sprechen sich jedoch für ein Ende der seit über 40 Jahres bestehenden Einschränkung der Reisefreiheit von US-Bürgern aus und verurteilen das Kuba-Reiseverbot als eine Verletzung der grundlegenden Bürgerrechte. Nach Angaben von Dagoberto Rodríguez Barrera[217] spricht sich auch die Mehrheit der Bevölkerung für freie Reisen nach Kuba aus.[218]

Der Anti-Blockade-Flügel des US-Kongresses vertritt zwar die Auffassung, dass das Embargo der kubanischen Bevölkerung bisher nicht im geringsten Maße geholfen hat, sondern eher das Gegenteil bewirkt hat und deshalb entschärft werden sollte, spricht sich aber auch offen gegen das Castro-Regime und dessen repressive Maßnahmen aus. Der US-Kongress steht aufgrund dieser sich seit circa drei Jahren entwickelnden Flexibilisierungsbewegungen im Repräsentantenhaus nun trotz republikanischer Mehrheit in beiden Kammern nicht mehr so geschlossen hinter Präsident Bush, was seinen harten Kurs gegenüber Kuba betrifft. So konnte dort Ende 2002 eine Gesetzesinitiative zur Aufhebung des Verbots durchgesetzt werden, die aber durch den Senat im Anschluss blockiert wurde.[219] Die Nachrichtenagentur Reuters spricht diesen „Verdienst" eindeutig der einflussreichen kubanischen Gemeinde Miamis zu.[220] Im Januar 2003 wurde selbst von einer

[216] vgl. IPS Economics Press Service 05/03: *Cuba – EE.UU.: Las compras en números*: 15
[217] Anm.: Leiter der kubanischen Interessenvertretung in Washington
[218] vgl. IPS Economics Press Service 03/03: *Cuba – EE.UU.: La distensión viaja en ferry?*: 11f
[219] vgl. IPS Economics Press Service 14/03: *Cuba – EE.UU.: Viajeros a la vista* : 3
[220] vgl. Molina, 28.10.2003, www.granma.cubaweb.cu (30.12.03)

Gruppe des Weißen Hauses die Normalisierung der Reisebeziehungen vorgeschlagen. Im Februar 2003 meldete ein US-Unternehmen sogar Interesse für den Ausbau einer Fährverbindung zwischen Tampa und Matanzas an.[221] Von Seiten der US-Behörden wurde die Erlaubnis jedoch wie zu erwarten nicht erteilt.[222] Anfang März 2003 besuchten acht Kongressabgeordnete gegen den Willen des US-Präsidenten die Insel, um ihr Bemühen um die Aufhebung des Reiseverbots vor der kubanischen Regierung zum Ausdruck zu bringen. Darunter waren auch der Demokrat William Delahunt und der Republikaner Jeff Flake, beide entschiedene Gegner der politischen Linie der Bush-Administration.[223] Im gleichen Monat kam es von Seiten der US-Regierung zu einer angeblichen Entschärfung der Reisebestimmungen. Hierbei handelte es sich vor allem Erleichterungen für Reisen von Vertretern von humanitäre Hilfe leistenden Nichtregierungsorganisationen, die mit ihrer Unterstützung den Übergang zur Demokratie auf Kuba fördern sollen. Diese Maßnahme und auch die Erhöhung der möglichen monatlichen Geldsendungen für kubanische Familienangehörige (von 100 auf 1.000 USD) wertet der Präsident der kubanischen Nationalversammlung Alarcón de Quesada in diesem Zusammenhang nur als eine weitere arrogante Geste der USA zur Unterwanderung des kubanischen Systems. Die Veränderung der Restriktionen kann sehr wohl als Reaktion der USA auf die kurz zuvor erfolgte Welle von Verhaftungen von insgesamt 75 kubanischen Dissidenten und demzufolge als Versuch der weiteren Unterstützung der internen Opposition gesehen werden. Mit diesem Kongressentschluss wurde auch der bisher zugelassene Austausch auf den Gebieten des Bildungswesens, der Wissenschaften und des Sports mit Kuba abrupt beendet.[224] Die Kontrollen der seit 1998 wieder zugelassenen Charterflüge nach Kuba wurden ebenso verstärkt.[225]

Sogar die immer stärker werdende Gruppe der Blockadegegner unter den Abgeordneten fühlte sich aufgrund der verhärteten politischen Lage

---

[221] vgl. IPS Economics Press Service 03/03: *Cuba – EE. UU.: La distensión viaja en ferry?*: 11f

[222] vgl. IPS Economics Press Service 22/03: *Noticortas, Ruta Cuba – Tampa*: 21

[223] vgl. IPS Economics Press Service 05/03: *Cuba – EE. UU.: Las compras en números*: 13ff und Revista Mensual 03/03: *Otras: Proponen debate*: 32

[224] vgl. IPS Economics Press Service 06/03: *Cuba – EE. UU.: Nuevas regulaciones, nuevos roces*: 1ff und Pérez Roque: 09.04.2003

[225] vgl. IPS Economics Press Service 20/03: *Cuba – EE. UU.: Un sí por los viajes*: 4

auf der Insel kurzzeitig zu einer Abweichung von ihrem verfolgten Kurs der Blockadeerleichterung gezwungen. Auch sie befürchteten nun mehr denn je, dass derartige Maßnahmen von Castro als Bestätigung seiner verstärkten Repression aufgefasst werden könnten.[226]

Im April 2003 kamen Gerüchte auf, dass die USA der kubanischen Regierung den Geldhahn vollends abdrehen wolle und es zu einem Verbot jeglicher Geldsendungen, die den größten Anteil der Dollareinnahmen des Staates ausmachen, und zu noch mehr Reisebeschränkungen[227] kommen solle. Fidel reagierte gelassen mit der Aussage darauf, dass die wahren Leidtragenden dieser Regelung die kubanischen Familien mit Angehörigen in den USA wären, da sie ihren Lebensstandard bereits auf ein durch die regelmäßigen Geldsendungen erhöhtes Niveau eingepegelt haben. Es blieb vorerst bei den Gerüchten,[228] erst Anfang 2005 traten derartige US-Restriktionen mit einer Senkung des monatlichen Transferbetrags auf wieder maximal 100 USD teilweise in Kraft.[229]

Bereits im Mai 2003 jedoch wurde bekannt, dass eine neue Gesetzesinitiative für mehr Freiheiten im Umgang mit Kuba in Bearbeitung war. Jeff Flake äußerte sich dazu folgendermaßen: *„[...] die erneute Welle der Repression gegen die kubanische Dissidenz hat mich jetzt mehr denn je davon überzeugt, dass unsere aktuelle Politik ein Misserfolg ist. Castro kontrolliert [...] mit wem sich Kubaner treffen. Die Insel mit US-Bürgern voller amerikanischer Werte zu überschwemmen, würde die Kubaner in eine Situation versetzen, die Castro ihnen verweigert hat.“*[230] Auch Max Baucus aus dem US-Senat bekräftigte diese Meinung, da in seinen Augen die Aufrechterhaltung des Reiseverbots Castro in seinem Unterfangen der Abschottung des kubanischen Volkes von US-Einflüssen eher unterstützen als schädigen würde.[231]

---

[226] vgl. IPS Revista Mensual 04/03: *Cuba – EE.UU.: El círculo vicioso*: 20

[227] Anm.: Da mehr als die Hälfte der Geldsendungen auf persönlichem Wege über Reisende nach Kuba gelangt, wollte er diese Möglichkeit noch mehr beschneiden. (vgl. Revista Mensual 05/03: *Cuba – UE: Multiples escaramuzas*: 8)

[228] vgl. IPS Revista Mensual 04/03: *Cuba – EE.UU.: El círculo vicioso*: 1.9 und o.V.: *Nota oficial: Las posibles medidas de EE.UU. contra Cuba están previstas y serán enfrentadas*, 18.04.2003, www.granma.cubaweb.cu (08.01.04)

[229] vgl. IPS Resumen Político Anual, 2005: 10

[230] Statement aus IPS Revista Mensual 05/03: *Cuba – EE.UU.: Multiples escaramuzas*: 9, Übersetzung durch die Autorinnen

[231] vgl. Molina, 28.10.2003, www.granma.cubaweb.cu (30.12.03)

Die Kampagne der Kuba-Arbeitsgruppe des US-Kongresses erfährt auch von der Vereinigung Amerikanischer Farmer, der Gesellschaft der Reiseveranstalter und von *USA Engage*, einem Zusammenschluss von über 600 US-amerikanischen Großunternehmen gegen Sanktionen im Wirtschaftsbereich, starke Unterstützung. Im Juli 2003 konnten die US-Bauern einen bedeutenden Erfolg verbuchen, als sie durch Senatsbeschluss in den Personenkreis aufgenommen wurden, der vom Reiseverbot ausgeschlossen ist.[232]

Im September 2003 passierte die neue Initiative für mehr Reisefreiheit und die Aussetzung der Beschränkung der Geldsendungen das Repräsentantenhaus. Kurz darauf erfolgte die Androhung des Vetos durch Bush.[233] Nichtsdestotrotz sprach sich auch der Senat im Oktober 2003 zum erstmalig für die Abschaffung des Reiseverbots aus, ein deutliches Zeichen dafür, wie sehr die Autorität Bushs vor den Abgeordneten seiner Partei gelitten hatte, denn die Republikaner haben in beiden Kammern die Mehrheit. Die Situation hatte sich zugespitzt und war rechtlich kompliziert geworden. Denn die Initiative, die als Änderung in das zu verabschiedende Gesetz des Haushalts der Ministerien für Transport und Finanzen für 2004 aufgenommen wurde, sah vor, die Mittel der OFAC, der betreffenden Teilbehörde des US-Finanzministeriums für die Verfolgung der illegalen Reisen von US-Bürgern nach Kuba, zu streichen und ihr somit die Arbeitsgrundlage zu entziehen. Obwohl bisher noch nie ein US-Kongress-Beschluss mit einem Präsidentenveto belegt wurde, blieb Bush fest entschlossen, keine Blockadeerleichterungen zuzulassen, was ihn in die missliche Situation katapultiert hätte, gegen das gesamte Haushaltsgesetz sein Veto einzulegen. Denn einzelne Passagen eines Gesetzes können nicht blockiert werden.[234]

Vom 17.10. bis 19.10.2003, mitten in der wegen dem Reiseverbot innenpolitisch sehr angespannten Lage in den USA, fand in der mexikanischen Stadt Cancún ein noch nie dagewesenes Ereignis statt. Circa 100 Vertreter der Tourismusindustrie beider Länder trafen sich, um zum ersten Mal im offiziellen Rahmen über Reisen nach Kuba zu

---

[232] vgl. IPS Economics Press Service 14/03: *Cuba – EE.UU.: Viajeros a la vista* : 1ff

[233] vgl. IPS Revista Mensual 09/03: *Cuba – EE.UU.: Nueva ofensiva contra el embargo*: 9

[234] vgl. Molina, 28.10.2003, www.granma.cubaweb.cu (30.12.03) und IPS Revista Mensual 10/03: *Cuba – EE.UU.: Fuertes ostáculos a iniciativa congresional*: 1ff

sprechen. Denn mehr noch als Bürgerrechte werden auch Vorteile für US-Unternehmen eingefordert. Die Reisefreiheit würde US-Fluglinien und der US-Tourismusbranche extra Gewinne bescheren.[235]

Mitte November jedoch wurde dann von beiden Kammern des Kongresses, unter Zähneknirschen, aber aufgrund des enormen Drucks des Präsidenten, die umstrittene Ergänzung aus dem Haushaltsgesetz vor dessen Ratifizierung im Weißen Haus wieder ausgegliedert. Vom kubanischen Außenministerium MINREX aus ließ man kurz darauf verlauten, dass der US-Präsident auf antidemokratische Mittel zurückgegriffen habe und somit nicht im Sinne seines Volkes, dessen Vertretung der Kongress ist, handele, sondern bei der Kuba-Politik vollkommen im Dienste der exilkubanischen Gemeinde Miamis stehe.[236]

Auch 2004 sprachen sich wieder ein Drittel der 45 mit Kuba in Verbindung stehenden Initiativen, die den Kongress passierten, für die völlige bzw. teilweise Aufhebung der Sanktionen aus. Nie zuvor in ihrer Geschichte war die Kuba-Politik der US-Regierung so isoliert und umstritten in ihrem eigenen Land.[237] So kann man zusammenfassen, dass zwar viel mehr Bewegung in den Streit um das Kuba-Reiseverbot gekommen ist, dieses aber letztlich vorerst aufrechterhalten bleiben wird. Die Ende 2003 getroffene Entscheidung scheint die unvermeidliche Öffnung auf diesem Gebiet jedoch nur zu verlagern.

John Kavulich[238] resümiert die neuen Tendenzen dahingehend, dass es nicht mehr um konservativ gegen liberal oder um Demokraten gegen Republikaner gehe, sondern dass das Kuba-Thema eher ein wirtschaftliches als ein politisches sei.[239] Denn was den Handel betrifft, gab es seit 2000 einige entscheidende Veränderungen in der US-Politik gegenüber der Insel, die einhergegangen waren mit dem Streit um das Reiseverbot. Auf die Lockerung des Handelsembargos wird im wirtschaftlichen Teil der vorliegenden Arbeit genauer eingegangen.

---

[235] vgl. IPS Economics Press Service 21/03: *Cuba – EE.UU.: La bola de cristal:* 1

[236] vgl. IPS Revista Mensual 11/03: *Cuba – EE.UU.: Puja por los viajes:* 4 und Revista Mensual 11/03: *Otras – Castro advierte*: 26

[237] vgl. IPS Resumen Político Anual, 2005: 33

[238] Anm.: Präsident des US-Rates für die Wirtschaftsbeziehungen USA – Kuba

[239] vgl. IPS Resumen Político Anual, 2003: 20

1.2.1.2 Initiative „Neues Kuba"

Am 20. Mai 2002[240] wurde von Bush vor exilkubanischen Vertretern medienwirksam ein neues Programm der US-Regierung vorgestellt, das im Sinne des *Torricelli-Acts* von 1992 die gezielte finanzielle Förderung der internen Opposition, die damit verbundene Herausbildung einer Zivilgesellschaft und einen Umsturz des kubanischen Sozialismus im Visier hatte. Neben der direkten Unterstützung von regierungsunabhängigen und religiösen Organisationen aus den USA sowie NGOs auf Kuba selbst, wurden nun auch Stipendien für Studenten und Berufstätige angeboten, die den Aufbau unabhängiger Organisationen vorantreiben oder finanzielle Unterstützung für die Familien politischer Häftlinge in das Programm einbezogen.[241] Außerdem bekräftigte Bush seinen Willen, die Wirtschafts-, Handels- und Finanzblockade in vollem Maße aufrechtzuerhalten. 2004 wurden diese „Leistungen" dann sogar nochmals ausgeweitet und der US-Finanzetat für die Unterstützung der einzelnen Aktivitäten erhöht. Am 26. Juli 2004, dem Nationalen Revolutionsfeiertag, prangerte Fidel in seinem Diskurs vor der Bevölkerung die im Mai erfolgte Ausweitung von Bushs subversiven Aktivitäten an. Zudem bot er ihm im Gegenzug an, 3.000 arme US-Bürger innerhalb von fünf Jahren kostenlos medizinisch in Kuba behandeln zu lassen. Er verband damit die rhetorische Frage an Bush, ob dieser bereit wäre, diese US-Amerikaner dann nach Kuba reisen zu lassen, wenn im Rahmen eines Sonderprogramms für jedes Opfer der Attentate im September 2001 ein Leben gerettet werden würde.[242]

Leistungskatalog des „Hilfsprogramms" von 2002[243]

A. Solidarität mit Menschenrechtsaktivisten

1. Freedom House: Transitions ($500.000)
2. Center for a Free Cuba ($2.249.709)

---

[240] Anm.: Der 20. Mai wird von den Exilkubanern als ihr Unabhängigkeitstag gefeiert, weil im Jahr 1902 an diesem Tag die kubanische Republik ausgerufen wurde. Von der kubanischen Regierung wird diese provokative Anspielung seit jeher kritisiert

[241] vgl. IPS Resumen Político Anual, 2003: 22

[242] vgl. IPS Resumen Político Anual, 2005: 15

[243] vgl. IPS Resumen Político Anual, 2003: 23 und nach Angaben der US-Regierung unter http://usinfo.state.gov (17.12.03), teilweise Übersetzung durch die Autorinnen

3. The Institute for Democracy in Cuba ($1.000.000)
4. Cuban Dissidence Task Group ($250.000)
5. International Republican Institute ($1.674.462)
6. Freedom House: Cuban Democracy Project ($825.000)
7. Grupo de Apoyo a la Disidencia ($1.200.000)
8. Acción Democrática Cubana ($400.000)

B. Unterstützung unabhängiger Journalisten
1. Cuba Free Press ($280.000)
2. Florida International University: Journalism Training ($622.000)
3. CubaNet ($833.000)
4. Carta de Cuba ($293.000)

C. Unterstützung für Nichtregierungsorganisationen
1. Partners of the Americas ($172.000)
2. Pan American Development Foundation ($553.500)
3. ACDI-VOCA: Independent Agricultural Cooperatives ($265.000)
4. University of Miami: Developing Civil Society ($320.000)
5. Florida International University: NGO Development ($291.749)

D. Verteidigung der Rechte kubanischer Arbeiter
1. American Center for International Labor Solidarity ($168.575)
2. National Policy Association ($424.000)

E. Direkthilfe für das kubanische Volk
1. Cuba On-Line ($800.000)
2. Sabre Foundation ($85.000)

F. Übergangspläne
1. Rutgers University: Planning for Change ($99.000)
2. International Foundation for Election Systems ($136.000)
3. U.S. - Cuba Business Council ($852.000)
4. University of Miami: Cuba Transition Planning ($1.045.000)

G. Evaluierung des Einflusses des Programms
1. University of Florida: Measuring Public Opinion ($110.000)

Ausgeweitete US-Propagandamaßnahmen

Zeitgleich mit der Verkündung der neuen Kampagne verschärfte die US-Regierung ihren Propagandakrieg gegen Kuba. Radio Martí, das während der 80er Jahre gegründet worden war, wurde noch am selben Tag mit vier neuen Frequenzen ausgestattet und es erfolgten Interferenzen auf einem kubanischen Fernsehsender. Diese Maßnahmen, die gegen gültiges Völkerrecht und die von der Internationalen Union für Telekommunikation (UIT) festgelegten Regeln und Normen verstoßen, ergänzten nur den Katalog der bereits wöchentlich ausgestrahlten, über 1.000 „Hetzpropagandas" auf 24 Frequenzen.[244]

Nachdem von Kuba die US-Funksignale des Öfteren noch blockiert werden konnten, laufen die Übertragungen seit September 2003 nun über ein noch moderneres System, wofür über *Hispansat* eigens ein Kanal von den USA gemietet wurde. Die Signale können nun von den kubanischen Institutionen fast nicht mehr unterbrochen werden. Auch die Live-Übertragungen wurden von vier auf acht Stunden ausgedehnt. Diese werden dann zweimal am Tag wiederholt, so dass eine „Non-Stop-Anti-Castro-Propaganda" ermöglicht wurde. Jährliche Zusammenfassungen aller Übertragungen sollen auf Videokassetten an kubanische Haushalte verteilt werden.[245]

Festschreibung der Unwiderruflichkeit des Sozialismus in Kuba

In Kuba erfolgte als Reaktion auf diese erneute Kampagne zur Förderung der subversiven Aktivitäten im Juni 2002 ein Referendum, in dem sich das Volk zu fast 99% für die Unwiderruflichkeit des kubanischen Sozialismus aussprach, trotz aller Widrigkeiten und Bedrohungen, die von der aggressiven US-Blockadepolitik ausgehen. Drei Artikel der kubanischen Verfassung wurden noch im gleichen Monat dahingehend in einer Verfassungsreform verändert.[246]

1.2.1.3 Zuspitzung der Lage um die US-Interessenvertretung

Die ständige Vertretung der USA in Havanna, eingerichtet im Jahr 1977, wurde von der kubanischen Regierung wegen ihrer Einmischung in innenpolitische Angelegenheiten seit jeher kritisiert.[247]

---

244 vgl. MINREX, 22.05.2003: 1
245 vgl. IPS Revista Mensual 08/03: *Minimizan transmisiones*: 19
246 vgl. IPS Resumen Político Anual, 2003: 24f
247 vgl. Castro Ruz, 26.05.2003: 17

Ende Juni 2002, nach der erwähnten Ausweitung der „subversiven Aktivitäten“ der USA, spitzte sich die Situation mit der Warnung Castros zu, dass die von der neuen US-Kampagne ausgehende Provokation zu einer Schließung der Interessenvertretung der USA in Havanna und einer Annullierung der Migrationsabkommen führen könnte. Auch wenn er sofort einlenkte, dass es sich hierbei um einen bedauerlichen Rückschritt in den wenigen bisher erreichten Dingen handeln würde, waren solche Androhungen von ihm noch nicht einmal während der Fluchtwelle von 1994 oder nach der Ratifizierung des *Helms-Burton*-Gesetzes im Jahr 1996 gemacht worden.[248]

Androhung der Schließung der US-Vertretung

Fidels Äußerungen führten bereits einige Tage später zu einer Woche äußerster Anspannungen auf der Insel, die an die Ereignisse vor der Massenflucht im August 1994 erinnerten und sogar Sondermaßnahmen seitens der Regierung erforderlich machten. Der Unzufriedenheit über die Lage auf der Insel und dem Wunsch nach illegaler Flucht wurde in diesen Tagen wieder einmal auf offener Straße Luft gemacht und der seit 1999 wieder gesetzlich verbotene Floßbau wurde kurzzeitig zum Hauptthema unter den vielen Ausreisewilligen. An einigen potentiellen Fluchtküsten wurde ein zeitweiliges Ausfahrverbot für kleinere Privat-Boote verhängt, um deren Entführung durch potentielle *balseros* zu vermeiden. Auch der Polizeieinsatz entlang des Malecón wurde am 04.07.2002, dem US-amerikanischen Unabhängigkeitstag, drastisch erhöht, da dort bereits Hunderte in der Hoffnung auf sie abholende US-Schiffe, die jedoch nie kamen, warteten – trotz der einen Tag zuvor offiziell verkündeten Warnung Castros, dass es strengstens verboten sei auf illegalem Weg das Land zu verlassen. Denn an eine Öffnung der Grenzen wie 1994 seitens der Regierung veranlasst wurde, war zu diesem Zeitpunkt nicht zu denken, zumal einige Tage zuvor in einem Referendum 99% der Kubaner für die Unwiderruflichkeit des Sozialismus gestimmt hatten und eine Massenflucht in der ohnehin schon gespannten internationalen Lage sehr negativ gewirkt hätte.[249]

[248] vgl. IPS Resumen Político Anual, 2003: 24f

[249] vgl. ebd.: 33f

Nach einer Woche war fast alles wieder abgeflaut und auch Fidel entfernte sich kurz darauf wieder von seiner zuvor bezogenen, überspitzten Position und lenkte ein: *„Ich glaube an den Austausch von Ideen, weil die Lösung der Probleme in der Kooperation und nicht in Kriegen liegt.“*[250] Dennoch hatte sich gezeigt, dass nun andere politische Zeiten angebrochen waren.

Bereits mit Vicky Huddleston[251] jedoch, die seit dem Amtsantritt Bushs im Januar 2001 in zunehmendem Maße mit provokativen Aktivitäten zur Förderung oppositioneller Gruppen in Kuba aufwartete, hatte sich der Konflikt um die ständige US-Vertretung ausgeweitet. Huddleston war ganz im Sinne der Bush-Administration eine Verfechterin der Auffassung, dass auch leichte Lockerungen des Embargos wie z.B. die Aufhebung des Reiseverbots Castro nur neue Ressourcen zuspiele und damit eine Öffnung des Landes weniger realistisch mache. Als Anfang September 2002 ihre Amtszeit als Leiterin der SINA zu Ende ging und James Cason als neuer Vertreter aus Washington entsandt wurde, schienen die Stränge zu reißen.[252] Dieser äußerte sich wie folgt zu seiner Mission: *„Unglücklicherweise hat die kubanische Regierung doch Angst, Angst vor Gewissensfreiheit, Angst vor Meinungsfreiheit, Angst vor den Menschenrechten. Diese Gruppe (Oppositionelle) beweist, dass es Kubaner gibt, die keine Angst haben. Sie wissen, dass der Übergang zur Demokratie in Gang ist. Wir möchten, dass sie wissen, sie stehen nicht allein da, die ganze Welt unterstützt sie. Wir als Land unterstützen die Demokratie und die Leute, die darum kämpfen, ein besseres Leben und Gerechtigkeit zu haben.“*[253]

Fidel Castro über James Cason in einem Zeitungsinterview[254]

Fidel Castro: „[...] Wenn seitens der Supermacht [...] ein Diplomat mit der spezifischen Aufgabe der Provokation von Zwischenfällen entsandt wird, deren Endziel die Zerschlagung einer immer stärker

---

[250] vgl. ebd.: 24

[251] Anm.: Vicky Huddleston war bereits in den USA von 1989 bis 1993 mit kubanischen Angelegenheiten betraut und leitete als erste Frau seit 1999 die US-Interessenvertretung in Havanna.

[252] vgl. IPS Resumen Político Anual, 2003: 29ff

[253] vgl. Castro Ruz, 06.03.2003: 10

[254] Castro Ruz, 26.05.2003: 17f

werdenden Bewegung innerhalb der Vereinigten Staaten ist, die gegen die Blockade, das Reiseverbot nach Kuba und die Schaffung von Bedingungen für eine bewaffnete Aggression ist – dann hat man keine andere Alternative, als diese Pläne an der Wurzel zu packen. Früher mischten sich die Leiter der Interessenvertretung in innere Angelegenheiten ein, doch dieser kam mit der gut durchdachten Anweisung, eine starke Provokation auszulösen."

Journalist: „Wir sprechen vom Leiter der US-amerikanischen Interessenvertretung, nicht wahr?"

Fidel Castro: „Dem neusten. Er kam etwa im September 2002. Es ist unglaublich. Ich tadele unsere eigenen Leute, nicht vorher informiert zu haben, wie weit jener Mann gegangen ist. [...] Jener Mann [...] hatte bereits die Insel systematisch bereist und konspiriert. Er sprach von einem neuen 6.000-Meilen-Reiseprogramm [...] und organisierte ganz offen konterrevolutionäre Gruppen. Mit sich führte er in verbotener Weise Koffer voller Radios und dem zum Empfang seines subversiven Senders erforderlichen Zubehör. Er schuf die so genannten unabhängigen Bibliotheken, in denen auch zwei oder drei gute Autorinnen zu finden waren; alles andere war das reinste Gift, Literatur der übelsten Sorte und die übelste Propaganda.

Der Mann beabsichtigte de facto, als beglaubigter Prokonsul in Aktion zu treten; gibt herausfordernde öffentliche Erklärungen ab, die nicht zu akzeptieren sind. [...] Über die Fakten informiert, sprach ich am 06. März in der Nationalversammlung und antwortete dem Individuum, er solle nicht meinen, wir würden das dulden und dass, wenn er seine Vertretung mitnehmen will, [...] uns nichts dergleichen den Schlaf raube. Es war eine harte Kritik. [...]"

Am 18.03.2003 entschloss sich die kubanische Regierung aufgrund der über Monate andauernden „subversiven" Aktivitäten von James Cason, sämtliche Reisen des US-Diplomaten innerhalb des kubanischen Territorium antragspflichtig zu machen, wies aber niemanden des Personals der SINA aus Kuba aus, um nicht dem politischen Kalkül der US-Regierung zu entsprechen.[255] Die Interessenvertretung und

[255] vgl. IPS Revista Mensual 03/03: *Cuba – EE.UU.: Empeora la escasa relación oficial:* 8

sein Domizil wurden aufgrund der eingeschränkten Bewegungsfreiheit von Cason nun mehr denn je als Versammlungsort der internen Opposition, als erster Anlaufpunkt für Dissidenten genutzt.[256]

Auf eine weitere Konfrontation ausgerichtet war auch der nächste Schachzug der USA, die Mitte Mai insgesamt 14 kubanische Diplomaten, darunter auch Mitarbeiter der kubanischen Interessenvertretung in Washington ausweisen ließen.[257] Laut Dagoberto Rodríguez Barrera, dem Leiter dieser diplomatischen Einrichtung in den USA, folgte diese Aktion den Plänen der Bush-Administration, um durch diese Verhärtung der ohnehin schon gespannten Situation eine Schließung der Interessenvertretungen zu provozieren. Denn sollte die Vertretung, in der zu einem großen Teil fast nur die Bearbeitung der Visa erfolgt, wegfallen, so könnte der in den Migrationsabkommen vorgesehene Prozess erheblich zum Stocken kommen (und wie es sich bereits im Sommer des Vorjahres gezeigt angekündigt hatte) eine Migrationskrise ausgelöst werden.[258]

1.2.1.4 Migrationsproblematik wird zur Zerreißprobe

Seit März 2003 tendierte bei der sensiblen Migrationsproblematik, die seit 1959 eine der größten Streitfragen im Konflikt zwischen den beiden Ländern ist, nun endgültig das Fass zum Überlaufen. Die „Hardliner" des Weißen Hauses hatten versucht, die Beziehungen der beiden Länder vollends zum Zerbersten zu bringen, indem sie, ohne es öffentlich publik zu machen, das Migrationsabkommen von 1994/95 zwischen den beiden Staaten mit steigender Tendenz unterwanderten. Vorgebaut hatten sie mit dem *Helms-Burton*-Gesetz bereits 1996, um bei einer erneuten Flüchtlingswelle mit militärischen Mitteln gegen das Castro-Regime vorgehen zu können.

[256] vgl. Castro Ruz, 26.05.2003: 18
[257] vgl. Hammer, 2003: 3
[258] vgl. Cason/Brook, 18.06.2003, www.granma.cu (04.01.04)

Auszug aus dem Helms-Burton-Gesetz der USA vom 1996[259]

[...] Abschnitt I – Verschärfung der internationalen Sanktionen gegen die Castro-Regierung

§ 101 – Politische Erklärung

Es ist die Auffassung des Kongresses, dass [...]

4. angesichts der Bedrohung der nationalen Sicherheit durch den Betrieb von nuklearen Anlagen und die anhaltende Erpressung, die eine neue Welle von kubanischen Flüchtlingen auslösen könnte, die vor Castros Unterdrückung fliehen und von denen, die meistens ihren Weg zur Küste der Vereinigten Staaten finden und die begrenzten humanitären und anderen Ressourcen der Vereinigten Staaten weiter aufbrauchen, sollte der Präsident all seine Macht darauf verwenden, der kubanischen Regierung klarzumachen, dass [...]

(B) jede weitere politische Manipulation des Wunsches von Kubanern zu fliehen, die zu einer Massenimmigration in die Vereinigten Staaten führt, als Aggressionsakt betrachtet und entsprechend beantwortet wird, um die Sicherheit der Landesgrenzen der Vereinigten Staaten und die Gesundheit und Sicherheit der Amerikanischen Bevölkerung zu schützen. [...]

Das Migrationsabkommen und somit die Quote der 20.000 zu erteilenden Visa für ausreisewillige Kubaner beginnt jedes Jahr zum 01. Oktober neu zu laufen. Da die US-Interessenvertretung im Zeitraum von Anfang Oktober 2002 bis Ende Februar 2003 nur 502 Einreisegenehmigungen in die USA vergeben hatte, wohingegen diese Zahl im Vergleich zum gleichen Zeitabschnitt der Vorjahre bereits um mindestens 8.000 Visa hätte höher liegen müssen (siehe Abb.), wurde von den Vereinigten Staaten von Amerika einseitig gegen das besagte Abkommen verstoßen. Die Blockierung der bisher von Castro als „Ventil" genutzten legalen Emigration von Andersdenkenden und Unzufriedenen sollte zur Erhöhung des Drucks innerhalb Kubas beitragen und eine ähnliche Situation wie im Vorjahr auslösen. Dies ließ die Flüchtlingszahlen im Jahr 2003 um das Doppelte ansteigen und die

[259] US-Kongress: *Helms-Burton-Gesetz*, 1996

Fluchtversuche zunehmend verzweifelter und somit auch gewalttätiger werden. Aber auch die Zuspitzung der Versorgungslage der Bevölkerung und stärkere Repression seitens der Regierung waren ausschlaggebend für diese wieder massiv ansteigenden Auswanderungsbestrebungen.[260] Ein erschreckender Nebeneffekt ist das in diesem Zusammenhang stetig wachsende Geschäft des Menschenschmuggels. Mehr als die Hälfte der illegalen Emigranten zahlen bis zu 8.000 Dollar[261], um auf überfüllten Schnellbooten aus Florida die überaus gefährliche Flucht anzutreten, die schon in vielen Fällen tödlich endete.[262]

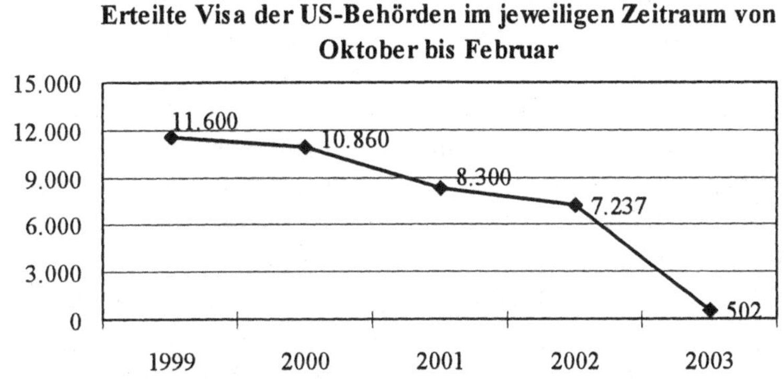

Abbildung 1 *Erteilte Visa der US-Behörden*
Quelle: o.V.: Plan terrorista para desestabilizar a Cuba, 16.04.2003, www.granma.cubaweb.cu (03.01.04)

Erste öffentlich Aufsehen erregende Auswirkung war die Entführung eines Flugzeugs, das von der Isla de la Juventud am 19.03.2003 mit 31 Passagieren an Bord nach Havanna unterwegs war. Die Maschine wurde von den mit Messern bewaffneten Tätern in Richtung Florida umgelenkt und konnte dort ohne weitere Zwischenfälle landen. Die kubanische Regierung forderte die sofortige Rückgabe des Flugzeugs, seiner Entführer und der Passagiere. Auf diese Forderung wurde einige Tage später mit der Auslieferung von 16 Passagieren nur begrenzt eingegangen. Die andere Hälfte nutzte die Gelegenheit, um ein neues Leben in

[260] vgl. Hoffmann: *90 Meilen – Ein Frontlauf*, 12.09.03, www.freitag.de (20.09.03)
[261] Anm.: Die Fluchtversuche werden oft von Angehörigen aus Florida finanziell und organisatorisch unterstützt.
[262] vgl. Castro Ruz, 26.05.2003: 21

den USA zu beginnen, das Flugzeug blieb von den US-Behörden konfisziert und die sechs Entführer wurden ebenfalls nicht an Kuba ausgeliefert. Diese wurden sogar bis zur Verhandlung auf Kaution freigelassen.[263] Es war ein Präzedenzfall entstanden, denn seit dem Migrationsabkommen war von den US-Behörden noch nie die Entscheidung über die Rückführung von Personen, die mittels einer Gewalttat „trockenen Fußes" ins Land gelangt waren, notwendig gewesen.[264] Die Auslieferung der Entführer nach Kuba war verweigert worden, um sie, so Bush, nicht den Repressalien des Castro-Regimes auszusetzen.[265]

Die Situation verschlimmerte sich am 31. März desselben Jahres mit einer zweiten Flugzeugentführung auf der gleichen Strecke. Diesmal wurden die Piloten mit einer Handgranate bedroht. Die entführte Maschine mit 46 Menschen an Bord musste wegen Treibstoffmangels jedoch auf dem Flughafen in Havanna zwischenlanden, von wo aus sie, nach stundenlangen Verhandlungen mit den kubanischen Behörden, in Richtung Florida startete. Die Regierung hatte Treibstoff zur Verfügung gestellt und im Gegenzug 22 Geiseln befreien können.[266]

In diesem Zusammenhang beklagte sich die kubanische Seite über die Passivität und Toleranz der USA (durch die auf den ersten Blick gewährte *„Immunität für die Straftäter"*[267]) gegenüber derartigen Vorkommnissen, die bereits eindeutig zwischen den beiden Staaten als terroristische Akte definiert worden waren und somit eine Verletzung der Migrationsabkommen darstellten. Nach diesen wären die USA verpflichtet gewesen, angemessene Maßnahmen zu ergreifen, um diese gewalttätigen Fluchtversuche zu bestrafen und damit zu unterbinden.[268] Auch das *Ley de Ajuste Cubano* bzw. *Cuban Adjustment Act* von 1966 wurde wieder stark verurteilt, da dieses Abkommen, unter dem Deckmantel der Regelung, dass kubanische Flüchtlinge, die bis auf US-Boden gelangen, nicht zurückgesandt werden müssen, auch

[263] vgl. IPS Revista Mensual 03/03: *Cuba – EE.UU.: Secuestros de aviones*: 11ff
[264] vgl. Castro Ruz, 26.05.2003: 19
[265] vgl. IPS Resumen Político Anual, 2003: 36
[266] vgl. IPS Revista Mensual 03/03: *Cuba – EE.UU. Secuestros de aviones*: 11ff
[267] vgl. Castro Ruz, 26.05.2003: 21
[268] Anm.: Im Frühjahr 2004 wurden die Flugzeugentführer jedoch dann in Miami zu Haftstrafen zwischen 20 und 24 Jahren verurteilt, was von der kubanischen Regierung sehr begrüßt wurde. (vgl. IPS Resumen Político Anual, 2005: 11)

weiterhin zu einem großen Teil seine Gültigkeit in der Flüchtlingsfrage behalten hatte. Dieser somit auch weiterhin teilweise durchgeführte Empfang *with open arms* sei, so der Vorwurf von kubanischer Seite, die fortgesetzte „Anstiftung" zur illegalen Auswanderung. Vor dem Hintergrund, dass andere illegale Einwanderer aus Lateinamerika regelrecht unbeliebt sind und kubanische Flüchtlinge sogar noch als Helden gefeiert werden, wenn sie die US-Küstenwache überlisten und an Land kommen, mutet die Situation regelrecht paradox an. Die seit 1994 vorgeschriebene Rückführung von kubanischen Flüchtlingen, die von der US-Küstenwache auf hoher See aufgegriffen werden, steht immer wieder verstärkt im Kreuzfeuer der exilkubanischen „Hardliner", die mit Argumenten wie *„Niemand ist jemals über die Berliner Mauer zurückgeworfen worden."*[269] dagegen politisch ihren Einfluss geltend machen wollten, tendenziell aber bei dieser Thematik ausnahmsweise keine Chance dazu in Washington hatten bzw. haben.[270]

Die Eskalation der Entführungswelle erfolgte am 01. April 2003, als eine Personenfähre in Havanna in die Gewalt einiger bewaffneter Personen gebracht wurde, um damit in die USA zu fliehen. Die Täter konnten jedoch auf See von kubanischen Sicherheitskräften gestellt werden und wurden wegen terroristischer Handlungen und der Schwere des begangenen Verbrechens angeklagt. Die in einem Kurzprozess verhängten Todesurteile für drei der elf Entführer[271], die am 11. April 2003 durch Erschießung vollstreckt wurden, erregten weltweit Aufsehen und international scharfe Kritik am Castro-Regime.[272] Auch die Kubaner auf der Insel waren von der Härte der Urteile geschockt, vor allem, weil es sich um eher unpolitisch motivierte Taten handelte.[273] Seit 1959 wurden nach Angaben einer Forschergruppe der US-Universität Stanford auf Kuba insgesamt 5.621 Menschen wegen staatsfeindlicher Akte hingerichtet, wobei nun bereits seit einigen Jahren die Todesstrafe kraft eines Moratoriums nicht mehr angewendet worden war.[274]

---

[269] Díaz-Balart, Lincoln (exilkubanischer Kongressabgeordneter, Freund und Berater Bushs), vgl. Hoffmann, 12.09.03, www.freitag.de (20.09.03)
[270] vgl. Hoffmann: *90 Meilen – Ein Frontlauf*, 12.09.03, www.freitag.de (20.09.03)
[271] Die Anderen wurden zu sehr hohen Gefängnisstrafen verurteilt.
[272] vgl. IPS Revista Mensual 04/03: *Derechos humanos – De vuelta pena de muerte*: 5
[273] vgl. Hoffmann: *90 Meilen – Ein Frontlauf*, 12.09.03, www.freitag.de (20.09.03)
[274] vgl. IPS Resumen Político Anual, 2005: 31

Fidel Castro über die Todesstrafe für die Bootsentführer[275]

Auszug aus der Rede zur Kundgebung am Tag der Arbeit, 2003:

„[...] Wir respektieren vollkommen die Meinungen, die sich aus religiösen, philosophischen oder humanitären Gründen gegen die Todesstrafe wenden, die wir, die kubanischen Revolutionäre, auch verabscheuen. [...] Die kubanische Revolution stand vor dem Dilemma, entweder das Leben von Millionen von Mitbürgern zu schützen, indem sie die drei Hauptentführer eines Passagierbootes mit der rechtlich festgelegten Todesstrafe bestrafte (welche von der US-Regierung angeregt worden waren, die versucht, das Kriminellen-Potential zu ermutigen, Schiffe oder Flugzeuge mit Passagieren an Bord zu überfallen, wobei deren Leben stark gefährdet werden, damit günstige Voraussetzungen für einen Angriff auf Kuba geschaffen werden und indem sie eine Welle schon in Gang befindlichen Entführungen entfesselte, die sofort gestoppt werden musste) oder mit gekreuzten Armen zuzusehen. [...]

Die Politik der US-Regierung ist so provokatorisch und so unverschämt, dass am vorigen 25. April Herr Kevin Whitaker, Leiter des Kuba-Büros beim State Department, dem Leiter unserer Interessenvertretung in Washington gesagt hat, dass das dem Nationalen Sicherheitsrat untergeordnete Binnensicherheitsamt meine, die kontinuierlichen Entführungen aus Kuba wären eine Bedrohung der nationalen Sicherheit der USA, und er forderte von der kubanischen Regierung, alle notwendigen Maßnahmen zur Vermeidung von Taten dieser Art zu treffen, als ob sie nicht diejenigen gewesen wären, die jene Entführungen verursacht und angeregt hätten, und, als ob nicht wir diejenigen gewesen wären die, um das Leben und die Sicherheit der Passagiere zu schützen und seit langer Zeit in Kenntnis der kriminellen Pläne des faschistischen Rechtsextremismus gegen Kuba, drastische Maßnahmen getroffen hätten, um das zu vermeiden. [...]“

Auszug aus einem Interview Fidels, 2003, Buenos Aires:[276]

„[...] Es war ganz offensichtlich, dass Kuba das Problem der Entführung seiner Passagierschiffe und -flugzeuge an der Wurzel packen

[275] Castro Ruz, 01.05.2003: 10

[276] Castro Ruz, 26.05.2003: 23

musste. Der Staatsrat gewährte keine Gnade, und auf diese Delikte steht seit geraumer Zeit die Todesstrafe. [...] Eines Tages brauchen sie nur noch einen Touristenbus zu überfallen, drei Typen mit einem Messer, und dazu zu sagen: 'Ich töte drei Touristen, wenn ich nicht zum Flughafen gebracht werde und ein Flugzeug bekomme, mit dem ich weg kann.' So liegen die Dinge. Dies ist die strikte Realität. Der Staatsrat ist befugt zu begnadigen, doch er ist nicht dazu verpflichtet. [...]"

Bis Ende April 2003 wurden angeblich noch weitere 29 Entführungen von der kubanischen Polizei vereitelt, was den Verdacht einer fast überschwappenden Fluchtwelle verhärtete.[277] So z.B. wurden die Täter einer am 10. April von den kubanischen Sicherheitskräften abgewendeten Flugzeugentführung von der Isla de la Juventud im Mai zu Strafen zwischen 20 Jahren bis lebenslänglich verurteilt.[278]

Bereits am 02. April wurde erstmals auch vom Leiter der US-Interessenvertretung Cason die öffentliche Bitte an alle Kubaner erbracht, von derartigen Gewaltakten abzusehen und die Emigration nur auf legalem Weg in Angriff zu nehmen.[279] Anzumerken ist auch noch, dass die Entführer von Mitte und Ende März in Miami zu jeweils zu sehr hohen Haftstrafen verurteilt wurden.[280]

Als Mitte Juli erneut ein Schiff „erfolgreich" von der Insel in die USA entführt wurde, lieferte man die Entführer erstmals an Kuba aus. Dies erfolgte aber nur unter der Bedingung der Anwendung eines milderen Strafmaßes von maximal zehn Jahren Gefängnis, was bei den Verurteilungen in Kuba auch eingehalten wurde. Außerdem wurde von US-Seite ausdrücklich gewarnt, dass ehemaligen Entführern die legale Einreise in die USA auf ewig verweigert werden würde.[281]

Gegen Ende Juli 2003 erregte erstmals wieder ein friedlicher Fluchtversuch öffentliches Aufsehen. Die Flüchtlinge, deren Versuch, in einem

---

277 vgl. IPS Revista Mensual 04/03: *Derechos humanos – De vuelta pena de muerte*: 6

278 vgl. IPS Revista Mensual 05/03: *Condenan a terroristas*: 26 und IPS Revista Mensual 08/03: *Juzgados secuestradores*: 20

279 vgl. IPS Revista Mensual 04/03: *Derechos humanos – De vuelta pena de muerte*: 7

280 vgl. IPS Revista Mensual 09/03: *Condenado secuestrador*: 25 und *Cargos contra secuestradores*: 28

281 vgl. IPS Revista Mensual 07/03: *Cuba – EE.UU.: Distención migratoria*: 6

zum Boot umfunktionierten Privat-LKW an das andere Ufer zu gelangen, gescheitert war, wurden nach Kuba zurückgebracht und dort laut kubanischen Angaben nicht rechtlich belangt.[282] Einige von ihnen erhielten im Nachhinein auf legalem Wege das Visa für die USA.[283]

In den Jahren 2003 und 2004 wurden je über 1.300 *balseros* auf hoher See von US-amerikanischen Sicherheitskräften gestellt und nach Kuba zurückgebracht.[284] Zum Schicksal derjenigen, die nach einem solchen „normalen“, d.h. friedlichen Fluchtversuch auf die Insel zurück müssen, äußerte sich Fidel Castro folgendermaßen: *„[...]Vereinbart ist, dass die Zurückgeführten keinen Repressalien ausgesetzt sein werden. Während der Dauer des Abkommens hat es bislang keine einzige Verletzung dieser Vereinbarung gegeben. Es war mitunter nicht immer einfach, das können Sie glauben. Man konnte erleben, wie es in einer Universität fast zum Aufruhr kam, denn sie wollten nicht akzeptieren, dass dieser oder jener Mitarbeiter nach seiner Rückführung dort wieder eingestellt wurde. Mitunter mussten wir uns nach einer Alternativlösung umsehen. [...] Also musste für ihn eine gleichwertige Arbeit gefunden werden. [...]“*[285] Die Enttäuschung und die Verzweiflung der Betroffenen jedoch kann man sich dennoch leicht vorstellen.

Regelmäßige Migrationsverhandlungen

In den Migrationsabkommen von 1994/95 wurde festgelegt, dass seitdem zweimal jährlich abwechselnd in Havanna und New York Migrationsverhandlungen der beiden Staaten stattfinden. Diese Gespräche sind im Grunde der einzige offizielle Weg zur Kommunikation zwischen Kuba und den USA.

Kuba wurde und wird von den USA jedoch regelmäßig mit dem Vorwurf konfrontiert, die Emigration von bereits durch die US-Vertretung zur Ausreise berechtigten, zum Teil hochqualifizierten, Kubanern mutwillig zu behindern. Eine immer wieder kehrende Forderung der USA ist außerdem die ordentliche Behandlung der auf die Insel zu-

[282] vgl. IPS Revista Mensual 07/03: *Repatrian emigrantes*: 25
[283] vgl. IPS Revista Mensual 10/03: *Podrían emigrar "camionautos"*: 27
[284] vgl. IPS Resumen Político Anual, 2005: 26
[285] Castro Ruz, 26.05.2003: 17

rückgesandten Bootsflüchtlinge. Neben der Stimulierung illegaler Flucht sowie der Verhinderung der legalen Emigration, wird den USA im Gegenzug von Kuba vorgeworfen, z.B. die Erteilung von zeitweiligen Einreisegenehmigungen für die Familien der in den USA inhaftierten fünf kubanischen Helden und von anderen Personenkreisen wie Künstlern und Wissenschaftlern endlos lang hinauszuzögern oder ganz abzulehnen. Auch die illegale Propaganda über Radio und TV Martí wurde wieder angeprangert.[286]

Aus den Entwicklungen der letzten Jahre und Monate lässt sich ableiten, dass das Bestehenbleiben der Abkommen zur legalen Auswanderung von Kubanern in die USA von enormer Wichtigkeit ist. Angesichts eines Potentials von 800.000 Emigranten würde eine Aufkündigung der bilateralen Verträge laut Antonio Aja[287] ein riesiges Chaos herbeibeschwören.[288] Obwohl für 2003 die Quote der 20.000 Visa doch noch erfüllt wurde,[289] begann das Jahr 2004 mit einer erneuten Verhärtung, denn die für den 08. Januar 2004 angesetzten Verhandlungen wurden von Washington abgesagt. Laut US-Angaben würden die Gespräche solange suspendiert bleiben, *„bis Kuba sich endlich um einen geordneten, legalen und sicheren Ablauf des Migrationsprozesses“*[290] zwischen den beiden Ländern bemühen würde. Bezugspunkt für diese Aussage war die bei der letzten Verhandlungsrunde im Januar 2003 von den US-Vertretern vorgelegte Liste von 600 Kubanern, denen angeblich die Ausreise seitens Kubas verweigert worden war. Die kubanische Regierung sieht in der Absage für die Gespräche ein weiteres Anzeichen für den Versuch der rechten „Hardliner“ der US-Regierung, die Spannungen zwischen den beiden Ländern über die Migrationsproblematik zu erhöhen.[291] Bereits Ende Juli 2004 verkündete dann der Chef der US-Interessenvertretung Cason, dass die vereinbarte Zahl der auszugebenden Visa von 20.000 nun schon erreicht

---

286 vgl. IPS Resumen Político Anual, 2003: 37 und IPS Revista Mensual 06/03: *Migración – Nueva Ronda*: 13

287 stellvertretender Direktor des Zentrums für Internationale Migration der Universität Havanna

288 vgl. IPS Resumen Económico Anual, 2003: 35

289 vgl. IPS Revista Mensual 09/03: *Cumplidas visas pactadas*: 7

290 Übersetzung durch die Autorinnen

291 vgl. Grogg, IPS Noticias, 01/2004: *Cuba – EEUU.: Turbulencia electoral y presión por cambios*

sei und dass diese Visavergabe auch weiterhin so geordnet auf legalem Wege verlaufen würde. Gleichzeitig forderte er die kubanische Regierung auf, den über 1.300 Personen, die nun nur noch auf die Ausreisegenehmigung aus Kuba warten würden, mehrheitlich Angestellte aus dem Gesundheits- und Bildungssektor, endlich in die USA ausreisen zu lassen. Es sollte aber auch nicht unerwählt bleiben, dass von den USA im Gegenzug auch wieder zahlreiche Reisen von Künstlern und Wissenschaftlern visatechnisch sowohl nach Kuba als auch in die USA verwehrt worden waren.[292] Gegenseitige Anschuldigungen bestimmen also die Migrationsthematik, in der in naher Zukunft wohl keine Entspannung in Sicht sein wird.

1.2.1.5 Kriegsgefahr in Verzug?

Wie bereits bei der Migrationsproblematik ersichtlich, wird von den „Hardlinern" der US-Regierung mit anscheinend bewusst daran gearbeitet, ein Szenario zu schaffen, das eine US-Aggression gegen Kuba rechtfertigen könnte.[293]

Seit 1982 steht Kuba als potentieller Gefahrenherd auf der US-Liste der Schurken- und Terroristenstaaten, auf der sich auch z.B. der Irak und Libyen befinden.[294] Die Tropeninsel wurde von Dan Fisk[295] im September 2002 sogar der Verbindung zu *Al-Qaeda* bezichtigt. Und laut einer Aussage James Casons kurz nach seinem Amtsantritt, sei Kuba das einzige Land Lateinamerikas, das sich der Terrorismusbekämpfung nicht anschließen haben wolle. Die Palette der Vorwürfe aus dem Norden reicht bis hin zur Produktion von Biowaffen. Mit diesen Verleumdungskampagnen wird versucht die „üblichen" Kriegsgründe im Sinne des Kampfes gegen den internationalen Terrorismus auch gegen Kuba ins Feld zu ziehen. Die Anschuldigungen wurden von Seiten des kubanischen Außenministers Pérez Roque aufs Heftigste zurückgewiesen.[296] Havanna verwies auch darauf, dass Washington nicht bereit war, nach dem Terroranschlag vom 11.09.2001 auf Kubas Ange-

---

[292] vgl. IPS Resumen Político Anual, 2005: 11
[293] vgl. Neuber, 05.11.2002, www.heise.de (13.01.04)
[294] vgl. IPS Revista Mensual 05/03: *Cuba – EE.UU.: Multiples escaramuzas*: 5
[295] Anm.: Staatsekretär für die Westliche Hemisphäre (Lateinamerika) im US-Außenministerium
[296] vgl. IPS Resumen Económico Anual, 2003: 27

bot zur Kooperation bei der Terrorismusbekämpfung, zur Bekämpfung des Drogenhandels und des Menschenschmuggels einzugehen.[297] Bushs Rede vor dem US-Kongress kurz nach dem Anschlag auf das World Trade Center in New York, in der er eine beispiellose Militäraktion im Kampf gegen jeglichen Terrorismus ankündigte,[298] ließ erkennen, wie auch in Zukunft Kubas Status für die USA sein wird. In einer politischen „Schwarz-Weiß-Zeichnung" ließ er verlauten: *„Jegliche Nation, an jedem Ort, hat jetzt eine Entscheidung zu treffen: Entweder seid ihr auf unserer Seite oder auf der Seite des Terrorismus.*"[299]

Fidel Castro über eine drohende US-Aggression gegenüber Kuba

Schlussworte der Rede zur Kundgebung des Tags der Arbeit, 2003:[300]

„[...] In Miami und in Washington wird heute diskutiert, wo, wie und wann Kuba angegriffen, oder das Problem der Revolution gelöst werden wird. [...]

Ein [...] enger Freund und Berater des Präsidenten Bush erklärte in einer Fernsehkette von Miami folgende enigmatische Worte: 'Ich kann nicht ins Detail gehen, aber wir sind dabei, diesen Teufelskreis zu brechen.'

Welche Methode zur Handhabung des Teufelskreises meint er? Mich, physisch [...] zu eliminieren, so wie ihnen Herr Bush vor den Wahlen in Texas versprochen hat? Oder Kuba nach dem Irakstil anzugreifen? Wenn es das Erste wäre, bereitet mir das absolut keine Sorgen. Die Ideen, für die ich das ganze Leben gekämpft habe, können nicht sterben, und werden sehr lange am Leben bleiben. Wenn die Formel wäre, Kuba wie Irak anzugreifen, würde mich das sehr schmerzen, wegen der Kosten an Lebensopfern und der enormen Zerstörung, die das für Kuba bedeuten würde. [...] Wir möchten nicht, dass das Blut von Kubanern und Nordamerikanern in einem Krieg vergossen wird. Wir möchten nicht, dass eine unberechenbare Zahl von Menschen, die freundschaftlich sein könnten, in einem Krieg verloren geht. Aber nie

[297] vgl. IPS Revista Mensual 05/03: *Cuba – EE.UU.: Multiples escaramuzas*: 5
[298] vgl. Tabel, 2002, www.medien-peb.uni-siegen.de (04.01.04)
[299] vgl. Bush, 20.09.2001, Übersetzung durch die Autorinnen
[300] Castro Ruz, 01.05.2003: 11f

zuvor hatte ein Volk so heilige Sachen zu verteidigen, und für so tief ergreifende Überzeugungen zu kämpfen, so dass es vorzieht, vom Erdboden zu verschwinden, als auf das edle und großzügige Werk zu verzichten, wofür viele Generationen von Kubanern mit dem hohen Preis von vielen Leben seiner besten Söhne bezahlt haben. Uns begleitet die tief greifende Überzeugung darüber, dass die Ideen mehr als die Waffen können, egal wie anspruchsvoll und gewaltig sie seien. Sagen wir, wie Che, als er sich von uns verabschiedet hat: Immer vorwärts bis zum Sieg!"

Im Jahr 2004, dem Jahr des Wahlkampfes von Bush, wurde die Situation für Kuba noch um einiges bedrohlicher. Der US-amerikanische Präsident verfolgte die Politik der harten Hand weiter und griff sogar zu noch härteren Maßnahmen gegenüber Kuba, unter anderem indem er den Etat zur Beschleunigung des Übergangs Kubas zur Demokratie noch um einige Millionen Dollar erhöhte – dies vor allem auch vor dem Hintergrund der Androhung des Stimmenentzugs bei der Wahl im November durch die exilkubanische Gemeinde.[301] Als Auftakt für diese nochmalige Verhärtung des Konfrontationskurses hatte Roger Noriega[302] Kuba Anfang Januar 2004 beschuldigt, die Destabilisierung demokratischer lateinamerikanischer Staaten zu unterstützen und prangerte dabei vor allem die engen Beziehungen der Insel zu Venezuela an. Diesen Anschuldigungen wurde seitens Kubas mit der Gegenfrage geantwortet, ob denn das Entsenden tausender Ärzte nach Lateinamerika und die Ausbildung junger lateinamerikanischer Studenten Destabilisierungsversuche bedeuten würden.[303] Für 2005 scheint aufgrund der erfolgten Wiederwahl Bushs ebenso keine Entspannung der Lage in Sicht. Das kubanische Verteidigungsministerium bezeichnete die Bush-Administration als reaktionärste und aggressivste US-Regierung, mit der es die kubanische Revolution je zu tun hatte.[304] Ein

---

[301] vgl. IPS Resumen Político Anual, 2005: 26f

[302] Anm.: enger Vertrauter Bushs, Staatssekretär für Lateinamerika im Außenministerium, und seiner Zeit großer Promotor des *Helms-Burton*-Gesetzes

[303] vgl. Grogg, IPS Noticias, 01/2004: *Cuba – EE.UU.: Turbulencia electoral y presión por cambios* und o.V.: *Las mentiras, los temores y las estupideces del imperio*, 09.01.2004, www.granma.cu (10.01.04)

[304] vgl. IPS Resumen Político Anual, 2005: 22

Indiz für die gewachsenen Spannungen war auch, dass das erste Mal seit vielen Jahren von der kubanischen Regierung 2004 eine Erhöhung des Militäretats beschlossen worden war.[305]

1.2.1.6 Exilkubanische Hardliner in Schlüsselpositionen

Ein prominentes Beispiel hierfür ist der „ultrarechte" Republikaner Otto Juan Reich. Er war im US-Außenministerium provisorisch zum „Beauftragten für die Westliche Hemisphäre" (Lateinamerika) ernannt worden. Diesen Posten musste er allerdings wieder räumen, weil sich der Senat vollkommen gegen seine offizielle Benennung aussprach. Noch bevor er allerdings sein Amt wechselte, ernannte er James Cason zum Nachfolger von Huddleston in der US-Interessenvertretung in Havanna. Diese Entscheidung war schwerwiegend für Kuba, wie aus den bisherigen Darstellungen bereits ersichtlich wurde. Cason und Reich hatten bereits früher in anderen lateinamerikanischen Staaten versucht, radikale US-amerikanische Interessen durchzusetzen. Bush ernannte Reich jedoch gleich im Anschluss, Anfang Januar 2003, zu seinem Sonderbeauftragten für Lateinamerika und die Karibik im Nationalen Sicherheitsrat, obwohl sich der Senat wieder dagegen aussprach.[306] Da für diese Ernennung laut US-Gesetzeslage jedoch kein Kongressbeschluss notwendig ist, hatte der US-Präsident freie Hand. Reich, der kubanischer Abstammung und voller Hass gegen Castro ist, war bereits während seines vorherigen Amtes im Außenministerium in Verruf geraten, weil er den Putschisten gegen das venezolanische Staatsoberhaupt Chávez öffentlich den Rücken gestärkt hatte. Sogar die Zeitung *Washington Post* räumte ein, dass das Weiße Haus einen toleranteren Funktionär mit mehr Verständnis für die Region hätte auswählen sollen.[307] Insgesamt haben mehr als 20 Exilkubaner in Schlüsselpositionen des Weißen Hauses und der US-Regierung die Fäden für die Kuba-Politik in der Hand.[308] Ende Oktober 2003 wurde auch eine neue US-Kommission für die Unterstützung der kubanischen Opposition

---

[305] vgl. IPS Resumen Político Anual, 2005: 23 und 33
[306] vgl. Guilliard, 02.07.2003, www.antikriegsforum-heidelberg.de (23.01.04)
[307] vgl. IPS Revista Mensual 01/03: *Otras – Nuevamente Reich*: 26
[308] vgl. Hammer, 2003: 7

ins Leben gerufen.[309] Zudem ist Bushs Bruder Jeb Gouverneur in Florida. Vor dem Hintergrund der Besetzung von Schlüsselpositionen der Kuba-Politik in der US-Regierung wird auch deutlicher, weshalb vielen der irrationalen Anschuldigungen von Miami gegen Kuba vom Weißen Haus kein Einhalt geboten wird.[310]

1.2.2 Kubas innenpolitische Entwicklung

1.2.2.1 Stärkere Repression gegen Dissidenten

"Ich bin überzeugt davon, dass ein paar Kritiker der Revolution revolutionärer sind als viele angebliche Genossen, die sich in den oberen Sphären der Macht befinden, da nichts konterrevolutionärer ist als Intoleranz oder Hochmut."
Elisio Alberto (1996)[311]

Bis Frühjahr 2003 war kein drastischer Anstieg in der politischen Repression gegenüber politisch Andersdenkenden zu verzeichnen gewesen. Seit jeher hatte es zwar politische Häftlinge auf der Insel gegeben, wofür die Castro-Regierung auch bereits mit dem Vorwurf der Intoleranz und fehlender Demokratie von Menschenrechtsorganisationen aus aller Welt angeprangert wurde und wird. Die Zahl aller Häftlinge auf der Insel war jedoch sogar leicht rückläufig, von 339 im Jahr 1999 auf 230 im Jahr 2002, wobei hiervon circa 36 aus politischen Gründen hinter Gittern saßen.[312] Doch dann kam es im März 2003 zu einer regelrechten Verhaftungswelle. Bevor jedoch auf diese negativen Entwicklungen eingegangen wird, soll zuerst die Oppositionsbewegung Kubas vorgestellt werden.

Oppositionsbewegung Kubas

Diese Bewegung, die in den letzten 15 Jahren laut Elizardo Sánchez[313] auf einige Tausend Personen angewachsen ist, arbeitet auf Kuba illegal, denn die Gruppierungen werden von der Regierung rechtlich nicht

---

309 vgl. IPS Economics Press Service 20/03: *Noticortas – Capítulo III de la Ley Helms-Burton*: 21

310 vgl. Neuber, 05.11.2002, www.heise.de (13.01.04)

311 Alberto, 1996: 242

312 vgl. IPS Revista Mensual 01/03: *Derechos humanos – Grupo opositor prevé más tensión social*: 16 und IPS Resumen Económico Anual, 2003: 42

313 Anm.: Sánchez, der selbst drei Jahre als politischer Häftling im Gefängnis verbrachte, ist Vorsitzender der nicht vom Staat anerkannten „Kubanischen Kommission für Menschenrechte und Nationale Aussöhnung", CCDHRN. Diese Organisation ist die einzig zugängliche Quelle für genaue Angaben über Gefangene auf Kuba. Von der Regierung gibt es darüber keine Veröffentlichungen.

anerkannt. Die kubanische Dissidenz ist in eine fast nicht bestimmbare Anzahl kleiner Gruppen gespalten, die sich im Wesentlichen um drei sich ergänzende Projekte bewegen. Übereinstimmung besteht in der großen Unzufriedenheit mit dem totalitären System und in ihrem gemeinsamen Ziel des friedlichen Übergangs zur Demokratie.[314] Fast alle Oppositionellen würden eine Veränderung des Systems noch unter Castro bevorzugen, moderatere Kräfte unter ihnen sprechen sich sogar für Veränderungen auf Kuba nur mit der aktuellen Regierung aus.[315] Es wird zum Großteil auch davon ausgegangen, dass vor allem nationale Gründe die Wirtschaftskrise des Landes verursacht haben und diese nicht, wie von der kubanischen Regierung ständig proklamiert wird, nur von der US-Blockade provoziert wurde.[316] Unstimmigkeiten innerhalb der „Szene“ resultieren im Grunde aus dem angestrebten Weg zum Ziel. Somit werden auch alle Erklärungen in der Regel im Namen der jeweiligen Gruppierung abgegeben und nicht im Namen der kubanischen Opposition allgemein.[317] Zusätzlich zu ihrer Zersplitterung hat die Opposition das Problem, dass keine ihrer Gruppen über eine auch nur annähernd so charismatische Person wie Fidel Castro verfügt.[318] Finanziert wird die Opposition Kubas, wie bereits mehrmals erwähnt, von der US-Regierung. Da alle Massenmedien staatlich kontrolliert werden, kann sich die Opposition auch nur via Miami Gehör auf der Insel verschaffen. Dies bringt ihr den Vorwurf seitens der kubanischen Regierung ein, ihr Vaterland zu verraten und sich gegen die Unabhängigkeit der Nation zu stellen.[319] Bisher konnten, angesichts der enormen Machtfülle von Staat, Regierung, Partei und Militär, jedoch weder die oppositionellen Gruppen in Kuba noch die exilkubanischen Organisationen in Miami politisch Einfluss auf der Insel gewinnen.[320]

Für die meisten Kubaner auf der Insel ist die so genannte Dissidenz keine soziale Instanz, sondern eher eine „Geistererscheinung“. Viele

[314] vgl. IPS Resumen Económico Anual, 2003: 40
[315] vgl. ebd.: 44
[316] vgl. o.V.: *Republik Kuba: „Manifest der Freiheit“ lehnt Todesstrafe ab*, 14.08.2003, www.igfm.de (23.01.04)
[317] vgl. IPS Revista Mensual 07/03: *Oposición – Disidentes lanzan "Declaración de Principios"*: 16
[318] vgl. Zeuske (a), 2000: 152
[319] vgl. Castro Ruz, 01.05.2003
[320] vgl. Zeuske (a), 2000: 152

Kubaner zeigen jedoch selbst bereits Anzeichen oppositioneller Haltung – jeder auf seine Art. Der eine zieht sich frustriert zurück, jegliches Politikinteresse schwindet. Andere legen mehr Wert auf Individualismus. Wieder andere tragen zum Ansteigen der Kleinkriminalität bei.[321] Und viele versuchen trotz ansteigender staatlicher Bespitzelung über Freundschaften mit Ausländern ihre Situation zu verbessern.

Die drei wesentlichen Projekte der kubanischen Opposition

„Alle vereint" (Todos Unidos)

Mehr als 100 Gruppierungen gehören dieser 1999 entstandenen Bewegung an, die in den Augen von Sánchez die meiste Kraft hat und auch die meiste Rückendeckung durch die USA und die EU genießt. Die Wertschätzung seitens Europa zeigte sich vor allem bei der Verleihung des Sarajov-Preises für Menschenrechte und Glaubensfreiheit am 17.12.2002 an einen ihrer geistigen Führer, Oswaldo Payá Sardiñas[322]. Seine Dankesrede endete mit der folgenden Botschaft: *„Wir Kubaner [...] können nicht ohne Freiheit leben, wir wissen gar nicht wie wir ohne sie leben sollen, noch wollen wir ohne sie leben."*[323] Payá war bereits im September desselben Jahres mit einem US-Preis für Demokratiebemühungen ausgezeichnet worden. Der tschechische Präsident Vaclav Havel hatte den Menschenrechtsaktivisten sogar für den Friedensnobelpreis vorgeschlagen. Die Ehrung Payás ist auf die Initiierung des Projekts Varela zurückzuführen.[324] Ein bekannter Vertreter dieser Bewegung ist auch der Sozialdemokrat Vladimiro Roca, Sohn des langjährigen historischen PCC-Führers, Blas Roca. Wegen seiner politischen Aktivitäten saß er zwischen 1999 und 2002 im Gefängnis.

---

[321] vgl. Burchardt, 1999: 165

[322] Anm.: Payá ist Vorsitzender der Bewegung der Christlichen Befreiung, konnte aber innerhalb des Projektes „Alle vereint" zu einer Schlüsselfigur avancieren.

[323] Payá, 2002

[324] vgl. IPS Resumen Económico Anual, 2003: 41

Das Projekt Varela

Namensgeber ist Felix Varela, ein im 19. Jahrhundert in der Unabhängigkeitsbewegung Kubas engagierter katholischer Priester, Philosoph, Politiker und Journalist.[325] Grundgedanke der Initiative ist, dass laut einer Verfassungsverfügung ab mindestens 10.000 Stimmen von kubanischen Bürgern die Änderung von Gesetzen vorgeschlagen werden kann. Auf dieser Grundlage organisierte Payá im Mai 2002 die Unterschriften von 11.020 Kubanern, die er mit der Bitte um ein Referendum über Meinungs- und Versammlungsfreiheit, über ein neues Wahlgesetz und Amnestie für politische Häftlinge bei der kubanischen Nationalversammlung einreichte. Die Regierung bezeichnete das Projekt als verfassungswidrigen Bestandteil der Subversionsstrategie gegen Kuba und die Versperrung der Möglichkeit zum Volksentscheid mittels einer Verfassungsreform, in der durch ein Referendum von 99% der Kubaner der Sozialismus als unwiderruflich festgelegt wurde.[326] Die Zustimmung fast der gesamten Bevölkerung ist hierbei wohl eher darauf zurückzuführen, dass es sich um eine von oben angeordnete Volksabstimmung handelte, an der sich das Volk „brav“ beteiligte. Angeblich wurde aber von der kubanischen Regierung dem Projekt Varela das Gegenteil bewiesen. Anfang Oktober 2003 legte Payá dem kubanischen Parlament weitere 14.384 Unterschriften vor. Zuvor hatte er ausländische Journalisten von der Übergabe informiert, da er befürchtete sofort danach verhaftet zu werden, was allerdings nicht der Fall war. Die Unterschriftsleistung für mehr Rechte ist angesichts der verschärften Repression gegen Oppositionelle eine sehr mutige Leistung, denn laut Payá haben sich die Fälle gehäuft, in denen diejenigen Bürger, die mit ihrer Unterschrift für mehr Rechte plädiert hatten, massiv durch die Staatsicherheit bedroht worden waren und noch werden.[327]

Im Februar 2004 wurde von Roca ein dreizehnseitiges Dokument veröffentlicht, das wieder soziale Forderungen enthielt und zu einer Verbesserung der Lage der Bevölkerung beitragen sollte. Dazu will Roca

---

325 vgl. IPS Revista Mensual 12/03: *Oposición – De golpe en golpe*: 11

326 vgl. IPS Resumen Político Anual, 2003: 41

327 vgl. ebd.: 26f und
Offizielle Website des Projekts Varela, www.proyectovarela.org (08.01.04)

die Initiative, die keinesfalls als Gegenspieler, sondern als Ergänzung anderer oppositioneller Projekte verstanden werden sollte, im Volk bekannt machen und ebenfalls vor die Nationalversammlung bringen.[328]

„Vereinigung zur Förderung der Zivilgesellschaft in Kuba" (Asamblea para Promover la Sociedad Civil en Cuba)

Diese Bürgerbewegung umfasst mehr als 400 Gruppierungen bzw. Organisationen. Führende Persönlichkeit ist Martha Beatriz Roque, die den Verhaftungswellen im März 2003 ebenfalls zum Opfer gefallen war, 2004 aber aufgrund ihres Gesundheitszustandes wieder freikam. Arbeitsschwerpunkt ist die Ausbildung der Bevölkerung zu Demokratiebewusstsein. Ihre erste Feuerprobe hatten die Aktivisten am 10. Dezember 2002, als sich zum Tag der Internationalen Menschenrechte 70 von ihnen zu einer kleinen Demonstration im Haus Roques versammelten. Diese Aktion verlief zwar ohne Polizeieingriffe, hatte aber einen Einfluss auf die spätere Inhaftierung der Anführerin.[329]

Am 20. und 21. Mai 2005 organisierte die Vereinigung den ersten öffentlichen Dissidenten-Kongress auf der Insel seit 1959. Von der Regierung wurde die Versammlung zwar scharf verurteilt, dennoch aber zugelassen. Selbst von anderen oppositionellen Gruppen wurde der Kongress nicht befürwortet, da er die interne Opposition eher gespalten als geeint hätte.[330]

„Vereinigung der moderaten Opposition zur Reflexion"

Hierbei handelt es sich um eine Vereinigung, zu deren Mitgliedern neben anderen Gruppierungen auch vier unabhängige demokratische Parteien gehören. Angestrebt wird eine Bereicherung der sozialen Errungenschaften der Revolution um die zivile Gesellschaft. Ziel ist die Förderung des Dialogs auf der Grundlage eines unter der Mitwirkung von 35.000 Kubanern inner- und außerhalb des Landes erstellten Briefes, der in 48 Artikeln die fundamentalen Rechte und Pflichten der Kubaner beschreibt. Diese Kampagne, die Mitte September 2002 präsentiert wurde, wird von ihren Initiatoren ausdrücklich vom Varela-Projekt und

---

[328] vgl. Grogg, IPS Noticias, 02/2004: *Cuba – Más propuestas opositorias a la palestra*

[329] vgl. IPS Resumen Económico Anual, 2003: 42

[330] vgl. Grogg, IPS Noticias, 05/2005: *Cuba – Congreso disidente disgusta al gobierno y a opositores*

dessen eher politischen Charakter abgegrenzt. Gefordert werden vor allem auch mehr Bewegungs- und Versammlungsfreiheit.[331]

Die katholische Kirche als institutionierte Opposition

Seit den 80er Jahren vereint die katholische Kirche intellektuelle Oppositionelle. Ihren Forderungen für Pluralismus, Demokratisierung und Dialogbereitschaft mit Andersdenkenden machte sie bereits mehrmals öffentlich Luft. Dass mit der Verfassungsänderung von 1992 Religionsfreiheit geschaffen wurde, war ein großer Erfolg für die Kirche. Auch der Papstbesuch 1998 setzte Zeichen und gab Motivation für weitere Aktivitäten. Denn erklärtes Ziel der katholischen Kirche ist die Festigung ihrer Machtstellung in der kubanischen Gesellschaft dergestalt, dass sie in einer möglichen zukünftigen Umbruchsituation eine zentrale Rolle einnehmen könnte.[332] Ende Mai 2004 wurden in einer Erklärung der Konferenz der Katholischen Bischöfe Kubas (COCC), deren Vorsitz Kardinal Jaime Ortega hat, die US-Maßnahmen gegenüber Kuba kritisiert, da sie mehr dem kubanischen Volk als dessen Führung schaden würden. Außerdem wurde deutlich zum Ausdruck gebracht, dass man es ablehne, dass die Zukunft des Landes von einer ausländischen Regierung vorgegeben werde.[333]

Verhaftungswelle im Frühjahr 2003

Die von der Opposition gewünschte Allianz mit Fidel Castro, jedoch, wird wohl so bald nicht zustande kommen, schon gar nicht angesichts der absoluten Verschärfung der Repression auf der Insel.

Insgesamt wurden 75 Dissidenten am 18. und 19. März 2003 verhaftet. Ihnen wurde vorgeworfen mit dem Personal der US-Interessenvertretung zusammenzuarbeiten und damit die Destabilisierung des kubanischen Systems anzustreben. Grundlage der Verurteilungen war neben dem kubanischen Strafgesetzbuch das berüchtigte Gesetz 88, auch als *Ley Mordaza*[334] von der Opposition bezeichnet, das hohe Strafen für diejenigen vorsieht, die Informationen an die US-

[331] vgl. IPS Revista Mensual 09/03: *Oposición – Nueva Carta de derechos humanos*: 19
[332] vgl. Burchardt, 1999: 166
[333] vgl. IPS Resumen Político Anual, 2005: 14
[334] Anm.: „Knebelgesetz" – *Ponerle a alguien una mordaza* bedeutet jemanden mundtot zu machen.

Regierung liefern und somit die Stabilität Kubas zu gefährden versuchen. Dieses Gesetz „Zum Schutz der nationalen Unabhängigkeit und der Wirtschaft Kubas", kam das erste Mal seit seiner Ratifizierung im Jahre 1999 zur Anwendung.[335]

Anfang April wurden die Urteile verkündet, zu denen sich Elizardo Sánchez schockiert äußerte: „*Solche Urteile hat es auf Kuba noch nie gegeben.*" Es wurden Gefängnisstrafen von insgesamt 1.454 Jahren verhängt, von 6 bis 28 Jahren auf die Häftlinge verteilt.[336]

Die Gerichtsprozesse, summarische Verfahren, deren Durchführungsfrist stark verkürzt worden war und der Umstand, dass der Presse und ausländischen Diplomaten kein Zutritt zu den Verhandlungen gewährt worden war, wurden von Menschenrechtlern stark kritisiert.[337] Die Regierung in Havanna wiederum verteidigte Ordnungs- und Rechtmäßigkeit der Strafprozesse.[338] Der kubanische Außenminister Felipe Pérez Roque unterstrich in einer Pressekonferenz, dass der von den USA finanzierten Subversion auf legalem Weg mit dem *Ley 88* entgegengewirkt worden war und begründete die verstärkte Repression folgendermaßen: „*Die kubanische Regierung hat sich als geduldig und tolerant erwiesen. Doch die Entscheidung von Herrn Cason, die Interessenvertretung der USA in Havanna und seine Residenz praktisch zum Hauptquartier der Subversion gegen Kuba zu machen (was allen diesen Söldnern*[339] *eine Botschaft vermittelt, nämlich anzunehmen, dass sie mit Straflosigkeit rechnen können, dass sie unter dem Schutz eines mächtigen Verbündeten stehen, der sie fördert, finanziert, organisiert und anführt) und die aggressive Politik seiner Regierung gegen Kuba in höchstem Grade durchzusetzen, hat zur Anwendung der kubanischen Gesetze gezwungen. Diese Gerichtsprozesse sind als Antwort Kubas zu verstehen, das keine andere Alternative hatte angesichts des Weges der Konfrontation und der Provokationen, für den*

[335] vgl. IPS Revista Mensual 03/03: *Cuba EE.UU. – Empeora la escasa relación oficial:* 9
[336] vgl. IPS Revista Mensual 04/03: *Oposición – Severas penas a disidentes:* 1 und IPS Revista Mensual 03/03: *Derechos humanos – La Habana fiel a su propia agenda:* 19 und Pérez Roque, 09.04.2003
[337] vgl. IPS Revista Mensual 04/03: *Oposición – Severas penas a disidentes:* 2
[338] vgl. Valle Garay, 16.04.2003, www.granma.cubaweb.cu (30.01.04)
[339] Am.: Der Begriff Söldner bezieht sich darauf, dass sie von den USA bezahlt werden.

sich die US-Regierung in ihren Beziehungen zu Kuba entschieden hat und auf dem der Chef ihrer diplomatischen Vertretung in Havanna eine Hauptrolle gespielt hat."[340]

Von den USA wurde die zeitliche Überlappung des Einmarschs der US-Truppen in den Irak mit der Repressionswelle nicht als Zufall angesehen. Castro hätte die Situation nutzen wollen, da die Aufmerksamkeit der Welt anderswo konzentriert war. Seitens der kubanischen Regierung wurden diese Vorwürfe energisch zurückgewiesen, da sich die Verhaftungen aus einer Reihe von Provokationen ergeben hatten und zeitlich kein anderer Moment mehr möglich gewesen wäre.[341]

Erst während der Verhandlungen ergab sich auch, dass einige angebliche Oppositionelle Agenten des DGCI, des kubanischen Staatssicherheitsdienstes, waren und somit die kubanische Seite bereits einen umfassenden Einblick in die subversiven Aktivitäten gewonnen hatte. Die gesammelten Beweise gegen die Dissidenten: Belege, die Übergaben von Geld- und Sachmitteln dokumentieren, Fotos von Versammlungen mit US-Diplomaten etc., wurden im Anschluss von der kubanischen Regierung sogar in zwei Büchern veröffentlicht. Während sich das im Juni 2003 erschienene Buch „*Los Disidentes*"[342] vollkommen mit den Enthüllungen der an die Öffentlichkeit getretenen geheimen kubanischen Agenten und somit mit dem ertragreichen Geschäft der Zugehörigkeit zur Dissidenz auseinander setzte, ist das einige Monate später publizierte Buch „*El Camaján*"[343] eher ein persönlicher Angriff auf Elizardo Sánchez, der von den Autorinnen eines Doppellebens bezichtigt wird. Insgeheim habe er für die kubanische Staatsicherheit gearbeitet und somit, während er sich mit US-Geldern bereicherte, über andere Oppositionelle ausgeplaudert, um seine eigene Haut zu schützen. Sánchez versicherte hingegen, dass er nur den Kontakt zu kubanischen Behörden gesucht habe, um Verbesserungen für die Häftlinge zu bewirken.[344] Einige Wochen später gab er aller-

---

[340] Pérez Roque, 09.04.2003
[341] vgl. Pérez Roque, 09.04.2003
[342] vgl. Baez; Elizalde, 2003
[343] Barredo; Rodríguez, 2003 (*Camaján* bedeutet Lebemann im negativen Sinne.)
[344] vgl. IPS Revista Mensual 08/03: *Oposición – Filas cerradas*: 4f und Perera Robbio:, in: Juventud Rebelde, 25.06.2003: *Un libro contra la mentira*: 1

dings zu, dass die Anschuldigungen teilweise der Wahrheit entsprachen. Vor allem in der letzten Publikation sollte gezeigt werden, dass sich aus dem Dissidentendasein in einem von Armut geplagten Land eine Art Lebensstil entwickelt hat, die im täglichen Leben viele Vorteile finanzieller und materieller Art sichert.[345] Besonders dieser Fakt wird von der kubanischen Regierung angeprangert, da einerseits das Land durch die US-Blockade mit unverhältnismäßig vielen Schwierigkeiten konfrontiert wird und andererseits viele Kubaner mit Geschenken und Dollars der „Revolution" regelrecht „abgeworben" werden. Viele schließen sich den oppositionellen Gruppen auch an, um bei den Visa-Verteilungen bessere Ausreisechancen zu haben, denn Gegner Fidels können immer mit US-Unterstützung rechnen.[346]

Die Opposition hält ihre Reihen, laut Angaben Payás, trotz der Veröffentlichungen und Anschuldigungen geschlossen. Solche Attacken seien ungerecht, weil das jeweilige Opfer in den staatlichen Medien keinerlei Möglichkeit habe, sich zu verteidigen.[347]

Die Bespitzelung der Bürger hat ebenfalls zugenommen, immer häufiger kommt es zu Kontrollen durch zivile Polizei, die die Kontakte zwischen Kubanern und Ausländern sorgfältig zu registrieren versucht.[348]

Das Schicksal der inhaftierten Dissidenten

Von Menschenrechtsorganisationen werden die Haftbedingungen der Verurteilten scharf kritisiert. Sie befänden sich laut Angaben von Sánchez, der Kontakt zu den Angehörigen der Inhaftierten hält, in Isolationshaft, in sehr unsauberen Zellen ohne Fenster, in Hochsicherheitstrakten und seien in mindestens einem Drittel der Fällen in einem erbärmlichen Gesundheitszustand.[349] Bei besonders kranken Gefangenen wurden bisher einige Zugeständnisse gemacht und deren Verlegung in Krankenhäuser zugelassen.[350] Ein harter Schicksalsschlag ist auch die

---

[345] vgl. IPS Revista Mensual 09/03: *La medalla de Elizardo*: 21

[346] vgl. Pérez Roque, 09.04.2003

[347] vgl. IPS Revista Mensual 08/03: *Oposición – Filas cerradas*: 6

[348] vgl. Leonhard, 25.04.2003, www.jungefreiheit.de (03.10..04)

[349] vgl. IPS Revista Mensual 06/03: *Ratifican condenas*: 22 und o.V.: *Fallbeschreibung Kuba: 20 Jahre Haft für kubanische Wirtschaftswissenschaftlerin*, 28.08.2003, www.igfm.de (01.02.04)

[350] vgl. IPS Revista Mensual 08/03: *Cuba – UE: Tiempos de tensiones*: 12 und IPS Revista Mensual 12/03: *Agradecen apoyo*: 20f

Tatsache, dass die Verurteilten in der Regel in Gefängnisse verlegt wurden, die sich sehr weit vom Wohnort ihrer Familien befinden. Wer die überaus schlechten kubanischen Transportverhältnisse kennt, kann sich vorstellen, dass dies für die Häftlinge und ihre Angehörigen eine doppelte Strafe bedeutet. Besuche werden so zur Seltenheit.[351]

Die Ehefrauen der Inhaftierten[352] versuchen seit der Verhaftungswelle im Frühjahr 2003 die eine Besserung der Haftbedingungen und natürlich die Entlassung Ihrer Ehemänner zu bewirken. Sie haben schon unzählige Briefe an die Regierung verfasst und versuchen die Öffentlichkeit über das Schicksal der Inhaftierten aufmerksam zu machen.[353]

Mehrfach wurden internationale Forderungen nach Amnestie für die politischen Häftlinge laut. Laut Pérez Roque fühle sich Kuba, das wohl das einzige Land Lateinamerikas sei, wo Quälereien von Gefangenen nicht vorkommen, durch die internationalen Anschuldigungen über die Verletzung von Menschenrechten und die Einmischung in interne Angelegenheiten regelrecht verletzt und beleidigt. In diesem Zusammenhang äußerte er auch Bedenken darüber, dass auf politischer Ebene an die USA nie eine Aufforderung ergangen sei, die Todesstrafe abzuschaffen und von weiteren Menschenrechtsverletzungen abzusehen.[354]

Dennoch wurden im Laufe des Jahres 2004 vierzehn der 75 im März 2003 Inhaftierten freigelassen, unter ihnen auch Marta Beatriz Roque und Raúl Rivero, die zu je 20 Jahre Haft verurteilt worden waren. Diese überraschende Geste wurde von der kubanischen Opposition jedoch nicht als Zeichen für eine grundlegende Veränderung der repressiven Haltung der Regierung gewertet, sondern eher als eine Bemühung um die Wiederherstellung des Dialogs mit der Europäischen Union.[355]

---

[351] vgl. IPS Revista Mensual 09/03: *Iglesia – Llamado a reconciliación nacional*: 15 und IPS Revista Mensual 04/03: *Oposición – Severas penas a disidentes*: 3

[352] Sie werden als *„Damas de Blanco"* bezeichnet, weil sie seither jeden Sonntag weiß gekleidet in einer Kirche in Havanna für eine Besserung dieser schweren Situation beten.

[353] vgl. IPS Resumen Político Anual, 2005: 29

[354] Anm.: Pressekonferenz von Pérez Roque am 30.06.2003 im Ministerium für Auswärtige Angelegenheiten MINREX, Havanna, Teilnahme der Autorinnen

[355] vgl. IPS Resumen Político Anual, 2005: 30f

1.2.2.2 Berichterstattung

Ausländische Journalisten

Auf Kuba arbeiteten Ende 2003 164 Korrespondenten bzw. Presseagenturen für Medien aus insgesamt 40 verschiedenen Ländern.[356] Einmal vom CPI *(Centro de la Prensa Internacional)*, dem Internationalen Pressezentrum des MINREX, zur Tätigkeit als Journalist zugelassen, sollte man sich an die neuen Spielregeln gewöhnen. So z.B. sollte man versuchen, vor einer Veröffentlichung wirklich alle Quellen abzudecken, möglichst zu den schlechten auch die guten Seiten zu finden und immer die offizielle Meinung mit einzubeziehen.[357]

Die Organisation „Reporter ohne Grenzen“ wirft Fidel vor, einen unglaublichen Apparat zur Kontrolle von fürs Ausland bestimmten Informationen errichtet zu haben. Von restriktiver Visagewährungspolitik für ausländische Reporter, Tabuthemen und ständiger Polizeiüberwachung reiche die Palette. Diesen Vorwürfen steht die Aussage des mexikanischen Reporters Homero Campa gegenüber, der während seines Arbeitsaufenthaltes in Kuba nicht mit Spitzelei konfrontiert wurde.[358] Die WELT berichtete allerdings im September 2003 von zahlreichen ausländischen Journalisten, denen gar nicht erst ein Einreisevisum ausgestellt wurde, da man angeblich in jenen Momenten nicht an Berichterstattung interessiert gewesen war.[359] Im Gegensatz zu den Vorwürfen über Tabuthemen steht die Aussage des Leiters des CPI, nach der generell über alle Themen geschrieben werden darf und auch Interviews mit Oppositionellen nicht verboten sind – allerdings unter der Voraussetzung, die Revolution und ihre Ideale nicht in Verruf bringen und ein realitätsnahes Bild der kubanischen Gesellschaft abzeichnen zu wollen.[360]

Dies sei, laut der Aussage eines ausländischen Journalisten in einem Interview mit der Agentur IPS, ein Privileg der ausländischen Presseagenturen, denn der Inlandspresse als ideologisches Instrument der

---

[356] vgl. IPS Enfoque 14/03: *Prensa extranjera – El oficio del malabrista*: 12

[357] vgl. ebd.: 2

[358] vgl. Campa, www.saladeprensa.org (08.01.04)

[359] vgl. o.V.: *Roth auf Kuba nicht erwünscht*, 26.09.2003, www.welt.de (03.10.03)

[360] vgl. IPS Enfoque 14/03: *Prensa extranjera – El oficio del malabrista*: 4

Regierung sei eine ganze Reihe von Tabuthemen auferlegt.[361] Kubaner, die als Journalisten für eine ausländische Presseagentur arbeiten wollen, müssen über eine Vermittlerfirma des kubanischen Staates angestellt werden.[362]

Ausländische Journalisten genießen völlige Bewegungsfreiheit auf der Insel, wobei im Falle arbeitsbedingter Reisen in andere Provinzen eine Meldung ans CPI empfohlen wird.[363] Ein riesiges Problem bei der Berichterstattung über Kuba ist der Zugang zu Informationen. Um verlässliche Quellen zu bekommen, benötigt man mitunter mehr als das Sechsfache der normalen Zeit.[364] Der Mythos des Kopf und Kragen riskierenden ausländischen Journalisten auf Kuba ist weit verbreitet. Die Betrachtung sollte jedoch um den Fakt ergänzt werden, dass man auf der Insel zwar viel riskiert (wie seinen Arbeitsplatz und das Aufenthaltsrecht) aber nicht seine Freiheit und sein Leben.

Die Gefängnisstrafen, die über eine Handvoll unabhängiger kubanischer Journalisten im Zuge der Verhaftungswelle im März 2003 verhängt wurden, fielen unter das Gesetz 88, nach dem jegliche Kooperation mit feindlichen Medien, die die Staatssicherheit gefährdet, strafbar ist.[365] Diese Bestimmungen stellen eine wirkliche Bedrohung für unabhängige kubanische Journalisten dar und erschweren ihnen die Ausübung ihres Berufs erheblich. Laut CPI ist dieses Gesetz nicht auf ausländische Journalisten anwendbar.[366] Im Falle von Ausländern, die ihren Status als Journalist verletzen und sich auf anderen Gebieten oder die sich als Journalisten betätigen ohne vom CPI zugelassen worden zu sein, kann es zur Entziehung der Lizenz oder zur Ausweisung aus dem Land kommen, was in den letzten Jahren mehrfach passiert ist.[367]

Unabhängige kubanische Journalisten

Wie bereits erwähnt, leben diese Journalisten wirklich gefährlich. Denn auf sie ist das „Knebelgesetz" *(Ley 88)* in vollem Maße an-

---

[361] vgl. IPS Enfoque 14/03: *Prensa extranjera – El oficio del malabrista*: 11
[362] vgl. ebd.: 2
[363] vgl. ebd.: 5
[364] vgl. ebd.: 11
[365] vgl. IPS Enfoque 14/03: *Prensa extranjera – el oficio del malabrista:* 1f
[366] vgl. Acosta/Grogg, IPS Noticias, 09/2003: *Periodismo, Cuba – En la cuerda floja*
[367] vgl. IPS Enfoque 14/03: *Prensa extranjera – El oficio del malabrista:* 5

wendbar. Es handelt sich bei ihnen um ehemalige Mitarbeiter staatlicher Medien, die wegen ihrer systemfeindlichen Einstellung entlassen wurden. Der Schriftsteller Raúl Rivero, der der Verhaftungswelle im März 2003 auch zum Opfer fiel, ist der wohl bekannteste Vertreter dieser illegal arbeitenden Gruppe, die in einigen wenigen selbst verwalteten Presseagenturen organisiert ist. Diese Agenturen übermitteln die Berichte der Journalisten nur über das Telefon ins Ausland, vor allem nach Miami, von wo aus die diktierten Berichte über das Internet veröffentlicht werden. Hauptsächlich wird über soziale Belange der Bevölkerung und die Behandlung von Oppositionellen berichtet. Um nicht unnötig zu provozieren, wird es peinlichst vermieden, den *comandante en jefe* in den Berichten direkt anzugreifen.[368]

Staatliche Journalisten

Radio, TV und Printmedien auf Kuba bieten keine pluralistische Debatte und dienen im Grunde als ideologisches Sprachrohr der Regierung, für die das Informationsmonopol eines der zentralen Instrumente des Machterhalts darstellt.[369]

Medien

Nur das Außenministerium hat ein eigenes Pressebüro und kann Erklärungen veröffentlichen. Allen anderen Ministerien und Regierungsorganen ist dies nur über die Zeitungen der zentralen Organe der Kommunisten, wie der Kommunistischen Partei PCC (*Granma*), dem Gewerkschaftsverband CTC (*Trabajadores*) und der Vereinigung der Jungen Kommunisten UJC (*Juventud Rebelde*) möglich.[370] Als Wochenzeitschrift erscheint regelmäßig die *Bohemia*. Einzige von Castro anerkannte Vereinigung kubanischer Journalisten ist die UPEC.[371]

Vor allem mit der kubanischen Berichterstattung über die ehemaligen sozialistischen Länder soll die Angst der Bevölkerung vor einem politischen Wandel gefördert werden.[372] In der *Granma*, der Zeitung der

---

[368] vgl. Burchardt, 1999: 217
[369] vgl. ebd.: 215
[370] vgl. Acosta/Grogg, IPS Noticias, 09/2003: *Periodismo, Cuba – En la cuerda floja*
[371] vgl. Figueredo, 07.04.2003, www.cartadecuba.org (08.01.04)
[372] vgl. Zeuske (a), 2000: 153

Kommunistischen Partei Kubas PCC, wird tagtäglich das weltweite E-lend in Kontrast zu Kuba gesetzt, das angeblich dank der Revolution von all dem Leid verschont geblieben ist – eine Propaganda, die sich immer weniger mit der kubanischen Wirklichkeit deckt. Denn die Kubaner, deren Wohlstandsniveau mittlerweile sehr gering ist, werden immer häufiger mit ausländischen Touristen und auf Besuch kommenden Exilkubanern konfrontiert, die wohlgenährt und mit einem dicken Geldbeutel in der Tasche nicht den Eindruck erwecken, dass sich außerhalb der Insel nur Elend breit gemacht hätte.[373] Elisio Alberto äußerte sich über die Zeitung folgendermaßen: „*Wenn Napoleon 1815 Herausgeber von Granma gewesen wäre, so hätte die Welt nichts von seiner Niederlage bei Waterloo erfahren.*“[374]

Die drei existierenden Fernsehkanäle (*Cubavisión*, *Canal Educativo* und *Tele Rebelde*) und die bestehenden sieben nationalen, 17 Provinz- und 44 Bezirksradiosender (z.B. *Radio Reloj*, *Radio Rebelde*) und für den Auslandshörfunk *Radio Habana Cuba* sind dem Kubanischen Rundfunk- und Fernsehinstitut ICRT unterstellt.[375]

1.2.2.3 Beziehung zu Emigranten

Seitdem seit 1996 der Dialog selbst mit dem moderaten Flügel des E-xils aufgrund des Anstiegs der Spannungen in den US-amerikanisch-kubanischen Beziehungen fast zum Erliegen gekommen war, hatte nun im Mai 2004 in der kubanischen Hauptstadt endlich die Folgekonferenz des 1994/95 zuletzt ebenfalls in Havanna abgehaltenen Konferenzzyklus „Die Nation und die Emigration“ stattgefunden.[376]

In Vorbereitung der III. Konferenz war der Leiter der kubanischen Interessenvertretung in Washington im Februar 2003 sogar nach Miami gereist (ein noch nie dagewesener Umstand) um dort mit circa 100 Exilkubanern Gespräche zu führen. Diese Initiative war ein Zeichen der Bereitschaft zur Förderung eines offenen Dialogs mit dem Exil, nachdem kurz zuvor von Seiten der exilkubanischen „Hardlinerorganisation“

[373] vgl. Burchardt, 1999: 215
[374] Alberto, 1996: 281
[375] vgl. Oficina Nacional de Estadísticas, Anuario Estadístico de la República de Cuba, 2002: *Número de emisoras radiales por provincias, año 2001 – Tabla XVII.9*
[376] vgl. IPS Resumen Político Anual, 2005: 23

CANF *(Cuban American National Foundation)* Bereitschaft signalisiert worden war, in Zukunft mit der kubanischen Regierung zu verhandeln. Bei den Gesprächen ergab sich, dass von vielen Exilkubanern vor allem Einreiseerleichterungen nach Kuba gewünscht werden. Da die kubanische Regierung dazu neigt, die moderate exilkubanische Gemeinde als Opfer der feindlichen US-Politik zu sehen, ließ sie sich auf Zugeständnisse ein, um die familiären Kontakte zu erleichtern.[377] Kubaner, die außerhalb der Insel wohnen und noch einen kubanischen Pass haben, benötigen seit Januar 2004 keine gesonderte Einreisegenehmigung der kubanischen Behörden mehr, um ihre Familien zu besuchen.[378]

Eloy Gutiérrez Menoyo[379], ein im August 2003 aus dem US-Exil auf die Insel zurückgekehrter Kubaner, der für seine Aktivitäten gegen die Castro-Regierung bereits 22 Jahre in einem kubanischen Gefängnis verbracht hatte, betrachtete dies zwar als einen Schritt in die richtige Richtung, forderte aber auch mehr Lockerungen in Bezug auf die Reisebestimmungen für die Kubaner auf der Insel.[380]

1.2.3 Kubas außenpolitische Entwicklung

Bis Mitte 2000 konnte Castro außenpolitisch Erfolge verbuchen. Auf der internationalen Bühne vertrat er Kuba souverän. Sogar die deutsche Entwicklungsministerin stattete der Insel im Mai 2000 einen Besuch ab. Sie war damit die erste Vertreterin der Bundesregierung seit 1949.[381] Die wachsenden Vorwürfe wegen Menschenrechtsverletzungen isolierten Kuba auf der Weltbühne jedoch zunehmend.

1.2.3.1 Internationale Proteste gegen die verstärkte Repression

Trotz aller Erklärungsversuche seitens der kubanischen Regierung riefen sowohl die Gefangennahme der 75 Dissidenten und als auch die

---

377 vgl. IPS Revista Mensual 02/03: *Cuba – EE.UU.: Diplomacia cubana llega a Miami:* 9ff

378 vgl. IPS Revista Mensual 10/03: *Otras – Eliminarán permiso de entrada:* 24

379 Anm.: Eloy Gutiérrez Menoyo ist Gründer der moderaten exilkubanischen Organisation Cambio Cubano und erhielt Ende 2004 den Preis der US-Organisation Comité Cubano por la Democracia (CCD, Kubanisches Komitee für Demokratie), den zuvor auch bereits Ex-Präsident Jimmy Carter und der kubanische Kardinal Jaime Ortega erhalten hatten.

380 vgl. Grogg, IPS Noticias, 10/2003: *Reacción ante flexibilización de ingreso al país*

381 vgl. Zeuske (a), 2000: 173

Todesstrafe für die drei Bootsentführer eine regelrechte Flut nationaler und internationaler Protestreaktionen hervor. Fidel hatte sich durch die harten Maßnahmen außenpolitisch ins Abseits katapultiert. Auch die Verweigerung der Einreise der UNO-Vertreterin für Menschenrechte im März 2003 hatte weltweit ernsthafte Besorgnis ausgelöst.[382] Angesichts der internationalen Proteste stellten sich kubanische Intellektuelle und Künstler der Insel an die Seite ihrer Regierung, indem sie eine *„Botschaft an ihre Freunde in der Welt"* verfassten und darum baten sich nicht gegen Kuba von der Anti-Castro-Propaganda beeinflussen zu lassen, da Kuba sich für die Verteidigung seiner Souveränität zu alldem gezwungen gesehen habe.[383]

1.2.3.2 EU und Kuba: „Politische Eiszeit und Tauwetter"

Auf der einen Seite ist Kuba das einzige Land Lateinamerikas und der AKP-Staaten, mit dem die EU weder in bilateraler noch multilateraler Vertragsbindung steht, andererseits hat das Land jedoch relativ normale Beziehungen zu fast jedem der einzelnen Mitgliedsstaaten. Dieser fundamentale Widerspruch ist wahrscheinlich der Grund, weshalb Kuba den Wandel in der EU-Politik so schwer nachvollziehen kann.[384] Die Osterweiterung der EU sieht Kuba als eine weitere Gefahr für eine nochmalige Verschlechterung der Beziehungen. Zum einen sind die transformierten Ostblockstaaten nicht mehr gut auf den Sozialismus zu sprechen und zum anderen sind auch ihre Nichtregierungsorganisationen im Gegensatz zu westeuropäischen Ländern tendenziell eher antisozialistisch als links eingestellt.[385]

Die Beziehungen waren bereits zwischen 1996 und 2001, seit der Verabschiedung der Gemeinsamen EU-Position gegenüber Kuba und den darin gestellten Bedingungen an die Insel, regelrecht „eingefroren". Seit 1996 sind somit auch die Chancen auf ein bilaterales Abkommen immer mehr in die Ferne gerückt. In einer leichten Entspannungsphase während der belgischen Präsidentschaft zwischen Juli und

[382] vgl. IPS Revista Mensual 04/03: *Derechos humanos – Marea de reacciones*: 10ff

[383] vgl. o.V.: *La mentira jamás podrá vencer a la verdad – Mensaje desde La Habana para amigos que están lejos*, 19.04.2003, Juventud Rebelde

[384] vgl. IPS Enfoque 04/03: *Cuba y la Convención de Cotonou*: 5

[385] vgl. IPS Enfoque 04/03: *Cuba y la Convención de Cotonou*: 10

Dezember 2001 wurde der politische Dialog kurzzeitig wieder belebt, verfiel dann aber, als Spanien die Präsidentschaft im Januar 2002 übernahm, erneut in die alten Strukturen.[386] Bereits im Dezember 2002 hatte die EU ihre Gemeinsame Position gegenüber Kuba erneut bestätigt, da Kuba keine entscheidenden Schritte in die geforderte Richtung gemacht hatte.[387] Bis zu diesem Zeitpunkt wurde diese halbjährlich überprüft, nun sind eventuelle Anpassungen nur noch jährlich vorgesehen.[388]

Die EU reagierte im März und April 2003 mit zahlreichen scharfen Protestnoten auf die Maßnahmen der kubanischen Regierung und forderte in diesem Zusammenhang die Freilassung der politischen Häftlinge und die Achtung der Menschenrechte. Nachdem Mitte März 2003 eine Vertretung der Europäischen Kommission von Poul Nielson in Havanna eröffnet worden war, bezeichnete der europäische Kommissar für Entwicklungszusammenarbeit, die kurz darauf erfolgten Ereignisse auf der Insel als einen Schritt zurück in den Beziehungen.[389] Auch Sven Kühn von Burgsdorff, Leiter der neuen EU-Repräsentation, sieht in dieser Repressionswelle den Auslöser für die nun ausgebrochene politische Eiszeit.[390] Ende April wurde sogar die Prüfung des erneuten Antrags Kubas auf Aufnahme in das Abkommen von Cotonou erst einmal „auf Eis gelegt", jedoch noch nicht gänzlich verweigert. Wie bereits im Jahr 2000 zog Kuba kurze Zeit darauf trotzdem seinen Anfang 2003 gestellten Antrag selbst zurück. Die EU und auch die interne Opposition Kubas bedauerten diesen Schritt sehr, da er die Insel außenpolitisch noch mehr ins Abseits beförderte.[391]

Das Abkommen von Cotonou

Kuba wurde Ende 2001 als 78. Land zu den AKP-Staaten aufgenommen, ist aber das einzige Mitglied ohne Vergünstigungen durch das Abkommen von Cotonou. Dieses Abkommen zur wirtschaftlichen Kooperation wurde zwischen der EU und den AKP-Staaten als Folge-

[386] vgl. ebd.: 5 und 8
[387] vgl. IPS Resumen Económico Anual, 2003: 31
[388] vgl. IPS Enfoque 04/03: *Cuba y la Convención de Cotonou.*: 12
[389] vgl. IPS Revista Mensual 04/03: *Cuba – UE: Podría Europa reconsiderar relaciones*: 23
[390] laut einem Interview mit den Autorinnen am 23 Juli 2003 in der EU-Vertretung in Havanna
[391] vgl. IPS Revista Mensual 05/03: *Cuba – UE: La cuerda se rompe por Cotonou*: 13

vertrag der ausgelaufenen Lomé IV-Konvention im Juni 2000 in Cotonou/Benin unterzeichnet[392] und hat eine Laufzeit von 20 Jahren. Die Zollerleichterungen für AKP-Staaten auf EU-Gebiet wurden nur bis Ende 2007 gewährt. Ab 2008 sind „Regionale Wirtschaftliche Partnerschaftsabkommen“ vorgesehen, womit ein Schritt in Richtung Freihandelszonen gegangen werden soll.[393] Von 2003 bis 2008 sind 13.500 Mio. Euro vorgesehen.[394] Es handelt sich hierbei um einen Rahmenvertrag, der Handelsliberalisierung mit Entwicklungsförderung zu verbinden gedenkt. Der Rahmenvertrag ist Teil der speziellen Beziehungen, die die EU mit vielen Entwicklungsländern unterhält und geht auf den Vertrag von Rom von 1957/58 zurück, der festlegt, dass ehemalige Kolonien eine Vorzugsbehandlung erhalten sollen.[395] Seit dem ersten Lomé-Abkommen im Jahr 1975 hat sich viel geändert. Die neuen Tendenzen der internationalen Entwicklungspolitik, speziell seit dem Ende des Kalten Krieges, und die Hindernisse, die sie für Entwicklungsländer eher schaffen als abbauen,[396] können nicht Gegenstand der weiteren Betrachtung sein. Im neuen Abkommen von 2000 wird vor allem der Herausbildung und Beteiligung der Zivilgesellschaft mehr Bedeutung beigemessen; die Schaffung und Wahrung von Demokratie sollen mehr denn je gefördert werden und Menschenrechtsverletzungen in den jeweiligen AKP-Staaten können seitdem, die EU-Hilfsgelder, die im Rahmen dieses Vertrags fließen, zum Einfrieren bringen. Entwicklungshilfe wurde sozusagen immer mehr mit Konditionen behaftet und von Gegenleistungen abhängig gemacht.[397]

Vor diesem Hintergrund wird das Debakel um den Antrag Kubas noch klarer. Eine Zusage der EU wäre in der zugespitzten Situation mehr als unwahrscheinlich gewesen und die kubanische Regierung zeigte sich empört darüber, dass ihrem Land weitaus mehr Konditionen aufge-

[392] vgl. Wardenbach, 23.06.2000: 1, www.venro.org (05.04.04)

[393] vgl. o.V.: *Acuerdo de Asociación entre los países del Africa, Caribe y Pacífico (ACP) y la Comunidad Europea (Acuerdo de Cotonou)*, www.perspectivaciudadana.com (27.10.03)

[394] vgl. IPS Revista Mensual 05/03: *Cuba UE – La cuerda se rompe por Cotonou*: 11

[395] vgl. van Drimmelen, 2001: 5f, www.eed.de (27.10.03)

[396] vgl. Hormeku/Ofei-Nkansah, 2000: 76, twnafrica@ghana.com (27.10.03) und IPS Enfoque 04/03: *Cuba y la Convención de Cotonou*: 5

[397] vgl. van Drimmelen, 2001: 7, www.eed.de (27.10.03)

drängt werden sollten als anderen Mitgliedsstaaten des Abkommens.[398] Die EU habe klare Vorstellungen von Menschenrechten, die auf der ganzen Welt und nicht nur auf Kuba eingefordert werden, war die Antwort der EU-Vertretung in diesem Zusammenhang.[399] Seitdem wurden viele offizielle Termine seitens der EU abgesagt und die diplomatischen Kontakte eingeschränkt, um Castro zu zeigen, dass sich die Zeiten geändert haben.[400] Laut Kühn von Burgsdorff bestehe seitens der EU trotz allem jedoch auch weiterhin der Wille zum politischen Dialog.[401]

Als am 05. Juni 2003 von der EU eine mit Sanktionen belegte „Gemeinsame Erklärung" nach Havanna gesandt wurde, schienen die Beziehungen an ihrem schlimmsten Punkt angelangt zu sein. Am 13. Juni folgte die kubanische Antwort darauf. Mehr als eine Million *habaneros* zogen in zwei von Fidel und Raúl Castro angeführten Demonstrationszügen zur italienischen und spanischen Botschaft, da die Staatschefs der beiden Länder in den Augen der kubanischen Führung die treibenden Kräfte seitens der EU gewesen waren. Aznár und Berlusconi wurden als Marionetten Bushs und als Faschisten beschimpft. Gleichzeitig wurde aber auch allen europäischen Völkern für ihre Solidarität mit Kuba gedankt und somit ganz klar zum Ausdruck gebracht, dass sich die Demonstrationen ausschließlich gegen die EU-Politiker und nicht gegen die Völker der 15 EU-Staaten gewandt hatten.[402] Kuba erwartete laut Pérez Roque zumindest eine Berichtigung dieser Deklaration, in der die Europäische Union folgendes zum Ausdruck gebracht hatte:[403]

- Einschränkung der Besuche von hochrangigen EU-Politikern: laut Pérez Roque habe in den letzten Jahren sowieso kaum ein Europäer von hohem Rang den Weg nach Kuba gefunden, um kein Missfallen in Washington auszulösen.

---

398 vgl. IPS Revista Mensual 05/03: *Cuba – UE: La cuerda se rompe por Cotonou:* 11

399 vgl. Grogg, IPS Noticias, 10/03: *Cuba – Unión Europea: Relaciones en su peor momento*

400 vgl. IPS Revista Mensual 04/03: *Cuba – UE: Podría Europa reconsiderar relaciones:* 24

401 laut einem Interview mit den Autorinnen am 23. Juli 2003 in der EU-Vertretung in Havanna

402 vgl. Mayoral/Pelaéz, in: Granma, 13.06.2003: *A Cuba no se toca – Mar de pueblo en la Quinta Avenida:* 4f

403 vgl. Pérez Roque, in: Granma, 11.06.2003: *Declaración del Ministerio de Relaciones Exteriores*: 4ff und Pérez Roque, Pressekonferenz im Ministerium für Auswärtige Angelegenheiten MINREX über die Beziehungen zur EU, 30.06.2003, Teilnahme der Autorinnen

- Reduzierung des Kulturaustauschs: die Austragung des Konflikts auf dem Rücken von Künstlern und Intellektuellen ist in den Augen Kubas ein Armutszeugnis.[404] Wegen Streitigkeiten um die kulturelle Zusammenarbeit wurde von Seiten Kubas im September 2003 das spanische Kulturinstitut geschlossen bzw. umbenannt.[405]
- Einladung von Oppositionellen zu Nationalfeiertagen in die EU-Botschaften: dieser Punkt missfiel Kuba sehr, da er laut Pérez Roque die Botschaften in Handlanger der US-Interessenvertretung und ihrer *„subversiven Aktivitäten"* verwandelt. Er stelle einen Angriff auf die Souveränität des Landes dar, dem auf legalem Wege wie im März entgegengewirkt werden würde.[406] Da die Einbeziehung der politischen Oppositionellen nur Ausdruck dessen sei, dass die EU sie als Teil der kubanischen Zivilgesellschaft ansieht, verteidigt die Vertretung der Europäischen Kommission in Havanna diese Entscheidung, die keinesfalls eine Einmischung in interne Angelegenheiten Kubas sei.[407] Die kubanische Staatsführung fasste dies anders auf und sieht seitdem von der Teilnahme an europäischen Empfängen in Havanna und auch von Einladungen von EU-Diplomaten zu kubanischen Feierlichkeiten ab. Kühn von Burgsdorff, Leiter der EU-Repräsentation, bedauerte auch, dass die ohnehin schon raren Kontakte seitdem ausschließlich auf Telefonate oder Mitteilungen begrenzt sind.[408]
- Nochmalige Überprüfung der „Gemeinsamen Position" der 15 Staaten: dies deutete der kubanische Außenminister als Androhung einer weiteren Verhärtung und machte Aznár wieder hauptverantwortlich für die *„feindlich gesinnte"* EU-Politik gegenüber Kuba.[409]

Die Demonstration gegen die spanische und italienische Regierung, die von EU-Politikern als nicht akzeptabel kritisiert wurde, hatte im Grunde nur bewirkt, dass die EU ihre Forderungen nach Demokratie und

---

[404] vgl. Pérez Roque, in: Granma, 11.06.2003: *Declaración del Ministerio de Relaciones Exteriores*: 4ff

[405] vgl. o.V.: *Außenpolitik Kubas*, www.auswaertiges-amt.de (13.01.04)

[406] vgl. Pérez Roque, in: Granma, 11.06.2003: *Declaración del Ministerio de Relaciones Exteriores*: 4ff

[407] vgl. Grogg, IPS Noticias, 10/03: *Cuba – Unión Europea: Relaciones en su peor momento*

[408] laut einem Interview mit den Autorinnen am 23. Juli 2003 in der EU-Vertretung in Havanna

[409] vgl. Pérez Roque, in: Granma, 11.06.2003: *Declaración del Ministerio de Relaciones Exteriores*: 4ff

Menschenrechten noch verstärkte. Die Besetzung der zweiten Hälfte der EU-Präsidentschaft 2003 durch Italien erwies sich ebenfalls als nicht gerade förderlich für den bereits fast völlig zerrütteten Dialog zwischen Kuba und der EU. Italien setzte sogar seine Hilfszahlungen für die Tropeninsel aus, weshalb zum Teil wichtige soziale Projekte unterbrochen werden mussten.[410] Spanien reagierte nach den Protestzügen in Havanna sachlicher als Italien. Ein Abzug der Botschaft aus Havanna, wie es von Italien bereits angedroht worden war, wurde gar nicht erst in Betracht gezogen. Es wurde nochmals betont, dass die Entscheidungen im Konsens aller Mitgliedsstaaten getroffen worden waren.[411] Von den etwa 20 europäischen Nichtregierungsorganisationen mussten sich schon einige aufgrund des politischen Drucks ihres Herkunftslandes zurückziehen. Im Juli 2003 kam es zu einer weiteren Verhärtung. Die EU teilte Kuba mit, dass die Entwicklungszusammenarbeit zwar weiterhin gefördert werden würde, jedoch nur in den Bereichen, die einem Übergang zur Demokratie dienlich seien und wenn die Bevölkerung direkten Nutzen von den Hilfsgeldern habe. Daraufhin verweigerte Castro *„aus Gründen der Würde“* noch im gleichen Monat die Annahme jeglicher offizieller Hilfsgelder, die direkt von der EU verwaltet werden.[412] Da entwicklungspolitische Zusammenarbeit und ausländische Investitionen angesichts des blockierten Zugangs zu internationalen Finanzquellen für die Insel eine große Rolle spielen, ist diese Entscheidung vor allem für das materiell immer mehr verarmende kubanische Volk sehr bedauernswert, obwohl laut Aussagen der kubanischen Regierung die EU-Finanzhilfen seit Bushs Amtsantritt sowieso bereits sprunghaft abgenommen hatten.[413] Das Auswärtige Amt Deutschlands, dass noch im gleichen Monat seine Sicherheitshinweise für Kuba-Reisende deutlich verschärfte, zeigte sich besonders enttäuscht darüber, dass Kuba seiner Beauftragten für Menschenrechtspolitik und humanitäre Hilfe Claudia Roth, einer international anerkannten Menschenrechtsbeauftragten, im September 2003 die Einreisegenehmigung ver-

---

[410] vgl. IPS Revista Mensual 06/03: *Cuba – UE: Relaciones en punto muerto:* 2f

[411] vgl. ebd.: 6

[412] vgl. Grogg, IPS Noticias, 10/03: *Cuba – Unión Europea: Relaciones en su peor momento* und IPS Revista Mensual 07/03: *Cuba – UE: Relaciones bilaterales al precipio:* 1

[413] vgl. Pérez Roque, Pressekonferenz im MINREX über die Beziehungen zur EU, 30.06.2003, Teilnahme der Autorinnen

weigerte, da seitens des kubanischen Staates keine Interesse an diesem Besuch bestände. Roth wollte dem Schicksal der politischen Häftlinge vor Ort genauer nachgehen.[414] Bei einem Interview mit der WELT äußerte sie sich folgendermaßen: *„Dass dieser Besuch verweigert wurde, ist kein gutes Zeichen für den inneren Zustand Kubas. [...] Man hat das Gefühl, ein Regime mauert sich ein. [...] Es gibt offenbar kein Interesse daran, Transparenz zuzulassen."* Auch mehreren ausländischen Journalisten war zu dieser Zeit die Einreise verweigert worden.[415] Die deutsche Regierung sagte im Gegenzug dazu im Sommer 2003 die Einladung der kubanischen Seite zur Buchmesse in Havanna im Februar 2004 ab.[416] Deutsche Solidaritätsgruppen jedoch richteten trotz der offiziellen Absage jeglicher Unterstützung der deutschen Regierung ein „Büro Buchmesse Havanna 2004" ein, sammelten Spenden, koordinierten die Aussteller und den Büchertransport und ermöglichten es dadurch, dass zwischen dem 05. und 15. Februar 2004 35 deutsche und zwei Schweizer Verlage auf der Buchmesse in Kuba vertreten waren.[417] Ein völliges Ausbleiben deutscher Aussteller auf einer Messe, die deutsche Literatur zu ihrem Hauptthema gekürt hatte, wäre ein zu großer Rückschlag für die deutsch-kubanischen Beziehungen gewesen.

Im September erging auch nochmals eine Resolution der EU mit der erneuten Bitte um Amnestie für die Dissidenten an Kuba, und Aznár empfahl der kubanischen Regierung eindringlich, dem Projekt Varela zu folgen.[418] Castro äußerte sich dazu folgendermaßen: *„Die EU gibt sich Illusionen hin, wenn sie behauptet, dass der politische Dialog fortgesetzt werden sollte. Über die Souveränität und die Würde eines Volkes wird mit niemandem diskutiert werden!"*[419] Der Botschafter Kubas in Europa Rodrigo Malmierca versicherte jedoch auch weiterhin, dass Kuba zu einem ehrlichen und konstruktiven Dialog jederzeit bereit wäre.[420] Auch die Vertretung der EU in Kuba, die weiterhin vor

---

[414] vgl. o.V.: *Claudia Roth wurde Visum für eine Reise nach Kuba versagt*, 25.09.2003, www.auswaertiges-amt.de (03.10.03)
[415] vgl. Heinen: *Roth auf Kuba nicht erwünscht*, 26.09.2003, www.welt.de (03.10.03)
[416] vgl. Grogg, IPS Noticias, 10/2003: *Cuba – UE: Relaciones en su peor momento*
[417] vgl. Gerber, in: Cuba Sí revista 01/04: *35 deutsche Verlage auf Buchmesse in Havanna*: 4
[418] vgl. IPS Revista Mensual 09/03: *Críticas de UE*: 23 und *Aznár recomienda*: 27
[419] vgl. IPS Revista Mensual 07/03: *Cuba – UE: Relaciones bilaterales al precipio*: 3
[420] vgl. IPS Revista Mensual 06/03: *Cuba – UE: Relaciones en punto muerto*: 4

Ort bleiben wird, zeigte sich daran interessiert ihre Interessen langfristiger Entwicklungszusammenarbeit zu verwirklichen und den Dialog wiederherzustellen.[421] Während die kubanische Regierung die Handlungen der EU seit dem Frühjahr 2003 als unter jeglichem Niveau beurteilte, wertete die interne Opposition Kubas die EU-Erklärungen als ein wichtiges Element zur Unterstützung der Solidarität mit dem kubanischen Volk und gab sich trotz aller Spannungen beruhigt, dass die Türen für einen Dialog offen bleiben sollten.[422]

Seit dem von Kuba begrüßten Machtwechsel in Spanien am 14. März 2004 setzte „Tauwetter" in der politischen „Eiszeit" ein. Kurz nach dem Sieg von José Luis Rodríguez Zapatero und der PSOE *(Partido Obrero Socialista Español)*, der Sozialistischen Arbeiterpartei Spaniens, wandte sich Castro in einem Schreiben an den neuen spanischen Staatschef, um ihm zu seinem Amtsantritt und für seine geplanten Vorhaben, wie z.B. den Truppenrückzug aus dem Irak, zu gratulieren. Dieser Brief wurde als Beginn einer gemeinsamen Annäherung gewertet. Am 23. April 2004 verlieh aber auch Zapatero in einem Interview mit der Zeitschrift *El Mundo* seiner Forderung nach Demokratie in Kuba und unter anderem nach der Freilassung des Schriftstellers Raúl Rivero Ausdruck. Im Mai 2004 kam es auf dem III. Gipfel zwischen Lateinamerika, Karibik und EU zu einem ersten Zusammentreffen von Regierungsvertretern beider Länder, dem spanischen Kanzler Miguel Ángel Moratinos und dem kubanischen Außenminister Felipe Pérez Roque. In dem Gespräch wurde die Bereitschaft beider Seiten zur Wiederaufnahme des Dialogs und zur Suche nach einer Lösung für die unbefriedigende Situation zwischen Kuba und der EU signalisiert. Auch diese Begegnung war jedoch wieder begleitet von der Forderung Spaniens nach mehr Freiheit und Menschenrechten auf der Insel.[423]

Seitens der USA wurde Kritik an dem Versuch Spaniens zur Annäherung an Kuba laut, denn noch auf der Versammlung der Organisation Amerikanischer Staaten Anfang Juni 2003 hatten die USA erneut ihrer

---

[421] vgl. Grogg, IPS Noticias, 10/03: *Cuba – UE: Relaciones en su peor momento*

[422] vgl. IPS Revista Mensual 06/03: *Cuba – UE: Relaciones en punto muerto*: 4 und IPS Revista Mensual 10/03: *Cuba – EE.UU.: Rechazo a postura del bloqueo europeo*: 16

[423] vgl. IPS Resumen Político Anual, 2005: 5f

Hoffnung Ausdruck verliehen, dass die EU und die USA eine gemeinsame Front gegen die Insel bilden könnten.[424]

Anfang Juli 2004 wurde Carlos Alonso Zaldívar als spanischer Botschafter nach Havanna gesandt, der schon die spanischen Botschaften in den USA, Korea und Israel geleitet hatte. Am 12. Oktober 2004 verkündete er auf einem Empfang in Havanna, dass Madrid und die EU damit begonnen hätten, ihren im Frühjahr 2003 eingeschlagenen Kurs zu überdenken. Noch im gleichen Monat forderte Spanien Kuba wieder zur Freilassung wenigstens einiger politischer Gefangener auf, um die Möglichkeit für eine Annäherung zu schaffen. Fast zeitgleich, am 15. Oktober 2004, wurde Jorge Moragas, einem Abgeordneten der spanischen PP *(Partido Popular)*, der sich bereits auf früheren Reisen nach Kuba intensiv mit Dissidenten getroffen hatte und sich in Spanien für einen Übergang Kubas zur Demokratie engagiert, in Havanna die Einreise nach Kuba verweigert. Die kubanische Regierung begründete dies mit dem als offene Provokation empfundenen Verhalten von Moragas.

Am 25. November traf sich der kubanische Außenminister dann erstmals mit dem neuen spanischen Botschafter. Ende November kamen außerdem sieben politische Gefangene aufgrund ihres schlechten Gesundheitszustandes frei, unter ihnen Raúl Rivero. Zusammen mit den sieben Personen, die Mitte des Jahres 2004 bereits entlassen worden waren, liegt die Zahl derer, die der Verhaftungswelle vom März 2003 zum Opfer gefallen waren, noch bei 61. Alarcón, Präsident der kubanischen Nationalversammlung ließ verlauten, dass diese Geste keinesfalls als Zeichen für eine Änderung der kubanischen Politik zu verstehen sei.

Am 26. November 2004 wurde in einer Erklärung der EU die Wiederaufnahme der Beziehungen zwischen Madrid und Havanna begrüßt. Dies sei aber nur ein erster Schritt, erst wenn in den Gefängnissen Kubas keine politischen Häftlinge mehr säßen, wäre Kuba auf dem richtigen Weg. Eine Lockerung der Sanktionen komme noch nicht in Frage und solle sorgfältig überdacht werden. Am 14. Dezember bat Kuba in einem Bericht an Brüssel darum, die politischen Sanktionen zu lockern, woraufhin eine Expertenkommission mehr Besuche hochrangiger Politiker, die europäische Teilnahme an kubanischen Kulturveranstaltun-

[424] vgl. Guilliard, 02.07.2003, www.antikriegsforum-heidelberg.de (23.01.04)

gen, eine Intensivierung der Kontakte mit der Zivilgesellschaft und die zeitweilige Aussetzung der Einladungen von Dissidenten zu Nationalfeiertagen in die europäischen Botschaften vorschlug. Dass es sich bei der EU um 25 Staaten handelt, macht die Entscheidung über die mit Kuba zu verfolgende Politik nicht einfach. Spanien, Belgien, Großbritannien, Portugal, Griechenland und auch Deutschland sind die Länder, die sich für eine Annäherung mit Kuba engagieren, ohne jedoch den Dialog mit der Opposition auf der Insel vernachlässigen zu wollen. Einer Wiederaufnahme des Kontakts mit Kuba vollkommen abgeneigt sind wiederum die Tschechische Republik und die Niederlande.[425]

Seit Mitte Mai 2005 haben die EU-Kuba-Beziehungen jedoch wieder ein mehr als frostiges Niveau erreicht, da vor dem am 20. und 21. Mai 2005 auf der Insel durchgeführten Dissidentenkongress einigen europäischen Politikern und Journalisten, die an der Veranstaltung teilnehmen wollten, entweder die Einreise nach Kuba gänzlich verweigert wurde oder aber, wie im Falle des deutschen CDU-Politikers Arnold Vaatz, diese kurz vorher aus dem Land ausgewiesen wurden.[426]

1.2.3.3 Genfer UN-Menschenrechtsresolution

Seit 1999 wird Kuba in der UN-Menschenrechtskommission jedes Jahr wegen Menschenrechtsverletzungen angeklagt.[427] Von kubanischer Seite wird die Genfer Kommission kritisiert, weil das hauptsächliche Engagement für die Präsentation der Resolution gegen Kuba jedes Mal stark von den Vereinigten Staaten von Amerika ausgehe und viele Länder regelrecht von den USA zu einer Stimmabgabe gegen Kuba unter Druck gesetzt würden.[428] Vor allem als die Mehrheit der EU-Mitgliedsstaaten kurz davor stand, sich auf die kubanische Seite zu schlagen, versuchten die USA, laut kubanischen Aussagen, diese

---

[425] vgl. IPS Resumen Político Anual, 2005: 5ff

[426] vgl. o.V.: *Ausgewiesener CDU-Politiker greift Kuba-Politik der EU an*, 21.05.2005, http://www2.welt.de (26.05.05)

[427] vgl. IPS Enfoque 04/03: *Cuba y la Convención de Cotonou*: 8 und vgl. Zeuske (a), 2000: 148

[428] vgl. o.V.: *Standpunkt – Der Jahrestag der Schweinebucht gibt Anlass, über das "business as usual" der USA zu reflektieren*, Radio Habana Cuba, 19.04.2002, www.cubasi.de (20.10.03)

Resolution auf die Tagesordnung zu bringen und fand mit der Tschechischen Republik 2000 einen ersten Partner, der sie einreichte.[429]

Die Meinung in der Genfer Runde zu Menschenrechten, in der Kuba auch als Mitglied vertreten ist, bleibt zwar gespalten, tendierte aber am 15. April 2005 wiederum zum Votum gegen Kuba.[430] Die Regierung der Insel, die die erneute Zensur sofort zurückwies, wurde nochmals aufgefordert, die Kommissionärin der UNO als Inspektorin ins Land zu lassen, was ebenfalls auf Ablehnung seitens Kubas stieß.[431]

Von einem Drittel der Staaten erhielt Kuba Rückendeckung, indem sich diese für eine gleichzeitige Zensur der US-Blockade aussprachen. Unter diesen Ländern befanden sich z.B. Argentinien, Brasilien und Venezuela.[432] Gerade im lateinamerikanischen Raum hat Kuba nicht gerade viele Fürsprecher, was Fidel zwar scharf verurteilt, jedoch die Schwierigkeit anerkennt, sich auf dem amerikanischen Kontinent angesichts des Drucks aus dem Norden gegen die USA zu widersetzen.[433]

1.2.3.4 Die Beziehungen zu lateinamerikanischen Staaten

Venezuela ist Kubas engster Verbündeter auf dem amerikanischen Kontinent und sein Haupthandelspartner. Die Insel hatte in der Vergangenheit auch das venezolanische Alphabetisierungsprogramm unterstützt.[434] Ende April 2005, während eines Besuchs von Hugo Chávez, dem venezolanische Präsidenten, der ein enger Freund und Vertrauter Fidel Castros ist, wurde eine Ausweitung der strategischen Allianzen der beiden Länder vereinbart. Zudem kam es im Rahmen der ALBA[435] *(Alternativa Boliviariana para las Amércias)* zum Abschluss von ins-

---

[429] vgl. IPS Enfoque 04/03: *Cuba y la Convención de Cotonou*: 8

[430] vgl. IPS Resumen Político Anual, 2005: 15

[431] vgl. o.V.: *La ONU aprueba, por primera vez, una resolución contra Cuba impulsada por Estados Unidos*, 14.04.2005, El Mundo, www.elmundo.es (12.05.05)

[432] vgl. IPS Revista Mensual 04/03: *Derechos humanos – Nueva censura a Cuba en Ginebra*: 15

[433] vgl. ebd.: 16

[434] vgl. IPS Revista Mensual 11/03: *Iberoamérica – Nueva ausencia de Castro Ruz:* 10

[435] Anm.: Die "Boliviarianische Alternative für den amerikanischen Kontinent" war ein Jahr zuvor von Chávez als Alternative zur ALCA (der von den USA initiierten Amerikanischen Freihandelszone) ins Leben gerufen worden. Der Handelsbund trägt den Namen des venezolanischen Freiheitshelden Simón Bolívar. Kuba hat das Jahr 2005 zum Jahr der ALBA erklärt. (vgl. IPS Resumen Político Anual, 2005:1)

gesamt 49 Kooperationsabkommen im Bereich von Gesundheit, Bildung und Energie.[436]

Das Verhältnis Kubas zu Brasilien und Ecuador kann ebenfalls als relativ entspannt angesehen werden.[437] Zu Argentinien konnten sich die Beziehungen bei einem Treffen der Außenminister im Oktober 2003 wieder stabilisieren. Dieses Treffen war auch Auftakt für den erneuten Botschaftereinsatz in Kuba.[438] Beide Länder fühlen sich vor allem durch „Che“ Guevara sehr verbunden. Nach Meinung des argentinischen Botschafters sollte die Integration Kubas und nicht seine Isolation in der Region vorangetrieben werden.[439] Argentinien hatte deshalb versucht Kuba zusätzlich zur Ausweitung der gegenseitigen Kooperation bei einem Vertragsabschluss mit dem MERCOSUR („4+1“) zu unterstützen, was sich aufgrund der Ablehnung Uruguays und Paraguays nicht einfach gestaltete. Die USA stärken Uruguay den Rücken, damit es seine Position gegen den „4+1“-Vertrag mit Kuba aufrechterhalten kann.[440] Uruguay hatte die diplomatischen Beziehungen zu Kuba sogar abgebrochen, die unter dem neuen, eher linksgesinnten Präsidenten des Landes, jedoch wieder aufgenommen wurden.[441] Im Dezember 2004 waren zwar auch die Beziehungen zu Argentinien durch einen abgelehnten Ausreiseantrag für eine Kubanerin nach Buenos Aires überschattet, können aber auch weiterhin als normal bezeichnet werden.[442]

Die Beziehungen zu Mexiko gleichen einem Pendeln zwischen Verhärtungen und leichten Entspannungen.[443] Im Frühjahr 2005 verschlechterten sie sich, unter anderem da Mexiko bei der Genfer Menschenrechtsresolution seine Stimme gegen Kuba abgegeben hatte.[444]

Zwischen August und November 2004 hatten sich auch die Beziehungen zu Panamá verhärtet, da dort vier Kubaner begnadigt worden wa-

---

436 vgl. IPS Revista Mensual 04/05: *Cuba Venezuela – Nuevos Pasos hacia la integración:* 1ff

437 vgl. IPS Resumen Económico Anual, 2003: 45 und IPS Revista Mensual 02/05: *Tiempos de armonía:* 1ff

438 vgl. IPS Revista Mensual 09/03: *Cuba Argentina – Sustancial mejoría:* 13ff

439 vgl. IPS Revista Mensual 11/03: *Otras – Argentina por acuerdo*: 20

440 vgl. IPS Revista Mensual 11/03: *Iberoamérica – Nueva ausencia de Castro Ruz:* 10

441 vgl. IPS Resumen Polítco Anual, 2005: 4

442 vgl. IPS Revista Mensual 02/05: *Tiempos de armonía:* 1ff

443 vgl. IPS Revista Mensual 04/03: *Vaticinan distanciamiento:* 30

444 vgl. IPS Revista Mensual 04/05: *Cuba México – De nuevo, nubes en las relaciones:* 1ff

ren, die als Drahtzieher für geplante Attentate auf Fidel galten. Auf Kubas Initiative hin wurden jedoch Ende 2004 die diplomatischen Beziehungen zwischen den beiden Ländern wieder aufgenommen.[445]

Von den Versammlungen der Organisation der Amerikanischen Staaten ist Kuba seit 1962 ausgeschlossen. Trotzdem ist es bei den Treffen Abwesender und Protagonist zugleich. Auch 2003 bestärkten die USA dort wieder ihre Bemühungen um eine gemeinsame Front gegen Kuba und die Etablierung der Gesamtamerikanischen Freihandelszone.[446] Kuba, das als einziges Land davon ausgegrenzt bleiben soll, ist gegen diese Annektionspläne der USA. Auf der Mai-Kundgebung des Jahres 2001 hatte Castro die 600.000 Teilnehmer zu einem Demonstrationsmarsch gegen die geplante amerikanische Freihandelszone zur US-Interessenvertretung aufgerufen und somit die erste lateinamerikanische Protestkundgebung gegen die ALCA initiiert.[447] Der Iberoamerikanische Gipfel, der im November 2003 in Bolivien stattfand, wurde im Vorfeld von den USA ideologisch gegen Kuba vorbereitet. An mehrere lateinamerikanische Staaten ergingen deshalb zuvor Sonderberichte über die Verschlechterung der Menschenrechtslage auf Kuba.[448]

1.2.3.5 Die Resolution Kubas gegen die US-Blockade

Im Spätsommer 2004 präsentierte der Außenminister Felipe Pérez Roque vor der UNO-Vollversammlung wieder die Resolution für die Aufhebung der Handelsblockade.[449] Seit 1992 ergeht nun bereits von Kuba alljährlich die Bitte an die UNO um Unterstützung gegen die aggressive US-Blockade-Politik. Die leichte Lockerung der Handelsblockade seit 2000 aus humanitären Gründen solle, laut Pérez Roque, keinesfalls als Flexibilisierung der US-Politik gegenüber Kuba aufgefasst werden.[450] Am 28.10.2004 erfolgte dann die Abstimmung über die Resolution, die Kuba eindeutig in seinem vorgetragenen Anliegen bestärkte, da sich wie auch im Vorjahr 179 Länder gegen die Blocka-

---

[445] vgl. IPS Resumen Polítco Anual, 2005: 4
[446] vgl. IPS Revista Mensual 06/03: *Cuba OEA – De nuevo en la mirilla:* 11
[447] vgl. Valencia, 01.06.2001, www.granma.cu (03.01.04)
[448] vgl. IPS Revista Mensual 11/03: *Iberoamérica – Nueva ausencia de Castro Ruz:* 11
[449] vgl. IPS Resumen Polítco Anual, 2005: 16
[450] vgl. IPS Resumen Económico Anual, 2003: 15

depolitik der USA aussprachen (siehe Abbildung 2). Auch die EU-Staaten stimmten geschlossen gegen die US-Blockadepolitik. Dieses Mal gab es vier Voten für die Aufrechterhaltung der Blockade (USA, Israel, Marshallinseln, Palau) und eine Enthaltung (Mikronesien).[451]

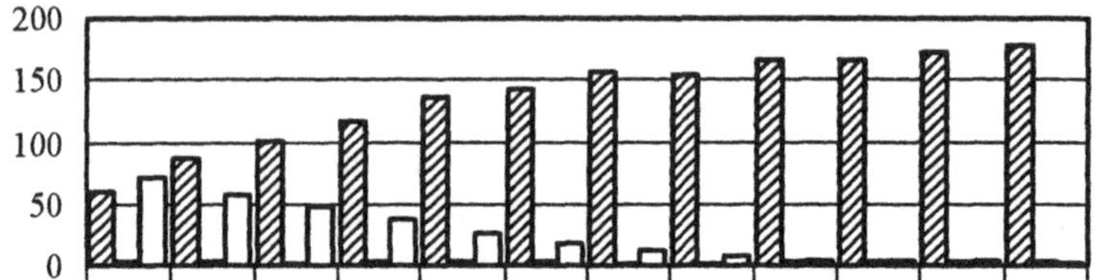

	1992	1993	1994	1995	1996	1997	1998	1999	2000	2001	2002	2003
Befürworter	59	88	101	117	137	143	157	155	167	167	173	179
Gegner	3	4	2	3	3	3	2	2	3	3	3	3
Enthaltungen	71	57	48	38	25	17	12	8	4	3	4	2

Abbildung 2 *Ergebnisse der UNO-Resolution bzgl. der US-Blockadepolitik Quelle: IPS Revista Mensual 11/03: Cuba EE.UU. – El mundo contra el embargo: 1 und o.V.: Resultados de la votación de la ONU, 04.11.2003, www.granma.cubaweb.cu (07.11.03)*

Es besteht jedoch die Tendenz, dass kubanische Politiker jegliche negative Entwicklung in Kuba generell auf die US-Blockade schieben. Mit Veranstaltungen des Außenministeriums zur Aufklärung der kubanischen Bürger über die schädigenden Auswirkungen des US-Embargos haben bisher bereits über 120 Konferenzen für die Bevölkerung zu diesem Thema stattgefunden.[452] Eloy Gutiérrez Menoyo, Oppositioneller und Menschenrechtsaktivist in Kuba, brachte sein Unwohlsein angesichts dieser verzerrt dargestellten Realität zum Ausdruck: natürlich sei die Blockade aufs Schärfste zu verurteilen, sie allein sei jedoch nicht an der misslichen Situation des Landes schuld.[453] Bisher hat sie der zentralistischen Herrschaftsform und der politischen Macht Fidels sogar zur Festigung gedient, da jegliche Repression ge-

[451] vgl. IPS Resumen Polítco Anual, 2005: 16
[452] vgl. IPS Revista Mensual 10/03: *Ofensiva contra el embargo*: 7
[453] vgl. IPS Revista Mensual 11/03: *Cuba EE.UU. – El mundo contra el embargo*: 1

genüber Andersdenkenden mit der Verteidigung der Ideale der Revolution gegenüber dem Feind im Norden begründet wird.[454]

1.2.4 Zusammenfassung der politischen Entwicklung

Abschließend lässt sich sagen, dass die USA seit Ende des 19. Jahrhunderts durch ihre Interessensansprüche auf Kuba die Entwicklung der Insel enorm beeinflussten und noch immer beeinflussen. Zum einen zeigte sich dies durch die Revolution, mit der sich Kuba dem US-Machtbereich entzog, und durch seinen regelrecht notwendigen kommunistischen Sonderweg, mit dem es die neue Souveränität zu wahren versuchte, und zum anderen durch die Reaktion der USA mit Sanktionismus auf das Verhalten der „abtrünnigen Kolonie". Diese Bedingungen beeinflussen die Entwicklung Kubas bis heute.

Immer dann, wenn es bisher nach leichter Entspannung zwischen beiden Staaten aussah, verhärtete sich die Situation abrupt wieder. Jimmy Carter merkte an, dass der erste Schritt zur Besserung der Beziehung von den USA kommen sollte. Auch laut den moderaten Kreisen der kubanischen Opposition, sollten die USA ihre Politik um 180° drehen und endlich zulassen, dass Kuba ohne die Notwendigkeit zu protektionistischen Maßnahmen seine eigenen politischen Kontroversen löst.[455]

„[...] Das Traurigste an dieser Geschichte ist, dass die Welt nie erfahren wird, welche Gesellschaft Kuba hätte hervorbringen können, wenn es sich selbst überlassen worden wäre, wenn es nicht dauernd unter Beschuss und unter Bedrohung durch eine Invasion gestanden hätte, wenn es ihm erlaubt gewesen wäre, sich zu entspannen und in seinen Kontrollmechanismen nachzulassen. Der Idealismus, die Vision, das Talent, der Internationalismus, das alles war da. Aber wir werden es nie erfahren. Und das war ja auch Sinn der Sache." [456]

---

[454] vgl. Zeuske (a), 2000: 149

[455] vgl. Revista Mensual 05/03: *Cuba UE – El doble juego*: 3

[456] Blum, 22.10.2001: 6, www.zmag.org (10.01.04), Übersetzung durch die Autorinnen

1.3 Politisches System Kubas

1.3.1 Partei- und Staatsapparat

1.3.1.1 Politisches Schwergewicht Fidel Castro

Wenn man über Kubas Partei- und Staatsapparat spricht, muss man in erster Linie von Fidel Castro sprechen, der im Grunde alle zentralen politischen Machtpositionen des Landes auf sich vereint. In seiner Funktion als Vorsitzender des Staats- und Ministerrats ist er das Oberhaupt des kubanischen Staates und Regierungspräsident. Außerdem übt er die Funktion des Ersten Sekretärs des Politbüros der Kommunistischen Partei aus und ist formal Oberbefehlshaber der kubanischen Streitkräfte.[457] Die kubanische Verfassung lässt eine solche Ämterkonzentration auf eine bzw. wenige Personen und damit auch die Monopolisierung der politischen Entscheidungsfindung zu.

Fidel Castro wurde am 06. März 2003 zum sechsten Mal seit 1976 von der Nationalversammlung wieder als Staatsoberhaupt bestätigt. In seiner Rede zum Amtsantritt brachte er sehr deutlich zum Ausdruck, dass mit seinem Rücktritt auf keinen Fall zu rechnen sei: *„Ich verspreche Euch, dass ich bei Euch sein werde, wenn das Euer Wunsch ist, solange ich mir bewusst bin, dass ich nützlich sein kann und wenn es die Natur nicht vorher anders entscheidet; und das keine Minute weniger noch eine Sekunde länger. Jetzt verstehe ich, dass mein Schicksal nicht war, zur Welt zu kommen und dann am Ende des Lebens Ruhe zu haben."*[458] Die Macht Fidel Castros ist jedoch auch außerhalb der zentralen politischen Entscheidungsebenen institutionalisiert. So z.B. ist ihm eine Beratergruppe fachlich versierter, loyaler, junger Kader persönlich unterstellt, deren Kontrolle nur ihm obliegt und die keinem der legislativen oder exekutiven Staatsorgane angegliedert ist.[459]

Ein im Exil lebender kubanischer Historiker bezeichnete Fidel Castro sogar als *„einzige Person mit vollen politischen Rechten"* im Staat und auch als einzigen, *„der in Kuba ohne Gefahr konterrevolutionär oder antikommunistisch sein darf, weil dies in seinem Fall als eine*

---

[457] vgl. Hoffmann, 2000: 100

[458] vgl. IPS Revista Mensual 03/03: *Gobierno – Castro Ruz sigue al mando*: 1f, Übersetzung durch die Autorinnen

[459] vgl. Burchardt, 1999: 156

persönliche Ideologie, als elementares Recht des Menschen verstanden wird.“[460] Der bis 1999 als Außenminister fungierende Roberto Robaina beschrieb Fidel Castros Macht und seinen enormen Einfluss auf die kubanische Entwicklung wie folgt: *„Auf Kuba verändert sich nur das, was Fidel zur Änderung freigibt.“*[461]

Für Aufsehen sorgte allerdings am 20. Oktober 2004 die Nachricht, dass Fidel in Santa Clara vor 27.000 Menschen nach seiner Rede beim Verlassen der Tribüne stolperte und zu Fall kam. Obwohl er sich nur leichte Verletzungen zuzog, deren Folgen schnell wieder verheilt waren, hatte dieser Sturz weltweit Diskussionen um den Gesundheitszustand des *comandante en jefe* und die Zukunft des Landes verursacht.[462]

1.3.1.2 Raúl Castro – in den Fußspuren seines Bruders

"Die Abwesenheit von Fidel Castro würde das Fehlen des brillantesten und intelligentesten Genossen mit einer außerordentlichen moralischen Autorität bedeuten, aber dies beendet nicht die Revolution. "
Ricardo Alarcón de Quesada (2001)[463]

Raúl Castro ist in allen Ämtern seines Bruders als Stellvertreter eingesetzt.[464] Fidel äußerte sich, beim letzten Parteitag 1997, über die Bedeutung seines Bruders für Kuba wie folgt: *„Ihr wisst, wie viel es für unsere Partei und unsere Revolution bedeutet, einen zweiten Sekretär zu haben, einen Führer, einen Ersatz für alles und speziell für mich. [...] Die Partei muss Raúl stärker pflegen als mich selbst, denn ihm verbleibt mehr Jugend und mehr Energie.“*[465]Als Fidel Castro im März 2003 wieder als Regierungsvorsitzender gewählt wurde, bestätigte die Volksvertretung gleichzeitig auch Raúl wieder als Vize in all seinen Ämtern.[466]

Die direkte Nachfolge Fidels wird somit nach seinem Tod auf jeden Fall Raúl antreten. Dieser wird das große politische Erbe seines Bruders sicherlich eine gewisse Zeit lang souverän verteidigen können, da

---

[460] vgl. Burchardt, 1999: 157
[461] vgl. Burchardt, 1996: 174
[462] vgl. IPS Resumen Político Anual, 2005: 1
[463] Alarcón de Quesada, 05.02.2001
[464] vgl. Hoffmann, 2000: 100
[465] vgl. ebd.: 125f
[466] vgl. IPS Revista Mensual 03/03: *Gobierno – Castro Ruz sigue al mando*: 1f

er innerhalb des kubanischen Staates einen hohen Status genießt. Außerdem wird auch das systemtreue Militär die Lage zu kontrollieren wissen. Das heißt, dass nach dem Tod Fidels vermutlich die Systemintegrität nicht sofort gefährdet sein wird. Von großer Bedeutung wird aber sein, ob es ihm gelingen wird, die dringend notwendigen Reformen von innen heraus zu forcieren, um damit die Überlebensfähigkeit des Fundaments des kubanischen Systems und seiner Entwicklungsziele zu sichern. Auf mögliche Szenarien der kubanischen Entwicklung nach den Brüdern Castro wird im Abschnitt 1.4 eingegangen.

1.3.1.3 Exekutive und Legislative

Gewaltenteilung besteht auf Kuba nur im Sinne einer Aufteilung der Funktionen. Eine Trennung der legislativen, exekutiven und judikativen Gewalt liegt nicht vor.[467]

Nationalversammlung der Volksmacht

Die Nationalversammlung steht seit 1976 als Einkammerparlament mit 609 Abgeordneten an der Spitze der föderalistisch gegliederten Verwaltungsebenen. Sie ist das wichtigste Entscheidungsorgan der Regierung. Ihr sind die 15 Provinz- und 169 Gemeindeparlamente untergeordnet.[468] Diese Instanzen, in denen 1.199 Delegierte tätig sind, können jedoch mehr als Erfüllungsgehilfen für die zentral geplante nationale Politik verstanden werden.[469] Die zentralen Entscheidungsebenen des Staates sind laut Verfassung die Nationalversammlung, der Staats- und der Ministerrat.[470] Seit 1976 fanden insgesamt 11 Wahlgänge für die Volksvertretung statt, der letzte wurde Mitte Januar 2003 durchgeführt. Die Nationalversammlung, deren Abgeordnete aller fünf Jahre neu gewählt werden müssen, weist momentan in ihrer Besetzung folgende Charakteristiken auf:[471]

---

[467] vgl. Burchardt, 1999: 194

[468] vgl. IPS Revista Mensual 01/03: *Gobierno – Elecciones a la cubana*: 10 und Offizielle Website der kubanischen Nationalversammlung, www.parlamentocubano.cu (23.01.04)

[469] vgl. MINJUS, 31.01.2003: *Constitución de la República de Cuba*, Art. 105 y 106

[470] vgl. MINJUS, 31.01.2003: *Constitución de la República de Cuba*, Capítulo X (Art. 69 - 101)

[471] vgl. IPS Revista Mensual 01/03: *Gobierno – Elecciones a la cubana*: 11 und IPS Revista Mensual 03/03: *Gobierno – Castro Ruz sigue al mando*: 3

- Der Frauenanteil ist mit 219 Delegierten höher als zuvor.
- Ein Viertel aller Abgeordneten wurden nach 1959 geboren und entstammen somit einer historisch etwas anders geprägten Generation.
- Der Altersdurchschnitt liegt bei 47 Jahren.
- Ein Drittel aller Abgeordneten sind Afrokubaner und Mestizen.
- 99% aller Delegierten haben einen Universitätsabschluss.
- Es gibt drei evangelische Vertreter unter den Abgeordneten, was vor der Verfassungsreform 1992 undenkbar gewesen wäre.

Die Nationalversammlung tagt jedoch als Volksvertretung nur zweimal pro Jahr.[472] Bei diesen Zusammenkünften erfolgt u.a. die Ratifizierung des Staatshaushalts und der wirtschaftlichen Planvorgaben. Außerdem wird die generell zu verfolgende Linie in Innen- und Außenpolitik bestätigt.[473] In der sitzungsfreien Zeit wird das Parlament vom Staatsrat repräsentiert.[474] Die politische Macht ist demnach bei Staats- und Ministerrat konzentriert, wo Fidel Castro, der allerdings auch Abgeordneter der Nationalversammlung ist, den Vorsitz hat. Aber auch in diesen Organen liegt die wirkliche Entscheidungsgewalt in den Händen einiger weniger Personen um den Staatschef. Mehr noch: dieser kleine Personenkreis stellt gleichzeitig die Parteispitze, denn die bedeutendsten Staats- und Ministerratsmitglieder sind im Politbüro der PCC vertreten. Diese Verschmelzung der Entscheidungsebenen hat im Grunde ein einziges großes Machtorgan entstehen lassen.

Staatsrat

Der Staatsrat hat exekutive und vor allem legislative Verfügungsgewalt. Seine 31 Mitglieder werden von der Nationalversammlung ernannt. Laut Verfassung ist der Staatsrat ein Organ der Nationalversammlung. Der Präsident der Nationalversammlung nimmt auch regelmäßig an den Staatsratssitzungen teil.[475] Der Staatsratsvorsitzende ist verfassungsgemäß gleichzeitig Staatsoberhaupt und Regierungschef,[476] welcher den kubanischen Staat auf nationaler und internatio-

[472] vgl. Hoffmann, 2000: 100
[473] vgl. Burchardt, 1999: 195
[474] vgl. Cámara de Comercio de la República de Cuba, 2002 (d): 9
[475] vgl. MINJUS, 31.01.2003: *Constitución de la República de Cuba*: Art. 81
[476] vgl. ebd.: Art. 74

naler Ebene repräsentiert.[477] Von Nationalversammlung und Staatsrat werden Fachkommissionen beschäftigt, die den beiden obersten Regierungsorganen beratend zur Seite stehen.[478]

Ministerrat

Vom Ministerrat werden unter anderem die zentralen Planvorgaben erarbeitet und der Staatshaushalt definiert. Er gibt auch die Richtung für die Innen- und Außenpolitik des Landes vor. Der Außenhandel Kubas fällt somit unter sein Ressort. Seine Mitglieder werden ebenfalls von der Nationalversammlung ernannt. Deren Anzahl (momentan 36) und Funktionen innerhalb des Rates sind jedoch nicht in der Verfassung festgeschrieben und können somit Veränderungen unterliegen. Den Vorsitz dieses Organs hat automatisch der Staatsratsvorsitzende in seiner Funktion als Regierungschef inne. Auch seine Stellvertretung ist analog zu der des Staatsrats geregelt. Besonders wichtig für Entscheidungen des Rates ist das Exekutivkomitee, das sich aus dem Staatsratsvorsitzendem, seinem ersten Stellvertreter und fünf weiteren Vizepräsidenten zusammensetzt.[479]

1.3.1.4 Judikative

Die obersten Organe des kubanischen Rechtssystems sind der Oberste Volksgerichtshof und die Generalstaatsanwaltschaft der Republik Kuba. Sie unterstehen der Nationalversammlung und dem Staatsrat. Der Justizminister berät die Regierung in rechtlichen Fragen.

Oberster Volksgerichtshof

Alle Gerichte Kubas sind staatliche Einrichtungen. Sie sind jedoch je nach ihrer Funktion unabhängig voneinander. An diesen Gerichten sind sowohl Berufs- als auch Laienrichter tätig. Der Oberste Gerichtshof gilt stets als letzte Instanz. Nur im Falle der Entscheidung über die Verhängung der Todesstrafe wird der Staatsrat angehört.

---

[477] vgl. ebd.: Art. 89

[478] vgl. Offizielle Website der kubanischen Nationalversammlung, www.parlamentocubano.cu (23.01.04)

[479] vgl. MINJUS, 31.01.2003: *Constitución de la República de Cuba*, Art. 95 - 100

Generalstaatsanwaltschaft

Ihr obliegt die Überwachung der Einhaltung der Verfassungsprinzipien und der Gesetze Kubas. Dieses Organ erhält seine Anweisungen direkt vom Staatsrat. Seine Einrichtungen sind über die gesamte Nation verteilt.[480]

1.3.1.5 Institutionen der zentralstaatlichen Verwaltung

Hierzu zählen 27 Ministerien und vier Nationalinstitute.[481] Im April 1994 fand eine für diese Institutionen einschneidende politische Veränderung statt. Vor allem die Ministerien, aber auch Zentralverwaltungsstellen wurden im Zuge dieser Reform verkleinert und „schlanker" gemacht. Der Rationalisierung wegen wurden viele Staatsangestellte auf Gemeindeebene eingesetzt.[482] Die zentralistischen Verwaltungsprinzipien wurden jedoch trotzdem weiter ausgebaut.[483] So wird auch in den betreffenden Ministerien alles zentral entschieden, was in das jeweilige Ressort fällt, egal ob z.B. die Provinz- und Gemeindeverwaltungen von Las Tunas[484] ihre landwirtschaftliche Situation besser einschätzen kann als das Agrarministerium in Havanna, welches Jahr für Jahr den Provinzen und Bezirken die zentralen Pläne vorschreibt.

1.3.1.6 Kommunistische Partei Kubas – PCC

Kuba ist eine sozialistische Republik mit Einparteienherrschaft. Neben der Kommunistischen Partei Kubas ist keine weitere Partei zugelassen. In der Verfassung (Art. 5) ist ihr uneingeschränkter Führungsanspruch festgeschrieben.[485] In der politischen Landschaft fehlt jegliche Opposition. Bisher wurde gegen oppositionelle Gruppen mit Repression vorgegangen. Der hauptsächliche Grund für das Fehlen politischer Opposition in Kuba ist jedoch auch, dass es an Handlungsalternativen mangelt. Der bisher im Untergrund agierenden kubanischen

---

[480] vgl. Offizielle Website der kubanischen Nationalversammlung, www.parlamentocubano.cu (23.01.04)
[481] vgl. Offizielle Website der kubanischen Regierung, www.cubagob.cu (04.03.04)
[482] vgl. Burchardt, 1996: 180
[483] vgl. Burchardt, 1999: 197
[484] Anm.: Provinz im Nordosten Kubas
[485] vgl. MINJUS, 31.01.2003: *Constitución de la República de Cuba*: Art. 5

Opposition wird es kaum gelingen, nationale Souveränität zur obersten Maxime ihres Programms zu machen, da sie von den USA gezielt gefördert werden, um genau diese der Insel streitig zu machen.

Auch politische Würdenträger der eigenen Reihen, die sich nicht parteikonform genug verhalten, werden nicht gerade „mit Samthandschuhen" behandelt. Ihnen wurde bisher von der Parteispitze, sobald sie mit Reformvorschlägen unangenehm auffielen, oft Korruption vorgeworfen, um sie aus ihren Ämtern entbinden zu können.[486]

Entstehung der Partei

Im Falle Kubas war es nicht die Partei, die die Revolution organisierte, sondern die Revolutionsführung institutionalisierte ihre Macht über die Gründung der PCC. Alle Parteien, mit Ausnahme der Sozialistischen Volkspartei PSP, wurden mit dem Sieg von 1959 aufgelöst. Die PSP und zwei andere Volksbewegungen wurden 1961 zur Integrierten Revolutionären Organisation ORI zusammengeschlossen, um der Herausbildung unabhängiger konkurrierender Strömungen gleich von Beginn an Einhalt zu gebieten. Zu diesem Zweck wurden alle Mitglieder der neuen Kaderpartei seitdem auf ihre Loyalität gegenüber der Revolutionsführung hin geprüft, was in den Jahren bis 1965 zu starken Fluktuationen und somit zu einer „Säuberung" in den eigenen Reihen führte. In jenem Jahr ging daraus dann offiziell die PCC hervor – eine Fidel Castro und der Revolution ohne Wenn und Aber unterstehende Partei.[487]

Mitgliederrekrutierung

Die PCC versteht sich nicht als Massenpartei, sondern als Avantgarde der kubanischen Gesellschaft.[488] Dementsprechend fein selektiert ist auch ihr Mitgliederkreis. Bis Mitte der 90er Jahre waren nur etwa 6% der gesamten Bevölkerung Parteimitglieder. Mittlerweile ist dieser Anteil um 2% gewachsen – wohl als Resultat der neuen Rekrutierungsbemühungen der PCC seit Beginn der Krisenjahre.[489] Dieser Kreis der „Auserwählten" demonstriert nach außen Geschlossenheit in

[486] vgl. Burchardt, 1999: 159
[487] vgl. Hoffmann, 2000: 89f
[488] vgl. MINJUS, 31.01.2003: *Constitución de la República de Cuba*: Art. 5
[489] vgl. Burchardt, 1999: 196

seiner ideologischen Linie.[490] Die Mitgliedschaft in der Partei ist jedoch keine zwingende Voraussetzung, um in den Regierungsorganen zu agieren. Dort ist nicht die Parteidisziplin ausschlaggebendes Kriterium, sondern vielmehr die über Jahre hinweg bewiesene Treue zu Fidel. Viele der bedeutendsten Vertrauten Fidel Castros an der Spitze der Regierung sind deshalb bis heute keine Mitglieder der PCC.[491]

Der Nachwuchs für die Partei wird aus der *Unión de Jóvenes Comunistas* UJC, dem Kommunistischen Jugendverband, rekrutiert. Er ist nicht den Massenorganisationen zuordenbar, sondern ist vielmehr ebenso wie die Partei als Organisation eines kleinen Kreises von Auserwählten mit herausragendem sozialistischem Verhalten zu sehen.[492]

Parteitage als ideologische Richtungsweiser

Seit dem ersten Parteitag 1975 fanden insgesamt fünf dieser Versammlungen statt. Als Resultat des IV. Parteitag im Jahr 1991 wurden die Reihen der Parteileitung deutlich verjüngt, Religionsangehörige wurden für die politische Arbeit zugelassen und die parteilichen Entscheidungsebenen wurden gestrafft. Außerdem wurden wichtige Grundsteine für eine Reform der Verfassung und des Wahlgesetzes gelegt.[493]

Der bisher letzte Parteikongress im Herbst 1997 war mit großem propagandistischem Aufwand vorbereitet worden. Es wurde versucht, die seit 1990 herrschende Krise ideologisch in die lange historische Tradition des kubanischen Widerstands einzuordnen, um das Verständnis der breiten Massen für die Entscheidungen der Regierung und der Partei wiederzuerlangen bzw. zu festigen und den Kongress im Zeichen der Kontinuität erscheinen zu lassen. Ausländische Pressevertreter und andere Beobachter waren nicht zugelassen. Der V. Parteitag verfolgte auch weiterhin die Tendenz der Verkleinerung seiner zentralen Gremien. Es wurden wieder einige wichtige Personalentscheidungen getroffen und Auswechslungen in der Führungsriege vorgenommen. Fidel und Raúl Castro jedoch wurden erneut in ihren leitenden Ämtern bestätigt. Ihre Machtfülle wurde sogar noch ausgeweitet, da der Kon-

---

490 vgl. Burchardt, 1996: 173
491 vgl. Hoffmann, 2000: 91
492 vgl. ebd.: 92
493 vgl. Zeuske (a), 2000: 140

gress von der Parteiführung nun auch bei großen geplanten Veränderungen nicht mehr zuvor konsultiert werden muss. Wirkliche politische Reformen waren angesichts der verhärteten innenpolitischen Situation nicht zu erwarten gewesen und wurden auch nicht debattiert. Vielmehr gab es Durchhalteappelle und in den Diskussionen über die wirtschaftlichen Schwierigkeiten des Landes wurde festgelegt, mehr denn je alle nationalen Ressourcen für die Abwehr der subversiven US-Aktivitäten zu mobilisieren. In diesem Zusammenhang wurde von Fidel unterstrichen, dass der Sozialismus und die führende Rolle der Partei für Kuba überlebensnotwendig seien. Der nächste Parteitag hätte im Jahr 2002 stattfinden müssen, wurde aber ausgesetzt.[494]

Leitorgane der Partei

Die höchsten Parteigremien sind das Zentralkomitee und das Politbüro. Auf diese beiden Organe ist die Entscheidungsgewalt innerhalb der Partei konzentriert, wobei sich im Laufe der Zeit die Machtbefugnisse mehr in Richtung Politbüro verschoben haben.[495] Auf Provinz- und Gemeindeebene existieren wie auch im Regierungsbereich wenig politische Gestaltungsmöglichkeiten.[496]

Diese Gremien hatten beim Parteitag von 1997 besonders „zu leiden". Im Zuge der immer zu den Parteitagen stattfindenden Neuwahlen wurden im nunmehr repräsentativen Zentralkomitee ein Drittel der Sitze gestrichen und auch im Politbüro wurden zahlreiche Stellen unter dem Vorwurf ineffizienter Arbeitsweise ausgewechselt, womit es auch zu einer erneuten Verjüngung in den Reihen der Parteiführung kam. Vor allem war durch das auf diese Weise neu erlangte Gleichgewicht zwischen Gegnern und Befürwortern von Reformen innerhalb der obersten Riege das von Castro seit jeher verfolgte Kalkül der Ausbalancierung der politischen Strömungen innerhalb der Partei wieder aufgegangen.[497]

---

[494] vgl. Burchardt, 1999: 128ff
[495] vgl. ebd.: 196
[496] vgl. Burchardt, 1996: 173
[497] vgl. Burchardt, 1999: 133

1.3.1.7 Massenorganisationen

Über die Institution der Massenorganisationen soll der Bevölkerung zwar die politische Mitbestimmung, im Sinne von Interessenvertretungen der jeweiligen Gruppe, ermöglicht werden, gleichzeitig und hauptsächlich dienen die Organisationen im zentralistischen System aber der Übermittlung der Entscheidungen „von oben nach unten". Die Massenorganisationen sind eng mit der Partei verbunden und ebenso auf allen Verwaltungsebenen vertreten. Da sie eine wichtige Rolle bei der Integration und Mobilisation der gesamten Bevölkerung spielen, stellen sie ein bedeutendes Instrument zum Machterhalt der Regierung dar.[498]

Massenorganisationen versus Zivilgesellschaft

Seit jeher wurden zivilgesellschaftliche Strukturen von der revolutionären Führungselite mit Misstrauen behandelt. Es wurde versucht, sie zu unterdrücken und stattdessen den Staat jeglichen politischen und sozialen Raum ausfüllen zu lassen, um Tendenzen zu gesellschaftlicher Pluralität zu unterbinden und das staatliche Monopol in allen gesellschaftlichen Bereichen zu sichern. Da unter dem Begriff der Zivilgesellschaft *„heute in der Regel die vielfältigen Erscheinungsformen von Organisationen, Vereinigungen, Kooperativen, kommunikativen Netzwerken innerhalb und zwischen verschiedenen Gruppierungen außerhalb des Staates und der politischen Parteien"* zusammengefasst werden, sind die kubanischen Massenorganisationen im Sinne einer Zivilgesellschaft für das westliche Demokratieverständnis nicht ausreichend.[499] Die kubanische Machtelite beschimpfte gerade diese westlichen Ansätze als „konterrevolutionär" und bezeichnete seine eigenen sozialen Organisationen als die wahre Zivilgesellschaft, da diese gemeinsam mit dem Staat am Erhalt des Sozialismus und nicht an seinem Untergang arbeiteten. Dabei wird dem Zivilen totale Systemloyalität abverlangt.[500]

Seit den Krisenjahren der 90er konnten sich, wie aus dem historischen Abriss des politischen Umfeldes ersichtlich, neben den vom Staat durchdrungenen Massenorganisationen dennoch zivilgesellschaftliche

---

[498] vgl. Hoffmann, 2000: 92
[499] Burchardt, 1999: 203f
[500] vgl. Burchardt, 1999: 209f

Strukturen im westlichen Sinne herausbilden, denen jedoch vom Staat seit 1996 mit repressiven Maßnahmen entgegengewirkt wird.

Kubanische Nichtregierungsorganisationen

Hierbei handelt es sich großteils um früher staatliche Organisationen, die nun als Partner für weltweite Solidaritätsprojekte mit Kuba agieren. Auf der Insel gibt es über 2000 solcher Organisationen, die offiziell vom Staat anerkannt sind. Aufgrund der straffen Zügel des Machtapparates gibt es unter ihren Reihen kaum Abweichungen von der staatlichen Linie. Deshalb werden sie im kubanischen Sprachgebrauch auch des Öfteren Neo-Regierungs-Organisationen genannt. Das Zentrum für Amerika-Studien CEA z.B. fiel seit 1994 in die Ungunst der Regierung, da es sich durch externe Finanzierungen vom Staat unabhängiger machen wollte. 1996 wurde dem durch einen fast kompletten Personalwechsel innerhalb der NGO entgegengesteuert. Seitdem verhält sich das Zentrum wieder staats- und parteikonform. Die Befürchtung einer exilkubanischen Instrumentalisierung der international tätigen NGOs lässt die kubanische Regierung von ihren offiziell anerkannten Organisationen in diesem Bereich absolute Systemtreue einfordern.[501]

Die Mehrheit der Kubaner auf der Insel ist Mitglied in einer der Organisationen. Bereits seit der Gründung der Massenorganisationen ist die Mitgliedschaft quasi gesellschaftliche Pflicht. Andersgesinnte, die sich ihnen nicht anschließen wollten, wurden und werden automatisch als Gegner der Revolution kategorisiert und dementsprechend schikaniert. Was das Engagement der Mitglieder betrifft, so ist dieses bei den meisten tendenziell eher zu passiver Teilnahme übergegangen.[502] Vor allem das Interesse der Jugend an „ihren" Verbänden hat seit Anfang der 90er stark abgenommen. Ursache hierfür sind besonders auch die unpopulären Sitzungsexzesse zu unattraktiven Themen, für die die Massenorganisationen bekannt sind.[503]

---

[501] vgl. Burchardt, 1999: 210f
[502] vgl. Hoffmann, 2000: 92
[503] vgl. Burchardt, 1999: 214

CDR	*Comite de la Defensa de la Revolución*[504]	Komitees zur Verteidigung der Revolution
CTC	*Central de Trabajadores Cubanos*	Einheitsgewerkschaft (Zusammenschluss von 19 Einzelgewerkschaften, ca. 96% aller Beschäftigen)
FMC	*Federación de Mujeres Cubanas*	Verband der kubanischen Frauen (Beitritt ab 14. Lebensjahr, Vorsitzende: Ehefrau Raúl Castros)
ANAP	*Asociación Nacional de Agricultores Pequeños*	Kleinbauernverband
FEU	*Federación Estudiantil Universitaria*	Studentenbund
FEEM	*Federación de Estudiantes de la Enseñanza Media*	Mittelstufenschülervereinigung
UPC	*Unión de Pioneros de Cuba*	Pioniervereinigung ab der 1. Schulklasse

Tabelle 1 *Die kubanischen Massenorganisationen*
Quelle: vgl. Hoffmann, 2000: 92

Zusätzlich wurden 1994 so genannte Arbeiterparlamente in allen kubanischen Betrieben zur basisnahen Diskussion von Reformvorschlägen der Nationalversammlung eingerichtet. Diese von kubanischer Regierungsebene zwar als sehr demokratisch hochstilisierte neue Form politischer Mitbestimmung verfolgt im Grunde nur das Ziel der Vorbereitung der Bevölkerung auf bevorstehende eher unangenehme Krisenmaßnahmen der Regierung und wird auch von den meisten Arbeitern als eher irrelevante Einrichtung angesehen.[505]

Rolle der Gewerkschaft

Bis Mitte der 70er Jahre verfügte die Gewerkschaft als Massenorganisation über einen recht großen Spielraum gegenüber dem Staat. Es gelang ihr, die Arbeitsmoral der Werktätigen um ein Vielfaches zu steigern, was sie zu einem wichtigen Stabilitätsfaktor machte.[506] Heutzutage jedoch dient sie fast nur noch als Erfüllungsgehilfe der zentralstaatlichen Politik und gerät somit immer mehr in die prekäre Situation, kaum noch die sozialen Interessen der Arbeiter zu vertreten.[507]

---

[504] Anm.: Diese Organisation, die in jedem Stadtteil vertreten ist, dient der politisch-moralischen Überwachung der Bevölkerung.
[505] vgl. Burchardt, 1999: 197
[506] vgl. Zeuske (a), 2000: 121
[507] vgl. Burchardt, 1996: 188f

1.3.1.8 Militär

Das kubanische Militär hat seit der Revolution absolute Loyalität gegenüber der politischen Führung bewiesen, was, wenn man andere lateinamerikanische Staaten betrachtet, nicht immer der Normalfall ist. Verteidigungsminister ist der Bruder Fidels, Raúl Castro. Auch diese Familienbunde garantieren die absolute Systemtreue der Streitkräfte. Korruptionsanfälligkeit besteht für das Militär kaum, denn die Gehälter ranghoher Militärs überschreiten sogar bürgerliche Spitzengehälter noch um das Vierfache und beinhalten eine Teilzahlung in Dollar. Der gesamte Staatssicherheitsapparat ist dem Militär unterstellt.[508] An der Spitze von einigen Ministerien und auch im Politbüro sind sogar ranghohe Generäle der Armee eingesetzt.[509]

Die etwas dezentralere Organisation des Militärs ermöglichte, als seit 1989 sein Etat um 50% gekürzt wurde, dass es sich in ein gut funktionierendes staatliches „Unternehmen" verwandelte. Aus der Krisensituation heraus mussten die FAR, die bewaffneten Streitkräfte, im ersten Schritt zum Selbstversorger werden. Ihre progressive und innovative Haltung ließ sie bei der Produktion von landwirtschaftlichen Erzeugnissen sogar noch Überschüsse für die Bevölkerung erzielen. Aber auch im Tourismusbereich konnte sich das Militär etablieren. Das von ihm gegründete Unternehmen *Gaviota* befindet sich unter den erfolgreichsten Kubas. 1988 war bereits eine militäreigene Managementschule geschaffen worden, die im Zuge der wirtschaftlichen Öffnung Kubas während der ersten Krisenjahre mit ihren Konzepten als wertvoller Begleiter bei der Vorbereitung kubanischer Unternehmen auf „westliche" betriebswirtschaftliche Kriterien diente. Auch die übrige militärische Infrastruktur, wie z.B. Militärkrankenhäuser, steht im Dienst der Allgemeinheit.[510] Die Erfahrungen des Militärs könnten für die zivile Wirtschaft Kubas wertvolle Ansatzpunkte liefern, bisher wurde jedoch von der Regierung noch nicht in ausreichendem Maße auf sie zurückgegriffen.[511]

---

[508] vgl. Burchardt, 1996: 175
[509] vgl. Hoffmann, 2000: 125
[510] vgl. Burchardt, 1996: 173f
[511] vgl. Burchardt, 1999: 163

Beim Volk genießt das Militär ein sehr hohes Ansehen. Dieser Status basiert vor allem darauf, dass die kubanischen Streitkräfte (nachdem sie ihr Land als *Guerilla*-Heer siegreich erobert hatten) dieses bisher immer gegen jegliche US-Übergriffe verteidigen konnten und erfolgreich auf internationaler Bühne im Einsatz waren.[512]

1.3.2 Interessenkonstellationen innerhalb des Staatsapparates

1.3.2.1 Einordnung der Staats- und Herrschaftsform

Bürokratisch-autoritäre Staatsform

Der kubanische Staat kann von seiner Form her am ehesten als bürokratisch-autoritär umschrieben werden. Zu beachten ist, dass es sich bei Kuba um einen Entwicklungsstaat handelt. Bei der Wahl der Staatsform durch die Revolutionäre war vor allem der Fakt ausschlaggebend gewesen, dass in allen früheren Systemen auf der Insel demokratische und legale Ansätze gescheitert waren. Stattdessen sollte die Glaubwürdigkeit der neuen Staatsform mit handfesten ökonomischen und sozialen Ergebnissen bewiesen werden. Die Umsetzung der zwei zentralen Entwicklungsziele der kubanischen Revolution, Wohlstandssteigerung durch Industrialisierung und Durchsetzung sozialer Gerechtigkeit, wurde durch eine autoritäre Bestimmung und die bürokratische Durchsetzung der zentralstaatlichen Politik in den ersten Jahren auch prompt erreicht, was der Staatsform (zumindest anfangs) einen absoluten Rückhalt durch das Volk einbrachte.[513]

Auf Charisma basierende neopatrimoniale Herrschaftsform

Wie bereits aus den vorhergehenden Ausführungen ersichtlich wurde, durchdringt der allmächtige Staat auf Kuba alle Bereiche des gesellschaftlichen Lebens. Der kubanische Machtapparat kontrolliert dabei fast vollständig die zentralen Ressourcen des Landes, da die Wirtschaft ebenso dem staatlichen Monopol unterliegt.

Die zwar vorhandenen heterogenen Interessengruppen innerhalb der Führungselite und des gesamten Apparates können jedoch gegenüber

---

[512] vgl. Zeuske (a), 2000: 120
[513] vgl. Burchardt, 1999: 191f

Fidel keine Hegemonie anmelden, sondern sind vielmehr vom Charisma Castros regelrecht abhängig. Diese besonderen kubanischen Vorraussetzungen lassen eine Einordnung der Herrschaftsform als „auf Charisma basierenden Neopatrimonialismus" zu.[514]

Daraus resultierendes politisches Spannungsverhältnis

Fidel Castro ist zur politischen Festigung seines Charismas auf den kalkulierbaren und institutionalisierten bürokratisch-autoritären Staatsapparat angewiesen. Dieser Apparat wiederum hängt in der Legitimierung seiner Macht von Fidel und seinem unberechenbaren Charisma ab. Dieses Spannungsverhältnis kann als Quelle interner Konkurrenzkämpfe angesehen werden.[515]

1.3.2.2 Akteure der Hierarchieebenen und ihre Interessen

Trotz der geschlossenen Reihen, die der Partei- und Staatsapparat nach außen immer zeigt, sind je nach Hierarchieebene zwar sich überlappende, aber dennoch voneinander abweichende Interessen vertreten. Die unterschiedlichen Strömungen lassen sich aufgrund der unterschiedlichen Auswirkungen, die Reformen bisher bereits auf sie hatten oder noch haben werden, in deren Befürworter und Gegner einteilen. Bisher haben sich aus diesen unterschiedlichen Interessenkonstellationen weder Koalitionen noch Konfrontationen innerhalb des Apparates ergeben, nicht zuletzt auch deshalb, weil Fidel dies bisher durch geschickte Personalpolitik zu verhindern wusste.

Der seit den 90er Jahren eingesetzte Zyklus von Reformen und Gegenreformen weist dennoch darauf hin, dass hinter dem geschlossenen Vorhang des Machtapparates ein politisches Tauziehen zumindest in Ansätzen begonnen hat.

---

[514] vgl. Burchardt, 1999: 174f

[515] vgl. ebd.: 175ff

Abbildung 3 *Auswirkung von Reformen auf die Einstellungen der jeweiligen Akteure*
Quelle: vgl. Burchardt, 1999: 160ff

Führungselite

Vor allem in Krisenzeiten macht sich die Spannung zwischen Reformansätzen einerseits und dem Machterhaltungstrieb der Führungselite bemerkbar. Seitens dieser Elite wurden bisher oft notwendige Reformen gänzlich unterdrückt, um keine politische Macht an andere Akteure abgeben zu müssen und somit die eigenen Privilegien und „ihr System“ wahren zu können. Hinzu kommt, dass ein Systemzusammenbruch diese Machtelite zusätzlich zum Verlust all ihrer Rechte auch noch in arge persönliche Bedrängnis bringen könnte, weshalb sie sich bisher mit aller Kraft gegen eine Veränderung ihres Status und radikale politische Veränderungen einsetzt.[516]

Erst im Falle einer Umbruchsituation würde bestimmt versucht werden, „das kleinere Übel zu wählen“ und sich für Reformen im Sinne einer Anknüpfung ans alte System und eine Weiterverfolgung seiner zentralen Entwicklungsziele einzusetzen.[517]

Oberste Funktionärsschicht

Die Funktionäre der nächsten Ebene sind eher daran interessiert, sich persönlich zu bereichern und sich und ihre Funktion, egal in welchem System auch immer, unersetzbar zu machen. Diese Gruppe ist schon als Gewinner aus den bisher durchgeführten Wirtschaftsreformen hervorgegangen und wird deshalb auch weiterhin (im Rahmen ihrer be-

[516] vgl. Burchardt, 1996: 181
[517] vgl. Burchardt, 1999: 183

schränkten Möglichkeiten) versuchen, die wirtschaftliche Liberalisierung voranzutreiben. Ihre zum Teil leitenden Positionen im neuen Devisensektor haben sie dafür bereits in eine Schlüsselposition gebracht.[518] Eben weil es sich bei ihnen um Reformbefürworter handelt, dreht sich bei mit der Dollarwirtschaft betrauten Kadern das Personalkarussell besonders häufig, um sie zu bedingungsloser Loyalität gegenüber der Staatsführung zu erziehen.[519]

Mittlere bis untere Verwaltungsschicht

Die Beamten des bürokratischen Apparats hingegen, die im Zuge der Reformen der 90er Jahre und den mit ihnen einhergehenden Rationalisierungen um einiges entbehrlicher geworden sind, können den Reformverlierern zugeordnet werden. In den meisten Fällen hat diese Kaderebene keinen Zugang zu Devisen, was sie anfälliger denn je für Korruptionen und Unterschlagungen gemacht hat. Nur der Erhalt des Systems in seiner originären Form kann ihnen ihre gesellschaftliche Position sichern, weshalb diese Gruppe politischen Reformen abgeneigt gegenüber steht.[520] Im Falle einer Transformation des bisherigen Systems würden sie bestimmt ebenso für eine graduelle Anpassung an Stelle eines raschen Umbruchs votieren, um ihre gesellschaftliche Position nicht gänzlich zu verlieren.[521]

Unterste Funktionärs- und Kaderschicht

Diese Gruppe, die sich der gesellschaftlichen Basis am nächsten befindet, hatte unter den Reformen der Krisenjahre ebenso sehr zu leiden. Ihr sozialer Status wurde enorm abgewertet. Diese Funktionäre waren zwar bisher Reformverlierer gewesen, könnten aber von innenpolitischen Reformen profitieren, insbesondere auch dann, wenn der Provinz- und Gemeindeebene mehr politische Macht zugesprochen werden würde.[522]

---

[518] vgl. Burchardt, 1999: 167
[519] vgl. ebd.: 177
[520] vgl. ebd.: 167
[521] vgl. ebd.: 183
[522] vgl. ebd.: 168

1.3.2.3 Stimmung an der Basis

Bis Anfang der 90er Jahre konnte das politische System noch auf den aktiven Konsens der Mehrheit der kubanischen Bevölkerung zählen. Der alltägliche „Kampf" der Bevölkerung, um in der kubanischen Realität einigermaßen „über die Runden" kommen zu können, hat diesen Konsens jedoch in Resignation, Interessensverlust an politischen Sachverhalten und zum Rückzug ins Private umschlagen lassen.[523]

Als die Bevölkerung 1990 im Vorfeld des IV. Parteitags in öffentlichen Debatten das Thema des übermächtigen sozialistischen Staatsapparats diskutieren sollte, zeichneten sich vor allem folgende kritische Forderungen ab, von denen bis heute allerdings keine umgesetzt wurde.

- Erweiterung der politischen Rechte der Nationalversammlung
- Lockerungen in Bezug auf die staatlich indoktrinierte Medienpolitik
- mehr Autonomie für Provinzen und Gemeinden für mehr Bürgernähe
- mehr Selbständigkeit für Staatsbetriebe

In diesen für Kuba einzigartigen Diskussionen zeichnete sich die Unzufriedenheit des kubanischen Volkes gut ab.[524] Hinzu kommt erschwerend, dass sich zusätzlich zu den alten Übeln des Systems wie Diebstählen, Verantwortungslosigkeit im Umgang mit Ressourcen und Unterschlagungen nun neue Übel wie Korruption und Dollarflucht hinzugesellt haben.[525] Diese negativen Erscheinungen haben auf jeden Fall zum Mangel auf der Insel beigetragen und wurden durch den staatlichen Zentralismus begünstigt. Da unter den Kubanern eine starke Sensibilität für alles, was nationale Würde angeht, sehr ausgeprägt ist, verkörpert Castro trotz der Krise und des wachsenden Unmutes für die meisten auch weiterhin die nationale Einheit und dadurch einen gewissen Stabilitätsfaktor inmitten der wachsenden Einzelinteressen.[526]

„Der Nationalismus, der in Europa ein starker Faktor der Desintegration war, ist in Kuba ein mächtiger Faktor der politischen Integration und Stabilität."[527]

---

[523] vgl. Hoffmann, 2000: 121
[524] vgl. Burchardt, 1999: 219
[525] vgl. IPS Revista Mensual 03/03: *Gobierno – Castro Ruz sigue al mando*: 2
[526] vgl. Zeuske (a), 2000: 177 und Burchardt, 1999: 158
[527] Fabian, 1992, in: Burchardt, 1999: 108

1.3.3 Verfassung

Die erste Verfassung der sozialistischen Republik Kuba wurde 1976 verabschiedet. Sie löste die Übergangsverfassung von 1959 ab, in der sich sämtliche Macht auf den Ministerrat konzentrierte und institutionalisierte den heutigen Partei- und Staatsapparat Kubas.[528] Im Juli 1992 erfolgte eine Verfassungsreform, die zum einen Kubas Öffnung für den Weltmarkt unterstützte und zum anderen politische Altlasten wie die Freundschaft mit der Sowjetunion aus dem Verfassungstext verbannte. Zudem bezog man sich mehr auf das nationale Bewusstsein und José Martí rückte mehr denn je ins Zentrum der Ideologie. Die grundlegende politische Ordnung erfuhr jedoch keine Änderung und auch die Partei behielt ihren Führungsanspruch.[529]

Mit der Wahlrechtsreform von 1992 wurde zwar offiziell der Prozess der politischen Willensbildung um einiges demokratischer gestaltet, ohne jedoch die Macht der Partei zu schmälern. Im Zuge der Verfassungsreform des gleichen Jahres wurde auf geschickte Art und Weise sogar die Macht des Staatsoberhauptes noch ausgeweitet. Art. 67 der Verfassung gibt diesem nämlich seit 1992 die Befugnis zur Ausrufung des Ausnahmezustandes, sollte es zu einer Bedrohung der nationalen Sicherheit bzw. Stabilität kommen.[530]

Ein wichtiger Punkt war die Festschreibung Kubas als laizistischer Staat (Trennung von Kirche und Staat) mit Religionsfreiheit. Diese Duldung anderer Glaubensrichtungen kam vor allem auch den afrokubanischen Religionen, die auf Kuba weit verbreitet sind, sehr zugute.[531]

Zur Vorbereitung der wirtschaftlichen Öffnung wurde in der Verfassung das Privateigentum teilweise erlaubt, indem einige Möglichkeiten eröffnet wurden, um sozialistische Eigentumsformen auf legalem Weg, z.B. durch die teilweise Zulassung privater Tätigkeiten, auf die Privatwirtschaft zu übertragen. Hauptsächlich sollte der Exportsektor von dieser Gelegenheit profitieren. Außerdem wurde ein Investitionsschutz in die Verfassung eingebaut, im Rahmen dessen ausländischen Investo-

[528] vgl. Zeuske (a), 2000: 120
[529] vgl. Hoffmann, 2000: 122
[530] vgl. Burchardt, 1996: 179f
[531] vgl. Zeuske (a), 2000: 142

ren Enteignungsschutz für ihr Kapital seitens des kubanischen Staates gewährt wird. Das staatliche Außenhandelsmonopol wurde eingeschränkt, indem man circa 300 Staatsbetrieben die Erlaubnis erteilte, sich in größerem Maße eigenständig auf dem Weltmarkt zu betätigen.[532] Dennoch wurde von kubanischer Seite ausdrücklich betont, dass das Staatseigentum aus Gründen der Vertretung der Mehrheitsinteressen der kubanischen Bevölkerung auch weiterhin verteidigt werde.[533]

Im Juni 2002 wurde nochmals eine Verfassungsreform durchgeführt, die allerdings mehr als Antwort auf die Zunahme der subversiven US-Aktivitäten gedeutet werden sollte und die außer der unwiderruflichen Festschreibung des kubanischen Sozialismus inhaltlich eigentlich keine weiteren Änderungen mit sich brachte. Seitdem ist in der Verfassung auch verankert, dass politische, diplomatische und wirtschaftliche Beziehungen mit anderen Staaten nur akzeptiert werden, wenn diese nicht von Drohgebärden und Aggressionen begleitet sind.[534] Die kubanische Regierung bezeichnete den kubanischen Sozialismus im Zuge der Verfassungsreform unter anderem deshalb als unwiderruflich, weil er so demokratisch sei.[535]

1.3.4 Wahlsystem

"Unser Kandidat ist die Nation."
Kubanische Wochenzeitschrift Bohemia (1997)[536]

Seit 1992 gilt in Kuba ein reformiertes Wahlgesetz. Bei dieser Reform wurden einige demokratische Elemente eingeflochten, die sich jedoch aufgrund des kubanischen Systems mit seiner Einparteienherrschaft sehr schnell relativieren. Die Wahlprozesse ähneln eher einer Volksabstimmung und sind mit unseren pluralistischen Wahlen nicht zu vergleichen.[537] Ricardo Alarcón de Quesada verteidigte das kubanische Wahlsystem dennoch als demokratischer als das anderer Staaten

---

[532] vgl. Burchardt, 1996: 69f
[533] vgl. ebd.: 182
[534] vgl. o.V.: *Dictamen de la Comisión de Asuntos Constitucionales y Jurídicos sobre el proyecto de Ley de Reforma Constitucional*, 27.06.2002: 7, Juventud Rebelde
[535] vgl. o.V.: *¿Por qué nuestro socialismo es irrevocable?*, 27.06.2002: 7, Juventud Rebelde
[536] vgl. o.V.: *La nación es nuestro candidato*, 1997: 39, Bohemia Nr. 26
[537] vgl. Burchardt, 1996: 179

„[...] weil es nicht auf der Basis des Streites zwischen den Wahlparteien begründet ist, in dem jene gewinnen, die mehr Geld haben.“[538]

Gruppen der internen Opposition, die die kubanischen Wahlen für antidemokratisch halten, riefen trotz des Risikos solch staatsfeindlicher Äußerungen, im Vorfeld der Wahlen zu Wahlenthaltungen bzw. dazu auf, den Wahlzettel ungültig zu machen. Die Wahlbeteiligung lag bisher dennoch immer über 95%, auch bei den letzten Wahlen.[539] Diese hohen Prozentzahlen sind sicherlich aber auch Resultat dessen, dass die Wähler von den Komitees zur Verteidigung der Revolution aktiv betreut werden und die Teilnahme an der Wahl registriert wird.[540]

Es sind zwei verschiedene Wahlprozesse zu unterscheiden, zum einen die Teilwahlen, bei denen vom Volk lediglich die Abgeordneten und die Präsidenten der Gemeindeparlamente aller zweieinhalb Jahre nominiert werden, und zum anderen die aller fünf Jahre stattfindenden allgemeinen Wahlen zur Nationalversammlung, einschließlich des Präsidiums und der Mitglieder des Staatsrates sowie zu den Gemeinde- und Provinzparlamenten.[541]

Alle KubanerInnen, die das 16. Lebensjahr vollendet haben, sich in das Wahlregister ihres Wahlkreises eingetragen haben, geistig zurechnungsfähig sind, nicht unter Freiheitsstrafe stehen und im Vollbesitz ihrer politischen Rechte sind, dürfen als Wähler aktiv werden. Außerdem muss man in einem Zeitraum von wenigstens zwei Jahren vor den Wahlen in Kuba den festen Wohnsitz gehabt haben, um sein Wahlrecht nutzen zu können.[542] Somit können auch ausländische Bürger, die lange genug auf der Insel leben, an den Wahlen teilnehmen. Die Altersgrenze, um in Gemeinde- oder Provinzparlamente gewählt werden zu können, liegt bei 16, für die Nationalversammlung bei 18 Jahren. Parteizugehörigkeit ist keine Voraussetzung für die Wahl, jeder Bürger kann vorgeschlagen werden. In der Abgeordnetenhierarchie muss sich jedoch von Stufe zu Stufe „hochgearbeitet“ werden.[543]

---

[538] Alarcón de Quesada, 05.02.2001

[539] vgl. IPS Revista Mensual 01/03: *Gobierno – Elecciones a la cubana*: 11

[540] vgl. Burchardt, 1999: 200

[541] vgl. MINJUS, 02.11.1992: *Ley Electoral de 1992 – Ley No. 72*: Art. 2 und 11

[542] vgl. ebd.: Art. 4 – 9

[543] vgl. ebd.: Art. 10

Das Wahlregister wird von der Nationalen Wahlkommission CEN verwaltet, die für die organisatorische Abwicklung der Wahlvorgänge und die ordnungsgemäße Auszählung der Stimmen verantwortlich ist.

Auf Ebene des Gemeindeparlaments (Bezirksversammlung)[544] werden seit der Reform von 1992 alle Kandidaten vom Volk direkt gewählt. Bei diesen Teilwahlen gibt es keine Einheitsliste, der Wähler muss sich aus den aufgestellten Kandidaten für einen entscheiden.[545] Die Zahl der zu wählenden Delegierten richtet sich nach der Einwohnerzahl des Bezirks. Die Kandidatenanzahl pro Bezirk darf jedoch 30 nie unterschreiten.[546] Nur die Hälfte aller Kandidaten der Provinzparlamente und der Nationalversammlung werden vom Volk direkt gewählt. Für diese Sitze werden aus den Gemeindeparlamenten je 50% der Abgeordneten gestellt.[547]

Für die Auswahl der Kandidaten der mittleren und oberen Verwaltungsebene werden Kandidaturausschüsse, bestehend aus Vertretern der Massenorganisationen unter Gewerkschaftsvorsitz, zwischengeschaltet, die für die Kandidatenzusammenstellung der Einheitsliste verantwortlich sind.[548] Auch die Vorschläge aus den Gemeinden werden von den Kandidaturausschüssen „gefiltert". Offiziell hat die Partei zwar keinen Einfluss auf Auswahl der Kandidaten für die Liste, wenn man aber bedenkt, in welch enormen Maße Partei und Massenorganisationen ideologisch miteinander verschmolzen sind, wird der dennoch existierende informelle Einfluss der PCC auf die Kandidatenauswahl deutlich.[549] Dass Oppositionelle keine Chance haben, Abgeordnete zu werden und in der Politik mitzureden, ist unter den gegebenen Umständen nicht verwunderlich.

Bei den allgemeinen Wahlen sehen die Optionen für die Wähler dann folgendermaßen aus:

---

[544] Anm.: Gemeinde bzw. Bezirk im Sinne von *municipio*
[545] vgl. Mayoral: *Hay que seguir el trabajo con el registro electoral*, 28.12.2002: 2, Diario Granma
[546] vgl. MINJUS, 02.11.1992: *Ley Electoral de 1992 – Ley No. 72*: Art. 12
[547] vgl. ebd.: Art. 93
[548] vgl. ebd.: Art. 67
[549] vgl. Burchardt, 1996: 179

- Entweder man stimmt für einen einzelnen Kandidaten der Liste,
- für die gesamte Einheitsliste oder
- man lehnt die gesamte Liste und somit alle Kandidaten ab.

Bei der ersten Etappe der letzten Wahl wurden im November 2002 mehr als 14.000 Delegierte für die 169 Bezirksversammlungen von der Bevölkerung gewählt und bei den allgemeinen Wahlen vom 19.01.2003 hatten dann circa 91% der Bevölkerung für die gesamte Einheitsliste gestimmt und waren somit auch der Empfehlung Fidel Castros gefolgt, Einigkeit nach außen zu demonstrieren und für alle Kandidaten zu votieren.[550] Anfang März 2003 ernannte die neu gewählte Nationalversammlung dann die Mitglieder des Staatsrates, wobei ein Drittel seiner Mitglieder ersetzt worden waren.[551]

Bei den vorletzten Nationalratswahlen 1998 stand die Wahlpropaganda im Zeichen des Papstbesuches, da sie eine Woche vor dem großen Ereignis abgehalten wurden. Erstmalig wurden auch Katholiken eingesetzt, um für die nationale Einheit zu werben. Mit der damals etwas höher als 2003 liegenden Bestätigung der Einheitsliste durch 95% der Bevölkerung wollte die Kommunistische Partei der ganzen Welt, deren Aufmerksamkeit aufgrund des Papstbesuches auf Kuba konzentriert war, einmal mehr ihren gesellschaftlichen Rückhalt beweisen.[552]

1.4 Politischer Zukunftsausblick

1.4.1 Potentielle Akteure in einem Kuba nach Fidel

Die Zukunft der Insel hängt maßgeblich vom Zusammenspiel der jeweiligen politischen, wirtschaftlichen und sozialen Akteure, von der Handlungs- und Durchsetzungsfähigkeit der einzelnen Interessengruppen ab. Die potentiellen Akteure werden im Folgenden noch einmal überblicksartig zusammengefasst.

---

[550] vgl. IPS Revista Mensual 01/03: *Gobierno – Elecciones a la cubana*: 10ff

[551] vgl. IPS Revista Mensual 03/03: *Gobierno – Castro Ruz sigue al mando*: 3

[552] vgl. Burchardt, 1999: 136

Machtapparat

- Führungselite, hier vor allem Raúl Castro
- Obere Funktionärsschicht (potentielle zukünftige Wirtschaftsbosse)
- Mittlere und untere Verwaltungsschicht
- Unterste Funktionärs- und Kaderschicht
- Militär

Zivilgesellschaft

- Katholische Kirche
- Dissidenten
- Nichtregierungsorganisationen
- Gewerkschaften

Wirtschaft

- Schwarzmarktspekulanten (Krisengewinnler)
- Privatbauern
- Private Kleinunternehmer
- Ausländische Unternehmer (mittelfristig auf lokaler Ebene)
- Agrar- und Zuckerkooperativen

Außenpolitik

- Exilkubanische Gemeinde
- US-Regierung
- Lobbygruppen der US-Unternehmer
- Internationale Wirtschaftsblöcke
- Internationale Organisationen

1.4.2 Wie wird sich Kuba ohne die Brüder Castro entwickeln?

Wie bereits erwähnt, wird Raúl Castro die direkte Nachfolge Fidels antreten. Aufgrund seines ebenfalls sehr fortgeschrittenen Lebensalters ist es wahrscheinlich, dass es sich hierbei nur um eine Übergangsregierung handeln kann und dass innerhalb einiger Jahre dennoch ein großer Wandel auf Kuba ansteht. Außerdem wird seine Herrschaft mehr von militärischer Unterstützung als von charismatischer Anerkennung, wie bei seinem Bruder, getragen werden. Ebenfalls ein Indiz dafür, dass seine Amtszeit eher einer Übergangslösung gleichen wird.

Die Herausforderung Raúls und des Machtapparates wird es sein, die politischen Karten neu auszulegen. Eine schrittweise, an den kubanischen Charakteristiken ausgerichtete Demokratisierung wird immer dringlicher, um einen Sozialismus mit gerechtem Antlitz zu erhalten.

Dass dies bei der Vielzahl der neu auf die politische, wirtschaftliche und gesellschaftliche Bühne getretenen potentiellen Akteure kein leichtes Unterfangen sein wird, ist nicht von der Hand zu weisen. Auch der außenpolitische Druck, vor allem seitens des Goliaths im Norden, dem sich Kuba seit mehr als vier Jahrzehnten ausgesetzt sieht, wird die Entscheidungsfindung nicht gerade erleichtern.[553] Die zentrale Frage, von der Kubas Zukunft abhängt, ist deshalb:[554]

GELINGT EINER ÜBERGANGSREGIERUNG DIE SYSTEMSTABILISIERUNG?

NEIN

⇩

SYSTEMZUSAMMENBRUCH

Wenn Raúl Castro und seine zukünftige Regierung den bisher durch Fidel verfolgten Kurs von Reformen und Gegenreformen nicht durch eine geschicktere Politik ersetzt, wird dies zwangsläufig zur „Explosion der sozialen Zeitbombe" führen. Es kann zu gewalttätigen Ausschreitungen kommen, die der Auftakt einer radikalisierten Krise wären. Eine US-Aggression und die Gefahr einer Wiederherstellung vorrevolutionärer, und damit kapitalistischer Verhältnisse auf der Insel wären hierbei zu befürchten.

---

[553] vgl. Burchardt, 1999: 179

[554] vgl. ebd.: 180ff

JA

Kapitalismusszenarien

je nachdem... welche Akteure von der Übergangsregierung mit politischen und wirtschaftlichen Freiräumen ausgestattet werden, wie weitsichtig die Staatsbetriebe reformiert werden, wie sensibel mit der sozialen frage umgegangen wird, ob eine binnen- oder außenwirtschaftliche Orientierung erfolgt ***...kann es zu einer der folgenden Szenarien kommen:***

"karibischer Tiger"
Durch Binnenmarktreformen und ausländische Investitionen wird die Wirtschaft modernisiert und die soziale Lage durch Anstieg des Wohlstands entspannt. Diese Entwicklung wäre vorteilhaft für Kuba, da sie eine gute Basis für politische und soziale Reformen bietet. dies ist die von *dialogueros* des Exils und kubanischen Reformökonomen bevorzugte Variante.

Neoliberale Lateinamerikanisierung
Durch eine an der Außenwirtschaft orientierte Entwicklung würde Neoliberalismus Einzug halten und mit ihm Privatisierung. Dabei würden alle erreichten sozialen Standards derart abgebaut werden, dass es zu enormen Ungleichheiten in der Bevölkerung käme. Militärische Repression zur Sicherung der Durchsetzung dieser Politik wäre nicht auszuschließen.

Transformation „à la" Osteuropa
Das Zusammenwirken verschiedener Akteure verhindert gesamtwirtschaftlich vernünftige Resultate. Durch institutionelle Eingriffe, Bündnisse zwischen „alten" Kadern, westlichen Geldgebern und neuen Unternehmern müsste versucht werden, die wenigen vorhandenen Ressourcen rational zu vereinen und durch „Clanbeziehungen" die Wirtschaft anzukurbeln. Diese Entwicklung würde zu einer Aufspaltung der Gesellschaft und dem Verlust sozialer Errungenschaften führen.

Graduelle Transformation

Hauptkriterium dieses sich wohl eher graduell und langsam vollziehenden Entwicklungsweges wäre die Wahrung der sozialen Errungenschaften des alten Systems. Durch die Erhaltung des sozialen Konsenses in der Gesellschaft soll die Legitimationsbasis des alten Systems quasi auch weiterhin als Fundament dienen können. Zur Durchsetzung dieses ehrgeizigen Zieles wäre die Herausbildung eines binnenwirtschaftlich orientierten Reformbündnisses aus den verschiedenen Akteuren des Machtappparatees und Vertretern von Interessensgruppen der Bevölkerung denkbar. Dieses müsste dann versuchen, das alte System von innen heraus zu verändern ohne jedoch dessen einstige Entwicklungsziele aus den Augen zu verlieren. Als problematisch könnte sich der Fakt erweisen, dass sich die Verbündung der Reformkräfte höchstwahrscheinlich langsamer vollziehen wird als ein plötzlich stattfindender Wandel, was die Handlungsfähigkeit eines solchen Reformbündnisses gegenüber besser organisierten Akteuren mit kapitalistischen Absichten in erheblichem Maße einschränken könnte.

Abbildung 4 *Zukunftsszenarien*
Quelle: eigene Erstellung auf Basis von Burchardt, 1999: 180ff

1.4.3 Idealweg: Sozialistische Demokratie

Die Tropeninsel ist vom „Primat des Politischen“ geprägt, weshalb eine Systemtransformation auch nur über die politische Ebene erfolgen kann. Staatssozialistische Transformationen werden jedoch dadurch enorm behindert, dass die Reformen genau von jenen politischen Akteuren durchgeführt werden müssten, die dadurch einen Teil ihrer Macht einbüßen würden.[555]

Der Erhalt der sozialen Errungenschaften war bis heute eines der Hauptziele Kubas. Dies sollte auch in Zukunft so bleiben.[556] Die einzige Möglichkeit Kubas jedoch, dass sich bei seiner Demokratisierung eine Gesellschaftsform mit wirklich gerechtem Antlitz einstellt, wäre, dass der kubanische Staat versucht, sich von innen heraus zu reformieren und auf dem alten System aufzubauen.[557]

Die Forderung nach Demokratisierung beinhaltet somit im Grunde nicht den Abbau des Zentralstaates, sondern seinen Umbau. In Kuba wird gerechte Demokratie nur mit einem starken, aber zugleich auch schlanken und steuerungsfähigen Staat möglich sein. Als zentrale Konfliktlinie und „Schlüssel zum Glück“ zugleich erweist sich deshalb hierbei, dass sich der allmächtige Staatsapparat an dezentrale und indirekte Regulierungsmechanismen selbst anpassen muss.[558] Die bürokratischen staatlichen Strukturen müssten durch Verwaltungsreformen verschlankt, die neopatrimonialen Beziehungen entpersonifiziert und der autoritäre Staatscharakter zunehmend an die heterogene soziale Struktur angeglichen werden.[559]

Wie Burchardt sehr treffend resümierte, *„ist Kubas Herrschaftsform Teil des Problems und Teil seiner Lösung“* zugleich. Der Staatsapparat müsste mehr Autonomie zulassen und damit seine eigene Macht zwar einschränken, diese aber in gewisser Weise auch wahren, um durch eine ausgewogene staatliche Reformsteuerung die sozialen Bedürfnisse der Bevölkerung sichern zu können.[560]

---

[555] vgl. Burchardt, 1999: 163
[556] vgl. Burchardt, 1996: 107
[557] vgl. Burchardt, 1999: 194
[558] vgl. ebd.: 201
[559] vgl. ebd.: 193
[560] vgl. Burchardt, 1996: 183

Ein teilweiser Rückzug des Staates aus der sozialen und politischen Sphäre und das Einbinden außerstaatlicher Akteure im Sinne des zivilgesellschaftlichen Konzeptes sind hierbei ebenso von Nöten.[561]

Der soziale Konsens, der durch die zunehmende Aufspaltung der kubanischen Bevölkerung bereits unter einer Zerreißprobe steht, muss über die Gewährung politischer Mitbestimmungsrechte erhalten werden. Dies würde langfristig die Legitimationsbasis der Regierung ohne die Notwendigkeit der Anwendung weiterer repressiver Maßnahmen sichern.[562] Im Grunde könnte sich hierdurch der Austausch der bereits abbröckelnden revolutionären Legitimität gegen eine neue institutionelle vollziehen.[563] Auch das 2003 von der oppositionellen Gruppe *Todos Unidos* vorgeschlagene Projekt Varela beinhaltete u.a. den Wunsch nach einer Zulassung ziviler politischer Mitbestimmung.[564]

Eine wichtige Komponente dieses Transformationsprozesses ist also die Einigung auf die Kräftekonstellation im neuen politischen Akteursnetz.[565] Unabdingbar für zivile Strukturen wäre in diesem Zusammenhang auch mehr Raum für die Meinungsäußerung der zivilen Öffentlichkeit durch die Aufhebung der staatlichen Medienzensur.[566] Hierbei muss bedacht werden, dass eine starke Zivilgesellschaft das Vorhandensein starker politischer Institutionen sogar erforderlich macht, um zu vermeiden, dass sich die Interessen einzelner Gruppen durchsetzen und somit die breite Masse der Bevölkerung Nachteile erleidet.[567]

Bei einer Reform des kubanischen Staates sollten US-Forderungen nach einem Mehr-Parteien-System unbedingt unbeachtet bleiben, um die nationale Unabhängigkeit Kubas vor ferngesteuerten nordamerikanischen Einflüssen zu schützen.[568]

Änderungen in Richtung Demokratie wären über die Verbindung eines starken Staates mit einer starken Zivilgesellschaft schrittweise

---

561 vgl. Burchardt, 1999: 203
562 vgl. ebd.: 218
563 vgl. Habel, in: Burchardt, 1999: 220
564 vgl. Castañeda, 2002: 77
565 vgl. Burchardt, 1999: 220
566 vgl. ebd.: 216
567 vgl. ebd.
568 vgl. ebd.: 193f

möglich, ohne dabei das Fundament des derzeitigen politischen Systems eliminieren zu müssen,[569] was ja auch im Sinne der bisherigen kubanischen Machtelite sein müsste.

Eine auf Kuba zu implementierende Demokratie dürfte jedoch keinesfalls einhergehen mit der gleichzeitigen Forderung nach westlichen marktwirtschaftlichen und somit kapitalistischen Prinzipien.[570]

Auch wenn die kubanische Regierung auf internationale Forderungen nach Demokratie auf der Insel relativ empfindlich reagiert, sollte sie sich dessen bewusst sein, dass das Festhalten an den erstarrten Strukturen des kubanischen Politsystems die Chancen für eine kapitalistische Zukunft Kubas jedoch nur noch erhöhen würde.[571]

Vielmehr sollte es darum gehen, gemeinsam eine sozialistische Demokratie anzustreben, um einer Verwirklichung der zentralen kubanischen Entwicklungsziele nationale Unabhängigkeit, soziale Gerechtigkeit und politische Stabilität langfristig den Weg zu ebnen.[572]

1.5 Rechtliches Umfeld für ausländische Investitionen

Auf Grund der strategischen Wichtigkeit ausländischer Investitionen für Kuba wurde ein gesetzliches Klima geschaffen, das dem Investor Sicherheit und Schutz bieten soll. Dieser Bereich wird jedoch streng reguliert, um die soziale und wirtschaftliche Entwicklung gleichermaßen voranzutreiben und die Unabhängigkeit des Landes zu wahren.[573]

Die ersten ausländischen Investitionen seit 1959 wurden im Jahr 1982 mit dem Gesetz 50 *„über die wirtschaftliche Kooperation zwischen kubanischen und ausländischen Einrichtungen“* zugelassen. Im Rahmen dieses Gesetzes war jedoch nur eine maximale Beteiligung von 49% ausländischem Kapital in gemeinsamen Geschäften erlaubt. Die Zahl der Investoren begann jedoch erst Anfang der 90er Jahre allmählich anzusteigen. Die Verfassungsreform von 1992, die für einige vom

---

[569] vgl. Burchardt, 1996: 189

[570] vgl. Burchardt, 1999: 216

[571] vgl. ebd.: 221

[572] vgl. ebd.: 218

[573] vgl. Centro de Promoción de Inversiones CPI, 2002: *Caracterización de la inversión extranjera* u. Gaceta Oficial de la República de Cuba, 06.09.1995: *Ley de la Inversión Extranjera N° 77*: Kap. I

Staat genehmigte Projekte den Übergang der Produktionsmittel von staatlichem Eigentum in privates autorisierte, war im Grunde der erste signifikante Schritt für die Schaffung eines angemessenen Klimas für ausländische Investoren. Das rasche Anwachsen der Investitionen aus dem Ausland zwischen 1992 und 1995 machte jedoch eine Überarbeitung der Bestimmungen von 1982 erforderlich. 1995 wurde deshalb das Gesetz 77 verabschiedet, das bis heute die wichtigste gesetzliche Grundlage für ausländische Investitionen in Kuba ist.[574]

1.5.1 Investitionsgesetz 77/95[575]

Das Gesetz unterstellt den Bereich der Auslandsinvestitionen und deren Verhandlung der Zuständigkeit des MINVEC, des Ministeriums für Ausländische Investitionen und Wirtschaftliche Kooperation. Damit wurde für Investoren aus dem Ausland eine Instanz geschaffen, die als Hauptansprechpartner betrachtet werden kann. Dennoch hat die kubanische Regierung bei der Zulassung von Investitionen alleinige Entscheidungsgewalt.[576] Im Folgenden soll auf die wichtigsten Bestimmungen des Gesetzes eingegangen werden, da deren Kenntnis für einen ausländischen Investor von nicht unerheblicher Bedeutung ist.

1.5.1.1 Garantien für ausländische Investoren – Kapitel III

Nachdem bereits in Art. 23 und 25 der kubanischen Verfassung ein Investitionsschutz verankert worden war, wird nun den ausländischen Investoren im Art. 3 des Gesetzes 77 nochmals ausdrücklich Schutz vor Enteignungen versichert. Sollte es dennoch aus besonderen sozialen Gründen heraus durch einen Regierungsbeschluss zu einer solchen Maßnahme kommen müssen, wird den Investoren, nach vorheriger Einigung über den Preis, der Gegenwert der Güter in frei konvertierbarer Währung erstattet. Sollte es hierbei nicht zu einer Übereinkunft kommen, wird das kubanische Finanzministerium eine anerkannte internationale Behörde zur Festlegung des Wertes autorisieren.[577] Au-

[574] vgl. BES: Hernández Fernández; Marichal Aguilera; Díaz Rodríguez, 2000: 18f und 342
[575] Anm.: Der Gesetzestext auf Deutsch ist bei der kubanischen Botschaft in Berlin erhältlich.
[576] vgl. BES: Hernández Fernández; Marichal Aguilera; Díaz Rodríguez, 2000: 20
[577] vgl. Brier Rivero, 2001: 10

ßerdem sind jegliche Güter der Investoren auf kubanischem Territorium laut Art. 5 auch gegen die Ansprüche Dritter geschützt.

Weiterhin wird dem ausländischen Unternehmer in Art. 6 garantiert, dass er nach vorheriger Absprache und zuvor erfolgter Zustimmung der Regierung seine Beteiligung bzw. einen Teil davon an Dritte oder den Staat verkaufen oder übertragen kann und dass ihm der Gegenwert ebenfalls in frei konvertierbarer Währung ausgezahlt wird.

In Art. 8 ist geregelt, dass die Überweisung der aus der Investition entstehenden Nettogewinne oder Dividenden ins Ausland ohne Steuerabzüge oder andere Zahlungen an den kubanischen Staat möglich ist. Ebenso verhält es sich beim Erlös, der dem Investor bei der Veräußerung des jeweiligen Unternehmensanteils entsteht. Allen ausländischen Angestellten einer nach dem Gesetz 77 zugelassenen Unternehmensform, die befristet in Kuba leben, gibt dieser Artikel auch das Recht zum Transfer ihrer Guthaben ins Ausland. Dieser erfolgt jedoch gemäß den jeweiligen Regulationen der Nationalbank Kubas.[578]

1.5.1.2 Freigegebene Sektoren – Kapitel IV

Mit Ausnahme des Gesundheits-, des Bildungssektors und des Bereiches der Nationalen Sicherheit dürfen Investitionen auf jedem Gebiet getätigt werden.[579]

1.5.1.3 Zugelassenen Investitionsformen – Kapitel V

Als ausländischer Investor wird diejenige juristische oder natürliche Person angesehen, die ihren Sitz bzw. Wohnsitz im Ausland hat und die in eine der laut Gesetz 77 zugelassenen Arten von Unternehmungen ausländisches Kapital investiert. Hierbei kommt es nicht auf die Nationalität des Investors an. Er könnte also auch kubanischer Herkunft sein und außerhalb der Insel wohnhaft sein, ein Indiz dafür, dass das Gesetz auch exilkubanische Investitionen zulässt. Seine Bestimmungen gelten somit aber nicht für Ausländer, die in Kuba ansässig sind, auch wenn sie ausländisches Kapital beisteuern würden.[580]

---

[578] vgl. Gaceta Oficial de la República de Cuba, 06.09.1995: *Ley de la Inversión Extranjera, N° 77*

[579] vgl. ebd.

[580] vgl. BES: Hernández Fernández; Marichal Aguilera; Díaz Rodríguez, 2000: 22

Weiterhin wird zwischen direkten und indirekten Investitionen dahingehend entschieden, dass als direkt diejenigen verstanden werden, bei denen sich der Investor auch an der Geschäftsführung des Unternehmens beteiligt. Unter indirekter Investition wird im Umkehrschluss jegliche Beisteuerung von Kapital zum Beispiel in Form von Aktienkäufen oder dem Erwerb sonstiger Wertpapiere verstanden, solange diese nicht zur Beteiligung am Management berechtigen.[581]

Die drei möglichen Investitionsgrundformen sind laut Art. 12 des Gesetzes 77/95 folgende:

- Joint Ventures
  (empresas mixtas)
- Verträge über Internationale Wirtschaftsallianzen
  (contratos de asociación económica internacional)
- Unternehmen mit 100% ausländischem Kapital
  (empresas de capital totalmente extranjero)

Die beiden ersten Formen werden in der Rhetorik des Gesetzes zusammengefasst als *asociaciones económicas internacionales.*

Joint Ventures – Artikel 13

Es existieren zwar viele Definitionen für diese gemischten Unternehmen, im Kontext des Gesetztes 77/95 jedoch wird unter einem Joint Venture eine kubanische Handelsgesellschaft verstanden, an der als Eigner einer oder mehrere nationale und ausländische Investoren beteiligt sind. Voraussetzung ist, dass der so entstandene Zusammenschluss eine neue juristische Person ergibt, die von ihrer Form her als Aktiengesellschaft geführt werden muss. Der kubanische Partner muss unbedingt bereits vorher den Status einer juristischen Person haben.

Da es in Kuba kein Gesetz über Handelsgesellschaften gibt, wird sich in Bezug auf Eignerrechte und -pflichten stark am *Código de Comercio*[582] orientiert. Die Mehrheit der Regelungen sollte jedoch deshalb in den jeweiligen Gesellschaftssatzungen verankert werden.[583]

---

[581] vgl. Gaceta Oficial de la República de Cuba, 06.09.1995: *Ley de la Inversión Extranjera, N° 77*

[582] Anm.: Hierbei handelt es sich um das kubanische Handelsgesetzbuch, das auf der spanischen Gesetzesvorlage von 1885 basiert. Seit 1959 wurden jedoch einige Änderungen eingearbeitet, die zum Beispiel die Zuständigkeiten der Ministerien betreffen.

[583] vgl. BES: Hernández Fernández; Marichal Aguilera; Díaz Rodríguez, 2000: 23

Stammkapitalstruktur

Ein Joint Venture kann auf verschiede Art und Weisen finanziert werden. Zum Beispiel können von den Eignern laut Kapitel VII des Gesetzes 77/95:

- materielle oder immaterielle Güter
- Rechte jeder Art oder
- Bargeld in frei konvertierbarer Währung

zum Erwerb der Aktien eingebracht werden.[584] Es ist auch möglich, dass einer oder mehrere der Eigner dem *empresa mixta* einen Kredit gewähren oder dass über Banken Darlehen aufgenommen werden.[585]

Es gibt keine Beschränkungen über die Menge oder Art der Kapitalbeteiligung eines ausländischen Investors. Die Höhe des Kapitals kann von den jeweiligen Eignern selbst festgelegt werden. Eine Regelung wie im Gesetz 50/82 von maximal 49% ausländischer Beteiligung ist nicht mehr vorgesehen. Trotz allem muss der vom ausländischen Investor gewünschte Anteil am Unternehmen vom Exekutivkomitee des Ministerrates oder einer Regierungskommission genehmigt werden.[586]

Anteilsrechte und deren Übertragung

Das Gesetz 77/95 lässt für den Anteilserwerb nur Namensaktien zu. Regelungen zu dieser Wertpapierart finden sich im kubanischen *Código de Comercio* in den Artikeln 162 bis 169. Die Eignerrechte, die aus den Aktien herrühren, können über einen Beschluss der Aktionärsversammlung verändert werden. Die hierfür notwendige Stimmenanzahl muss zuvor in der Satzung festgelegt werden.

Die Ausgabe noch nicht voll bezahlter Namensaktien wird durch das kubanische Handelsgesetzbuch in der Formulierung des Art. 164 implizit zugelassen. Wie sich dies jedoch auf die Stimmrechte auswirkt, muss in der Satzung des Joint Ventures festgelegt werden, da dies in der kubanischen Gesetzgebung nicht geregelt ist. Ebenso verhält es

---

[584] vgl. Gaceta Oficial de la República de Cuba, 06.09.1995: *Ley de la Inversión Extranjera, N° 77:* Art. 19.1

[585] vgl. Brier Rivero, 2001: 13f

[586] vgl. BES: Hernández Fernández; Marichal Aguilera; Díaz Rodríguez, 2000: 23

sich mit der Ausgabe von nicht bezahlten Aktien, deren Wert im Nachhinein durch Güter eingebracht wird.

In dem vom Joint Venture zu führenden Namensregister müssen diese Besonderheiten außerdem vermerkt werden, um nachvollziehen zu können, wann sich die vollständige Erbringung des Gegenwertes vollzogen hat. Die Führung eines solchen Registers ist im Handelsgesetzbuch Art. 162 vorgeschrieben, um alle Aktienübertragungen nachvollziehbar zu machen. Solche Überträge können nur von der Geschäftsführung veranlasst werden und führen zur Vernichtung des alten Anteilszertifikates und zur Ausstellung eines neuen.[587]

Haftung der Anteilseigner

Laut dem Art. 153 des *Código de Comercio* ist die Haftung der Gesellschafter eines Unternehmens auf ihre bereits eingebrachten oder zugesagten Einlagen beschränkt.

Geschäftsführung

Diese wird in der Satzung der Joint Ventures geregelt. Normalerweise sind im Unternehmen die Entscheidungen des Vorstandes und der regelmäßig tagenden Hauptversammlung ausschlaggebend. Von dieser wird auch die Geschäftsführung des Unternehmens ernannt. Die kubanische Seite ist an der Verwaltung ebenfalls beteiligt. Es gibt jedoch weder Einschränkungen bezüglich der Nationalität der Mitglieder der Geschäftsführung noch existiert ein vorgeschriebenes Verhältnis. Über die betriebliche Mitbestimmung der Arbeiter gibt es keine gesetzlichen Vorschriften, vielmehr werden diese beidseitig verhandelt. Das Gesetz beinhaltet keine Regelung für den Fall von Mehrheitsaktionären; diese müssen ebenfalls in der Satzung geregelt werden.[588]

Voraussetzungen für die Gründung/Registrierung

Damit das *empresa mixta* den Status einer juristischen Person erhält, müssen einige Formalitäten erledigt werden. Zuerst muss bei einem Notar die Beglaubigung des Gesellschaftervertrags, der Satzung und

[587] vgl. Brier Rivero, 2001: 14ff
[588] vgl. ebd.: 18f

der öffentlichen Autorisierung erfolgen. Es folgt die Einschreibung in das Register über Auslandsinvestitionen, das bei der kubanischen Handelskammer geführt wird. Der Gesellschaftervertrag, der an keine formellen Vorlagen gebunden ist, stellt hierbei nicht mehr als einen Vertrag dar, bei dem die Grundsätze des gemeinsamen Geschäftes und die Rechte und Pflichten der Eigner festgelegt sind. Die Satzung hingegen bezieht sich auf die Belange der Gesellschaft und auf die Verteilung der Verantwortlichkeiten innerhalb der Geschäftsführung.

Der Wechsel innerhalb des Kreises der Gesellschafter bzw. Eigner bedarf zum einen dem vorherigen gegenseitigen Einverständnis und der Zustimmung der kubanischen Regierung.[589]

Internationale Wirtschaftsallianzen – Artikel 14

Bei diesen Verträgen zwischen Unternehmen handelt es sich um zeitlich begrenzte Bündnisse. Aus diesem Grund haben sie keine eigene Rechtspersönlichkeit. Sie werden zwischen zwei oder mehr juristischen Personen zum Zwecke der Umsetzung von einzelnen Geschäften und Operationen, zum Beispiel der Konstruktion größerer Industrieanlagen oder der Durchführung von Vermarktungsprojekten, abgeschlossen und stellen in den meisten Fällen nur eine Nebentätigkeit der beiden Partner dar. Diese Form des Unternehmenszusammenschlusses dient vor allem der kubanischen Seite dazu, sich die Technologien, das Know-how und Finanzierungsquellen der ausländischen Partner zunutze zu machen. Im Gegenzug erfolgt durch die Kubaner die Zahlung bestimmter Nutzungsrechte. Alle Mitglieder sind gleichermaßen an Gewinn und Verlust beteiligt. Jeder einzelne Bündnispartner hat die Möglichkeit weitere Vertragsabschlüsse mit Dritten im Namen der Allianz zu tätigen. Er macht sich damit zwar im Außenverhältnis für das gesamte Geschäft haftbar, im Innenverhältnis jedoch ist jede Partei je nach der festgelegten Beteiligung für das abgelegte Geschäft verantwortlich. Daher empfiehlt es sich, zuvor im Vertrag über die Allianz die Anteilsverhältnisse genau zu definieren. Der Vorteil dieser Unternehmensform liegt in der relativ unkomplizierten juristischen Handhabung und dass es keine gesetzlichen Einschränkun-

---

[589] vgl. BES: Hernández Fernández; Marichal Aguilera; Díaz Rodríguez, 2000: 24

gen in Bezug auf die wirtschaftlichen Aktivitäten solcher Allianzen gibt. Dennoch müssen ebenso alle Projekte zuvor von der kubanischen Regierung genehmigt werden. Die Summe aller Anteile ergibt kein Stammkapital im Sinne eines Joint Ventures, sondern kann nur als gemeinsames Vermögen der Allianz betrachtet werden, und dies auch nur, wenn jede Beteiligung laut Vertrag jedem Bündnispartner genau zuordenbar ist. Im Allianzvertrag muss weiterhin geregelt werden, in welcher Höhe von jedem Partner die Steuerbelastung getragen wird und in welchem Zeitraum eventuelle Gewinne ausgeschüttet werden. Sobald die Wirtschaftsallianz die Autorisierung durch die kubanische Regierung erhalten hat, gelten für einen etwaigen Wechsel unter den Bündnispartnern dieselben Bedingungen wie bei den Joint Ventures. Damit der Allianzvertrag Rechtsgültigkeit erlangt, ist dessen Beglaubigung durch einen Notar und die Einschreibung der Allianz in das Register über ausländische Investitionen in der kubanischen Handelskammer notwendig.[590]

Unternehmen mit 100% ausländischem Kapital – Artikel 15

Dies ist die einzige Unternehmensform, an der keine kubanischen Investoren beteiligt sind. Der bzw. die ausländischen Investoren sind die alleinigen Geschäftsführer. Das Gesetz 77/95 definiert zwei Möglichkeiten für die Unternehmensgründung. Im ersten Fall könnte eine Filiale der ausländischen Firma in Kuba eröffnet werden, die unbedingt eine Aktiengesellschaft sein muss, deren Stammkapital ebenso wie bei den Joint Ventures aus Namensaktien besteht.

Die Führung als Einzelunternehmen des ausländischen Investors im kubanischen Markt wäre die zweite Variante. Bei beiden Möglichkeiten ist, wie auch bei den zuvor genannten Unternehmensformen, deren Einschreibung ins Register über ausländische Investitionen bei der kubanischen Handelskammer erforderlich. Die Autorisierung der Unternehmen mit 100% ausländischer Beteiligung zum direkten Export ihrer Produktion und zum Import der zur Herstellung benötigten Komponenten obliegt allein dem Exekutivkomitee des Ministerrates.[591]

---

[590] vgl. BES: Hernández Fernández; Marichal Aguilera; Díaz Rodríguez, 2000: 24ff

[591] vgl. ebd.: 26f

1.5.1.4 Investitionen in Immobilien – Kapitel VI

Möglich sind Investitionen in den Bau von Gebäudekomplexen, die touristischen Zwecken, der Beherbergung von Personen mit festem Wohnsitz im Ausland und der Unterbringung von Büros ausländischer juristischer Personen dienen. Alle Investitionen in diesem Bereich bedürfen unbedingter Genehmigung der kubanischen Regierung.[592]

1.5.1.5 Die Verhandlung von ausländischen Investitionen und deren Zulassung – Kapitel VIII

Wie bereits erwähnt, werden im Vorfeld der Gründung von Joint Ventures und Wirtschaftallianzen alle relevanten Aspekte zwischen kubanischen und ausländischen Beteiligten verhandelt. Beide Parteien reichen die Bewerbung gemeinsam beim MINVEC ein. Im Fall der zu 100% ausländischen Unternehmen übernimmt dieses Ministerium zugleich beratende und prüfende Funktion. Die Bewerbungsunterlagen können jederzeit von der kubanischen Behörde an die Antragsteller zur Beseitigung festgestellter Mängel zurückgegeben werden.

Sobald die Bewerbung für die Investition endgültig angenommen wurde, beginnt der Prozess zahlreicher Analysen seitens der verantwortlichen kubanischen Institutionen. Wenn diese Untersuchungen abgeschlossen sind, werden den Antragstellern jene Beobachtungen mitgeteilt, die die Durchführbarkeit des geplanten Projektes verbessern könnten. Diese in mehreren Instanzen geprüfte Bewerbung wird nun je nach Priorität entweder an die Regierungskommission oder an das Exekutivkomitee des Ministerrates weitergeleitet.

Die Autorisierung der Vorhaben erfolgt ausschließlich durch das Exekutivkomitee des Ministerrats, wenn die Investition folgende Charakteristiken aufweist:

- Das Gesamtkapital übersteigt 10 Millionen USD.
- Es handelt sich um ein 100% ausländisches Unternehmen.
- Es wird in öffentliche Dienstleistungen wie Transport, Kommunikation, Elektrizitätsversorgung, Konstruktion etc. investiert.

---

[592] vgl. BES: Pérez Reyes, 2000: 220f

- Ein anderer Staat beteiligt sich an der Investition.
- Für die Realisierung des Investitionsvorhabens wird in hohem Maße auf natürliche Ressourcen der Insel zurückgegriffen.
- Die Übertragung staatlichen Eigentums ist vorgesehen.
- Die Unternehmensgruppe der kubanischen Streitkräfte ist von der Investition betroffen.

Das Autorisationsschreiben der höchsten Instanz wird genauere Angaben enthalten bezüglich der Bedingungen, des Ziels und der Form der angestrebten Investition.[593] Diese Lizenzen werden generell nur für fünf Jahre erteilt. Zum Ende dieses Zeitraumes kann vom ausländischen Investor eine Verlängerung beantragt werden.[594]

1.5.1.6 Regelung über Bankgeschäfte – Kapitel IX

Kontoführung

Ausländische Investoren müssen ihre Konten bei einem kubanischen Kreditinstitut führen. Alle Zahlungen, die im Rahmen der Tätigkeit auf Kuba abgewickelt werden, müssen über diese Konten laufen. Bei Joint Ventures und Internationalen Wirtschaftsallianzen ist dahingehend eine Ausnahme möglich, dass sie in besonderen Fällen nach Genehmigung der kubanischen Nationalbank auch Konten in frei konvertierbarer Währung bei ausländischen Banken führen können.[595]

Kreditgewährung

Alle drei im Gesetz 77/95 zugelassenen Unternehmensformen sind dazu befugt, sowohl im kubanischen Bankensystem, als auch bei Kreditinstituten im Ausland Kredite aufzunehmen.[596]

---

[593] vgl. BES: Hernández Fernández; Marichal Aguilera; Díaz Rodríguez, 2000: 27ff und Brier Rivero, 2001: 21ff

[594] vgl. EUROPMI; VEAPME, 2000: 36

[595] vgl. Gaceta Oficial de la República de Cuba, 06.09.1995: *Ley de la Inversión Extranjera, N° 77*: Art. 26 und 27

[596] vgl. ebd.: Art. 28

1.5.1.7 Import- und Exportregelungen – Kapitel X

Die für diese Aktivitäten zuständigen Behörden sind das Ministerium für Außenhandel MINCEX *(Ministerio del Comercio Exterior)* und im näheren Sinne die kubanische Handelskammer, die diesem Ministerium unterstellt ist. Für das dort geführte Register der Exporteure und Importeure besteht Einschreibepflicht.

Laut Art. 29 des Gesetzes 77/95 sind sowohl Joint Ventures als auch internationale Wirtschaftsallianzen und Unternehmen mit 100% ausländischem Kapital zum direkten Export ihrer Produktion und zum direkten Import der dazu benötigten Materialien autorisiert.[597]

1.5.1.8 Arbeitsgesetzgebung[598] – Kapitel XI

Voraussetzung

Laut Art. 31 sind bei ausländischen Unternehmen beschäftigte Mitarbeiter, unabhängig von ihrer Nationalität, grundsätzlich dazu verpflichtet ihren ständigen Wohnsitz in Kuba zu nehmen. Ausnahmen können sich bei ausländischem Fach- und Führungspersonal ergeben.

Einstellung von Mitarbeitern

Alle nach Art. 31 in Kuba ansässigen Mitarbeiter, die bei einem ausländischen Unternehmer arbeiten, werden grundsätzlich über die staatliche Institution ACOREC S.A. oder in seltenen Fällen über eine andere Vermittlungsagentur (z.B. FORMATUR des Tourismusministeriums) unter Mitwirkung des MINVEC und des MTSS[599] vermittelt und verpflichtet.[600] Das ausländische Unternehmen meldet seinen Bedarf unter Angabe der notwendigen Qualifikation des Personals an diese Einrichtungen, die einer deutschen Personalleasingfirma ähneln. Direkten Einfluss auf die eigentliche Auswahl ihrer zukünftigen Angestellten haben sie jedoch nicht. Daraus resultieren zwei Vertragsebenen. ACOREC S.A schließt einen Vertrag mit dem Unternehmen über die Bereitstel-

[597] vgl. BES: Hernández Fernández; Marichal Aguilera; Díaz Rodríguez, 2000: 40

[598] Anm.: Die gesetzliche Grundlage der Arbeitsbestimmungen ist die Verordnung Nr. 3/96.

[599] *Ministerio de Trabajo y Seguridad Social* – Ministerium für Arbeit und Sozialversicherung

[600] vgl. Gaceta Oficial de la República de Cuba, 06.09.1995: *Ley de la Inversión Extranjera, N° 77*: Art. 33.1/3

lung von Arbeitskräften ab und es kommt zu individuellen Arbeitsverträgen zwischen dieser staatlichen Institution und den Mitarbeitern.

Eine Ausnahme stellen die Mitarbeiter der höheren Verwaltungs- und Führungsebene dar.[601] Diese werden im Falle von Joint Ventures von der Aktionärshauptversammlung und im Falle von Unternehmen mit 100% ausländischem Kapital durch die Geschäftsleitung bestimmt. In Einzelfällen kann einem Joint Venture auch die direkte Einstellung seiner Mitarbeiter genehmigt werden.[602] Es ist Ziel des kubanischen Staates, dass die Mehrheit der Stellen mit Kubanern besetzt wird und es nur in Ausnahmefällen zur Anstellung von Ausländern kommt.[603]

Rahmenbedingungen des Arbeitsverhältnisses

Zwischen der ACOREC S.A, dem jeweiligen Unternehmen und der betreffenden Gewerkschaft werden zwei Arten von Rahmenverträgen abgeschlossen, in denen unter anderem die allgemeinen Arbeitsbedingungen, die Art der betrieblichen Mitbestimmung und die Zielvorgaben des Unternehmens geregelt werden. Dabei handelt es sich einerseits um ein Betriebsabkommen *(Convenio Colectivo de Trabajo)* und andererseits um eine interne Vereinbarung *(Reglamento Interno)*.[604]

Kündigungsmodalitäten

Da die Anstellung der Mitarbeiter durch die staatliche Institution erfolgt, ist diese auch Ansprechpartner, wenn die Unternehmen mit der Arbeitsleistung oder -disziplin unzufrieden sind.[605]

Regelarbeitszeit

Die Regelarbeitszeit beträgt acht Stunden pro Tag. Überstunden bedürfen der Abstimmung mit der Gewerkschaft und müssen extra bezahlt werden. Es können nicht mehr als 160 Überstunden im Jahr ein-

---

601 vgl. Montoya Azahares, 1997: 4ff

602 vgl. Gaceta Oficial de la República de Cuba, 06.09.1995: *Ley de la Inversión Extranjera, N° 77*: Art. 33.1. - 3

603 vgl. Brier Rivero, 2001: 34

604 Gaceta Oficial de la República de Cuba, 24.05.1996: *Resolución sobre Trabajo y Seguridad Social, N° 03/96*: Kap. IV

605 vgl. BES: Carbonel Garcia, 2000: 237f und Gaceta Oficial de la República de Cuba, 06.09.1995: *Ley de la Inversión Extranjera, N° 77*: Art. 34.2.

gefordert werden. Es sind 30 Tage Urlaub vorgeschrieben. Diese und die gesetzlichen Nationalfeiertage werden ebenso entlohnt.[606]

Bezahlung von direkt angestellten Führungs- und Fachkräften

Die Entlohnung der Führungs- und Fachkräfte wird in der Satzung des jeweiligen Unternehmens geregelt. Kubanische Behörden haben darauf keinen Einfluss.[607]

Bezahlung der staatlich angestellten Mitarbeiter

Alle Mitarbeiter, die bei einem ausländischen Unternehmen in Kuba arbeiten, bekommen ihren Lohn in kubanischen Peso von der zuständigen staatlichen Institution, die die Mitarbeiter bereits vermittelt hat, ausgezahlt. Regelungen wie Lohnfortzahlung im Krankheitsfall oder bei Mutterschaft fallen deshalb auch in ihren Verantwortungsbereich. Zuvor wird dieser vom ausländischen Unternehmen annähernd 1:1 in US-Dollar an diese Institution überwiesen.[608] Auf der einen Seite werden mit dem Einbehalten des Differenzbetrages durch den kubanischen Staat u.a. Sozialleistungen im Bildungs- und Gesundheitsbereich finanziert, auf der anderen Seite ist diese Handhabung Ursache dafür, dass die Unternehmen über die reguläre Entlohnung der Mitarbeiter keine Motivationsanreize schaffen können.

Motivationsfonds

Art. 32 besagt, dass deshalb alle in diesem Gesetz zugelassenen Unternehmensformen zur Gründung eines Motivationsfonds für alle nach Art. 31 in Kuba ansässigen Mitarbeiter autorisiert werden können. Die Höhe der gesetzlichen Einzahlungen in diesen Fonds wird von den ausländischen Unternehmern mit dem MINVEC abgestimmt.

---

[606] vgl. BES: Carbonel Garcia, 2000: 239f

[607] vgl. Brier Rivero, 2001: 32f

[608] vgl. Gaceta Oficial de la República de Cuba, 06.09.1995: *Ley de la Inversión Extranjera, N° 77*: Art. 33.4.

1.5.1.9 Steuerbestimmungen – Kapitel XII

Die zuständige Steuerbehörde heißt ONAT *(Oficina Nacional de Administración Tributaria).*[609] Die aktuelle kubanische Steuergesetzgebung unterliegt dem Rahmengesetz 73/94.

Das kubanische Steuersystem im Überblick[610]

Eigentums- und Besitzsteuern
- über Wohnraum, brachliegende Flächen, Landgüter, Wasserfahrzeuge (Art. 29) und über Flächen, die ungerechtfertiger Weise nicht erschlossen sind (Art. 30)
- über motorisierte Fahrzeuge und Fuhrwerke wie Ochsen- und Pferdekarren des Überlandtransportes (Art. 32 und 33)

Vermögenssteuer
- auf die Übertragung von Gütern und Erbschaften (Art. 34 bis 40)
  Es wird keine Steuer auf unbewegliches Vermögen erhoben.

Umsatz- und Gewinnsteuern
- Einkommenssteuer bei natürlichen Personen (Art. 17 bis 19)
- Körperschaftssteuer bei juristischen Personen (Art. 12 bis 16)

Konsumsteuern
- Verkaufssteuer (Art. 21 bis 23)
- besondere Produktsteuer (Art. 24 bis 26)
- Steuer auf öffentliche Dienstleistungen (Art. 27 und 28)

Sonstige Steuern
- Dokumentensteuer (Art. 41 bis 44)
- Steuer auf Beschäftigung von Arbeitskräften (Art. 45 bis 48)
- Ökosteuer auf Nutzung natürlicher Ressourcen (Art. 50 bis 52)

Beiträge
- Sozialversicherungsbeitrag (Art. 53 bis 55)

Sonstige Abgaben
- Werbungs- und Anzeigengebühren
- Flughafengebühr
- Straßennutzungsgebühr

---

[609] Nationales Steuerverwaltungsbüro

[610] vgl. BES: Cámbara Tarancón; Mesquida del Cueto, 2000: 125

Im Art. 38 jedoch werden die Steuerverpflichtungen ausländischer Investoren, die ihre Steuerschuld grundsätzlich in US-Dollar begleichen müssen, detailliert aufgelistet. Dazu zählen:

- Körperschaftssteuer *(Impuesto sobre utilidades)*
- Steuer auf Beschäftigung von Arbeitskräften und Sozialversicherungsbeitrag *(Impuesto sobre la utilización de la fuerza de trabajo y la contribución a la seguridad social)*
- Zölle und tarifäre Verpflichtungen
- Überlandtransportsteuer[611] *(Impuesto sobre transporte terrestre)*
- Dokumentensteuer *(Impuesto sobre documentos)*
- Sonstige Abgaben.[612]

Körperschaftssteuer

Besteuerungsgrundlage

Die Besteuerungsgrundlage ist das verfügbare Nettoeinkommen, das sich aus allen im Geschäftsjahr erwirtschafteten Einkünften, abzüglich der gesetzlich absetzbaren Kosten, der Aufrechnung von Verlusten zurückliegender Geschäftsjahre und der vom Unternehmen gebildeten Vorsteuerreserven zusammensetzt. Das Geschäftsjahr wird verstanden als Zeitraum von 12 Monaten, der mit dem Kalenderjahr übereinstimmen kann, aber nicht muss. Absetzbare Kosten sind z.B.:

- Materialkosten
- Personalkosten
- Produktionskosten
- Verwaltungskosten, etc.

Auch bei der Abschreibung von Vermögenswerten handelt es sich um eine Möglichkeit, die Besteuerungsgrundlage zu verringern. Die Tourismusindustrie wird steuerlich bei Abschreibungen begünstigt. Grundlage hierfür ist die Verordnung 22/83.

---

611 Anm.: Mit dieser Abgabe wird der Besitz an PKW besteuert; ähnlich der deutschen Kfz-Steuer.

612 vgl. BES: Cámbara Tarancón; Mesquida del Cueto, 2000: 125 und Gaceta Oficial de la República de Cuba, 06.09.1995: *Ley de la Inversión Extranjera, N° 77*

Nicht absetzbar sind:

- Strafen und Sanktionen
- Werbegeschenke und Werbeausgaben
- nicht durch Versicherungen abgedeckte Schäden
- bereits realisierte und laufende Investitionen etc.[613]

Steuersatz

Der Steuersatz liegt grundsätzlich bei 35%. Als Investitionsanreiz beträgt er für Joint Ventures und Internationale Wirtschaftsallianzen nur 30%. Unternehmen mit 100%igem Anteil an ausländischem Kapital hingegen unterliegen der normalen Besteuerung und zahlen demzufolge 35% Körperschaftssteuer. Im Falle der Ausbeutung natürlicher, nicht erneuerbarer Ressourcen, wie es beispielsweise im Bergbau der Fall ist, kann der Steuersatz durch Beschluss des Exekutivkomitees des Ministerrates bis auf 50% erhöht werden.[614]

Steuererklärung und Zahlungsmodalitäten

Jährlich muss bis Ende des Geschäftsjahres eine Steuererklärung erstellt werden. Die Abgabe der Steuerklärung ist Pflicht, auch wenn man von der Körperschaftssteuerzahlung befreit wurde. Bei Joint Ventures und Internationalen Wirtschaftsallianzen liegt die Erklärung im Verantwortungsbereich der kubanischen Partner. Zuständige Behörde ist das Bezirkssteueramt.[615]

Steuer auf Beschäftigung von Arbeitskräften und Sozialversicherungsbeitrag

Der Gesamtsteuersatz von 25% ergibt sich aus 11% Steuer auf die Beschäftigung von Angestellten[616] und dem Sozialversicherungsbeitrag von 14%. Berechnungsgrundlage sind sämtliche an den Arbeitnehmer gehenden Zahlungen und Zuwendungen. Die Steuerschuld muss innerhalb der ersten zehn Tage des folgenden Monats beglichen werden.[617]

---

613 vgl. BES: Cámbara Tarancón; Mesquida del Cueto, 2000: 128 und 130ff
614 vgl. ebd.: 135
615 vgl. ebd.: 136
616 Anm.: alle vom Unternehmen in Kuba angestellten Mitarbeiter, unabhängig von der Nationalität
617 vgl. BES: Cámbara Tarancón; Mesquida del Cueto, 2000: 150

Joint Ventures und Internationalen Wirtschaftsallianzen wird die Zahlung des Sozialversicherungsbeitrages erlassen. Ihre Steuerschuld in diesem Bereich beträgt nur 11%. Unternehmen, die völlig durch ausländisches Kapital finanziert wurden, unterliegen der normalen Besteuerung von 25% und somit auch eventuellen Schwankungen in der Steuerpolitik der Regierung.[618]

Zölle und tarifäre Verpflichtungen[619]

Grundsätzlich gilt, dass der Zoll umso höher ist, je mehr Wert das zu importierende Produkt hat. Rohstoffe, wie z.B. Holz sind demzufolge mit geringeren Zollgebühren behaftet als z.B. fertige Möbel. Es liegt im Verantwortungsbereich des ausländischen Investors, Zollerleichterungen bzw. -befreiung zu beantragen, da diese von der kubanischen Regierung nicht pauschal veranschlagt werden. Generell besteht die Tendenz, dass bei diesen Verhandlungen um Zollerleichterungen ausländische Investitionen in Zentral- und Ostkuba bevorzugt behandelt werden. Hierbei gilt erneut, dass besonders im Tourismussektor Investitionsanreize, wie beispielsweise Zollerlässe für zu importierende Baumaterialien, gewährt werden.[620]

Überlandtransportsteuer

Mit ihr wird der Besitz bzw. das Eigentum aller mit Motor angetriebener oder mit Tierkraft bewegter Fahrzeuge besteuert. Ausnahmen von dieser Steuer sind:

- Fahrzeuge von Diplomaten
- zeitweilig von Touristen importierte motorisierte Fahrzeuge, da hierfür bereits Importzölle erhoben werden
- landwirtschaftliche Nutzfahrzeuge
- nicht für den öffentlichen Straßenverkehr zugelassene Fahrzeuge

Die Fahrzeuge werden nach Klassen eingeteilt. Hierbei gilt generell, dass sich die Klasse A auf Personentransport und die Klasse B auf Gütertransport bezieht. Bei motorisierten Fahrzeugen kommt zusätzlich

[618] vgl. BES: Cámbara Tarancón; Mesquida del Cueto, 2000: 151
[619] vgl. ebd.: 151
[620] vgl. EUROPMI; VEAPME, 2000: 32f

die Klasse C hinzu, die sich auf Sonderfahrzeuge, wie z.B. Krankenwagen bezieht. Vom Gesetzgeber sind für die einzelnen Klassen unterschiedliche Gebühren vorgesehen.[621]

Dokumentensteuer

Mit dieser Steuer wird im Sinne einer Verwaltungsgebühr die Beantragung, Bearbeitung und Ausstellung von öffentlichen Dokumenten abgegolten. Die Höhe der Gebühr hängt von der Art des jeweiligen Dokuments ab und wird bei dessen Ausstellung fällig.[622] So zum Beispiel wird für die Ausstellung einer Ausreiseerlaubnis eine Gebühr von 25 USD erhoben.[623]

Sonstige Abgaben

Straßennutzungsgebühr

Auf bestimmten Straßen, z.B. zwischen Varadero und Matanzas, wird von allen kubanischen und ausländischen Fahrzeugführern eine „Mautgebühr“ verlangt. Die Höhe der Gebühr richtet sich nach der Anzahl der Achsen und der auf dem jeweiligen Straßenabschnitt zurückzulegender Kilometerzahl.[624] Dauernutzern der besteuerten Straßen, die die Gebühr im Voraus entrichten, werden Rabatte gewährt.

Flughafengebühr

Mit dieser Abgabe wird die Nutzung der Einrichtungen kubanischer Flughäfen besteuert. Die Zahlung erfolgt unmittelbar am Flughafen durch die Passagiere internationaler Flüge beim Verlassen des Landes. In Varadero und Havanna müssen 25 USD bezahlt werden. Für Kinder unter zwei Jahren entfällt diese Steuerpflicht. Weiterhin entfällt diese Gebühr auch für Regierungsdelegationen oder Diplomaten.[625]

---

621 vgl. BES: Cámbara Tarancón; Mesquida del Cueto, 2000: 155
622 vgl. ebd.: 159
623 vgl. Gesetz 73/94: *Ley del Sistema Tributario*: Anexo 3/22.g)
624 vgl. BES: Cámbara Tarancón; Mesquida del Cueto, 2000: 172
625 vgl.ebd.: 176

Werbungs- und Anzeigengebühren

Diese Abgabe wird erhoben für die Verbreitung von Werbeinformationen auf Plakaten, Reklametafeln etc., welche vorher von den zuständigen kubanischen Behörden genehmigt wurden. Die Höhe der Gebühren ist nach vier Zonen gestaffelt. Besteuerungsgrundlage ist hierbei die Quadratmeterzahl der genehmigten Werbefläche. Die Abgabenzahlung muss innerhalb der ersten zehn Tage des laufenden Monats erfolgen.

	Charakteristik der Zone	Höhe der Gebühr
Zone 1	Ländliche Gebiete	2,00 USD
Zone 2	Stadtgebiete	2,70 USD
Zone 3	Tourismusgebiete	3,40 USD
Zone 4	Architektonisch und kulturell wertvolle Gebiete	4,75 USD

Tabelle 2 *Werbungs- und Anzeigengebühr nach Zonen*
Quelle: BES: Cámbara Tarancón; Mesquida del Cueto, 2000: 177f

Die Berechnung der Abgaben für kommerzielle Werbung bei Wirtschafts-, Kultur- und Sportveranstaltungen erfolgt ebenfalls auf dieser Grundlage, jedoch können die Gebühren auf bis zu 10 USD pro Quadratmeter genutzter Werbefläche steigen. Die Organisatoren dieser Ereignisse haben die gesamten Abgaben für die im Rahmen der Veranstaltungen erfolgten Werbeaktivitäten an den Staat abzuführen.[626]

1.5.1.10 Reservenbildung, Versicherungen – Kapitel XIII

Alle ausländischen Investoren sind nach dem Gesetz 77/95 zur Bildung von betrieblichen Reserven verpflichtet. Das Finanzministerium regelt alle damit im Zusammenhang stehenden Modalitäten. Neben diesen gesetzlich vorgeschriebenen Reserven können von den Unternehmen freiwillig weitere gebildet werden. Alle vorgeschriebenen Versicherungen müssen über vom Finanzministerium beauftragten Versicherungsgesellschaften von den Unternehmen abgeschlossen werden. Da es in den meisten Fällen dazu kommt, dass ausländische Investoren staatliche Grundstücke bzw. Objekte mieten, muss beachtet werden, dass da-

[626] vgl. BES: Cámbara Tarancón; Mesquida del Cueto, 2000: 177ff

mit auch die Verpflichtung entsteht, auf eigenen Kosten die entsprechenden Versicherungen zugunsten des Eigentümers abzuschließen.[627]

1.5.1.11 Registrier- und Berichtspflicht – Kapitel XIV

Register über ausländische Investitionen

Nach der Gewährung der staatlichen Autorisation an einen ausländischen Unternehmer muss die Einschreibung des Investitionsprojektes in das Register über ausländische Investitionen, das bei der kubanischen Handelskammer geführt wird, erfolgen.[628]

Notwendige Registereinträge für ausländische Unternehmer

- Register über ausländische Investitionen bei der Handelskammer
- Register über Importeure und Exporteure bei der Handelskammer
- Steuerregister beim jeweiligen Bezirkssteueramt
- Zollregister der Republik Kuba beim Nationalen Zollamt
- Register über Vertretungen ausländischer Unternehmen bei der Handelskammer[629]
- Registereintrag beim Justizministerium[630]

Jahresbericht ans MINVEC

Unabhängig von jeglicher anderer unternehmerischer Pflicht zur Berichterstattung[631] sind alle ausländischen Investoren gesetzlich gebunden, innerhalb einer Frist von 90 Tagen nach Ende des Geschäftsjahres einen Jahresbericht über die erfolgten Aktivitäten im MINVEC einzureichen.[632] Genauere Regelungen zu den Erstellungsmodalitäten enthält die Verordnung 127/95 über ausländische Investitionen und wirtschaftliche Zusammenarbeit.[633]

---

627 vgl. Gaceta Oficial de la República de Cuba, 06.09.1995: *Ley de la Inversión Extranjera, N° 77*

628 vgl. BES: Hernández Fernández; Marichal Aguilera; Díaz Rodríguez, 2000: 33f und Gaceta Oficial de la República de Cuba, 06.09.1995: *Ley de la Inversión Extranjera, N° 77*: Art. 48

629 vgl. Brier Rivero, 2001: 11

630 vgl. EUROPMI; VEAPME, 2000: 34

631 Anm.: Hierzu zählt zum Beispiel der jährliche Bericht ans Finanzministerium.

632 vgl. Gaceta Oficial de la República de Cuba, 06.09.1995: *Ley de la Inversión Extranjera, N° 77*: Art. 49

633 vgl. Gaceta Oficial de la República de Cuba, 02.01.1996: *Resolucón N° 127/95 sobre Inversión Extranjera y Colaboración Económica*: Kapitel II Art. 2 - 4

Die ausländischen Unternehmer können ihr Rechnungslegungssystem frei wählen, solange dieses international akzeptierten Standards entspricht.[634] Die Buchführung muss in jedem Fall auf Spanisch erfolgen. Externe Wirtschaftsprüfungen sind vorgeschrieben. Diese werden durch einen amtlichen kubanischen Wirtschaftprüfer vorgenommen.[635]

1.5.1.12 Umweltschutz – Kapitel XVI

Da die ausländischen Investitionen zur nachhaltigen Entwicklung Kubas beitragen sollen, wird ein behutsamer Umgang mit den natürlichen Ressourcen des Landes vorausgesetzt. Aus diesem Grund bezieht das MINVEC bei der Bewertung der Investitionsprojekte das Ministerium für Wissenschaft, Technologie und Umwelt CITMA *(Ministerio de Ciencias, Tecnología y Medio Ambiente)* zur Prüfung deren Umweltverträglichkeit ein. Sämtliche Entscheidungen über die Vergabe von Lizenzen im Umweltbereich[636] werden ebenfalls von dieser Behörde geregelt. In Fällen von Umweltschäden werden konkrete Maßnahmenkataloge zu deren Begrenzung durch das CITMA entwickelt.

Ähnlich dem deutschen Umweltrecht gilt auch in der kubanischen Investitionsgesetzgebung das Verursacherprinzip, welches die Beseitigung der Umweltschäden durch den Verantwortlichen vorsieht.[637]

Tendenzen auf dem Gebiet der Umweltgesetzgebung

Trotz seines Status als Entwicklungsland setzt sich Kuba sehr stark für Umweltschutz und Nachhaltigkeit ein. Die seit der Konferenz in Río getroffenen Maßnahmen werden im Folgenden aufgezählt:

- stärkere Verknüpfung des Umweltschutzes mit sozialen und wirtschaftlichen Komponenten

[634] Anm.: Die Verordnung Nr. 10/97 regelt die unternehmerischen Rechnungslegungsnormen.

[635] vgl. EUROPMI; VEAPME, 2000: 57

[636] vgl. Gaceta Oficial de la República de Cuba, 09.10.1995: *Resolucón N°. 168/95 Reglamento para la Realización y Aprobacion de las Evaluaciones de Impacto Ambiental y el Ortogamiento de las Licencias Ambientales*

[637] vgl. Gaceta Oficial de la República de Cuba, 06.09.1995: *Ley de la Inversión Extranjera, N° 77*: Art. 54 - 56

- Ausrichtung des nationalen Umwelt- und Entwicklungsprogramms nach den Vorgaben der 1992 auf dem Umweltgipfel in Río verabschiedeten Agenda 21 im Jahr 1993
- Schaffung des CITMA als zuständige Behörde im Umweltbereich im Jahr 1994
- Verabschiedung des Umweltgesetzes Nr. 81 im Jahr 1997
- Zusatzverordnungen zu diesem Gesetz über biologische Sicherheit, nationale Schutzgebiete, Verstöße gegen geltende Bestimmungen im Umweltbereich 1999 und über Küstenschutz 2000
- Inkrafttreten der sowohl auf Sektoren als auch auf Territorien ausgerichteten nationalen Umweltstrategie im Jahr 1997
- Aufstellung umweltschutztechnischer Normen 1997
- Ratifizierung des Waldgesetzes 1998
- Aufstellung weiterer nationaler Aktionspläne z.B. in Bezug auf Biodiversität, Umweltbildung, Bekämpfung der Wüstenbildung, etc.
- Unterzeichnung zahlreicher internationaler Umweltschutzabkommen
- Minengesetz 1994
- Investitionsgesetz Nr. 77 von 1995
- Nationale Umweltzertifizierung ISO – 14.000
- Reduzierung der Zölle auf umweltfreundliche Technologien[638]

1.5.1.13 Schlichtung von Streitfällen – Kapitel XVII

Bei Konflikten zwischen Eignern eines Joint Ventures zwischen ausländischen und kubanischen Partnern in einer Internationalen Wirtschaftsallianz oder unter ausländischen Investoren allgemein, gilt das in den jeweiligen Satzungen bzw. Verträgen vereinbarte. Bei jeglichen Streitfällen, die aus Handelsverträgen resultieren, liegt die Kompetenz bei den kubanischen Handelsgerichtshöfen, die vom Staatsrat hierfür eingesetzt sind.[639]

---

[638] vgl. Urquiola Cruz; Díaz Duque, 2003

[639] vgl. Gaceta Oficial de la República de Cuba, 06.09.1995: *Ley de la Inversión Extranjera, N° 77*: Art. 57 und 58

1.5.2 Niederlassungen ausländischer Unternehmen

Die Verordnung 206/96 *Reglamento del Registro Nacional de Sucursales y Agentes de Sociedades Mercantiles Extranjeras* regelt die Zulassung von Niederlassungen ausländischer Firmen oder deren Vertretung durch einen kubanischen Repräsentanten vor Ort. Diese müssen in das Nationale Register der Handelskammer eingetragen werden.

Die Lizenz umfasst alle normalen Handelsaktivitäten auf dem kubanischen Territorium, beinhaltet aber keine Erlaubnis für den Import oder Export, die Ausübung von Einzel- und Großhandelsaktivitäten und den Transport der Waren. Einmalige zeitlich begrenzte Sondergenehmigungen für Import oder Export können auf Antrag erteilt werden. Der Lizenzvertrag kann von beiden Seiten für ungültig erklärt werden. Insbesondere wird das MINCEX in Fällen von Gesetzesverstößen der ausländischen Handelsvertretung die Zulassung entziehen oder Vertragsänderungen veranlassen, wenn dies im nationalen Interesse ist. Die Eröffnung weiterer Niederlassungen auf kubanischem Gebiet bedarf wiederum der Autorisierung der kubanischen Behörden und bedarf ähnlicher Antragstellung wie bei den bereits erwähnten Lizenzen. Die Niederlassungen und Handelsvertretung sind dazu verpflichtet, das Unternehmen betreffende Änderungen beim Registerbeauftragten der Handelskammer zu melden. Die zugeteilte Registernummer muss Bestandteil aller öffentlichen Dokumente sein.[640]

Besteuerung

- Körperschaftssteuer *(Impuesto sobre utilidades)*
- Einkommenssteuer *(Impuesto sobre ingresos personales)*
- Steuer auf Beschäftigung von Arbeitskräften und Sozialversicherungsbeitrag *(Impuesto sobre la utilización de la fuerza de trabajo y la contribución a la seguridad social)*
- Überlandtransportsteuer *(Impuesto sobre transporte terrestre)*
- Dokumentensteuer *(Impuesto sobre documentos)*[641]

---

640 vgl. BES: Hernández Fernández; Marichal Aguilera; Díaz Rodríguez, 2000: 34ff und Decreto 206/96

641 vgl. BES: Cámbara Tarancón; Mesquida del Cueto, 2000: 188ff

1.5.3 Kooperationsverträge

Diese neuen Formen der ausländischen Investition machten sich aufgrund wachsender Anforderungen in bestimmten Sektoren notwendig und wurden Ende 2000 bzw. 2001 mit den Verordnungen Nr. 3827 und Nr. 37 auf alle Bereiche der kubanischen Wirtschaft ausgeweitet. Darin werden Vertragsabschlüsse zur Kooperation bei Güter- und Dienstleistungserstellung bzw. im administrativen Bereich zwischen staatlichen kubanischen Unternehmen und ausländischen Partnern explizit zugelassen. Derartige Verträge sind in vielem flexibler und problemloser in ihrer Beantragung und Genehmigung. Sie eignen sich besonders für kleine und mittlere Unternehmen, da keine Einbringung von Vermögenswerten erfolgen muss, weil es sich nicht um eine Unternehmensneugründung handelt. Die aus diesen Verträgen hervorgehende Steuerschuld wird von jedem der Partner je nach seinem Anteil an der Entstehung der Verpflichtungen getragen. Für die Importaktivitäten ist die kubanische Seite verantwortlich, welche deshalb auch für die eventuell anfallenden Zollgebühren aufkommen muss. Solche Kooperationsverträge können den Grundstein für eine längerfristige Zusammenarbeit legen, da sich in Folgegeschäften komplexere Investitionsformen herausbilden können.[642]

1.5.3.1 Kooperationsverträge über die Produktion von Gütern und Bereitstellung von Dienstleistungen

Die ausländischen Partner sind zuständig für die Sicherstellung der Finanzierung des Projektes, müssen u.a. die benötigten materiellen Ressourcen einbringen und die notwendige Technologie bereitstellen. Die Autorisierung dieser Verträge erfolgt durch die oberste Instanz der zuständigen Ministerien, in dessen Zuständigkeitsbereich die jeweilige Kooperation fällt.

1.5.3.2 Kooperationsverträge im administrativen Bereich

Bei diesen Verträgen sind besonders das Know-how sowie die Bereitstellung von Technologien des ausländischen Partners gefragt. Über

[642] CONAS/CPI, 2003: *Cuba: Inversiones y Negocios*

die in diesem Bereich abgeschlossenen Verträge wird, insofern sie nicht in der vom Tourismusministerium autorisierten Hotelverwaltung angesiedelt sind, im MINVEC entschieden.[643]

1.5.4 Gewerbliches und geistiges Eigentum

Beim Urheberrecht wird im Gesetz 77/95 auf die entsprechenden Verordnungen[644] verwiesen.[645] Diese garantieren dem ausländischen Unternehmer Rechtssicherheit. Kuba hat außerdem alle relevanten internationalen Abkommen, wie beispielsweise die Straßburger Übereinkunft zur internationalen Patentklassifizierung, unterzeichnet. Sollte in Streitfällen die nationale von der internationalen Gesetzgebung abweichen, richtet man sich laut Art. 20 des *Código Civil* (Bürgerliches Gesetzbuch) nach internationalen Vereinbarungen. Zuständige Behörde ist das OCPI *(Oficina Cubana de la Propiedad Industrial)*,[646] das dem Ministerium CITMA untersteht. Möglich ist die Registrierung von:

- Erfindungen und wissenschaftlichen Entdeckungen
- Industriellen Modellen
- Marken und Handelsnamen
- Firmenlogos und Slogans
- Herkunftsangaben und -bezeichnungen.

Jede natürliche und juristische Person kann eine Markenregistrierung in Kuba beantragen. Ausländische Unternehmen müssen dies über einen vom kubanischen Staat autorisierten Vertreter erledigen. Das Markenregister wird im OCPI geführt. Da es der Öffentlichkeit nicht zugänglich ist, muss vor der Markenregistrierung eine Prüfung bei dieser Behörde beantragt werden, um zu verifizieren, ob die Rechte an einer Marke schon vergeben sind.[647] Hierbei werden sowohl eine einmalige Registrierungsgebühr als auch eine jährliche Gebühr erhoben.[648]

---

643 vgl. Vereinbarung Nr. 3827/00

644 gewerbliches Eigentum: Gesetz Nr. 68/83, 160/95, 203/00 und 228/02; geistiges Eigentum: Gesetz Nr. 14/77 und 156/94

645 vgl. Gaceta Oficial de la República de Cuba, 06.09.1995: *Ley de la Inversión Extranjera, N° 77*: Art. 36

646 Kubanisches Büro für Gewerbliches Eigentum

647 vgl. Brier Rivero, 2001: 28ff

648 vgl. EUROPMI; VEAPME, 2000: 39

2 Ökonomisch-monetäres Umfeld

2.1 Entwicklung des Wirtschaftssystems

2.1.1 Von der Kolonisierung bis zum Unabhängigkeitskrieg

Als Kuba 1492 von Kolumbus entdeckt und dann von Spanien erobert wurde, war die Suche nach Gold das erste Bestreben der frühen Siedler. Im 16. Jahrhundert führte die Verteilung des Landes an die spanische Oberschicht zu einer ersten großen Besiedlungswelle und zur Entwicklung des Großgrundbesitzes. Es erfolgte eine Umstellung vom Goldwaschen auf die Landwirtschaft, die sich zunächst der Viehzucht widmete.

Da in Europa bereits eine starke Nachfrage nach Zucker bestand, vergab Spanien günstige Kredite und verringerte die Abgabenpflicht, um so den Anbau und Export von Zucker auszuweiten. Um den erhöhten Bedarf der inzwischen kapitalanhäufenden Oberschicht an Sklaven, Manufakturwaren und Textilien zu decken, wurden diese Waren aus Spanien bzw. Afrika importiert. Es entwickelte sich ein reger Handel, der von Spanien monopolisiert wurde. Einzig an Havanna wurde ein solches Handelsmonopol vergeben.[649] Durch die Entdeckung Mexikos und Perus entwickelte sich Havanna schnell zu *„einem überregionalen Zentrum der [spanischen] Meeresökonomie."*[650] Als letzter Hafen vor der langen Ozeanpassage nach Spanien stellte es einen Schnittpunkt zwischen dem Imperium und seinen Kolonien dar.

Während des spanischen Erbfolgekrieges (1701 bis 1713) wurden alle Schiffsverbindungen zu Kuba unterbrochen, was zu einem Aufblühen des Schmuggels führte, dessen Kern der Tabakanbau bildete. Da dieses Geschäft sich dank der hohen Nachfrage aus Europa als sehr rentabel erwies, errichtete die neue Dynastie Spaniens im Jahr 1717 ein Tabakmonopol und schützte die Länderein der Tabakbauern vor den Großgrundbesitzern, die auf Zucker und Kaffee auswichen.

Im Jahre 1723 wurde in Havanna eine erste große Werft errichtet, deren Produktion mit einer starken Abholzung der Wälder einherging. Zu dieser Zeit fand man sich in Spanien bereits damit ab, dass man, obwohl Kuba nicht reich an Bodenschätzen war, die wirtschaftlichen

649 vgl. Zeuske (b), 2000: 21ff
650 ebd.: 24

Gegebenheiten der Insel trotzdem im Sinne des Imperiums nutzen und mit Hilfe von hohen Steuern und Monopolen einen beachtlichen Gewinn auch aus einer Landwirtschaftskolonie ziehen konnte.[651]

1762 fiel Havanna nach längeren Auseinandersetzungen zwischen den Großmächten an England. Daraufhin wurden alle Handelsbeschränkungen, auch für Sklaven, aufgehoben, und der Export des weißen Goldes wurde verstärkt. Als Kuba 1763 wieder an Spanien zurückgegeben wurde, hatten sich bereits entscheidende wirtschaftliche Veränderungen vollzogen. Die Produktion des Zuckers und der Handel waren ausgedehnt worden, es kam zu massenhaften Immigrationen und einer wirtschaftlichen Selbstorganisation.[652] Um diese nicht zu gefährden, musste Spanien einige Reformen durchführen, unter anderem die unbeschränkte Einfuhr von Sklaven und uneingeschränkten Freihandel, von dem hauptsächlich die USA profitierten. In den 20er Jahren des 19. Jahrhunderts gingen 37% aller Zuckerexporte Kubas in die USA, in den 80er Jahren waren es bereits über 80%.

1791 revoltierten die Sklaven im benachbarten Saint-Domingue (Haiti), welches daraufhin sämtliche Zuckerexporte einstellte. Der plötzliche Nachfragesog katapultierte Kuba an die erste Stelle der Zuckerlieferanten.[653] Der Zuckerboom verdrängte andere Wirtschaftszweige, die die industrielle Entwicklung möglicherweise vorangetrieben hätten.[654]

Die Zuckerproduktion lag in den Händen von etwa 500 Familien der Oligarchie Kubas, die durch den ökonomischen Aufschwung des Landes mehr Selbstbewusstsein erhielten. Schon zu Beginn des 19. Jahrhunderts traten politische Konflikte zwischen der Oberschicht Kubas und Spanien auf, da das Imperium wirtschaftliche Hindernisse auferlegte, welche die Oligarchie Kubas am vollen Entfalten ihrer unternehmerischen Tätigkeiten hinderten. Diese Konflikte mündeten 1868 in einen ersten Unabhängigkeitskrieg, der 1878 zwar durch die Schließung von Kompromissen mit Spanien endete, den Kubanern aber noch nicht die Unabhängigkeit brachte.[655]

---

651 vgl. Zeuske (b), 2000: 34ff
652 vgl. ebd.: 54ff
653 vgl. ebd.: 67ff
654 vgl. Galeano, 2002: 129
655 vgl. Zeuske (b), 2000: 95ff

Der Zucker war zur Zeit der Kolonisierung Lateinamerikas das wichtigste Agrarprodukt des europäischen Handels. Seine Beschaffung war aber nur möglich durch massiven Einsatz von Sklavenarbeit und Raubbau an den natürlichen Ressourcen der Kolonien, wie Wälder und Böden. Der Handel von Zucker trieb durch die Anhäufung von Kapital die industrielle Entwicklung in Europa voran und bescherte der *„Saccharokratie"* in den Kolonien unermesslichen Reichtum, den diese aber nicht für den Aufbau von Industrien und anderen Wirtschaftszweigen einsetzte, sondern zur Anhäufung persönlicher Reichtümer nutze. Bis 1959 wurden in Kuba nur *ingenios*[656], aber keine anderen Fabriken errichtet, die Böden waren ausgelaugt, die Wälder zerstört, und die Menschen hatten während der fünf Monate andauernden Zuckerernte Arbeit. Das Schicksal des Landes und des Großteiles seiner Bevölkerung war an den internationalen Zuckerpreis gebunden. Die Plantagen funktionierten wie *„ein zum Entweichen des natürlichen Reichtums erdachtes Sieb"*[657], und schließlich wurde der Zucker auch zum Schlüssel für die Beherrschung Kubas durch die USA.[658]

2.1.2 Von der Fremdbestimmung durch die USA bis zur Revolution

Im Jahre 1895 kam es erneut zu einem Aufstand gegen Spanien unter José Martí, der bis heute als der geistige Vater der Revolution Castros gilt. 1898 traten die USA in den Krieg ein. Daraufhin wurde der Frieden von Paris zwischen Spanien und den Vereinigten Staaten geschlossen, der eine Okkupation Kubas durch US-amerikanische Truppen vorsah. Ein 50.000 Mann starkes Invasionsheer besetzte die Städte Kubas. 1902 wurde diese Besetzung beendet und in Kuba trat eine eigene Verfassung in Kraft, deren Zusatz, das so genannte *Platt Amendment*, den Amerikanern ein dauerhaftes Interventionsrecht einräumte[659] und der sich im Laufe der Zeit zu einem Instrument zur Sicherung der wirtschaftlichen Abhängigkeit Kubas von den USA ent-

[656] Anm.: Zuckerfabrik mit anliegenden Ländereien
[657] Galeano, 2002: 118
[658] vgl. Galeano, 2002: 125ff
[659] vgl. Zeuske (b), 2000: 138ff

wickelte.[660] Der erste Präsident der jungen Republik, Tomás Estrada Palma, war de facto ein amerikanischer Staatsbürger und wahrte, wie fast alle nachfolgenden Präsidenten des Landes, die Durchsetzung der US-amerikanischen Interessen auf Kuba.[661]

Das Land entwickelte sich zu einem „Quasi-Protektorat" der Vereinigten Staaten, das durch die Konservierung der kolonialen Wirtschaftsstrukturen und die politische Dominanz der USA geprägt war.[662] Die Vereinigten Staaten gewährten Kuba günstige Zollbedingungen für die Einfuhr von Zucker und forderten dafür Vorrechte für den Export amerikanischer Produkte nach Kuba. Durch die Konkurrenz des Rübenzuckers in Europa, die geographische Nähe der beiden Staaten und die starke weltweite Verbreitung des Protektionismus wurde die Abhängigkeit Kubas von den USA gestärkt. Die Produktion des weißen Goldes wurde je nach dem Bedarf Washingtons begrenzt oder ausgeweitet. Große Teile der Ländereien der Zuckerzentralen lagen brach, um im Falle eines erhöhten Bedarfs in Nordamerika über Reserven für eine Ausweitung der Produktion zu verfügen. Kuba lieferte ein Drittel des gesamten Zuckerbedarfs der USA. Der größte Teil der im Entstehen begriffenen Industrien, von denen sich die meisten um Havanna konzentrierten, wurde unterdrückt, um die Interessen der USA zu schützen. Die Rohstoffe, die Kuba besaß, wurden von den USA als *„strategische Reserve"* gesehen und von US-Firmen abgebaut.[663] Fidel Castro sagte anlässlich einer Verteidigungsrede 1952: *„Kuba ist nach wie vor eine Faktorei, die Rohstoffe produziert. Es wird Zucker ausgeführt, um Süßigkeiten einführen zu können…"*[664]

Kuba bezog außerdem 70% seiner Importe aus den USA, neben Maschinen, Textilien, Papier und chemischen Produkten auch Reis, Bohnen, Zwiebeln und Fleisch. Die Hälfte des Bedarfs an Obst und Gemüse musste importiert werden, obwohl 50% der für den Zuckeranbau bestimmten Flächen brach lag und ein Drittel der arbeitsfähigen Bevölkerung unterbeschäftigt bzw. arbeitslos war.

---

[660] vgl. Casanovas, 2002: 117
[661] vgl. Galeano, 2002: 135
[662] vgl. Zeuske (b), 2000: 160
[663] vgl. Galeano, 2000: 132 ff
[664] Castro, zitiert nach: Galeano, 2000: 135

Die meisten strategischen Wirtschaftszweige lagen in der Hand von US-amerikanischen Firmen oder Banken, unter anderem besaßen die USA 90% der Telefongesellschaften und Elektrizitätswerke auf Kuba, 60% der Erdölraffinerien, die gesamte Nickelproduktion, 50% der öffentlichen Eisenbahn, 40% der gesamten Zuckerrohrproduktion und 30% der Handelsbanken.[665] Diese Abhängigkeit deformierte die Wirtschaftsstrukturen Kubas, die in den 50er Jahren von folgenden Aspekten geprägt waren:[666]

- Exportabhängigkeit des Landes von einem Markt und einem Produkt, welches starken Preisschwankungen unterlag und die Wirtschaft anfällig gegenüber externen Einflüssen machte
- Importabhängigkeit für Manufakturgüter von den USA
- Wenige nationale Industrien, meist in ausländischem Besitz
- Geringe Auslastung von Flächen und Arbeitskraft
- Massenarbeitslosigkeit, niedrige Löhne
- Ausländische Kontrolle über strategische Zweige der Wirtschaft

Zu dieser Zeit war Kuba politisch und sozial stark polarisiert. Auf der einen Seite stand die wohlhabende Bourgeoisie, die nicht an der wirtschaftlichen und sozialen Entwicklung des Landes interessiert war. Auf der anderen Seite standen die ungebildeten Arbeiter, die landlosen Bauern und ein Kleinbürgertum ohne Entwicklungschancen. Die soziale Situation dieser Gruppen war geprägt durch Massenarbeitslosigkeit (25% bis 30% der arbeitsfähigen Bevölkerung), Analphabetismus (die Hälfte aller Kinder ging nicht zur Schule), ungenügende Versorgung mit Strom und Wasser, Unterernährung, fehlender Zugang zu einer ausreichenden medizinischen Versorgung und Niedrigstlöhne.[667]

Um die Interessensvertretung der USA und der kubanischen Oberschicht zu sichern, als sich im Wahlkampf 1951/52 der Sieg einer national eingestellten Partei abzeichnete, putschte sich der US-freundliche Präsident Batista an die Macht und setzte die Verfassung außer Kraft. Der damals vierundzwanzigjährige populäre Anwalt Fidel Castro erhob Anklage wegen Verfassungsbruchs und legitimierte so-

[665] vgl. Burchardt, 1999: 10f
[666] vgl. Casanovas, 2002: 110ff
[667] vgl. Burchardt, 1999: 10f

mit sein Recht auf Revolution. Nach dem fehlgeschlagenen Angriff auf die Moncada-Kaserne im Juli 1953 erfolgte 1956 ein weiterer, diesmal erfolgreicher Revolutionsversuch. Batista erklärte am Silvesterabend 1958 seinen Rücktritt und floh in die Dominikanische Republik.[668] Am ersten Januar 1959 zogen die ***barbudos***, wie die Guerilla-Kämpfer wegen ihrer Bärte genannt wurden, siegreich in Havanna ein.

2.1.3 Vom Sieg der Revolution bis zum Zerfall des Ostblocks

"Das Volk, welches kauft, befiehlt. Das Volk, welches verkauft, dient. Der Handel muss ausgeglichen werden, um die Freiheit zu sichern. Das Volk, welches sterben will, verkauft an ein einziges Volk, dasjenige, welches sich retten will, an mehr als eines."[669]

José Martí (1891)

2.1.3.1 Die großen Veränderungen: 1959 bis 1963[670]

Das Ziel der Revolution war und ist bis heute die Abschaffung der sozialen Ungleichheiten und der wirtschaftlichen Abhängigkeit von einem anderen Staat. Die ersten Maßnahmen der Revolution brachten große gesellschaftliche und wirtschaftliche Veränderungen mit sich. An erster Stelle stand eine Agrarreform, die neben der Enteignung und Umverteilung des Großgrundbesitzes auch eine Diversifizierung der Produktionsstrukturen beinhaltete. Nach und nach wurden alle, meist in US-Besitz befindlichen Monopole und schließlich fast alle Sektoren der Wirtschaft verstaatlicht. Diese Maßnahmen weckten die Proteste der US-Regierung und der kubanischen Oberschicht und führten zur Ausreise zahlreicher Gelehrter und, nach einer gescheiterten Militärintervention seitens der USA im Jahre 1961, zur Verhängung einer totalen Handelsblockade gegen Kuba, die bis heute besteht. Das Land verlor somit seinen wichtigsten Absatzmarkt und Importlieferanten. Der Außenhandel stagnierte. Trotzdem sank die Arbeitslosigkeit in Kuba dank eines intensiven Diversifizierungsprozesses der Wirtschaft, der Nutzung bracher Flächen und der Beschäftigung der Arbeitslosen in öffentlichen Projekten, wie dem Wohnungs- oder Straßenbau. Gleichzeitig sank jedoch auch die Produktivität der Betriebe, da nun Arbeiter

---

[668] vgl. Zeuske (b), 2000: 185

[669] Martí, 1891, in: Álvarez, 1972: 254

[670] vgl. Casanovas, 2002: 131f

ohne Erfahrung in den administrativen Bereich integriert wurden. Besonders die landwirtschaftliche Produktion, die bis 1963 um 23% zurückging, litt unter den oft sehr unkoordinierten Reformmaßnahmen. Die Zuckerernte sank sogar um 40%. Die ausfallenden Exporteinnahmen bei gleich bleibenden Importen führten zu einer ersten Liquiditätskrise des kubanischen Staates.[671]

2.1.3.2 Wirtschaftliche Wiederbelebung: 1964 bis 1967[672]

Die durch die Eigentumsumverteilung wachsende Nachfrage nach Konsumgütern stimulierte die landwirtschaftliche und industrielle Produktion Kubas und ließ sie expandieren. Außerdem reorganisierte Kuba seinen Außenhandel hin zu den sozialistischen Staaten Osteuropas, die dem Land günstige Abnahmebedingungen für dessen Hauptexportprodukte boten und im Gegenzug das Land mit den nötigen Importen versorgten. Dies führte zu einer Erholung der makroökonomischen Indikatoren Kubas. Durch den Zugewinn an Erfahrung konnte auch eine höhere Produktivität der kubanischen Betriebe erzielt werden. In dieser Periode festigte sich das kubanische Wirtschaftsmodell, welches durch das Ignorieren jeglicher Rentabilitätskriterien, einem extensiven Einsatz von Arbeitskräften und der Abkoppelung der produktiven von der monetären Sphäre gekennzeichnet war und sich auf das subjektive Entwicklungspotential und menschliche Bewusstsein berief. Eine Eliminierung des Marktes und graduelle Abschaffung des Geldes waren das Ziel dieser Politik.[673]

2.1.3.3 Die Zehn-Millionen-Ernte: 1968 bis 1970[674]

Da der Zucker den Kubanern als Andenken an die erlittenen Erniedrigungen mehrerer Jahrhunderte galt, wurden viele Zuckerpflanzungen abgeschafft, um andere landwirtschaftliche Produkte auf diesen Flächen anbauen und die Agrarproduktion diversifizieren zu können. Dabei wurde übersehen, dass einerseits zu einer schnellen Industrialisierung und einer Produktivitätssteigerung der Landwirtschaft, und ande-

---

[671] vgl. Burchardt, 1996: 15f
[672] vgl. Casanovas, 2002: 133f
[673] vgl. Burchardt, 1996: 17
[674] vgl. ebd.: 135f

rerseits zur Befriedigung der durch die Umverteilung des Reichtums und den Zugang zu Bildung extrem gesteigerten Konsumbedürfnisse der Bevölkerung zahlreiche Importe nötig waren – und woher sollten die dazu benötigten Devisen kommen, wenn nicht aus den Erlösen des Zuckerexports? Daraufhin verwandelte sich der Zucker, ehemals Hauptfaktor der Unterentwicklung, in ein Werkzeug für die Entwicklung,[675] gestützt auf die sowjetischen Preis- und Abnahmegarantien.[676]

Die kubanische Regierung strebte für das Jahr 1970 eine Rekordproduktion von 10 Millionen Tonnen Zucker an, die einerseits die nötigen Devisen bringen, andererseits aber auch die Zuversicht der Bevölkerung stärken sollte. Um dieses Ziel zu erreichen, wurden aus anderen Sektoren Arbeitskräfte und andere Produktionsfaktoren abgezogen, wodurch die Wirtschaft des Landes stark in ihrem Ablauf geschädigt wurde. Die in der vorherigen Periode gut ausgeprägte Dynamik der Wirtschaft wurde gebremst, das Jahreswachstum betrug nur 1,2%. Das Prokopfeinkommen wies sogar eine Negativtendenz von -0,4% auf. Das ehrgeizige Ziel konnte trotz aller Anstrengungen nicht erreicht werden: die tatsächliche Produktion betrug nur 8,5 Millionen Tonnen. Ergebnisse dieser Periode waren vor allem eine verstärkte externe Abhängigkeit, ein Anstieg der Importrate und ein Sinken der Einnahmen aus Exporten. Grund hierfür war aber nicht nur die missglückte Rekordernte, sondern auch Fehler in der wirtschaftlichen Administration, die viele Sozialleistungen wie Wohnung, Elektrizität, Schulen oder ärztliche Versorgung kostenlos bereitstellte und damit die Staatsausgaben extrem in die Höhe trieb.[677]

2.1.3.4 Beschleunigtes Wachstum: 1971 bis 1975

Aufgrund der günstigen Konjunkturlage, dem Eintritt in den RGW[678] (1972) und daraus folgender günstigerer Handelsbeziehungen, dem vorteilhaften Zuckerpreis auf dem Weltmarkt und internen Strukturveränderungen konnte ein multisektoriales, hohes Wirtschaftswachstum verzeichnet werden, einhergehend mit einem verstärkten Waren-

---

675 vgl. Galeano, 2000: 138ff
676 vgl. Burchardt, 1996: 16
677 vgl. Casanovas, 2002: 135
678 Rat für gegenseitige Wirtschafthilfe, Koordinationsgremium des sozialistischen Weltmarktes

export, einer erhöhten Produktivität und einem stetig steigendem Lebensstandard.[679] Trotz Zunahme der Importrate konnte das Ungleichgewicht der Handelsbilanz verbessert werden, was allerdings eher an den hohen Zuckerpreisen als an einer Produktionszunahme lag.[680]

Die wirtschaftliche Erholung wurde begleitet von einer schrittweisen Einführung des sowjetischen Lenkungsmodells, welches die Dezentralisierung der Wirtschaftsführung und die Erstellung eines ersten Fünf-Jahres-Planes mit sich brachte. Man hatte erkannt, dass die Wirtschaft des Landes unter idealistischen Fehlern gelitten hatte und dass ökonomische Gesetze existierten, nach denen man sich richten musste.[681]

2.1.3.5 Makroökonomische Stagnierung: 1976 bis 1985[682]

In dieser Periode stagnierten die makroökonomischen Indikatoren und das Wirtschaftswachstum verlangsamte sich spürbar im Vergleich zur vorhergehenden Periode. Die Gründe dafür lagen einerseits bei externen Faktoren, wie dem Auftreten von Krankheiten und Schädlingen in der Landwirtschaft oder ausgedehnten Dürreperioden, andererseits aber auch bei Unzulänglichkeiten interner Faktoren, unter anderem:

- Unzureichendes Wachstum industrieller Exporte
- Ungenügende Investitionen im Industriesektor
- Aufbau großer Unternehmen zur Erziclung von Skalenerträgen, die sich aber als ineffizient erwiesen
- Ungenügende Auslastung der Kapazitäten
- Abschirmung des Landes vor der kapitalistischen Konjunktur, dadurch Isolierung vom internationalen Wettbewerb und den Anforderungen an wirtschaftliche Effizienz

Der Wohlstand der Bevölkerung konnte nur durch eine engere Zusammenarbeit mit den Staaten des RGW gewährleistet werden. Aufgrund der stagnierenden Binnenproduktion mussten immer mehr Güter importiert werden, um das erreichte Niveau noch halten zu können. Daher hatte der Staat bald erneut mit einem enormen Handelsbilanz-

679 vgl. Burchardt, 1996: 20
680 vgl. Casanovas, 2002: 135f
681 vgl. Burchardt, 1996: 19
682 vgl. ebd.: 138f

defizit zu kämpfen. Die kubanische Entwicklungsstrategie beruhte also auf externer Zusammenarbeit und nicht etwa auf einem internen qualitativen Wachstum.[683] So hatten sich im Laufe der 70er Jahre die vorteilhaften Handelsbedingungen, mit denen die UdSSR Kuba unterstützte, in massive Subventionen verwandelt.[684]

2.1.3.6 Der Rückgang: 1985 bis 1989[685]

Bereits vor dem Zusammenbruch der Ostblockstaaten, tauchten erste Symptome für die Erschöpfung der bis dahin relativ stetig wachsenden Wirtschaft auf. Das BIP wuchs kaum, es wurden nur geringe Mengen exportiert und der Investitionsprozess geriet ins Stocken. Zudem stagnierten die Lieferungen aus den wirtschaftlich ebenfalls angeschlagenen Ländern des RGW und die Bedingungen des Handels dieser Länder untereinander verschärften sich. Die Subventionen der UdSSR nahmen um etwa ein Drittel ab, was zu einem Rückgang der Importe führte. Die schlechte wirtschaftliche Lage wirkte sich auf das Sparverhalten der Bevölkerung aus. Da die Ersparnisse insgesamt schmolzen, wurden weniger Investitionen getätigt.

Der Grund für diese Rezession lag größtenteils in der extensiven Wirtschaftsform des Landes. Durch die schwindende Produktivität benötigte das System immer mehr Input, um seinen Output auf gleichem Niveau halten zu können, anstatt durch eine höhere Effizienz und qualitatives Wachstum bei weniger Input mehr Output zu erzeugen. Im Gegensatz zu der UdSSR, die ihren stets wachsenden Bedarf durch eigene Ressourcen sichern konnte, besaß Kuba keine Ressourcen, auf die es hätte zurückgreifen können. Das Land war somit auf steigende Importe angewiesen. Während des dritten Kongresses der PCC 1986 wurde die Notwendigkeit eines qualitativen Wachstums der Binnenwirtschaft erkannt. Anstatt dies jedoch durch größere betriebliche Autonomie und Dezentralisierung zu erreichen, wurde erneut auf absolute Wirtschaftskontrolle und die Ausschaltung jeglicher Marktmechanismen gesetzt.[686]

---

683 vgl. Burchardt, 1996: 20
684 vgl. Burchardt, 1999: 11
685 vgl. Casanovas, 2002: 141f
686 vgl. Burchardt, 1996: 21

Damit wurde 1986 die so genannte *rectificación de errores y tendencias negativas*[687] als Antwort auf die widersprüchlichen Ergebnisse der vorherigen Marktöffnung eingeleitet.[688] Es handelte sich um eine Art Kulturrevolution, bestehend aus moralischen Appellen, Massenpartizipation und einer Rezentralisierung der staatlichen Wirtschaftslenkung.[689] Die *rectificación* hatte das Ziel, eine Produktivitätssteigerung durch die Verbesserung der Moral der Bevölkerung zu erreichen. Ob dies langfristig funktioniert hätte, ist nicht mehr nachvollziehbar. 1989 brachen nach und nach fast alle sozialistischen Staaten der Welt zusammen, wodurch Kuba seiner gesamten wirtschaftlichen Grundlage beraubt und in eine seiner schwersten Krisen gestürzt wurde.

Zu Beginn der 90er Jahre sah sich Kuba zahlreichen Problemen gegenüber, die es im Zuge der Anpassung an die neuen Gegebenheiten zu überwinden galt und die zum Teil bis heute die wirtschaftliche Entwicklung des Landes bremsen:

- Externe Strukturmerkmale:
  - Die Integration in den RGW verhinderte die Ausweitung und Diversifizierung der Exporte und die Substitution der Importe, da aufgrund der Subventionen und festen Abnahmepreise und -mengen die Produktivität der Betriebe aufgrund des völligen Mangels an Wettbewerb nicht gefördert wurde. Rund 85% des Handels Kubas wurde mit Staaten des RGW abgewickelt.[690] 1989 stammten 63% der Lebensmittelimporte, 86% der Rohstoffimporte, 98% der Treibstoffimporte und 80% der importierten Maschinen aus diesen Staaten. Die Exportgüterpalette bestand fast ausschließlich aus Zucker und anderen Landwirtschaftsprodukten.[691] So wurden die kolonialen Wirtschaftsstrukturen und Abhängigkeiten größtenteils weitergeführt.[692]

687 Berichtigung von Fehlern und negativen Tendenzen
688 vgl. Burchardt, 1996: 25
689 vgl. Burchardt; 1999: 12
690 vgl. Burchardt, 1996: 46
691 vgl. Spadoni, 2004: 116
692 vgl. Casanovas, 2002: 143

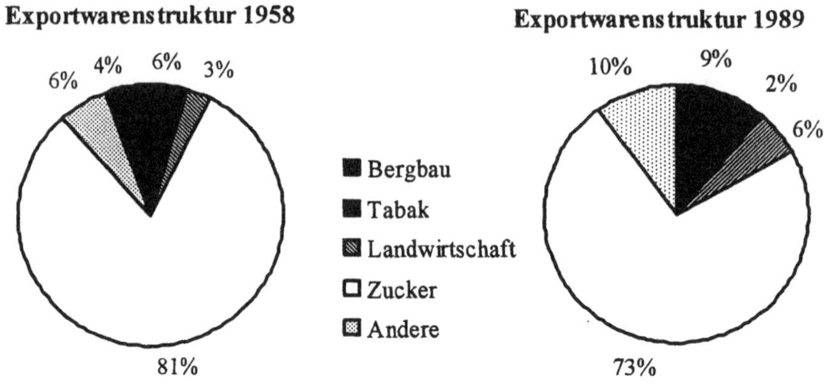

Abbildung 5 *Vergleich der Exportwarenstruktur (1958 und 1989)*
Quelle: Burchardt, 1996: 38

- Die Handelsblockade seitens der USA ließ den wichtigsten Absatzmarkt und Zulieferer Kubas wegfallen.
- Die Terms of Trade hatten sich für Kuba extrem verschlechtert. Die Preise der exportierten Rohstoffe fielen, während der Wert der Importgüter zunahm.

• Interne Strukturmerkmale:

- Die zentralisierte Steuerung und Planung der Wirtschaft rief eine innovationsfeindliche Haltung der Betriebe hervor, wodurch deren Effizienz und somit die Produktivität der Wirtschaft litt. Ein immer größerer Teil der Wirtschaftseinnahmen musste aufgewendet werden, um die gleichen Produktionsergebnisse zu erhalten.[693] Bis 1989 sank die Arbeitsproduktivität nach Schätzungen um 16% und die Abwesenheit vom Arbeitsplatz stieg auf bis zu 10%.[694] Diese Schwäche des Binnenmarktes festigte den Außenhandel als materielle Basis des Systems und machte somit ein qualitatives Wachstum der Wirtschaft und eine Diversifizierung der Produktionsfaktoren nahezu unmöglich.[695]

---

[693] vgl. Burchardt, 1999: 13
[694] vgl. Burchardt, 1996: 22
[695] vgl. Burchardt, 1999: 11f

- Das Land wies ein stetig steigendes Staatshaushaltsdefizit auf, da die immer unproduktiveren Betriebe immer mehr subventioniert werden mussten.[696] Außerdem stieg der Aufwand für Sozialdienste. Diesem Mehrbedarf an Kapital konnte nicht durch vermehrte Exporte entsprochen werden.[697] Durch günstige Kredite seitens der UdSSR konnte dieses Loch immer wieder gestopft werden, nach dem Wegbruch des größten Handels- und Finanzpartners allerdings hatte Kuba, auch aufgrund seiner Nichtbeteiligung am IWF und der Weltbank, keinen Zugang mehr zu Krediten, die den großen Devisenbedarf des Landes hätten stillen können.
- Die wirtschaftlichen Anforderungen und die Beschäftigungsstruktur Kubas drifteten auseinander. Durch den einfachen Zugang zu Bildung wollten immer weniger Menschen einen landwirtschaftlichen Beruf ergreifen, sondern ihre Lebensbedingungen durch Migration in die Städte verbessern. Deshalb leben heute zwei Drittel der Bevölkerung in den Städten, obwohl die Wirtschaft noch immer vorwiegend landwirtschaftlich geprägt ist. Dies führt zu einem chronischen Arbeitskräftemangel in der Landwirtschaft.[698]
- Ein weiteres Problem Kubas war und ist der Energiesektor. Da das Land fast keine eigenen Ressourcen hatte bzw. die vorhandenen Ressourcen nicht selbst abbauen konnte, war es zum Ende der 90er Jahre fast vollständig von Importen abhängig, die das Land während des Bestehens des RGW noch relativ günstig und im Tausch gegen Zucker beziehen konnte. Trotzdem gehörte Kuba in den 80er Jahren zu den Ländern mit der höchsten Energieintensität[699] weltweit,[700] bedingt vor allem durch den hohen Energieverbrauch der veralteten Industrieanlagen oder durch die mangelhafte Qualität der importierten osteuropäischen Gebrauchsartikel.[701] Noch heute stellen diese „Umweltverpester" und „Energieverschleuderer" die Wirtschaft Kubas vor ungeahnte Probleme.[702]

---

[696] vgl. Burchardt, 1999: 14
[697] vgl. Galeano, 2002: 140
[698] vgl. Burchardt, 1999: 12
[699] Anm.: Energieverbrauch pro Bruttosozialprodukteinheit
[700] vgl. Burchardt, 1999: 12
[701] vgl. Galeano, 2002: 140
[702] vgl. Burchardt, 1996: 40

1989 war Kuba also gekennzeichnet durch eine unproduktive Binnenwirtschaft, eine extreme Abhängigkeit vom konstanten externen Ressourcenzufluss und eine Exportspezialisierung auf wenige Rohstoffe, die am Weltmarkt kaum Bedeutung haben und deren Preise extremen Konjunkturschwanken unterworfen sind. Dem gegenüber standen gut ausgebildete Arbeitskräfte, eine gute Infrastruktur und ein im Vergleich zu anderen Ländern der Region relativ hoher Industrialisierungsgrad.

Obwohl die Wirtschaft des Landes am Ende der 90er Jahre zahlreiche Defizite aufwies, müssen der Revolutionsführung auch viele Errungenschaften zugute gehalten werden. Die ungerechten Sozialstrukturen, die bis 1959 in Kuba geherrscht hatten und in großen Teilen Lateinamerikas bis heute herrschen, konnten innerhalb kurzer Zeit eliminiert und somit eine breite und mittelfristige Erhöhung des Lebensstandards der Bevölkerung erreicht werden. Die zentralen Strukturmerkmale der Unterentwicklung wurden beseitigt. Die Lebenserwartung der Kubaner entspricht der Lebenserwartung der Menschen in den am meisten entwickelten Ländern, das Bevölkerungswachstum ist ausgeglichen und es gibt eine funktionierende Geburtenkontrolle. 30% der Bevölkerung sind berufstätig, davon wiederum sind 40% Frauen. Probleme wie Massenarbeitslosigkeit, Unterernährung oder Massenarmut existieren in Kuba nicht mehr. Außerdem ist die Einkommensverteilung sehr ausgeglichen. Während in Lateinamerika die obersten 10% der reichsten Menschen eines Landes durchschnittlich einen Anteil von 50% am Volkseinkommen haben, besitzen sie in Kuba lediglich einen Anteil von 20%.[703] Folgende Tabelle verdeutlicht die sozialen Errungenschaften der kubanischen Revolution.

Indikator	1959	1989
Geburtenrate/1.000 Einwohner	27,3	17,6
Kindersterblichkeit/1.000 Geburten	40 – 60	7,2
Lebenserwartung (Jahre)	65	74
Einschulungsgrad (%)	50	97,7
Muttersterblichkeit/1.000 Geburten	115,5	29,2

Tabelle 3 *Indikatoren der sozialen Errungenschaften der Revolution*
Quelle: Casanovas, 2002: 145

[703] vgl. Burchardt, 1999: 11

2.1.4 Kubas schwieriger Weg durch die Neunziger

2.1.4.1 Die erste Reformetappe 1989 – 1993: eine Überlebensfrage

Mit dem Zusammenbruch des sozialistischen Weltmarktes verlor Kuba praktisch über Nacht fast all seine Außenhandelsbeziehungen. Für das System, dessen Überleben extrem von einer stetigen externen Zufuhr materieller und finanzieller Ressourcen abhängig war, bedeuteten diese Ereignisse de facto den Verlust des gesamten ökonomischen Fundaments. Plötzlich kamen zahlreiche Ungleichgewichte mit voller Kraft zum Tragen, die bis dahin noch durch günstige Handelsbeziehungen und leicht zugängliche Kredite abgemildert werden konnten. Die gesamte wirtschaftliche und soziale Tragweite dieses Schocks kann durch Zahlen nur schwer veranschaulicht werden, trotzdem sollen die folgenden Indikatoren einen kleinen Einblick geben: das BIP fiel jährlich durchschnittlich um ca. 10,1% (insgesamt - 34,8% bis 1993), die Bruttoinvestitionen des Landes gingen um durchschnittlich 41,1% pro Jahr zurück, das Land verlor in drei Jahren ungefähr 75% seines Außenhandels und nahezu alle Kreditquellen, die Importe nahmen bis 1993 um drei Viertel ab, die Erdölimporte wurden halbiert.[704] Der Zusammenbruch des Außenhandels lähmte die Binnenwirtschaft, da nahezu alle Sektoren auf die sowjetischen Importe angewiesen waren. Plötzlich gab es keine Ersatzteile, keine Düngemittel und keinen Treibstoff mehr. Bis 1993 wurden die Industriekapazitäten um 80% heruntergefahren, die *zafra*[705] brach um 50% ein. Dies führte zu einer extremen Mangelsituation für die Bevölkerung, deren durchschnittlicher Kalorienverbrauch bis 1993 um ca. 37% sank. Die kubanische Wirtschaft stand kurz vor dem Zusammenbruch und die schnelle Anpassung an die neuen Gegebenheiten wurde zu einer Überlebensfrage.

Auf dem IV. Parteikongress der PCC wurden vier grundlegende Ziele festgelegt, deren Erfüllung trotz der notwendigen Reformen der wirtschaftlichen und institutionellen Strukturen oberste Priorität hatte:

---

[704] vgl. De Miranda, 1999: 2f

[705] Zuckerernte

- Die sozialen Errungenschaften der Revolution sollten um jeden Preis aufrechterhalten und die sozialen Kosten der Krise möglichst gleichmäßig auf die Bevölkerung verteilt werden.
- Das politische System sollte erhalten bleiben, die Zukunft Kubas sollte untrennbar mit der PCC verbunden sein. Dieses Ziel stellte die Regierung vor ein großes Problem, da sie angesichts des Zusammenbruchs der sozialistischen Regierungen Osteuropas Gefahr lief, ihre Legitimation zu verlieren. Fidel Castro sagte dazu: *„[...] der Sozialismus stirbt nicht eines natürlichen Todes: Er begeht Selbstmord, es war ein Mord am Sozialismus... Es gab einen Prozess der Zerstörung der Parteiautorität, und die Autorität der Partei zu zerstören bedeutete, einen Pfeiler der Existenz des Sozialismus zu zerstören...“*[706]
- Die nationale Unabhängigkeit sollte gewahrt werden.
- Die Wirtschaft des Landes sollte wieder in den Weltmarkt eingegliedert werden.

Um diese Ziele zu realisieren und das Überleben des Systems zu sichern, wurde eine Reihe von Maßnahmen durchgeführt, die sich besonders durch ein vorsichtiges und schrittweises Vorgehen charakterisierten. Die Erfahrungen anderer Länder in Transformationsprozessen, vor allem in Osteuropa, zeigten, dass ein abrupter Übergang von einer staatlich kontrollierten zu einer marktwirtschaftlich gelenkten Wirtschaft oft mit enorm hohen sozialen Kosten einhergeht,[707] die mit den Zielen der kubanischen Revolution unvereinbar wären.

Der erste Schritt der Regierung bestand darin, im August 1990 die so genannte *período especial en tiempos de paz*[708] auszurufen, ein Notstandsprogramm, das sich durch eine Kriegswirtschaft mit totaler staatlicher Kontrolle und strenger Güterrationierung charakterisierte. Der Erwirtschaftung dringend benötigter Devisen durch eine Neuorientierung und Ausweitung des Außenhandels wurde oberste Priorität eingeräumt. Alle anderen Bereiche der Wirtschaft mussten sich die-

---

[706] Castro, zitiert nach Burchardt, 1996: 65
[707] vgl. ECLAC/CEPAL, 2001: 7
[708] Sonderperiode in Friedenszeiten

sem Ziel unterordnen. Bis Ende 1993 wurden deshalb die Industriekapazitäten des Landes um fast 80% heruntergefahren.[709]

Die Wirtschaft des Landes wurde zu diesem Zweck in zwei Sektoren unterteilt: den Exportsektor, der der Devisenerwirtschaftung diente und marktwirtschaftlichen Kriterien folgte, und den Binnensektor, der die Grundbedürfnisse der Bevölkerung nach egalitären Prinzipien befriedigen sollte und durch staatliche Subventionen gestützt wurde. Folgende Zeichnung verdeutlicht dieses Wirtschaftssystem:

Abbildung 6 *Das Wirtschaftssystem Kubas während der período especial*
Quelle: Burchardt, 1996: 68

Zunächst wurden nur einzelne Sektoren für den Weltmarkt geöffnet, darunter die traditionellen Wirtschaftsbranchen wie Zuckerproduktion und Nickelförderung, aber auch neue Bereiche wie der Tourismus und die Biotechnologie. Mit der Verabschiedung einer neuen Verfassung im Jahre 1992 wurden die Rahmenbedingungen für diesen Prozess geschaffen: die Zulassung von Privateigentum, Investitionsschutz für das notwendige ausländische Kapital und eine Einschränkung des staatlichen Außenhandelsmonopols durch die Übertragung von Außenhandelsrechten an Dritte waren die wichtigsten Pfeiler der neuen Verfassung. Neben dieser rechtlichen Anpassung wurden auch die nötigen Infrastrukturmaßnahmen getroffen: es wurde ein Ausbildungszentrum

[709] vgl. Burchardt, 1996: 67f

für westliche Management-Methoden eröffnet, die Handelskammer wurde zum Ansprechpartner für Investoren, es wurde ein Netz zahlreicher Unternehmensberatungsgesellschaften aufgebaut und die Kommunikationsstrukturen wurden ausgebaut.[710]

Aufgrund dieser Maßnahmen konnten im Außenhandelsbereich bemerkenswerte Ergebnisse erzielt werden. Bereits 1994 unterhielt Kuba mit mehr als 3.000 Firmen aus 98 Ländern Beziehungen und bei der Handelskammer waren 579 Vertretungen ausländischer Firmen registriert. Bis 1993 erwirtschaftete der Außenhandel ca. 50% der gesamten Deviseneinnahmen des Landes.

In der Binnenwirtschaft nahmen die Betriebe eine relativ positive Entwicklung. Die Knappheit an Devisen und der internationale Wettbewerb übten einen ernormen Druck auf die Unternehmen in Bezug auf deren Wirtschaftlichkeit und Produktivität aus. Zuerst erhielten vor allem die im Außenhandel tätigen Betriebe mehr Autonomie und wurden dezentralisiert, nach und nach wurden aber auch viele andere Betriebe schrittweise dezentralisiert und rationalisiert. Die Zahl der Betriebe mit mehr als 1.000 Arbeitern wurde auf ein Drittel reduziert, während sich die Zahl der Betriebe mit weniger als 200 Arbeitern verdoppelte.[711] Außerdem wurden bis 1993 bereits 25% aller Betriebe auf das Prinzip der Devisenselbstfinanzierung umgestellt.[712]

Außer dieser kleinen Erfolge gab es keine Strukturanpassungsmaßnahmen im Binnensektor, worunter insbesondere der Zuckersektor litt. Die *zafra* brach bis 1995 um 50% ein, obwohl der Sektor massiv subventioniert wurde. Der Zuckersektor hätte als Devisenerwirtschafter eine ebenso große Rolle wie der Tourismus spielen können, da Kuba in diesem Bereich beachtliche Potentiale wie eine flächendeckend mechanisierte Landwirtschaft und Verarbeitung und qualifizierte und erfahrene Spezialisten und Fachkräfte zu bieten hat.[713]

Die hohen Importverluste konnten nur durch eine erzwungene Minimierung des Konsums der Bevölkerung ausgeglichen werden. Daher

[710] vgl. Burchardt, 1996: 69ff
[711] vgl. ECLAC/CEPAL, 2001: 5f
[712] vgl. Burchardt, 1996: 70
[713] vgl. ebd.: 95ff

wurden ab 1990/1991 alle Konsumgüter strengstens rationiert. Ab 1992 kamen Energiesparmaßnahmen hinzu, die unter anderem zu programmierten Stromausfällen von bis zu sechzehn Stunden am Tag führten. Das öffentliche Transportsystem wurde extrem eingeschränkt. Zeitweise verschwanden sogar Waren zur Befriedigung elementarer Grundbedürfnissen wie Seife, Zahnpasta oder Toilettenpapier aus den Regalen. Erstmals seit Bestehen der Revolution wurde sogar Brot rationiert. Trotz der enormen Einschränkungen, die das kubanische Volk hinnehmen musste, wurden die sozialen Kosten weitgehend gleich auf alle Teile der Bevölkerung verteilt. Dieses gleichmäßige Absinken des Lebensstandards konnte soziale Unruhen und damit ein Auseinanderbrechen der Gesellschaft größtenteils verhindern, da auch die soziale Versorgung der Insel aufrechterhalten wurde. Die medizinische Grundversorgung blieb kostenlos und weder das Bildungssystem noch das Rentensystem wurden angetastet.

Ein wichtiges Element dieser ersten Reformetappe war auch das verfassungsmäßig garantierte Recht auf Arbeit, welches ein Entstehen von Massenarbeitslosigkeit, sozialen Unruhen und eine Destabilisierung des politischen Systems verhindern sollte. Dementsprechend wurden die Arbeitsplätze massiv subventioniert. Die abnehmende Auslastung der Betriebe führte zu vermehrter Unterbeschäftigung. Der Staat musste schließlich bis zu zwei Drittel seines Haushaltes in die unrentablen Betriebe investieren. Da diese Ausgaben in keinem Einklang zu den Einnahmen des Staates standen, wies Kuba 1993 ein Staatshaushaltsdefizit von 40% des Nationaleinkommens auf.[714]

Die offizielle Arbeitslosenzahl lag im Jahr 1993 aufgrund dieser Politik bei nur 6,2% der aktiven Bevölkerung. Da aber Unterbeschäftigung ein Indikator für latente Arbeitslosigkeit ist, wird die entsprechende Arbeitslosenrate auf bis zu 34,0% geschätzt.[715] Obwohl die Erhaltung der Arbeitsplätze kurzfristig zur Vermeidung größerer sozialer Unruhen beitragen konnte, stellte diese Maßnahme die Regierung vor ungeahnte Probleme. Die Unterbeschäftigung führte nämlich zu einer steigenden Motivationslosigkeit der Bevölkerung und einem An-

---

[714] vgl. Burchardt, 1996: 107ff
[715] vgl. ECLAC/CEPAL, 2001: 169f

stieg des so genannten *ausentismo*[716], wodurch die Produktivität vieler Betriebe sank und das schon enorme Staatshaushaltsdefizit noch verschärft wurde. Außerdem trug diese Politik zur Festigung des Schwarzmarktes bei. Der Erhalt der Arbeitsplätze sicherte ein gleich bleibendes Einkommen, während das staatliche Angebot an Gütern und Dienstleistungen bei gleich bleibenden Preisen immer mehr sank. So wurde ein Geld- und Nachfrageüberhang geschaffen, der zu einem enormen Liquiditätszuwachs führte und den Schwarzmarkt ankurbelte: 1993 trugen 87% der Bevölkerung 66% ihres Gehaltes auf den *mercado negro*[717], über den 60% der gesamten Warenzirkulation lief. Der Dollar kristallisierte sich zur heimlichen Leitwährung heraus, da nur Devisen den Zugang zu knappen Gütern ermöglichten. Der kubanische Peso verlor immer mehr an Wert: 1993 betrug der inoffizielle Umtauschkurs Dollar zu Peso 1:140. Auf diese Art und Weise verkehrte sich die Arbeitsmarktpolitik ins Gegenteil. Statt die soziale Gleichheit zu sichern, wurden neue soziale Ungerechtigkeiten geschaffen: Wer Zugang zu Dollars hatte, hatte auch Zugang zu knappen Gütern. Der Wert des staatlichen Monatseinkommens war indes auf zwei bis drei Dollar gesunken, und die Menschen, die nur dieses Einkommen zur Verfügung hatten, gerieten an den Rand des Elends.[718] Es kam zu einer enormen Umverteilung des Reichtums, die zu sozialen Spannungen und einer regelrechten Spaltung der Gesellschaft führte.

Ende 1993 wurde deutlich, dass die Strategie der kubanischen Regierung, die Gesamtwirtschaft nur durch eine Ausweitung des Devisensektors zu stabilisieren, nicht die nötigen Ergebnisse erzielte. Die Deviseneinnahmen waren zu gering, um die zum Überleben notwendigen Importe tätigen zu können und der private Konsum konnte kaum weiter eingeschränkt werden. Das Land stand kurz vor einem wirtschaftlichen Kollaps. Die einzige noch verfügbare Devisenquelle waren die Geldüberweisungen aus dem Ausland und die auf dem Schwarzmarkt zirkulierenden Dollar. Deshalb wurde am 13. August 1993 der Besitz von Devisen offiziell erlaubt und der US-Dollar als Zweitwährung legalisiert. In den bis dahin nur Diplomaten zugänglichen Devisenläden

---

[716] Abwesenheit vom Arbeitsplatz

[717] Schwarzmarkt

[718] vgl. Burchardt, 1996: 111f

schöpfte die Regierung nun die in der Bevölkerung zirkulierenden Devisen ab. Damit gab die Revolution zum ersten Mal ihr Gleichheitsprinzip auf, indem sie Schwarzmarktaktivitäten legalisierte und in den so genannten *tiendas recaudadoras de divisas* (TRD)[719] nur den Dollarbesitzern Zugang zu knappen Konsumgütern bot. Die Dollarfreigabe war zu jenem Zeitpunkt jedoch alternativlos.[720]

Die Reformetappe von 1990 bis 1993 zeichnete sich besonders durch ihren Strukturkonservatismus aus. Um den Staatsapparat nicht in Frage zu stellen, wurde eine strenge Zentralverwaltung mit extensiven Produktionsformen beibehalten, obwohl der Aufbau intensiver Produktionsformen existenziell gewesen wäre. Die Verteidigung des Sozialismus stand im Vordergrund und das alte System sollte über eine Wiederherstellung der externen Ressourcenzufuhr und den Erhalt des nationalen Konsenses gerettet werden. Daher wurde die Wiedereingliederung in den Weltmarkt stark vorangetrieben. Es gab keinen qualitativen Strukturwandel, sondern nur eine begrenzte quantitative Erweiterung. Das Ergebnis war neben der Entstehung einer dualen Wirtschaft, bestehend aus zwei kaum verknüpften Sektoren mit unterschiedlichen Finanz-, Bilanzierungs- und Rechtssystemen auch der Zerfall des revolutionären Gleichheitsprinzips. Dass die Regierung des Landes trotzdem überdauern konnte, lässt sich nur durch die Existenz einer hochgradigen Einheit des sozialen und nationalen Konsens erklären. Gerade diese politische Stabilität stellte die wichtigste Voraussetzung für das Gelingen weiterer Reformen dar.[721]

2.1.4.2 Die zweite Reformetappe 1993 – 2000: zwischen ideologischem Konservatismus und wirtschaftlichen Zwängen

Mit der alternativlosen Legalisierung des Devisenbesitzes manifestierte sich das offensichtliche Scheitern der ersten Reformetappe. Es musste eine grundsätzlich neue Herangehensweise diskutiert werden. Die einzige Kostante blieb das Führungsmonopol der Kommunistischen Partei Kubas. Ausgehend von dieser Prämisse begannen kuba-

[719] Läden zur Devisenabschöpfung
[720] vgl. Burchardt, 1996: 116
[721] vgl. Burchardt, 1996: 120f

nische Wissenschaftler, völlig neue Reformideen öffentlich zu diskutieren und brachten sogar Ansätze für einen „alternativen Sozialismus" ein, bei dem die Verteilung der Ressourcen über Marktmechanismen denkbar wäre, wobei der Staat jedoch seine Kontrollfunktion beibehalten und eine Hegemonie des Geldes verhindern sollte.[722]

Dementsprechend wurden im Herbst 1993 erste Maßnahmen eingeleitet, die im Folgenden näher betrachtet werden sollen.

Einer der ersten Schritte war die **Legalisierung privater Geschäftstätigkeit** in mehr als 200 Berufszweigen im September 1993. Den Herstellern bestimmter Produkte und Dienstleistungen wurde erlaubt, diese zu freien Preisen auf dem Markt anzubieten. Folgende Ziele lagen dieser Maßnahme zugrunde:

- Verbesserung des Waren- und Dienstleistungsangebotes
- Aufbesserung des Einkommens der zahlreichen Arbeitslosen bzw. Unterbeschäftigten
- Unterwerfung der ausufernden Schwarzmarktaktivitäten unter staatliche Kontrolle[723]

Ende 1995 arbeiteten bereits 5% der kubanischen Berufstätigen selbstständig. Allerdings behielt sich der Staat bei dieser Reform ein großes Maß an Kontrolle vor. Über die Vergabe von Lizenzen, Grundlage für eine legale private Geschäftstätigkeit, nimmt die Regierung eine selektive Funktion wahr. Außerdem wurden Ärzte, Funktionäre, Lehrer, Professoren und Militärangehörige von der Möglichkeit der Selbstständigkeit ausgeschlossen, damit diese Berufsgruppen ihren gesellschaftlich wichtigen Auftrag nicht vernachlässigen. Die Regierung hielt sich zudem die Möglichkeit offen, bei Missbrauch der neuen Freiheiten regulierend einzugreifen. Die *cuentapropistas*[724], wie die Selbstständigen genannt werden, dürfen kein Personal beschäftigen, müssen extrem hohe Abgaben leisten, können nicht privat investieren und erhalten keine Förderkredite.[725] Weitere Hindernisse sind die fehlende Rechtssicherheit, das Fehlen von Vermarktungsmöglichkeiten,

---

[722] vgl. Burchardt, 1996: 124
[723] vgl. De Miranda, 1998: 11
[724] Arbeiter auf eigene Rechnung, Selbstständige
[725] vgl. Burchardt, 1999: 64ff

die eingeschränkte Mobilität der Produzenten und die Angst vor sozialer Ablehnung, da das Unternehmertum jahrelang von der Revolutionsführung verpönt wurde. Des Weiteren wurde der Industriegütermarkt keiner Reform unterworfen, sodass die neuen Privaten keine Möglichkeit haben, die zur Erstellung ihrer Leistung benötigten Materialien, Werkzeuge oder Maschinen legal zu erwerben. Dies nährt natürlich den Schwarzmarkt, macht das private Geschäft aufgrund der Risiken weniger attraktiv und schädigt die staatliche Produktion, da benötigte Materialien in den Staatsbetrieben abgezweigt werden.[726] Trotz dieser Schwierigkeiten erfreute sich der neue Sektor anfänglich einer breiten Resonanz innerhalb der Bevölkerung.[727]

Dieser Ansatz zur Schaffung eines privaten Gewerbes im Binnenmarkt zeugt davon, dass die Reformen grundsätzlich die richtige Richtung hin zu einer qualitativen Strukturanpassung eingeschlagen haben. Dennoch wurden diese neuen Tendenzen nicht konsequent umgesetzt und weitergeführt. 1997 führte der kubanische Staat sogar eine ideologische Kampagne gegen die Privaten durch und berief sich dabei paradoxerweise auf deren Schwarzmarktaktivitäten bzw. die verstärkte Steuerhinterziehung. In einem öffentlichen Brief des CDR[728] heißt es: *„Die Revolution hat die Möglichkeit selbstständiger Arbeit geschaffen. Einige, die sich an den kostenlosen Sozialleistungen oder großzügigen Preisen, die der Staat der gesamten Bevölkerung garantiert, bereichern, machen auf naiv, um ihre soziale Verantwortung zu verweigern. Wer so handelt, beraubt das Volk. Das Steueraufkommen hilft uns, die vielen Kosten zu zahlen […]. Wer Steuern hinterzieht, schädigt alle. Wir kennen die, […] deren Populismus dazu führt, dass sie gelegentlich von einigen Nachbarn verteidigt werden, wenn man bei Ihnen Steuerhinterziehung oder Warenunterschlagung entdeckt. […] In unseren Vierteln kommt niemand straffrei davon…“*[729]

Ein Grund für diese Kampagne war vor allem die relativ schnelle Bereicherung der Privaten, die sich vor allem auf die fehlende Mobilität der Kunden gründet. Diese müssen sich beim Einkauf oft auf ihr *bar-*

[726] vgl. De Miranda, 1998: 11
[727] vgl. Burchardt, 1996: 129
[728] *Comité de la Defensa de la Revolución* (Komitee zur Verteidigung der Revolution)
[729] zitiert nach Burchardt, 1999: 69

rio[730] beschränken und haben nicht die Möglichkeit, Preisvergleiche anzustellen. Die Hersteller befinden sich somit in einer Art Oligopolstellung, die es ihnen aufgrund des geringen Wettbewerbs erlaubt, ihre Preise willkürlich festzulegen. Der Markt der Privaten entwickelte sich zu einem regelrechten Luxusgütermarkt und stagnierte.[731]

Ein daraus resultierendes Problem ist die neue, ungleiche Einkommensverteilung. Die Privaten erzielen meist extrem hohe Gewinne. Oft entspricht deren Tagesumsatz dem Monatslohn eines Angestellten im Staatsdienst. Damit haben sie Zugang zu den Produkten des Devisenmarktes oder anderer Privater. Ein Großteil der Bevölkerung kann sich diese Produkte aufgrund der hohen Preise aber nicht leisten. Dies führt unweigerlich zu sozialen Spannungen, zu einer fehlenden Motivation und Effizienz am staatlichen Arbeitsplatz und letztlich zu einer Abwendung vom eigentlichen Beruf zugunsten einer besser bezahlten, aber minderwertigeren oder sogar illegalen Beschäftigung. Die langfristige Folge ist eine Umkehr der sozialen Pyramide. Da gute Leistungen und Ausbildung nicht mehr mit einer höheren Lebensqualität in Verbindung stehen, wenden sich hochqualifizierte Arbeitskräfte Berufen zu, für die sie absolut überqualifiziert sind. Jugendliche sehen keinen Sinn mehr in einer Universitätsausbildung. Da das menschliche Kapital noch als der stärkste Wettbewerbsvorteil des Landes gilt, könnten die Auswirkungen dieser Tendenzen extrem ungünstig für die weitere wirtschaftliche Entwicklung sein.[732]

Als sich die Regierung der Bereicherung Einzelner bewusst wurde, reagierte sie mit einer Erhöhung der Gewinnbesteuerung der Privaten um bis zu 1.000%. Die Folge davon war, dass sich viele der Privaten vom Markt zurückzogen oder in die Illegalität auswichen, was eine Verringerung des Angebotes und eine Erhöhung der Preise aufgrund des noch geringeren Wettbewerbes zur Folge hatte. Die Regierung erreichte mit dieser Maßnahme also genau das Gegenteil und bewies erneut ihre Tendenz zum Strukturkonservatismus, indem sie eine eingeführte Reform plötzlich wieder grundsätzlich in Frage stellte.[733]

---

[730] Stadtteil
[731] vgl. Burchardt, 1996: 131
[732] vgl. De Miranda, 1998: 12
[733] vgl. Burchardt, 1996: 135

Eine weitere spektakuläre Maßnahme, die von der kubanischen Regierung im September 1993 realisiert wurde, war die **Neuverteilung des staatlichen Agrarbesitzes**, eine der radikalsten binnenwirtschaftlichen Reformen. Die riesigen staatlichen Ländereien, die aufgrund des Fehlens von Maschinen, Treibstoff und Düngemitteln kaum noch bearbeitet werden konnten, wurden dezentralisiert und an selbstverwaltete Kooperativen vergeben, die so genannten *Unidades Básicas de Producción Cooperativa*[734] (UBPCs). Das erklärte Ziel war die Erhöhung der Lebensmittelproduktion mit möglichst geringem Aufwand, um Lebensmittelimporte (die bis dahin 30% aller Deviseneinnahmen verschlangen) substituieren zu können und den Staatshaushalt zu entlasten. Da die Kooperativisten zu Besitzern (nicht Eigentümern) des Landes und der von ihnen erzeugten Produkte wurden, sollten sie sich dazu verpflichtet fühlen, ihre Ressourcen bestmöglich zu nutzen. Tatsächlich verfügten die Kooperativen über einen relativ hohen Grad an Autonomie bei der Verteilung der Produktionsmittel, der Arbeitsorganisation und der Beschäftigungspolitik im Rahmen demokratischer Entscheidungsstrukturen. Trotzdem behielt der kubanische Staat auch in diesem Bereich das letzte Wort. Die Regierung hat zum Beispiel das Recht, eine UBPC einfach aufzulösen. Außerdem bestimmt sie über die Wahl der anzubauenden Kulturen und 80% der erzeugten Güter müssen zu Niedrigstpreisen an den Staat verkauft werden. Nur 20% dürfen zu freien Marktpreisen auf den 1994 neu eröffneten Landwirtschaftsmärkten angeboten werden.[735]

Auch diese Reform wurde also nicht konsequent durchdacht und durchgeführt. Die UBPCs hatten große Startschwierigkeiten, die bis heute nicht überwunden werden konnten. Einerseits ist die fehlende Erfahrung Schuld an diesem Zustand, denn der Wechsel von einer *„mechanisierten, extensiven und fremdverwalteten Produktionsform"* hin zu einer *„arbeitsintensiven, selbstverwalteten Produktionsform mit geringen Einsatzfaktoren"*[736] führte zu enormen Reibungsverlusten. Zudem hängt der große Einfluss des Staates wie ein Damoklesschwert über den Kooperativen, die aufgrund ihrer unsicheren Zukunft

[734] Basiseinheiten kooperativer Produktion
[735] vgl. Burchardt, 1999: 58ff
[736] Burchardt, 1996: 138

von großen Investitionen an Arbeitskraft und Ideen lieber Abstand nehmen.[737] Des Weiteren kürzte der Staat massiv die Subventionen für die Kooperativen, obwohl sich die Versorgungslage auf der Insel an einem Tiefpunkt befand und die UBPCs noch nicht in der Lage waren, die mangelhafte Ernährungssituation aus eigener Kraft auszugleichen. In Verbindung mit dem Fehlen einer nötigen Infrastruktur für die Vermarktung der Produkte war ein Scheitern dieser Maßnahme abzusehen.[738] Dabei könnten die UBPCs eine entscheidende Rolle bei der wirtschaftlichen Erholung spielen. Käme es aufgrund materieller Anreize und einer absoluten Unabhängigkeit der Kooperativen zu einem Produktivitätsschub, könnte ein großer Teil der Importe an Lebensmitteln ersetzt werden und es würden Devisen für wichtigere Investitionen frei, ohne dass der Staat Mehreinnahmen erzielen muss. Die Liberalisierung dieses Sektors hätte weitere Vorteile, so zum Beispiel die psychologisch wichtige Verbesserung der Versorgungslage der Bevölkerung oder die Schaffung von Arbeitsplätzen.[739]

Parallel zur Kooperativierung großer staatlicher Länderein wurden brach liegende, schwer zugängliche und schlecht bearbeitbare Landstücke kostenlos an Kleinbauern verpachtet, die ihre Kulturen selbst bestimmen konnten. Durch den Verkauf von Lebensmitteln konnten sie ihr Einkommen erhöhen und über den Anbau zur Selbstversorgung die Ernährungssituation der Familie zu verbessern. Die Pächter dieser Ländereien müssen sich dem Nationalen Kleinbauernverband (ANAP) anschließen. Innerhalb dieses Verbandes haben sie die Möglichkeit, sich den CCS (Kredit- und Dienstleistungskooperativen) oder den CPA (Landwirtschaftliche Produktionskooperativen) anzuschließen. Über diese Kooperativen erhalten Kleinbauern günstige Kredite für die Anschaffung von Produktionsmitteln und haben die Möglichkeit, Maschinen und Werkzeuge zu mieten. Der Anbau von Lebensmitteln auf kleinen Flächen und unter privater Kontrolle erwies sich bislang als weitaus effizienter als der staatliche extensive Anbau auf riesigen Flächen. Die Ergebnisse der neuen Bauern *(nuevos campesinos)* sind beachtlich. Gemeinsam mit den Kooperativen (CCS und

---

[737] vgl. De Miranda, 1998: 8
[738] vgl. Burchardt, 1996: 140
[739] vgl. Burchardt, 1999: 62f

CPA) besitzen sie heute gut ein Viertel der bebaubaren Fläche Kubas, ernten die Hälfte der Gesamtproduktionsmenge an Gemüse, Kaffee, Knollenfrüchten, Kakao, Honig und Mais und mehr als 70% der Bohnen. Sie liefern 42% der nationalen Schweinefleischproduktion und 35% der Milch. Ohne die Leistung der Kooperativen und Bauern wäre eine Erhöhung der Lebensmittelproduktion unter den gegebenen Bedingungen nicht möglich gewesen.[740] Die folgende Grafik verdeutlicht die Unterschiede in der landwirtschaftlichen Struktur nach der Reform:

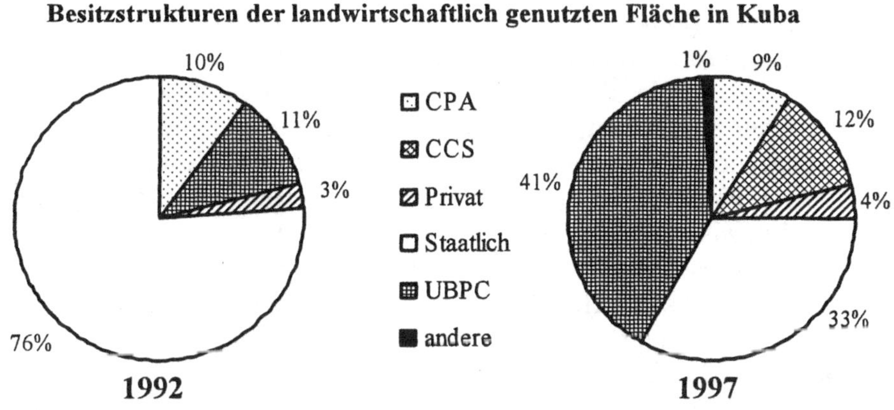

Abbildung 7: *Besitzstrukturen der landwirtschaftlich genutzten Flächen (1992/1997)*
Quelle: García, Nova, 2002: 21

Leider wurden die oben beschriebenen Maßnahmen zu spät ergriffen und die Lebensmittelversorgung wurde zunächst immer unerträglicher. Im August 1994 kam es deshalb zu den stärksten sozialen Unruhen in der Geschichte der Revolution. Spontan entwickelte eine Ansammlung vieler Menschen eine aggressive Eigendynamik und randalierte in Hotels und Devisenläden. Als Folge dieser Unruhen öffnete der *máximo lider*[741] für einen Monat die Grenzen der Republik und ermöglichte somit mehr als 30.000 Kubanern die Flucht. Diese Unru-

[740] vgl. IPS Economics Press Service 02/03: *Los nuevos campesinos:* 10ff
[741] oberster Führer (gängige Bezeichnung für Fidel Castro)

hen führten zu einem Schock in der Gesellschaft und der Revolutionsführung und dynamisierten den Reformprozess spürbar.[742]

Die erste Reaktion nach den Unruhen war die Zulassung der ***mercados agropecuarios***[743] im Oktober 1994 als Nachfolger der Bauernmärkte, die während der *rectificación* in den achtziger Jahren im Zuge der Ausweitung der staatlichen Kontrolle verboten worden waren. Auf diesen Märkten können staatliche Betriebe, die UBPCs und die freien Bauern ihre überschüssige Produktion (nach Erfüllung der staatlichen Abgabequoten) zu freien Preisen anbieten. Es ist erlaubt, Zwischenhändler und private Transportdienste einzuschalten. Die Verantwortung für diese Märkte wurde auf die Gemeindeverwaltungen übertragen.[744] Die Ziele dieser Maßnahme waren die Verbesserung der schlechten staatlichen Lebensmittelversorgung und die Stimulierung der landwirtschaftlichen Produktion. Obwohl die Öffnung der Landwirtschaftsmärkte von der Bevölkerung begeistert angenommen wurde und gewisse Stabilisierungseffekte zeigte, wurde nicht das gesamte Potential dieser Reform ausgenutzt. Die Preise auf diesen Märkten sind überdurchschnittlich hoch und werden zum Teil durch Preisabsprachen festgelegt. Es gibt keine wirkliche Konkurrenz auf diesen Märkten, weshalb es zu keinem Produktivitätsschub in der Landwirtschaft kam. Die wachsende soziale Spaltung der Gesellschaft tritt auch auf diesen Märkten, deren Preise in keiner Relation zu dem durchschnittlichen staatlichen Einkommen stehen, immer offener zutage.[745]

Ein weiterer wichtiger Schritt war die Einführung einer neuen **Geld- und Fiskalpolitik** im August 1994 als indirektes Steuerungsinstrument. Im vorhergehenden Abschnitt wurde dargestellt, wie aufgrund der Arbeitsmarktpolitik, der Subventionspolitik, der sinkenden Exportkapazität und der Verschlechterung der *Terms of Trade* zwischen 1990 und 1993 das Staatshaushaltsdefizit drastisch anstieg und die Geldmenge in den Händen der Bevölkerung zunahm. Um diese Ungleichgewichte auszugleichen, wurden zunächst die Preise für Luxusgüter wie Alkohol, Zigaretten oder Kraftstoff erhöht und die Subven-

---

[742] vgl. Burchardt, 1999: 25
[743] Landwirtschaftsmärkte
[744] vgl. Burchardt, 1996: 148
[745] vgl. ebd.: 150f

tionen des Staates für unrentable Betriebe wurden drastisch gekürzt. Die teuren Sozialleistungen wurden hingegen nicht angetastet. Dann wurden schrittweise direkte Steuern eingeführt, besonders auf die Gewinne der Privaten, der freien Bauern und der ausländischen Firmen bzw. Joint Ventures. Im März 1995 wurde eine nationale Steuerbehörde ONAT gegründet und im Juli desselben Jahres öffneten die ersten Finanzämter.[746]

Eine weitere Reform bestand in der **Reorganisierung des Bankensystems**. Mit der Gründung einer Zentralbank *(Banco Central de Cuba)*, der Entstehung von Geschäftsbanken und der Zulassung ausländischer Bankfilialen besitzt Kuba nun ein zweistufiges Bankensystem, welches den Zugang zu internationalen Kreditinstitutionen ermöglicht, die Geschäfte ausländischer Firmen in Kuba und die Außenhandelsgeschäfte kubanischer Unternehmen erleichtert und mittlerweile den Erfordernissen der Weltfinanzmärkte anpasst ist.[747] Außerdem wurde es Kubanern gestatt, Devisenkonten zu besitzen. Dies erleichterte Geldüberweisungen aus dem Ausland an kubanische Familienmitglieder.

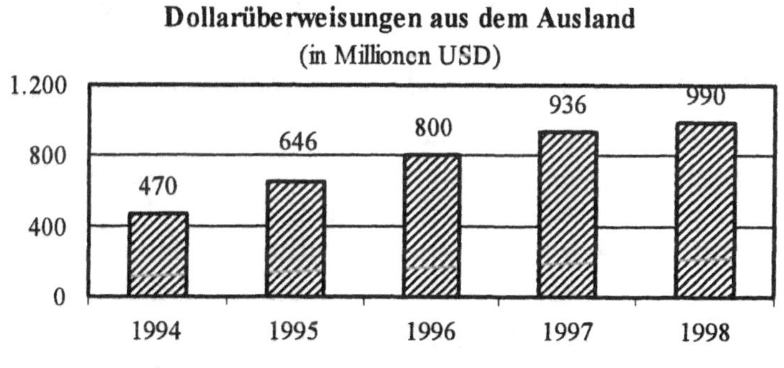

Abbildung 8 *Dollarüberweisungen aus dem Ausland*
Quelle: Burchardt, 1999: 36

Eine weitere Maßnahme der Bankenreform war die **Einführung offizieller Wechselstuben**, die so genannten *Casas de Cambio*[748] (CADECA) in denen Peso und Dollar zum jeweiligen Schwarzmarktpreis

[746] vgl. Burchardt, 1999: 142f
[747] vgl. ebd.: 35f
[748] Wechselstuben

legal getauscht werden können. Der Staat sicherte sich so die Kontrolle über die Devisenzirkulation. Die CADECA festigen allerdings soziale Ungleichgewichte, denn nun ist es Peso-Millionären und Devisenbesitzern möglich, ihr Geld ohne das Risiko einer Strafe zu tauschen.[749]

Obwohl die Bankenreform bereits in die richtige Richtung weist, gibt es auch hier noch Mängel. Die Zentralbank ist nicht wirklich unabhängig von der Regierung, wie das Gesetz 172 über die Gründung der Zentralbank zeigt. Im Artikel 3 heißt es: „*Die Zentralbank Kubas schlägt die Geldpolitik des Landes vor, und wenn diese genehmigt wird, lenkt sie deren Anwendung unabhängig...* "[750] Dieser Nebensatz sichert der Regierung ihre Rolle als letzte Entscheidungsinstanz.

Außerdem gibt es auf Kuba noch immer keine Kapitalmärkte. Geldanlagen oder die Aufnahme von Krediten sind für einen privaten kubanischen Unternehmer nicht möglich. Im Jahr 1997 lag auf kubanischen Konten dreimal so viel Geld, wie der Staat im gleichen Jahr investierte – eine gigantische Menge totes Geld.[751] Der Staat behält aber sein Investitionsmonopol bei, mit dem er die Entstehung sozialer Ungleichheit durch die Bereicherung einzelner verhindern möchte. In Wirklichkeit aber bremst er die wirtschaftliche Entwicklung des Landes, die zu einer Erhöhung des Wohlstandes aller beitragen könnte.

Auch im Devisensektor und im Außenhandelsbereich gab es zahlreiche Anpassungsmaßnahmen, z.B. eine **Neuorientierung des Außenhandels**. Kuba wendete sich nach dem Zusammenbruch der Handelsbeziehungen zum RGW wieder seinem natürlichen Markt zu, nämlich den amerikanischen Ländern. Heute stellen diese Länder den größten Teil der Handelspartner Kubas dar, gefolgt von Asien und Europa.[752]

Die Struktur der Exportgüterpalette unterlag ebenfalls Veränderungen. 1990 waren Dienstleistungen mit 8,8% am Gesamtexportvolumen beteiligt. 1998 machten sie schon 63,2% der Exportgüterpalette aus. Der Dienstleistungsbereich, speziell der Tourismus, war in den 90er Jahren der dynamischste Sektor und kann als Lokomotive der wirtschaftlichen

[749] vgl. Burchardt, 1996: 144f
[750] Asamblea Nacional del Poder Popular de la República de Cuba, 1997: *Gesetzesdekret 172:* Art. 3
[751] vgl. Burchardt, 1999: 49
[752] vgl. Casanovas, 2002: 174

Entwicklung des Landes bezeichnet werden. Im Bereich der Güterexporte gab es hingegen kaum Modifikationen. Kuba zeichnet sich noch immer durch seine Rohstoffexporte aus.[753] Einzig im Bereich der Biotechnologie gab es einen quantitativen und qualitativen Zuwachs.

Die Strategie der Weltmarktöffnung und Wiederherstellung der externen Ressourcenzufuhr über den Außenhandel wurde auch nach 1993 weiterverfolgt. Besonderer Wert wurde auf die **ausländischen Investitionen** gelegt. 1995 wurde das Gesetz 77 verabschiedet, welches den legalen Rahmen für ausländische Investitionen legt. 1996 wurden die ersten freien Produktionszonen *(zonas francas)* eröffnet. Mit Hilfe der ausländischen Investoren sollen Kapital, moderne Technologien und neue Märkte erworben werden. Allerdings lässt sich der Staat auch in diesem Bereich die Kontrolle nicht aus der Hand nehmen. Die Regierung entscheidet über Investitionen und alle Veränderungen personeller oder organisatorischer Natur bedürfen ihrer Zustimmung. Schnelles und marktkonformes Handeln seitens der ausländischen Investoren wird so durch lange Entscheidungswege und willkürliche Selektion behindert. Die ausländischen Investitionen machen allerdings bisher nur einen geringen Teil des Gesamtinvestitionsvolumens des Staates aus.[754]

Die letzte Maßnahme, die betrachtet werden soll, ist die Einführung des ***perfeccionamiento empresarial***[755] im Jahre 1998. Mit dem Zusammenbruch des sozialistischen Lagers sahen sich die staatlichen Betriebe vielen Veränderungen ausgesetzt, auf die sie mit ihrem bisherigen Methoden und Strukturen nicht reagieren konnten. Ohne Vorbereitung waren diese Firmen dem internationalen Wettbewerb ausgesetzt. Durch die Ausweitung des Tourismus und die Ansiedelung ausländischer Firmen spielten nun Kriterien eine Rolle, die bis dato nie wichtig gewesen waren, wie Qualität, Zertifizierungen oder die Einhaltung von Umweltschutzkriterien. Außerdem besaßen die Unternehmen nur geringe Mittel.[756] Um die Wettbewerbsfähigkeit der Unternehmen zu erhöhen, wurde das System der Unternehmensperfektionierung geschaffen. Die Unternehmen, die für diesen Prozess zugelassen werden

753 vgl. Casanovas, 2002: 168f
754 vgl. Burchardt, 1999: 40
755 Unternehmensperfektionierung
756 vgl. Marquetti, 2002 (a): 11

möchten, müssen einer speziell dafür eingerichteten Kommission eine detaillierte Unternehmensdiagnose vorlegen. Die Kommission prüft, ob diese Firma nach marktwirtschaftlichen Kriterien effizient arbeitet.[757]

Es wird sehr vorsichtig selektiert, um das hohe Niveau der perfektionierten Firmen nicht zu beeinträchtigen. Hat die Firma den ersten Schritt geschafft, muss sie eine Studie über die geplanten Veränderungen, die benötigten Strategien und die angestrebten Ziele einreichen. Dieses Dokument soll den Führungsstil, die Qualitätssicherung, die Arbeitsorganisation, das Controlling, die Finanzierung und das Marketing umfassen. Wird diese Studie für gut befunden, wird der Perfektionierungsprozess implementiert. Für die Firmen bedeutet dies höhere Autonomie, größere Beteiligung der Führungskräfte am Entscheidungsprozess, größere Unabhängigkeit bei operativen Entscheidungen und ein leistungsorientiertes Gehaltssystem.[758] Angestrebt wird ein System international wettbewerbsfähiger Firmen, die sich durch flache Hierarchien, integrative Strategien, ein leistungsabhängiges Lohnssystem und die Konzentration auf Wettbewerbsvorteile auszeichnen. Natürlich stößt dieser Prozess auf Probleme, unter anderem die horizontale und vertikale Einbindung der Firmen in ein Netz aus Zulieferern, Dienstleistern, Kunden und Ministerien, die bei weitem nicht alle in diesen Prozess integriert sind und die Entwicklung der perfektionierten Firmen bremsen. Außerdem existiert in Kuba noch keine ausgeprägte Unternehmenskultur, es gibt kaum effiziente Motivationsmöglichkeiten und viele Führungskräfte sträuben sich gegen den Wandel. Bis Dezember 2000 konnten nur 55 Firmen den Prozess implementieren, aber 1.104 Firmen befanden sich zu diesem Zeitpunkt in der Vorbereitungsphase.[759] Mit diesem Schritt beweist die Revolutionsführung, dass sie die Notwendigkeit eines wettbewerbsfähigen nationalen Unternehmenssystems erkannt hat, welches die Importe für den Binnenmarkt substituieren und über den Export von Waren und Dienstleistungen Devisen generieren kann.

---

[757] vgl. Echevarría; García, 2002: 125

[758] vgl. Echevarría; Blanco, 2003: 41

[759] vgl. Echevarría; García, 2002: 126f

Im Folgenden sollen die wirtschaftlichen Ergebnisse der Entwicklung des Landes während der zweiten Reformetappe analysiert werden.

1994 konnte erstmals ein Wachstum des Bruttoinlandsproduktes von 0,7% festgestellt werden. Auch wenn es sich um ein äußerst geringes Wachstum handelt, so stand zumindest kein Minus mehr vor der Zahl, was einen nicht zu unterschätzenden psychologischen Effekt hatte. In den folgenden Jahren stieg das Wachstum sprunghaft an, um 1996 mit 7,8% seinen Höhepunkt zu erreichen.[760]

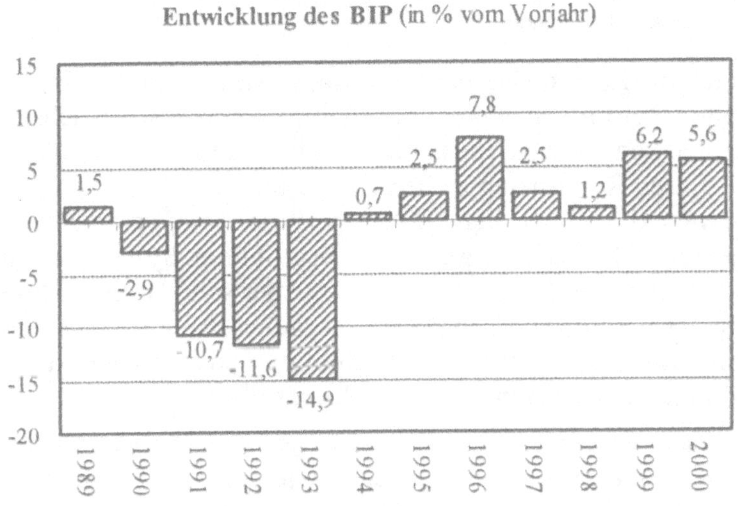

Abbildung 9 *Entwicklung des Bruttoinlandsproduktes (1989 bis 2000)*
Quelle: Banco Central de Cuba, La economía cubana en el período especial: 10, www.gc.gov.cu (11.01.04)

Diese Entwicklung veranlasste kubanische und ausländische Spezialisten schon dazu, Kuba als einen karibischen „Tiger“ zu feiern.[761] Weitere Indikatoren bezeugen den vermeintlichen Aufstieg Kubas, zeigen aber auch makroökonomische Ungleichgewichte auf.

[760] vgl. Burchardt, 1999: 27
[761] ebd.: 30

Indikator	1989	1994	1995	1996	1997	1998	1999	2000
Inflationsrate	n.v.	25,7	-11,5	-4,9	1,9	2,9	-2,9	-2,3
Liquidität in % des BIP	21,6	51,8	42,6	42,0	41,1	40,6	38,8	37,9
Haushaltsdefizit (% des BIP)	7,2	7,4	3,5	2,5	2,0	2,3	2,4	2,5
Exporte (Mrd. Peso)	5,4	1,3	1,5	1,9	1,8	1,5	1,5	1,7
Importrate (Mrd. Peso)	8,1	2,1	2,8	3,6	4,1	4,2	4,3	4,9
Handelsbilanzdefizit (Mrd. Peso)	2,7	0,8	1,3	1,7	2,3	2,7	2,9	3,2
Terms of Trade (1989 = 100)	100,0	65,9	73,9	66,7	68,5	57,3	55,9	49,9
Verschuldung (Mrd. USD)	6,2	9,1	10,5	10,5	10,1	11,2	11,1	11,0
Wechselkurs (Pesos / 1 USD)	7	95	32	19	23	21	20	21

Tabelle 4 *Makroökonomische Indikatoren der zweiten Reformetappe*
Quelle: Mesa-Lago, 2001: 2ff

Wenn man die Zahlen genauer hinterfragt, wird deutlich, dass auch in der zweiten Reformetappe kein nachhaltiges Wirtschaftswachstum erzielt werden konnte. Man muss der Revolutionsführung zugute halten, dass in dieser Reformetappe bereits Ansätze zu einem qualitativen Strukturwandel sichtbar sind. Die erste Reformetappe zeichnete sich im Gegensatz dazu nur durch eine quantitative Systemerweiterung aus. Die qualitativen Elemente bestehen in der schrittweisen Dezentralisierung, der Einführung indirekter Regulierungsmechanismen, der Zulassung von Konkurrenz, der Umstellung von extensiver auf intensive Produktion und der zunehmende Marktöffnung.[762]

Die Kubaner bezeichnen diese Reformetappe jedoch nicht umsonst als *desahorgamiento*, was so viel bedeutet wie vor dem Ertrinken retten, wenn das Wasser bis zum Hals steht, anstatt schwimmen zu lernen.[763] Die Regierung handelte mit ihren Reformen immer nur aufgrund wirtschaftlicher Zwänge, die kaum andere Alternativen als die jeweilige Reform zuließen. Gleichzeitig versuchte sie aber auch, die alten Strukturen beizubehalten, um ihre Legitimation nicht zu verlieren. Die Reformen basieren also auf taktischen Überlegungen anstatt auf einer durchdachten, kohärenten Strategie mit klaren Zielvorstellungen. Die einzelnen Maßnahmen des Transformationsprozesses waren nicht aufeinander abgestimmt. Seit 1996 lässt sich sogar ein deutliches Nachlassen des Reformeifers feststellen, was verdeutlicht, dass es innerhalb der Zentralverwaltung starke Widerstände gegen die Reformen gibt.

---

[762] vgl. Burchardt, 1996: 158
[763] vgl. ebd.: 160

Insgesamt steht das Wirtschaftswachstum der Insel auf unsicheren Beinen. Es wird vom Devisensektor getragen, der die größten Wachstumspotentiale und Produktivitätszuwächse aufweist, wobei jedoch ein großer Teil der Devisenzuflüsse aus Überweisungen von Familienangehörigen im Ausland besteht. Da es keine Möglichkeit der Geldanlage oder Investition gibt, wird dieses Geld nur für die Befriedigung von Konsumwünschen (meist importierte Waren) ausgegeben. Die Impulse für die Binnenwirtschaft sind gering. Außerdem begibt sich Kuba in eine gefährliche Abhängigkeit, denn selbst die großzügigsten Spender werden eines Tages der ständigen Schenkungen überdrüssig. Ein weiteres Problem ist die Tatsache, dass Kuba mehr importiert als exportiert und die Hälfte dieser Importe über Fremdfinanzierung decken muss. Da das Land keinen Zugang zu internationalen Krediten hat, handelt es sich bei dieser Finanzierung um Handelskredite mit kurzer Laufzeit und hohen Zinssätzen. Das Außenhandelsdefizit Kubas wächst also stetig und das Land steuert auf eine neue Liquiditätskrise zu. Auf diese könnte es nur mit einer erneuten Einschränkung des Konsums der Bevölkerung antworten, was das politische Überleben des Systems jedoch stark gefährden würde. Des Weiteren steigt die Verschuldung des Landes ständig an, Kuba hat heute eine der höchsten Pro-Kopf-Verschuldungen Lateinamerikas. Der Aufschwung des Landes lebt also von Almosen und auf Pump.[764] Auch das Wachstum des BIP erscheint bei Betrachtung der Ausgangssituation gar nicht mehr erstaunlich. Immerhin war es zuvor um fast 40% eingebrochen. Man geht davon aus, dass bei Beibehalten des bisherigen durchschnittlichen Wachstums das Niveau von 1989 nicht vor 2010 erreicht werden wird.

Auf den ersten Blick scheinen auch der Abbau des Staatshaushaltsdefizits und die Herstellung des Finanzgleichgewichtes beeindruckend zu sein. Viele Wirtschaftsexperten stimmen jedoch darin überein, dass es sich nur um eine Umverteilung der Finanzflüsse, also einen simplen Rechentrick handelt. Da nur der untergeordnete Privatsektor besteuert wird, trugen vor allem die Streichungen staatlicher Subventionen zur Verringerung des Defizits bei. Hans-Jürgen Burchardt schreibt dazu: *„Die staatlichen Unternehmen sind [...] heute aber untereinander um*

---

[764] vgl. Burchardt, 1999: 44ff

rund vier Milliarden kubanische Pesos verschuldet – als Staatsunternehmen handelt es sich hierbei ebenfalls um staatliches Geld, welches aufgrund der binnenwirtschaftlichen Krise meistens nicht über Vorleistungen oder Erlöse, sondern über Kredite gedeckt wird. Zufällig ist dies fast die gleiche Summe, um die das Staatshaushaltsdefizit abgebaut wurde.“[765] Die staatlichen Subventionen wurden also auf die Betriebe verlagert bzw. als Kredite umdeklariert.

Ein weiteres Problem ist die fehlende Integrität der Binnenmärkte und des Devisensektors. Der Tourismus als dynamischster Sektor erzeugt kaum Impulse auf dem Binnenmarkt. Zwar werden 61% der Zulieferungen für den Tourismus im Land hergestellt, allerdings gibt es keine Aussagen über die Höhe des Importanteils an der Produktion dieser Güter.[766] Der hohe Anteil kubanischer Produkte zeigt, dass diese konkurrenzfähig sind und von ausländischen Kunden akzeptiert werden. Allerdings sind die Produktionskosten dieser Produkte und Dienstleistungen so hoch, dass seit 1992 trotz steigender Touristenzahlen die Einnahmen aus dem Tourismus eine negative Tendenz aufweisen.[767] Die oben genannte Prozentzahl spiegelt also nicht die Qualität der Integration der Binnenwirtschaft in den Tourismussektor wieder.

Neben diesem fragwürdigen ökonomischen Wachstum hatte der Reformprozess auch ganz eindeutig negative Konsequenzen, vor allem im Bereich der sozialen Gleichheit. Nur der Besitz von Devisen bietet einem Teil der Bevölkerung Zugang zu hochwertigen Konsumgütern. Devisen erlangen aber nur diejenigen, die Familie im Ausland haben, in ausländischen Firmen arbeiten oder private Geschäfte machen dürfen. Da nun persönliche Qualifikation und gute Leistungen nicht mehr unbedingt mit einer Verbesserung des Lebensstandards in Verbindung stehen, wenden sich gute Fachkräfte minderwertigen Berufen zu. Da das Lohnsystem nicht mehr als Anreiz für Leistung dient, gibt es auch im Exportsektor Probleme. Die Zuckerernte brach zum Beispiel unter anderem aufgrund der Motivationslosigkeit und steigenden Ineffizienz

[765] vgl. Burchardt, 1999: 47
[766] vgl. Triana, 2001: 12
[767] vgl. IPS Economics Press Service 22/03: *Turismo: Por los caminos del dinamismo:* 4

während der 90er Jahre massiv ein, obwohl es sich um einen strategisch wichtigen Bereich der kubanischen Wirtschaft handelt.

Die Aufrechterhaltung des dualen Währungssystems, die fehlende Unterstützung des Binnensektors, die Subventionierung der Preise und das normierte Lohnsystem förderten das Entstehen sozialer Ungleichheit. Sogar die Diskriminierung der Farbigen wird durch die Politik der 90er Jahre wieder belebt. Zu Beginn der Revolution sind meist nur Angehörige der gebildeten weißen Oberschicht emigriert, die schwarze Bevölkerung sah ihre Lebensbedingungen durch den Sieg der Revolution verbessert. Daher haben heute farbige Kubaner selten Angehörige im Ausland und kommen nicht in den Genuss von Dollarüberweisungen. Außerdem bindet ein Gesetz die Ausübung privater Geschäftstätigkeit an das Vorhandensein von Wohnraum. Freien Wohnraum haben aber nur die zur Verfügung, die schon vor der Revolution große Häuser oder Wohnungen besaßen, also meist Angehörige der ehemals reichen weißen Mittelschicht. Die übrige Bevölkerung hat oft kaum genug Wohnraum, um darin menschenwürdig leben zu können, geschweige denn, um dort auch noch ein Geschäft zu betreiben.[768] Mit dieser Politik verliert die Revolution an Glaubwürdigkeit und sägt an dem Ast, auf dem sie sitzt: der soziale Konsens. Das starke Wertesystem, das beinahe alle Kubaner noch immer teilen, ist der wichtigste Pfeiler des politischen Systems. Ohne diese Einheit hätte die Regierung die ökonomische Krise zu Beginn der 90er Jahre politisch nicht überlebt. Fidel Castro erkannte: *„Wenn unser Volk sich gespalten hätte, hätte es den schrecklichen Schlag der 35jährigen US-Blockade und das Verschwinden des sozialistischen Lagers und der UdSSR nicht ertragen können; nur ein einiges Volk konnte das.“*[769] Die Integrität der Bevölkerung zu erhalten, ist die wichtigste Überlebensbedingung für die kubanische Regierung.

[768] vgl. Burchardt, 1999: 71

[769] Castro, zitiert nach Burchardt, 1999: 166

2.2 Kuba im 21. Jahrhundert: Spezialperiode in Zeiten der Unsicherheit

"Wir sind stärker und vereinter als je zuvor und besser vorbereitet, um dieser Situation zu begegnen. Der wirtschaftlichen Krise werden wir uns siegreich stellen. Kein Opfer kann uns einschüchtern, nicht einmal das des Lebens. Über viele Jahre hinweg haben wir alle Opfer ertragen"[770]
Fidel Castro (2001)

2.2.1 Wirtschaftliche Situation zur Jahrtausendwende

Die wirtschaftliche Entwicklung Kubas in den 90er Jahren wurde als Zeichen des Aufschwunges gedeutet. Die Zentralbank Kubas schrieb in einem Wirtschaftsbericht von 2000: *„Die kubanische Wirtschaft ist im letzten Jahrzehnt einen Weg intensiver Reformen gegangen, um einen erheblichen Effizienzzuwachs, die Öffnung für und Integration die Weltwirtschaft, die Schaffung von Spielräumen für neue wirtschaftliche Akteure, die Korrektur interner und externer Ungleichgewichte und eine Verbesserung des Unternehmertums zu erreichen. Nach diesen Jahren der Sonderperiode und mit dem Ende des Jahrzehnts gibt es einen stabilen Trend hin zu wirtschaftlicher Erholung, der mit einem durchschnittlichen Wachstum von 4,7%, welches über den 3% von Lateinamerika liegt, bereits Ende 1994 begonnen hat.“*[771]

Dieser Entwicklung entsprechend wurden für das Jahr 2001 ehrgeizige Ziele für das Wachstum bestimmter Indikatoren gesetzt. Entgegen aller Prognosen wurden die meisten dieser Ziele aber nicht erreicht.

Indikator	Plan (im Vergleich zum Vorjahr)	Reales Ergebnis (im Vergleich zum Vorjahr)
BIP	+ 5%	+ 3%
Warenexporte	+ 20%	- 1,5%
Warenimporte	+4%	- 1,7%
Einnahmen aus Tourismus	+ 14%	- 10%
Zuckerproduktion	4 Mio. Tonnen	3,5 Mio. Tonnen
Erdölproduktion	+ 26%	+ 7,5%
Landwirtschaft	+ 10%	-1,7%

Tabelle 5 *Wirtschaftsleistung 2001: Plan und reales Ergebnis*
Quelle: Pérez-López, 2002: 517

[770] Castro, 2001: www.granma.cubaweb.cu (11.01.04), Übersetzung durch die Autorinnen
[771] Pérez-López, 2002: 516, Übersetzung durch die Autorinnen

Das Jahr 2001 markiert nur den Beginn einer Periode, die durch ein verlangsamtes Wirtschaftswachstum, Verfall der produktiven Kräfte und Verlust zahlreicher sozialer Errungenschaften gekennzeichnet ist. Einige Beispiele zur Situation am Ende des Jahres 2004 sollen diese Tendenz verdeutlichen:[772]

- Wachstum des BIP von 2001 – 2004 durchschnittlich unter 2%
- Kollaps der Zuckerindustrie
- Verschlechterung der Transportsituation
- Rückgang der Bauwirtschaft und Verfall der Wohngebäude
- Rückgang der landwirtschaftlichen Produktion mit schweren Auswirkungen auf die Ernährungssituation der Bevölkerung
- Anstieg des Handelsbilanzdefizits
- Anstieg der inflationären Tendenzen durch Geldüberhang im Vergleich zum Warenangebot
- Preiserhöhungen
- Anstieg der Auslandsverschuldung
- Schließungen von Unternehmen mit ausländischer Beteiligung

Diese negativen Tendenzen haben ihren Ursprung in zahlreichen externen und internen Faktoren, welche die kubanische Wirtschaft zu Beginn des 21. Jahrhunderts prägen und dazu führen, dass diese auf niedrigem Niveau stagniert und in vielen Bereichen sogar eine rückläufige Entwicklung nimmt.

2.2.2 Externe Faktoren

2.2.2.1 Verlangsamtes Weltwirtschaftswachstum

Zu Beginn des 21. Jahrhunderts zeichnete sich eine allgemeine Verlangsamung des Weltwirtschaftswachstums ab. Während im Herbst 2000 das weltweite Wachstum im Durchschnitt noch 4,2% betrug, war es im September 2001 auf ganze 2,7% gesunken.[773] Das durchschnittliche Wachstum in Lateinamerika betrug im gleichen Jahr nur 0,5%.[774]

---

[772] vgl. IPS Economics Press Service 06/05: *Centralización y Descentralización de la Economía Cubana*: 14f

[773] vgl. Castro, 2001: www.granma.cubaweb.cu (11.01.04)

[774] vgl. Triana, 2002: 3

Die Weltmarktpreise für Nickel und Zucker, Kubas bedeutendste Exportprodukte, sanken stetig, wodurch in Kuba weniger Devisen eingenommen wurden.[775] Eine weitere wichtige Einnahmequelle des Landes, die so genannten *remesas*[776], sanken durch die Verlangsamung der US-Wirtschaft und die daher steigende Arbeitslosigkeit ebenfalls. Dies wurde besonders bei den Einnahmen der TRD[777] spürbar.[778]

Ein Rückgang konnte ebenso bei den internationalen Investitionen verzeichnet werden, der auch den Zufluss ausländischer Investitionen nach Kuba beeinträchtigte. Wurden im Jahr 2000 noch 448 Mio. Dollar in Kuba investiert, sank diese Zahl auf nur 38,9 Mio. Dollar im Jahr 2001.[779] Die folgende Tabelle zeigt die weltweite Entwicklung:

Zuflüsse ausländischer Direktinvestitionen in % des Bruttoanlagevermögens						
	1997	1998	1999	2000	2001	2002
Welt	7,5	10,9	16,5	20,8	12,8	12,2
Entwickelte Länder	6,0	10,4	17,1	22,9	12,7	12,3
Entwicklungsländer	11,4	12,0	14,3	14,6	12,7	10,5

Tabelle 6 *Zuflüsse ausländischer Direktinvestitionen weltweit*
Quelle: UNCTAD, 2003: 268ff

2.2.2.2 Tourismus-Krise

Im Zuge der Wirtschaftskrise verzeichnete die Welttourismusorganisation weltweit einen Rückgang des Tourismus um 2% bis 3%, was auch den Tourismussektor in Kuba negativ beeinflusste. Diese Tendenz wurde durch die Terroranschläge vom 11. September 2001 noch verstärkt. Die Besucherzahlen der Wintersaison 2001/2002 verzeichneten einen Rückgang von mehr als 20% im Vergleich zur selben Periode des Vorjahres.[780] Diese Entwicklung beeinträchtigte auch die auf den Tourismus spezialisierte Binnenindustrie.[781] Trotzdem behielt Kuba seine relativ hohen Preise bei und versuchte im Gegensatz zu

[775] vgl. Pérez-López, 2002: 518
[776] Anm.: Geldüberweisungen von Angehörigen aus dem Ausland
[777] *Tiendas Recaudadoras de Divisas* (Anm.: Läden zur Devisenabschöpfung, Dollarshops)
[778] vgl. Crespo, Suddaby, 2002: 356
[779] vgl. Spadoni, 2002: 163
[780] vgl. Crespo, Suddaby, 2002: 355
[781] vgl. ebd.: 354f

anderen Zielen der Karibik nicht, durch Dumping-Angebote mehr Reisende anzuziehen. Experten der kubanischen Tourismusbranche hatten gewarnt, dass eine Reduzierung der Preise das Image der Insel als qualitativ hochwertige Destination dauerhaft schädigen würde, was langfristig negative Konsequenzen auch über die aktuelle Krise hinaus hervorrufen könnte.[782] Die Welttourismusorganisation bezeichnete die anhaltende weltweite Flaute in diesem Sektor als größte Tourismuskrise seit dem Zweiten Weltkrieg.[783]

Obwohl Kuba dank zahlreicher Investitionen in den Ausbau neuer Tourismusregionen im Jahr 2004 erstmals mehr als 2 Mio. Touristen verzeichnen konnte,[784] entspricht dieses Wachstum nicht den hohen Erwartungen von Politik und Wirtschaft, die den Tourismus weiterhin als Lokomotive der kubanischen Wirtschaft sehen möchten.

2.2.2.3 Naturkatastrophen

Am 2. November 2001 nahm Fidel Castro öffentlich Stellung zur schlechten wirtschaftlichen Lage und gestand ein, dass Devisen knapp seien und dass *„einige Zukunftsträume warten müssen, aber erfüllt werden."* Er zeigte sich trotzdem überzeugt, dass *„wir* (das kubanische Volk) *uns dieser Krise siegreich stellen werden. Kein Opfer schüchtert uns ein, nicht einmal der Tod."*[785] Nur zwei Tage nach dieser Rede suchte einer der schwersten Stürme der letzten 50 Jahre die Insel heim. Hurrikan „Michelle" beschädigte fast 180.000 Wohngebäude und zerstörte mehr als 18.000 vollständig.[786] Er verursachte schwere Schäden an der Infrastruktur und vernichtete große Teile der Zucker-, Tabak-, und Zitrusfrüchteernten. Der Gesamtschaden wurde auf 6% des BIP von 2001 geschätzt.[787]

Die Bevölkerung bekam die Verschlechterung der Wirtschaft deutlich zu spüren. Das Angebot an Lebensmitteln, Ver- und Gebrauchsgütern nahm beträchtlich ab. Gleichzeitig verlor der Peso stark an Wert und

---

[782] vgl. IPS Economics Press Service 05/03: *Grupo hotelero por más agilidad:* 6
[783] vgl. IPS Economics Press Service 01/03: *Turismo: Una oferta en ascenso:* 4
[784] vgl. IPS Resumen Económico Anual, 2005: 5
[785] Castro, 04.11.2001: www.granma.cubaweb.cu (11.01.04), Übersetzung durch die Autorinnen
[786] vgl. IPS Economics Press Service 01/03: *Construcción: Problema de ayer, hoy y mañana:* 11
[787] vgl. Pérez-López, 2002: 519

die Preise des Peso-Sektors stiegen empfindlich an. Externe Quellen geben an, dass auf den Landwirtschaftsmärkten je nach Produkt ein Preisanstieg zwischen 20% und 35% verzeichnet werden konnte.[788]

Teilweise Aufhebung des US-Embargos

Ende 2000 wurde das Embargo durch die Verabschiedung des *Trade Sanctions Reform and Export Enhancement Act* durch den US-Kongress etwas gelockert. Erstmals wurde der Verkauf von Lebensmitteln und Medikamenten nach Kuba gestattet.[789] Allerdings wurden Kuba für den Erwerb der zugelassenen Güter strenge Bedingungen auferlegt. Sämtliche Geschäfte müssen in bar abgewickelt werden, jede Art von Finanzierung wurde von den US-Behörden verboten. Des Weiteren kann die Zahlung nicht direkt erfolgen, sondern muss über komplizierte Dreiecksgeschäfte abgewickelt werden. Kuba darf für den Transport der Waren keine Handelsschiffe der eigenen Flotte einsetzen. Daher müssen Schiffe aus Drittländern zu hohen Preisen angeheuert werden.[790] Zunächst wies die kubanische Regierung diese Möglichkeit aufgrund der ungünstigen Konditionen zurück.[791] Castro bekräftigte, dass er nicht ein einziges Reiskorn von den USA kaufen würde, bis die Sanktionen nicht komplett aufgehoben würden und Kuba seine Produkte auch in die USA verkaufen dürfe.

Die Situation veränderte sich, als „Michelle" das Land schwer getroffen hatte. Havanna willigte nun ein, Nahrungsmittel und Medikamente zu den festgelegten Bedingungen von den USA zu kaufen, um die Schäden durch Michelle auszugleichen.[792] Castro stellte jedoch klar, dass es sich um ein einzigartiges Ereignis handelte. Der Wert der ersten Lieferung von Lebensmitteln betrug ca. 40 Mio. US-Dollar.[793] Dieses einzigartige Ereignis hat jedoch eine starke Eigendynamik entwickelt. Ende 2003 hatte Kuba Waren für 510 Mio. Dollar in den USA gekauft.[794] Für John Kavulich, Präsident des Wirtschafts- und

[788] vgl. Espinosa Chepe, 2002: 2

[789] vgl. Mesa-Lago, 2001: 5 und Cuba Policy Foundation, 2003, www.cubafoundation.org (03.01.04)

[790] vgl. IPS Economics Press Service 19/03: *Más ganado de EE.UU.*: 21

[791] vgl. Mesa-Lago, 2001: 5

[792] vgl. IPS, Resumen Económico Anual, 2003: 24

[793] vgl. Triana, 2002: 16

[794] vgl. IPS Economics Press Service 10/03: *Cuba – EE.UU.: Comercio versus política.*: 4

Handelsrates USA – Kuba, ist die Insel für amerikanische Firmen einer der sichersten Exportmärkte der Welt, da alle Waren bar bezahlt werden müssen und es kein Exportrisiko gibt.[795] Doch auch für Kuba haben diese Handelsbeziehungen Vorteile. Der Nachbar im Norden liefert qualitativ hochwertige Produkte zu unschlagbaren Preisen und durch die geografische Nähe verringern sich die Transportkosten und der Lieferzeitraum der Waren erheblich.[796]

Im September 2002 fand erstmals eine „Messe der Lebensmittel und Farmer der USA" mit einer Beteiligung von 288 US-amerikanischen Firmen in Kuba statt. Laut Pedro Álvarez, Direktor der kubanischen Importfirma Alimport, handelte es sich dabei um „ein mehr als historisches Ereignis, das den Wunsch der Unternehmen, des Landwirtschaftssektors und verschiedener Persönlichkeiten nach normalen Handelsbeziehungen zwischen Kuba und den USA verdeutlicht."[797] Derzeit bestehen Kontakte zu mehr als 1.000 Firmen aus 45 Staaten. Diese liefern bisher 18% der jährlichen Lebensmittelimporte Kubas,[798] hauptsächlich Mais, Soja, Hühnchen, Reis und Weizen.[799] Kubanische Experten sehen voraus, dass Kuba bei totaler Aufhebung der Restriktionen 60% seiner gesamten Lebensmittelimporte in den USA beziehen könnte, was einem Umsatzvolumen von ca. einer Milliarde Dollar für die Produzenten entspricht.

Trotz des Drucks zahlreicher Unternehmen und Persönlichkeiten, die normale Handelsbeziehungen zwischen den beiden Staaten fordern, scheint eine komplette Aufhebung der Restriktionen noch in weiter Ferne. Präsident Bush bestätigte, dass das Embargo gegen Kuba ein vitaler Bestandteil der Gesetzgebung sei und dass er gegen jede Anstrengung, die Sanktionen gegen das Regime Castros zu flexibilisieren, sein Veto einlegen würde.[800] So wurden zum Beispiel im April 2003 59 US-Unternehmen, unter ihnen Wal-Mart, wegen ihrer Ge-

---

[795] vgl. IPS Economics Press Service 10/03: *Cuba – EE.UU.: Comercio versus política.*: 1
[796] vgl. IPS Resumen Económico Anual, 2003: 25
[797] vgl. ebd.: 25
[798] vgl. IPS Economics Press Service 04/03: *Cuba – EE.UU.: Empresarios buscan filón*: 1
[799] vgl. IPS Economics Press Service 10/03: *Cuba – EE.UU.: Comercio versus política.*: 2
[800] vgl. IPS Economics Press Service 04/03: *Cuba – EE.UU.: Empresarios buscan filón*: 3

schäftsbeziehungen zu den Ländern Sudan, Irak und Kuba zu beträchtlichen Geldbußen verurteilt,[801] ein Zeichen der Beibehaltung des harten Kurses. Die Frage ist nun, wie lange diese Politik dem Druck der Unternehmer noch standhält. Die Lebensmittelexporte nach Kuba könnten einen Wert von einer Milliarde Dollar jährlich haben. Ein Aufheben der Reisebeschränkungen würde dazu führen, dass jährlich ca. 1,5 Mio. US-Bürger nach Kuba reisen. Für den Tourismussektor der USA würde dies fünf Jahre nach Wiederaufnahme eines normalen Reiseverkehrs Mehreinnahmen von 1,97 Mrd. Dollar und 12.180 neue Arbeitsplätze bedeuten. Das Embargo kostet die Farmer 1,24 Mrd. Dollar und die Gesamtwirtschaft der USA 3,6 Mrd. Dollar jährlich.[802]

2002 wurde Kuba erneut von zwei schweren Stürmen heimgesucht. Besonders das Tabakanbaugebiet Pinar del Río und die Zitrusfrüchte-Provinz Isla de la Juventud waren betroffen. Mehr als 50.000 Häuser wurden beschädigt, über 7.000 vollständig zerstört. 18.000 Tonnen Zitrusfrüchte gingen verloren, und fast die Hälfte aller Tabakschuppen wurde zerstört.[803] Meteorologen warnen, dass auch während der nächsten Jahre mit einer erhöhten Hurrikan-Häufigkeit gerechnet werden muss. Besonders die für die Landwirtschaft wichtigen zentralen und westlichen Provinzen sind dabei oft betroffen.

Mit einem ganz anderen Problem haben hingegen die östlichen Provinzen zu kämpfen. Nach Jahren der Trockenheit, die nur 2005 durch größere Niederschlagsmengen etwas erleichtert wurden, sind sämtliche Wasserreserven nahezu verbraucht. Nachdem schon die Landwirtschaft und die Industrie Einschnitte hinnehmen mussten, betrifft die Trockenheit die Menschen nun direkt: der Osten Kubas leidet Durst.[804]

2.2.2.4 Unregelmäßige Erdöllieferungen aus Venezuela

Ein weiterer schwerer Schlag für die kubanische Wirtschaft war die Unterbrechung der Erdöllieferungen aus Venezuela. Kuba und zehn weitere Länder der Region hatten im Jahr 2000 mit der venezolani-

---

[801] vgl. IPS Economics Press Service 08/03: *Cuba – EE.UU.: En espera de más restricciones:* 2f

[802] vgl. Cuba Policy Foundation, 2003, mehrere Artikel, www.cubafoundation.org (03.01.04)

[803] vgl. Triana, 2002 (c): 3

[804] vgl. IPS Resumen Económico Anual, 2005: 16f

schen Erdölfirma PDVSA *(Petróleos de Venezuela, S.A.)* den so genannten Vertrag von Caracas über die regelmäßige Lieferung von Erdöl zu vorteilhaften Bedingungen geschlossen. Kuba sollte täglich 53.000 Barrel bekommen, von denen es 80% zu Marktpreisen mit einem Zahlungsziel von 90 Tagen kaufen muss. Für die restlichen 20% bekommt das Land einen Kredit mit 15 Jahren Laufzeit und 2% Zinsen.[805] Diese Lieferungen decken ein Drittel des gesamten Erdölkonsums des Landes ab, ein weiteres Drittel wird selbst produziert und der Rest muss auf dem Weltmarkt eingekauft werden.[806] Nach dem Putschversuch gegen den venezolanischen, kubafreundlichen Präsidenten Chávez im April 2002 wurden die Lieferungen bis September ausgesetzt. Bereits im Dezember 2002 wurden sie erneut eingestellt, da ein Generalstreik gegen Chávez die Produktion von PDVSA.[807] Die Krise in Venezuela kam für Kuba zu einem äußerst ungünstigen Zeitpunkt, da die Kaufkraft der Regierung ohnehin extrem eingeschränkt war. Nun sah sie sich gezwungen, die ausgefallenen Lieferungen aus Venezuela auf dem Weltmarkt zu erwerben, wo die Preise allgemein höher sind und Mehrkosten für die weiteren Transportwege entstehen.[808] Laut offiziellen Quellen verlor Kuba im Jahr 2002 durch diesen Mehraufwand 200 Mio. US-Dollar.[809]

Die Abhängigkeit der kubanischen Wirtschaft von den Lieferungen aus Venezuela lässt die Regierung besorgt auf die politischen Entwicklungen in jenem Land schauen, in dem Chávez nicht zuletzt wegen des Vorwurfes der „Kubanisierung" immer wieder Probleme mit der Opposition hat. Ende des Jahres 2005 läuft der Vertrag von Caracas jedoch ohnehin aus, und es bleibt Kuba nur zu wünschen, dass es bis zu diesem Zeitpunkt eigene Ressourcen mobilisieren kann.[810]

805 vgl. IPS Resumen Económico Anual, 2003: 16f
806 vgl. IPS Economic Press Service 08/03: *Refinancian petróleo a Cuba:* 18
807 vgl. IPS Resumen Económico Anual, 2003: 16
808 vgl. IPS Economics Press Service 01/03: *Crisis venezolana afecta economía cubana:* 17
809 vgl. IPS Economics Press Service 02/03: *Las olas de la crisis venezolana:* 24
810 vgl. IPS Resumen Económico Anual, 2005: 11

2.2.3 Interne Faktoren

2.2.3.1 Restrukturierung des Zuckersektors

Eine der wichtigsten wirtschaftspolitischen Maßnahmen des neuen Jahrtausends war die Restrukturierung des Zuckersektors. Obwohl die Zuckerproduktion der *zafra* von 2001/2002 im Vergleich zum Vorjahr um 2% gewachsen war, sanken die Exporteinnahmen aufgrund des niedrigen Zuckerpreises am Weltmarkt (-27% innerhalb der ersten sechs Monate des Jahres[811]). Die kubanischen Zuckerbetriebe erzielten zudem Erträge von nur 24 Tonnen Zuckerrohr pro Hektar. In den USA werden Erträge von über 50 Tonnen erzielt. Einige der kubanischen Fabriken würden sich nur rechnen, wenn der Zuckerpreis bei 30 bis 40 Cent pro Pfund läge, derzeit liegt er allerdings bei rund sechs Cent.

Die Regierung sah sich daher veranlasst, die Zuckerindustrie zu redimensionieren.[812] Folgende Ziele sollen dabei erreicht werden:[813]

- Erhöhung der Wettbewerbsfähigkeit durch Konzentration der knappen Produktionsmittel auf die effizientesten Produzenten
- Senkung der Produktionskosten durch Schließung unrentabler Betriebe
- Erhöhung der Erträge (Gesamtmenge des produzierten Zuckers im Vergleich zur Menge des geernteten Rohrs)
- Diversifikation der Produktion
- Umstellung auf nachhaltige Landwirtschaft

Um die angestrebten Ziele zu erreichen, wurden 60 Zuckermühlen demontiert, in 14 *Centrales*[814] werden nur noch Derivate produziert. Fünf weitere werden als Museum hergerichtet. Es werden 42% aller Anlagen abgebaut, wodurch jährlich 173 Mio. Dollar an Treibstoff, Schmierstoffen und Ersatzteilen eingespart werden können.[815] Nur 71 der effizientesten Zuckermühlen werden in Betrieb bleiben und 700.000 Hektar der besten Böden zugewiesen bekommen.

---

[811] vgl. Triana, 2002 (a): 7
[812] vgl. IPS Resumen Económico Anual, 2003: 12
[813] vgl. Varela Pérez, 2002: *Nueva y Prometedora Etapa*, www.granma.cubaweb.cu (04.01.04)
[814] Zuckerfabrik
[815] IPS Resumen Económico Anual, 2003: 13

Ziel war es, 54 Tonnen Zuckerrohr pro Hektar[816] mit einem Ertrag von mehr als 12%[817] zu erzielen.[818] Die Produktionskosten sollten auf drein Cent pro Pfund gesenkt werden. Es sollte auch nur noch 40% der bisher für den Zuckerrohranbau bestimmten Flächen genutzt werden.[819] Der Zitrussektor hatte es vorgemacht: heute werden dank intensiver Produktionsformen die gleichen Erträge wie 1989 auf der Hälfte der damaligen Fläche erzielt.[820]

Außerdem war die Diversifizierung der Produktionspalette vorgesehen. Da Zucker extrem instabilen Preisen auf dem Weltmarkt unterliegt, wollte man sich auf die Produktion von Derivaten konzentrieren. Dies sollte einen Multiplikatoreffekt auf andere Sektoren wie Verpackungsindustrie, F&E, Transport oder Vermarktung haben. Mithilfe technologischer Innovation sollten die Produktionskosten weiter gesenkt und die Umweltbelastung reduziert werden.[821]

Die Zuckerernte des Jahres 2003 fiel dennoch katastrophal aus. Weit weniger Zuckerfabriken als geplant nahmen die Arbeit auf und hatten ständig mit Unterbrechungen zu kämpfen. Die größten Schwierigkeiten lagen im Fehlen von Kraftstoff und Ersatzteilen, was zu Problemen bei der Ernte, beim Transport des Rohrs und beim Betrieb der Zuckermühlen führte.[822] Die Verspätungen zu Jahresbeginn ließen sich kaum mehr kompensieren, da mit Beginn der Regenperiode im Mai ein Fortsetzen der Ernte erschwert wird.[823] Die Produktionskosten von rund 400 Peso pro Tonne lagen 100 Peso über dem geplanten Wert[824] und der Zuckerertrag sank unter 10%. Aufgrund dieser Faktoren wurde mit einer Ernte von 2,1 Mio. Tonnen das schlechteste Ergebnis der letzten Jahrzehnte erzielt, welches zu Exportverlusten im Wert von 200 bis 300 Mio. Dollar im Vergleich zum Vorjahr führte.[825]

---

816 vgl. Varela Pérez, 2002: *Nueva y Prometedora Etapa*, www.granma.cubaweb.cu (04.01.04)
817 Anm.: gemahlener Zucker/verarbeitete Menge Zuckerrohr
818 vgl. Triana, 2002 (e): 18
819 vgl. IPS Resumen Económico Anual, 2003: 12ff
820 vgl. Triana, 2002 (e): 17f
821 vgl. IPS Resumen Económico Anual, 2003: 12ff
822 vgl. IPS Economics Press Service 04/03: *Incierta arrancada de la zafra:* 26f
823 vgl. IPS Economics Press Service 07/03: *La zafra en su última etapa:* 17
824 vgl. ebd.: 17
825 vgl. IPS Economics Press Service 10/03: *Finaliza la zafra azucarera 2002 – 2003:* 36f

Ärgerlich ist die geringe Produktion auch wegen der relativ hohen Zuckerpreise am Weltmarkt, die von 8,54 Cent pro Pfund im September 2002 auf ca. 11 Cent pro Pfund im März 2003 gestiegen waren.[826] Das schlechte Ergebnis wirkte sich auch auf andere Sektoren negativ aus, die auf Zulieferungen aus der Zuckerverarbeitung angewiesen sind, zum Beispiel die Produktion von Tierfutter, die Alkoholindustrie, die Elektrizitätsgewinnung aus Bagasse und die Papierherstellung.[827]

Auch das Ergebnis von 2004 lag weit unter den Erwartungen.[828] Daraufhin wurden weitere uneffiziente Mühlen geschlossen. In Verbindung mit dem ständigen Mangel an finanziellen und materiellen Ressourcen, dem ungünstigen Klima und den häufigen Stromabschaltungen führte diese Maßnahme im Jahr 2005 schließlich zu einem absoluten Einbruch. Mit einer Produktion von rund 1,3 Mio. Tonnen Zucker erzielte Kuba das schlechteste Ergebnis seit 100 Jahren.[829]

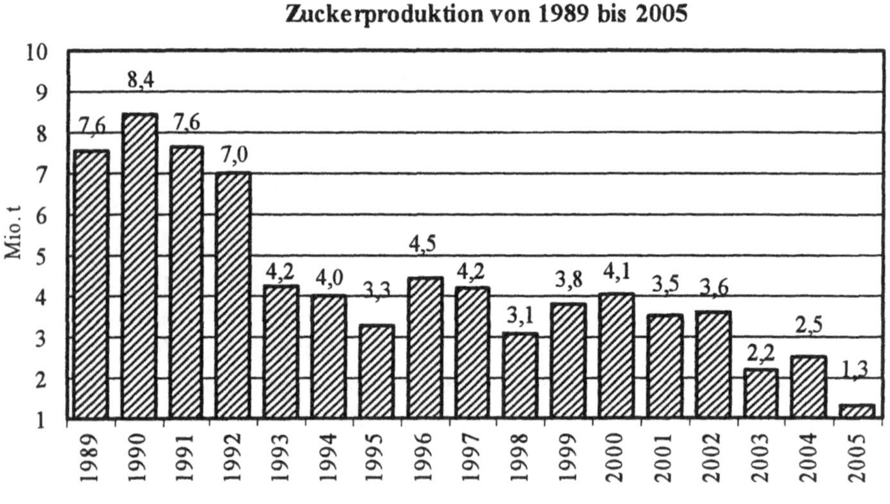

Abbildung 10 *Zuckerproduktion von 1989 bis 2005*
Quelle: IPS Economics Press Service, 15/05: 15

[826] vgl. IPS Economics Press Service 04/03: *Incierta arrancada de la zafra:* 26f
[827] vgl. IPS Economics Press Service 21/03: *Zafra pasada y futura, su efecto en el crecimiento económico:* 29
[828] vgl. IPS Resumen Económico Anual, 2005: 8ff
[829] vgl. IPS Economics Press Service 15/05: *La peor zafra en cien años:* 14f

2.2.3.2 Preiserhöhungen im Devisen-Einzelhandel

2002 senkte die Regierung die Preise für oft gekaufte Produkte wie Öl, Teigwaren, Hühnchen und Seife um bis zu 10%, erhöhte aber die Preise für als Luxusgüter deklarierte Waren wie Rindfleisch, Elektrogeräte, Kleidung und Haushaltswaren um 30%. Die Regierung bezeichnet dieses Programm als Maßnahme zur Erhöhung der sozialen Gerechtigkeit, verfolgt aber auch eigennützige Ziele wie die Abschöpfung der wieder stark angestiegenen Geldmenge in den Händen der Bevölkerung.[830] Diese hatte 1993 ein Ausmaß von 73,2% des BIP erreicht und zu einer massiven Abwertung des Peso geführt, konnte aber dank der neuen Fiskalpolitik auf 38,0% im Jahr 2000 gesenkt werden.[831] Seitdem steigt die Geldmenge wieder an und erreichte 2002 einen Wert von 45,2% des BIP. Zusammen mit der Erhöhung des Wechselkurses von 22 auf 26 Peso pro Dollar und dem Preisverfall auf den Bauernmärkten deutet diese Tendenz auf eine zunehmende Störung der makroökonomischen Gleichgewichte hin.[832]

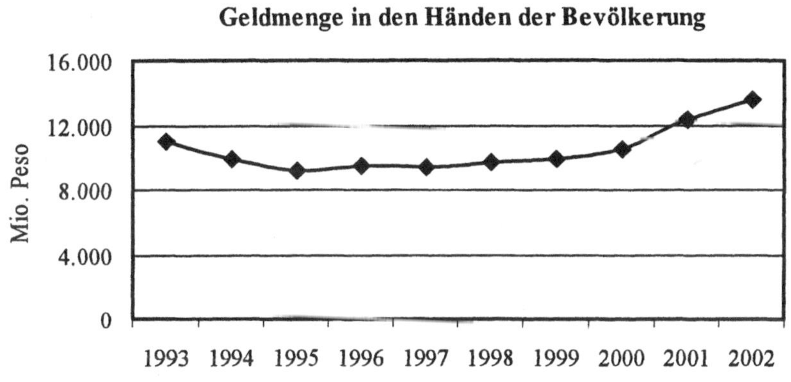

Abbildung 11 *Geldmenge in den Händen der Bevölkerung (Umlauf und Bankkonten) Quelle: IPS Resumen Económico Anual, 2003: 7; Oficina Nacional de Estadísticas (ONE), www.cubagob.cu (29.12.03)*

---

[830] vgl. Triana, 2002 (a): 6f
[831] vgl. Pérez-López, 2002: 511
[832] vgl. Triana, 2002 (a): 7

Neben der Reduzierung der Geldmenge wollte man die Staatskassen durch Abschöpfung der zirkulierenden Dollar füllen und Überweisungen aus dem Ausland anregen.[833] Obwohl mit dieser Maßnahme kurzfristig positive Ergebnisse erzielt werden können, schadet sie mittelfristig der nationalen Wirtschaft. Viele der in den Devisenläden angebotenen Waren sind von kubanischen Produzenten. Da aufgrund der Preiserhöhungen mit einem Rückgang der Nachfrage zu rechnen ist, wird sich das Wachstum der Binnenwirtschaft verlangsamen.[834] Für die Bevölkerung bedeutet die Preiserhöhung eine Verschlechterung der Lebensqualität, denn die als Luxusgüter deklarierten Produkte sind im Alltag kaum entbehrlich. Die Mehrheit der akkumulierten Geldmenge befindet sich außerdem in Besitz einiger weniger, womit die Masse durch die Preiserhöhungen noch mehr in ihrem Konsum eingeschränkt wird. Hinzu kommt eine Erhöhung der Preise auf den Landwirtschaftsmärkten um mehr als 24%,[835] was viele Familien besorgt in die Zukunft blicken lässt.

2.2.3.3 Fehlende Investitionen in die Industrie

1989 wurden noch 26,7% des BIP in die Binnenindustrie investiert, 1993 fiel dieser Wert auf 5,5%. Die Investitionen stiegen zwar bis 2000 auf erneut 10,8% an, im Vergleich zu 1989 ist dies jedoch immer noch zu gering.[836] Seit 2001 sinkt der Wert jedoch aufgrund der Finanzierungsschwierigkeiten der Regierung wieder.[837] Wenn man den Anteil von Anlagegütern an den Gesamtimporten der Insel betrachtet, kann man ebenfalls einen negativen Trend ablesen, der die Aussagen im Bezug auf das Investitionsvolumen bestätigt.

---

[833] vgl. Pérez-López, 2002: 521
[834] vgl. Triana, 2002 (a): 6
[835] ebd.: 7
[836] vgl. Pérez-López, 2002: 508
[837] vgl. Triana, 2003: 2

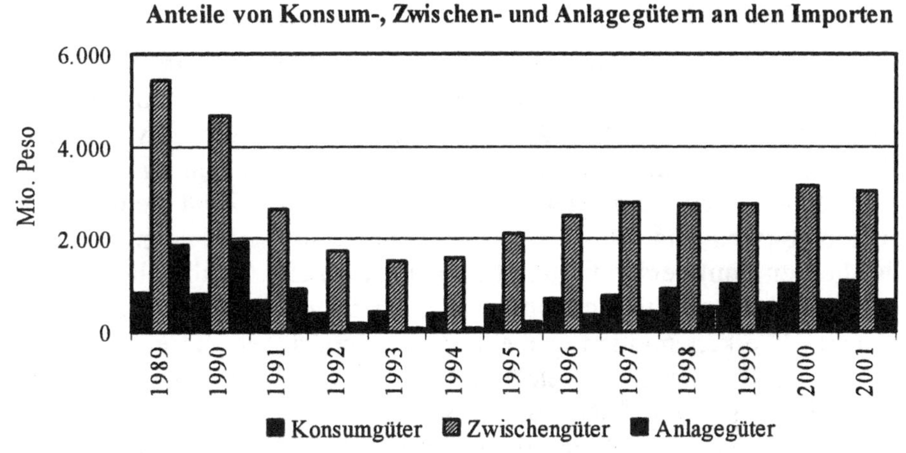

Abbildung 12 *Anteil der Konsum-, Zwischen- u. Anlagegüter am Gesamtimportvolumen Quelle: Pérez-López, 2002: 508; Oficina Nacional de Estadísticas: Anuario Estadístico de la República de Cuba, 2002: Importaciones de mercancías agrupadas en grandes categorías – Tabla VI.9*

Da die Menge der getätigten Investitionen ein Indikator für die zukünftige Leistung der Wirtschaft eines Landes ist, sind diese Tendenzen besorgniserregend.[838] Die Regierung Kubas muss mehr Effizienz erreichen, um wettbewerbsfähige Produkte und Dienstleistungen erzeugen zu können, mit denen einerseits das Exportvolumen erhöht und mehr Devisen eingenommen, andererseits auch das Importvolumen reduziert und Devisen gespart werden sollen. Natürlich kann man mehr Effizienz durch den optimalen Einsatz qualifizierter Arbeitskräfte erreichen, um jedoch Kosten zu sparen und Qualität erzeugen zu können, wird das Land einige notwendige Investitionen in Spitzentechnologie und Infrastruktur in Schlüsselbereichen wie Leichtindustrie, Zuckersektor, Biotechnologie, Grundstoffindustrie, Informationstechnologie, etc. tätigen müssen. Nur durch den Anschluss an das technologische Niveau der weltweiten Konkurrenz wird Kuba seine Produkte auch weltweit verkaufen können. Leider ist Kuba durch seine finanziellen Schwierigkeiten stark eingeschränkt.

---

[838] vgl. Pérez-López, 2002: 510

2.2.3.4 Energie

Zu Beginn der 90er Jahre verbreitete der Ausdruck *apagón*[839] Wut und Verzweiflung unter den Kubanern. Die Stromabschaltungen über mehrere Stunden täglich zerrten an den Nerven der Bevölkerung. Dann sah es eine ganze Zeit lang so aus, als könnte man dieses Wort endlich aus dem Sprachgebrauch verbannen. Seit 2004 nehmen die Abschaltungen und Ausfälle aber wieder zu und erreichten während des heißen Sommers 2005 unerträgliche Ausmaße. Zahlreiche Ausfälle und umfangreiche Reparaturmaßnahmen an den großen zentralen Heizkraftwerken minderten die Erzeugerkapazitäten extrem, so dass zahlreiche Industrien stillgelegt werden mussten und ganze Städte im Dunkeln versanken.[840] Neben der veralteten Technologie der Erzeugereinheiten spielt auch der eingesetzte Treibstoff eine entscheidende Rolle. Aufgrund der hohen Kosten für hochwertiges Erdöl auf dem Weltmarkt wird das kubanische Rohöl, welches sich durch einen hohen Schwefel- und Wassergehalt und eine hohe Viskosität auszeichnet, zur Energieerzeugung eingesetzt und führt zum schnelleren Verschleiß der Anlagen. Obwohl vor der Küste hochwertigeres Erdöl gefunden wurde, konnte aus diesen Quellen bisher nicht gefördert werden. Auch die Ergiebigkeit der bestehenden Quellen nimmt ab, so dass im Jahr 2004 nur 81,7% der Energie mit kubanischem Erdöl erzeugt werden konnten, während es in früheren Jahren fast 100% waren.[841]

Diese Faktoren führen dazu, dass die Energiesituation wieder so schlimm wie zu Beginn der 90er Jahre ist und neben der Paralysierung großer Teile der Wirtschaft und Industrie auch zu vermehrter Unzufriedenheit und Unsicherheit innerhalb der Bevölkerung führt.

2.2.3.5 Zunahme der Zentralisierungstendenzen

Der Sieg der Revolution brachte eine umfassende Zentralisierung der Politik, der Wirtschaft, des Finanzwesens und der Zivilgesellschaft mit sich. Im Zuge der Anpassung an die neuen Bedingungen nach dem Zusammenbruch des RGW wurde diese starke Zentralisierung hauptsäch-

---

[839] Anm.: umgangssprachlich: andauernder Stromausfall

[840] vgl. IPS Resumen Económico Anual, 2005: 12f

[841] vgl. ebd.: 11

lich in der Wirtschaft wieder aufgehoben – mit gutem Ergebnis. Das BIP wuchs von 1994 bis 2000 mit durchschnittlich 4,3% jährlich. Seit 2000 stagnieren allerdings die in den 90er Jahren begonnenen Reformen, einhergehend mit einem teils erschreckenden Rückgang zahlreicher Wirtschaftszweige.[842] Im Rahmen der massiven Subvention sozialer Programme seit Beginn des neuen Jahrtausends vernachlässigt der Staat individuelle Interessen, die jedoch für eine Produktivitätszunahme unerlässlich sind. In zunehmendem Maße geht die Revolutionsführung wieder dazu über, mit drastischen Mitteln die Fortschritte und Ergebnisse der 90er Jahre rückgängig zu machen und individuelle Interessen durch verstärkte Zentralisierungsmaßnahmen weiter einzuschränken.

Ein Beispiel ist die Resolution 92/2004 der Zentralbank, die die Unabhängigkeit kubanischer Unternehmen extrem einschränkt. Hatten diese bis dato noch die Möglichkeit, eigene Konten in Devisen zu führen und relativ frei über ihre Einnahmen zu entscheiden, müssen sie seit Juni 2004 sämtliche Konten auf den konvertierbaren Peso umstellen und den Umtausch dieser Peso in Devisen für die Begleichung von Rechnungen im Ausland bei der Zentralbank beantragen. Das Genehmigungsverfahren dauert bis zu 19 Tage. Sämtliche Deviseneinnahmen werden einem zentralen Devisenkonto der Zentralbank zugeführt und stehen somit unter der Kontrolle der Regierung. Für diese bedeutete die Maßnahme der Kontenumstellung eine Finanzspritze von 400 Mio. US-Dollar.[843] Für die Unternehmen bedeutet diese Maßnahme den Verlust eines großen Teils ihrer Unabhängigkeit und ihrer Flexibilität, was sich nachteilig auf die Motivation der Mitarbeiter und die Produktivität der Unternehmen auswirkt und letztendlich der Binnenwirtschaft nur schaden kann.

2.2.3.6 Abschaffung des US-Dollars

Am 10. Mai 2004 wurde die *Union des Banques Suisses* von der *Federal Reserve Bank* der USA unter dem Vorwurf, 3.900 Mio. US-Dollar kubanischen Ursprungs „gewaschen“ zu haben, zu einer Strafzahlung von 100 Mio. USD aufgefordert. Die US-Regierung behauptet, dass ein

[842] vgl. IPS Economics Press Service 06/05: *Centralización y descentralización de la economía cubana: 13*

[843] vgl. ebd.: 14f

Großteil der Devisen, die nach Kuba fließen, dem Erhalt des Regimes Castros und der Finanzierung terroristischer Aktivitäten dient. Indem ausländische Banken davon abgehalten werden, Devisen in Form von Bargeld aus Kuba zu akzeptieren, sind diese für Castro wertlos. Die exilkubanische Abgeordnete Ileana Ros-Lehtinen teilte der Presse mit, dass man auch andere Banken genauer in Augenschein nehmen wolle. Weitere Untersuchungen über Herkunft und Destination kubanischer Devisen und erneute Restriktionen bezüglich des Transfers von US-Dollar nach Kuba führten dazu, dass sich die Regierung in Zusammenarbeit mit der kubanischen Zentralbank schließlich für die Substitution des US-Dollars durch den konvertierbaren Peso (CUC) entschied. Am 08. November 2004 wurde die Zirkulation des US-Dollars, der seit seiner Legalisierung 1993 wichtigstes Zahlungsmittel auf Kuba geworden war, durch das Inkrafttreten der Resolution 80-2004 gestoppt.[844]

Abbildung 13 *Traditionelle Peso (CUP) und konvertierbare Peso (CUC)*
Quelle: Banco Central de Cuba, www.bc.gov.cu (17.02.04)

Der Besitz von US-Dollar bleibt weiterhin legal. Mit diesen Dollar kann jedoch in Kuba nichts mehr erworben werden. Anstelle des Dollar tritt nun der konvertierbare Peso, der außerhalb Kubas nicht anerkannt wird. Diese Währung besteht schon seit 1995 und zirkulierte neben dem US-Dollar mit einem Kurs von 1 zu 1. Touristen und Kubaner können wie gewohnt Devisen in konvertierbare Pesos zum jeweiligen Tagessatz tauschen.[845] Auf den Tausch von US-Dollar steht eine Gebühr von 10%, als *„Kompensierung der Kosten und Risiken*

[844] vgl. Castro Ruz, 31.10.2004, www.tiempodecuba.34sp.com (30.08.05)
[845] vgl. Banco Central de Cuba: *Resolución 80-2004,* 23.10.2004: Art. 2 – Art. 4

der Verwendung von US-Dollars für die nationale Wirtschaft."[846] Die Bankkonten in US-Dollar, die schon vor dem 08. November 2004 bestanden, bleiben unangetastet. Von diesen Konten können USD oder CUC ohne die Gebühr von 10% abgehoben werden. Es ist lediglich nicht mehr gestattet, US-Dollar in bar einzuzahlen.[847] Mittlerweile ist die Parität des CUC zum Dollar aufgehoben. Der CUC wurde von der kubanischen Zentralbank mehrfach aufgewertet und hat damit innerhalb Kubas einen höheren Wert als der US-Dollar. Der kubanische Peso (CUP) zirkuliert weiterhin. Staatliche Löhne und Grunddienstleistungen wie Strom, Wasser, Miete, Transport und die rationierten Lebensmittel gegen Marken werden weiterhin mit CUP gezahlt.

In der öffentlichen Diskussion stößt diese Maßnahme auf verschiedene Meinungen, oft wird sie als verfrüht und ungenügend durchdacht bezeichnet. Es darf jedoch nicht außer Acht gelassen werden, dass die Dollarisierung in Kuba von Anfang an einen vorübergehenden Charakter besaß. Ziel der Legalisierung des Dollars war, die unkontrolliert zirkulierenden Devisen zurück zum Staat zu führen, damit dieser sie für die benötigten Importe einsetzen könne. Die jetzige Maßnahme folgt dieser Logik und setzt die Maßnahme der Dollar-Substitution in kubanischen Unternehmen konsequent fort. Der Staat schafft den ungewollten US-Dollar vollständig ab und zieht alle zirkulierenden Devisen ein, um diese nach seinem Gutdünken neu zu verteilen. Die Bevölkerung büßt nichts an Kaufkraft ein.

2.2.4 Positive Tendenzen

2.2.4.1 Investitionen in Sozialprogramme

Trotz der wirtschaftlichen Schwierigkeiten hielt die Regierung an umfangreichen Sozialprogrammen fest. Die Arbeitslosenrate wurde durch verschiedene soziale Kampagnen gesenkt.[848] Offiziell wurden 160.000 neue Stellen geschaffen, 37% davon in der Landwirtschaft und 21% im sozialen Bereich. 45% der Arbeitsplätze erhielten Frauen. Außerdem wurden 8.000 Beschäftigungsmöglichkeiten für behinderte Menschen

[846] Banco Central de Cuba: *Resolución 80-2004,* 23.10.2004: Art. 4
[847] vgl. Banco Central de Cuba: *Resolución 80-2004,* 23.10.2004: Art. 6
[848] vgl. Triana, 2003: 1

geschaffen. Tausende junge Arbeitslose wurden in die Schule geschickt, wo sie für „sozial nützliche Aufgaben“ ausgebildet werden.[849] Diese Maßnahme ist allerdings umstritten, da die Jugendlichen zwar nicht mehr in der Arbeitslosenstatistik auftauchen, aber in einigen Jahren erneut auf den Arbeitsmarkt drängen werden, wo es auch dann wahrscheinlich keine Beschäftigung geben wird. Außerdem erhalten sie ein Stipendium vom Staat, wodurch die ohnehin hohe Geldzirkulation ohne einen produktiven Rückhalt nochmals erhöht wird. Es werden auch keine Daten über die Unterbeschäftigung des Landes veröffentlicht, Experten gehen aber von ca. 20% der aktiven Bevölkerung aus.

2.2.4.2 Nickelproduktion

In diesem Bereich konnte in den letzten Jahren eine gute Entwicklung verzeichnet werden. Kuba ist viertgrößter Nickelproduzent und besitzt das drittgrößte Nickelvorkommen weltweit. Mithilfe ausländischer Investitionen konnten die Förderanlagen modernisiert und die Produktion erhöht werden.[850] 1995 wurden noch 42.700 Tonnen Nickel produziert, im Jahr 2002 waren es 75.600 Tonnen. Zwei der drei Produktionsstätten produzieren über ihre vorgesehene Kapazität hinaus. Alle drei konnten ihren Verbrauch an Energie und Kraftstoff um mehr als 50% senken.[851] Zwar ging die Produktion im Jahr 2003 leicht zurück, die Exporteinnahmen erhöhten sich aber aufgrund der hohen Weltmarktpreise für Nickel.[852] Leider befindet sich die kubanische Nickelproduktion aufgrund fehlender Förderkapazitäten an der Obergrenze, in bereits allen drei Anlagen werden die Kapazitäten bereits voll ausgelastet.[853]

2.2.4.3 Entwicklung neuer Sektoren

Die meisten positiven Entwicklungen der kubanischen Wirtschaft basieren auf günstigen externen Bedingungen. Dies zeigt, dass Kuba immer noch von äußeren Faktoren abhängig ist. Es lassen sich kaum interne Fortschritte feststellen, die ein nachhaltiges und stabiles

---

[849] vgl. IPS Economics Press Service 02/03: *Empleo: Estrategias contra cesantía:* 14
[850] vgl. IPS Economics Press Service 02/03: *Níquel: China abre puertas:* 6f
[851] vgl. Marquetti, 2002 (b): 168f
[852] vgl. Rodríguez, 2003, www.radioprogreso.cu (29.12.03)
[853] vgl. Triana, 2003: 5

Wachstum der Insel in Zukunft tragen könnten. Kubanische Wirtschaftswissenschaftler bestätigen, dass der Tourismus die finanziellen Restriktionen des Landes nur abschwächt und dass die Entwicklung eines starken Exportsektors von existenzieller Bedeutung ist.[854] In einigen Sektoren lassen sich bereits gute Ansätze erkennen. Im Bereich der Informatik kann Kuba zum Beispiel auf gute Spezialisten, bestens ausgebildete Nachwuchskräfte[855] und eine solide technologische Basis setzen. Das Ziel besteht darin, Kuba zu einem Exporteur hochwertiger Software zu machen.[856] Ein weiterer viel versprechender Sektor ist die Biotechnologie bzw. Pharmazie. Auch in diesem Bereich verfügt das Land über gut ausgebildete Spezialisten und aufgrund intelligent getätigter Investitionen und voller Unterstützung durch dei Regierung ist mittlerweile auch eine gute materielle Basis vorhanden. Dadurch konnten neue Medikamente und Impfstoffe entwickelt werden, die es zum Teil nur in Kuba gibt. Eines davon durchbricht sogar das Embargo der USA und wird auf dem nordamerikanischen Markt verkauft. Das größte Problem besteht momentan darin, dass der Pharmaziesektor durch einige wenige transnationale Unternehmen kontrolliert wird, was den kubanischen Produkten den Zugang zu internationalen Märkten extrem erschwert. Des Weiteren verfügen die kubanischen Unternehmen nicht über die nötige Vermarktungserfahrung und können sich internationalen Märkten nicht schnell genug anpassen. Kuba ist allerdings ständig auf der Suche nach neuen Märkten und möchte sich dabei vor allem auf die so genannte „Dritte Welt" konzentrieren, da sich die kubanischen Produkte besonders durch ein gutes Verhältnis von Qualität und Preis auszeichnen. Bislang werden jährlich Produkte für ca. 120 Mio. Dollar in über 40 Länder verkauft. Das Land steht in diesem Sektor aber erst am Anfang seiner Entwicklung und kann noch riesige Potentiale ausschöpfen.[857] Für Experten weisen der Informatik- und der Biotechnologiesektor den Weg in die Zukunft. Beide Sektoren werden durch eine breite Basis gut ausgebildeter Humanressourcen gestützt, Kubas größtem Wettbewerbsvorteil, und können Schwan-

[854] vgl. Marquetti, 2002 (b): 160f

[855] Anm.: 2002 wurde auf dem Gebiet des ehemaligen russischen Spionagestützpunktes Lourdes die UCI, eine Universität nur für Informatik, gegründet, an der sehr praxisorientiert gelehrt wird.

[856] vgl. IPS Economics Press Service 06/03: *Informática al día:* 16f

[857] vgl. IPS Economics Press Service 13/03: *Visa para un sueño médico-farmacéutico:* 9ff

kungen im Tourismus, Preisänderungen auf dem Nickelmarkt und vor allem die anhaltende Depression des Zuckerpreises ausgleichen. Somit würde das Land weitaus weniger anfällig für externe Faktoren, was ein nachhaltiges Wirtschaftswachstum begünstigen könnte. Experten zufolge kann aber das bisher zu verzeichnende leichte Wachstum in diesen aufstrebenden Sektoren die Einnahmen aus traditionellen Exportsektoren wie Nickel oder Zucker bisher nicht ersetzen.[858]

2.2.4.4 Impulse im Tourismus

Im Tourismus wirkte die Krise als Impuls für ein neues qualitatives Wachstum, welches diesen Sektor tatsächlich zur Lokomotive für die Binnenwirtschaft machen könnte, wenn die Reformen konsequent umgesetzt werden und sich auch auf Zulieferindustrien erstrecken. 2002 ergriffen alle Tourismusunternehmen intensive Sparmaßnahmen, die zu mehr Effizienz führten. Bis 2003 konnten die Kosten einiger Tourismusunternehmen um vier Cent pro eingenommenen Dollar gesenkt werden.[859] Folgende weitere Maßnahmen wurden ergriffen:

- Konzentration auf die wichtigsten Zielmärkte
- Aufbau neuer Märkte in Latein Amerika und China[860]
- engere Kooperation mit verschiedenen Vermarktungskanälen
- verstärkte Vermarktung alternativer Tourismusmöglichkeiten

Des Weiteren wird viel Wert auf den Ausbau der touristischen Infrastruktur und des Erholungsangebotes außerhalb der Hotels gelegt. Der Luftverkehr wird erweitert und Kuba fördert besonders Rundreisen innerhalb der Karibik, bei denen Touristen mehrere Länder kennen lernen können. Mithilfe ausländischer Investoren sollen die nötigen Technologien und vor allem das Know-how ins Land geholt werden. Die bedeutendste Entscheidung in diesem Sektor war die Einführung des Euros in Varadero, dem wichtigsten touristischen Zentrum der Insel. Seit Juni können Touristen dort alle Güter und Dienstleitungen mit Euro bezahlen.[861] Mehr als die Hälfte aller Kuba-Touristen kom-

---

[858] vgl. Marquetti, 2002 (b): 163
[859] vgl. IPS Economics Press Service 05/03: *Grupo Hotelero por más agilidad:* 5
[860] vgl. IPS Resumen Económico Anual, 2005: 6
[861] vgl. IPS Resumen Económico Anual, 2003: 9f

men aus Ländern der Europäischen Union.[862] Für die Funktionäre des Sektors stellt die Einführung des Euro aus diesem Grund einen wichtigen Wettbewerbsvorteil des Landes dar.[863]

Tatsächlich erholt sich der Tourismus seit Oktober 2002 und erreichte gute Zuwächse, die jedoch den vorangegangenen Einbruch nicht ausgleichen konnten.[864] Kuba setzt seine Hoffnungen nun auf die Aufhebung der Reisebeschränkungen in den USA und rechnet mit zusätzlichen Besucherzahlen von 1,5 bis 4 Mio. jährlich.[865] Bernd Rohde, Präsident der Messe Frankfurt, zeigte sich während einer internationalen Tourismusmesse in Mexiko im September 2003 zuversichtlich: *„Die touristische Infrastruktur Kubas auf dem Niveau der ersten Welt und die Mannigfaltigkeit seines Produktes sind der Grund dafür, dass die Insel auf die Ankunft der US-Touristen vorbereitet ist. [...] Wegen der geografischen Potentiale und der touristischen Infrastruktur Kubas, sehen einige Länder der Region die Öffnung des US-amerikanischen Marktes für die Insel mit Besorgnis.“*[866] Bisher ist eine Veränderung in der Politik der Vereinigten Staaten bezüglich des Reisens von Staatsbürgern nach Kuba allerdings nicht abzusehen.

2.2.4.5 Harter Kurs gegen Delikte und Korruption

Es gab noch eine interessante Entwicklung innerhalb des kubanischen Wirtschaftssystems, die viel über den tatsächlichen Zustand des Sozialismus in Kuba verrät. Im Januar 2003 wurde eine energische Offensive gegen die Illegalität, die Bestechung und den Drogenhandel eingeleitet, die von Experten als Maßnahme zur Rettung des Sozialismus auf der Insel gewertet wird.[867] Allerdings basiert auch diese Maßnahme eher auf einer Bekämpfung der Symptome statt der Ursachen.

---

[862] vgl. IPS Economics Press Service 11/03: *Circula el euro en polo de Holguín:*: 20

[863] vgl. IPS Economics Press Service 01/03: *Turismo: nuevo frenazo de locomotora:* 5f

[864] vgl. Triana, 2003: 6f

[865] vgl. Cuba Policy Foundation, 2003: *Estimated Agricultural Economic Impacts of Expanded U.S. Tourism to Cuba* www.cubafoundation.org (03.01.04)

[866] IPS Economics Press Service 19/03: *Lista Cuba para turismo estadounidense:* 23, Übersetzung durch die Autorinnen

[867] vgl. IPS Economics Press Service 03/03: *Cruzada contra el delito:* 1

Es konnten mit zunehmender Öffnung der Wirtschaft des Landes immer mehr Delikte verzeichnet werden, besonders in Handel und Gastronomie, wo Diebstähle von Waren zu einem Verlust von Millionen von Peso führen[868] und den Schwarzmarkt nähren.[869] Viele Probleme des sozialistischen Handels wie mangelnder Service, Abzweigung von Waren und das Zurücklegen von Gütern für Familienangehörige wurden auf den Devisensektor übertragen. Den Kunden werden oft höhere Preise berechnet oder weniger als die angegebenen Mengen verkauft.[870] Für Experten stellt der Mangel an Kontrolle der vorhandenen Ressourcen eines der ungelösten Probleme der sozialistischen Wirtschaft dar, in der allen alles gehört, aber keiner die Verantwortung für nichts hat.[871]

Weitere Probleme tauchen insbesondere im Zusammenhang mit dem Tourismus auf. Viele Kubaner vermieten Zimmer illegal an Touristen. Laut Behörden gibt es mehr illegale Vermieter als Vermieter mit Lizenz. Außerdem wuchs parallel zum Anstieg der Touristenzahlen auch die Prostitution, die Kuppelei, der illegale Verkauf von für die Bevölkerung verbotenen Waren wie Mikrowellenöfen oder Klimaanlagen und der Handel mit Drogen.[872] Ebenso beunruhigend wie die Delikte innerhalb der Bevölkerung ist das Ansteigen der Korruption auf der Verwaltungs- und Regierungsebene, welches sich laut Carlos Lage, Vizepräsident des Landes, bisher aber nur auf untere Ebenen beschränke: *„Die Gefahr der Korruption besteht und wird immer größer, je mehr sich die Wirtschaft des Landes öffnet. Wir sind aber weit davon entfernt, das Phänomen der Regierungskorruption aufzuweisen.* (Es gibt) *Fälle von Schwäche und Anpassung, allerdings nicht in der oberen Führungsebene und nicht in dem Ausmaß wie die Skandale anderer Länder.“*[873]

Die verstärkte Verfolgung der Gesetzeswidrigkeiten hat zu zahlreichen Verhaftungen, dem Entzug von Lizenzen und zu Schließungen privater Geschäfte geführt. Gegen die Korruption wird mit der Einführung eines ethischen Kodex für Funktionäre, verschärften Kontrollen

---

868 vgl. IPS Economics Press Service 03/03: *Cruzada contra el delito:* 1
869 vgl. IPS Economics Press Service 23/03: *Rumores y desmentidos sobre Cubanacán:* 3
870 vgl. IPS Economics Press Service 12/03: *Freno al descontrol:* 1ff
871 vgl. IPS Economics Press Service 23/03: *Rumores y desmentidos sobre Cubanacán:* 3
872 vgl. IPS Economics Press Service 03/03: *Cruzada contra el delito:* 1f
873 ebd.: 2, Übersetzung durch die Autorinnen

und einem neuen Strafrecht, welches die Korruption stärker berücksichtigt, vorgegangen. Außerdem wurde Anfang des Jahres das Ministerium für Prüfung und Kontrolle *(Ministerio de Control y Auditoría)* gegründet, welches die Maßnahmen zur Bekämpfung der Delikte und Korruption koordinieren soll.[874]

2.2.5 Bilanz und Zukunftsausblick

Die ersten Jahre des neuen Jahrtausends sind gekennzeichnet durch eine unzusammenhängende Wirtschaftspolitik, die sich hauptsächlich auf die kurzfristige Lösung akuter Probleme beschränkt, anstatt das Land grundlegend und kohärent zu reformieren und zu sanieren.

Zahlreiche Produkte und Dienstleistungen können nur noch gegen Devisen erworben werden. Es handelt sich mittlerweile um 60% aller in Kuba zirkulierenden Waren.[875] Da das Lohnsystem keiner Reform unterzogen wurde und staatliche Löhne weiterhin mit dem fast wertlosen kubanischen Peso CUP bezahlt werden, haben nur die Kubaner Zugang zu Waren des täglichen Bedarfs, die Zugang zu Devisen haben. Für alle anderen sind viele der Produkte in den Devisenläden unerreichbar, da die staatlichen Peso-Löhne trotz stark gestiegener Preise nur in ausgewählten Sektoren und nur sehr spärlich erhöht wurden. Aufgrund der Repressionen gegen private Geschäftstätigkeit können benachteiligte Familien kaum durch eigene Arbeit ihren Lebensstandard verbessern. Die Lebensmittel, deren Preise staatlich subventioniert werden und die in bestimmten Mengen gegen Marken abgegeben werden, reichen nur für einen halben Monat. Für die restlichen Tage muss auf freien Märkten eingekauft werden. Das Zentrum für Studien der kubanischen Wirtschaft (CEEC) gibt an, dass eine durchschnittliche Familie siebenmal mehr Lohn benötigen würde, um sich über Wasser halten zu können.[876] Viele Familien sind daher wirtschaftlich am Boden, während andere über Hunderte von Dollar bzw. CUC im Monat verfügen.[877] Diese soziale Ungerechtigkeit führt dazu, dass viele Familien den Weg der Illegalität gehen müssen, um zu überleben.

---

[874] vgl. IPS Economics Press Service 03/03: *Cruzada contra el delito:* 2
[875] vgl. IPS Economics Press Service 05/03: *Empleo: Noticias buenas y no tan buenas:* 26
[876] vgl. IPS Economics Press Service 17/03: *Anuncian dificultades para 2004:* 17
[877] vgl. IPS Economics Press Service 05/03: *Empleo: Noticias buenas y no tan buenas:* 27

Die verstärkte Verfolgung illegaler Aktivitäten löst aber nur noch mehr Frustration und soziale Spannungen aus. Stattdessen sind Reformen gefragt. Eine Liberalisierung der selbstständigen Arbeit hätte eine Erhöhung des Angebotes und eine Verringerung der Preise durch den Wettbewerbsdruck zur Folge. Gleichzeitig könnten viele Familien ihre Einkünfte verbessern. Eine weitere Alternative, die sich besser als die private Geschäftstätigkeit den sozialistischen Grundsätzen anpasst, wäre die Gründung von Kooperativen im Dienstleistungsbereich und in der Industrie. Diese würden parallel zu den staatlichen Unternehmen funktionieren, zu mehr Effizienz des Gesamtsystems beitragen, mehr Arbeitsplätze schaffen, das Einkommen der Arbeiter erhöhen und so mehr Nachfrage schaffen.[878] Diese Kooperativen müssten ein großes Maß an Autonomie erhalten, ebenso die bereits bestehenden Kooperativen in der Landwirtschaft. Der Staat müsste zum Beispiel als Großhändler für Produktionsmittel fungieren, anstatt wie bisher die Ressourcen zu verteilen. Die Kooperativen könnten dann genau das erwerben, was sie benötigen und wären gezwungen, mit ihren finanziellen Mitteln effizient umzugehen. Des Weiteren müssten die Kooperativen selbst über ihr Produktionsprogramm bestimmen, denn durch ihre Nähe zum Markt und zu den Kunden können sie den realen Bedarf sehr viel besser abschätzen als eine zentrale Planungsinstanz. Würde sich der Lohn der Mitarbeiter nach den Resultaten der Kooperative richten, können wichtige Produktivitätszuwächse erzielt werden. Die höheren Einkommen aus den Kooperativen oder der selbstständigen Beschäftigung hätten einen positiven Effekt auf die staatliche Industrie, da mehr Produkte in den Devisenläden gekauft würden, die 60% ihres Sortiments bei staatlichen Firmen beziehen. Anstatt die Preise in diesen Läden zu erhöhen, sollten die Preise vor allem für Produkte aus nationaler Herstellung gesenkt werden.[879] Durch die Stimulierung des Konsums könnten wichtige Impulse für den produktiven Sektor des Landes generiert werden. Die Erhöhung des Angebotes hätte ein langsames Absinken der Preise zur Folge, was eine Erhöhung des Reallohns für die Angestellten im staatlichen Sektor bedeuten würde. Durch eine Ausweitung des Wettbewerbs für staatliche

---

[878] vgl. Triana, 2002 (d): 21
[879] vgl. ebd.: 22

Firmen über die Entstehung von Kooperativen, einen erhöhten Nachfragesog seitens der Bevölkerung und die Einführung eines leistungsorientierten Lohnsystems könnten auch in den staatlichen Betrieben Produktivitätszuwächse erzielt werden, was sich wiederum auf die Löhne auswirken würde. Durch eine schrittweise Anpassung der Löhne in den nichtproduktiven Sektoren (Bildung, Gesundheits- und Sozialwesen) an die tatsächlichen Lebenshaltungskosten könnte nach und nach der Lebensstandard aller Teile der Bevölkerung angehoben werden. Außerdem hätte die Bindung der Löhne an die Betriebsergebnisse den Rückgang von Diebstählen zur Folge, da diese die Resultate negativ beeinträchtigen und so den Lohn schmälern würden.

Bisher subventioniert der Staat die Preise für Produkte aus der Landwirtschaft, indem er festgelegte Mengen aufkauft und diese dann nach dem Gleichheitsprinzip zu geringen Preisen und in rationierten Mengen an die Bevölkerung weiterverkauft. Dadurch wird aber kein Produktionsanreiz für die Lieferanten geschaffen. Die Regierung sollte die Hersteller ihre Produkte zu freien Preisen verkaufen lassen, um deren Produktion zu stimulieren. Anstatt der gesamten Bevölkerung (also auch denen, die über ein hohes Einkommen verfügen) ein Basissortiment an Lebensmitteln und Konsumgütern zu geringen Preisen zu garantieren, sollten nur die sozial Schwächeren unterstützt werden. Soziale Gerechtigkeit bedeutet nicht, dass jeder Mensch über das gleiche Einkommen verfügen soll. Jeder sollte die gleichen Möglichkeiten haben, von denen ausgehend er durch eigene Leistung seinen Lebensstandard verbessern kann, ohne Angst davor haben zu müssen, dass ein höheres Einkommen als soziale Ungerechtigkeit angesehen und durch repressive Maßnahmen behindert wird. Der Staat sollte insofern regulierend eingreifen, als dass er der gesamten Bevölkerung eine Basisversorgung in den Breichen Gesundheit, Bildung und Sicherheit gewährt, den sozial benachteiligten Menschen unter die Arme greift und allen Menschen die Möglichkeit gibt, mit eigener Kraft ihren Lebensstandard über diese Basisversorgung hinaus zu erhöhen. Dies wäre nicht das Ende des Sozialismus, sondern nur eine abgewandelte Form, die sich den realen Bedingungen besser anpassen würde.

Auch kubanische Experten sind der Meinung, dass die Politik der Regierung viele der Probleme begünstigt und dass eine weitere Entwicklung des Landes nur durch weitere, tief greifende Reformen möglich ist. Der Direktor des „Zentrums für Studien der kubanischen Wirtschaft“ (CEEC), Juan Triana, drückt es so aus: *„Trotz [...] wirtschaftlicher Zwänge und klimatischer Widrigkeiten wächst Kuba, allerdings nicht so wie angestrebt. [...] Wachstum ist aber von strategischer Bedeutung für sein Streben nach einem besseren Sozialismus, einem effizienteren und gerechteren (Sozialismus). Und da nur das (gerecht) verteilt werden kann, was produziert wird, ist Wachstum die Devise. [...] Der Tourismus, der Energiesektor, die ausländische Direktinvestition und die Mobilisierung des Sparens durch die Bankenreform waren die Sprungbretter des Wachstums der 90er Jahre, und diese (Sektoren) sind nicht wirklich erschöpft, [...] sondern nur ermüdet, und benötigen neue Bedingungen für ihr Funktionieren.[...] Es gibt die Möglichkeit, einige der bestehenden Restriktionen zu zerstören, neue Bedingungen zu schaffen und Sektoren zu fördern, die mit dem Tourismus in Bezug auf das Wachstum konkurrieren können.[...] Kuba hat gezeigt, dass Entwicklung mehr ist als Wachstum, und sogar in den letzten zwei Jahren mit großen finanziellen Schwierigkeiten hat es soziale Programme entwickelt, die die Lebensqualität großer Teile der Bevölkerung verbessern und auf eine bessere Zukunft setzen. Wachstum ist aber notwendig, um diesem Weg in die Zukunft Nachhaltigkeit zu verleihen. Es gibt Wachstumspotential und Möglichkeiten, dieses zu nutzen.“*[880]

Ob die Revolutionsführung diesen Weg erkannt hat, ist fraglich. Verstärkte Zentralisierungsmaßnahmen, rückläufige Exporte, stundenlange Stromabschaltungen, ein stagnierender Tourismus, der Verfall zahlreicher Industrien und sozialer Errungenschaften, die ansteigende Kriminalität und das Ausbleiben weiterer Reformen schrecken nicht nur Investoren und Geschäftspartner ab, sondern lassen vor allem die Kubaner besorgt in die Zukunft blicken. Trotz der zahlreichen Durchhalteparolen ist von einer Besserung der derzeitigen wirtschaftlichen und gesellschaftlichen Situation nichts zu spüren.

[880] Triana, 2002 (d): 19ff, Übersetzung durch die Autorinnen

2.3 Ausgewählte Bereiche der Wirtschaft

2.3.1 Ausländische Direktinvestitionen

2.3.1.1 Allgemeine Charakteristiken

Anfang der 90er Jahre begann Kuba, sich für ausländische Investitionen zu öffnen. Die ADIs (ausländische Direktinvestitionen) sollten nur komplementär zu eigenen Investitionen als Funken für das Wachstum der Wirtschaft fungieren. Da Kuba aber kaum eigene finanzielle Ressourcen aufbringen konnte, musste die Öffnung für ausländische Investitionen fortgesetzt werden. Das ausländische Kapital wurde in Sektoren angesiedelt, die durch Modernisierung schnell Ergebnisse erzielen konnten, z.B. im Bergbau, im Tourismus, in der Kommunikation und Leichtindustrie.[881] Castro hat nie einen Hehl daraus gemacht, dass ausländischer Besitz in Kuba gering gehalten werden sollen.[882] Folgende Effekte erhoffte man sich von der ausländischen Beteiligung.[883]

- Diversifikation der Exportgüterpalette
- Qualitäts- und Mengenzuwachs bei den Exportgütern
- Zugang zu finanziellen Ressourcen
- Eingliederung kubanischer Produkte in neue Märkte
- Einbindung von Spitzentechnologie in den Produktionsprozess
- Einführung neuer Führungs- und Verwaltungsmethoden

1988 wurde das erste Joint Venture im Bereich des Tourismus mit der spanischen Hotelkette SolMeliá gegründet.[884] Seitdem wurden die rechtlichen Rahmenbedingungen und das Bankensystem immer mehr an die Bedürfnisse ausländischer Unternehmen angepasst. In der neuen Verfassung von 1992 wurde Privateigentum erstmals seit dem Sieg der Revolution zugelassen: *„Die Güter können nicht in das Eigentum natürlicher oder juristischer Personen übergehen, es sei denn, in außergewöhnlichen Fällen dient die teilweise oder vollständige Übertragung unter Verfolgung wirtschaftlicher Ziele dem Zwecke der Entwicklung des Landes, beeinträchtigt nicht die politischen, sozialen und wirtschaftlichen Fundamente des Staates und wird zuvor vom Ministerrat*

[881] vgl. Pérez Villanueva, 2002: 66f
[882] vgl. Spadoni, 2002: 158
[883] vgl. Pérez Villanueva, 2002: 71
[884] vgl. Pérez Villanueva, 2002 (a): 4

oder seinem Exekutivkomitee genehmigt.“[885] 1995 wurde dann das so genannte *Ley 77* (Gesetz 77) verabschiedet, welches alle Aspekte der ausländischen Direktinvestition regelt. Ein Jahr später kam das Gesetz 165 hinzu, welches die Entstehung und das Funktionieren freier Produktionszonen umfasst.[886] Außerdem wurden zahlreiche Investitionsschutzabkommen geschlossen,[887] die ein Umfeld der Förderung, des Vertrauens und der Sicherheit für ausländische Investoren schaffen. Kuba hatte Ende 2002 62 solcher Verträge mit 71 Nationen geschlossen.[888] Seit Ende der 90er Jahre werden auch verstärkt Doppelbesteuerungsabkommen geschlossen, deren Ziel es ist, eine doppelte Steuerbelastung für Unternehmer aufgrund von Überschneidungen der Steuergesetzgebung zweier Länder zu vermeiden und somit die Investitionen zwischen den jeweiligen Staaten zu fördern.[889] Seit der Zulassung ausländischer Beteiligung haben die Firmengründungen jährlich zugenommen.

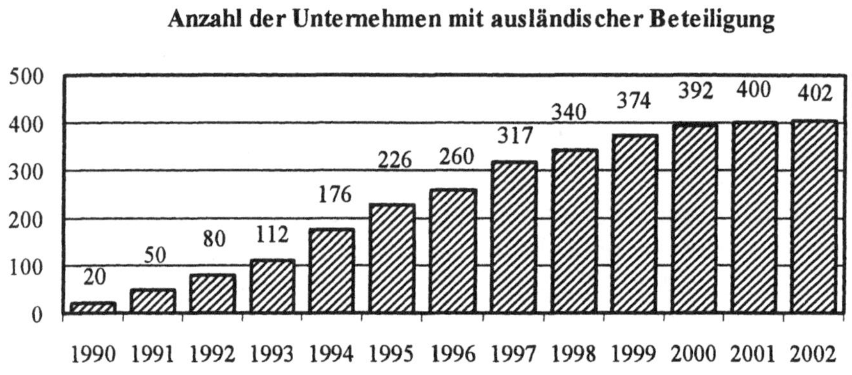

Abbildung 14 *Anzahl der Unternehmen mit ausländischer Beteiligung (1990 -2002) Quelle: Pérez Villanueva, 2003: 11 und IPS Economics Press Service, 06/03: 15*

[885] Gaceta Oficial de la República de Cuba, 31.01.2003: *Constitución de la República de Cuba*, Übersetzung durch die Autorinnen

[886] vgl. Pérez Villanueva, 2003: 28

[887] vgl. Pérez-López, Travieso-Díaz, 2000, 463f

[888] Conas/CPI, 2002: *Cuba: Inversiones y Negocios – La inversión extranjera en Cuba*, CD-ROM

[889] vgl. Conas/CPI, 2002: *Cuba: Inversiones y Negocios – La inversión extranjera en Cuba*, CD-ROM

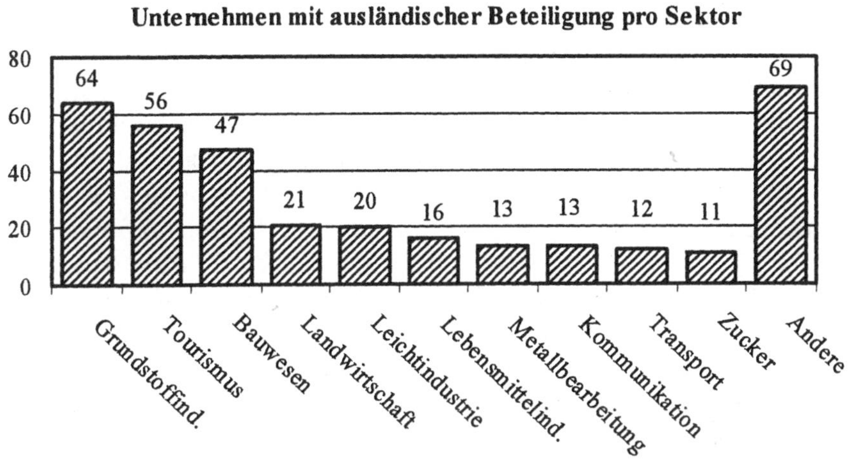

Abbildung 15 *Unternehmen mit ausländischer Beteiligung pro Sektor (2003)*
Quelle: Spadoni, 2004: 121

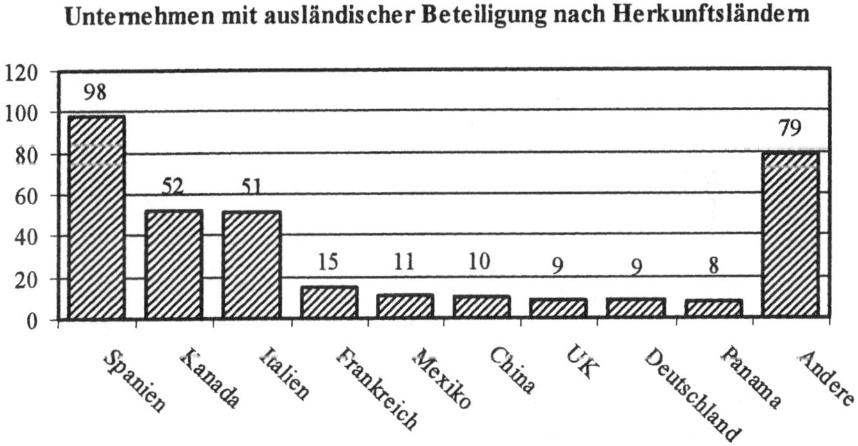

Abbildung 16 *Unternehmen mit ausländischer Beteiligung pro Herkunftsland (2003)*
Quelle: Spadoni, 2004: 122

Die investierten Geldmengen sind zum Teil weit geringer als in anderen Ländern der Region. Die ausländischen Investitionen machten 2001 8,2% des Bruttoanlagevermögens des Landes aus und liegen somit unter dem Durchschnitt der Entwicklungsländer von 12,7%.[890] Doch die Bedeutung der ausländischen Direktinvestitionen für Kuba kann nicht durch Zahlenvergleiche gemessen werden, denn bezüglich der Investitionsbedingungen und der Rolle, die den Investitionen innerhalb der Entwicklung des Landes zugeschrieben wird, unterscheidet sich das Land grundlegend von seinen Nachbarn. Fidel Castro sagte über die ausländischen Direktinvestitionen folgendes: *„Als Revolutionär und Kämpfer [...] muss ich mit fester Entschlossenheit [...] meine Meinung zum Ausdruck bringen, wonach die Privatisierung [...] natürlichen Ressourcen eines Landes als Gegenleistung zur ausländischen Investition ein großes Verbrechen darstellt, gleich einer billigen [...] Auslieferung der Mittel, die die Völker der Dritten Welt zum Leben brauchen. [...] Kuba benutzt in seinen Beziehungen zum Auslandskapital Formen der Zusammenarbeit, die für beide Seiten von Vorteil [...] sind, so dass sie weder der Souveränität schaden, noch dem ausländischen Kapital [...] die Kontrolle über die Güter und das politische, kulturelle und Wirtschaftsleben des Landes preisgeben. [...] Keiner täusche sich; wir sind ein sozialistisches Land, und wir werden es bleiben. "*[891]

Dennoch spielen die ausländischen Investitionen eine bedeutende Rolle in der Entwicklung der kubanischen Wirtschaft nach der gewaltigen Krise zu Beginn der 90er Jahre.[892] Nur durch ausländisches Kapital konnten in den Sektoren, die heute das Wachstum der Insel tragen, gute Ergebnisse bezüglich der Quantität, Qualität und Effizienz ihrer Produktion erzielt werden.[893]

Seit 1996 werden die Bedingungen für ausländische Investitionen allerdings immer ungünstiger. In jenem Jahr verschärfte die US-Regierung das Embargo gegen Kuba mit der Einführung des *Helms-Burton*-Gesetzes. Dieses verfolgt unter anderem das Ziel, ein risikoreicheres und unsichereres Umfeld für ausländische Investoren zu schaffen und bereits in Kuba agierende Unternehmen zu einer Aufgabe dieses Standortes zu bewegen. Drei Firmen wurden basierend auf diesem Gesetz bereits mit Sanktionen belegt und andere erhielten

---

[890] vgl. UNCTAD, 2003: 267ff

[891] Castro, 2003, www.cubasi.de (21.01.04)

[892] vgl. Spadoni, 2002: 173

[893] vgl. Pérez Villanueva, 2003: 12

Warnbriefe, die auf Verletzungen des *Helms-Burton-Bill* hinweisen.[894] So soll Havannas Zugang zu externen Finanzierungsmöglichkeiten eingeschränkt und ein Kollaps des Systems herbeigeführt werden.[895] Das *Helms-Burton* hat mehrere Auswirkungen auf das Investitionsumfeld und auf das Verhalten der ausländischen Investoren in Kuba.[896]

- Potentielle Investoren werden abgeschreckt, in Kuba agierende Investoren sind vorsichtig bezüglich neuer Projekte
- Potentielle Investoren müssen mit einem hohen Zeit- und Geldaufwand rechnen, um herauszufinden, ob ein anvisiertes Objekt in irgendeiner Weise enteigneten Besitz involviert.
- Kuba wird in Länderratings vieler Kreditinstitute risikoreicher eingestuft, was zu höheren Zinsen bei Krediten führt
- Ausländische Unternehmern haben eine stärkere Verhandlungsbasis gegenüber kubanischen Behörden

70% aller Unternehmensauflösungen in Kuba fanden nach Inkrafttreten des Gesetzes statt.[897] Seit 1998 ist aber auch ein Wandel in der ADI-Politik der kubanischen Regierung zu verzeichnen. Es werden immer weniger Lizenzen vergeben und die Projekte werden noch gründlicher geprüft. Zugelassen werden nur noch langfristige Projekte, die nachhaltig zur wirtschaftlichen Entwicklung des Landes beitragen. Kleinere Vorhaben werden nur dann berücksichtigt, wenn sie dem Land Zugang zu neuen Technologien oder neuen Märkten eröffnen. Die wichtigsten Investitionen der letzen Jahre wurden hauptsächlich in den Bereichen Eröl, Energie, Bauwesen und Telekommunikation getätigt.[898] Marta Lomas, Ministerin für ausländische Investition, drückt es so aus: „*Während Kuba immer wieder vorgeworfen wird, den Prozess der ausländischen Direktinvestitionen zu verlangsamen, so passiert in Wirklichkeit genau das Gegenteil: Das Land konzentriert sich auf Geschäfte, die Ergebnisse bringen.*“[899] Neue Investitionsmöglichkeiten werden derzeit hauptsächlich in den Bereichen Tou-

---

[894] vgl. Spadoni, 2001: 27ff
[895] vgl. ebd.: 18
[896] vgl. ebd.: 29ff
[897] vgl. ebd: 32f
[898] vgl. Spadoni, 2002: 160f
[899] Lomas, zitiert nach Spadoni, 2002: 162, Übersetzung durch die Autorinnen

rismus, Bergbau, Energie, Öl, Zuckerderivate, Biotechnologie und Informationstechnologie geschaffen.[900]

Im Jahr 2003 ist die Zahl der Joint Ventures dennoch stark gesunken. Von 585 Neugründungen insgesamt waren Ende des Jahres 2002 noch 402 Unternehmen aktiv, 2003 waren es nur noch 342. Gleichzeitig sank die Zahl der Zulassungen, so dass davon ausgegangen werden muss, dass die Zahl der aktiven Unternehmen mit ausländischer Beteiligung mittlerweile unter 300 liegt. Nachdem der Zufluss von ausländischem Kapital während der 90er Jahre auf bis zu 442 Mio. USD pro Jahr (1997) angestiegen war, fiel dieser Wert auf enttäuschende 38,9 Mio. USD im Jahr 2001 und konnte auch in den darauffolgenden Jahren keine bedeutenden Steigerungsraten mehr aufweisen.[901]

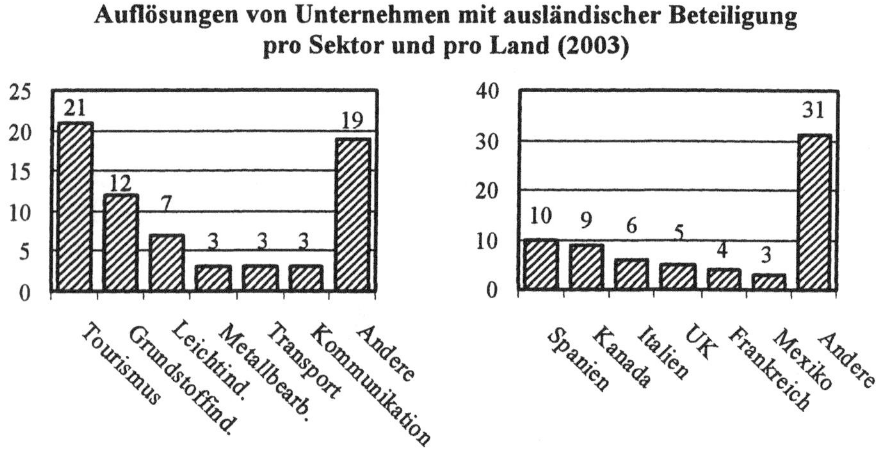

Abbildung 17 *Auflösungen von Unternehmen mit ausländischer Beteiligung pro Sektor und pro Land (2003)*
Quelle: Spadoni, 2004: 123

Viele Firmen beschweren sich über zu viele Restriktionen, exzessive Bürokratie, ungenügenden Zugang zu Informationen und fehlende Transparenz hinsichtlich der gesetzlichen Grundlagen. In vielen Fällen konnten die geplanten Resultate nicht erreicht werden. Zahlen über die

[900] vgl. Spadoni, 2004: 121
[901] vgl. ebd.: 122 ff

tatsächlichen Ergebnisse der Unternehmen mit ausländischer Beteiligung werden nicht veröffentlicht, angeblich um die Unternehmer vor Sanktionen aus dem *Helms-Burton*-Gesetz zu schützen.[902] Außerdem sind die Auditierungen von Unternehmen mit ausländischer Beteiligung stark gestiegen, von gerade 7 im Jahr 1997 auf 66 im Jahr 2001. Im Rahmen dieser Auditierungen seitens kubanischer Behörden wurden alle Joint Ventures geschlossen, die keinen Gewinn erwirtschaften konnten.[903] Viele Unternehmer sprechen von einem schlechten Geschäftsklima und bemängeln, dass man die Angestellten nicht frei auf einem Arbeitsmarkt rekrutieren kann.[904] Kubanisches Personal kann nur über eine staatliche Personalagentur rekrutiert werden, die rund 95% der ausgezahlten Löhne einbehält.[905] Seitens der Regierung soll dieses System eine Hilfe für ausländische Unternehmer darstellen, die mit Sprachbarrieren zu kämpfen haben oder den kubanischen Markt und die verfügbaren Arbeitskräfte nicht einschätzen können. Zudem soll dieses System die Rechte der Arbeitnehmer schützen und eine schonungslose Ausbeutung wie in anderen unterentwickelten Ländern verhindern. Außerdem werden die „konfiszierten" Löhne angeblich in die Sozialsysteme investiert und kommen so im Idealfall der ganzen Bevölkerung zugute.[906] Wenn die Vermittlungsfirma für jeden dieser Arbeiter durchschnittlich 500 US-Dollar im Monat bekommt, nimmt der Staat auf diese Art und Weise jeden Monat mehrere Millionen US-Dollar ein.[907] Internationale Organisationen kritisieren diese Methode scharf, da sie gegen mehrere Konventionen der Internationalen Arbeitsorganisation (ILO)[908] verstößt, die auch von Kuba unterzeichnet worden sind. Für Investoren kann diese Methode mehrere Hindernisse darstellen. Zum einem ergeben sich höhere Kosten, da zum Zwecke

[902] vgl. Pérez López, 2004: 103
[903] vgl. Spadoni, 2004: 123
[904] vgl. Spadoni, 2002: 166ff
[905] Anm.: eine Auflistung aller aus Investorsicht bestehender Probleme, in Zusammenarbeit den europäischen Botschaften entstanden, befindet sich im Kapitel 8.4.1
[906] vgl. Travieso Díaz, Trumbull, 2002: 189ff
[907] Travieso Díaz, Trumbull, 2002: 194
[908] Anm.: Es handelt sich vor allem um den Artikel 2 der Konvention 87 von 1948, der erklärt, das jeder Mensch das Recht hat, sich bei einem Unternehmen seiner Wahl ohne vorherige Autorisierung zu bewerben, und den Artikel 5 der Konvention 95 von 1949, der festlegt, dass Löhne direkt an die Arbeiter zu zahlen sind., vgl. International Labour Organization, www.ilo.org (02.01.04)

der Motivation oft neben dem offiziellen Lohn illegale Summen unter der Hand an die Arbeiter ausgezahlt werden müssen. Zum anderen hat das Unternehmen keine Garantie, für die zu besetzende Stelle wirklich qualifiziertes Personal zu bekommen. Außerdem könnte die internationale Kritik an dieser Methode dem Image des Investors schaden.[909]

Weitere Aspekte, die Kuba als Investitionsstandort eher ungünstig erschienen lassen, sind die hohe Außenverschuldung, der ungenügende Zugang zu Informationen, die ausgeprägte Abhängigkeit der Wirtschaft von wenigen Sektoren und die politische Risiken. Die *Economist Intelligence Unit* schätzt das Risiko des Landes folgendermaßen ein, wobei D der geringste zu vergebende Wert ist:[910]

- Struktur: D (geringe Exportdiversifikation)
- Politik: D (Embargo, eventuell bevorstehendes Machtvakuum)
- Wirtschaftspolitik: D (exzessive Zentralisierung, mögliche Reversion von Maßnahmen)
- Liquidität: D (wenige Reserven, Abhängigkeit von kurzfristigen Krediten)

All diese Faktoren erhöhen die Unsicherheit der Unternehmer bezüglich der zukünftigen Resultate der Investition, so dass es für sie günstiger ist, auf mehr Informationen zu warten, als trotz einer vorhandenen Gewinnerwartung sofort zu investieren.[911] Obwohl Kuba in Einzelgesprächen mit Diplomaten und Wirtschaftsvertretern der einzelnen Länder immer wieder versicherte, das Investitionsumfeld flexibler und sicherer zu gestalten, bewegt sich das Land derzeit in die entgegengesetzte Richtung. Die Substitution des US Dollar durch den konvertierbaren Peso betrifft zwar die Unternehmen mit ausländischer Beteiligung nicht direkt, wohl aber deren Flexibilität bei Transaktionen mit kubanischen Zulieferern und Kunden, die ihre Einnahmen in Devisen an die kubanische Zentralbank überweisen und im Bedarfsfall zurückkaufen müssen. Außerdem wurde die Zahl der Importagenturen reduziert und zentralisiert, so dass sich der Erwerb von Produktionsmitteln schwieriger gestaltet. Die starken Zentralisierungstendenzen im Tou-

---

[909] vgl. Travieso Díaz; Trumbull, 2002: 196
[910] vgl. Molina; Vera, 1999: 8
[911] vgl. ebd.: 7f

rismus lassen auch für weitere Sektoren der Wirtschaft nichts Gutes erhoffen. Obwohl es weiterhin große Investoren gibt, die ihre Geschäfte in Kuba noch ausdehnen möchten, besteht kein Zweifel daran, dass Kubas Rezentralisierungsmaßnahmen die bestehenden und potentiellen Investoren zusätzlich verunsichern.[912]

2.3.1.2 Neue Formen der ausländischen Beteiligung

Trotz der offensichtlichen Präferenz der kubanischen Behörden für große Unternehmen mit ausgeprägter internationaler Marktpräsenz stehen auch kleinen und mittelständigen Unternehmen in Kuba weiterhin Möglichkeiten offen. Im Jahr 2000 wurden mittels der Verordnung Nr. 3827 neue Formen für ausländische Beteiligung in Kuba eingeführt, zum Beispiel Produktionskooperativen oder Managementverträge im Hotelwesen und in der Industrie. Das Ziel dieser Formen der Zusammenarbeit besteht hauptsächlich in der Nutzung des Know-hows oder des Marktzuganges des ausländischen Partners, der weniger Kapital als bei der Gründung eines Joint Ventures aufbringen muss. Des Weiteren wird das gesamte Personal vom kubanischen Staat angestellt und der ausländische Partner muss keinen Lohn in Dollar zahlen, außerdem zahlt er keine Steuern. Für Kubaner bieten diese neuen Formen der Zusammenarbeit eine gute Möglichkeit, die Seriosität des ausländischen Partners zu testen. Bis Ende 2003 wurden 313 solcher Partnerschaften registriert. Allerdings wird diese Art nicht als ausländische Direktinvestition gewertet und erscheint in der Zahlungsbilanz des Staates unter „andere Nettokapitalflüsse". Die positive Entwicklung bei diesen Formen der internationalen Zusammenarbeit zeigt deutlich, dass auch kleine Firmen weiterhin an Investitionen in Kuba interessiert sind,[913] obwohl die Registrierung und die Auditierungen auch in diesem Bereich jährlich willkürlich neuen Beschlüssen der Regierung unterlegen sind und eine zuverlässige Planung seitens der ausländischen Partner erschweren.

---

912 vgl. Spadoni, 2004: 126
913 vgl. Spadoni, 2002: 170ff

2.3.1.3 Freihandelzonen – freie Produktionszonen *(zonas francas)*

Die so genannten *Zonas Francas*, freie Produktionszonen, verzeichneten seit ihrer Zulassung durch das Gesetz 165 im Jahr 1996 ebenfalls eine relativ positive Entwicklung. Es wurden drei solcher Zonen gegründet (Wajay, Berroa und Mariel), die sich alle im Umkreis von Havanna befinden. Im Jahr 2000 operierten 354 ausländische Firmen in diesen freien Produktionszonen, die Mehrheit von ihnen in Wajay.[914] Weltweit gilt die Errichtung von Freihandelszonen als gutes Instrument, um mehr ausländische Investitionen durch eine effizientere Infrastruktur, weniger Bürokratie und geringere Abgabenbelastungen anzuziehen und mit deren Hilfe vor allem die Exporttätigkeit des Landes zu stärken und Arbeitsplätze zu schaffen.[915] Tatsächlich konnte in den *Zonas Francas* Kubas seit 1997 ein bedeutender Anstieg der Exporte verzeichnet werden, wie die folgende Grafik verdeutlicht:

Abbildung 18 *Unternehmenszahl und Exporteinnahmen in den Zonas Francas*
Quelle: Spadoni, 2004: 133

Im Gegensatz zu den Produktions- und Administrationskooperativen baute die Regierung die Möglichkeiten für Geschäfte in Freihandels-

---

914 vgl. Pérez Villanueva, 2002: 76f
915 vgl. Pérez Villanueva, 2003: 27

zonen kontinuierlich ab. Da die Unternehmen, die sich in den Freihandelszonen angesiedelt hatten, hauptsächlich Handel trieben und nicht wie erhofft Spitzentechnologien nach Kuba brachten und hochwertige Arbeitsplätze und Impulse für die Binnenwirtschaft schufen, wurden zahlreiche dieser Firmen nach umfangreichen Prüfungen durch kubanische Behörden aus dem Markt gedrängt. Im Jahr 2004 wurden schließlich keine neuen Lizenzen vergeben,[916] und 2005 wurden die so genannten *Zonas Francas* praktisch geschlossen, wobei noch ansässigen Unternehmen eine Frist von drei Jahren zur Suche nach neuen Geschäftsmöglichkeiten in Kuba eingeräumt wurde.

2.3.1.4 Bedeutung der ADI für die kubanische Wirtschaft

Die betriebswirtschaftlichen Ergebnisse der Unternehmen mit ausländischer Beteiligung und die positiven Auswirkungen auf die Wirtschaft Kubas sind seit 1993 kontinuierlich gestiegen, auch als die Anzahl der Unternehmen abnahm. Dies ist ein Indikator dafür, dass Kuba sich nicht wirklich der ausländischen Investition verschließt, sondern sich vielmehr auf Geschäfte mit guten Gewinnerwartungen konzentriert. Insgesamt wurden von 1993 bis 2002 rund 2,2 Milliarden USD in Kuba investiert. Diese Zahl beruht allerdings auf Schätzungen, da die kubanische Regierung keine eindeutigen Zahlen veröffentlicht. Für die Zeit nach 2002 gibt es keine offiziellen Informationen.[917]

Von 200 Millionen Dollar Gesamtumsatz im Jahr 1993 konnten sich die Unternehmen mit ausländischer Beteiligung auf 2 Milliarden USD im Jahr 2002 steigern. Dabei machten Exporte mehr als 900 Millionen USD aus, der Rest wurde im Binnenmarkt verkauft. Dieser große wirtschaftliche Einfluss wird allerdings nur von einigen wenigen Unternehmen erzeugt. Im Jahr 2002 wurden 47% des Gesamtumsatzes und 85% aller Exporte von vier großen Joint Ventures (Corporación Habanos S.A., Havana Club S.A., Compañía Azucarera Internacional S.A. und ETECSA) erzielt. Die zunehmende Schließung kleinerer Unternehmen wird also nur geringe Auswirkungen auf die Gesamtleis-

[916] vgl. Spadoni, 2004: 132ff
[917] vgl. Pérez López, 2004: 106

tung der ausländischen Investitionen in Kuba haben, solange die großen Unternehmen weiterhin auf Kuba aktiv bleiben.[918]

Die Aussage der kubanischen Regierung, die ausländische Investition spiele keine Rolle für die wirtschaftliche Entwicklung des Landes, muss in Frage gestellt werden. Im Jahr 2002 machten die Exporte von Unternehmen mit ausländischer Beteiligung 22,7% der Gesamtexporteinnahmen der Insel aus. Auch die Beteiligung von ausländischem Kapital an den wichtigsten wirtschaftlichen Aktivitäten Kubas ist beachtenswert. Ende 1997 waren Joint Ventures zu 100% an der Ölförderung, zu 100% am Abbau von Metallen, zu 100% an der Herstellung von Schmierstoffen, zu 100% an der Herstellung von Kosmetikartikeln, zu 100% an der Bereitstellung von Telefondienstleistungen, zu 70% am Anbau von Zitrusfrüchten und der Herstellung von Säften und Konzentraten und zu 50% an der Zementherstellung beteiligt. Ausländische Unternehmen investierten 1,2 Milliarden Dollar in die Erdölförderung und konnten so die Fördermengen von 0,7 Mio. Tonnen im Jahr 1990 auf 4,1 Mio. Tonnen im Jahr 2003 erhöhen. Auch im Bereich der Nickelförderung ist der Einfluss der ausländischen Beteiligung groß. Dank Investitionen von mehr als 400 Millionen Dollar konnte die Fördermenge von 27.000 Tonnen im Jahr 1994 auf 72.000 Tonnen im Jahr 2003 erhöht werden. Im Tourismussektor stehen 49% aller Hotelzimmer unter ausländischer Verwaltung, 12% aller Zimmer sind im Besitz von Joint Ventures. Die ausländische Beteiligung hat einen beachtlichen Einfluss auf die Produktion und Vermarktung von Kubas fünf größten Exportsektoren (Zucker, Nickel, Tabak, Rum und Fischerei), die im Jahr 2001 32% der Gesamtdeviseneinnahmen erzeugten.[919]

Die ausländische Beteiligung hat Kuba dabei geholfen, neue Märkte für seine Produkte und Dienstleistungen zu finden, deren Wettbewerbsfähigkeit zu erhöhen, neue Managementmethoden schnell und effizient umzusetzen und den Binnenmarkt zu stimulieren. Die Bedeutung der ausländischen Beteiligung für die kubanische Wirtschaft ist also höher, als die Revolutionsführung gerne glauben machen möchte. Obwohl es derzeit so aussieht, als wolle man den Einfluss ausländi-

---

918 vgl. Spadoni, 2004: 134f
919 vgl. ebd.: 136

schen Kapitals reduzieren, kann man davon ausgehen, dass Castros Regierung auch in Zukunft nicht auf Investitionen in Schlüsselindustrien und im Hochtechnologiebereich verzichten wird.

2.3.2 Außenhandel und Integration in den Weltmarkt

Eine der größten Herausforderungen des Landes besteht in der Exportaktivität und in der Notwendigkeit, sowohl die Menge als auch die Vielfältigkeit der Exporte zu erhöhen.
Raúl de la Nuez[920]

2.3.2.1 Charakteristiken und Entwicklung des Außenhandels

Während der Integration in den sozialistischen Weltmarkt von 1960 bis 1990 unterlag der Handel mit den Staaten des RGW anderen „Spielregeln" als der Handel zwischen den kapitalistischen Staaten. Nachfrage, Angebot und Wettbewerb spielten keine Rolle. Mengen und Preise der Exporte und Importe wurden auf Regierungsebene festgelegt. Diese hatte das Monopol auf den Außenhandel. Neben festen Abnahmegarantien und günstigen Preisen erhielt Kuba auch günstige Kredite mit niedrigen Zinsen und langen Laufzeiten. Sämtliche tarifäre und nicht-tarifäre Regulierungsmechanismen wurden abgeschafft. Die Produkte entsprachen oft nicht den Anforderungen der Nachfrage. Kuba exportierte zum Beispiel fast nur Rohzucker, obwohl weltweit der weiße Zucker immer mehr an Bedeutung gewann.[921]

Mit dem Zusammenbruch der Ostblockstaaten wurde der Außenhandel des Landes stark beeinträchtigt. Zum einen mussten die benötigten Importe zu höheren Preisen auf dem Weltmarkt gekauft werden, andererseits mussten sich nun auch die kubanischen Produkte dem internationalen Wettbewerb stellen, dem sie aufgrund der mangelhaften Qualität und der oftmals hohen Produktionskosten kaum standhalten konnten. Durch das Wegfallen günstiger Kredite geriet das Land in eine ernste Liquiditätskrise, da das traditionell existierende Leistungsbilanzdefizit nicht mehr durch die Aufnahme von Krediten gedeckt werden konnte. Durch den drastischen Rückgang der Exporte entwi-

---

[920] Raúl de la Nuez, Außenhandelsminister der Republik Kubas, Interview durch Ledys Camacho Casado anlässlich der Internationalen Messe in Havanna (FIHAV), 2003, www.cubaminrex.cu (12.02.04)

[921] vgl. Quiñones Chang, 2001: 29

ckelte sich das Land von einer relativ „offenen“ in eine relativ „geschlossene“ Wirtschaft. Dieser Fakt kann durch den Indikator Handel/BIP wiedergegeben werden. 1990 betrug er noch 67,5%, 1994 waren es nur noch 26,1%, 1996 konnte eine leichte Erholung auf 34,5% erreicht werden. 2001 fiel dieser Wert jedoch erneut auf 21,9%.[922]

Der Exportsektor hat seit 1993 eine existenzielle Bedeutung für das Überleben des Landes, hängt die finanzielle Kapazität Kubas doch fast ausschließlich von den Ergebnissen dieses Sektors ab.[923] Zahlreiche Hindernisse erschweren jedoch die Anpassung des kubanischen Handels an den Weltmarkt, darunter:[924]

- verschärfte Blockadepolitik der USA
- institutionelle und organisatorische Grenzen
- fehlende Übereinstimmung zwischen politischen Maßnahmen und den Anforderungen an eine Ausweitung der Exporte
- Abhängigkeit des Exportsektors von Konjunkturschwankungen
- unzureichende wirtschaftliche Regulierungsmechanismen
- fehlende Kenntnis der internationalen Handelspraktiken

Um die Schwierigkeiten zu überwinden, wurden die ersten Reformen im Außenhandel getätigt, wodurch dieser Sektor zum Vorreiter der Reformbemühungen wurde. 1992 wurde der Außenhandel dezentralisiert und für Unternehmen mehr Freiräume geschaffen. Das Konzept der Selbstfinanzierung wurde in vielen Unternehmen eingeführt, welche die Erlaubnis erhielten, mit Devisen zu operieren. Die Import- und Exportentscheidungen konnten von den autorisierten Unternehmen mit mehr Autonomie getroffen werden.[925] Das Bankensystem wurde reorganisiert und an die neuen Gegebenheiten angepasst. Die Zölle wurden graduell erneut eingeführt.[926] Es erfolgte eine Reorientierung des Handels hin zu Lateinamerika und der Karibik. Ebenso wurden die Handelsbeziehungen zu den Staaten Westeuropas stark ausgebaut. Mit vielen der Länder

---

922 Casanovas, 2002: 167 und eigene Berechnungen auf der Grundlage des Statistischen Jahrbuchs, Oficina Nacional de Estadísticas, Anuario Estadístico de la República de Cuba, 2002: *Producto Interno Bruto por clase de actividad económica* – Tabla III.1 und *Intercambio total y saldo comercial* – Tabla VI.4

923 vgl. Marquetti, 2002 (b): 153

924 vgl. ebd.: 154f

925 vgl. Quiñones Chang, 2001: 31f

926 vgl. Marquetti, 2002 (b): 18ff

hatten seit dem Sieg der Revolution nicht einmal mehr diplomatische Beziehungen bestanden, die nun erneuert werden mussten.[927]

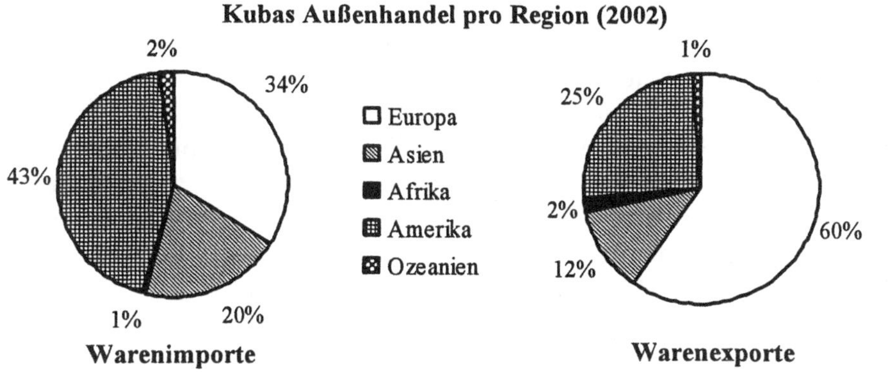

Abbildung 19 *Handel Kubas mit den verschiedenen Regionen (2002)*
Quelle: Oficina Nacional de Estadísticas, Anuario Estadístico de la República de Cuba, 2003, Intercambio comercial de mercancías de países seleccionados – Tabla VI.5

Am 20.04.1995 trat Kuba der Welthandelsorganisation bei,[928] am 06.11.1998 gelang dem Land der Anschluss an die *Asociación Latinoamericana de Integración*[929] ALADI,[930] und im Juli 2000 konnte ein Handels- und Kooperationsabkommen mit der *Comunidad Caribeña y el Mercado Común*[931] CARICOM[932] geschlossen werden. Des Weiteren ist Kuba mittlerweile auch Mitglied der Gemeinschaft Karibischer Staaten (AEC).[933] Bei den Bemühungen um eine Wiedereingliederung in den Weltmarkt wurde Kuba durch die Wirtschaftskommission für

927 vgl. Quiñones Chang, 2001: 32
928 vgl. offizielle Website der Welthandelsorganisation, www.wto.org (12.02.04)
929 Anm.: Lateinamerikanische Vereinigung für Integration (Argentinien, Bolivien, Brasilien, Chile, Kolumbien, Kuba, Ecuador, Mexiko, Paraguay, Peru, Uruguay und Venezuela), gegründet 1980
930 Cámara de Comercio de la República de Cuba, 2001 (b): 17
931 Anm.: Karibische Gemeinschaft und gemeinsamer Markt, bestehend aus Antigua und Barbuda, Bahamas, Barbados, Belize, Dominika, Granada, Guayana, Haiti, Jamaika, Montserrat, Saints Kitts and Nevis, Santa Lucia, San Vincente, Surinam und Trinidad und Tobago, gegründet 1973
932 vgl. Cámara de Comercio de la República de Cuba, 2001 (a): 6 und IPS Resumen Económico Anual, 2003: 30
933 vgl. Offizielle Website der Gemeinschaft Karibischer Staaten, www.acs-aec.org (12.02.04)

Lateinamerika und die Karibik CEPAL (*Comisión Económica para América Latina y el Caribe*) unterstützt.[934]

Trotz der bisher erfolgten zahlreichen Bemühungen konnten bis heute keine zufrieden stellenden Ergebnisse im Außenhandel erreicht werden. Kuba unterhält zwar kommerzielle Beziehungen zu mehr als 3.000 Unternehmen aus über 160 Ländern, davon hauptsächlich aus Spanien, Venezuela, China, Kanada, Russland, Holland, Italien und Frankreich. Die Insel tritt jedoch in den meisten dieser Beziehungen als Importeur und nicht als Exporteur auf, so dass der Wert der Importe bisher immer deutlich über dem Wert der Exporte liegt und dem Land ein enormes Handelsbilanzdefizit beschert.[935]

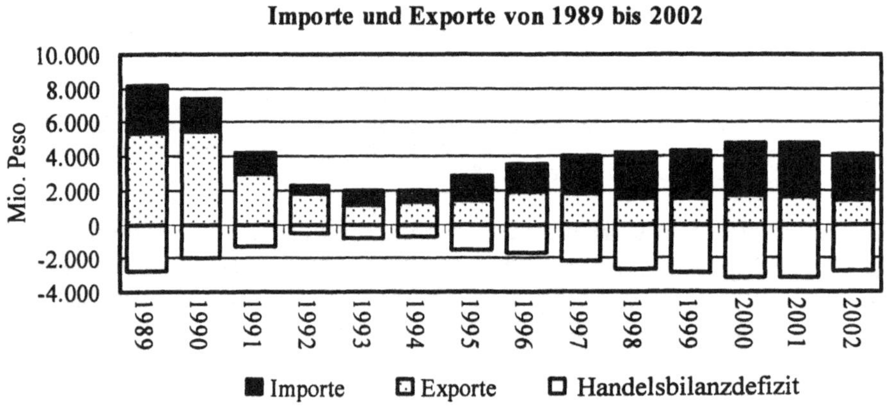

Abbildung 20 *Importe, Exporte und Handelsbilanzdefizit (1989 bis 2002)*
Quelle: Oficina Nacional de Estadísticas, Anuario Estadístico de la República de Cuba, 2003: Intercambio total y saldo comercial – Tabla VI.4

Bei den Exportgütern handelt es sich immer noch um Rohstoffe bzw. kaum veredelte Güter, die am Weltmarkt geringe Preise erzielen. Allein zwischen 1996 und 2001 waren die Preise für Kubas Exportgüter um 25% gefallen.[936] Kubanische Wissenschaftler fordern schon lange eine Diversifizierung der Exportgüterpalette, aber auch nach zehn Reformjahren konnten keine befriedigenden Ergebnisse erzielt werden.

[934] vgl. Quiñones Chang, 2001: 30f
[935] vgl. IPS Resumen Económico Anual, 2003: 28
[936] vgl. Marquetti, 2002 (b): 158

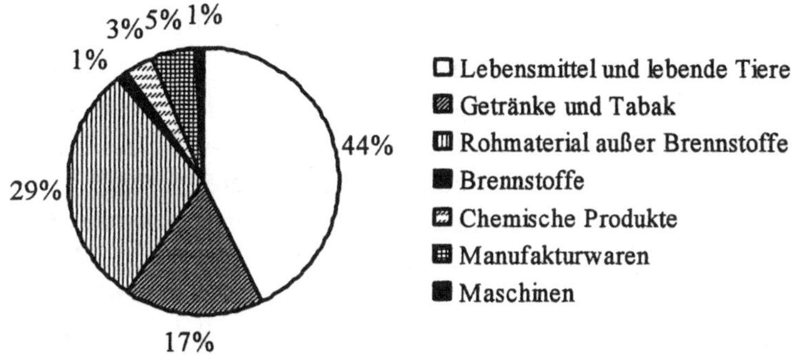

Abbildung 21 *Exportwarenstruktur nach SITC (2001)*
Quelle: Oficina Nacional de Estadísticas, Anuario Estadístico de la República de Cuba, 2002: Exportaciones de productos seleccionados – Tabla VI.12 und Pacific, http://pacific.commerce.ubc.ca/trade/ (13.02.04)

Auch in den Jahren 2000 bis 2003 konnte weder ein bedeutender Anstieg noch eine Diversifizierung der Güterexporte verzeichnet werden. Für die Jahre 2003 und 2004 liegen bezeichnenderweise keine offiziellen Zahlen zu Volumen oder Wert der Importe oder Exporte des Landes vor.[937] Es gibt eine Reihe von Faktoren, die für die schlechte Leistung des Exportsektors verantwortlich gemacht werden können:[938]

- Die Politik ist an der Importsubstitution ausgerichtet, um Kosten zu senken. Lokale Unternehmen, die Importe durch eigene Produkte ersetzen, werden gefördert. Das Exportpotential dieser Produkte spielt eine untergeordnete Rolle. Um ein höheres Exportvolumen und die Diversifikation der Exportgüterpalette zu erreichen, müssen aber Investitionen in neue Technologien, Know-how und Infrastruktur getätigt werden, die zunächst Kosten für den Staat darstellen.
- Der Staat besitzt nicht genügend Investitionskapazitäten, selbst wenn er exportfähige Produkte verstärkt unterstützen wollte.
- Die Effizienz der kubanischen Unternehmen liegt zum größten Teil noch unter dem Weltdurchschnitt, was zu höheren Produktionskos-

[937] vgl. Triana, 2003: 7
[938] vgl. Marquetti, 2002 (b) 160ff

ten, einer geringeren Qualität und demzufolge zu weniger Wettbewerbsfähigkeit am Weltmarkt führt.

- Fehlende Erfahrung führt zu Schwierigkeiten beim Vertrieb.[939]

Einige nicht traditionelle Sektoren zeigten dennoch ein relativ positives Wachstum in den letzten Jahren, insbesondere der Pharmazie- und Biotechnologiesektor.[940] In diesem Bereich kann Kuba auf ein hoch qualifiziertes Personal setzen. Das Land produziert bereits einige sehr wettbewerbsfähige und zum Teil sogar einzigartige medizinische Produkte, deren Potential noch ausgebaut werden kann.[941] Weitere nicht traditionelle Wachstumssektoren sind die Elektronik, die Leichtindustrie, die Metallbearbeitung und die Landwirtschaft. Diese Sektoren ersetzen aber bei weitem nicht die Verluste aus Rückgang der Produktion der traditionellen Sektoren während der 90er Jahre.[942]

In dieser Zeit sanken die Exporte von Gütern durchschnittlich um 8% jährlich, während der Export von Dienstleistung zum Teil Zuwächse von bis zu 40% verzeichnen konnte.[943]

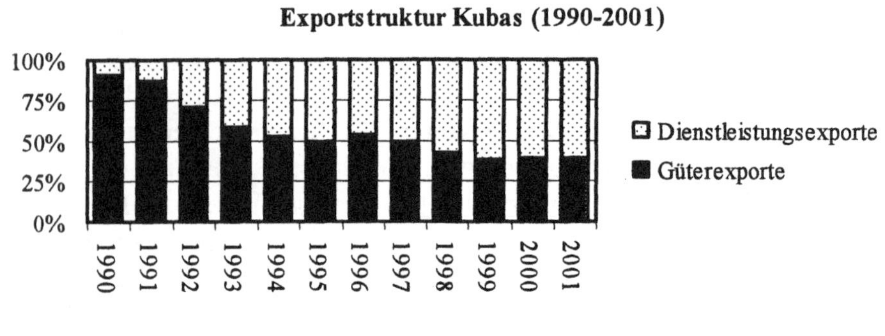

Abbildung 22 *Exportstruktur Kubas (1990 bis 2001)*
Quelle: Marquetti, 2002 (b): 163 und Oficina Nacional de Estadísticas, Anuario Estadístico de la República de Cuba, 2002: Exportaciones de productos seleccionados – Tabla VI.12

---

939 vgl. Marquetti, 2002 (b): 162f

940 vgl. ebd.: 163

941 vgl. IPS Economics Press Service, 13/03: *Visa para un sueño médico-farmacéutico*: 9

942 vgl. Marquetti, 2002 (b): 163

943 vgl. Marquetti, 2003: 1

Aus der Abbildung ist ersichtlich, dass sich die Rolle der Dienstleistungen in der Wirtschaftstruktur Kubas sehr verändert hat. Mittlerweile kommen die meisten Einnahmen des Landes aus Dienstleistungen, die seit Beginn der Krise der wichtigste Motor der Wirtschaft sind. Im Jahr 2001 hatten sie einen Anteil von über 50% am BIP und umfassten 51% der gesamten Arbeitsplätze. Der Überschuss der Dienstleistungsbilanz deckt 60% des Leistungsbilanzdefizits Kubas ab.[944]

Entwicklung der Einnahmen aus den Dienstleistungsexporten (Mio. US-Dollar)					
Bereich	**1990**	**1998**	**1999**	**2000**	**2001**
Tourismus	243,4	1.416,0	1.556,3	1.737,4	1.692,2
Transport	------	243,0	206,0	210,8	148,2
Andere Dienstleistungen	281,7	993,0	780,7	723,8	730,6
Gesamt	**525,1**	**2.642,5**	**2.543,0**	**2.672,0**	**2.571,0**

Tabelle 7 *Einnahmen aus Dienstleistungsexporten (1990 bis 2001)*
Quelle: Marquetti, 2003: 9

Die Haupteinnahmen aus Dienstleistungsexporten stammen aus dem Tourismus. Es besteht die Gefahr, dass sich Kuba aufgrund der fehlenden Diversifizierung und Risikostreuung bei den Dienstleistungsexporten in eine neue Abhängigkeit begibt.[945] Des Weiteren werden große Teile der erwirtschafteten Gewinne durch die für den Tourismus notwendigen Importe verschluckt. Durch eine Stärkung der Binnenindustrie (Lebensmittelverarbeitung, Bauwesen, Leichtindustrie) könnten viele der Importe durch lokale Produkte subsituiert werden und die Gewinnspannen wären weit größer, abgesehen von den Wachstumsimpulsen, die diese Strategie für die Binnenwirtschaft erzeugen würde. Obwohl es unwahrscheinlich ist, dass der Tourismus in Zukunft stark an Bedeutung verliert, muss Kuba auch bei den Dienstleistungen auf vermehrte Diversifizierung setzen. Besonders in den Bereichen Telekommunikation, Finanzen, Bildung, Sport und Gesundheitswesen sollten mögliche Potentiale geprüft und ausgeschöpft werden Es ist von großer Wichtigkeit, dass auf Regierungsebene Strategien entwickelt und Freiräume für derartige Aktivitäten geschaffen werden. Es

[944] vgl. Marquetti, 2003: 6
[945] vgl. Marquetti, 2002 (b): 160

steht außer Frage, dass angesichts der Probleme beim Export von Gütern der Ausdehnung der Dienstleistungsexporte innerhalb der Entwicklungsstrategie des Landes Priorität eingeräumt werden muss.[946]

2.3.2.2 Kuba – Lateinamerika

Seit 1960 wurden die Wirtschaftsbeziehungen Kubas zu den Ländern Lateinamerikas und der Karibik durch politische Spannungen geprägt. 1962 wurde Kuba auf Drängen der USA aus der Organisation amerikanischer Staaten OAS ausgeschlossen, die daraufhin ihre wirtschaftlichen Verbindungen zu der Karibikinsel einstellten.[947] Fidel Castro beschreibt diese diplomatische Ungeheuerlichkeit so: „*Mit einer widerlichen Verworfenheit [...] schlossen sich [...]die lateinamerikanischen Regierungen mehr oder weniger widerstandslos der [...] Blockade Kubas an. Der Organisation der Amerikanischen Staaten (OAS) wurde eine Wunde zugefügt, aus der sie sich nicht wieder erholen konnte. Keiner kann sich erklären, warum diese widerliche, durch ihre Politik der Auslieferung und des Verrats für immer moralisch geschädigte Institution noch existiert [...]*“[948] Während der 80er Jahre wurden aber erneut diplomatische Beziehungen zu den meisten Ländern aufgenommen, die als Basis für eine neue wirtschaftliche Zusammenarbeit ab 1990 dienten.[949] In dieser Zeit wickelte Kuba nur 5% seines Handels mit Ländern Lateinamerikas ab. In den 90er Jahren erreichte der Handel mit diesen Ländern aber eine neue Qualität. Durch den Beitritt in die ALADI, Kooperationsverträge mit der CARICOM und bilaterale Handelsabkommen mit den meisten Staaten Lateinamerikas wird eine verstärke Integration der kubanischen Wirtschaft in den regionalen Markt angestrebt. Mittlerweile hat sich der Handel Kubas mit Lateinamerika und der Karibik auf beinahe 40% des Gesamthandels der Insel ausgedehnt, wobei es sich allerdings um ein asymmetrisches Wachstum handelt. Während bei den Importen ein sehr starkes Wachstum verzeichnet werden kann, ist der Anteil der kubanischen Exporte weit weniger gewachsen.[950]

---

[946] vgl. Marquetti, 2003: 5ff
[947] vgl. Quiñones Chang, 2001: 37f
[948] Castro, 2001: *Rede anlässlich des Feiertags zum 1.Mai*, www.cubasi.de (13.02.04)
[949] vgl. Quiñones Chang, 2001: 38
[950] vgl. ebd.: 38f

Kuba und die ALADI

Der Handel zwischen Kuba und den Mitgliedsstaaten der ALADI war zwischen 1989 und 1996 um 41% gewachsen. 1997 wickelte Kuba mit diesen Nationen 70% seines Handels in der lateinamerikanischen Region ab. Außerdem bestanden bereits Handelsabkommen mit neun der elf Staaten, als Kuba sich 1996 um eine Aufnahme bewarb.[951] Die Insel trat der ALADI 1998 bei, was einen weiteren Schritt hin zur Integration in die Region und die vermehrte Öffnung der kubanischen Wirtschaft darstellte und der Blockadepolitik der USA einen schweren Schlag versetzte. Für Kuba ergeben sich aus dem Beitritt verschiedene Rechte und Pflichten. Das Land ist u.a. verpflichtet, regelmäßig wirtschaftliche Informationen bekannt zu geben, erhält im Gegenzug aber auch wertvolle Informationen von den anderen Mitgliedsstaaten.[952] Kubas Mitgliedschaft in der ALADI ist für nationale Exporteure günstig, aber auch für ausländische Unternehmer, die in Kuba produzieren und ihre Produkte in Lateinamerika verkaufen wollen.[953]

Cuba und die CARICOM

Von 1990 bis 1999 war der Handel Kubas mit den Staaten der CARICOM von 0,5 Mio. Dollar auf 104,6 Mio. Dollar angestiegen. Kuba unterzeichnete 2000 einen Kooperationsvertrag mit der CARICOM ohne Mitglied zu werden. Dieser wurde von Haiti und den Bahamas nicht anerkannt. Der Beitritt Kubas zur CARICOM würde die Integration der Karibikstaaten vorantreiben und angesichts der Größe des kubanischen Marktes auch für die CARICOM zahlreiche Vorteile bringen.[954]

Kuba unternahm große Anstrengungen, um eine Annäherung zu den Karibikstaaten zu erreichen. Im Jahr 1995 schloss sich die Handelskammer des Landes dem Vorstandsrat des karibischen Industrie- und Handelsverbandes an, einer Organisation, die die Interessen des privaten Sektors in der Region vertritt. Außerdem findet seit 1992 jährlich die Messe *ExpoCaribe* in Santiago de Cuba statt, die das Ziel verfolgt,

---

[951] vgl. Grogg, 1998: *Cuba's admission to ALADI boosts ties with region*, www.sunsonline.org (24.01.04)

[952] vgl. Cámara de Comercio de la República de Cuba, 2001 (b): 17f

[953] vgl. ebd.: 11f

[954] vgl. Cámara de Comercio de la República de Cuba, 2001 (a): 6f

den Handel und die Investitionen in der Region auszuweiten und jedes Mal mehr Interesse und Aufmerksamkeit erregt.[955] Trotzdem gibt es Schwierigkeiten, die einer weiteren Annäherung im Weg stehen. Dazu gehören sprachliche Barrieren, da im gesamten Karibikraum nur noch in der Dominikanischen Republik und Puerto Rico Spanisch gesprochen wird. Außerdem sind weder die Kommunikations- noch die Verkehrsinfrastruktur für einen intensiven Handel ausgelegt.

Kuba und die ALCA[956]

Die ALCA (oder auch *FTAA – Free Trade Area of the Americas*) ist ein Projekt zur Schaffung einer Freihandelszone, die alle Staaten der beiden amerikanischen Kontinente umfassen soll. Nur Kuba ist von den Verhandlungen ausgeschlossen und wird nicht in die Freihandelszone integriert werden, falls diese zustande kommt.[957] Von den Staaten Lateinamerikas wird die ALCA mit gemischten Gefühlen betrachtet. Es gibt unbestreitbare Vorteile, unter anderem eine mögliche Ausweitung des Handels und verstärkte Öffnung der Märkte Lateinamerikas, eine verstärkte Investitionstätigkeit, die Schaffung neuer Arbeitsplätze, der Ausbau der Infrastruktur und der Transfer von modernen Technologien. Nordamerikanischen Unternehmer hoffen auf neue Absatzmärkte und Investitionsstandorte. Viele warnen aber auch vor einer derartigen Freihandelszone, da sie vermuten, dass die schwächeren Länder Lateinamerikas in eine noch größere Abhängigkeit geraten und sich zu reinen Rohstofflieferanten und Billiglohnländern entwickeln. Besonders im Bereich der Landwirtschaft wird befürchtet, dass man mit der mit Milliarden Dollar jährlich subventionierten Produktion der Vereinigten Staaten nicht mithalten kann. Da viele Firmen ihre Produktionsstandorte in den Süden verlagern werden, könnten in den Ländern Nordamerikas zahlreiche Arbeitsplätze verloren gehen.[958]

Castro verurteilt die Pläne zur Schaffung der ALCA: „*Das Imperium (will) die FTAA benutzen [...] um die Souveränität mit Füßen zu tre-*

---

[955] vgl. Quiñones Chang, 2001: 41f

[956] *Acuerdo de Libre Comercio de las Américas* – Freihandelsabkommen der amerikanischen Staaten

[957] vgl. offizielle Website der Freihandelszone der Amerikanischen Staaten, www.ftaa-alca.org (14.02.04)

[958] vgl. Quiñones Chang, 2001: 45

ten, die Integration zu verhindern, die Ressourcen zu verschlingen und das Geschick einer Gruppe Völker zu vereiteln, die über 500 Millionen Menschen (die englischsprachigen Völker ausgenommen) mit gemeinsamer Sprache, Kultur und Geschichte umfassen. Für Kuba ist es vollkommen klar, dass das so genannte Freihandelsabkommen der Amerikanischen Länder unter den von den USA aufgezwungenen Bedingungen, Fristen, Strategien, Zielen und Verfahrensweisen unweigerlich zur Annexion Lateinamerikas an die Vereinigten Staaten führt. Diese Art Verbindung zwischen einer gigantischen Industrie-, Technologie- und Finanzmacht und Ländern mit einem hohen Grad an Armut, Unterentwicklung und finanzieller Abhängigkeit von Institutionen, die unter der Ägide der Vereinigten Staaten stehen, die im Internationalen Währungsfonds, der Weltbank, der Interamerikanischen Bank für Entwicklung und anderen Einrichtungen überwachen, lenken und entscheiden, zwingt derartige Bedingungen der Ungleichheit auf, dass es nur ein vollständiges Aufsaugen der Wirtschaften der Länder Lateinamerikas und der Karibik durch die US-amerikanische Wirtschaft bedeuten kann. Die FTAA wird mehr Neoliberalismus, weniger Schutz der einheimischen Industrie und der nationalen Interessen, mehr Arbeitslosigkeit und soziale Probleme bedeuten. "[959] Kuba würde also auch dann keine Mitgliedschaft anstreben, wenn es die Erlaubnis dazu hätte. Das heißt nicht, dass das Land seine Beziehungen zu den Staaten Lateinamerikas und der Karibik nicht ausdehnen möchte. Bevorzugt werden hierfür aber bi- und multilaterale Abkommen.[960] Die Entstehung der ALCA könnte schwere Konsequenzen für Kuba haben. Durch den Beitritt der ALADI-Mitgliedsstaaten kann es zu Störungen der Verträge mit diesen Staaten kommen, falls die Abkommen den Regeln der ALCA widersprechen. Die bilateralen Beziehungen wären abhängig von den Bestimmungen der amerikanischen Freihandelszone.[961] Wichtige Waren- und Finanzströme würden wegen der günstigeren Zölle in andere Staaten umgelenkt werden. Kubas Waren wären damit auf dem amerikanischen Markt weniger konkurrenzfähig. Es bleibt abzuwarten, wie sich die Verhandlungen zur ALCA entwickeln.

[959] Castro, 2001: *Rede anlässlich des Feiertags zum 1.Mai*, www.cubasi.de (13.02.04)
[960] vgl. Quiñones Chang, 2001: 46
[961] vgl. León, 2002: 209

Weitere Integrationsbemühungen in Lateinamerika

Kuba ist seit 1976 Mitglied des Lateinamerikanischen Wirtschaftssystems SELA (*Sistema Económico Latinoamericano*), einer aus 28 Staaten bestehenden Beratungs- und Koordinationsorganisation, die das Ziel gemacht, gemeinsame Wirtschaftsstrategien für alle Länder Lateinamerikas und der Karibik zu definieren und eine verstärkte Kooperation und Integration zu fördern.[962] Des Weiteren ist Kuba eines der Gründungsmitglieder der Vereinigung Karibischer Staaten AEC (*Asociación de Estados del Caribe*), die aus 25 Mitgliedern besteht und 1994 ins Leben gerufen wurde. Das Ziel dieser Institution ist, gegenseitige Beratung, Kooperation und gemeinsame Projekte zwischen den Mitgliedsstaaten zu fördern.[963]

Lateinamerika ist einer der wichtigsten Handelspartner Kubas und weist als Markt viele Vorteile auf, darunter die geografische Nähe, die gleiche Sprache und der gemeinsame geschichtliche Hintergrund. Es gibt noch zahlreiche Probleme, die den Handel mit den amerikanischen Staaten beeinflussen, unter anderem die US-Blockade, die viele Unternehmen vor einem Handel mit Kuba abschreckt, weil sie Sanktionen durch ihren wichtigsten Handelspartner, die USA, befürchten. Weitere Probleme sind der bestehende Informationsmangel, die unzureichende Erfahrung kubanischer Unternehmer im internationalen Geschäft und die ungenügend ausgeprägte intraregionale Infrastruktur. Trotzdem gibt es für Kuba viele Möglichkeiten, die Kooperation mit der Karibik und Lateinamerika auszubauen, besonders in den Bereichen Tourismus, Landwirtschaft, Biotechnologie und Pharmazie, Gesundheit und Bildung.[964] Obwohl die zukünftige Entwicklung der Beziehungen Kubas zu den amerikanischen Staaten auch von der Politik der USA abhängen wird, muss das Land selbst noch zahlreiche Anstrengungen unternehmen, und eine vermehrte Integration in diesen Markt zu erreichen.

---

[962] vgl. offizielle Website der System Lateinamerikanischer Staaten SELA, www.sela.org (07.02.04)
[963] vgl. offizielle Website der Gemeinschaft Karibischer Staaten, www.acs-aec.org (09.02.04)
[964] vgl. Quiñones Chang, 2001:42ff

2.3.2.3 Kuba – Europa

Seit 1990 hat sich Europa zum wichtigsten Handelspartner Kubas entwickelt, trotz politischer Spannungen, die in den letzten Jahren wieder verstärkt zutage getreten sind. Im Jahr 2002 exportierte die EU Güter im Wert von 1.142 Mio. Euro nach Kuba und importierte im Wert von 613 Mio. Euro kubanische Güter. Damit haben die Exporte nach Kuba einen Anteil von 0,12% der Gesamtexporte der EU und die kubanischen Importe einen Anteil von 0,06% der Gesamtimporte.[965] Was den Handel mit Industrienationen betrifft, so kommen rund 80% der Importe Kubas aus der EU und zwei Drittel der Exporte gehen in die europäischen Staaten. Außerdem haben die Länder der EU bisher mehr als die Hälfte der gesamten ausländischen Direktinvestitionen in Kuba getätigt, Spanien hat daran einen Anteil von einem Viertel.[966]

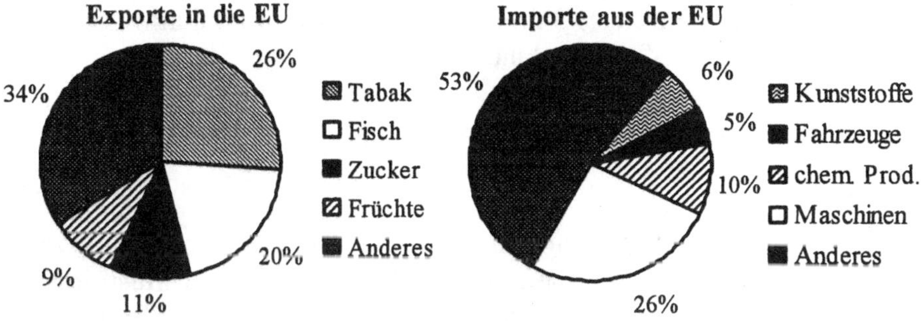

Abbildung 23 *Kubanische Exporte nach Europa und Importe aus Europa (2002)*
Quelle: Statistiken überreicht durch Sven Kühn von Burgsdorff, Vertretung der Europäischen Kommission in Havanna, am 23.07.03

Kuba hatte 2002 eine Aufnahme in den Vertrag von Cotonou beantragt, wurde aber aufgrund differierender politischer Ansichten nicht aufgenommen, obwohl es zu den AKP-Staaten[967] gehört.[968] Durch den Nicht-Anschluss an diesen Vertrag verliert die Insel leider wichtige

[965] Statistiken überreicht durch Sven Kühn von Burgsdorff, Vertretung der Europäischen Kommission in Havanna, am 23.07.03

[966] vgl. Europäische Kommission, 2002: *Cuba y la Unión Europea*

[967] Anm.: Afrikanische, pazifische und karibische Staaten, ehemalige Kolonien Europas, Bundeszentrale für politische Bildung, www.bpb.de (15.02.04)

[968] vgl. Europäische Kommission, 2002: 6f

technische und finanzielle Mittel, die von großer Bedeutung wären, da das Land kaum Zugang zu mittel- und langfristigen Krediten hat.[969] Die Aufnahme in den Vertrag von Cotonou würde sich auch positiv auf das Interesse von Investoren am kubanischen Markt auswirken und möglicherweise das Länderrisiko sogar verringern, was zu niedrigeren Zinssätzen bei kommerziellen Krediten führen könnte.

Kuba erhält aber weiterhin Unterstützung von der EU, die seit 1993 etwa 145 Millionen an Unterstützungsgeldern, davon circa 90 Millionen im Bereich humanitärer Hilfe, gezahlt hat. Seit 2000 wird jedoch auch diese zurückgeschraubt, da die Situation des Landes nicht mehr als bedrohlich für die Bevölkerung eingeschätzt wird. Die wirtschaftliche Zusammenarbeit beschränkt sich auf einzelne Projekte, die vor allem die ökonomischen Reformen unterstützen sollen. Für die Jahre 2002/2003 wurden hauptsächlich Projekte in den Bereichen Rechnungswesen, Finanzen, Abfallentsorgung, Kommunikationstechnik und Seuchenbekämpfung geplant.[970]

2.3.2.4 Kuba – weitere Handelspartner

Asien

Kuba verstärkt vor allem zu China seine Handelsbeziehungen. Während eines Treffens zwischen dem kubanischen Tourismusminister und Vertretern der chinesischen Botschaft in Havanna im September 2003 wurde die Tropeninsel zur ersten Tourismusdestination des asiatischen Giganten in Lateinamerika erklärt, womit sich für Kuba ein gewaltiger Markt eröffnet. Die chinesische Regierung will Kuba den so genannten *Approved Destination Status* (Status einer von der Regierung anerkannten Tourismusdestination) verleihen, der Reisen chinesischer Besucher nach Kuba ermöglichen wird. In den nächsten Jahren werden bis zu 20.000 chinesische Gäste jährlich erwartet.[971] In Shanghai wurde ein kubanisch-chinesisches Joint Venture für den gemeinsamen Bau von zwei Hotels in Havanna und Shanghai gegründet. Mehrere kubanische Unternehmen haben Vertretungen in China, da

---

[969] vgl. León, 2002: 205f

[970] vgl. Europäische Kommission, 2002: *Cuba y la Unión Europea*

[971] vgl. IPS Economics Press Service 17/03: *Se acerca avanzada china:* 11f

die chinesischen Produkte in Kuba aufgrund ihres niedrigen Preises besonders gefragt sind.[972] China gewährt Kuba außerdem günstige Finanzierungsmodelle und beteiligt sich an großen Investitionen, unter anderem in der Erdölförderung. China sichert sich mit dieser Strategie großen Einfluss in der Karibik und verfolgt dieses Modell auch in anderen Staaten des lateinamerikanischen Kontinents. Kuba hingegen ist auf dem besten Weg, sich in eine neue Abhängigkeit ähnlich der Abhängig von der ehemaligen Sowjetunion zu begeben.

Im Dezember 2002 wurde in Havanna eine Vertretung der japanischen Außenhandelsorganisation gegründet, welche die Handelsbeziehungen zwischen Japan und Kuba unterstützen und vertiefen soll. Der japanische Botschafter erklärte, dass er besonders in den Bereichen Lebensmittelverarbeitung und Biotechnologie Chancen für kubanische Produkte auf dem japanischen Markt sehe. Bereits seit 1998 hatte diese Organisation Messen für kubanische Produkte in Japan organisiert und kubanische Experten in Japan ausgebildet. Im Jahr 2001 erreichte der bilaterale Handel über 64 Millionen Dollar, Kuba exportierte Waren im Wert von 37,5 Millionen Dollar nach Japan.[973]

Russland

Obwohl immer wieder von einem wachsenden kommerziellen Interesse beider Staaten aneinander gesprochen wird, sanken die russischen Exporte nach Kuba von 1999 bis 2002 von 115 auf 35 Millionen Dollar.[974] Wahrscheinlich spiegeln die Interessenbekundungen nur diplomatisches Feingefühl wider. 2003 konnten die Beziehungen wieder etwas verbessert und neue Projekte in Angriff genommen werden, unter anderem der Aufbau einer Montagelinie für Autos der Marke Lada.[975] Die Handelsbeziehungen zwischen Kuba und Russland blicken auf eine lange Tradition enger Zusammenarbeit im Rahmen des RGW zurück. Im Zuge der Umgestaltung der Beziehungen Russlands zu den USA und Europa marginalisierte sich die Bedeutung Kubas für den russischen Handel allerdings. Mit der Aufgabe des begonnen russisch-

[972] Interview mit einem kubanischen Unternehmer am 06.02.2004 in Havanna
[973] vgl. IPS Resumen Económico Anual, 2003: 33f
[974] vgl. IPS Economics Press Service 06/03: *A la caza de empresarios rusos:* 15f
[975] vgl. IPS Economics Press Service 18/03: *Autos Lada: nuevo acuerdo con Cuba:* 5

kubanischen Atomkraftwerkes in Cienfuegos und der russischen Militärbasis im kubanischen Lourdes kühlten die Beziehungen weiter ab. Hinzu kam der Beitritt Russlands zum Pariser Klub.[976] Diese Maßnahme sollte auch dazu benutzt werden, die kubanischen Schulden wieder einzufordern. Die Verhandlungen der kubanischen Regierung mit dem Pariser Klub im Jahr 2001 scheiterten allerdings. All dies führte zu einer weiteren deutlichen Abkühlung der Beziehung zwischen den beiden Ländern. 2002 kündigte Putin sogar an, man werde Chile als Ausgangspunkt für den russischen Handel in Lateinamerika nutzen, ein Posten, der eigentlich Kuba versprochen war.[977]

Weitere Handelsbeziehungen

Kuba bemüht sich um den Handelkontakt zu zahlreichen Ländern, denn die Insel hat schon oft erfahren müssen, was es bedeutet, von einigen wenigen Ländern abhängig zu sein. In diese Situation möchte die Regierung nicht nochmals geraten. In einem ausgeprägten und diversifizierten Export in die unterschiedlichsten Märkte sieht der Staat die einzige Möglichkeit für ein nachhaltiges Wirtschaftswachstum begründet. Auch das Vorhandensein zahlreicher möglicher Importpartner ist von Vorteil, da dies größere Verhandlungsspielräume und eine bessere Risikostreuung ermöglicht.[978] Auf Messen in Kuba und im Ausland und auf Delegationsreisen versucht Kuba immer wieder, neue Kontakte zu knüpfen. An der größten Messe des Landes, der Internationalen Messe Havannas FIHAV, nahmen im Jahr 2003 mehr als 700 Firmen aus 49 Ländern Europas, Lateinamerikas, Afrikas und Asiens teil.[979] Der Vizepräsident Carlos Lage deutet dieses Interesse an der Insel so: *„Die Anwesenheit so vieler Geschäftsleute bei dieser Messe zeigt, wie irrational die Blockadepolitik ist und wie Kuba, trotz dieses Drucks, jeden Tag seine Beziehungen zur Welt vergrößert.“*[980]

---

[976] Anm.: Afrikanische, pazifische und karibische Staaten, ehemalige Kolonien Europas, vgl. Bundeszentrale für politische Bildung, www.bpb.de (15.02.04)

[977] vgl. León, 2002: 207f

[978] vgl. IPS Economics Press Service, 2003, verschiedene Ausgaben

[979] vgl. IPS Economics Press Service 21/03: *Feria de La Habana, menos pero más:* 7

[980] Lage, zitiert nach: IPS Economics Press Service 21/03: *Feria de La Habana, menos pero más:* 7

2.3.3 Finanzen, Märkte und Dollarisierung

2.3.3.1 Beginn der Dollarisierung in Kuba

Die Dollarisierung betrifft seit Ende des 20. Jahrhunderts besonders die Länder Lateinamerikas.[981] Der Begriff Dollarisierung bezeichnet die Verwendung einer Fremdwährung in einer Volkswirtschaft als Zahlungsmittel sowie zur Wertaufbewahrung und ist eigentlich als währungsunabhängiges Phänomen zu verstehen.[982]

Im Rahmen der Wirtschaftskrise zu Beginn der 90er Jahre akkumulierte der Staat ein enormes Handelsbilanzdefizit, dem mit dem Neudruck von Geld entgegengetreten wurde. Die Gehälter der Bevölkerung blieben unangetastet. Da der vermehrten Geldzirkulation keine Waren gegenüber standen und die Regierung die Preisbildung kontrollierte, wurden sowohl Privatpersonen als auch Unternehmen zum Sparen gezwungen und häuften große Mengen Geld an. Dieser Prozess wird als unterdrückte Inflation bezeichnet. Es entwickelte sich ein ausgeprägter Schwarzmarkt, dessen Preise die tatsächliche Inflation reflektierten.[983] Im Jahr 1993 war der Verbraucherpreisindex auf dem Schwarzmarkt um 1.552,6 % gestiegen.[984] Es folgte eine verstärkte Nachfrage nach Dollars, die erheblich an Wert gegenüber dem Peso gewannen. Der Dollar begann die einheimische Währung als Wertaufbewahrungsmittel und zunächst auf dem Schwarzmarkt auch als Zahlungsmittel zu ersetzen. Dieses Stadium wird als inoffizielle Dollarisierung bezeichnet.[985]

Um die wirtschaftliche Krise zu überwinden, war die Regierung Kubas gezwungen, die weitere Dollarisierung des Landes zu fördern, vor allem durch die Zulassung von ausländischen Investitionen auf der Insel, die Dezentralisierung des Außenhandels und die Ausweitung der Exporte und des Tourismus, wodurch immer mehr Dollar ins Land kamen. 1993 wurde der Besitz von Dollar schließlich legalisiert. Man gründete eine staatliche Einzelhandelskette, in der die Bevölkerung gegen Dollar qualitativ hochwertige Waren kaufen kann und es wur-

---

981 vgl. Nova González, 2003: 1
982 vgl. Chuffart, 2002, www.unibas.ch (15.02.04)
983 vgl. Hidalgo; Tabares; Doimeadiós, 2002: 17ff
984 vgl. Economic Commission for Latin America and the Caribbean (ECLAC/CEPAL), 2001: 117
985 vgl. Chuffart, 2002, www.unibas.ch (15.02.04)

den die staatlichen Wechselstuben CADECA geschaffen, in denen Dollar legal gegen Peso zu einem durch Nachfrage und Angebot festgelegten Kurs getauscht werden konnten, was zu einer Aufwertung des Peso und zu einer Abschöpfung der exzessiven zirkulierenden Pesomenge führte. Alle Firmen, die den internen Dollarmarkt bzw. den Tourismus mit Produkten oder Dienstleistungen bedienten, erhielten die Erlaubnis, in Dollar zu handeln. Diese Maßnahmen führten zu einer Ausdehnung der Dollarisierung der Wirtschaft Kubas,[986] die nun als semioffizielle oder partielle Dollarisierung bezeichnet werden kann.[987] Der Dollarisierungsgrad[988] indiziert diesen Prozess. Während er 1996 noch 45% betrug, war er nur zwei Jahre später auf 53% gestiegen und erreichte 2000 schon fast 60%.[989] Es gibt drei Gründe, weshalb die Regierung die Ausbreitung der Dollarisierung legalisierte:[990]

- Der Staat benötigte dringend ausländisches Kapital und andere Devisenzuflüsse. Durch die Legalisierung des Dollars wurden Devisenzuflüsse aus dem Ausland, zum Beispiel die Überweisungen von Familienangehörigen, angeregt.
- Der Staat musste die Devisen abschöpfen, um redistributive Mechanismen zum Wohl der gesamten Bevölkerung anwenden zu können und die negativen Effekte der Krise auf den Lebensstandard der Bevölkerung gerecht zu verteilen.
- Man benötigte einen Referenzrahmen für Preise und Kosten und eine glaubwürdige Währung für die Einführung von Märkten in den unternehmerischen Sektor des Landes. Vor der Krise gab es de facto keine Märkte und das interne Preissystem war völlig von den internationalen Preisen losgelöst.

2.3.3.2 Märkte, Sektoren und Dualisierung der Wirtschaft

Aus genannten Maßnahmen und Entwicklungen ergab sich ein neues Wirtschaftsmodell, in dem der Staat zwar Protagonist für Entwicklung

---

[986] vgl. Nova González, 2003: 2ff
[987] vgl. Chuffart, 2001, www.unibas.ch (15.02.04)
[988] Anm.: Der Dollarisierungsgrad gibt an, wieviel Prozent der Gesamtausgaben der Bevölkerung in Dollar getätigt werden.
[989] vgl. Nova González, 2003: 2
[990] vgl. Hidalgo; Tabares; Doimeadiós, 2002: 29f

und Planung geblieben ist, in dem nun aber auch neue Regulierungsmechanismen existieren. Insgesamt gibt es drei verschiedene Kreisläufe oder Märkte, die mehr oder weniger miteinander verbunden sind.[991]

Wachstumssektor (sector emergente)

Zu diesem Sektor gehören alle Firmen, die Produkte oder Dienstleistungen für den Tourismus bereitstellen, ausschließlich für den Export oder die internen Devisenmärkten produzieren, kubanische Aktiengesellschaften und Joint Ventures. Dieser Sektor ist der Motor der kubanischen Wirtschaft, funktioniert nur mit Devisen und wird über Marktmechanismen reguliert. Selbstfinanzierung, Dezentralisierung und autonome Entscheidungen kennzeichnen die Firmen, die nicht mehr anhand von Materialflüssen, sondern gestützt auf finanzielle Kriterien kontrolliert werden. Der Staat kontrolliert aber die Preise auf dem Devisenmarkt, die auf Basis der Produktionskosten festgelegt werden.[992]

Privatsektor

Es gibt einen kleinen Sektor privater Unternehmer, der allerdings vom Staat stark eingeschränkt wird, da er schlecht mit den sozialistischen Prinzipien vereinbar ist und nur zugelassen wurde, um Arbeitsplätze zu schaffen. Die Produzenten bieten ausschließlich der Bevölkerung Produkte und Dienstleistungen in Peso oder Dollar an. Die Preise in Peso orientieren sich am inoffiziellen Dollarwechselkurs. Die Produkte werden auf freien Märkten angeboten, und die Preise bestimmen sich durch Angebot und Nachfrage. Es wird vermutet, dass die Bevölkerung rund 20% ihres Bedarfs auf diesen Märkten deckt.[993]

Traditioneller Sektor

Zu diesem Sektor gehören alle staatlichen Firmen, deren Produkte oder Dienstleistungen gegen Peso oder sogar kostenlos der Bevölkerung zugeteilt werden. Diese Unternehmen funktionieren kaum nach Marktmechanismen und werden vom Staat direkt oder indirekt über den offiziellen Wechselkurs 1 Peso gleich 1 USD bzw. seit November

---

[991] vgl. Hidalgo; Tabares; Doimeadiós, 2002: 19f
[992] vgl. ebd.: 20
[993] vgl. ebd.: 21

2004 1 konvertierbarer Peso subventioniert. Die Unternehmen dieses Sektors sollen die Grundbedürfnisse der Bevölkerung decken.[994]

2.3.3.3 Währungen und Wechselkursregime in Kuba

Seit der Legalisierung des Dollar im Jahr 1994 bis zum November 2004 zirkulierten in Kuba vier Währungen: Der kubanische Peso CUP, der konvertierbare kubanische Peso CUC, der US-Dollar und in einigen touristischen Regionen der Euro.[995] Offiziell wird behauptet, dass der konvertierbare Peso zu 100% durch Dollarreserven gedeckt wird, allerdings gibt es keine offiziellen Angaben über die Menge der Dollarreserven der kubanischen Zentralbank. Als der USD noch in Kuba zirkulierte, wurde bei Transaktionen und Geschäften wird ein Wechselkurs von 1 USD zu 1 CUC zugrunde gelegt. Der konvertierbare Peso wurde in Geschäften ebenso wie der Dollar akzeptiert und es wurden weder unterschiedliche Konten geführt noch zwei verschiedene Bilanzen für den Dollar und den konvertierbaren Peso aufgestellt. Alle drei Währungen dienten als Zahlungsmittel und Wertspeicher.[996] Es gibt zwei verschiedene Wechselkursregime in Kuba, die auch nach der Abschaffung des US-Dollar in dieser Form existieren.

Regime des eingeschränkt freien Wechselkurses

Im Jahr 1994 wurde die Finanzinstitution CADECA gegründet, eine staatliche Wechselstube, die der Bevölkerung eine legale Möglichkeit zum Kauf und Verkauf von Dollar, Pesos und konvertierbaren Pesos bietet. Juristische Personen haben keinen Zugang zu diesem Tauschmarkt und der dort verwendete Wechselkurs wird für keinerlei Transaktionen zwischen Firmen oder Institutionen genutzt. Obwohl dieser Kurs offiziell als flexibel bezeichnet wird, gibt es einige institutionelle Restriktionen bezüglich des Zugangs zu diesem Markt, und die Zentralbank Kubas interveniert ebenfalls gelegentlich durch den Nettokauf von Devisen, um den Wechselkurs stabil zu halten oder die Devisenreserven zu erhöhen, wodurch der Wechselkurs beeinflusst wird.[997]

---

[994] vgl. Hidalgo; Tabares; Doimeadiós, 2002: 21f

[995] vgl. ebd.: 23

[996] vgl. ebd.: 23

[997] vgl. ebd.: 24ff

Auch nach Abschaffung des US-Dollar sind die CADECAS von großer Bedeutung für die Bevölkerung, da sie dort zahlreiche andere Devisen wie den Euro, den kanadischen Dollar oder das englische Pfund zu tagaktuellen Kursen kaufen und verkaufen kann.

Regime des festen Wechselkurses

Ein großer Teil der Devisen des Landes wird den staatlichen Unternehmen und Institutionen zentral zugeteilt. Dies geschah bis Ende 2004 über die Devisenzentralkasse *(Caja Central de Divisas)* und deren Verwaltungsorganisation, die Zentrale Devisenkommission *(Comisión Central de Divisas)*. Für Unternehmen galt zu Zeiten der Dollarzirkulation ein Wechselkurs von 1 Peso zu 1 Dollar. Dieser Kurs wurde auch für den konvertierbaren Peso beibehalten, der zu Beginn fest an den US-Dollar gebunden war, mittlerweile aber innerhalb Kubas einen höheren Wert besitzt. Wenn einer staatlichen Firma oder Institution ein gewisses Budget in Devisen zugeteilt wurde, um Investitionen zu tätigen oder Zulieferer zu bezahlen, musste die Firma den entsprechenden Betrag in Pesos an die Devisenzentralkasse übergeben, um dafür Devisen zu bekommen. Die Pesofonds wurden der Firma zuvor durch den Staatshaushalt zugeteilt. Die Unternehmen erhielten über diese Institution auch Peso, die unter anderem für die Zahlungen der Löhne benötigt werden.[998] Bis zum Jahr 2004 hatten diejenigen Unternehmen, die aufgrund ihrer internationalen Geschäfte in Devisen operieren mussten, eine relativ hohe Autonomie bezüglich der Verwendung ihrer Deviseneinnahmen und konnten über gewisse Summen selbst entscheiden. Größere Einnahmen wurden an das jeweilige Ministerium übergeben, damit dieses die Ressourcen innerhalb seiner Strukturen neu verteilt.[999]

2.3.3.4 Nutzen und Kosten der Dualisierung der Wirtschaft

Nutzen

Der hauptsächliche Nutzen der Dollarisierung besteht in der Institutionalisierung einer größeren finanziellen Disziplin in der kubanischen Wirtschaft. Der Dollar war die erste Verbindung der Wirtschaft zu in-

---

[998] vgl. Hidalgo; Tabares; Doimeadiós, 2002: 25f
[999] vgl. ebd.: 25f

ternationalen Referenzrahmen für Kosten und Preise. Es wurden effizientere Kontrollmethoden eingeführt, die zu mehr Produktivität, Effizienz und Wettbewerbsfähigkeit kubanischer Unternehmen führten.

Des Weiteren nahm der Staat mehr Devisen aus den Wachstumssektoren und den privaten Überweisungen aus dem Ausland ein. Dies förderte die Wiederbelebung der Wirtschaft und ermöglichte gleichzeitig die Aufrechterhaltung der sozialen Systeme. Außerdem konnten die weniger effizienten traditionellen Sektoren mit Subventionen gestützt werden, bis auch diese eine größere Anpassung erreichten.

Die Existenz interner Dollarmärkte wirkte positiv auf die traditionellen Bereiche der Wirtschaft, die aufgrund der drastischen Reduzierung der Importe und der Devisenzuweisungen gezwungen wurden, alternative Finanzierungsquellen zu suchen. Eine dieser Alternativen war der Verkauf von Produkten an den internen Devisenmarkt oder an internationale Märkte, die weit höhere Anforderungen an die Qualität der Produkte stellten. Dies ließ die Unternehmen nach mehr Effizienz streben, was zur Folge hatte, dass weniger Unternehmen vom Staat subventioniert werden mussten. Auch die Suche nach ausländischen Partnern, die neue Technologien, Märkte und Wissen mitbringen konnten, wurde verstärkt und wirkte sich positiv auf die Resultate der staatlichen Firmen aus.[1000]

Kosten und Konflikte

Verzerrung des Preissystems und der Rentabilitätsmessungen

Die Währungsdualität übertrug sich ohne das Vorhandensein eines realistischen Wechselkurses auf die Finanzstrukturen des Landes. In die Bilanzen der Unternehmen und des Staatshaushaltes flossen Geldströme in kubanischen Pesos und in Dollar ein, wobei letztere auf der Basis des offiziellen Wechselkurses von 1:1 in Peso dargestellt wurden. Dies verzerrte die Preise und macht es unmöglich, die tatsächliche Rentabilität der staatlichen Unternehmen und der öffentlichen Finanzen zu ermitteln. So können Unternehmen mit einem hohen Anteil importierter Betriebsmittel rentabel erscheinen, obwohl sie in Wirklichkeit durch den überbewerteten Wechselkurs indirekt subventio-

[1000] vgl. Hidalgo; Tabares; Doimeadiós, 2002: 31f

niert werden. Exportfirmen hingegen weisen unterbewertete Einnahmen auf und müssen möglicherweise sogar Subventionen beantragen.

Was den Staatshaushalt betrifft, so könnte das Haushaltsdefizit unterbewertet sein, falls die Ausgaben in Dollar höher als die Einnahmen in Dollar sind. Dies lässt sich aber nicht messen, da in den Bilanzen nicht ersichtlich ist, wie hoch der jeweilige Anteil in Dollar ist.[1001]

Fehlende Exportanreize und ineffiziente Ressourcennutzung

Staatliche Firmen, die Produkte oder Dienstleistungen exportieren, werden nicht zu einer Ausweitung ihrer Exporttätigkeit stimuliert, da ihre Deviseneinnahmen unterbewertet werden. Für ihre Abgaben in Devisen an die Devisenzentralkasse erhalten sie den gleichen Betrag in Peso, und die einbehaltenen Gewinne gehen in die Gewinn- und Verlustrechnung der Unternehmen unter der Bezeichnung Peso und auf der Basis des offiziellen Wechselkurses von 1:1 ein.

Importfirmen werden vom Staat durch den Wechselkurs subventioniert, da die Preise der Importe unterbewertet werden. Für die Menge an Dollar, die diese Firmen zum Begleichen einer Lieferantenrechnung über die Devisenzentralkasse beziehen, müssen sie nur die gleiche Menge an Peso einzahlen. Dies führt zu einer Verschwendung von Ressourcen.[1002] Diese Phänomene könnten zu der ständig steigenden Importrate und den schlechten Ergebnissen des Exportsektors beitragen und den Anstieg des Staatshaushaltdefizits begünstigen.[1003]

Verlust von Steuereinnahmen

Firmen, die Einnahmen in beiden Währungen haben, werden auf der Basis der Struktur ihrer Gewinne besteuert. Ein Unternehmen, dessen Gewinn mit 30% besteuert wird, und welches Einnahmen von 100.000 Peso erzielt, wobei 40% davon Pesos und 60% Dollar sind, muss 18.000 Dollar und 12.000 Pesos an Steuern zahlen. Zwei staatliche Unternehmen, die die gleiche Einkommensstruktur haben, aber ganz unterschiedliche Zusammensetzungen bezüglich der Ausgaben, müs-

---

[1001] vgl. Hidalgo; Tabares; Doimeadiós, 2002: 32f

[1002] vgl. ebd.: 33

[1003] vgl. Nova González, 2003: 7

sen die gleiche Menge an Steuern zahlen, obwohl sie eine unterschiedliche Dollar-Rentabilität aufweisen. Außerdem reflektieren bei einem Wechselkurs von 1:1 die Konten des Staatshaushaltes nicht die höheren Dollareinnahmen. Die Unterbewertung des Dollar stellt einen Verlust von Steuereinnahmen dar.[1004]

Entstehung neuer Ungleichheiten innerhalb der Bevölkerung

Diejenigen Kubaner, die in den staatlichen traditionellen Sektoren angestellt sind, erhalten ihren Lohn in Peso und können kaum ihre Grundbedürfnisse befriedigen. Besonders die Privaten erzielen im Gegensatz dazu oft hohe Einnahmen, die es ihnen ermöglichen, Güter höherer Qualität nachzufragen. Da es aber nur ungenügend Güter und Dienstleistungen für die Bevölkerung gibt, und die Privaten zudem keine Möglichkeit haben, ihre Einnahmen in Zwischengüter, Anlagegüter, Grundstücke, Angestellte oder Kapitalanlagen zu investieren, werden diese Segmente der Bevölkerung erneut zum Sparen gezwungen, was sich in einer Akkumulation großer, unbeweglicher Geldmengen in Peso auf den Konten von vergleichsweise wenigen Personen manifestiert. Diese Geldmengen repräsentieren eine unterdrückte Inflation. Bei einer vermehrten Öffnung der Märkte in der Zukunft könnte diese Inflation zum Tragen kommen und die Preise erheblich erhöhen, was sich besonders negativ auf die Peso-Guthaben der kleinen Sparer und die Pesolohnempfänger auswirken würde.[1005] Die genannten Ungleichgewichte zeigen, dass eine Anpassung des Wechselkurssystems von größter Wichtigkeit ist.[1006] Die ersten Schritte in dieser Richtung wurden Mitte des Jahres 2003 ergriffen und am 08. November 2004 wurde der US-Dollar offiziell aus dem Geldumlauf in Kuba verbannt. Es ist jedoch keineswegs sicher, ob diese Maßnahmen tatsächlich zu einer Aufhebung der Währungsdualität führen werden.

2.3.3.5 Das Ende der Dollarisierung der kubanischen Wirtschaft?

Die erste konkrete Maßnahme, die in Richtung eines Abbaus der Dollarisierung getroffen wurde, war die Resolution Nr. 65 der Zent-

---

[1004] vgl. Hidalgo; Tabares; Doimeadiós, 2002: 33f
[1005] vgl. ebd.: 41ff
[1006] vgl. ebd.: 46

ralbank vom 21.07.2003, die festlegte, dass alle Zahlungen innerhalb der kubanischen Unternehmen, die bisher in Dollar abgewickelt wurden, nun mit den konvertierbaren Pesos zu erfolgen haben und dass alle Konten von Dollar auf konvertierbare Pesos umzustellen sind. Auf diese Art kontrolliert die Zentralbank Verfügbarkeit, Verwendung und Destination der Dollar, denn alle kubanischen Unternehmen, die Dollar für Geschäfte mit dem Ausland benötigen, müssen diese vorher beantragen, was bis zu 30 Tage in Anspruch nehmen kann. Dadurch büßen die Unternehmen Flexibilität und Autonomie ein und können nicht schnell genug auf Marktveränderungen reagieren. Die Bank muss das jeweilige Geschäft bewerten und kann dann den Tausch von konvertierbaren Pesos in Dollar genehmigen oder ablehnen. Dies stellte eine erste Einschränkung der neuen unternehmerischen Freiheit und einen Rückschritt auf dem Weg zu größerer Dezentralisation der unternehmerischen Tätigkeit dar. Es wird auch vermutet, dass dieser Schritt die schlechte finanzielle Lage des Landes reflektierte. Durch die neue Maßnahme verfügte der Staat kurzfristig über eine zusätzliche Summe von 300 bis 400 Millionen USD ohne Zinsbelastung, die sofort in die Wirtschaft gepumpt werden konnten.[1007] Außerdem erhält der Staat nun einen ständigen Zufluss an Devisen, die durch Geschäfte mit dem Ausland über die kubanischen Unternehmen ist Land kommen,[1008] zusätzlich zu den Gewinnen aus der so genannten Seigniorage, womit derjenige Ertrag gemeint ist, der einer staatlichen Institution dadurch entsteht, dass sie in der Lage ist, Geld zu produzieren (in diesem Fall konvertierbare kubanische Peso), welches sie im Tausch gegen Faktorleistungen, Sach- oder Finanzaktiva in Umlauf bringen kann.[1009]

Am 08. November 2004 wurde schließlich die Zirkulation des US-Dollars durch Inkrafttreten der Resolution 80-2004 im gesamten Land gestoppt.[1010] Anstelle des US-Dollar tritt nun auch für die Bevölkerung und den Tourismus der konvertierbare Peso CUC. Touristen und Kubaner können wie gewohnt Devisen in konvertierbare Pesos zum

[1007] vgl. IPS Economics Press Service 14/03: *El peso convertible en la empresa cubana:* 25ff
[1008] vgl. IPS Economics Press Service 15/03: *Amplio mercado en divisas: ¿Solución o problemas?:* 18
[1009] vgl. Chuffart, 2002, www.unibas.ch (15.02.04)
[1010] vgl. Castro Ruz, 31.10.2004, www.tiempodecuba.34sp.com (30.08.05)

jeweiligen Tagessatz tauschen. Die ausländische Währung wird nun nicht mehr in Devisengeschäften abgeschöpft, sondern direkt beim Tausch in Banken und Wechselstuben, was dem Staat eine größere Kontrolle über Deviseneinnahmen und durch die Trennung des externen Devisenzuflusses von der internen Zirkulation mehr Flexibilität bei Entscheidungen über die Redistribution der Devisen verschafft.

Durch die Resolution 92 der kubanischen Zentralbank vom 30. Dezember 2004 wurde die Kontrolle des Staates über die Deviseneinnahmen und -ausgaben des Landes nochmals verstärkt. Bereits in der Einleitung werden die Ziele dieser Maßnahme formuliert: Schaffung einer größeren Kontrolle über die Devisenausgaben der kubanischen Unternehmen, Konzentration aller Deviseneinnahmen auf einem Einheitskonto der Zentralbank und Implementierung eines Genehmigungsverfahrens für die Verwendung der konvertierbaren Peso in kubanischen Unternehmen.[1011] Für diesen Prozess wurde eine weitere Instanz gegründet, das so genannte Komitee zur die Genehmigung von Devisen *(Comité de Aprobación de Divisas)*, das sowohl die Zuteilung von Devisen als auch Transaktionen in konvertierbaren Peso genehmigen muss. Die Ministerien haben keinen Einfluss mehr auf die Deviseneinnahmen und können diese nicht mehr unter ihren zugehörigen Unternehmen verteilen, da nun sämtliche eingenommene Devisen auf ein Einheitskonto der Zentralbank, die so genannte *Cuenta Única de Ingresos en Divisas del Estado*, überwiesen werden müssen. Diese ersetzt seit Januar 2005 die Devisenzentralkasse. Einer der großen Nachteile dieser neuen Praktik, abgesehen von der extrem eingeschränkten Flexibilität der Unternehmen, ist die Tatsache, dass nun eine Finanzinstitution Entscheidungen über den Einsatz von Devisen trifft, die eigentlich den Unternehmen zukäme. Die Unternehmen könnten aufgrund ihrer Marktnähe den effektiven Ressourceneinsatz weit besser koordinieren als eine übergeordnete Finanzinstitution.[1012] Es scheint auch, dass die Zentralbank nicht die nötigen organisatorischen und infrastrukturellen Voraussetzungen besitzt, um die rigorose Kontrolle über sämtliche Deviseneinnahmen und -ausgaben durchfüh-

---

[1011] vgl. Banco Central de Cuba, 2004: *Resolución 92:* 1, www.bc.gov.cu (02.06.2005)

[1012] vgl. IPS Economics Press Sercice 06/05: *Centralización y Descentralización de la economía cubana:* 17

ren zu können. Es kommt immer wieder zu Verzögerungen bei der Antragsbearbeitung, welche die wirtschaftliche Leistungs- und Zahlungsfähigkeit der Unternehmen extrem behindern.[1013]

Am 09. November konnte man auf Seite Eins der Tageszeitung Granma lesen, Kuba hätte die totale monetäre Souveränität wiedererlangt,[1014] und auch in Radio und Fernsehen wurde behauptet, die Abschaffung des US-Dollars stelle die Lösung für die problematische Dualisierung der Wirtschaft dar. Bei genauerer Betrachtung ist dies jedoch nicht der Fall, denn obwohl die Maßnahmen der Jahre 2003 und 2004 das komplizierte Währungssystem Kubas vereinfachen, bleibt die Dualität, verantwortlich für zahlreiche Probleme und Ungleichgewichte, beinahe unverändert bestehen.[1015] Der CUC übernimmt lediglich die Funktion des US-Dollars auf dem so genannten internen Devisenmarkt und festigt auch weiterhin das Bestehen von zwei nahezu unabhängigen Währungskreisläufen mit völlig unterschiedlichen Charakteristiken. Die bestehenden Wechselkursregime wurden übernommen. Für die Bevölkerung gilt das eingeschränkt freie Regime mit einem Kurs von ungefähr 1 CUC zu 25 CUP, für Unternehmen gilt das feste Regime mit einem Kurs von 1 zu 1. Jeder dieser Kreisläufe umfasst rund 50% der Waren- und Dienstleistungsflüsse in Kuba.[1016]

Viele Experten waren der Auffassung, dass diese Maßnahmen der Vorbereitung einer schrittweisen Substitution des CUP durch den CUC dienten, jedoch gibt es derzeit keine Anzeichen für eine derartige Vereinheitlichung des Währungssystems. Der CUP übernimmt weiterhin wichtige Funktionen innerhalb der Wirtschaft. Alle Löhne und Renten werden in CUP gezahlt, die Bevölkerung erwirbt mit CUP rationierte Lebensmittel und Waren, der Staatshaushalt wird in CUP dargestellt und eine große Anzahl an Unternehmen operiert weiterhin ausschließlich in CUP. Die traditionelle kubanische Währung unterlag in den letzen Jahren jedoch einer so starken Abwertung, dass sich die

1013 vgl. IPS Economics Press Sercice 06/05: *Centralización y Descentralización de la economía cubana:* 18

1014 vgl. Mayoral, 09.11.2005: *Cuba recupera la soberanía monetaria,* Diario Granma, www.granma.cubaweb.cu (26.09.05)

1015 vgl. IPS Economics Press Service 08/05: *En alza los pesos:* 13

1016 vgl.ebd.: 13

Bevölkerung mit ihrem Gehalt in kubanischen Peso auch bei sehr eingeschränktem Konsum nur etwa 15 Tage im Monat versorgen kann. Der CUC wird entgegen aller Prognosen jedoch eher eingeschränkt, zum Beispiel durch die Resolution 92, obwohl Teile der staatlichen Bilanzen bereits über den CUP abgebildet werden und diese Währung die Wachstumssektoren der Insel trägt. Außerdem wird durch die Zentralbank garantiert, dass die CUC durch Bestände in frei konvertierbaren Devisen gedeckt sind und jederzeit frei in Devisen umgetauscht werden können. Dennoch scheint es derzeit eher so, als wolle man zum CUP als Einheitswährung zurückkehren.[1017]

Unabhängig davon, welche Währung letztendlich favorisiert wird, sind einige Voraussetzungen zu erfüllen, um tatsächlich die viel beworbene Währungssouveränität erreichen zu können. Existenziell ist ein nachhaltiges Wachstum der gesamten Wirtschaft des Landes, welches durch eine Serie von Reformen und Maßnahmen begleitet werden muss, die die produktiven Kräfte des Landes liberalisieren. Dazu gehören unter anderem ein verstärktes Wachstum des Exportsektors, eine Diversifizierung der Exportgüterpalette, eine vermehrte Öffnung des Landes für ausländisches Kapital in Sektoren, die einen starken Multiplikatoreffekt auf andere Bereiche der Wirtschaft ausüben und die Eliminierung der gemischten Buchführung.[1018] Ein weiterer Faktor ist das Vertrauen der Bevölkerung in eine der beiden Währungen.[1019]

Die Substitution des US-Dollars durch den CUC stellt lediglich einen Schritt auf dem Weg zu einer frei konvertierbaren nationalen Währung dar. Ob diese Maßnahme zu einer tatsächlichen Umkehr der Dollarisierung bzw. Wirtschaftdualität führt, hängt von vielen Faktoren ab. Sind die genannten Bedingungen nicht gegeben, kann sich die Situation noch verschlechtern, zum Beispiel durch die Zunahme von Schwarzmarktaktivitäten. Von einem nachhaltigen Wirtschaftswachstum kann bisher nicht die Rede sein, und die Gebühren für den Tausch von US-Dollar mindern die Kaufkraft der Kubaner und schmälern das Vertrauen in die Maßnahme. Diese fiel zudem in einen für das Land schwierigen Zeit-

[1017] vgl. IPS Economics Press Service 08/05: *En alza los pesos:* 14
[1018] vgl. Nova González, 2003: 9
[1019] vgl. Xalma, Cristina, 31.10.2004, www.tiempodecuba.34sp.com (30.08.05)

raum, als allen Kubanern nach Castros Sturz von einem Podium plötzlich bewusst wurde, wie abhängig das Wohl des Landes vom Wohl einer einzigen Person ist.[1020] Unter diesen Vorzeichen kann die Maßnahme als Notfallprogramm zur Befüllung der leeren Staatskassen mittels Devisenabschöpfung und zur Rezentralisierung der staatlichen Kontrolle über die Devisenbestände gedeutet werden, welches nicht nur die Bevölkerung beunruhigt und externe Beobachter zu heftigen Spekulationen über die tatsächliche Situation des Tropensozialismus veranlasst, sondern auch Investoren und Geschäftspartner verunsichert.

2.3.4 Arbeitssituation, Einkommen und Kaufkraft

"Die Arbeit in der sozialistischen Gesellschaft ist ein Recht, eine Pflicht und eine Quelle der Ehre für jeden Bürger"[1021]
Verfassung der Republik Kuba

In Kuba gibt es keinen Arbeitsmarkt. Da nahezu alle Produktionsmittel dem Staat gehören, sind prinzipiell alle Arbeiter Angestellte des Staates, welcher gleichzeitig die Verantwortung hat, deren Rechte zu bewahren. Der Staat übernimmt also eine Doppelfunktion als Arbeitgeber und Garant der Rechte der Arbeiter.[1022] Im Jahr 1960 wurde die Gründung unabhängiger Gewerkschaften verboten und eine Einheitsgewerkschaft eingeführt. Die CTC *(Centro de Trabajadores de Cuba)* reiht sich allerdings in die anderen Massenorganisationen der Regierung ein und hat vor allem die Aufgabe, die Arbeitsdisziplin zu wahren, sozialistisches Gedankengut zu verbreiten und freiwillige Arbeitseinsätze zu organisieren. Es gab Versuche, unabhängige Arbeiterorganisationen zu gründen, von denen es bisher mehrere gibt, die allerdings nie vom Staat anerkannt wurden und deren Gründer häufig Repressalien ausgesetzt sind.[1023] Die Verfassung des Landes sieht eigentlich das Recht auf Versammlung vor. Im Artikel 54 heißt es: *„Das Recht auf Versammlungen und Kundgebungen wird allen [...] Segmenten der Bevölkerung gewährt. [...] Die [...] Massenbewegungen verfügen über alle Mittel zur Durchführung derartiger Aktivitä-*

[1020] vgl. Xalma, Cristina, 31.10.2004, www.tiempodecuba.34sp.com (30.08.05)
[1021] Constitución de la República de Cuba, 1992: Art. 45, www.cubanet.org (21.02.04)
[1022] vgl. Leiva, 2000: 485
[1023] vgl. Córdova; García, 2000: 14

ten, bei denen alle Mitglieder das Recht auf freie Meinungsäußerung haben, basierend auf dem uneingeschränkten Recht [...] Kritik."[1024] In der Verfassung heißt es aber auch: „*Keine der Freiheiten, die den Bürgern gewährt werden, darf gegen die Grundsätze der Verfassung und der Gesetze, die Existenz und die Ziele des sozialistischen Staates und den Willen des Volkes, den Sozialismus und den Kommunismus zu errichten, verstoßen. Die Missachtung dieses Prinzips ist strafbar.*"[1025]

Es gibt keine unabhängige Judikative. Die kubanischen Gerichte sind der Nationalversammlung und dem Staatsrat unterstellt, dessen Präsident Fidel Castro ist. Die Richter sind aller Wahrscheinlichkeit nach zu ideologischer Konformität verpflichtet.[1026] Kubanische Angestellte haben demzufolge nicht viele Möglichkeiten, sich in ihrem Arbeitsumfeld frei und unabhängig zu entwickeln. Alle alternativen Konzepte der Beschäftigung, bei denen der Arbeiter nicht direkt beim Staat angestellt ist, hängen von der Autorisierung durch den Staat und anderen staatliche Bestimmungen und Kontrollen ab.

2.3.4.1 Formen der Beschäftigung

Staatliche Unternehmen

Bis 1995 waren die staatlichen Unternehmen Arbeitgeber für die Mehrheit der aktiven Bevölkerung Kubas. Mit der Einführung neuer Eigentums- und Produktionsformen, der Öffnung des Landes für ausländisches Kapital und der Legalisierung privater Geschäftstätigkeit nimmt der Anteil der arbeitenden Bevölkerung in den staatlichen Unternehmen kontinuierlich ab. Mit diesen Maßnahmen gab der Staat sein Monopol auf die Beschäftigung teilweise ab.

Im staatlichen Bereich findet man den größten Anteil an Frauen in Führungspositionen, aber auch die meisten Arbeiter mit geringer Qualifizierung und den niedrigsten Löhnen. Alle Bestimmungen hinsichtlich der Rechte und Pflichten der Arbeiter, Arbeitszeiten, Lohnzahlungen,

[1024] Constitución de la República de Cuba, 1992: Art. 54, www.cubanet.org (21.02.04), Übersetzung durch die Autorinnen
[1025] ebd.: Art. 62, www.cubanet.org (21.02.04), Übersetzung durch die Autorinnen
[1026] vgl. Leiva, 2000: 485

Arbeitsschutz, Kündigungen, Urlaub und Mutterschaftsurlaub ergeben sich aus dem kubanischen Arbeitsgesetzbuch. Nach dem Studium oder der Ausbildung wird allen Kubanern ein Arbeitsplatz zugewiesen.[1027]

Eine der tiefgreifendsten Veränderungen wurde in diesem Sektor mit der Einführung des *perfeccionamiento empresarial* im Jahr 1998 eingeleitet. Die Angestellten der Unternehmen, die sich im Prozess der Perfektionierung befinden, bekommen zusätzlich zu ihrem staatlichen Lohn einen Bonus in Devisen, der sich nach den Ergebnissen des Unternehmens richtet. Zum ersten Mal wurde wieder eine direkte Verbindung zwischen Leistung und Lohn geschaffen. Außerdem können Unternehmen, welche die Perfektionierung erfolgreich abgeschlossen haben, selbstständig Personal einstellen.[1028] Damit wurden die Grundsteine für einen Arbeitsmarkt gelegt.

Unternehmen mit Beteiligung ausländischen Kapitals

Joint Ventures müssen ihr kubanisches Personal über ein staatliches Personalbüro rekrutieren. Diese Arbeiter sind de facto Angestellte des Staates und fallen unter die Bestimmungen des kubanischen Arbeitsgesetzbuches. Da es aber mehr Vergünstigungen in diesem Sektor gibt, wie zum Beispiel Motivationsfonds in Dollar, kostenlose Verpflegung und Kleidung, ist die Nachfrage nach diesen Stellen groß. Auffällig ist die geringe Anzahl an Frauen in Schlüsselpositionen und das geringe Durchschnittsalter der Beschäftigten. In den Firmen mit Beteiligung ausländischen Kapitals sind die am besten ausgebildeten Arbeitskräfte mit den höchsten Durchschnittslöhnen zu finden.[1029]

Kooperativen und selbstständige Arbeit

Die Verbreitung von Kooperativen und landwirtschaftlichen Familienbetrieben seit 1993 verändert das Gesicht der Arbeitsbeziehungen in Kuba. Der Betrieb einer Kooperative ist zwar nur mit einer Lizenz möglich und die Löhne entsprechen den staatlichen Löhnen. Es handelt sich aber um Basislöhne, die durch die Gewinne, die die Kooperative durch den Verkauf ihrer Produkte auf den freien Märkten nach

---

[1027] vgl. IPS Enfoque 09/03: *Empleo: nuevo siglo, nuevas estrategias:* 6f
[1028] vgl. ebd.: 6
[1029] vgl. ebd.: 7

Abzug der staatlichen Quote erzielt, aufgebessert werden können.[1030] Die rentabelsten Kooperativen bringen ihren Mitgliedern monatlich bis zu 500 Peso zusätzlich zum staatlichen Lohn ein.[1031]

Die Ausübung einer selbstständigen Tätigkeit ist ebenfalls nur mit einer Lizenz möglich. Es ist den Privaten nicht erlaubt, Arbeiter einzustellen, Gewinne in das Unternehmen zu investieren oder Gebäude zu kaufen.[1032] Die ständige Erhöhung der Steuern und verstärkte Kontrollen haben dazu geführt, dass die Zahl der Privaten kontinuierlich abnimmt. Gab es in der Hochphase noch 202.000 registrierte Private, so sind es heute noch ungefähr 100.000. Da es nicht genügend Stellen im staatlichen Sektor gibt, agieren viele der Selbstständigen illegal.[1033]

2.3.4.2 Aktuelle Entwicklungen

Vor dem Zusammenbruch der sozialistischen Staaten und des RGW war die Arbeitslosigkeit in Kuba kein Grund für Besorgnis innerhalb der Bevölkerung, da der Saat Vollbeschäftigung garantierte. Erst mit Beginn der Krise und der notwendigen Einführung von mehr Effizienz und Produktivität breitete sich die Arbeitslosigkeit in Kuba aus, bis sie ca. 8% erreichte. Diese Zahl ist relativ gering angesichts eines Rückgangs des Wirtschaftswachstums von insgesamt 34,8%. Die Garantie des Staates auf Beschäftigung verhinderte massenhafte Entlassungen, führte aber auch zu einem extremen Rückgang der Produktivität, da es durch den Mangel an Produktionsfaktoren für einen Großteil der arbeitenden Bevölkerung nichts zu tun gab. Durch die Aufgabe des staatlichen Monopols über die Beschäftigung und die Einführung neuer Konzepte, zum Beispiel selbstständige Arbeit und Kooperativen, konnte die Arbeitslosigkeit verringert werden. Seit 1999 ist die Rate laut offizieller Quellen kontinuierlich gesunken.[1034]

[1030] vgl. Economic Commission for Latin America and the Caribbean (ECLAC/CEPAL), 2001: 176
[1031] vgl. IPS Enfoque 09/03: *Empleo: nuevo siglo y nuevas estrategias:* 7
[1032] vgl. Economic Commission for Latin America and the Caribbean (ECLAC/CEPAL), 2001: 176f
[1033] vgl. IPS Economics Press Service 21/03: *Cuentapropismo en silencio:* 13ff
[1034] vgl. IPS Enfoque 09/03: *Empleo: nuevo siglo y nueva estrategia:* 3f

Entwicklung der Arbeitslosigkeit in Kuba

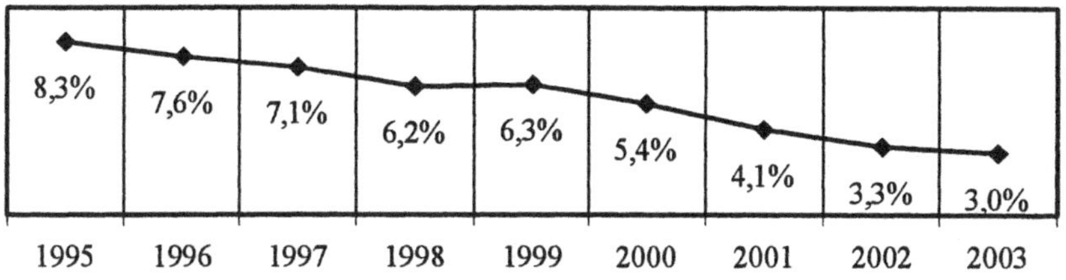

Abbildung 24 *Entwicklung der Arbeitslosigkeit (1995 bis 2003)*
Quelle: IPS Enfoque 09/03: 10 und Rodríguez, www.radioprogreso.cu (29.12.03)

Mit einer Arbeitslosenrate von 3% liegt Kuba heute weit unter dem Schnitt Lateinamerikas, wo sie durchschnittlich 9,3% beträgt.[1035]Die Durchführung von Sozialprogrammen oder die Aufnahme eines Studiums sind als neue Arbeitsbeschaffungskonzepte in den Prozess des kontinuierlichen Abbaus der Arbeitslosigkeit mit eingeflossen und haben die Statistik positiv beeinflusst. Im Jahr 2002 konnten alle Universitätsabgänger in einem Unternehmen untergebracht werden, es wurden Stellen für alle behinderten Personen geschaffen, die Arbeit gesucht hatten und die Arbeitsproduktivität wuchs um 0,7%.[1036]

Kuba hat allerdings zwei große Probleme, die sich mittel- bis langfristig als ernstes Problem erweisen können. Durch die Politik der Regierung, überflüssige Stellen besetzt zu halten, um Entlassungen zu vermeiden, wurde ein Großteil der Bevölkerung gezwungen, die Aktivitäten am Arbeitsplatz zu reduzieren. Dies führt dazu, dass viele Angestellte Leistungen weit unter ihren möglichen Kapazitäten erzielen, was auch als versteckte Arbeitslosigkeit gewertet wird. Wird diese Rate zur offenen Arbeitslosigkeit hinzu gerechnet, dann kann von einer reellen Arbeitslosigkeit von über 30% im Jahr 1994 ausgegangen werden.[1037] Die hohe versteckte Arbeitslosigkeit, die sich in einer geringen Arbeitsproduktivität manifestiert, stellt ein gravierendes Problem für die wirtschaftliche Entwicklung des Landes dar. Massenhafte Entlassungen, die für das Erreichen einer höheren Produktivität und Effizienz in den staatli-

---

[1035] vgl. IPS Enfoque 09/03: *Empleo: nuevo siglo, nuevas estrategias:* 1
[1036] vgl. IPS Economics Press Service 05/03: *Empleo: noticias buenas y no tan buenas:* 25
[1037] vgl. Economic Commission for Latin America and the Caribbean (ECLAC/CEPAL), 2001: 169f

chen Unternehmen und für ein nachhaltigeres Wachstum der Wirtschaft nötig wären, sind mit den sozialen Grundsätzen der Regierung aber nicht vereinbar. Das zweite Problem ist die Veralterung der Bevölkerung. Die Regierung hat bereits mit einem großen Defizit in der Sozialversicherung zu kämpfen, welches nur durch die Einführung von Beiträgen (die meisten Angestellten zahlen keine Beiträge zur Sozialversicherung) geschlossen werden kann. Langfristig wird auch diese Maßnahme nicht ausreichen. Experten gehen davon aus, dass sich die Beziehung Rentner/Berufstätige in den nächsten fünfzig Jahren von dem aktuellen Verhältnis von 1:8 auf 1:2 verschlechtern wird.[1038]

2.3.4.3 Löhne und Kaufkraft

Der durchschnittliche Monatslohn betrug im Jahr 2002 262 Pesos. Werden alternative Einkommensquellen wie Überweisungen aus dem Ausland hinzugerechnet, betrug das monatliche Durchschnittseinkommen eines Kubaners im Jahr 2002 rund 353 Pesos.[1039] Die folgende Tabelle beinhaltet Auszüge der offiziellen Lohnskala des Staates:

Tarife für Arbeiter			Andere Kategorien					
Gruppe			Verwaltung/ Dienstleistung		Techniker		Führungskräfte	
	Peso	Dollar	Peso	Dollar	Peso	Dollar	Peso	Dollar
I	100	3,8	85	3,3	--	--	--	--
II	118	4,5	97	3,7	--	--	--	--
III	127	4,9	111	4,3	--	--	111	4,3
XXI	--	--	--	--	425	16,3	425	16,3
XXII	--	--	--	--	450	17,3	450	17,3

Tabelle 8 *Kubanische Löhne in Peso und Dollar*
Es liegt der 2003 gültige Wechselkurs von 1:26 zugrund gelegt.
Quelle: Staatliches Komitee für Arbeit und Sozialversicherung, 1980: Resolution 476 und eigene Berechnungen

Zum 01. Mai 2005 wurde der Mindestlohn für Angestellte auf 225 Peso monatlich erhöht, rund neun CUC.[1040] Im Gesundheitswesen und

[1038] vgl. Economic Commission for Latin America and the Caribbean (ECLAC/CEPAL), 2001: 179

[1039] vgl. IPS Economics Press Service 05/03: *Empleo: noticias buenas y no tan buenas:* 25 und IPS Enfoque 09/03: *Empleo: nuevo siglo, nuevas estrategias:* 5

[1040] MTSS, 2005: *Resolución 11-2005*, 27.04.2005, www.cubasindical.org (26.09.2005)

Bildungssektor wurden die Löhne im Juni 2005 um durchschnittlich 43 CUP pro Monat (weniger als 2 CUC) erhöht, um die mangelhafte Motivation und Einsatzbereitschaft von Pädagogen, Ärzten und Pflegepersonal zu stimulieren. Insgesamt werden für diese Lohnerhöhungen Mittel in Höhe von 523 Mio. kubanische Peso aus dem Staatshaushalt bereitgestellt.[1041] Dennoch reflektieren diese Lohnerhöhungen in keiner Weise die starke Abwertung und geringe Kaufkraft des traditionellen kubanischen Pesos.

Für eine Familie gibt es vier Möglichkeiten, ihre Bedürfnisse abzudecken. Die erste Möglichkeit sind die Produkte, die zu Niedrigstpreisen gegen Lebensmittelmarken vom Staat angeboten werden. Folgende Produkte erhält ein Kubaner monatlich auf seine *libreta*, wie das kleine Heft für rationierte Lebensmittel genannt wird:

Produkte	Einheit	Preis (Peso)	Menge	Anmerkungen
Reis*	Pfund	0,25	5	--
Bohnen	Pfund	0,20	1	--
Weißer Zucker	Pfund	0,16	1	--
Brauner Zucker	Pfund	0,12	3	--
Salz	Pfund	0,03	0,5	--
Öl	Pfund	0,40	0,5	2 Pfund/Person aller 3 Monate
Kaffee	Unzen	0,75	4	--
Hackfleisch	Pfund	1,20	0,75	40% Rindfleisch, 60% Soja bzw. Mehl
Fisch*	Pfund	1,00	1	meist sehr schlechte Qualität
Eier*	Stück	0,15	14	oftmals weniger (Futtermittelmangel)
Kartoffeln*	Pfund	0,50	4	--
Körperseife*	Stück	0,25	1	nur in der Hauptstadt
Waschseife*	Stück	0,30	1	nur in der Hauptstadt
Reinigungsmittel*	Liter	1,00	1	nur in der Hauptstadt
Milch	Liter	1,00	1	nur für Kinder bis sieben Jahre
Milchpulver	Liter	1,20	2	nur für Kranke und mit ärztlicher Diät
Sojajogurt	Liter	1,00	--	12 l / Monat, für Kinder von 7-13 Jahren
Hühnchen	Pfund	1,50	0,75	Für Kinder bis 13 Jahre, aller 45 Tage

Tabelle 9 *Rationierte Lebensmittel pro Person und Monat*
Quelle: Instituto de Estudios Sindicales Independientes, 1998, www.cubasindical.org (13.02.04)

[1041] vgl. Barrio, Carrasco, et. al.: *Nuevo incremento salarial para Salud y Educación*, 24.06.2005, www.mesaredonda.cu (26.09.05)

* Diese Produkte werden nur in der Hauptstadt verteilt. In den anderen Provinzen erhält die Bevölkerung nur 50% der angegebenen Mengen, sofern das Produkt verfügbar ist.

Diese Produkte decken den tatsächlichen Bedarf von 10 bis 15 Tagen im Monat. Um sich für die restlichen Tage zu versorgen, kann die Bevölkerung auf drei weitere Quellen zurückgreifen: die freien Märkte, den Devisenmarkt und den Schwarzmarkt.[1042] Die folgenden Tabellen verdeutlichen die Kaufkraft der staatlichen Löhne auf diesen Märkten. Die Zahlen beziehen sich auf den Durchschnittslohn von 1997 (208 Peso), den damaligen Wechselkurs von 1 Dollar zu 23 Pesos und eine monatliche Arbeitszeit von 190,6 Stunden.[1043]

Produkt	Einheit	Preis (Dollar)	in % des Monatslohns	Arbeits-stunden	Arbeits-tage
Hühnchen	Pfund	4,80	53,0	101,2	12,6
Öl	Liter	2,40	26,5	50,9	6,4
Milchpulver	Kilo	2,00	22,1	42,2	5,3
Eier	Dutzend	1,80	19,9	37,9	4,7
Butter	Pfund	2,40	26,5	50,9	6,4
Körperseife	Stück	0,45	4,9	9,4	1,2
Waschmittel	Kilo	2,60	28,7	54,8	6,8

Tabelle 10 *Kaufkraft der staatlichen Löhne auf dem internen Devisenmarkt*
Quelle: Instituto de Estudios Sindicales Independientes, 1998, www.cubasindical.org (13.02.04)

Produkt	Einheit	Preis (Pesos)	in % des Monatslohns	Arbeits-stunden	Arbeits-tage
Schweinefleisch	Pfund	25,00	12,0	22,9	2,8
Reis	Pfund	5,00	2,4	4,5	0,6
Bohnen	Pfund	6,00	2,9	5,5	0,7
Bananen	Pfund	3,00	1,4	2,7	0,3
Schweinespeck	Pfund	30,00	14,4	27,5	3,4
Süßkartoffeln	Pfund	7,00	1,0	1,8	0,2
Zwiebeln	Stück	1,00	0,5	0,9	0,1
Tomatenpüree	Pfund	15,00	7,2	13,7	1,7

Tabelle 11 *Kaufkraft der staatlichen Löhne auf den freien Landwirtschaftsmärkten*
Quelle: Institut für unabhängige Gewerkschaftsstudien, 1998, www.cubasindical.org (13.02.04)

Aufgrund der häufigen Preiserhöhungen ist der Reallohn zwischen 1989 und 1998 trotz der kontinuierlichen Erhöhung der Nominallöhne

[1042] vgl. IPS Economics Press Service 05/03: *Empleo: noticias buenas y no tan buenas:* 26
[1043] vgl. Institut für unabhängige Gewerkschaftsstudien, 1998, www.cubasindical.org (13.02.04)

um 44% gesunken.[1044] Die Situation hat sich bisher nicht verbessert. Im Jahr 2002 sind die staatlichen Löhne nur geringfügig um 6,9% im Vergleich zum Vorjahr gestiegen,[1045] während sich die Preise auf den freien Bauernmärkten für einen Großteil der Produkte um bis zu 23% verteuert haben.[1046] 2003 sind die Preise erneut um 7% gestiegen.[1047] Im Devisenmarkt wurden im Jahr 2001 die Preise für Grundnahrungsmittel um 10% gesenkt, für alle anderen Produkte aber um bis zu 30% erhöht.[1048] Dies führte zu einer erneuten Abwertung der Reallöhne.

Zu den aufgeführten Kosten für Lebensmittel kommen noch die Kosten für Miete, Wasser, Strom, Telefon, Transport, Kosmetik und Kleidung hinzu. Viele Familien können mit ihrem regulären Lohn nicht einmal ihre Grundbedürfnisse befriedigen. Zwar ist der Zugang zu Bildung und Gesundheit kostenlos, jedoch kann dieses indirekte Einkommen nicht die Verluste ersetzen, die den Haushalten aus dem Verlust der Kaufkraft ihrer Löhne aufgrund der Preiserhöhungen entstehen.[1049] Andere Einkommensquellen helfen, die Probleme abzuschwächen. Aber nur 60% der Kubaner haben Zugang zu Devisen. Einige wenige beziehen Einkommen von mehreren Hundert Dollar monatlich.[1050] Auf nur 13% der privaten Konten in Kuba befinden sich 87% der gesamten privaten Sparanlagen des Landes.[1051] Die Mehrheit der Bevölkerung muss jedoch jeden Tag ums Überleben kämpfen. Auch 15 Jahre nach der Krise hat sich der Lebensstandard der Kubaner nicht verbessert.

2.3.5 Staatshaushalt und Auslandsverschuldung

2.3.5.1 Charakteristiken des kubanischen Staatshaushaltes

In Kuba hat der Staat die Aufgabe, die verfügbaren Ressourcen zu konzentrieren und für die wirtschaftliche und soziale Entwicklung des Landes neu zu verteilen. Es erfolgt eine zentrale Distribution und Re-

---

1044 vgl. IPS Economics Press Service 12/03: *Los efectos de la crisis de los 90:* 6
1045 vgl. Triana, 2003: 3
1046 vgl. IPS Economics Press Service 12/03: *Ventas y precios en el mercado agropecuario 2002:* 30
1047 vgl. IPS Economics Press Service 03/04: *Mirada profunda a las finanzas internas:* 10
1048 vgl. Triana, 2002 (a): 6
1049 vgl. IPS Economics Press Service 12/03: *Los efectos de la crisis de los 90:* 7
1050 vgl. IPS Economics Press Service 05/03: *Empleo: noticias buenas y no tan buenas:* 25ff
1051 vgl. IPS Economics Press Service 03/04: *Mirada profunda a las finanzas internas:* 9

distribution des nationalen Einkommens zwischen der produktiven und der unproduktiven Sphäre, den Sektoren der Wirtschaft, den Provinzen des Landes und den unterschiedlichen sozialen Segmenten. Um eine einheitliche Entwicklung des gesamten Landes zu erreichen, transferiert der Staat Teile seines Einkommens auf andere Bereiche entsprechend eines festen Planes. Der Staatshaushalt, der die finanziellen Planvorgaben des Landes für ein Jahr darstellt, hat die Kraft eines Gesetzes und reflektiert die politischen und wirtschaftlichen Richtlinien der zentralen und provinzialen Führung des Landes.[1052]

Die Aufstellung des Staatshaushaltes

Die Vorbereitungen für die Aufstellung des Staatshaushaltes beginnen im Juni des vorhergehenden Jahres. Der Ministerrat verschickt an alle beteiligten Institutionen (Ministerien, Provinzregierungen, Zentralverwaltungen, etc.) eine Liste mit Richtlinien, die sich an den zuvor festgelegten fundamentalen Prioritäten für das kommende Jahr orientieren. Das Ministerium für Finanzen und Preise MFP (*ministerio de finanzas y precios*) übersetzt diese Richtlinien in spezifische Normen, die von den beteiligten Institutionen beachtet werden müssen. Auf dieser Basis werden von den Institutionen ungefähr 200 verschiedene Pläne erarbeitet, die etwa Mitte Oktober dem MFP zur Überarbeitung und Standardisierung vorgelegt werden. Das Gesetzesdekret 192 von 1999 über die finanzielle Verwaltung des Staates ermöglicht es den Provinzverwaltungen, ihre Ausgaben innerhalb der genehmigten Rahmen selbst zu bestimmen. Das Gesetz legt auch fest, dass das Ministerium für Finanzen und Preise die verschiedenen Planelemente innerhalb des laufenden Jahres modifizieren kann, sofern die festgelegte Gesamtsumme nicht verändert wird.[1053]

Der Staatshaushalt besteht aus drei Teilen: dem zentralen Haushalt, dem Haushalt für die Sozialversicherung und den Haushalten der einzelnen Provinzen. Die Ressourcen des zentralen Haushaltes finanzieren die wirtschaftlichen Entwicklung, die soziokulturellen Aktivitäten auf nationaler Ebene, den wissenschaftlichen Fortschritt, die Gerichte,

---

1052 vgl. Pérez Villanueva, 2002 (b): 20

1053 vgl. Economic Commission for Latin America and the Caribbean (ECLAC/CEPAL), 2001: 65f die Verteidigung und die innere Ordnung. Der Haushalt der Sozialversicherung wird getrennt aufgeführt, da er spezifische Ausgaben und finanzielle Mittel beinhaltet. Falls dort Defizite auftauchen, werden Mittel aus dem zentralen Haushalt umgeschichtet. Über die Haushalte der Provinzen verfügt der jeweilige Provinzverwaltungsrat. Sie dienen der Finanzierung von Aktivitäten auf Ebene der Provinzen.[1054] Dazu zählen die Grund- und Sekundärschulbildung, die Krankenhäuser der verschiedenen Gemeinden und die Gesundheitsvorsorge und spezielle Arten der Sozialhilfe. Der zentrale Haushalt ist der wichtigste, er verwaltet 73% aller Ausgaben.[1055] Auf zentraler Ebene werden jährlich die genauen Beträge und Prozentsätze für jede Provinz errechnet, um zu garantieren, dass die sozialen Aufgaben, das wirtschaftliche Wachstum und die gleichmäßige Entwicklung der einzelnen Provinzen den nötigen finanziellen Rückhalt haben.[1056] Der Staatshaushalt wird immer in nationaler Währung dargestellt. Für den Kauf von Anlagen und Rohstoffen werden aber häufig Devisen benötigt. Diese werden zentral je nach Verfügbarkeit zugeteilt und fließen in den Staatshaushalt auf der Basis des offiziellen Wechselkurses von 1:1 ein.

2.3.5.2 Entwicklung des Staatshaushaltes seit 1989

Bereits in den achtziger Jahren war das Staatshaushaltsdefizit stetig gestiegen und wies im Jahr 1989 ein Defizit von 7% des BIP auf, allerdings war dieses Defizit während der Eingliederung Kubas in den RGW nicht von Bedeutung. Erst mit dem Wegbruch dieser Handelsbeziehungen wurde das Ausmaß des Defizits spürbar. Es wuchs stetig an,[1057] bis es 1993 mit über 30% des BIP seinen Höhepunkt erreichte.[1058] Das Defizit wurde durch den Neudruck von Geld gedeckt. 1993 betrugen die Einnahmen aus dem Konzept der Seigniorage 16% des BIP und deckten ganze 50% des Defizits ab.[1059] Durch den vermehrten Druck von Geld nahm die nominelle Kaufkraft der Bevölkerung zu, allerdings waren keine Güter vorhanden, die man hätte kaufen kön-

---

[1054] vgl. Pérez Villanueva, 2002 (b): 21
[1055] vgl. Economic Commission for Latin America and the Caribbean (ECLAC/CEPAL), 2001: 66
[1056] vgl. ebd.: 66 und Pérez Villanueva, 2002 (b): 22
[1057] vgl. Pérez Villanueva, 2002 (b): 19
[1058] vgl. Economic Commission for Latin America and the Caribbean (ECLAC/CEPAL), 2001: 78
[1059] vgl. ebd.: 78

nen. Die Bevölkerung akkumulierte riesige Geldmengen, die 1993 66,5% des BIP betrugen. Nur durch die strenge staatliche Preiskontrolle kam es nicht zu inflationären Preiserhöhungen.[1060]

Der Wendepunkt wurde im August 1994 mit der Einführung des Gesetzes 73 erreicht, mit dem tief greifende Steuerreformen eingeleitet wurden. Die neue Steuerpolitik verfolgte hauptsächlich zwei Ziele:[1061] Herstellung der makroökonomischen Stabilität (Abbau der exzessiven Liquidität, Verringerung des Staatshaushaltsdefizits) und Rationalisierung der staatlichen Produktion.

Einnahmen des Staates

Mit dem Gesetz 73 wurden zwei direkte Steuern eingeführt. Alle Unternehmen wurden mit einer Gewinnsteuer von 35% belegt. Zunächst waren nur die Privaten und Joint Ventures davon betroffen, dann wurden auch die staatlichen Firmen in den Prozess eingegliedert. Unprofitable Unternehmen werden nicht belastet. Die Einnahmen aus dieser Steuer steigen kontinuierlich, vor allem seit der Einführung der Unternehmensperfektionierung.[1062] Die zweite direkte Steuer ist eine progressive Einkommenssteuer von 5% für Personen mit Einkommen in Devisen von umgerechnet weniger als 3.000 Pesos jährlich und bis zu 50% für Personen mit einem Jahreseinkommen von über 60.000 Pesos. Bisher sind Peso-Löhne von dieser Steuer befreit.[1063] Weitere Einnahmen erhält der Staat aus Geldstrafen, Gebühren für die Ausstellung von Dokumenten, Flughafengebühren, Zöllen und Maut.[1064]

Die Ressourcen für den Sozialversicherungshaushalt stammen aus den Beiträgen zur Sozialversicherung, die alle Unternehmen zahlen müssen. Die Beiträge betragen 14% der Gehälter. Bisher zahlen nur die Angestellten der Unternehmen, die sich im Perfektionierungsprozess befinden, einen Beitrag von 5% zur Sozialversicherung, alle anderen Angestellten sind von der Beitragszahlung noch befreit.[1065]

[1060] vgl. Economic Commission for Latin America and the Caribbean (ECLAC/CEPAL), 2001: 87
[1061] vgl. ebd.: 65
[1062] vgl. ebd.: 67
[1063] vgl. ebd.: 66ff
[1064] vgl. ebd.: 69
[1065] vgl. ebd.: 70

Das Gesetz 73 führte auch einige Veränderungen im Bereich der indirekten Steuern ein. Bisher gab (und gibt) es eine Steuer auf die Warenzirkulation, die in der Großhandelsphase erhoben wird. Das neue System enthält nun auch eine Mehrwertsteuer, die auf den Endverbraucher umgelegt wird. Bisher gibt es diese Steuer nur auf den Industriegüter- und Bauernmärkten. In Havanna werden 5% erhoben, in den Provinzhauptstädten 10% und auf den restlichen Märkten 15%. In der Zukunft soll die Mehrwertsteuer die bisherige Steuer auf Warenzirkulation ersetzen. Seit 1994 werden zudem spezielle Steuern auf bestimmte Verbrauchsgüter wie alkoholische Getränke und Zigaretten erhoben, was zu erheblichen Preiserhöhungen und einem starken Rückgangs des Konsums dieser Produkte führte.[1066] Eine weitere indirekte Steuer wurde auf staatliche Dienstleistungen eingeführt, zum Beispiel Gas, Strom, Wasser, Post und Transport. Die Einnahmen aus dieser Steuer machen allerdings nur 3% bis 4% der Gesamteinnahmen aus.[1067] Aus den indirekten Steuern ergibt sich bisher der größte Teil der Einnahmen des Staates, wobei jedoch die direkten Steuern eine steigende Tendenz aufweisen. Das stärkere Ansteigen der direkten Steuern wird von Experten als positiv bewertet, da diese Form der Steuererhebung eine bessere Umverteilung der Einkommen erlaubt. Die indirekten Steuern hingegen belasten diejenigen Teile der Bevölkerung stärker, die weniger Einkommen haben.[1068]

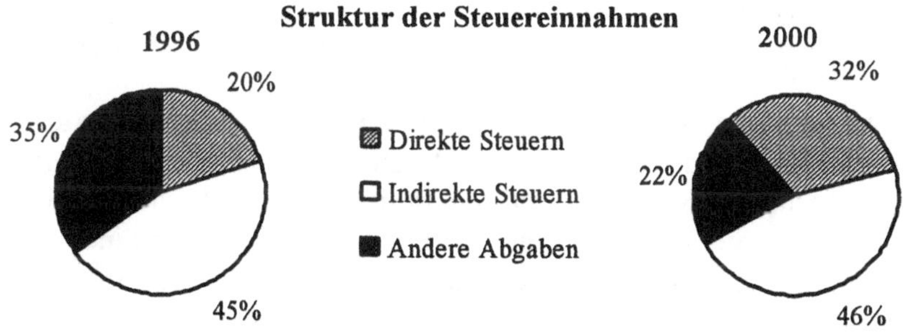

Abbildung 25 *Struktur der Steuereinnahmen (1996 und 2000)*
Quelle: Pérez Villanueva, 2002 (b): 25

1066 vgl. Economic Commission for Latin America and the Caribbean (ECLAC/CEPAL), 2001: 70
1067 vgl. ebd: 71
1068 vgl. Pérez Villanueva, 2002 (b): 25

Öffentliche Ausgaben und Staatshaushaltsdefizit

Es gibt drei hauptsächliche Elemente innerhalb der öffentlichen Ausgaben. Das erste Element sind die laufenden Ausgaben für geplante Aktivitäten. Dazu gehören vor allem Aktivitäten der nichtproduktiven Sphäre und die Aktivitäten für die Bevölkerung, die zwar Einnahmen generieren, damit aber nicht ihre Kosten decken können. Die laufenden Ausgaben bestehen hauptsächlich aus Löhnen für Verwaltungen, beinhalten aber auch die Ausgaben aus der Sozialversicherung. Diese Ausgaben sind besonders wichtig für den Erhalt der sozialen Errungenschaften und haben aus diesem Grund oberste Priorität.[1069] Sie verzeichneten einen stetigen Anstieg, wie folgende Grafik zeigt:

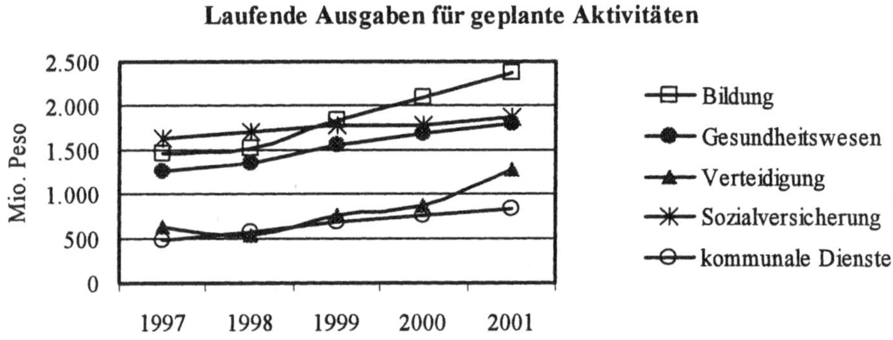

Abbildung 26 *Entwicklung der laufenden Ausgaben des Staates für Planaktivitäten Quelle: Oficina Nacional de Estadísticas, Anuario Estadístico de la República de Cuba, 2002: Ejecución del Presupuesto del Estado – Tabla IV.4*

Die zweite große Kategorie sind die laufenden Ausgaben für den staatlichen Unternehmenssektor. Sie beinhalten vor allem zwei Arten von Subventionen: Subventionen auf Preisunterschiede und Subventionen für Verluste. Bei der ersten Form handelt es sich um eine staatliche Unterstützung für die Unternehmen, die für den rationierten Markt der Bevölkerung produzieren. Diese Unternehmen können mit ihren Einnahmen ihre Kosten nicht decken, da die Peso-Endverbraucherpreise viel niedriger als die Kosten für die Produktionsfaktoren sind. Oft können die nötigen Güter nur gegen Devisen erworben werden. Die

[1069] vgl. Pérez Villanueva, 2002 (b): 28f

zweite Form der Subventionen richtet sich an unrentable Firmen. Zu Beginn der Krise wurden diese gestützt, um Arbeitsplätze zu erhalten. Die Subventionen beliefen sich 1993 auf 33% des BIP. Mit der Verteilung des staatlichen Landbesitzes an Kooperativen, der Einführung der Devisenselbstfinanzierung und einer größeren Autonomie und Dezentralisierung wurden die meisten staatlichen Unternehmen wieder rentabel gemacht und die Subventionen für ineffiziente Unternehmen drastisch gekürzt. 1998 beliefen sie sich noch auf 4,4% des BIP.[1070] Allerdings sind die meisten der „rentablen" Firmen untereinander oder über Kredite bei den Banken verschuldet, wodurch das Fehlen von Liquidität versteckt wird.[1071] Das dritte Element stellen die Ausgaben für Investitionen dar, die seit 1990 stark gekürzt wurden. Insgesamt wurde das Bruttoanlagevermögen des Landes um 50% reduziert. Damit werden die Entwicklungspotentiale Kubas stark eingeschränkt.[1072]

Mit der neuen Steuerpolitik und der Senkung der Ausgaben konnte das Staatshaushaltsdefizit beträchtlich abgebaut werden. 1996 belief es sich nur noch auf 2,3% des BIP. Die meisten staatlichen Unternehmen erreichten eine höhere Rentabilität und Effizienz. Allerdings wurden im Rahmen der Kürzung der Ausgaben auch die Investitionen von 20% des Staatshaushaltes im Jahr 1991 auf gerade mal 6% im Jahr 1998 gekürzt. Damit stellt die Politik einen *„klassischen Kompromiss zwischen dem Streben nach kurzfristiger Stabilität und der Notwendigkeit langfristiger struktureller Modernisierungen"* dar.[1073] Jetzt ist es besonders wichtig, die Einnahmen aus dem produktiven Sektor zu erhöhen, damit die steigenden Ausgaben für den unproduktiven Sektor getragen und mehr Investitionen getätigt werden können. Die Beständigkeit der erreichten Ergebnisse hängt von der konsequenten Weiterführung der strukturellen und institutionellen Reformen ab, die das Wachstum des produktiven Sektors Kubas fördern.[1074]

[1070] vgl. Economic Commission for Latin America and the Caribbean (ECLAC/CEPAL), 2001: 76f
[1071] vgl. Pérez Villanueva, 2002 (b): 32
[1072] vgl. Economic Commission for Latin America and the Caribbean (ECLAC/CEPAL), 2001: 77
[1073] vgl. ebd.: 88
[1074] vgl. Pérez Villanueva, 2002 (b): 34ff

2.3.5.3 Der Staatshaushalt 2003 und der Plan für 2004

Der Staatshaushalt 2003 und der Plan für den Staatshaushalt 2004 stellen sich wie folgt dar:

Staatshaushalt in Mio. Peso			
	2003 (Plan)	2003 (real)	2004 (Plan)
EINNAHMEN			
Steuern	13.396,0	13.408,0	15.118,0
Andere Abgaben	3.830,0	4.242,0	4.744,0
Rückerstattungen	-	400,0	350,0
GESAMTEINNAHMEN	17.226,0	17.250,0	19.512,0
AUSGABEN			
Laufende Ausgaben			
Planaktivitäten	12.585,0	12.516,0	14.045,0
Unternehmenssektor	3.365,0	3.473,0	3.566,0
Finanzgeschäfte	450,0	424,0	450,0
Reserven	200,0	-	200,0
Gesamt laufende Ausgaben	16.600,0	16.419,0	18.261,0
Spareinlagen und Investitionen	1.700,0	1.905,0	2.400,0
GESAMTAUSGABEN	18.300,0	18.324,0	20.661,0
STAATSHAUSHALTSDEFIZIT	**1.074,0**	**1.074,0**	**1.149,0**

Tabelle 12 *Staatshaushalt (2003 und Plan 2004)*
Quelle: IPS Economics Press Service 03/04: Mirada profunda a las finanzas internas: 6; Alarcón de Quesada (b), 2002: Ley N° del Presupuesto del Estado para el Año 2003, www.mfp.cu (30.09.05) und Alarcón de Quesada, 2003: Ley N° 98 el Presupuesto del Estado para el Año 2004, www.mfp.cu (30.09.05)

Der Staatshaushalt wies im Jahr 2003 ein Defizit von 3,5% des BIP auf, welches im Vergleich zum Vorjahr um 0,3% gestiegen ist. Der Grund hierfür liegt in den stetig zunehmenden Ausgaben des Staates für Planaktivitäten. Offensichtlich wird der Redistribution der Mittel für soziale Aufgaben noch immer absolute Priorität beigemessen. Nur im Bereich des Wohnraums sind die Ausgaben gesunken, obwohl sich ein großer Teil der verfügbaren Wohneinheiten besonders in der Hauptstadt in einem schlechten Zustand befindet. Dies wird sich langfristig negativ auf den Lebensstandard der Bevölkerung auswirken und ist bereits jetzt Ursache eines hohen Unzufriedenheitsgrades.[1075]

[1075] vgl. IPS Economics Press Service 03/04: *Mirada profunda a las finanzas internas:* 6f

Sowohl die Einnahmen aus Steuern als auch aus anderen Abgaben sind im Jahr 2003 gestiegen, jedoch nicht genug, um das Staatshaushaltsdefizit verringern zu können. Die Steuern auf Warenzirkulation generieren mit 41,0% der Gesamteinnahmen immer noch den größten Teil des staatlichen Einkommens, wobei davon der größte Anteil auf Zigaretten, Tabak und alkoholische Getränkte fällt.

Die Einnahmen aus der Einkommenssteuer sind stabil geblieben. Die Privaten und kleine Bauern leisten die größten Beiträge, allerdings nehmen die Einnahmen von den Privaten ab, da viele aufgrund der Restriktionen ihre Lizenzen verloren oder freiwillig abgegeben haben. Während sie 1998 noch 63,1% der Einnahmen aus der Einkommenssteuer generierten, sind es mittlerweile nur noch 38,0%.[1076] Die Abgaben staatlicher Firmen sind von 1.919,3 Millionen Pesos im Jahr 2002 auf 2.266,0 Millionen Pesos gestiegen und machten damit insgesamt 12,8% der Gesamteinnahmen des Staates aus, während dieser im Jahr 2003 nur noch 1,3% seiner Ressourcen für Löhne für den produktiven Sektor ausgab. Dies sind Indikatoren für die steigende Produktivität der staatlichen Unternehmen.[1077]

Der Liquiditätsüberhang ist im Jahr 2003 gesunken, vor allem aufgrund der Tatsache, dass die Preise für Grundnahrungsmittel auf den freien Märkten um 6% bis 7% gestiegen sind.[1078]

Für das Jahr 2004 ist ein Anstieg der Ausgaben um 13% auf 20.661 Millionen Pesos geplant. Gleichzeitig geht man von Einnahmen in einer Höhe von 19.512 Millionen Pesos aus. 59% der Ausgaben sollen an Planaktivitäten, also Bildung, Gesundheitswesen, Sozialversicherung, Kultur, Wohnraum, Wissenschaft, Sport, etc. gehen. Diese Ausgaben repräsentieren 37% des BIP, und sind damit in Kuba für diese Sektoren dreimal so hoch wie der Durchschnitt in Lateinamerika.[1079]

[1076] vgl. IPS Economics Press Service 03/04: *Mirada profunda a las finanzas internas:* 8
[1077] vgl. ebd.: 7
[1078] vgl. ebd.: 8f
[1079] vgl. Martínez, 2003, www.cubaminrex.cu (23.12.03)

2.3.5.4 Die Auslandsverschuldung Kubas

Kuba hat eine Auslandsverschuldung von rund 11 Milliarden Dollar, ausgenommen diejenigen Schulden, die das Land noch bei den Staaten des ehemaligen RGW hat.[1080]

Auslandsverschuldung in Millionen Pesos					
Art	1997	1998	1999	2000	2001
Gesamtschulden	10.145,6	11.208,9	11.078,8	10.961,3	10.893,0
Bilaterale Schulden	5.852,9	6.247,6	5.736,9	5.668,9	5.727,1
Multilaterale Schulden	521,0	575,4	16,5	16,9	17,2
Finanzinstitute	2.577,1	2.686,5	3.456,0	3.269,5	3.103,0
Zulieferer	1.168,7	1.672,6	1.845,2	1.984,7	2.025,6
Andere Kredite	25,9	26,8	23,4	21,3	20,1

Tabelle 13 *Auslandsschulden der Republik Kuba (1997 bis 2001)*
Quelle: Oficina Nacional de Estadísticas, Anuario de la República de Cuba, 2002: Deuda externa total de Cuba en moneda libremente convertible – Tabla VI.2

Im Jahr 1986 setzte die Regierung einen Großteil des Schuldendienstes aus. Während der Spezialperiode wurden hauptsächlich die Kredite von Zulieferern und Exportkredite mit Regierungsgarantien getilgt. Die Aussetzung des Schuldendienstes beeinträchtigt Kubas Zugang zu langfristigen Darlehen erheblich.[1081]

Die Hauptgläubiger des Landes sind Japan, Argentinien, Spanien, Frankreich, Großbritannien, Italien, Mexiko, die Schweiz und Deutschland. 1998 wurden Verhandlungen mit dem Pariser Klub aufgenommen, die 2001 allerdings scheiterten. Die Insel versucht jedoch weiterhin, insgesamt 3,5 Milliarden Dollar Schulden neu zu verhandeln.[1082] Im Jahr 2000 wurden zum Beispiel 125 Millionen Dollar Schulden mit Deutschland neu verhandelt. Dies führte zu einem größeren Vertrauen in den kubanischen Markt und zu einer Wiederaufnahme der Gewährung von Hermes-Ausfuhrbürgschaften seit dem 01. Juli 2000. Im Januar 2003 wurde eine weitere Hermes-Kreditlinie für mittel- und langfristige Geschäfte über 25 Millionen Euro gewährt.[1083]

[1080] vgl. Economic Commission for Latin America and the Caribbean (ECLAC/CEPAL), 2001: 137
[1081] vgl. ebd.: 138
[1082] vgl. IPS Resumen Económico Anual, 2003: 36
[1083] vgl. Auswärtiges Amt der Bundesrepublik Deutschland, www.auswaertiges-amt.de (27.02.04)

Japan ist mit insgesamt 750 Mio. Dollar der Hauptgläubiger des Landes. Diese Summe wurde 1998 neu verhandelt. Der Schuldendienst Kubas ist bis 2017 ausgesetzt, zehn Jahre sind zinsfrei.[1084] Die Neuverhandlung der Schulden war die Grundvoraussetzung der Neuaufnahme der Handelsbeziehungen zu Japan.[1085]

Insgesamt sind 28,6% der Gesamtschulden Kubas kurzfristige Kredite, die innerhalb eines Jahres zurückgezahlt werden müssen. Dies setzt das Land finanziell enorm unter Druck, besonders nachdem die wirtschaftlichen Ergebnisse 2001 und 2002 und trotz eines leichten Wachstums auch 2003 nicht überzeugend waren. Fidel Castro kündigte Schwierigkeiten bei den Zahlungen an bestimmte Länder und Unternehmen an, bestätigte gleichzeitig aber seinen politischen Willen, diese Schulden *„bis zum letzten Cent"* zu bezahlen und seine Bereitschaft, die Schulden neu zu verhandeln.[1086] Fraglich ist, wie groß die Bereitschaft zu neuen Verhandlungen bei den Partnern ist. Die Zahlungsprobleme werden sich auf Dauer negativ auf das Vertrauen der Unternehmer und Institutionen in den kubanischen Markt auswirken.

Russland fordert von der kubanischen Regierung Darlehensrückzahlungen in Höhe von 20,85 Mrd. konvertierbaren Rubel, die das Land in 30 Jahren enger Zusammenarbeit angehäuft hat. Der entsprechende Dollarwert wurde nicht angegeben. Kubas Antwort darauf war ein Dokument, welches 1998 an Russland übergeben wurde und in dem die Schäden, die Kuba nach Auflösung der UdSSR und des RGW erlitten hat, auf 36,36 Mrd. konvertierbare Rubel geschätzt wurden.[1087]

2.4 Zukunftsausblick

2.4.1 Ideales Szenario

Es würde den Rahmen dieser Arbeit sprengen, Vorzüge und Nachteile des Kapitalismus oder des Sozialismus auszubreiten und auf dieser Basis Prognosen für Kubas Zukunft aufzustellen. Es ist auch nicht

---

[1084] vgl. Economic Commission for Latin America and the Caribbean (ECLAC/CEPAL), 2001: 138
[1085] vgl. Triana, 2003: 9
[1086] vgl. IPS Resumen Económico Anual, 2003: 35
[1087] vgl. ebd.: 36

Ziel, ein neues Entwicklungsmodell zu erarbeiten. Es soll aber der Versuch unternommen werden, Entwicklungstendenzen aufzuzeigen und deren Wahrscheinlichkeit zu analysieren, um dem ausländischen Unternehmer die Möglichkeit zu geben, mittelfristige Entwicklungen abzuschätzen und diese in eine Entscheidung bezüglich der Aufnahme von Geschäftsbeziehungen mit Kuba einfließen zu lassen.

Betrachtet man Kubas bisherigen Reformweg (verstärkte Eingliederung in den Weltmarkt, Einführung von Märkten und indirekten Kontrollmechanismen, Öffnung für ausländisches Kapital, Autorisierung verschiedener Eigentumsformen, offizielle partielle Dollarisierung, Ausbau des Tourismus) scheint sich das Land primär am Weltmarkt zu orientieren. Damit muss es sich logischerweise den Zwängen der internationalen Märkte unterordnen.[1088]

Man könnte annehmen, dass die schleichende Zunahme kapitalistischer Spielregeln auf dem kubanischen Markt den Sozialismus aufweichen und das Land schließlich dem Gespenst der Globalisierung unterwerfen wird, die dazu führt, dass Regierungen den Sachzwängen der transnationalen Ökonomie unterliegen und Politik sich auf die Sicherung der Attraktivität des Standortes zur Anziehung von Kapital beschränkt, wobei niedrige Lohnkosten, geringe Anforderungen an Arbeitsschutz und schwache Umweltschutzbestimmungen von Vorteil sind. Kurz: das Primat der Politik wird vom Primat der Wirtschaft verdrängt.[1089] Man müsste nur auf das Ende der derzeitigen politischen Machtkonstellation warten und den Marktkräften freien Lauf lassen.

Diese Ansicht ist jedoch nicht weitsichtig genug, verleitet zur Passivität und erklärt jeden alternativen Entwicklungsvorschlag von vornherein als aussichtslos. Es soll daher eine andere Form möglicher Entwicklung skizzenhaft vorgestellt werden.

Eine zukünftige nachhaltige Entwicklung des Landes kann für Kuba im Grunde nur in einer Konzentration auf den Binnenmarkt bestehen. Das Land sollte sich weniger auf sein Umfeld, also die Blockade und den Außenhandel, konzentrieren, sondern vielmehr eigene Potentiale mobilisieren und die Integration in den Weltmarkt dabei selektiver

---

[1088] vgl. Burchardt, 1996: 192
[1089] vgl. Martin; Schumann, 2002: 18ff

und mit einer anderen Qualität betreiben.[1090] Die so genannte *assoziativ-autozentrierte Entwicklungsstrategie* beruft sich auf diese beiden Elemente und stellt für die Insel laut Kuba-Experte Burchardt eine echte Alternative dar. Diese Strategie beinhaltet folgende Aspekte:[1091]

- Erschließung der nationalen Binnenmärkte (Entwicklung der produktiven Kräfte durch lokale Nutzung von Ressourcen, Aufbau eines Industriegütersektors, Produktivitätssteigerungen in der Landwirtschaft und industrielle Produktion von Massenkonsumgütern)
- Verstärkung der Süd-Süd-Kooperation durch den Aufbau gemeinsamer horizontaler Infrastrukturen
- Aufbau eines entwicklungsfördernden Handels (Verarbeitung und Veredelung der wichtigsten Exportgüter im eigenen Land)

Kuba verfügt über die wichtigsten Ausgangsbedingungen für diese Entwicklung. Es ist exportorientiert und hat bereits mit der Süd-Süd-Integration begonnen (bilaterale Abkommen, Beitritt zur ALADI, Abkommen mit CARICOM). Der politische Wille zur Erschließung des Binnenmarktes ist gegeben, die Kooperation mit dem Ausland wird streng reguliert, indem die Bildung von Joint Ventures immer noch von einer Autorisierung durch die Regierung abhängig ist, der Staat verfügt über eine ausreichend große Legitimationsbasis und das Land verfügt über ein großes Potential gut ausgebildeter Arbeitskräfte.[1092]

Verschiedene Wirtschaftsbereiche könnten und müssten nun eine Schlüsselfunktion für die weitere Entwicklung einnehmen.

2.4.1.1 Landwirtschaft

Um die Versorgung der Bevölkerung an Lebensmitteln gewährleisten zu können, werden jährlich riesige Summen an Devisen für Importe ausgegeben. Durch Umstrukturierungen könnten auch ohne massiven Ressourceneinsatz Produktivitätszuwächse in der Landwirtschaft erzielt werden, durch die die Importe substituiert werden könnten. Mittelfristig würde so bis zu einem Drittel der bisherigen Devisenausgaben freigesetzt und die Investitionskapazität würde des Staates erhöht. Die Land-

---

[1090] vgl. Burchardt, 1996: 198
[1091] vgl. ebd.: 199ff
[1092] vgl. ebd.: 200ff

wirtschaft müsste einen Großteil der staatlichen Finanzhilfen erhalten, allerdings nicht direkt, sondern indirekt durch den Aufbau einer adäquaten Infrastruktur, die den landwirtschaftlichen Produktionseinheiten einen uneingeschränkten Zugang zum Binnenmarkt verschafft. Des Weiteren ist die Gewährung größerer Autonomie nötig. Die jetzigen Kooperativen bieten einen guten Ansatzpunkt für die nachhaltige Entwicklung der Landwirtschaft, allerdings müssten sie mehr Rechtssicherheit erhalten, eigene Entscheidungen über den Anbau der Kulturen, ihre Organisationsstruktur und Abkommen mit ausländischen Partnern treffen können und die Möglichkeit zum Export erhalten.[1093] Außerdem müssten sie ihre Produktionsfaktoren über freie Märkte beziehen können, anstatt sie wie bisher zugeteilt zu bekommen. Neben der Schaffung neuer Arbeitsplätze, die den Abbau in anderen Bereichen abfedern könnten, würden die Preise für die Produkte aufgrund des höheren Angebotes sinken und die Nationalwährung aufgewertet werden.[1094]

2.4.1.2 Zucker

Der Zucker hat immer weniger Bedeutung am Weltmarkt. Kuba sollte sich demzufolge auf Zuckerderivate konzentrieren, die Importe substituieren und zu einer Diversifizierung der Exportgüterpalette beitragen. Aus Bagasse könnte Kuba Papier für den eigenen Bedarf herstellen und dieses sogar exportieren. Zuckerderivate dienen auch der Erzeugung chemischer Grundstoffe, Enzyme und Pharmazeutik und können zur Energiegewinnung genutzt werden. Durch die Substitution eines Teils der Erdölimporte durch alternative Energiequellen könnten so ebenfalls ohne massiven Ressourcenmehreinsatz Devisen für wichtigere Investitionen freigesetzt werden. Mit dieser Strategie könnte das Land eine weitere Stabilisierung erreichen.[1095]

2.4.1.3 Arbeitsmarkt

Kuba wird in Zukunft nicht ohne einen Arbeitsplatzumbau und -abbau auskommen. Die staatlichen Betriebe müssen dringend ihre Produkti-

---

[1093] vgl. Burchardt, 1996: 202ff
[1094] vgl. Burchardt, 2000: 69
[1095] vgl. Burchardt, 1996: 205f

vität steigern, aber für eine Modernisierung und Rationalisierung der Anlagen hat der Staat kein Geld, weshalb zunächst einmal die Arbeitsintensität erhöht werden muss. Entlassungen müssten graduell und sozial gerecht ablaufen und der Staat müsste Beschäftigungslösungen suchen, um Unruhen zu vermeiden und den nationale Konsens aufrecht zu erhalten. Eine Umschichtung der Arbeitskräfte in das Kleingewerbe und die Landwirtschaft wäre denkbar. Hierfür müssten aber diese Sektoren mehr gefördert und vor allem auf dem Land müssten die Lebensbedingungen und Einkommensmöglichkeiten verbessert werden. Entlassungen müssen nicht zwangsläufig zu einer Verschlechterung der sozialen Lage führen, wenn der Staat seine Subventionen an Betriebe in Einkommensbeihilfen umwandeln würde.[1096]

Kuba hat große eigene Potentiale, die eine nachhaltige Entwicklung durchaus tragen könnten. Die hoch qualifizierten Arbeitskräfte sind das wichtigste Entwicklungspotential der Insel und haben schon im Bereich der Biotechnologie bewiesen, dass es möglich ist, nicht traditionelle Produkte mit einem hohen Wert auf dem Weltmarkt erfolgreich zu entwickeln. Neue Sektoren müssten dem Beispiel der Biotechnologie folgen. Die Nutzung dieser Potentiale würde die Sicherung der sozialen Errungenschaften ermöglichen, hierfür muss aber vom Staat eine kohärente Entwicklungsstrategie mit zeitlichen Etappen ausgearbeitet und umgesetzt werden.[1097]

Eine solche Strategie muss die Reform von Wirtschaft, Staat und Gesellschaft umfassen. Im ökonomischen Bereich würde der erste Schritt in einer Währungsreform und einer Preisliberalisierung bestehen, wobei der Staat bisherige Subventionen in direkte Einkommensbeihilfen umwandeln müsste, um eine Verelendung der sozial schwächsten zu vermeiden. Gleichzeitig müssten die Märkte liberalisiert und der Wettbewerb gefördert werden, um Produktivitätszuwächse zu erreichen. Zudem müsste Investitionsfreiheit gewährt werden, da sich auf privaten Bankkonten dreimal so viel Geld befindet, wie der Staat jährlich investiert. Durch Aufhebung des staatlichen Investitionsmonopols könnte die Produktion stimuliert und die eigene Währung aufgewertet

[1096] vgl. Burchardt, 1996: 207ff
[1097] vgl. ebd.: 211f

werden. Des Weiteren müsste das Steueraufkommen gesteigert werden, um die Sozialsysteme finanzieren zu können. Diese Reformen würden die Geldmenge verknappen. In Verbindung mit einem größeren Warenangebot würde die Nationalwährung aufgewertet werden.

Außer diesen makroökonomischen Reformen müsste auch eine Reformierung der Unternehmen vorangetrieben werden, deren Rentabilität vor allem durch mehr Wettbewerb und „harte" Finanzierungskonditionen gestärkt würden. Eine adäquate Zoll- und Steuerpolitik gäbe dem Staat die Möglichkeit, indirekt in das Wirtschaftsgeschehen einzugreifen und bestimmte Sektoren speziell zu fördern.[1098]

Diese Reformen erfordern auch vom Staat eine stärkere Anpassung. Er müsste eine Demokratisierung der Gesellschaft einleiten und sich vor allem durch dezentrale, partizipative und indirekte Regulierungsmechanismen auszeichnen, um seine Legitimation auch in Zukunft beibehalten zu können.[1099] Es geht darum, *„den Grad der Autonomie und Interdependenz der Akteure Staat-Markt-Gesellschaft neu zu bestimmen. [...] Es muss eine Erneuerung stattfinden, in der sich die Nation statt durch Einheit über Einigung definiert und dies als neues Projekt anvisiert."*[1100] Kuba müsste nicht zwischen Kapitalismus und Sozialismus wählen, sondern hätte die Chance, einen neuen Entwicklungsweg zu beschreiten. Die Voraussetzung wäre jedoch, dass die nötigen Schritte sobald wie möglich von der Regierung eingeleitet werden, solange sie ihre Legitimation noch genießt und Castro durch eigene Überzeugung auch das Volk überzeugen und mobilisieren könnte. Nur er könnte alle Kubaner vereinigen, geschlossen auf einen neuen Weg führen und ihnen ein neues Ziel geben. Doch ob der Wille hierfür besteht ist fraglich, und der Weg, der sich bisher andeutet, führt in eine andere Richtung.

2.4.2 Wahrscheinliches Szenario

Besonders während der letzten Jahre sind ein erneuter Abbau der bisherigen Freiheiten und eine verstärkte Zentralisierung der Wirtschaft zu beobachten. Die Zahl der Privaten wird kontinuierlich über extrem

---

[1098] vgl. Burchardt, 2002: 79ff
[1099] vgl. ebd.: 82ff
[1100] Burchardt, 2002: 85

hohe Steuern und verstärkte Kontrollen abgebaut und neue Lizenzen werden kaum noch vergeben.[1101] Ausländern ist es seit 2001 verboten, Immobilien in Kuba käuflich zu erwerben und die bisher bestehenden Joint Ventures in der Immobilienbranche dürfen ihre Objekte ebenfalls nicht mehr verkaufen, sondern nur noch vermieten.[1102] Kubanische Firmen dürfen nicht mehr frei in Devisen handeln, sondern müssen alle Deviseneinnahmen in konvertierbare Pesos tauschen bzw. den Kauf von Devisen für die Einlösung von Verbindlichkeiten erst beantragen, was sie extrem in ihrer erst vor kurzem gewonnen Autonomie einschränkt.[1103] Im Bereich der ausländischen Direktinvestitionen werden kaum noch Joint Ventures zugelassen, sondern verstärkt Administrationsverträge, bei denen der ausländische Partner weniger Kontrolle und Einflussmöglichkeiten auf dem kubanischen Markt hat.[1104] Die 1993 gegründeten Agrargenossenschaften werden bevormundet und haben keine Chance zu einer nachhaltigen Entwicklung. Es ist bisher nicht gelungen, eine einheitliche Entwicklungsstrategie zu definieren, die wenigen wirtschaftlichen Reformen dienten nur dem Erhalt des *Status quo* und wurden lediglich als Reaktion auf die Krise und nicht mit dem primären Ziel nachhaltiger Wirtschaftsentwicklung eingesetzt. Der Tropensozialismus leidet heute besonders unter inneren Blockaden.[1105]

Überraschend sind diese Tendenzen nicht. Castro hatte immer wieder angekündigt, dass die Öffnungen und Zugeständnisse nur vorübergehender Natur seien und nicht den Ansichten und Vorstellungen der Führung entsprächen. Nun hat sich die Wirtschaft wieder einigermaßen erholt und in der Bevölkerung macht sich das Gefühl breit, dass das schlimmste überstanden sei.[1106] Es scheint, dass die Führung nun wieder zum ursprünglichen Plan zurückgeht und dabei wahrscheinlich die Fehler anderer staatssozialistischen Systeme begehen wird, die schließlich zu deren Zusammenbruch führten. Das traurige ist, dass Kuba eine einzigartige Chance verspielt, wirklich intelligente Entwicklungspolitik zu betreiben und eine Gesellschaft zu schaffen, die

---

[1101] vgl. Montaner, 2000: 208
[1102] vgl. IPS Economics Press Service 11/03: *Negocios inmobiliarios, auge y declinación:* 30f
[1103] vgl. IPS Economics Press Service 14/03: *El peso convertible en la empresa cubana:* 25ff
[1104] vgl. Montaner, 2000: 208
[1105] vgl. Burchardt, 2002: 67ff
[1106] vgl. Montaner, 2000: 209f

als Modell für viele andere unterentwickelte Länder dienen und zu einer gerechteren weltweiten Gesellschaft beitragen könnte.

Welche Entwicklung lässt sich nun für die nähere Zukunft vermuten?

Wahrscheinlich werden sich die Reformgewinnler des Devisensektors, die bestens organisiert sind, die bisherige Elite und ein Teil des traditionellen Staatsapparates nach der Ära Castro zu einer neuen Machtelite verbinden, die den kapitalistischen Umbruch vorantreiben wird. Eine weitere Ausdehnung des Devisensektors ist daher anzunehmen. Es könnte eine liberale Demokratie entstehen, während die Ökonomie des Landes nach neoliberalen Maßstäben dereguliert werden wird. Man wird versuchen, mit kapitalkräftigen Investoren im In- und Ausland Allianzen einzugehen. Diese Maßnahmen werden die Eliten begünstigen. Die bisher formalisierten Arbeits- und Sozialbeziehungen werden verstärkt abgebaut. Es werden Privatisierungen durchgesetzt, Bürokratien abgebaut und unrentable Teile der öffentlichen Dienste eingeschränkt, was die soziale und wirtschaftliche Spaltung des Landes verstärken wird.[1107] Für einen großen Teil der Bevölkerung wird dies größere Unsicherheit, vermehrte Existenzbedrohung und schlimmstenfalls Verelendung mit sich bringen.

Ausländische Unternehmer, die ernsthaft an einer langfristigen Geschäftstätigkeit in Kuba interessiert sind, sind gut beraten, sich auf der Insel bereits jetzt einen Namen zu machen und wichtige Kontakte zu denjenigen Persönlichkeiten zu knüpfen, die auch nach dem Umbruch das Sagen haben werden.

[1107] vgl. Burchardt, 2002: 86f

3 Gesellschaftliches Umfeld

3.1 Soziodemographische Indikatoren

3.1.1 Bevölkerungsstruktur

3.1.1.1 Bevölkerungswachstum

Kuba weist trotz seines Status als Entwicklungsland bei der Demographie zahlreiche Merkmale westlicher Industriestaaten auf. Aufgrund der derzeitigen Situation Kubas schätzt man, dass es innerhalb der nächsten 22 Jahre zu einem Rückgang der Bevölkerungszahlen kommen und die Zwölf-Millionen-Marke höchstwahrscheinlich nie überschritten werden wird.[1108] Im Jahr 2002 war die Bevölkerung nur um 1,4% gewachsen, nachdem sie 2001 noch eine Wachstumsrate von 2,3% aufgewiesen hatte.[1109] Als Hauptursachen für das derzeit fast stagnierende Wachstum werden die Verschlechterung der wirtschaftlichen Lage des Landes seit Ende der 80er Jahre und die immer fortschreitendere Integration der Frau in die Arbeitswelt genannt.[1110]

2003 bekam Kuba für den Zeitraum von 2004 bis 2007 Hilfsgelder in Höhe von vier Mio. USD aus dem Bevölkerungs-Fonds der Vereinten Nationen UNFPA bewilligt, um Studien anfertigen und mit diesen als Grundlage für wirksame Strategien den negativen Tendenzen im demographischen Bereich entgegenwirken zu können.[1111] Seit 1974, dem Jahr des Beginns der Entwicklungszusammenarbeit, wurden bereits fünf Programme dieser Art auf der Insel ausgeführt.[1112]

3.1.1.2 Einfluss der Geburts- und Sterblichkeitsrate

In etwas weniger als einem Jahrhundert hat sich in Kuba eine beschleunigte demographische Transition vollzogen, die von Experten dahingehend definiert wird, dass die Fruchtbarkeits- und Sterberaten immer niedriger werden, ein Zustand, der für die Insel mittlerweile bezeichnend ist. Ein fundamentaler Grund für das verlangsamte Be-

[1108] vgl. Casanovas, 2002: 3ff
[1109] vgl. IPS Economics Press Service 13/03: *Población – Cómo viven los jóvenes?*: 6
[1110] vgl. Casanovas, 2002: 3ff
[1111] vgl. o.V.: *Country programme document for Cuba*, United Nations Population Fund, 2003, www.unfpa.org (26.02.04)
[1112] vgl. IPS Economics Press Service 12/03: *Población – 4 millones para Cuba*: 10

völkerungswachstum ist somit vor allem die gesunkene Geburtenrate der letzten Jahre. Während im Jahr 1988 noch 18 Geburten auf 1.000 Einwohner kamen, waren dies zehn Jahre später nur noch 13,6.[1113] Die Fruchtbarkeitsrate lag laut dem Statistischen Jahrbuch Kubas für 2001 bei 1,6 Söhnen pro Frau, die Fortpflanzungsrate erreichte mit 0,78 nicht einmal mehr eine Tochter je Mutter.[1114] Im Jahr 2002 war die letztgenannte Rate zwar auf 0,8 angewachsen, was aber für Kubas derzeitige Situation immer noch ein zu bescheidener Anstieg ist.[1115]

Die durchschnittliche Lebenserwartung hat sich mittlerweile bis auf 76 Jahre ausgeweitet und ist damit die höchste in Lateinamerika. Hierbei werden Frauen mit rund 78 Jahren älter als kubanische Männer, die laut Statistik durchschnittlich nur 74 Jahre erreichen.[1116]

3.1.1.3 Altersstruktur und Geschlechterverteilung

Die Überalterung und das langsame Bevölkerungswachstum in Kuba könnten zu einer ernsthaften Bedrohung der wirtschaftlichen und sozialen Entwicklung des Landes werden. Mit einem Anteil von mehr als 14% an Personen über 60 Jahren Ende 2002 zählte der Inselstaat weltweit bereits zu den Ländern mit der größten Bevölkerungsüberalterung. In Lateinamerika wird es nur von Uruguay um 2% übertroffen. Für 2010 geht man davon aus, dass die über 60-Jährigen bereits 18% der Bevölkerung ausmachen werden. Diese Entwicklung würde bedeuten, dass Kuba zum ersten Mal in seiner Geschichte von mehr alten Personen als von Kindern bewohnt wäre. Neben den bisher genannten Faktoren ist teilweise auch die Emigration vieler Kubaner der jüngeren Generation für die ungünstige Altersstruktur verantwortlich zu machen. Bis 2015 wird es laut kubanischen Statistiken zur Halbierung des Anteils der 15-Jährigen kommen, während sich der Anteil der Rentner um 30% erhöhen wird. Auch die Größe der Gruppe der 15- bis 64-Jährigen geht weiterhin zurück. Als besonders problematisch wird der bevorstehende Rentnerboom der in den 60er Jahren ge-

[1113] vgl. IPS Economics Press Service 19/03: *Población – envejecimiento, una zancadilla al desarrollo:* 17

[1114] vgl. IPS Economics Press Service 12/03: *Población – 4 millones para Cuba:* 9

[1115] vgl. IPS Cultura y Sociedad 11/03: *Sociedad – Los hijos que no llegaron a nacer:* 1ff

[1116] vgl. IPS Economics Press Service 12/03: *Población – 4 millones para Cuba:* 9

borenen Generation gesehen. Damit wird die wirtschaftlich aktive Bevölkerung um einiges kleiner werden, was erheblich zu einer Destabilisierung des Sozial- und Wirtschaftssystems beitragen kann. Sowohl die Familien als auch das Gesundheitssystem werden aufgrund der höheren Anzahl an alten Personen je Haushalt einer ernsthaften Überlastung ausgesetzt sein. Das Sozialversicherungssystem wird seinen Wirkungsbereich ausdehnen müssen, besonders notwendig wird sich hierbei die Schaffung weiterer Altenheime machen. Wegen der Bedrohlichkeit dieser demographischen Entwicklung werden ganzheitliche nationale Strategien immer wichtiger.[1117]

3.1.1.4 Ethnische Zusammensetzung der Bevölkerung

Die Bevölkerung Kubas ist ethnisch aufgrund der Kolonialgeschichte gemischt. Etwa 50% sind Mulatten.[1118] Weiße bilden mit einem Anteil von 37% die zweitstärkste Gruppe, Schwarze stellen 11% der Gesamtbevölkerung.[1119] Diese Zahlen stimmen nicht mit den kubanischen Statistiken überein, da diese auf eine Bevölkerungsbefragung Anfang der 80er Jahre zurückgehen, bei der jeder selbst seine Hautfarbe angeben durfte. Hierbei verwischten sich die Angaben über die ethnische Zusammensetzung in Bezug auf Weiße und Mulatten. Die Bevölkerung wurde auf dem Papier weißer als sie eigentlich ist, auf einmal gab es 66% Weiße und nur noch 22% Mulatten.[1120]

Als die Spanier die Insel erreichten, lebten dort circa 200.000 Ureinwohner. Die hauptsächlichen Bevölkerungsgruppen waren die *guanahatabeyes* und die *siboneyes*. Bereits Mitte des 16. Jahrhunderts war deren Anzahl auf 5.000 geschrumpft. Zwischen 1503 und 1886 wurden über 800.000 Schwarze als Sklaven nach Kuba gebracht. Die schwarze Bevölkerung des heutigen Kubas stammt fast ausschließlich von den afrikanischen Sklaven ab, ein kleiner Teil von ihnen wanderte

---

1117 vgl. IPS Economics Press Service 19/03: *Población – envejecimiento, una zancadilla al desarrollo:* 17ff

1118 Anm.: Mulatte war ursprünglich ein abwertender Begriff für die Nachkommen europäisch-afrikanischer Eltern. Nachkommen von Mulatten und Spaniern wurden als *moriscos*, von Mulatten und Indianern als *chinos*, von Mulatten und Afrikanern als *grifos* bezeichnet, vgl. Microsoft Encarta Enzyklopädie Professional 2004 DVD

1119 vgl. Microsoft Encarta Enzyklopädie Professional 2004 DVD

1120 vgl. Hoffmann, 2000: 132f

jedoch auch aus Jamaika und Haiti zu, weshalb auch englische und französische Nachnamen zu hören sind. Im 19. Jahrhundert war die farbige Bevölkerung in der Überzahl, denn vor dieser Zeit hielten sich nur wenige Spanier auf Kuba auf. Erst nach 1861 stieg deren Zahl sprunghaft an. Die Weißen stammen überwiegend von Spaniern ab und werden bezüglich ihrer Herkunftsregionen, z.B. die *isleños* von den Kanarischen Inseln, bezeichnet. Da der Sklavenhandel 1880 auf Kuba abgeschafft wurde, aber auch weiterhin Arbeitskräfte benötigt wurden, kamen seit dieser Zeit zahlreiche Kontraktarbeiter nach Kuba. Die zahlenmäßig größte Gruppe stellten die Chinesen, von denen etwa 250.000 ins Land strömten. Trotz ihrer Verpflichtung zum Verlassen der Insel nach Beendigung ihres Vertrages, blieben sehr viele. Die wenigen noch in Kuba lebenden Asiaten sind deren Nachfahren.[1121]

3.1.2 Gesundheitssystem

Eine der zentralen Errungenschaften der Revolution ist der Aufbau eines sozial gerechten Gesundheitssystems. Vor 1959 war medizinische Versorgung nur der Mittel- und Oberschicht Kubas zugänglich. Seit dem Sieg der Revolution sind alle staatlichen Gesundheitsdienste kostenfrei. Die staatlichen Ausgaben für diesen Bereich wurden auch seit der schweren wirtschaftlichen Krise des Landes nicht gesenkt. Dennoch hat die Krise auch im Gesundheitssektor ihre Spuren hinterlassen. Aufgrund des Mangels an finanziellen Mitteln sind Medikamente, die seit 1994 verstärkt durch Heilpflanzenpräparate ergänzt werden, und medizinische Ausrüstungen für die Versorgung der Bevölkerung knapp geworden.[1122] Mit einem Programm zur Notausbildung von Krankenpflegern soll nun außerdem die Fluktuationsrate unter dem medizinischen Personal ausgeglichen werden, da sukzessive viele ins Ausland oder in besser bezahlte Berufe abwandern.[1123] Ganz anders sieht die Situation in den, im Zuge des Ausbaus eines so genannten Gesundheitstourismus, neu errichteten Dollarkrankenhäusern für Ausländer aus, in denen moderne Geräte und Medikamente aller Art vor-

---

[1121] vgl. Perl, 2001: 653ff

[1122] vgl. IPS Economics Press Service 12/03: *Población – 4 millones para Cuba*: 10

[1123] vgl. Espinosa Chepe: *Cuba – La crisis se profundiza*, 2002: 4f, http://lanic.utexas.edu/project/asce (04.10.03) handen sind. Diese Diskrepanz gibt vielen Kubanern das Gefühl, der unteren Schicht einer neuen Zweiklassengesellschaft anzugehören. Trotzdem sind die Indikatoren für den allgemeinen Gesundheitszustand der kubanischen Bevölkerung noch immer beispielhaft im Vergleich zu anderen Entwicklungsländern.[1124] Kuba ist dank seiner umfassenden Gesundheitsversorgung außerdem auch seuchenfrei.

Der Ärzteanteil am medizinischen Personal betrug im Jahr 2001 insgesamt 77.005, wovon fast die Hälfte als Familienärzte tätig war. Mitte der 80er Jahre wurde mit der Einrichtung dieser Gesundheitsposten begonnen. Die Zahl der Familienärzte stieg von 1985 bis 2001 von 761 auf 30.726.[1125] Diese Entwicklung ist beispielhaft, weil hierdurch eine Gesundheitsversorgung für die gesamte Bevölkerung sichergestellt wird. Von jedem Familienarzt werden im Schnitt 120 Familien betreut. Trotz zum Teil mangelhafter Ausstattung der Praxen, bietet das persönliche Verhältnis zum Arzt und die genaue Kenntnis der Gesundheitssituation des überschaubaren Patientenkreises eine gute Grundlage für eine optimale Betreuung.

3.1.2.1 Kindersterblichkeit

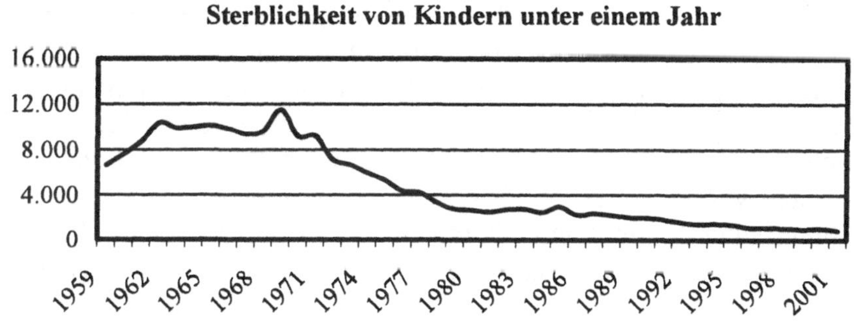

Abbildung 27 *Sterblichkeit von Kindern unter einem Jahr*
Quelle: Corteguera/Henríquez, 2001, www.infomed.sld.cu (23.02.04) und Oficina Nacional de Estadísticas, Anuario Estadístico de la República de Cuba, 2002: Defunciones de menores de un año, por sexos – Tabla II.16

[1124] vgl. Hoffmann, 2000: 83f

[1125] vgl. Oficina Nacional de Estadísticas, Anuario Estadístico de la República de Cuba, 2002: *Personal facultativo del ministerio de salud público, 2001 – Tabla XIV.1*

Die Kindersterblichkeitsrate, die als Hauptindikator für das Gesundheitswesen eines Landes gilt, sank in Kuba aufgrund des verbesserten Gesundheitssystems seit Ende der 60er Jahre kontinuierlich. Seit 1998 wurde das erste Mal eine Rate von unter 7 Promille erreicht, wohingegen 1997 im Nachbarstaat Haiti noch 94 von 1.000 Kindern unter einem Jahr gestorben waren. Im Jahr 2003 betrug die Kindersterblichkeit auf der Insel sogar nur noch 6,3 Promille, wohingegen der US-Wert des gleichen Jahres bei 7 lag, ein Vergleich, der von der kubanischen Regierung mit Genugtuung herangezogen wurde.[1126]

3.1.2.2 Geburtenkontrolle

Die Muttersterblichkeitsrate betrug im Jahr 2001 33,9 Frauen pro 100.000 Lebendgeborenen. Diese Rate hatte 1995 noch bei 47,6 gelegen. Wie auch alle anderen Indikatoren des kubanischen Gesundheitssystems hat sie sich kontinuierlich verbessert.[1127] Die Abtreibungsrate ist zwar hoch, weist aber seit Mitte der 90er Jahre wieder rückläufige Tendenzen auf.[1128] Die meisten Frauen haben im Alter von 45 Jahren bereits eine oder mehrere Abtreibungen hinter sich, ohne jedoch viele Kinder zu haben.[1129] Im Gegensatz zu vielen Ländern Lateinamerikas,[1130] wo jedes Jahr ca. vier Millionen illegale bzw. unprofessionelle Abtreibungen um die 6.000 Todesopfer fordern, haben die Frauen in Kuba seit 1965 das Recht darauf, frei über eine Abtreibung zu entscheiden, so lange die 12. Woche der Schwangerschaft noch nicht überschritten ist. Diese Eingriffe werden dann kostenlos von fähigem medizinischem Personal durchgeführt. Mädchen, die das 16. Lebensjahr noch nicht vollendet haben, dürfen nur im Beisein eines Erziehungsberechtigten eine Abtreibung beantragen. Zwischen 1968 und 1996 wurden zwar 5,6 Millionen Kinder auf die Welt gebracht, aber im gleichen

---

1126 vgl. De la Osa: *Cuba – 6,3 de mortalidad infantil en el 2003*, 2004, www.adelante.cu (23.02.2004)

1127 vgl. Oficina Nacional de Estadísticas, Anuario Estadístico de la República de Cuba, 2002: *Tasa de mortalidad materna, 2001 – Tabla XIV.18*

1128 vgl. IPS Economics Press Service 12/03: *Población – 4 millones para Cuba*: 9

1129 vgl. IPS Economics Press Service 13/03: *Población – Cómo viven los jóvenes?*: 7

1130 Anm.: In Chile, Kolumbien, Honduras und El Salvador, z.B., sind Schwangerschaftsunterbrechungen vollkommen verboten.

Zeitraum auch über 3,2 Millionen Schwangerschaften abgebrochen.[1131] Währenddessen hielt sich der Gebrauch von Verhütungsmitteln bei Frauen auch weiterhin auf hohem Niveau. Diese sind in Kuba über das Gesundheitssystem für jede und jeden leicht erhältlich.[1132] Circa 80% aller kubanischen Frauen verwenden Verhütungsmittel.[1133]

Es ist geplant, die Arbeit der Beratungseinrichtungen zur Familienplanung um 10% zu steigern, um sowohl Frauen als auch Männern mehr Aufklärung zu diesem Thema zu ermöglichen und somit den Anteil an unerwünschten Schwangerschaften zu verringern.[1134] Auf einer frühen Stufe soll dies bereits durch den seit der Bildungsreform eingeführten Sexualkundeunterricht erreicht werden. Kurios ist, dass die Position der Direktorin des Nationalen Zentrums für Sexualerziehung in Havanna lange Jahre von der Deutschen Monika Krause-Fuchs ausgeübt wurde. Ihre zahlreichen Radio- und Fernsehprogramme waren stets Gegenstand kontroverser Diskussionen, weil sie sich besonders kritisch mit dem Einfluss des Machismo auseinandersetzte und für mehr Gleichberechtigung der Frauen in Partnerschaften eintrat.[1135]

3.1.2.3 Krankheitsfälle

Arbeitsunfälle

Die Zahl der Arbeitsunfälle ist in Kuba seit den letzten Jahren zwar leicht rückläufig, jedoch gibt es auf diesem Gebiet immer noch zu viele Zwischenfälle, die auf ungenügenden Arbeitsschutzbestimmungen bzw. -belehrungen und den schlechten Arbeitsbedingungen basieren, die aus der großteils veralteten betrieblichen Ausstattung resultieren. Im Jahr 2002 forderten solche Unfälle, deren hauptsächliche Ursachen Elektrizität, Brände, Stürze und fahrlässige Werkzeugnutzung waren, 123 Todesopfer und 8.280 Verletzte. Im gleichen Jahr wurde auch die Nationale Gruppe für Sicherheit und Gesundheit am Arbeitsplatz ge-

[1131] vgl. IPS Cultura y Sociedad 11/03: *Sociedad – Los hijos que no llegaron a nacer*: 1ff
[1132] vgl. IPS Economics Press Service 12/03: *Población – 4 millones para Cuba*: 9
[1133] vgl. Casanovas, 2002: 40
[1134] vgl. IPS Economics Press Service 12/03: *Población – 4 millones para Cuba*: 11
[1135] vgl. Hoffmann, 2000: 140

gründet, die sich nun verstärkt für die Analyse der jeweiligen Risiken und für die Durchsetzung von Arbeitsschutzbestimmungen einsetzt.[1136]

Alkoholkonsum

Im Jahr 2001 starben fast 5.000 Menschen bei Unfällen, wovon 50% im Straßenverkehr passierten. Bei der Hälfte dieser Verkehrsunfälle war Alkohol im Spiel. Die offiziellen Zahlen für 2002 zeigten dahingehend sogar eine steigende Tendenz. Bei den Unfallopfern handelte es sich bisher fast zur Hälfte auch um betrunkene Fußgänger. Um die negativen Folgen des Alkoholkonsums zu verringern, wurde im Jahr 2003 die Gesetzgebung im Bereich des Straßenverkehrs und Transportwesens dahingehend verschärft, dass nun u. a. auch höhere Strafen auf das Führen von Fahrzeugen im alkoholisierten Zustand stehen.

Ein weiteres Problem im Zusammenhang mit dem Alkoholkonsum ist, dass dieser zum Alltag gehört und oft als Alternative zu fehlenden Freizeitangeboten auch eine steigende Gefahr der Abhängigkeit verursacht. Seit Beginn der Krise haben auch immer mehr Frauen aufgrund ihrer Probleme damit begonnen, regelmäßig zu trinken. Problematisch ist auch, dass mit immer jüngeren Jahren begonnen wird Alkohol zu konsumieren, und dies vor allem aufgrund der Normalität, die dem Genuss alkoholischer Getränke beigemessen wird.[1137] Gesundheitsbedrohend ist hierbei vor allem, dass die Bevölkerung versucht die Knappheit und den Geldmangel, der auch für den Erwerb von alkoholischen Getränken herrscht, durch selbstgebrannten Alkohol zu kompensieren. Es entstehen billige, qualitativ minderwertige und zum Teil auch giftige Produkte wie der *chispa de tren*, der seinen Namen dem hohen Prozentgehalt verdankt, aufgrund dessen er mit Treibstoff für Lokomotiven verglichen wird. Der wirklich gute Rum wie *Havana Club*, für den Kuba weltbekannt ist, geht zu 75% in den Export. Der restliche Teil wird zu hohen Preisen in Dollargeschäften angeboten, weshalb sich nur wenige betuchte Kubaner und natürlich ausländische Besucher diesen für die einfache Bevölkerung fast unerschwinglichen Luxus leisten können.[1138]

[1136] vgl. IPS Economics Press Service 14/03: *Noticortas – Accidentes de trabajo*: 16f

[1137] vgl. IPS Enfoque 05/03: *Alcohol – Un mal consejero*: 5ff

[1138] vgl. González: *De los ardientes brindis criollos – Destello ferroviario*, 14.08.2002, Cubanet, http://64.21.33.164/CNews/y02/ago02/14a5.htm (02.03.04)

Tabakkonsum

Kuba befindet sich unter den Ländern mit dem höchsten Tabakkonsum in Lateinamerika, wahrscheinlich auch wegen seiner langen Tradition als Tabakproduzent. Auf der Insel sind einer von zwei Männern und eine von vier Frauen Raucher, womit der Raucheranteil in der erwachsenen Bevölkerung bei fast 37% liegt. In der Altersgruppe von 17 bis 19 Jahren wurde ebenfalls ein steigender Konsum beobachtet. Die weltweite Tendenz des wachsenden Tabakkonsums beunruhigt die Weltgesundheitsorganisation besonders, deren 191 Mitgliedsstaaten, darunter auch Kuba, derzeit ein Anti-Tabak-Gesetz vorbereiten. Obwohl sich ein derartiges Gesetz für den Tabakproduzent Kuba aus wirtschaftlicher Sicht eher ungünstig auswirken könnte, befindet sich die Insel unter den Befürwortern dieser Initiative, denn auch bereits zuvor hatte sich die Regierung aktiv um die Aufklärung ihrer Bevölkerung über die gesundheitlichen Risiken des Rauchens bemüht.[1139]

Aids

Obwohl der Anteil HIV-Infizierter in der Bevölkerung im Alter zwischen 15 und 34 auf Kuba im Jahr 2001 mit 12,1 Fällen auf 100.000 Menschen im Vergleich zu anderen Staaten der Erde relativ gering ausfällt, ist die Tendenz trotzdem leicht steigend. Denn ein Jahr zuvor hatte die Rate nur bei 9,5 gelegen.[1140] Vor allem die zunehmende Öffnung Kubas für den Tourismus hat diese negative Entwicklung mit beeinflusst. Aber auch die Tatsache, dass der Gebrauch von Kondomen bei kubanischen Männern eher unbeliebt ist, hat dazu beigetragen. Mit großer Anstrengung wird auf nationaler Ebene mit Programmen versucht, zur Aufklärung über die Krankheit und deren Vorbeugung beizutragen. Teil dieses Projektes ist auch die Betreuung bereits an der Immunschwäche erkrankter Menschen in einigen, 1998 waren dies dreizehn, speziell hierfür eingerichteten Sanatorien. Sobald jemand als HIV-positiv gilt, wird diese Person für drei Monate fest in eine dieser Einrichtungen eingewiesen. In dieser Zeit werden die Patienten auf ihr Leben mit der Krankheit vorbereitet Danach können sie

---

[1139] vgl. IPS Cultura y Sociedad 03/03: *Sociedad – Tabaco cubano, entre la salud y la economía*: 29ff

[1140] vgl. IPS Economics Press Service 12/03: *Población – 4 millones para Cuba*: 10

laut dem Direktor einer solchen Einrichtung selbst darüber entscheiden, ob sie das Zentrum wieder verlassen und ein neues Leben in ihrer gewohnten Umgebung beginnen möchten.[1141]

Denguefieber

Im Jahr 2002 wurde die Gefahr der Übertragung des Denguefiebers durch die *Aedes-Aegypti*-Mücke weitgehend aus Kuba gebannt, denn seit März 2002 sind keine neuen Fälle dieser besonders für die Karibikregion typischen Tropenkrankheit in Kuba aufgetreten. Dem war eine groß angelegte Offensive zur Bekämpfung der für die Verbreitung der Krankheitserreger verantwortlichen Stechmücken in der Hauptstadt vorangegangen. Hierzu war vor allem auch die aktive Teilnahme der Bevölkerung gefordert. In ganz Havanna wurden zum einen alle Häuser ausgesprüht und zum anderen mehr als zwei Millionen m^3 Abfall eingesammelt, der sonst durch die Bildung offener kleiner Wasserstellen als Brutplatz für die Mückenlarven gedient hätte. Der Regierung war es gelungen, das Bewusstsein der Bevölkerung im Kampf gegen Dengue zu wecken, weshalb nun in den meisten Haushalten offene Wasserbehälter vermieden werden. Noch 1981 hatte das Denguefieber auf Kuba 150 Todesopfer, in der Mehrzahl Kinder, gefordert. In anderen lateinamerikanischen Staaten, wie z.B. in Brasilien und Venezuela, fielen der Krankheit sogar noch mehr Menschen zum Opfer. Bisher gibt es keine Medikamente zur Vorbeugung oder Heilung des Denguefiebers.[1142]

3.1.2.4 Situation von Behinderten

In Kuba gibt es mehr als 366.000 Behinderte, mit denen sich im Jahr 2003 eine staatliche Studie besonders intensiv beschäftigte. Fast ein Drittel von ihnen ist eingeschult bzw. hat einen Arbeitsplatz. Die auf Grundlage der Studie erworbenen Daten sollen als Basis für die Verbesserung ihrer Betreuung dienen. Um die schwierige Situation der Behinderten des Landes wenigstens etwas zu lindern, wurden bereits über 7.000 Wohnungen repariert, über 20.000 Matratzen und 5.000 Rollstühle an Bedürftige verteilt und fast 50.000 Renten neu gewährt. Wenn

---

[1141] laut einem Interview der Autorinnen mit dem Chefarzt eines AIDS-Krankenhauses in Pinar del Río im Juni 2003

[1142] vgl. IPS Revista Mensual 03/03: *Salud – Un año sin dengue*: 23ff man bedenkt, in welch schlechtem Zustand sich Kubas Transportsystem und die übrige Infrastruktur befindet, wird das schwere Los der behinderten Menschen noch um einiges deutlicher.[1143]

3.1.3 Bildungssystem

Als nach dem Sieg der Revolution mit der Bildungsreform begonnen wurde, gab es im Land über eine Million Analphabeten. Die Alphabetisierung der Bevölkerung wurde in einer massiven Kampagne, von der vor allem Bauern und Tagelöhner in entlegenen Gebieten profitierten, bis Ende 1961 derart vorangetrieben, dass ab diesem Zeitpunkt jeder lesen und schreiben konnte. Diese Leistung in den Anfangsjahren vermittelte der vor der Revolution großteils benachteiligten Bevölkerung das Gefühl, endlich ein würdiger Teil der Gesellschaft zu sein, war Hoffnungsschimmer für Millionen und eröffnete vielen neue Zukunftsperspektiven. In den Folgejahren wurde das Erziehungswesen systematisch ausgebaut, um der Bevölkerung vom Kindergarten bis hin zur Universität flächendeckend kostenlosen Zugang zu Bildung zu ermöglichen. Unverkennbar ist jedoch die ideologische Prägung des kubanischen Bildungssystems. Studien- und Karrieremöglichkeiten waren aus diesem Grund auch an das jeweilige sozialistische Engagement gebunden. Sogar Auslandsaufenthalte in befreundeten sozialistischen Ländern wurden über Stipendien möglich. Ein Schwerpunkt der Erziehung lag zudem bei produktiver Arbeit auf dem Land, wohin Schüler und Studenten des Öfteren zu Ernteeinsätzen einberufen wurden.[1144] Das Bildungssystem wurde ebenso wie der Gesundheitssektor trotz der bereits über ein Jahrzehnt andauernden Krise nie vernachlässigt und bietet trotz leichter Qualitätseinbußen nach wie vor kostenlose Bildung für alle.[1145]

Für das Schuljahr 2003/04 wurden Anfang September[1146] insgesamt 2,8 Millionen junge Menschen an den 13.603 Bildungseinrichtungen des Landes (2001: 2,1 Millionen), von der Grundschule bis hin zur

---

[1143] vgl. IPS Revista Mensual 06/03: *Ciencia – Estudio genético, herramienta para la salud*: 17ff

[1144] vgl. Hoffmann, 2000: 81f

[1145] vgl. Burchardt, 1999: 104

[1146] Anm.: Die Ferien in der Sommerperiode beginnen je nach Art der Bildungseinrichtung Ende Juni bzw. Anfang Juli und enden einheitlich in der ersten Septemberwoche.

Universität, immatrikuliert. Diese wurden von ca. 230.000 Lehrkräften betreut (2001: 206.657).

In einem 20monatigen Arbeitsprogramm reparierte man 779 Grund- und Sekundärschulen, wofür 25,85 Millionen Dollar und 215,82 Millionen Peso investiert wurden. Damit konnte die Anzahl von Schülern pro Klassenzimmer auf 20 reduziert werden, was manche entwickelte Nationen erblassen lassen dürfte.[1147] Offizielle Quellen werten dies als eine Verbesserung des Bildungssystems, externe Experten haben allerdings eine andere Meinung. Sie sprechen sogar von einem Verfall des Bildungssystems, da viele Lehrer aufgrund der schlechten Arbeitsbedingungen und des niedrigen Lohnes abwandern und besser bezahlte Jobs im Devisensektor suchen. Um dem entgegenzuwirken, wurden Kampagnen zur Notausbildung von Lehrern ins Leben gerufen, in deren Rahmen junge Leute innerhalb weniger Monate zu Lehrern ausgebildet werden. Allerdings sind diese Lehrer wirklich nur notdürftig ausgebildet und können so kaum die Qualität der Bildung erhöhen.[1148]

Eine negative Tendenz ist auch, dass sich die Einstellung zur Bildung gewandelt hat. Wurde bis Anfang der 90er eine gute Ausbildung noch als eine wichtige Grundlage für den sozialen Aufstieg gesehen, so begeben sich nun viele Jugendliche, die die neunjährige Schulpflicht bereits hinter sich haben, lieber auf die Jagd nach schnellen Dollars als auf den Weg zu einer Bildungseinrichtung.[1149]

Auf der Insel gibt es über eine halbe Millionen Studenten. Diese Zahl setzt sich aus circa 300.000 regulären Studenten und 250.000 Postgraduierten zusammen.[1150] Unter ihnen befinden sich um die 14.000 Studierende aus insgesamt 113 weiteren Nationen, die von Stipendien des kubanischen Staates profitieren und somit die Chance auf eine solide Ausbildung bekommen, die ihnen in ihrer Heimat wahrscheinlich nicht möglich gewesen wäre.[1151] Alle Universitätsabsolventen werden

---

[1147] vgl. Triana, 2002 (c): 4 und Oficina Nacional de Estadísticas, Anuario Estadístico de la República de Cuba, 2002: *Indicadores generales de la educación – Tabla XV.4*

[1148] vgl. Espinosa Chepe: *Cuba – La crisis se profundiza*, 2002: 4f, http://lanic.utexas.edu/project/asce (04.10.03)

[1149] vgl. Burchardt, 1999: 104

[1150] vgl. IPS Revista Mensual 09/03: *Educación – De regreso a las aulas*: 16ff

[1151] vgl. o.V.: *Unos 14.000 becarios en aulas cubanas*, 09.04.2004, www.ipsnoticias.net/cubaalamano (12.04.04)

im Anschluss an ihr Studium für mindestens zwei Jahre an staatliche betriebliche Einrichtungen vermittelt.

3.1.4 Migration

3.1.4.1 Landflucht

Bis zur Beginn der Krise in den 90er Jahren war das Verhältnis zwischen Städten und ländlichen Regionen ausgeglichen, da von der Regierung das Leben auf dem Land in großem Maße durch Infrastrukturverbesserungen gefördert worden war. Diese Agrarreform und die damit verbundenen geringen Abwanderungsraten in die Städte hatten für Lateinamerikas Länder Vorbildcharakter. Damit ist es seit über einem Jahrzehnt jedoch vorbei, denn die nunmehr mangelhafte Unterstützung der Bauern, die sich besonders in zu geringen staatlichen Abnahmepreisen äußert und das damit verbundene Absinken des ohnehin schon niedrigen ländlichen Lebensniveaus[1152], ließ in den letzten Jahren auch in Kuba die Landflucht rapide ansteigen, denn die Städte, allen voran Havanna, bieten mehr Möglichkeiten, um an schnelles Geld zu kommen. Dort gibt es Schwarzmärkte und auch der Tourismus bietet sich als Devisenquelle an. Auch wenn die Versorgungslage auf der Insel im Allgemeinen schlecht ist, so erweist sie sich in den Städten dennoch um einiges besser als auf dem Land, insbesondere in bergigen Gegenden.[1153] Ende der 80er Jahre wurde vom Staat in Anbedacht der wirklich gravierenden Zustände in den Bergdörfern, mit dem *Plan Turquino* zwar versucht, die dortige Wirtschaft bzw. Landwirtschaft anzukurbeln und die arbeitsfähigen Einwohner zum Bleiben zu bewegen, aber sehr viel konnte damit nicht erreicht werden. Die Migrationsbewegung erfolgt immer noch meist von den ärmeren Ostprovinzen in Richtung Havanna. Hierbei weisen die Hauptstadt und die Provinz Santiago de Cuba die wohl gravierendsten Entwicklungsunterschiede auf.[1154] Da Havanna einfach zu viele Migranten anlockt, existieren straffe Zuzugsbeschränkungen für die Hauptstadt, die mit über zwei Millionen Einwohnern seine Kapazität

[1152] Die Hütten auf dem Land, die *bohíos*, verfügen oft nicht über Strom und fließendes Wasser.
[1153] vgl. Burchardt, 1999: 102
[1154] vgl. IPS Economics Press Service 21/03: *Población – Paradojas en las alturas*: 1f

bereits fast überschritten hat und am schlimmsten von Wohnraummangel betroffen ist. Eine Genehmigung wird nur dann erteilt, wenn man nachweislich mindestens zehn Quadratmeter Wohnfläche dort zur Verfügung hat.[1155]

Bevölkerungsdichte EW / km²			
Provinz	Gesamt	Stadt	Land
Kuba	101,4	4.076,7	25,6
Pinar del Río	67,7	6.926,8	24,6
La Habana	124,2	5.225,2	27,4
Ciudad de La Habana	2.999,2	2.999,2	-
Matanzas	55,5	3.954,8	10,8
Villa Clara	96,5	3.961,3	22,1
Cienfuegos	95,4	4.027,6	18,7
Sancti Spíritus	68,7	5.841,2	20,9
Ciego de Avila	59,8	3.260,6	15,1
Camagüey	49,5	4.810,0	12,4
Las Tunas	80,8	3.608,6	33,6
Holguín	111,4	4.278,0	46,2
Granma	99,8	5.204,9	42,7
Santiago de Cuba	168,8	5.271,8	52,1
Guantánamo	83,5	6.645,7	33,8
Isla de la Juventud	33,6	5.569,0	5,2

Tabelle 14 *Bevölkerungsdichte (2001)*
Quelle: Oficina Nacional de Estadísticas, Anuario Estadístico de la República de Cuba, 2002: Población residente y densidad de población por provincias según zonas urbana y rural – Tabla II.7

3.1.4.2 Verstädterung

2001 lebten noch 2.778.992 Menschen auf dem Land, in der Stadt waren es 8.451.237. Dabei ist anzumerken, dass der Männeranteil in ländlichen Gegenden, wo nur ein Viertel der kubanischen Bevölkerung lebt, um etwa 6% größer ist, wohingegen in Städten circa 2% mehr Frauen wohnen.[1156]

[1155] vgl. Mathéy, 2001: 88

[1156] vgl. Oficina Nacional de Estadísticas, Anuario Estadístico de la República de Cuba, 2002: *Población media según grupos de edades, sexos y zonas – Tabla II.3*

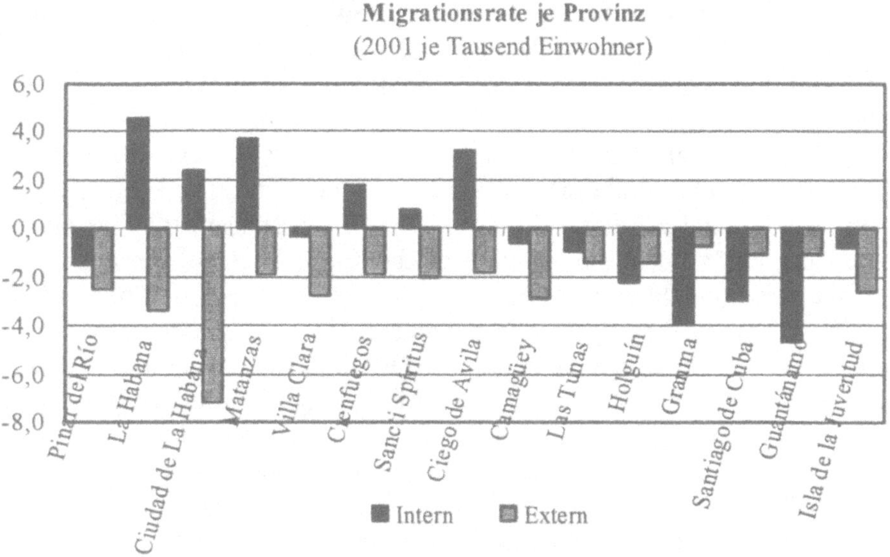

Abbildung 28 *Migrationsrate je Provinz (2001)*
Quelle: Oficina Nacional de Estadísticas, Anuario Estadístico de la República de Cuba, 2002: Saldos migratorios y tasas de migración interna y externa, por provincias y años – Tabla II.21

3.1.4.3 Emigration

Bis heute haben circa 10% der Bevölkerung die Insel verlassen.[1157] Hierbei ist auffällig, dass der größte Anteil an Emigranten von der Hauptstadt aus das Land verlässt. In der Analyse des politischen Umfeldes Kubas wurde die Auswanderung, vor allem in die Vereinigten Staaten von Amerika, bereits ausführlich behandelt.

3.1.5 Wohnsituation[1158]

Der Mangel an Wohnraum ist neben dem Transport eines der gravierendsten Probleme Kubas. Die Wohnraumverwaltung wird nicht dem Markt überlassen, sondern erfährt staatliche Regulierung und wird in hohem Maße subventioniert. 1985 wurde das Eigentum am Wohnraum

---

[1157] vgl. Burchardt, 1999: 110

[1158] Anm.: Für den Wohnungssektor ist das Bauministerium *(Ministerio de la Construcción)* verantwortlich, dem das Institut für Wohnungswesen *(Instituto Nacional de la Vivienda)* untersteht.

per Gesetz vom Staat an die jeweiligen Bewohner übertragen, weshalb es kaum noch Mietwohnungen gibt. Laut offiziellen Angaben gehören seit dieser teilweisen Privatisierung 85% aller Wohnungen dem Volk, aber Immobilienhandel ist vom Staat monopolisiert und ein Markt für Grund und Boden existiert nicht. Das heißt, dass dieses Eigentum an Wohnraum nicht zum Verkauf des Hauses ermächtigt, wenn die eigenen vier Wände zu eng werden.[1159] Die Wohnungsanzahl des Jahres 2000 lag bei 3,1 Millionen, was auf die Einwohnerzahl der Insel gerechnet eine annehmbare Menge von 3,5 Bewohnern pro Wohneinheit ergibt. Diese Zahl spiegelt jedoch nicht die Realität wider. Denn während einige Wohnungen besonders in der Hauptstadt absolut überbelegt sind, ist ein Anteil an Wohnungen aufgrund seiner ungünstigen Lage und seines Zustandes auch unterbelegt.[1160] Dennoch muss trotz des Wohnraummangels (es fehlen nach offiziellen Angaben rund 1,5 Millionen Wohneinheiten[1161]) niemand auf der Straße leben.[1162] Obdachlosigkeit kann im Grunde nur dann entstehen, wenn die bisherige Wohnung aufgrund ihrer Baufälligkeit nicht mehr bewohnbar ist, was wegen des immer mehr voranschreitenden Substanzverfalls keine Seltenheit ist. Die Betroffenen werden in Sammelunterkünften notdürftig untergebracht. Der Staat baut zwar jedes Jahr neue Wohnungen,[1163] diese können aber die hohe Nachfrage nicht abdecken.[1164] Hinzu kommt, dass von allen Neubauten nur ein Viertel vom Bauministerium und die restlichen von anderen Ministerien bzw. durch Eigenleistung in Mikrobrigaden, die sich aus von ihrer regulären Arbeit für circa drei Jahre freigestellten Leuten aller Berufsgruppen zusammensetzen, errichtet wurden. Das heißt, dass von im Jahr 2001 35.805 neu gebauten Wohnungen[1165] nur circa 9.000 für die beim Institut für Wohnungswesen ge-

---

1159 vgl. IPS Economics Press Service 07/03: *Vivienda – La casa propia, un sueño postergado*: 8

1160 vgl. Mathéy, 2001: 88

1161 Anm.: Der Wohnungsmangel wird bei dem offiziellen Zensus, der 2004 endlich erneuert werden sollte, zahlenmäßig genauer beschrieben werden können.

1162 vgl. IPS Economics Press Service 07/03: *Vivienda – La casa propia, un sueño postergado*: 8

1163 Anm.: Eine neu gebaute Wohnung kostet zwischen 4.500 und 10.000 Pesos, obwohl die Baukosten um das Doppelte höher liegen. Für den Erwerb wird in den meisten Fällen ein Kredit bei der *Banco Popular de Ahorro* aufgenommen und in Laufzeiten zwischen zehn bis dreißig Jahren zu maximal 3% Zinsen zurückgezahlt. (vgl. Mathéy, 2001: 95)

1164 vgl. Mathéy, 2001: 88

1165 vgl. Oficina Nacional de Estadísticas, Anuario Estadístico de la República de Cuba, 2002: *Viviendas terminadas, por provincia – Tabla X.1* führte kommunale Warteliste, die je nach Bedürftigkeit bzw. zum Teil auch sozialen Verdiensten abgearbeitet wird, den Wohnungssuchenden zur Verfügung stehen.[1166] Die Tendenz geht hierbei dahin, dass jährlich weniger Wohnungen neu gebaut werden, damit sich der Staat auf die durch Material- und Mittelknappheit recht langwierigen Sanierungen der bestehenden Einheiten, die oft in einem erbärmlichen Zustand sind, konzentrieren kann. Hierbei sind ihm auch zivile Arbeitsbrigaden behilflich.[1167] Erschwerend kommt noch hinzu, dass fast jedes Jahr viele der knappen Staatsmittel für den Wiederaufbau der Häuser aufgewendet werden müssen, die von Hurrikanen zerstört wurden.[1168] Seit Beginn der Krise wird auch verstärkt auf alternative Baumaterialien, die aus recycelten Materialien von Abrisshäusern gewonnen werden, und auf lokale Bautraditionen zurückgegriffen, was zu einer teilweisen Abkehr von Betonbauten geführt hat.[1169] Die von den anderen Institutionen konstruierten Wohneinheiten werden fast ausschließlich ihren eigenen Mitarbeitern bzw. Mitgliedern zugeteilt. Für diejenigen, die durch dieses Raster fallen bzw. keine Beziehungen haben, sieht es schlecht aus. Der Bezug einer neu gebauten Wohnung ist in Kuba ein Ausnahmefall. Viele junge Paare haben deshalb kaum eine Chance eine Wohnung zu finden und müssen bei ihren Eltern wohnen bleiben oder selbst ein Haus zu bauen versuchen, was aber wegen des Mangels an Baumaterialien und finanziellen Mitteln erheblich erschwert wird.[1170]

Deshalb besteht die fast einzige Möglichkeit zu einem Wohnungswechsel darin, einen Tauschpartner zu finden. Der Tausch *(permuta)* ist seit 2002 jedoch nur noch dann gestattet, wenn es sich um eine Wohnung bzw. ein Haus mit gleicher Größe handelt[1171]. Das bedeutet, dass eine Verbesserung im Sinne der Vergrößerung des Wohnraums durch einen solchen Tausch nicht gegeben ist. Einzig der Anbau an die eigene Wohnung, der aufgrund der überteuerten Baumaterialien in Dol-

[1166] vgl. Mathéy, 2001: 93
[1167] vgl. ebd.: 98
[1168] vgl. IPS Economics Press Service 07/03: *Vivienda – La casa propia, un sueño postergado*: 9
[1169] vgl. Mathéy, 2001: 96f
[1170] vgl. ebd.: 88 und 93
[1171] Anm.: Diese neuen Tauschregelungen beschränken derartige Geschäfte nun auf maximal drei Partner, wohingegen früher noch sehr ausgedehnte Tauschketten entstehen konnten. Ebenso wie die Regelung über die gleiche Quadratmeterzahl zielt dies darauf ab, den Wohnungstausch unter der Bevölkerung einzudämmen.

largeschäften für die normale Bevölkerung kaum erschwinglich ist, könnte einen Ausweg bieten. Es ist leicht vorstellbar, dass diese Situation für die meisten Kubaner sehr unbefriedigend ist. Wer dennoch in eine größere Wohnung wechseln möchte, der hat eine andere, jedoch mit hohem finanziellem Aufwand verbundene, illegale Option. Er zahlt in Dollar. In der Hauptstadt kostet eine solche Ausgleichszahlung bei ungleichem Tausch bis zu 5.000 Dollar, was sich nur wenige leisten könnten und was die Aufspaltung der Gesellschaft noch mehr vorantreibt.[1172] Hierbei gilt jedoch, dass sich im Besitz einer Familie nur eine Wohnung bzw. zusätzlich eventuell eine Ferienwohnung befinden darf, um einer Wohnungsspekulation vorzubeugen.[1173]

Um trotz des Wohnraummangels unterbelegte Wohneinheiten, die oft älteren Baujahrs sind, effektiv zu nutzen, wurde vor circa zehn Jahren die Privatvermietung von einzelnen Zimmern legalisiert und mit einer Steuer belegt. Diese Abgabe wird je nach Mieterkategorie und dem Standort der Wohnung berechnet. Hierbei gilt, dass für kubanische Mieter eine nur sehr geringe Lizenzgebühr in Peso berechnet wird und für die Vermietung an Ausländer *(casas particulares)* bis zu 200 US-Dollar monatlich vom Staat eingezogen werden, unabhängig davon ob das Quartier voll ausgelastet war oder nicht. Hinzu kommt, dass sich diese Abgabe in touristischen Zentren wie Varadero oder Teilen Havannas erhöht. Dieses System dient über die vom Staat festgelegten Monopolpreise der Devisenbeschaffung für den Wohnungsbereich. Weiterhin existiert seit neustem die Möglichkeit, dass über ausländische Investitionen Wohnungsbauprojekte auf der Insel in direkter Zusammenarbeit mit einheimischen Organisationen und Gemeinden unabhängig von den Planvorgaben des Nationalen Instituts für Wohnungswesen unterstützt werden können. Die hierfür nötigen Baumaterialien müssen zwar zu normalen Marktpreisen, d. h. ohne staatliche Subvention, eingekauft werden, was jedoch die Möglichkeit erhöht von den seit längerem aus wirtschaftlichen Gründen ungenutzten Kapazitäten der Baustoffindustrie zu profitieren, da die Produktion bei Bedarf noch ausgeweitet werden kann.[1174]

[1172] vgl. IPS Economics Press Service 07/03: *Vivienda – La casa propia, un sueño postergado*: 8f
[1173] vgl. Mathéy, 2001: 94
[1174] vgl. ebd.: 95f

3.2 Soziokulturelle Indikatoren

3.2.1 Kulturelle Identität

Kuba gleicht einem Schmelztiegel von Kulturen, einer Synthese verschiedener Wurzeln. Bedeutend für die Herausbildung der kulturellen Identität der Bewohner der Insel war vor allem die Tatsache, dass alle von außen eingebrachten Einflüsse neben- und miteinander lebten, ohne dass eine der Strömungen die Oberhand gewann.[1175]

3.2.1.1 Sprachsituation

Kuba ist ein rein spanischsprachiges Land. Die Sprachen der Ureinwohner hatten auf die Sprachgeschichte so gut wie keinen Einfluss, da sie innerhalb kürzester Zeit einfach ausstarben. Es existieren keine Minderheitensprachen auf der Insel. Das Kubaspanisch gehört ebenso wie das Puerto Ricos, der Dominikanischen Republik und den Küstenregionen Kolumbiens und Venezuelas einer von vielen regionalen amerikanischen Varietäten an. Die Spanischvarietät, die sich auf der Antilleninsel entwickelte, unterlag den Einflüssen von Sprechern aller spanischen Regionen und ist somit nicht auf eine bestimmte zurückzuführen. Aber auch die Afroamerikaner beeinflussten die Sprache maßgeblich, besonders was den Wortschatz angeht. Die Entwicklung einer kreolischen Sprachvarietät kann auch als eine Konsequenz der steigenden Unabhängigkeitsbestrebungen gegenüber Spanien gesehen werden. Als die USA Spanien auf Kuba „ablöste" und den Kubanern statt Freiheit neokoloniale Verhältnisse brachten, hatte dies ebenfalls sprachliche Konsequenzen. Seit Beginn des 20. Jahrhunderts wurde Englisch zum Pflichtfach in den Schulen erklärt. Außerdem waren viele US-Amerikaner ohne Spanischkenntnisse auf die Insel gekommen und kommunizierten ausschließlich in Englisch. Da auf Kuba jedoch weitere Versuche unterblieben, Spanisch als Nationalsprache in den Hintergrund zu drängen, kam es nicht zu einer sprachlichen Assimilierung und nach 1959 verlor das Englische seine Bedeutung auf der Insel schnell wieder.

[1175] vgl. IPS Enfoque 01/04: *Identidad cultural y religiosidad popular*: 1

Nachdem nach der Revolution große Teile der Mittel- und Oberschicht Kubas ins Exil gegangen waren, kam es tendenziell zu einer Verschlechterung der Sprachkultur, da nun viele gesellschaftliche Positionen von unteren Bevölkerungsschichten besetzt wurden. Auch der Ausbau des Bildungssystems konnte diese Entwicklung nicht auffangen. In den 80er Jahren wurde sogar beobachtet, dass dies bereits zu erheblichen Abweichungen von anderen Spanischvarietäten geführt hatte. Hinzu kommt, dass das Spanisch auf der Insel von Außeneinflüssen aufgrund des Medienmonopols des Staates und weiterer spezifischer Gegebenheiten des Landes ziemlich abgeschottet ist.

Kuba war im Grunde nur für spanische Europäer Ziel der Emigration. Lediglich im 19. Jahrhundert kamen verstärkt französische Einwanderer ins Land, die besonders im Osten der Insel einen Einfluss auf die Sprache hatten. Die freundschaftlichen Beziehungen zur Sowjetunion zwischen 1959 und 1989 und die damit verbundenen Austauschprogramme hingegen übten kaum Einfluss auf das Kubaspanisch aus.[1176]

3.2.1.2 Traditionen

Der Dezember war für die Kubaner schon immer ein sehr besonderer Monat. Auch die zeitweilige Abschaffung des Weihnachtsfestes durch die kubanische Regierung von 1969 bis 1998, dem Jahr des Papstbesuches auf der Insel, konnte nichts daran ändern. Die Ausübung dieses und anderer religiöser Feste war vom sozialistischen Staat bis dahin nicht toleriert worden. Dennoch wurden sie in einigen Familien heimlich zu Hause mehr oder weniger weiter begangen, gerieten aber bei der Mehrheit der Bevölkerung fast in Vergessenheit. Erst nachdem nun das Weihnachtsfest wieder offiziell in Kuba zugelassen ist, wurden die Weihnachtsbräuche sukzessive wieder aufgenommen. Nun können sich jedoch viele die Feierlichkeiten nicht mehr leisten, denn selbst die nun wieder zurückgekehrten Weihnachtsbäumchen sind nur in Dollargeschäften erhältlich und das abendliche Weihnachtsessen im Kreise der Familie kann auch nur dann üppig ausfallen, wenn man genügend Dollar investiert.[1177] Eine weitere, eng damit verbundene Tra-

[1176] vgl. Perl, 2001: 655ff

[1177] vgl. IPS Cultura y Sociedad 01/04: *Sociedad – Feliz Navidad y Próspero Año Nuevo*: 1f dition, die ebenfalls erst in der letzten Zeit wieder belebt wurde, sind die Heiligen Drei Könige, die seit den 60er Jahren vom sozialistischen Staat durch kontrollierte Verkaufsaktionen, bei denen die Eltern für jedes ihrer Kinder genau drei Spielzeuge zugesichert bekamen, ersetzt wurden. Besonders die Generation der heute 30- bis 40-Jährigen hat kaum noch eine Erinnerung an den ursprünglichen Brauch des Dreikönigstags, an dem die Kinder Briefe an die Könige schrieben. Viele von ihnen sind heute nun selbst Eltern und bemühen sich trotz ihrer oft sehr schlechten finanziellen Lage fieberhaft, ihre Kinder mit ein paar Geschenken zu beglücken.

Eine Tradition, die im Sozialismus jedoch sehr gepflegt wurde und wird, sind die Ehrentage für bestimmte Berufe. So ist z.B. der 3. Dezember der Tag des Arztes, an dem kleine Aufmerksamkeiten überreicht werden. Ähnlich ist es mit dem Lehrertag, der auf den 22. Dezember fällt und an dem kein Kind gern ohne ein kleines Geschenk für seinen Lehrer in die Schule geht.[1178]

3.2.1.3 Verhältnis von Arbeit und Freizeit

In den Sommermonaten von Juli bis August nehmen fast alle Kubaner ihren Urlaub, um mit ihren Kindern, die in dieser Zeit Ferien haben, zusammen zu sein. Doch welche Urlaubsmöglichkeiten bieten sich den Kubanern? Die meisten würden natürlich gern den Sommer am Strand verbringen, was für eine Insel so einfach klingt, aber aufgrund der kubanischen Realität mit ihren schlechten Transportbedingungen mit sehr großem Aufwand verbunden und somit für viele fast undenkbar ist. Seitdem bestimmte Gebiete der Insel in Zentren für ausländische Touristen umgewandelt wurden und sich die touristischen Anlagen verbreitet haben, zu denen den meisten Kubanern der Zugang verweigert wird, sind die Ferienmöglichkeiten der Bevölkerung, die früher durch den Gewerkschaftsverbund CTC noch häufig vermittelt werden konnten, stark eingeengt. Eine noch gebliebene Option sind die 83 *campismos* des Landes, in den 80er Jahren entstandene Feriencamps, deren Kapazität auf 320.000 Plätze beschränkt ist. Es sind vor allem Jugendliche, die versuchen an einen der wenigen begehrten

[1178] vgl. IPS Cultura y Sociedad 01/04: *Sociedad – Regresan los reyes magos?:* 1ff

Plätze zu kommen. Die Lage hat sich aufgrund der immer mehr wachsenden sozialen Ungleichheit zwischen Peso- und Dollarkubanern mittlerweile dahingehend entwickelt, dass sich der Urlaub für die meisten darauf beschränkt, zu Hause zu bleiben, Fernsehen zu schauen und nur ein sehr geringer Teil der Gesellschaft zum Verbringen seines Urlaubs auf der Insel verreisen kann. Um die zu Hause Gebliebenen ausreichend zu unterhalten, werden die Fernsehübertragungen auf den drei nationalen Kanälen in den Sommermonaten ausgeweitet. Neben den üblichen Diskursen von Fidel und den politischen Informationssendungen *(mesas redondas)* flimmern dann noch mehr Fernsehserien *(telenovelas)*, Ratespiele, Dokumentationen, Filme, Kindersendungen etc. über die Bildschirme.[1179] Auch das Theaterprogramm betreffend wird vom Staat mehr geboten. Hierbei bestimmen besonders Komödien den Spielplan.[1180] Außerdem wurden bereits in den 70er Jahren einige Feiertage wie z.B. der Karneval auf die Sommermonate verlegt.[1181]

3.2.1.4 Sport in der kubanischen Gesellschaft

Kuba nimmt bereits seit der zweiten Olympiade im Jahr 1900 an den Olympischen Spielen teil. Kuba hat sich sogar als Gastgeber für die Olympischen Spiele im Jahr 2012 in Havanna beworben, nachdem es für die Runde von 2008 bereits ausgeschieden war.[1182] Seit 1962 ist zwar der Berufssport auf Beschluss Fidel Castros hin von der Insel gebannt, was aber keine Verringerung der sportlichen Aktivitäten bedeutete. Vielmehr brachte der staatlich enorm geförderte Amateursport unzählige Talente hervor.

Baseball ist Kubas beliebtester Sport und mit der deutschen Vorliebe für Fußball vergleichbar. Bereits mit sieben Jahren beginnen die meisten Jungen damit. Jede Stadt hat ein Stadion, wo regelmäßig Spiele stattfinden, die das gesellschaftliche Ereignis schlechthin darstellen. Die Wettkämpfe unter Jugendlichen und Erwachsenen sind stets gut organisiert. In Kuba wird Baseball nicht als Geschäft angesehen, es werden auch keine Spieler gehandelt. Jede Provinz hat ein Team, wo-

---

[1179] vgl. IPS Cultura y Sociedad 07/03: *Sociedad – Adónde voy en las vacaciones?*: 17ff
[1180] vgl. IPS Cultura y Sociedad 08/03: *Sociedad – Risas del verano*: 17
[1181] vgl. IPS Cultura y Sociedad 01/04: *Sociedad – Regresan los reyes magos?*: 1f
[1182] vgl. IPS Revista Mensual 06/03: *Olympia:*: 24

bei die Hauptstadt ein eigenes stellt. Diese 16 Mannschaften sind seit 1962 in einer Liga vereint. Auf internationaler Ebene ist Kuba mit diesem Sport überaus erfolgreich. Im Oktober 2003 konnte das Land seine Erfolgsserie fortsetzen und sich zusammen mit Kanada für einen der zwei Plätze, die dem amerikanischen Kontinent für Baseball bei der Olympiade in Athen 2004 zustanden, nominieren. Hierfür hatten sich zehn Teams beworben.[1183]

Eine weitere für die Insel sehr bezeichnende Sportart ist das Boxen. Auch hier ist erstaunlich, wie viele Talente der Amateursport hervorgebracht hat. Der Kubaner Teófilo Stevenson ist der erfolgreichste Amateurboxer aller Zeiten. Er wurde dreimal in Folge Olympiasieger im Schwergewicht: 1972, 1976 und 1980. Eine vierte olympische Goldmedaille wurde durch den Olympiaboykott der Kubaner bei den Spielen von Los Angeles 1984 verhindert. Zudem wurde Stevenson 1974, 1978 und 1986 Weltmeister. Lukrative Angebote, zu den Profis zu wechseln, lehnte er stets ab.[1184] Der Traum vieler Kubaner besteht darin, ihr Land auf internationaler Ebene sportlich zu vertreten und somit eine der wenigen Chancen für einen sozialen Aufstieg zu nutzen.

3.2.1.5 Ernährungssituation in Kuba

In den 70er Jahren war es Kuba gelungen die Unterernährung zu beseitigen. Erst mit Beginn der Krise kehrte dieses Problem auf die Insel zurück.[1185] Mit der *libreta,* dem staatlichen Bezugsheftchen, konnte nur noch ein absolutes Minimum an kohlenhydrathaltigen Grundnahrungsmitteln wie Zucker, Brot, und Reis erworben werden, es mangelte besonders an Eiweißen und Fetten. Viele der vor 1990 normal erhältlichen Produkte konnten nun auf einmal nur noch auf dem Schwarzmarkt erworben werden. Die Tagesdurchschnittskalorienmenge lag mit circa 2.000 derzeit sogar unter dem Minimum Mitte der 50er Jahre.[1186] Erst die wirtschaftliche Öffnung Kubas seit 1993 konnte die traumatische Versorgungslage leicht entschärfen.[1187] Obwohl

[1183] vgl. IPS Cultura y Sociedad 12/03: *Deportes – Un año redondo*: 1ff
[1184] vgl. Microsoft Encarta Enzyklopädie Professional 2004 DVD
[1185] vgl. Casanovas, 2002: 35
[1186] vgl. Zeuske (a), 2000: 137
[1187] vgl. Casanovas, 2002: 35

die Bevölkerung seit dem Jahr 1996 nicht mehr allzu sehr hungern musste, stellte man in einer Warenkorb-Erhebung desselben Jahres fest, dass eine kubanische Durchschnittsfamilie mit dem ihr zur Verfügung stehenden staatlichen Einkommen nur etwa die Hälfte ihrer fundamentalen Grundbedürfnisse, die jeden Monat anfallen, abdecken kann. Noch schlimmer sieht die Lage bei den Rentnern aus, die ohne Dollars und ohne Zugang zur Landwirtschaft auskommen müssen.[1188] Nur wer über ausreichend Devisen verfügt, kann sich das mittlerweile wieder vielfältiger gewordene Angebot leisten.

Im Folgenden soll nun in groben Zügen eine kubanische „Tagesdiät" beschrieben werden. Das Frühstück ist ohne einen *cafecito* fast nicht denkbar. Die gemahlenen Kaffeebohnen werden oft mit geröstetem Kichererbsenmehl gestreckt. Dazu gibt es generell ein weißes Brötchen, das einem die *libreta* jeden Morgen zusichert und das man je nach Möglichkeit entweder süß mit Guavenmarmelade oder Kokosmus oder eher herzhaft mit Mayonnaise oder Ei belegt. Alle Werktätigen, Studenten, Schüler und Kinder bekommen von ihrer jeweiligen Einrichtung in den *comedores* ein warmes Mittagessen gestellt, das aus weißem Reis und einer Art dicken Suppe *(potaje)* aus in der Regel schwarzen Bohnen bzw. manchmal Erbsen oder *congri*, einer Mischung aus in schwarzen Bohnen mit Knoblauch, Peperoni und Kurkuma gekochtem weißen Reis besteht, und meist durch *viandas*, wie z.B. gekochte *yuca* (Maniok), *boniato* (Süßkartoffel) oder *malanga* (Knolle eines Aronstabgewächses), gebratene Bananen und anderem, je nach Saison typischem Gemüse wie Kohl, Gurken und Tomaten begleitet wird. Ab und zu wird dazu Hühnchen, Schweinefleisch oder Fisch gereicht. In den meisten Fällen wird diese Hauptbeilage durch Sojaeiweiß oder Ei ersetzt. Das Kompott ist ebenfalls teilweise von der Jahreszeit abhängig. So wird z.B. in den Sommermonaten der überaus süße Mango angeboten. Das abendliche Essen in der Familie bzw. von Internatsschülern und -studenten in der Mensa sieht im Grunde genauso aus. Eine kleine Abwechslung davon können Eintopfgerichte und eine Art Polenta aus Maismehl *(harina)* bringen. Ein kubanischer Dauersnack sind die Salzkekse *(galletas)*. Zu den Mahl-

---

[1188] vgl. Burchardt, 1999: 92

zeiten wird Wasser getrunken, dem man zum Teil *refresco*-Pulver (Erfrischungsgetränk) beimischt. Bei Festen darf natürlich auch der Rum nicht fehlen. Generell lässt sich sagen, dass die kubanische Küche in den letzten 40 Jahren vor allem in der Alltagskost ziemlich verarmte.

Nicht unerwähnt sollten die auf der Straße angebotenen Speisen und Getränke bleiben. Kleine Pizzen die fast ausnahmslos mit Tomatensauce und einer Art Käse belegt sind, zuckriges und frittiertes Gebäck und *maní*, eine aus Erdnüssen hergestellte Süßigkeit, werden besonders gern konsumiert. Als Erfrischungsgetränke gibt es *refrescos* und *batidos* (Milchmixgetränke), in der Saison ist auch *guarapo* (Zuckerrohrsaft) erhältlich. Besonderer Beliebtheit erfreuen sich die *coppelias*, die staatlichen Eiscafés, die neben kubanischem Eis auch die typischen *merengue*-Torten (Baisertorten) anbieten.

3.2.1.6 Einstellung zum Umwelt- und Tierschutz

Eine alte Weisheit besagt, dass eine Gesellschaft daran gemessen werden sollte, wie sie ihre Kinder, Alten und auch ihre Tiere behandelt. Bei den beiden Erstgenannten hat Kuba unumstritten große Erfolge erzielt und die Gesetzgebung im sozialen Bereich ist aufgrund ihrer Schutzmechanismen bemerkenswert. Viele entwickelte Länder dieser Erde, mit denen sich Kuba häufig wegen seiner sozialen Errungenschaften vergleicht, haben aber auch im Bereich des Tierschutzes bereits seit längerem rechtliche Schritte eingeleitet.

Es mutet sehr eigenartig an, dass die Umweltschutzpolitik nationale Priorität genießt, jedoch im kubanischen Staat keinerlei Vorschriften zum Schutz von Tieren vor Quälerei und Misshandlung existieren. Somit sind bisher alle Haus-, Nutz-, Arbeits-, Zoo- und Labortiere schutzlos ihren Besitzern ausgeliefert. Dieser Zustand wird sich eventuell aber bald ändern, denn der vor etwa 15 Jahren gegründete Kubanische Tierschutzverein *(Asociación Protectora de Animales de Cuba)* kämpft seit langem mit großem Engagement dafür, ein Modell für ein Tierschutzgesetz vor die Nationalversammlung zu bringen. Ein Schritt in diese Richtung ist die Vorbereitung einer Nationalen Tierschutzkampagne, für die die Unterstützung der staatlichen Medien beantragt wurde. Es soll hiermit vor allem auch das Bewusstsein der Bevölkerung für einen verantwortungsvollen Umgang mit ihren Mitgeschöpfen geweckt werden. Besonders besorgniserregend ist die Situation der Straßenhunde, die der Opfertiere für religiöse afro-kubanische Riten und vor allem die der Zugpferde, die aufgrund der überaus schlechten Transportbedingungen oft über ihre Grenzen hinaus belastet werden.[1189] Nicht zu vergessen sind auch die grausamen Hahnenkämpfe, die jedoch in ganz Lateinamerika als Teil der Volkskultur tief verwurzelt sind. Fast jedes Wochenende finden im gesamten Land solche Kämpfe statt, bei denen unzählige Wetten abgeschlossen werden. Der Staat unterstützt mittlerweile das Geschäft mit den Kampfhähnen sogar, da es sich zu einer regelrechten Devisenquelle entwickelt hat. Auf der Insel gibt es rund 700 Zuchtstationen, die für den Export eines einzigen Kampfhahns zwischen 200 und 1.000 US-Dollar einbringen.[1190]

3.2.2 Familie

Die Familien waren auf Kuba seit jeher matrifokal ausgerichtet, womit den Müttern als Zentrum des mehreren Generationen umfassenden Familienverbundes eine zentrale Rolle zuteil wurde. Heutzutage hat sich eher das Ideal der Kleinfamilie durchgesetzt, da die meisten Frauen werktätig wurden.[1191] Die Entwicklung geht bei der Familiengründung immer mehr dahin, dass die jungen Paare oft nicht einmal mehr heiraten, sondern in Lebensgemeinschaften zusammenleben. Diese Tendenz wird auch darin deutlich, dass die Zahl der Eheschließungen von knapp 71.000 im Jahr 1995 auf 54.000 im Jahr 2001 zurückging.[1192]

Die neu erlangte Emanzipation der Frau und ihre Doppelbelastung, die aus der Eingliederung in das formale Arbeitsleben und der alleinigen Weiterführung des Haushalts resultierte, waren und sind eher auch Grund vieler Scheidungen.[1193] Im Jahr 2001 ließen sich insgesamt 37.260 Paare scheiden.

Wie bereits beschrieben, wird mittlerweile die Kleinfamilie mit maximal zwei Kindern bevorzugt, was mehr den Tendenzen der industri-

---

[1189] vgl. IPS Cultura y Sociedad 07/03: *Sociedad – Un amigo no protegido*: 14ff

[1190] vgl. Rocker: *Kuba – Kampfhähne als Exportschlager*, 17.03.02, www.swr.de (04.03.04)

[1191] vgl. Hoffmann, 2000: 136f

[1192] vgl. Oficina Nacional de Estadísticas, Anuario Estadístico de la República de Cuba, 2002: *Movimiento natural de la población, por provincias – Tabla II.13*

[1193] vgl. Hoffman, 2000: 138

alisierten Länder als denen von Entwicklungsländern entspricht. Oft leben trotzdem immer noch drei bis vier Generationen unter einen Dach zusammen, eine Tatsache, die zusätzlich zur schwierigen wirtschaftlichen Situation vieler Familien, die Familienplanung beeinflusst. Der einzig wirksame Anreiz für junge Menschen, mehr Kinder zu bekommen, würde wahrscheinlich vor allem darin bestehen, den neu gegründeten Familien zusätzlichen Wohnraum zur Verfügung zu stellen, was sich aufgrund der prekären Wohnsituation auf der Insel leider kaum realisieren lässt.[1194]

Eine Studie, die 2003 an der Universität von Havanna durchgeführt wurde und die Lebensweise junger Familien in der Hauptstadt untersuchte, ergab, dass diese in ihrem täglichen Kampf ums Überleben immer erfindungsreicher werden und nur noch von Tag zu Tag leben, ohne an morgen zu denken, geschweige denn längerfristige Pläne für die Zukunft zu schmieden. In den meisten Haushalten müssen gleichzeitig die Kinder und Alten mit versorgt werden, weshalb versucht wird, neben der staatlichen Beschäftigung so viel wie möglich andere Einkünfte zu erzielen, um das überaus spärliche Familieneinkommen aufzubessern. So werden z.B. im Hinterhof oder auf dem Balkon Hühner gezüchtet, um die Eier auf dem Schwarzmarkt zu verkaufen oder einige der ohnehin schon knappen, über das Bezugsheftchen zugewiesenen Güter gespart, um sie ebenfalls zum Verkauf anzubieten. Dies sind jedoch nur einige wenige Beispiele, denn Armut macht erfinderisch.[1195]

3.2.2.1 Unterstützung der Familie seitens des Staates

Der Staat bietet jungen Familien kostenlose ganztägige Kinderbetreuung und Verpflegung, die durch über 1.100 Krippen und Kindergärten im sichergestellt wird. Laut kubanischen Statistiken ist deren Kapazität in den letzten Jahren nicht voll ausgelastet gewesen, was auch eine Folge des Geburtenrückgangs auf Kuba ist. 2001 wurden durch diese Betreuungseinrichtungen 136.688 junge Mütter unterstützt.[1196]

[1194] vgl. IPS Cultura y Sociedad 11/03: *Sociedad – Los hijos que no llegaron a nacer*: 1ff

[1195] vgl. IPS Economics Press Service 13/03: *Población – Cómo viven los jóvenes?*: 5

[1196] vgl. Oficina Nacional de Estadísticas, Anuario Estadístico de la República de Cuba, 2002: *Indicadores generales de los círculos infantiles – Tabla XV.1*

Kleinkindern wird zudem bis zu ihrem sechsten Lebensjahr täglich ein Liter Milch garantiert, der den kubanischen Sozialismus in ganz Lateinamerika als kinderfreundlich berühmt machte.

3.2.3 Religion

Die kulturelle Diversität Kubas hat ein vielfältiges religiöses Mosaik hervorgebracht, in dem keine einzige Strömung über die anderen dominiert. Die kubanische Religiosität lässt sich deshalb weder als vollkommen katholisch, protestantisch, santerisch, spiritistisch noch als atheistisch bezeichnen.[1197] Dies ist auch unter dem Aspekt bemerkenswert, dass der kubanische Staat bis 1992 laut Verfassung atheistisch war. Erst seit diesem Zeitpunkt wurde, unter der Bedingung einer strikten Trennung von Kirche und Staat, Religionsfreiheit zugelassen.[1198]

3.2.3.1 Synkretismus

In Kuba sind afrikanische Kulte und katholische Religion derart miteinander verschmolzen, dass sie eine synkretistische Religiosität hervorgebracht haben, die man auch als Santería bezeichnet.[1199]

Circa 65% der kubanischen Bevölkerung gehören dieser pragmatischen Volksreligion an, die auch *Regla de Ocha* genannt wird. Sie ist die auf der Insel verbreitetste aller afro-kubanischen Glaubensrichtungen.[1200] Da die Santería nur sehr schwach organisatorisch institutioniert ist, sind genaue Angaben über die Zahl ihrer Anhänger nur schwer möglich. Diese versuchen über die Santería, die nicht ein besseres Leben nach dem Tod verspricht, sondern durch ihre Orientierungshilfen eine Stütze in der Gegenwart bietet, vor allem ihre zahlreichen alltäglichen Probleme zu lösen. Diese Tendenz wird auch daraus ersichtlich, dass sich seit Beginn der Krise der 90er Jahre immer mehr Kubaner diesem Glauben zugewandt haben. Ein wesentliches Charakteristikum dieser Religion ist, dass ihre Anhänger gleichzeitig auch anderen religi-

---

[1197] vgl. IPS Enfoque 01/04: *Identidad cultural y religiosidad popular*: 4

[1198] vgl. IPS Revista Mensual 05/03: *Defiende Cardenal Ortega papel de la iglesia*: 17

[1199] vgl. IPS Enfoque 16/03: *VIII Congreso Mundial Yoruba: Tambores cercanos*: 18

[1200] Anm.: Ein zwar etwas weniger, aber ebenso auf Kuba verbreiteter Afro-Kult ist der *Palo Monte*, der aus der Kongoregion kommt und seine Gottheiten in den Naturkräften findet. Hierzu sind die Arbeiten von Armin Schwegler sehr empfehlenswert.

ösen und ideologischen Strömungen folgen können und dies in den meisten Fällen auch tun.[1201] Attraktiv ist der Santería-Kult für die Bevölkerung der Insel vor allem deshalb, weil sie wunderbar mit kubanischen Charakterzügen harmonisiert, da die *Orishas* (Götter) bzw. *Santos* (Heiligen) im Allgemeinen sehr viel Fröhlichkeit versprühen und sich über Tänze und Musik mit ihren Anhängern verbinden.[1202]

Der Einfluss der Yoruba[1203]-Kultur wurde durch die Verschleppung afrikanischer Sklaven nach Kuba, Brasilien, Haití, und Trinidad gebracht. Um ihre Wurzeln überhaupt erhalten zu können, mussten sich die Sklaven dieser Kolonien Mittel und Wege suchen, um ihre verschiedenen afrikanischen Gottheiten weiter verehren zu können. Aus diesem Grund „versteckten" sie sie unter den „Decknamen" christlicher Heiliger. Erst seit 1880, dem Jahr der Abschaffung der Sklaverei auf Kuba, konnte der im Laufe der Kolonialisierung neu geformte Glaube frei praktiziert werden. Der Santería ist es gelungen, sich über Jahrhunderte hinweg an alle Gegebenheiten und historischen Kontexte anzupassen, weshalb sie zu Recht oft als Ausdruck der kubanischen Nationalkultur betrachtet wird.[1204]

Katholische Heiligennamen (in ihrer spanischen Form)	Entsprechende Yoruba-Gottheiten
San José	Aganyú, Sohn von Obatalá und Oddudúa
San Lázaro	Babalú-Ayé
San Cristóbal	Bacoso
Santa Bárbara	Changó
Nuestra Señora del Monte Carmelo	Dadá
Santo Angel Guardián	Elegguá
Santos Cosme y Damián	Ibayi
San Antonio de Padua	Ifá
Nuestra Señora de las Mercedes	Obatalá
San Isidoro	Ochosi
Nuestra Señora de la Esperanza	Ochumare
Santa Clara	Oddudúa

1201 vgl. IPS Enfoque 16/03: *VIII Congreso Mundial Yoruba: Tambores cercanos:* 6f und IPS Enfoque 01/04: *Identidad cultural y religiosidad popular*: 3

1202 vgl. IPS Enfoque 16/03: *VIII Congreso Mundial Yoruba: Tambores cercanos*: 8

1203 Anm.: *Yoruba* ist der Name eines Volkes in Nigeria.

1204 vgl. IPS Enfoque 16/03: *VIII Congreso Mundial Yoruba: Tambores cercanos:* 2ff

San Pedro	Oggún
Cristo Crucificado	Olorún-Olofi
Niño Jesús	Orungán
San Francisco de Asís	Orula
Nuestra Señora de la Caridad del Cobre	Oshún
Nuestra Señora de la Candelaria	Oyá
Nuestra Señora de Regla	Yemayá

Tabelle 15 *Katholische Heilige und ihre entsprechenden Yoruba-Gottheiten Quelle: IPS Enfoque 16/03: VIII Congreso Mundial Yoruba: Tambores cercanos: 15f*

Den Schutzgöttern, die auch *Orishas* genannt werden, wurden bestimmte Bedeutungen, Charakterzüge, Fähigkeiten, etc. zugesprochen. So zum Beispiel ist Babalú Ayé Beschützer der Kranken, Changó Symbol der Stärke und des Tanzes, Yemayá die Göttin des Meeres, Oshún Göttin der Fruchtbarkeit und Obatalá die Göttin der Gerechtigkeit. Um sich an den jeweiligen Schutzheiligen zu wenden, dem man besonders verbunden ist, benutzt man unter anderem die ihm zugehörige Farbe bei der Auswahl der Halsketten, Tücher usw. Außerdem wird jedem Gott bzw. Heiligen ein Feiertag zugeschrieben, wie z.B. Babalú Ayé der 17. Dezember, den Tausende seiner Anhänger zu dessen Ehren begehen.[1205] Hierbei fallen die Feierlichkeiten für die katholischen und die Santería-Heiligen in den meisten Fällen auf den gleichen Tag, wobei sich die Traditionen beider Glaubensrichtungen jedoch nicht in größerem Maße weiter vermischt haben.[1206]

Santería – eine Religion a lo cubano

Aus: „Die Stimme des Donners – Meine Kindheit auf Kuba"

„Carmen war überall in der Stadt wegen ihrer Wahrsage und Heilkunst bekannt. Sie war eine Santera, eine Priesterin der Santería, der alten afro-kubanischen Religion, welche die Gottheiten der Yoruba verehrt. Sie konnte Krankheiten diagnostizieren und heilen, zaubern und für die Menschen, die bei ihr Hilfe suchten, magische Rituale ausführen.

1205 vgl. Offizielle Website von Corazones, www.corazones.org (20.02.04)

1206 vgl. IPS Enfoque 16/03: *VIII Congreso Mundial Yoruba: Tambores cercanos*: 8

Carmen hatte an der Rückseite des Hauses einen eigenen Raum für ihre Rituale. Ich ging gern hinein, wenn sie nicht da war, und inspizierte die verschiedenen Zauberkräuter: Pflanzen, Wurzeln, Blätter, Blumen. Alle waren zu Büscheln zusammengebunden und lagen, säuberlich getrennt, auf Regalbrettern an der Wand. Gelegentlich kam sie überraschend herein und ertappte mich dabei, wie ich ihre medizinischen Kostbarkeiten betastete und daran roch. ‚Niña, rühr meine Kräuter nicht an!' Aber dann beantwortete sie geduldig meine Fragen. ‚Diese Kräuter hier sind für rituelle Reinigungen. Damit werden negative Einflüsse und böse Geister vertrieben' erklärte Carmen und sie nannte jede Pflanze beim Namen. ‚Ich habe Majoran, Salbei, grüne Minze, Rosmarin und Verbene.'

‚Was ist das?' Ich deutete auf ein Bündel gemischter Kräuter. ‚Escoba amarga. Das ist gut für Reinigungsbäder, und um böse Geister zu verscheuchen, die krank machen.' Sie nahm das Bündel und bürstete mich damit von Kopf bis Fuß. ‚Das wird dir für eine Weile die Geister des Übermuts austreiben.' Sie lachte und gab mir scherzhaft einen Schlag mit dem Bündel. Der Altar, den sich Carmen in einer Ecke ihres Heiligtums errichtet hatte, war für mich genauso interessant wie die Heilkräuter. Auf einen kleinen Tisch, der mit einem weißen Tischtuch bedeckt war, hatte sie sieben Gläser mit Wasser gestellt, die den afrikanischen Yoruba-Göttern, oder Orichas, geweiht waren. Daneben standen die Symbole der ihnen entsprechenden katholischen Heiligen. Für Elegguá [...] stand da eine weiße Kerze. Für Oggún (den heiligen Petrus) ein kleiner Beutel Salz. Für Orula (den heiligen Franz von Assisi) eine gekochte Yamswurzel. Ein roter Apfel für Changó oder die heilige Barbara. Zuckerrohrsirup für Yemayá (unsere Liebe Frau von la Regla). Eine Kokosnuss für Obatalá (unsere Liebe Frau von der Barmherzigkeit). Zusätzlich gab es noch eine große kubanische Zigarre und ein Glas Rum für Babalú-Ayé (den heiligen Lazarus), an den sich Carmen mit Vorliebe wandte."[1207]

Die Santería kennt keine festen Hierarchien und wird auch nicht in Gotteshäusern praktiziert. Ihre Kulte und Praktiken wurden mündlich

---

[1207] Fernández Barrios, 2000: 74f

überliefert und eine Heilige Schrift wie die Bibel gibt es nicht, wodurch deren Ausübung ein sehr heterogenes Bild bietet. Die Priester der Santería heißen *babalawos* und sind in den meisten Fällen Männer. Dies beruht auf alten Yoruba-Gesetzen, nach denen Frauen bei bestimmten Aufgaben, wie z.B. auch dem Schlagen der *tambores* nicht zugelassen waren.[1208] Die *babalawos* sind aufgrund ihrer besonderen spirituellen Fähigkeiten überaus geschätzte Menschen. Von ihnen gibt es über 15.000 in Kuba, die Personen ihres Dorfes oder Stadtviertels auf deren Wunsch hin bei afro-kubanischen Zeremonien, die sie in den meisten Fällen in ihrem Haus durchführen, betreuen. Dennoch sind die religiösen Aktivitäten meist sehr individuell bzw. auf die Familie beschränkt. Die Gläubigen können, müssen aber keine *santeros* sein,[1209] wofür man ein Jahr lang völlig weiß bekleidet, verbringen müsste, um „seinen Heiligen zu machen“ *(hacer su santo)*. Früher, als dieser Religion noch mehr Ablehnung seitens des sozialistischen Staates entgegengebracht wurde, gestaltete sich diese Art von Glaubensbekenntnis aufgrund seiner Auffälligkeit sehr problematisch und war arger Diskriminierung ausgesetzt. Seit Anfang der 90er Jahre gibt sich der Staat viel toleranter. Dies liegt vor allem auch daran, dass die Santería keinen politischen Gegenspieler darstellt. Vielmehr ist es dieser Religion sogar gelungen, die Revolution und ihre Ideale in sich zu integrieren, da sie immer wieder versucht bestimmte Ereignisse oder Farben im Sinne ihrer Schutzgötter zu interpretieren. So z.B. wird die rot-schwarze Farbe der revolutionären Fahne als ein Zeichen Eleggúas, dem Gott, der sämtliche Wege öffnet und schließt, gedeutet.[1210]

Abertausende Kubaner warten jedes Jahr am 31. Dezember gespannt auf die *Letra del Año*, das Wort des Jahres der *babalawos*, die in einer speziell hierfür eingerichteten Kommission, *Comisión Organizadora de la Letra del Año,* und in der Yoruba-Kulturvereinigung organisiert sind. Beide Institutionen führen die Prophezeiungen unabhängig voneinander durch. Dabei wird mittels eines Orakels, bei dem bestimmte Ritualtexte ausgewählt werden, die Zukunft ausgelegt und den Gläubigen Richtlinien für die nächsten zwölf Monate vorgegeben. Alle

---

[1208] vgl. IPS Enfoque 16/03: *VIII Congreso Mundial Yoruba: Tambores cercanos*: 12f
[1209] vgl. ebd.: 7
[1210] vgl. Hoffmann, 2000: 148f

Prophezeiungen werden in Anschluss kostenlos veröffentlicht. Für 2004 wurde auch weiterhin vor der Gefahr militärischer Übergriffe und vor dem Verlust einiger wichtiger Persönlichkeiten gewarnt. Deshalb wurde vor allem zu einem Streben nach Harmonie aufgerufen. Obatalá und Oshún waren für 2004 die dominierenden Gottheiten.[1211]

Seit 1992 finden regelmäßig internationale Yoruba-Kongresse in Havanna statt, die hauptsächlich von der seit dieser Zeit zugelassenen Kubanischen Yoruba-Kulturvereinigung (ACYC) organisiert werden. Eine interessante Feststellung des letzten Kongresses Mitte Juli 2003 war z.B., dass sich auf Kuba, einer der größten Yoruba-Kultstätten der Welt, sogar heilige Instrumente erhalten konnten, die sich in Nigeria, dem Ursprungsland dieses afrikanischen Kultes, bereits verloren hatten. Kurios erschien jedoch die teilweise Zerstrittenheit innerhalb der Orisha-Anhänger, was sich darin äußerte, dass einige wichtige Persönlichkeiten auf diesem Gebiet, nicht am Kongress teilnehmen wollten bzw. daran von den Organisatoren gehindert wurden.[1212] Außerdem lässt sich seit dem ersten Kongress die Tendenz der Vermarktung des Kultes, einerseits gegenüber ausländischen Touristen und andererseits sogar innerhalb der Anhängerschaft, insbesondere in den Beziehungen zwischen *santeros* aus Miami und Kuba feststellen.[1213]

3.2.3.2 Katholizismus

Die kubanische Gesellschaft steht dem katholischen Glauben eher gleichgültig gegenüber, weshalb der Anteil von sich ausschließlich zu dieser Religion bekennenden Kubanern relativ schwach ausgeprägt ist. Wie bereits zuvor beschrieben, gehen viele Personen gleichzeitig auch anderen Religionen, vor allem der Santería nach, weshalb sich die Unterscheidung der einzelnen Konfessionsanhänger sehr schwer gestaltet.[1214] Der Anstieg der Zahl der Taufen auf der Insel ist keinesfalls als eine Ausweitung des Katholizismus zu werten, sondern vielmehr als eine Steigerung der Religiosität im Allgemeinen zu betrachten.[1215]

[1211] vgl. IPS Cultura y Sociedad 01/04: *Religión – Mensaje de más allá*: 1ff

[1212] vgl. IPS Enfoque 16/03: *VIII Congreso Mundial Yoruba: Tambores cercanos:* 5

[1213] vgl. ebd.: 9

[1214] vgl. IPS Enfoque 01/04: *Identidad cultural y religiosidad popular:* 2

[1215] vgl. ebd.: 8

Etwas weniger als die Hälfte aller Kubaner sind zwar kirchlich getauft, von der Teilnahme an Messen wird jedoch oft abgesehen, da das zentrale Interesse, Bitten an seinen Heiligen zu richten, lieber individuell in den eigenen vier Wänden und über eigene Rituale erfolgt. Gleichsam gering ist oft auch das theologische Hintergrundwissen ausgeprägt. Ziel der Missionsarbeit auf Kuba ist deshalb nicht vorrangig das Abwerben der zahlreichen Santería-Anhänger, sondern den Einfluss katholischer Elemente in der Volksreligion auszuweiten.[1216] Selbst dies ist jedoch ein schwieriges Unterfangen, wenn man bedenkt, dass der Kirche bis heute jeglicher Zugang zu den Medien und zum staatlichen Bildungssystem verwehrt ist.[1217]

Die Katholische Kirche, die seit der Kolonialisierung immer sehr stark mit den Interessen der herrschenden Klasse verbunden war, wurde seit dem Sieg der Revolution stark vom Staat diskriminiert. Sehr schnell hatte sie sich als oppositionelle Institution gegen die Regierung Castros formiert. Hunderte von katholischen Würdenträgern wurden deshalb von der Insel verwiesen bzw. gingen freiwillig ins Exil. Sogar Kardinal Jaime Ortega, heute der höchste kirchliche Würdenträger Kubas, musste damals in ein Umerziehungslager. Die eingefrorenen Beziehungen zwischen der Katholischen Kirche und dem Staat, die sich u. a. darin äußerten, dass Angehörigen dieser Religion jegliche soziale Aufstiegschancen verwehrt blieben und einige religiöse Feiertage abgeschafft wurden, begannen erst in den 80er Jahren wieder zu tauen. Auch wenn die Kirche bemüht ist, ihre sozialen Funktionen, die sie seitdem wieder wahrnimmt, fern der Politik auszuüben, stellt sie im Grunde auch weiterhin eine oppositionelle Institution auf Kuba dar. 1998 erlebte die Katholische Kirche mit dem Papstbesuch den Höhepunkt des Aussöhnungsprozesses mit der Revolution und einen damit einhergehenden leichten Mitgliederzuwachs.[1218] Die Bemühungen um einen konstruktiven Dialog, um zur Aussöhnung zwischen den Kubanern auf der Insel und im Exil beizutragen, hat diese Institution bis heute beibehalten.

[1216] vgl. IPS Enfoque 01/04: *Identidad cultural y religiosidad popular:* 3
[1217] vgl. IPS Revista Mensual 01/04: *Religión – Iglesia Ortodoxa amplía el mosaico:* 1ff
[1218] vgl. Hoffmann, 2000: 150f

3.2.3.3 Protestantismus

Auf Kuba existieren mehr als 50 evangelische Glaubensgemeinschaften, die offiziell vom Staat anerkannt sind.[1219] Ihnen sind nur circa 4% der kubanischen Bevölkerung angehörig. Die Protestantische Kirche hat auf der Insel wesentlich weniger Einfluss als die katholische. Die Ankunft dieser Religion war zudem von einem großen Konkurrenzkampf begleitet, da die Katholische Kirche ihr jeden Freiraum streitig zu machen versuchte und bereits zahlreiche andere religiöse Strömungen etabliert waren. Zu Beginn des 19. Jahrhunderts kamen weitere protestantische Glaubensformen aus den USA nach Kuba, unter ihnen z.B. die Methodisten und Baptisten. Die protestantischen Missionen haben vor allem zu Beginn des 20. Jahrhunderts auch dazu beigetragen, die ökumenische Bewegung auf Kuba zu stärken.

All diese wurden jedoch wie auch andere Religionen auf der Insel nach dem Sieg der Revolution von der Regierung schikaniert. Seit den 80ern jedoch verhalten sich die Protestanten wesentlich regierungskonformer als die Katholiken.[1220]

3.2.3.4 Andere religiöse Strömungen

Pfingstbewegung

Unter den Pfingstlern, die ebenfalls protestantischen Ursprungs sind, gibt es an die 80 unterschiedliche Glaubensgemeinschaften, denen seitens des Staates jedoch keine rechtliche Anerkennung zuteil wurde.[1221] Besonders diese Bewegung konnte seit Beginn der Krise der 90er, vor dem Hintergrund der allgemein ansteigenden Religiosität, relativ hohe Zuwachsraten verzeichnen. Dies ist wahrscheinlich besonders auf die Art und Weise der Gottesdienste zurückzuführen, die durch musikalische Untermalung mehr Fröhlichkeit vermitteln und emotional ansprechender sind.[1222]

[1219] vgl. IPS Revista Mensual 01/04: *Religión – Iglesia Ortodoxa amplía el mosaico*: 1ff
[1220] vgl. Hoffmann, 2000: 151f und IPS Enfoque 01/04: *Identidad cultural y religiosidad popular:* 7
[1221] vgl. IPS Revista Mensual 01/04: *Religión – Iglesia Ortodoxa amplía el mosaico:* 1ff
[1222] vgl. IPS Enfoque 19/03: *El movimiento pentecostal en Cuba:* 1ff

Spiritismus

Seit 1902 gibt es in Kuba spiritistische Gemeinschaften. Im Mittelpunkt ihrer Rituale steht die Herstellung von Beziehungen zwischen Verstorbenen und Lebenden. Dabei wird angenommen, dass die Geister der Toten mit den Lebenden durch einen Hellseher oder durch ein Medium in Verbindung treten können. Diese religiöse Strömung hat auch aufgrund ihres Charakters als moderne und liberale Alternative einigen Zulauf erfahren und mittlerweile Anhänger in allen Teilen des Landes gefunden.[1223]

Orthodoxe Kirche

Ende Januar 2004 besuchte der ökumenische Patriarch, Bartolomeo I., geistiger Führer der griechisch-orthodoxen Christen, die Insel. Da es bisher nur etwa 2.000 orthodoxe Gläubige auf Kuba gibt, wovon circa 50 griechisch-orthodox und der Rest russischen Ursprungs sind, war diese Religion unter der Bevölkerung relativ unbekannt. Dieses Ereignis könnte in Kuba nun positiv als die Möglichkeit der Erweiterung des religiösen Mosaiks um den orthodoxen Glauben interpretiert werden. Aus Russland gab es hingegen sehr negative Reaktionen. Die russisch-orthodoxe Kirche kritisierte die Entscheidung Kubas, die Errichtung einer griechisch-orthodoxen Kirche und einer theologischen Schule dieser Religion in Havanna zuzulassen, während dem Oberhaupt der russisch-orthodoxen Kirche dies von Castro nie erlaubt worden war.[1224]

Jüdischer Glauben

Auch Juden sind zahlenmäßig sehr gering vertreten. Nur noch etwa 900 von ihnen leben auf der Insel. Der größte Teil der ehemaligen jüdischen Gemeinde, die zu der oberen Schicht gehörte, war nach dem Sieg der Revolution in die USA ausgewandert.

Islam

In Kuba existiert außerdem eine kleine islamische Gemeinde. Neben den bisher bereits beschriebenen zahlreichen Glaubensrichtungen gibt

---

[1223] vgl. IPS Enfoque 08/03: *El espiritismo en Cuba:* 1ff

[1224] vgl. IPS Revista Mensual 01/04: *Religión – Iglesia Ortodoxa amplía el mosaico:* 1ff es auf Kuba noch weitere, von ihrer Größe eher unbedeutende Religionsgemeinschaften.[1225]

3.2.4 Diskriminierung bestimmter Gruppen der Gesellschaft

3.2.4.1 Schwarze

Obwohl der Rassismus seit der Revolution offiziell von der Insel gebannt wurde, blieben rassistische Vorurteile gegenüber Schwarzen in der Gesellschaft, ebenso wie die über Jahrhunderte entstandenen Statusunterschiede teilweise erhalten. Sichtbar wird dies unter anderem auf oberster politischer Ebene, wo Schwarze unterrepräsentiert sind. Die wachsenden Ungleichheitsphänomene bringen nun auch die Gefahr einer Marginalisierung der schwarzen Bevölkerung mit sich. Ihre geringen Auslandskontakte sind ein Grund dafür, dass sie kaum von familiären Dollarüberweisungen profitieren können. Dieser „Geldsegen" ist mehrheitlich der weißen Bevölkerung vorenthalten, da die meisten Exilkubaner der vorrevolutionären weißen Mittel- und Oberschicht angehörten. Auch bei der ohnehin schon schwierigen Zulassung privatwirtschaftlicher Betriebe sind Schwarze deshalb benachteiligt, weil diese nur auf dem eigenen Wohnraum betrieben werden dürfen. Diese Voraussetzung erfüllen jedoch oft nur die Nachkommen der ehemaligen weißen Mittel- und Oberschicht, denn die schwarze Bevölkerung lebt meist in noch beengteren Wohnverhältnissen. Der daraus resultierende, oft deutlich niedrigere Lebensstandard wird dann versucht über andere Wege, wie den Schwarzmarkt, auszugleichen. Hieraus erwächst seit Beginn der Krise ein gesellschaftlich sehr heikles Problem, denn die unter der Oberfläche des offiziellen Antirassismus noch bestehenden Vorurteile von weißen Kubanern werden durch illegale Machenschaften vieler Schwarzer noch genährt.[1226]

3.2.4.2 Homosexuelle

In Kuba hat es seit jeher Akzeptanzprobleme bei diesem Thema gegeben. Eine Umfrage, die auf der Insel im Jahre 2002 durchgeführt wur-

---

[1225] vgl. Hoffmann, 2000: 154f

[1226] vgl. ebd.: 134ff und Burchardt, 1999: 98f

de, ergab, dass es lesbische Frauen sogar um einiges schwerer haben als homosexuelle Männer. Beide Gruppen erfahren von der Gesellschaft große Ablehnung.[1227] Zwar hat sich die Situation im Gegensatz zu früher erheblich gebessert, dennoch haben Homosexuelle aber auch weiterhin mit zahlreichen Vorurteilen zu kämpfen. In den 60er Jahren wurden viele von ihnen sogar noch in so genannte Umerziehungslager eingewiesen und mussten dort hart arbeiten. So etwas ist heute jedoch auf Kuba nicht mehr denkbar. Im Jahr 1993 wurde in dem Film „Erdbeer und Schokolade" *(Fresa y Chocolate)*, der beim Publikum sehr erfolgreich war, die Diskriminierung der Homosexuellen auf der Insel offen angesprochen, was bewirkte, dass das Thema nun wenigstens kein Tabu mehr in Kuba ist.[1228] Nach offiziellen Zahlen sind circa 5% der kubanischen Bevölkerung homosexuell. Diese Minderheit ist durch die Gesetzgebung des Landes weder bedroht, beschützt noch anerkannt d.h., dass Homosexualität zwar nicht gesetzlich verboten ist, den homosexuellen Paaren aber Rechte wie Eheschließung, Adoption von Kindern etc. nicht zugestanden werden. Im Grunde verschwinden sie in einer Gesetzeslücke. Selbst wenn sie eines Tages gesetzlich akzeptiert wären, würden es Homosexuelle aufgrund der stark vom *machismo* geprägten kubanischen Gesellschaft immer noch schwer haben. Viele von ihnen sehen sich gezwungen ihre Neigungen zu tarnen bzw. sich ins Private zurückzuziehen. Nur in Santa Clara, der Hauptstadt der Provinz Villa Clara, gibt es ein Kulturzentrum, das auch als Treffpunkt für Schwule und Lesben fungiert. Es ist das einzige seiner Art im gesamten Land, selbst in Havanna gibt es nur eine kleine Szene, die jedoch nicht solche Möglichkeiten hat wie in Santa Clara.[1229]

3.2.5 Gleichberechtigung

3.2.5.1 Emanzipation der Frau

Die Stellung, die der Frau in der kubanischen Gesellschaft heutzutage zukommt, ist beispielhaft, vor allem wenn man bedenkt wie sehr der so genannte *machismo* in Kuba ausgeprägt ist. Seit dem Sieg der Re-

---

[1227] vgl. IPS Enfoque 07/03: *Homosexualidad en Cuba – Lesbianas, las más rechazadas*: 1
[1228] vgl. Hoffmann, 2000: 141f
[1229] vgl. IPS Enfoque 07/03: *Homosexualidad en Cuba – Lesbianas, las más rechazadas:* 2ff

volution hatte sich der Staat aktiv um Gleichberechtigung bemüht, denn Frauen, vor allem der unteren Bevölkerungsschichten, waren zuvor vielfältigen Diskriminierungen ausgesetzt gewesen. Zwar war den Frauen auf der Insel seit 1934 das Wahlrecht gewährt und seit 1940 weitere Rechte in der Verfassung zugesichert worden, jedoch war der Mann noch immer rechtlich begünstigt.[1230] Heutzutage stellen die Frauen einen Anteil von fast 45% der registrierten Erwerbsbevölkerung. Vor 1959 war dies nur ein Viertel dieser Zahl. Sie repräsentieren heute über 66% aller Berufstätigen mit mittlerem und oberem Bildungsniveau, wohingegen 1959 noch zwei Drittel aller Analphabeten Frauen waren.[1231] Auch die Beschäftigungsbereiche sind nun im Gegensatz zu früher sehr differenziert und umfassen viele qualifizierte Arbeiten. Zum Beispiel sind fast zwei Drittel aller Beschäftigten im Erziehungs- und Gesundheitssektor Frauen, im Leichtindustriesektor und unter den Wissenschaftlern sind es 40 % und von den Ärzten des Landes sind 38% weiblich.[1232] Aber auch in Kuba existiert das Problem, dass es für das weibliche Geschlecht sehr schwer ist, in hohe Positionen, besonders was die Politik betrifft, aufzusteigen.[1233] Obwohl die Integration der Frau in die Arbeitswelt die Chancengleichheit der beiden Geschlechter nachhaltig positiv beeinflusst hat, bewirkte sie auch eine doppelte Belastung der Frauen, denn der Haushalt blieb ihnen weiterhin allein überlassen, da sie von ihren Männern oft nicht ausreichend in ihrer neuen Rolle unterstützt wurden. Dieser negativen Auswirkung der gestiegenen Emanzipation sollte Mitte der 70er Jahre mit einem neuen Familiengesetz entgegengewirkt werden, in dem beide Eheleute gleichermaßen Recht auf Karriere zugesichert und im Gegenzug aber auch die Pflicht sich um Haushalt und Kinder zu kümmern, auferlegt bekamen.[1234]

Gewalt gegen Frauen

Neuere soziologische Studien haben das in der öffentlichen Berichterstattung Kubas fast unbeachtete Thema der Gewalt gegen Frauen zur Sprache gebracht. Obwohl es aufgrund des hohen Emanzipationsgrades

[1230] vgl. Hoffmann, 2000: 136f

[1231] vgl. IPS Economics Press Service 16/03: *Noticortas – La isla de las mujeres:* 18ff

[1232] vgl. Hoffmann, 2000: 136f

[1233] vgl. IPS Economics Press Service 16/03: *Noticortas – La isla de las mujeres*: 19

[1234] vgl. Hoffmann, 2000: 138

der kubanischen Frau in der Gesellschaft kaum vorstellbar ist, haben einige Frauen noch immer unter Beschimpfungen und gewalttätigen Handlungen ihrer Männer zu leiden und sind großteils kaum fähig aus diesem Teufelskreis auszubrechen, da eine Trennung von ihren Peinigern oft nicht in Frage kommt, um die Familie nicht auseinander brechen zu lassen oder aber einfach aufgrund der wirtschaftlichen Abhängigkeit von ihnen. Unsichtbar ist dieses sensible Thema für die Öffentlichkeit auch deshalb geblieben, weil in den wenigsten Fällen Anzeigen erfolgen. Von denjenigen, die institutionelle Hilfe suchten, wurden vor allem Alkoholeinfluss, Eifersucht und Stress als auslösende Faktoren benannt. Es sollte auch nicht unerwähnt bleiben, dass es an sozialen Einrichtungen als Zufluchtsorte für die Opfer mangelt und solche Delikte bisher nur in geringem Maße strafrechtlich verfolgt wurden.[1235]

3.2.6 Öffentliche Sicherheit auf Kuba

3.2.6.1 Kriminalität

Der wirtschaftliche Öffnungsprozess seit Anfang der 90er Jahre hat, ebenso wie in zahlreichen anderen Transformationsgesellschaften auch ein neues Sicherheitsproblem geschaffen, das von der kubanischen Regierung 1999 zum ersten Mal öffentlich anerkannt wurde. Mit verschärften strafrechtlichen Regelungen wurde ein regelrechter Feldzug gegen den Anstieg der Kriminalitätsrate im Zuge der Dollarisierung eingeleitet. Am 15. Februar 1999 wurde von der Nationalversammlung eine Strafrechtsreform verabschiedet, die zuvor im Grunde unbekannte Delikte wie Drogenhandel, Prostitution von Minderjährigen, Geldwäsche oder gewalttätigen Raub aufnahm und das Strafmaß, das bisher Höchststrafen von 20 Jahren vorgesehen hatte nun auf bis zu lebenslänglich ausweitete und für einige Straftatbestände sogar die Todesstrafe möglich machte. Außerdem wurden die Strafen für Schwarzmarkthandel und Waffenbesitz verschärft. Besonders in Havanna wurde das Polizeiaufgebot erhöht, das sogar um eine neue Spezialbrigade zur Bekämpfung von Prostitution, Diebstahl und Drogen-

[1235] vgl. IPS Cultura y Sociedad 08/03: *Sociedad – Violencia, puertas adentro:* 21f und 07/03: *Violencia doméstica:* 9

handel erweitert wurde. Diese ist im Gegensatz zu anderen Polizeieinheiten sehr modern ausgerüstet. Das verschärfte Polizeiaufgebot bedeutet jedoch auch für die normale Bevölkerung, mehrheitlich vor allem für offizielle und nichtoffizielle privatwirtschaftlich Tätige, erheblich mehr Kontrollen und damit verbundene Schikanen. Auch wenn Kuba von der in anderen Staaten vorherrschenden organisierten Kriminalität noch weit entfernt ist, so macht die Strafrechtsverschärfung dennoch deutlich, dass die wachsende Kriminalität auf der Insel eine potentielle Gefahr für die interne Stabilität darstellt. Gleichzeitig wird mit ihr deutlich, dass die kubanische Gesellschaft von einem Werteverfall bedroht ist, der keinesfalls im Einklang mit den Zielen und Errungenschaften der Revolution steht.[1236]

Drogenhandel

Seit der Erschießung des Generals Ochoa im Jahr 1989, der unter anderem wegen Verstrickungen in Drogengeschäfte angeklagt war, wurde öffentlich sichtbar, dass auch Kuba nicht vom Drogenhandel verschont geblieben war. Mit der anschließenden Öffnung Kubas und dem damit verbundenen Anstieg des internationalen Touristenstroms auf die Insel und vor allem als im Jahr 1993 der Dollarbesitz legalisiert wurde, erhöhte sich die Gefahr der Ausbreitung des Rauschgifthandels weiterhin. Dennoch gab die kubanische Regierung erstmals im Januar 2003 die Existenz eines internen Drogenmarktes zu und leitete eine groß angelegte Offensive ein. Dabei wurden im Laufe des gesamten Jahres mehr als fünf Tonnen Rauschgift, darunter in großen Mengen Marihuana und Kokain, konfisziert und circa 600 Strafverfahren eröffnet. Kuba hat bei seinem Kampf gegen den Drogenhandel das Augenmerk besonders auf bestimmte Küstenstreifen, wo in der Vergangenheit bereits Drogenpakete aus Flugzeugen abgeworfen und mit Schnellbooten eingesammelt worden waren, und auf die internationalen Flughäfen des Landes gerichtet, wo die Kontrollen enorm verschärft wurden. Die kubanische Gesetzgebung sieht in Fällen von Drogenbesitz sehr hohe Strafen vor. Selbst kleine Mengen, die zum Eigenbedarf mitgeführt werden, können eine Fahndung wegen Drogenschmuggels auslösen. Gefängnisstrafen

[1236] vgl. Gratius: *Kuba 1999 – Zwischen Repression und Agonie*, 28.05.1999: 76, www.rrz.uni-hamburg.de (15.03.04)

von zehn Jahren bis lebenslänglich können sowohl für Kubaner als auch für Ausländer die Folge sein.[1237]

Prostitution

Einen sozialen Rückschritt stellt die nun wieder ansteigende Gelegenheitsprostitution dar, denn die Revolution hatte es über lange Jahre geschafft, Kuba zur ersten prostitutionsfreien Zone des amerikanischen Kontinents zu machen. Es handelt sich hierbei um eine Krisenerscheinung, die durch den ausländischen Touristenstrom, die Dollarlegalisierung und das Missverhältnis von staatlichen Gehältern und illegal erwirtschafteten Einkommen begünstigt wurde. Die kubanische Regierung hat bereits Gegenmaßnahmen ergriffen, die von moralischen Appellen an die *jineteras/os*, wie die Prostituierten von der Bevölkerung mittlerweile genannt werden, über verschärfte Polizeikontrollen in Touristenzentren, die durch teilweise Zugangsbeschränkungen für verdächtige Kubaner zu einer diskriminierenden Bewegungseinschränkung der Bevölkerung geführt haben, bis hin zu hohen Gefängnisstrafen, um gegen organisierte Prostitution vorzugehen, reichen. Diese Maßnahmen haben bisher bewirkt, dass die Situation nicht so eskalieren konnte, wie dies in Lateinamerika der Fall ist.[1238]

3.2.6.2 Soziale Unruhen

Die kubanische Gesellschaft befindet sich gegenwärtig in einem sehr zerbrechlichen Zustand und einem anhaltenden Desintegrationsprozess. Die nationale Einheit wird zunehmend durch diese wachsende soziale Ungleichheit bedroht, die deshalb eine erhebliche Gefahr für das Entstehen von sozialen Unruhen und somit für die Überlebensfähigkeit des Tropensozialismus darstellt.[1239]

Armut

Wenn man Armut damit umschreibt, dass es Menschen aufgrund ihrer wirtschaftlichen Lage an ausreichenden Mitteln fehlt, um ein bestimmtes minimales Niveau der Gesundheitsvorsorge, Ernährung,

---

[1237] vgl. IPS Revista Mensual 01/04: *Droga – Flagelo sin fronteras*: 1ff
[1238] vgl. Burchardt, 1999: 100
[1239] vgl. Burchardt, 1999: 113

Kleidung, Bildung und des Wohnens aufrechtzuerhalten, um einen angemessenen Lebensstandard zu gewährleisten,[1240] dann sollte man das Thema Armut auf Kuba differenziert betrachten. Zum einen hängt es stark vom durchschnittlichen Lebensstandard der jeweiligen Gesellschaft und zum anderen auch vom Vergleich mit anderen Ländern ab, was dabei als angemessener Lebensstandard gilt. Handelt es sich hierbei z.B. um in Lateinamerika befindliche Entwicklungsländer, in denen über 40% der gesamten Bevölkerung unterhalb der Armutsgrenze leben, dann ist in Kuba Armut aufgrund seiner beispielhaften sozialen Errungenschaften am geringsten ausgeprägt. Dennoch hat die unzureichende materielle Versorgung auf Kuba zu einem enormen Absinken des Lebensstandards seiner Bevölkerung geführt. So lebten im Jahr 1997 laut offiziellen kubanischen Quellen fast 15% der Stadtbevölkerung unterhalb der Armutsgrenze, 1999 waren dies bereits 20%.[1241] Es ist stark anzunehmen, dass sich dieser Wert aufgrund der stetig zunehmenden sozialen Aufspaltung der Bevölkerung in den letzten Jahren weiter erhöht hat. Von dieser Armut betroffen sind besonders Kinder, Rentner und andere nicht erwerbstätige Personen. Sichtbar wird die ansteigende Armut vor allem durch die immer häufiger auf den Straßen anzutreffende Bettelei.[1242] Die unterschiedlichen Regionen des Landes sollten hierbei ebenso eine differenzierte Betrachtung erfahren, da der Osten Kubas die Region mit den meisten Menschen unter der Armutsgrenze ist.[1243]

Der Indikator für Menschliche Entwicklung der UNO

Die Insel befindet sich auf Rang 52 eines Rankings der UNO. Damit zählt es zu den 55 Ländern, deren „Menschliche Entwicklung" als hoch eingeschätzt wird. Insgesamt werden jedes Jahr über 170 Länder bewertet, von denen 86 nur in der mittleren Kategorie und 34 sogar nur mit wenig Potential im Sinne dieses Indikators eingestuft wurden. Kriterien für die Bewertung der einzelnen Länder sind die Absiche-

[1240] vgl. Microsoft Encarta Enzyklopädie Professional 2004 DVD

[1241] vgl. o.V.: *Hacia el objetivo del milenio de reducir la pobreza en América Latina y el Caribe 2002*, Comisión Económica para América Latina y el Caribe, www.eclac.cl (09.03.04)

[1242] vgl. Burchardt, 1999: 97

[1243] vgl. Casanovas, 2002: 75

rung eines langen und gesunden Lebens, der garantierte Zugang zu Bildung und die Gewährleistung politischer und ziviler Freiheiten. Dass Kuba nicht einen noch höheren Rang einnimmt, ist eindeutig der unzureichenden Freiheitskomponente geschuldet, denn im Bildungs- und Gesundheitsbereich hat die Insel die Anforderungen der UNO bereits seit langem überschritten.[1244]

Menschenrechte

Die kubanische Regierung unterbindet hartnäckig jede Form neuer Interessenorganisation, die politischen Einfluss zu erlangen versucht bzw. nicht der ideologischen Linie entspricht, mit repressiven Maßnahmen. Wie bereits in der Analyse des politischen Makroumfelds erwähnt, wurden im März 2003 zahlreiche Oppositionelle zu langjährigen Gefängnisstrafen verurteilt. Kuba ist ein Überwachungsstaat, was für die Bevölkerung keineswegs einfach ist. Der daraus resultierende Mangel an politischen und zivilen Freiheiten wird weltweit scharf kritisiert. Dennoch sollte man bedenken, dass in zahlreichen weiteren Ländern der Erde Menschenrechte ebenfalls noch immer nicht respektiert werden, diese jedoch nicht so stark öffentlich verurteilt werden.

3.3 Kunst als Spiegel der gesellschaftlichen Realität

Kunst ist auch immer ein Spiegel der Realität. Ihre Entwicklung sollte demnach unter Beachtung der verschiedenen historischen Etappen betrachtet werden, weshalb eine Tabelle im Anschluss in knapper Form noch einmal einen Überblick über die geschichtliche Entwicklung gibt. Es sollte nicht erwähnt bleiben, dass es praktisch keinen kulturellen Einfluss durch die Eingeborenen auf Kubas Kunst geben konnte, sondern diese sich regelrecht einer hispano-afrikanischen Transkulturation ausgesetzt sah. Der kulturelle Reichtum der Insel ist bereits seit der Kolonialzeit beeindruckend.[1245]

[1244] vgl. IPS Economics Press Service 13/03: *Noticortas – Cuba y el desarrollo humano*: 16

[1245] vgl. IPS Cultura y Sociedad 08/03: *Sociedad – Resumen de un año*: 2

Etappe	Zeitraum	Entwicklungstendenzen
Periode des Kolonialismus	1492-1790	Entdeckung, Eroberung, Kolonialisierung
	1790-1868	Herausbildung eines nationalen Bewusstseins
	1868-1898	Festigung der kubanischen Nation (Hymne)
Periode des Neokolonialismus	1899-1922	Erschütterung der Unabhängigkeitsideale
	1923-1933	Erneutes Erwachen des nationalen Bewusstseins
	1934-1958	Ständige Krisen, Entstehung kultureller Gruppen, Versuch der Verteidigung nationaler Werte, Sturm auf die Kaserne von Moncada, Unabhängigkeitskampf
Periode des Sozialismus	Seit 1959	Kubas Kulturförderung macht das Land zur kulturellen Avantgarde Lateinamerikas; aber stets Spannungen zwischen Staat und Künstlern

Tabelle 16 *Kurzer Überblick über die historischen Etappen*
Quelle: Seminarmitschriften der Autorinnen, Universidad de Matanzas „Camilo Cienfuegos", November 2001

3.3.1 Musik

Musik ist eines der Hauptelemente der kubanischen Identität. Auch bei ihr wird deutlich, dass ihre Wurzeln in einer kulturellen Mischung aus vor allem afrikanischen, spanischen, französischen Einflüssen etc. liegen. Indigene Instrumente kommen fast nicht mehr zum Einsatz. Afrikanischen Ursprungs sind die Perkussionsinstrumente und die Gesänge mit ihrer typischen Solosänger-Chor-Struktur,[1246] spanischen Ursprungs hingegen haben unter anderem die Saiteninstrumente, wie die berühmte *tres*-Gitarre.

Die vielleicht bedeutendste Eigenschaft der kubanischen Musik ist ihre Fähigkeit, ständig die unterschiedlichsten historischen Einflüsse und Modeerscheinungen, zu absorbieren, zu verarbeiten und sie in die komplexe Klangwelt der Insel einzufügen. Ein zweites, nicht weniger beachtliches Charakteristikum ist, dass sobald bisher ein neuer kubanisierter Rhythmus oder Stil begründet wurde, dieser nicht auf der Tropeninsel gefangen blieb, sondern in Windeseile um die Welt ging und somit der kubanischen Musik international große Anerkennung brachte.

Die engen Beziehungen, die aufgrund von Migration, Handel und Kulturaustausch besonders mit Spanien, Mexiko und den Vereinigten

[1246] vgl. Esser; Frölicher, 2001: 696

Staaten von Amerika bestanden, führten bereits im 19. Jahrhundert dazu, dass auf Kuba produzierte Musik bzw. Tänze und Rhythmen in diesen Ländern nachgefragt und vermarktet und schließlich sogar Teil des nationalen Repertoires der jeweiligen Kulturen wurden, wie es beim *danzón* der Fall war, der als ursprünglich kubanischer Nationaltanz heute nur noch in Mexiko getanzt wird. Große Erfolge konnte gegen Ende des 19. Jahrhunderts in Spanien vor allem der *bolero* verbuchen.

Im Laufe des 20. Jahrhunderts bereicherten zahlreiche weitere kubanische Stile, wie *rumba, mambo* und *cha-cha-chá* die internationale Musikszene.[1247] Der *son* jedoch, der mit den einfachen Bauern aus dem Osten des Landes zu jener Zeit in die Hauptstadt kam, wurde zum Kernstil der kubanischen Musik. Die typischen entstehenden *son*-Sextette waren aus der *tres*-Gitarre, bei der die Saiten in drei Paaren angeordnet sind, aus Bongó-Trommeln, Kontrabass und zwei Sängern mit *claves*, den typischen Klanghölzern, und *maracas*, den kubanischen Rasseln, zusammengesetzt.[1248]

Die kubanische Musik konnte vorerst nur bis 1959 die Welt auf diese Art und Weise bereichern, denn seit dem Sieg der Revolution war die Insel regelrecht isoliert worden.[1249] Kubanischen Musikern wurde aufgrund der US-Blockade ihr bedeutendster ausländischer Markt genommen. Die Musik entwickelte sich seit dieser Zeit in den beiden Ländern getrennt voneinander.[1250] In der internationalen Musikbranche hatte sich eine beachtliche Lücke aufgetan, die zehn Jahre später durch die weltweit entstandenen *salsa*-Bands wieder aufgefüllt worden war. Obwohl als Geburtsstätte des *salsa* die Latino-Gemeinden New Yorks gelten und er außerdem auch viele andere anglo-hispanische Einflüsse mitbekam, ist der kubanische Rhythmus des *son* das Hauptelement dieses neuen Musikstils.[1251] In Kuba unterdessen war man um die Erhaltung und Förderung der eigenen traditionellen Musik bemüht und setzte klare ideologische Grenzen, so dass einige Musikrichtungen des kapitalistischen Westens, wie Jazz und Rock, in negative Kritik seitens der

---

[1247] vgl. IPS Cultura y Sociedad 03/03: *Cultura – La música cubana en el siglo XXI*: 9
[1248] vgl. Hoffmann, 2000: 163
[1249] vgl. Esser; Frölicher, 2001: 683
[1250] vgl. ebd.: 689
[1251] vgl. IPS Cultura y Sociedad 03/03: *Cultura – La música cubana en el siglo XXI*: 9

Regierung gerieten.[1252] Die Musikrichtung der neuen kubanischen *trova*, was soviel wie Ballade bzw. Lied bedeutet, wurde nach dem Sieg der Revolution verstärkt gefördert und erlebte in den 70er und 80er Jahren seine größten Erfolge. Carlos Puebla, auf den das berühmte *Hasta Siempre, Comandante* zu Ehren des „Che" zurückgeht, war ein Vertreter, dessen Lieder voller politisch-revolutionärer Inhalte waren. Demgegenüber stehen Liedermacher wie Pablo Milanés und Silvio Rodríguez, die sich mit ihren romantischen Texten eher den Menschen des revolutionären Kubas und ihrem Leben und Lieben zuwandten, was sie zwar einerseits sowohl auf der Insel als auch in Lateinamerika zu den Idolen der „68er", sie aber andererseits anfänglich auch zur Zielscheibe politischer Kritik machte. Dennoch sind beide bis heute systemloyal geblieben. Dies ist besonders im Fall von Pablo Milanés bemerkenswert, der aufgrund seiner homosexuellen Neigung einige Zeit in einem Umerziehungslager arbeiten musste und heute sogar Abgeordneter der kubanischen Nationalversammlung ist. Der neueren Generation der Liedermacher gehört z.B. Carlos Varela an, dessen Musik starke Latino-Rock-Einflüsse aufweist. Ein in den 80ern in Ungnade der kubanischen Regierung gefallener Musiker der *trova* ist Pedro Luis Ferrer, der obwohl er sich mit der Revolution identifizierte, vor Gesellschaftskritik nicht Halt machte. Seine Lieder waren zeitweilig sogar verboten, was ihn im Volk jedoch nicht weniger populär machte. Erst seit Ende der 90er Jahre darf er seine Musik wieder produzieren.[1253]

Die staatliche Kulturpolitik wurde auch deshalb toleranter, weil sich mit Musik sehr gut Devisen erwirtschaften lassen. Diese leichte Öffnung hat die Situation des Musikindustriesektors jedoch nicht merklich verbessern können, da unter anderem das Produktionsbudget einfach zu gering und die Ausrüstung viel zu veraltet ist. Auch Auslandsreisen von kubanischen Musikern sind mit enormem Organisationsaufwand verbunden. Durch das Embargo sind kubanische Musiker noch immer sehr benachteiligt. Offiziell haben sie kein Recht auf Gagen in den USA. Ein weiteres Manko ist, dass Urheberrechtsverlet-

[1252] vgl. Esser; Frölicher, 2001: 689
[1253] vgl. Hoffmann, 2000: 167ff

zungen bei kubanischer Musik nicht geahndet werden können, da Kuba nicht den entsprechenden internationalen Organismen angehört.[1254]

Auch wenn der *salsa* es mit der Akzeptanz aufgrund seines Ursprungs außerhalb Kubas anfangs schwer hatte, hielt er in den 80er Jahren dennoch auch auf der Insel Einzug. Die Krisenjahre der 90er wurden dann mit ihren kubanischen Variationen wie z.B. der von *Los Van Van de Juan Formell* oder von *La Charanga Habanera* sogar regelrecht zum Jahrzehnt des *salsa*. Mit ihren Rhythmen begeistern sie nunmehr sowohl Kubaner als auch Tanzfreudige in aller Welt. Vollkommen überraschend kam es 1998 mit Ry Cooders *Buena Vista Social Club*, einer phänomenalen Zusammenführung zahlreicher kubanischer Altstars wie Compay Segundo und Ibrahim Ferrer und der Neuarrangierung ihrer Stücke, zu einer regelrechten Wiedergeburt des alten, fast in Vergessenheit geratenen *son*. CD, Welttournee und Film wurden international ein absoluter Erfolg. Parallel dazu hat sich mittlerweile unter der jungen Generation eine Hip-Hop- und *rap-cubano*-Szene entwickelt, deren bedeutendste Vertreter wohl die *Orishas* sind.[1255]

Trotz des facettenreichen Repertoires, das die kubanische Musik in den letzten Jahrhunderten mit viel kreativer Schöpfungskraft hervorgebracht hat, sieht sie sich heutzutage von einer Anpassung an die internationale Nachfrage nach fast ausschließlich *salsa* oder *son* in ihrer unabhängigen Entwicklung bedroht.[1256]

3.3.2 Literatur

Hauptthemen der kubanischen Literatur sind die Suche nach nationaler Identität und die aus diesem Streben nach Souveränität resultierenden politischen und sozialen Verhältnisse.[1257] Besonders die kubanische Literatur nach 1959, die durch die Bildungsrevolution und die mit ihr verbundene Schaffung eines wirklichen Lesepublikums auf der Insel, durch Verlagsgründungen und die Ausschreibung zahlreicher

---

[1254] vgl. Esser; Frölicher, 2001: 724ff
[1255] vgl. IPS Cultura y Sociedad 03/03: *Cultura – La música cubana en el siglo XXI*: 10f
[1256] vgl. Esser; Frölicher, 2001: 726
[1257] vgl. Hoffmann, 2000: 175

Literaturpreise in den ersten Jahren sehr begünstigt wurde,[1258] nimmt eine Sonderstellung ein, da aufgrund des durch die Revolution und die Umwälzung der gesellschaftlichen Verhältnisse ausgelösten Funktions- und Themenwandels der Literatur die traditionell bestehenden Grenzen zwischen den einzelnen Grundgattungen recht bald sehr fließend wurden und sogar neue Mischformen entstanden. Hinzu kommt, dass viele bedeutende literarische Werke seit der Revolution im Exil entstanden und großteils auch nur außerhalb der Insel publiziert worden waren.

Die verschiedenen Umfelder, in denen sich die Insel- und die Exilliteratur bzw. die Literatur der Diaspora[1259] entwickelten, lassen natürlich Unterschiede in Bezug auf die Behandlung der gewählten Themen etc. erkennen.[1260] Zweifel an der Einheit der kubanischen Literatur der letzten fünf Jahrzehnte sollten dennoch nicht aufkommen, da sie, unabhängig davon, wo sie im Ergebnis politischer Kontroversen veröffentlicht wurde, stets ein Spiegel kubanischer Identität geblieben ist.[1261] Die aktuelle Situation der kubanischen Literatur ist wie in anderen künstlerischen und gesellschaftlichen Bereichen keinesfalls befriedigend. Seit Beginn der Krise der 90er sind zum einen die materiellen und finanziellen Voraussetzungen für Publikationen fast gänzlich weggebrochen und zum anderen schränkt auch die erneute ideologische Verhärtung auf der Insel das literarische Schaffen ein.

3.3.3 Darstellende Künste

3.3.3.1 Film

Gleich zu Beginn des Jahres 1959 wurden die gesetzlichen Grundlagen für die Entwicklung einer eigenständigen Kinematografie auf der Insel gelegt. Zuvor war Kuba im Grunde ein filmisches Niemandsland

---

1258 vgl. Dill, 2001: 465

1259 Anm.: Seit Mitte der 90er Jahre wurde vom in Spanien ansässigen kubanischen Literaturkritiker Iván de la Nuéz der Begriff Literatur der Diaspora geprägt, wenn es um die Einordnung der Werke der seit 1960 außerhalb Kubas publizierenden kubanischen Schriftsteller geht. Hierbei wird dem Fakt Rechnung getragen, dass viele die Insel verließen, ohne sich als Exilanten auszuweisen um sich die Möglichkeit einer Rückkehr offen zu halten, weshalb nicht in jedem Fall einfach von Exilliteratur gesprochen werden kann. Weiterhin verweist er darauf, dass sich die Autoren nicht mehr nur in Miami konzentriert sind. (vgl. Gewecke, 2001: 551f)

1260 vgl. Dill, 2001: 487

1261 vgl. Franzbach, 2001: 445

gewesen. Nun wurde der Kunstcharakter des Films jedoch auf besondere Art und Weise hervorgehoben. Zudem wurde mit dem Filminstitut ICAIC eine Institution geschaffen, die nicht dem bloßen Willen der Partei ausgesetzt war, sondern den Regisseuren relativ große Freiheiten zugestand. Eng mit diesem Institut ist der Name seines langjährigen Direktors Alfredo Guevara verbunden, einem ehemaligen Waffengenossen Fidels, der als einer der einflussreichsten Intellektuellen des Landes stets um die Unabhängigkeit seines kulturellen Instituts bemüht war. 1961 wurde dessen künstlerische Freiheit von Fidel trotzdem in ihre Grenzen gewiesen. Er erklärte, dass innerhalb der Revolution alles, außerhalb jedoch nichts möglich sei.[1262] Die 60er wurden dennoch zu einem blühenden Jahrzehnt für Filmemacher, da die materiellen Voraussetzungen aufgrund der zuvor erfolgten Verstaatlichungen von Studios etc. mehr als gut waren und die Revolution eine breite Palette an interessanten Themen bot. Es wurden sogar Kinomobile eingesetzt, um der gesamten Bevölkerung diese auf Kuba neu entdeckte Kunst zugänglich zu lassen. Die Spannungen zwischen revolutionärer Regierung und Filmemachern waren zwar bereits während dieser gesamten Periode spürbar, ihren Höhepunkt erreichten sie aber erst 1968 mit dem Klassiker *„Memorias del subdesarrollo"* („Erinnerungen an die Unterentwicklung") von Tomás Gutiérrez Alea, der eine herausragende Persönlichkeit des kubanischen Films darstellt. Sein Film beschäftigt sich mit dem Leben und Denken eines Nichtrevolutionärs in Kuba, was ihm die offene Kritik des Staates einbrachte, denn bis dahin waren nicht nur viele der sozialen Errungenschaften der Revolution erreicht worden, sondern auch eine Entwicklung eingetreten, die aufgrund der bis dahin erfolgten Institutionalisierung des Tropensozialismus den revolutionären Gedanken in Intoleranz umschlagen schließ. Die 70er und 80er stellten den kubanischen Film vor noch schwerere Belastungsproben.[1263] Viele Werke konnten nicht öffentlich vorgeführt werden und zahlreiche Filmemacher kehrten der Insel den Rücken zu. Trotz der ideologischen Verhärtung konnte sich das Filminstitut in dieser Zeit auch weiterhin als Instanz behaupten, was jedoch nach den Krisenjahren der 90er immer schwieriger wur-

[1262] vgl. Schumann, 2001: 669
[1263] vgl. Hoffmann, 2000: 200ff

de.[1264] 1991 wurde durch „Alicia im Dorf der Wunder“ von Daniel Díaz Torres eine Epoche noch größerer kulturpolitischer Intoleranz eingeleitet. Sein Film, der überaus kritisch mit den zu Macht erstarrten autoritären Strukturen und dem Wandel der kubanischen Gesellschaft in den Krisenjahren umging, hinterließ einen tiefen Schock, da er einem Spiegel gleich die Realität nur allzu gut abbildete. Der Regisseur wurde aufs Ärgste von der Parteiführung beschimpft und sein Werk nicht für die reguläre Verbreitung zugelassen.[1265] Eine ebenso Reformen fordernde Initiative zehn Intellektueller Kubas, die in einem offenen Brief an die Regierung ihre Bedenken äußerten, war noch kurz zuvor sogar mit mehrmonatigen Gefängnisstrafen beantwortet wurden.[1266] Andere Filme der 90er setzten sich zwar auch kritisch mit dem Zeitgeschehen auf der Insel auseinander, brachten ihr Anliegen jedoch dezenter zum Ausdruck. 1993 kam es mit „Erdbeer und Schokolade“ zu einem Film mit dem der 1998 verstorbene Kinoaltmeister Tomás Gutiérrez Alea einen Welterfolg landete. Sein Werk begeisterte nicht nur das kubanische sondern auch das internationale Publikum unheimlich und brachte erstmalig das Tabuthema Homosexualität und deren gesellschaftliche Diskriminierung offen zur Sprache und trat für mehr Toleranz im System ein.[1267]

Dass die Regieführung in Kuba bis heute eine Männerdomäne blieb, beweist die Tatsache, dass bisher nur ein einziger Film, nämlich der ungewöhnlich emanzipatorische „Auf gewisse Weise“ Ende der 70er, von einer Frau, Sara Gómez, gedreht wurde, den sie aufgrund ihres frühen Todes nicht einmal selbst vollenden konnte.[1268]

Die Brisanz der ideologisch verhärteten Situation der 90er wurde noch deutlicher als sich in die Debatte um abtrünnige Intellektuelle im März 1996 nun auch der Verteidigungsminister Raúl Castro mit deutlichen Worten einmischte. Zur hiermit verursachten Verunsicherung der Künstler kam noch hinzu, dass der Staat bereits begonnen hatte sich aus der Förderung der Kulturpolitik zurückzuziehen. Die Folgen sind

[1264] vgl. Schumann, 2001: 681
[1265] vgl. Hoffmann, 2000: 200ff
[1266] vgl. Schumann, 2001: 677
[1267] vgl. IPS Cultura y Sociedad 03/05: *Humberto Solás – Contra molinos*: 1
[1268] vgl. Schumann, 2001: 675

leicht vorstellbar. Das ehemals so renommierte Filminstitut hatte seinen ehemaligen Glanz endgültig verloren. Die im Filmbereich eingeleitete Sparpolitik führte unter anderem auch dazu, dass die Produktion des populären *noticiero latinoamericano*, einem Reportagenmagazin, eingestellt wurde und für viele Filmemacher und ihre Techniker plötzlich kein Bedarf mehr bestand.[1269]

Der seit 2000 amtierende Nachfolger Guevaras, der eher konfliktscheue Omar González, wird das Filminstitut aus der schweren Krise der letzten Jahre wohl auch nicht herausführen können, sondern seine frühere Bedeutung als unabhängige Instanz durch Vermeidung gesellschaftskritischer Themen eher noch mehr schwächen.[1270] Bleibt abzuwarten, welche Ergebnisse das im Jahr 2003 begonnene kubanisch-spanische Projekt über die Produktion von vier neuen Filmen bringen wird.[1271]

Am 24. März 2005 wurde Humberto Solás, der ebenfalls als einer der besten Filmemacher Kubas gilt, mit dem Nationalen Kinopreis ausgezeichnet. Diese Ehrung wurde ihm vor allem auch für seinen neusten Film *„Miel para Oshún“* („Honig für Oshún“), mit dem er aufgrund der erstmaligen Verwendung digitaler Technologien Vorreiter für das kubanische Kino war, zuteil.[1272]

3.3.3.2 Theater und Tanz

Seit 1959 war das Angebot an kulturellen Veranstaltungen wie Konzerten, Theateraufführungen etc. für die Bevölkerung sprunghaft angestiegen. Es entstanden sogar an den entferntesten Orten der Insel Theatergruppen. Wie auch in den anderen Bereichen des kulturellen Lebens koordiniert und fördert bereits seit diesen ersten Jahren eine staatliche Institution die Theater- und Tanzaktivitäten. Kubanische Statistiken lassen Kürzungen im Bereich der Kulturförderung zwar nicht unbedingt erkennen, dennoch müssen sich seit den Krisenzeiten der 90er die Kultureinrichtungen verstärkt selbst finanzieren, weshalb zahlreiche Kooperationen mit spanischen oder anderen lateinamerika-

---

[1269] vgl. Schumann, 2001: 679
[1270] vgl. ebd.: 682
[1271] vgl. IPS Cultura y Sociedad 01/03: *De todo un poco – De cine*: 33
[1272] vgl. IPS Cultura y Sociedad 03/05: *Humberto Solás – Contra molinos*: 1

nischen Organisationen aufgebaut wurden und Theater und Tanz einer immer größeren Versuchung zur Kommerzialisierung unterliegen. Eine angemessene Pflege des kulturellen Erbes gestaltet sich aufgrund der schwierigen Rahmenbedingungen immer schwieriger.[1273]

Das Theater befindet sich auf Kuba ebenfalls in der Zwickmühle, ein bloßes Propagandainstrument zu sein, belanglose und neutrale Aufführungen anzubieten oder sich trotz der eingeschränkten Meinungsfreiheit auf metaphorische Art und Weise mit der sozialen Lage auseinander zu setzen.[1274] Besonders die Stücke von Virgilio Piñera sind von beklemmender Aktualität. Verhüllte Kritik an totalitären Herrschaftsformen wurde auch in den Aufführungen zahlreicher anderer Theaterautoren wie z.B. bei Antón Arrufat deutlich. Dass sich auch diese Künstler nur zu oft mit Zensuren und Aufführungsverboten konfrontiert sahen, lässt sich leicht erahnen, denn trotz mildernder Musik- und Tanzeinlagen war das didaktische Ziel vieler Stücke meist immer noch deutlich erkennbar. Wie auch in anderen Kunstbereichen verließen viele von ihnen, u.a. auch der Dramatiker José Triana, in den 70er und 80er Jahren ihre Heimat aufgrund der eingeschränkten künstlerischen Freiheit, was einen schweren Verlust für die Theaterszene der Insel bedeutete.

Bis in die 80er Jahre hinein bestimmten zudem auch immer wieder sehr revolutionär angehauchte Stücke den Spielplan. Sehr populär sind nach wie vor Musicals und Stücke, die die Welt der Santería widerspiegeln.[1275] Seit den 90er Jahren werden auch verstärkt Parodien als Instrument verwendet, um besonders den immer stärkeren Einfluss des Dollars auf die Gesellschaft und den damit einhergehenden moralischen Verfall aufs Korn zu nehmen und somit bei den Zuschauern einen Reflektionsprozess anzuregen.[1276]

Das kubanische Ballet ist eng mit dem Namen der 1921 in Havanna geborenen Alicia Alonso verbunden. Die talentierte Kubanerin, als deren Paraderolle *Giselle* gilt, war nach ihrer Ballettausbildung in Kuba sogar in New York und London tätig gewesen, kehrte aber auf die In-

[1273] vgl. Franzbach, 2001: 461
[1274] vgl. IPS Cultura y Sociedad 08/03: *Sociedad – Risas del verano*: 17
[1275] vgl. Franzbach, 2001: 461f
[1276] vgl. IPS Cultura y Sociedad 12/03: *Sociedad – Teatro y nación*: 1ff

sel zurück, um 1948 ihre eigene Company zu gründen. Daraus ging im Jahr 1955 das *Ballet de Cuba* hervor, das 1959 nur in *Ballet Nacional de Cuba* umbenannt wurde. Aufgrund einer starken Sehbehinderung musste sie ihre Karriere als Tänzerin und Ballettdirektorin jedoch frühzeitig beenden. Ihre Schule stellt seit der Gründung sehr strenge Auswahlkriterien an die jungen Tänzer und sichert somit auch weiterhin die hohe Qualität des kubanischen Balletts.[1277]

Trotz der seit mehr als einem Jahrzehnt anhaltenden Krise des Landes wird von der Regierung versucht, das Budget für bestimmte Bereiche, in den Kunst und Bildung zusammenfließen, im Staatshaushalt nicht zu kürzen. So z.B. sollen in den nächsten zehn Jahren 30.000 Lehrer für Kunsterziehung ihre Ausbildung abschließen, eine neue Schule für Ballett und sieben für Bildende Künste eröffnet werden.[1278]

3.3.4 Bildende Künste

3.3.4.1 Architektur

Kubas Hauptstadt wirkt wie ein Museum, da es Architektur aller Stile und Epochen in sich vereint. Gelegentlich gibt es in einigen anderen kubanischen Städten architektonische Besonderheiten, die vom Stil Havannas leicht abweichen, die Grundzüge jedoch sind überall ähnlich. Die UNESCO wusste dies zu schätzen. Der Stadtkern Havannas und die gesamte Stadt Trinidad wurden 1983 aufgrund ihrer kolonialen Pracht zum Weltkulturerbe erklärt. Das besondere an der Kolonialarchitektur Kubas ist die Anpassung der spanischen Kolonialbauten an das Klima der Insel, wovon u.a. Gitter vor offenen Fenstern, große Lamellentüren, Balkone, Innenhöfe, unzählige Säulen und daraus resultierende Kolonnadengänge zeugen.

Aber auch die USA beeinflussten mit dem Bau des Capitolio, das eine Kopie des Capitols Washingtons ist und 1925 eingeweiht wurde, die Stadtarchitektur. Bis zum Sieg der Revolution war es Sitz des Parlaments, heutzutage beherbergt es die Akademie der Wissenschaften.

[1277] vgl. Microsoft Encarta Enzyklopädie Professional 2004 DVD

[1278] vgl. IPS Cultura y Sociedad 08/03: *Sociedad – Resumen de un año*: 2

Seit dem 20. Jahrhundert ergänzten dann auch noch Art Decó-Villen im Stadtteil El Vedado und Hochhäuser in der Nähe des Meeres das architektonische Mosaik Havannas. Aber auch der Bau von Mietskasernen blieb nicht aus, in denen die unteren Bevölkerungsschichten sehr beengt wohnten. Bis heute werden deren großen Innenhöfe als zentraler Treffpunkt der Hausgemeinschaft oder z.B. für Konzerte und Zeremonien genutzt.

Die Architektur seit der Revolution war vor allem von Zweckbauten und nicht von künstlerischen Aspekten geprägt, denn es ging um den Aufbau der Infrastruktur des Landes. Besonders sichtbares Kennzeichen der seit 1959 herrschenden Ära sind Plattenbauten, die ganze Siedlungen füllen und mit denen schnell neuer Wohnraum für die Bevölkerung zur Verfügung gestellt werden sollte. Monumentalarchitektur wurde nicht geschaffen, vielmehr deklarierte die Regierung die von Batista errichteten Gebäude rund um den Platz der Revolution als ihren neuen Sitz und den Platz selbst als Schauplatz für Massenkundgebungen. Auch der 110 Meter hohe Obelisk, der dem Nationalheld José Martí gewidmet ist, wurde bereits vor der Revolution errichtet. Lediglich im Tourismusbereich kam es mit postmodernen Bauten, vornehmlich Hotels, zu einer weiteren Beeinflussung der kubanischen Architektur. Einige Teile des extrem baufälligen Zentrums Havannas sind heute bereits unter stadthistorischen Gesichtspunkten saniert wurden. Davon waren jedoch bisher aber auch nur die typischen Touristenzonen betroffen, die nun in gewisser Weise den Eindruck eines Disneylands inmitten der verfallenen Pracht erwecken.[1279]

3.3.4.2 Malerei und Bildhauerei

Kubanische Künstler haben mit ihrem besonderen Talent zur visuellen Gestaltung in den verschiedenen Kunstepochen, besonders jedoch im letzten Jahrhundert, mit ihren Werken über die Grenzen der Insel hinweg Aufsehen erregt. In den letzten beiden Jahrzehnten gelang es ihnen dabei besonders, gesellschaftliche Belange und die Lage ihres Landes über die von ihnen provozierten Reaktionen zu thematisieren.[1280]

[1279] vgl. Hoffmann, 2000: 225ff

[1280] vgl. Phaf-Rheinberger, 2001: 733 und 745

Die Spanier hatten 1818 die erste Kunsthochschule auf Kuba gegründet und damit auch bis zu Beginn des 20. Jahrhunderts Malweise und Motive im europäischen Sinn beeinflusst. Schwarze oder Mulatten, egal wie talentiert sie auch waren, wurden aufgrund ihrer Abstammung und Herkunft aus den unteren Bevölkerungsschichten nicht an der Akademie aufgenommen. So erging es auch Vicente Escobar, einem jungen farbigen Künstler dieser Zeit. Die kubanische Malerei war somit in ihrer Entstehungsphase von rassistischen Zügen geprägt und reflektierte dementsprechend wenig die gesellschaftliche Realität.

Erst die in den 20er Jahren entstandene Avantgardebewegung war Auftakt für eine neue Kunstepoche – den kubanischen Modernismus, der in der kunsthistorischen Entwicklung Lateinamerikas einen besonderen Stellenwert einnimmt, neue Formen künstlerischer Betätigung einleitete und in hohem Maße zur Herausbildung einer authentischen kubanischen Identität beitrug, da er mit den kolonialen Leitbildern brach. Es fand eine Orientierung hin zu sozialen Themen statt, so z.B. wurden verstärkt kubanische *guajiros*, einfache Bauern, in typischen Landschaften dargestellt. Auch das berühmte Bildnis des Nationalhelden José Martí, das Jorge Arche 1943 schuf und das heute im Nationalmuseum Kubas zu bewundern ist, geht auf diese Bewegung zurück. Weiterhin wurde sich schon fast aggressiv mit den politischen und sozialen Verhältnissen auf der Insel auseinandergesetzt, wie es 1933 Marcelo Pogolotti mit „Kubanische Landschaft" tat. Aber auch provokative Themen wie lesbische Erotik wurden thematisiert. Hierzu sei auf Carlos Enríquez im Jahr 1934 verwiesen. Ein Vertreter dieser Zeit, der sich mit weniger streitbaren, eher zeitlosen, Themen auseinander setzte, war Victor Manuel. Er schuf mit „Tropische Zigeunerin" eines der beliebtesten Bilder Kubas.

Unter den Bildhauern sind vor allem Florencio Gelabert, mit seiner Gruppe von sechs Skulpturen, die nunmehr das Hotel Riviera in Havanna schmücken oder Rita Longa zu nennen, die unter anderem das Ensemble von Taíno-Indianern im als Museum rekonstruierten Dorf Guamá in der Ciénaga de Zapata erschaffen hat. Dass die neue Bewegung vielfältige Ausdrucksformen hatte, zeigte auch Amelia Peláez, die die Pracht der alten Kolonialarchitektur mit kubistischen Einflüssen verschmelzen ließ und aufwendige Stillleben hervorbrachte.

Der wohl bekannteste und bedeutendste Künstler der modernen Malerei Kubas ist jedoch unumstritten Wilfredo Lam, der mit chinesisch-mulattischer Abstammung im Jahr 1902 geboren wurde. Mit 21 Jahren verließ er Kuba, um in Spanien und Frankreich zu leben, wo er sich mit Picasso anfreundete. Im Schatten des zweiten Weltkrieges kam er wieder nach Amerika, was ihn nach 18 Jahren zurück zu seinen Wurzeln brachte. Die prekären sozialen und rassistischen Umstände auf der Insel entsetzten ihn zutiefst, weshalb er mit seinen Werken auch immer für eine Stärkung der afro-kubanischen Identität eintrat. Die wilde tropische Vegetation seiner Heimat und deren berauschende afro-kubanische Welt entfesselten kurz nach seiner Rückkehr sein künstlerisches Tun. Mit „Der Dschungel" schuf er 1943 sein Meisterwerk, das heute im New Yorker *Museum of Modern Art* zu sehen ist. 1952 zog es ihn dennoch endgültig zurück nach Paris, wo er sich die restlichen 30 Jahre seines Lebens weiterhin mit afro-kubanischen Themen auseinander setzte. Mit Fidel Castro stand er in freundschaftlichen Beziehungen, die Mitte der 60er Jahre in der Schaffung des Bildes „Die Dritte Welt" für den Regierungspalast gipfelten.

Der Sieg der Revolution änderte das künstlerische Ambiente Kubas. Die Künstler bekamen nun mehr Förderung und eine eigene Institution. Namhafte Kunsthochschulen wurden gegründet. Ein wichtiger Vertreter und einer der ersten, die dort ihre Ausbildung absolvierten, war Manuel Mendive, der mit farbenfrohen Bildern die Welt der abstrakten Malerei bereicherte, die nicht solche ideologischen Einschränkungen wie andere kulturelle Bereiche erfuhr. Mitte der 60er bildete sich auf der Insel eine innovative kubanische Pop-Art-Variante heraus, mit der im Bereich der Plakatkunst Raúl Martínez der Durchbruch gelang. Trotz der relativ großen künstlerischen Freiheit, die man den Malern dieser Zeit zugestand, zeigte das Beispiel von Antonia Eiriz, dass von der Regierung als konterrevolutionär identifizierte Elemente in der Kunst mit deren vernichtender Kritik zu rechnen hatten.

Anfang 1981 kam es zu einem Wendepunkt in der bildenden Kunst. So wie damals die junge Avantgarde-Generation mit einer spektakulären Ausstellung von sich hatte reden machen, erregten nun Künstler, die in der Zeit nach 1959 groß geworden waren, das Aufsehen. Nationale Traditionen standen bei ihnen nicht mehr so hoch im Kurs, vielmehr sollte die soziale Wirklichkeit mit ihren hässlichen Seiten auf experimentelle Art und Weise aufgezeigt werden. Ein namhafter Vertreter ist Flavio Garciandía, der sich mittels des neu entstandenen Stils *Kitsch Cubano* mit der Realität auseinander setzte. Außerdem sei auf Tomás Sánchez verwiesen, der nicht wie viele andere Künstlern dieser neuen Generation auf Experimentelles setzte, sondern ganz im Gegenteil auf fotoähnliche Abbilder von Naturräumen. Er verdient mittlerweile sein Geld in Miami, wohin er, wie viele andere Künstler auch, ausgewandert ist. Eine feministische Bereicherung der neuen Bewegung waren auch die Werke Ana Mendietas, die in jungen Jahren in die USA ging und dann als Künstlerin wieder in Kontakt mit ihrer Heimat kam. Seit Mitte der 80er Jahre wurde die Kunstszene stark von den Geschehnissen im verbündeten Ostblock und den daraus resultierenden innenpolitischen Verhärtungen in Kuba beeinflusst. Aufbruchstimmung machte sich besonders im Bereich der bildenden Künste breit, die sich in noch provokanteren und gesellschaftskritischeren Werken widerspiegelte. Es kam hierbei sogar zu Aktionen, bei denen sowohl innerhalb, wie im Falle von René Francisco und Eduardo Ponjuán, als auch außerhalb von Ausstellungsräumen, z.B. mit Wandbildern von Carlos Cárdenas oder Aldito Menéndez, die Öffentlichkeit wach gerüttelt werden sollte. Auch wenn diese Art von Kunst von der Regierung als konterrevolutionär beschimpft wurde, war sie doch eigentlich im Sinne der Revolution, da sie dringend notwendige Reformen einforderte, um den durch die Erstarrung bedrohten Fortbestand ihrer Ideale zu retten. Von der Staatsmacht wurden zahlreiche Gegenmaßnahmen ergriffen, was zwar dazu führte, dass viele der „Aufmüpfigen" ihrer Heimat den Rücken zu kehrten und die Bewegung zu Beginn der 90er zwar erheblich geschwächt war, aber ein weiteres künstlerisches Thematisieren der sozialen Krise, wie z.B. durch Alexis Leyva alias Belkis Ayón, dennoch nicht ganz verhindert werden konnte. Die in dieser neuen Strömung entstandenen Werke fanden viele europäische und US-amerikanische Anhänger.[1281]

[1281] vgl. Hoffmann, 2000: 211ff

4 Technologisches Umfeld

4.1 Infrastruktur

4.1.1 Telekommunikation

4.1.1.1 Informatisierung der Gesellschaft

Auch wenn die Entwicklung in Richtung Informatisierung der Gesellschaft, wie die kubanische Regierung die Ausbreitung neuer Technologien und deren Verwendung durch die Bevölkerung bezeichnet, nun endlich seinen Lauf genommen hat, liegt Kuba im weltweiten Vergleich auf diesem Gebiet noch um Jahrzehnte zurück. Erste Errungenschaften sind, dass nun zumindest in einigen wenigen Privathaushalten Computer zu finden sind, dass in Bildungs- und Arbeitszentren diese Technik Einzug hielt, dass erstmalig Telefonkarten auf den Markt kamen und Geldautomaten in Betrieb genommen wurden, dass Telefonleitungen digitalisiert wurden und nunmehr Handys vermietet werden. Man kann sagen, dass weite Teile des öffentlichen Lebens wie Banken, Unternehmen, Geschäfte, Postämter, Krankenhäuser etc. von der Informatisierungswelle erfasst wurden. Nennenswert ist, dass es 300 staatliche Bildungszentren gibt, die sich auf Computerkurse für die gesamte Bevölkerung spezialisiert haben. Diese Möglichkeit haben bereits 500.000 Kubaner in Anspruch genommen. Obwohl die kubanischen Statistiken davon ausgehen, dass die Mehrheit der Inselbewohner noch keinen Zugang zu Computern hat, sieht die Realität anders aus, denn vor allem die jüngere Generation ist versucht, alle Gelegenheiten zu nutzen, um mit Computern und dem Internet zu arbeiten.[1282]

4.1.1.2 Internet

Im Oktober 1996 fiel in Kuba der Startschuss für die Einführung des Internets.[1283] Die Öffnung des Landes für das Internet wurde und wird von der Regierung zwar als ein sehr großes Risiko gesehen, war zu diesem, schon späten, Zeitpunkt aber ein aus wirtschaftlicher und wissenschaftlicher Sicht alternativloser Schritt. Aus diesem Grund wird der Internetzugang von den Behörden stark beschränkt und kontrolliert.

[1282] vgl. IPS Enfoque 02/03: *Informatización de la sociedad*: 1ff

[1283] vgl. ebd.: 9

Demzufolge wissen viele Kubaner zwar etwas mit dem Begriff Internet anzufangen, aber nur ein geringer Prozentsatz hat schon Zugang zum Internet gehabt.[1284] Zu dem kleinen Kreis privilegierter Internetnutzer gehören in Kuba ausländische Vertretungen und Presseagenturen, die fast 40 Universitäten des Landes, weitere wissenschaftliche Einrichtungen, die staatliche Presse, Unternehmen und Organisationen des Staates. Einige Funktionäre bestimmter Institutionen haben zusätzlich die seltene Möglichkeit, sogar von zu Hause aus ins Internet zu gelangen. Für die Normalbevölkerung ist dieser für uns so alltägliche Zustand, einen Computer mit Internetzugang zu besitzen, in extrem weiter Ferne, da neben der strengen Zuteilung der Anschlüsse auch der Verkauf von Computern an Privatpersonen verboten ist. Es existieren zwar einige wenige Internetcafés, davon befindet sich aber die Mehrzahl in Hotels der Touristenzentren und ist somit fast nur für ausländische Gäste nutzbar. Der kleine andere Teil, der für die normale Bevölkerung zugänglich ist, wird auf den Zugriff auf das nationale Intranet beschränkt. Um legal ins Internet gelangen zu können, ist der Erwerb einer Einwahlkarte, deren Dauer auf drei Stunden beschränkt ist, für 4,50 Dollar notwendig. Trotz des hohen Preises wird dieses Angebot immer intensiver genutzt. Dies ist umso erstaunlicher, wenn man die schlechte Einkommenssituation der kubanischen Bevölkerung in Betracht zieht.

Während die Regierung behauptet, dass nur technologische und wirtschaftliche Schwierigkeiten[1285] und Sicherheitsrisiken der Grund für den beschränkten Zugang zum World Wide Web sind, kann davon ausgegangen werden, dass die eigentliche Beschränkung vornehmlich der Kontrolle und der Vermeidung von Kontaktpflege mit dem Ausland und unabhängiger Informationsgewinnung dient. Für uns ist es fast unvorstellbar, dass es Privatpersonen gesetzlich verboten ist, auf ihren Namen ein Email-Konto zu eröffnen oder eine eigene Website zu erstellen. Diese enorme Einschränkung war Grund für das Aufblühen eines regelrechten Passwortschwarzmarktes. Gängige Preise für

---

1284 vgl. IPS Enfoque 02/03: *Informatización de la sociedad:* 4ff

1285 Anm.: Eine dieser Schwierigkeiten besteht vor allem darin, dass die Internetverbindungen Kubas nur über Satellit erfolgen, was sehr teuer ist und nur begrenzte Zugangsmöglichkeiten bietet. Die Kabelvariante ist aufgrund des US-Embargos nicht möglich. (vgl. Acosta, IPS Noticias, 02/2004: *Internet Cuba – Mayor control puede quedar en amenaza*) die monatliche Nutzung eines gestohlenen Passwortes liegen bei 25 Dollar. Für eine dauerhafte Nutzung gibt es jedoch keine Garantie, da der legale Besitzer seinen Zugangscode jederzeit ändern kann. Wer diesen hohen Betrag nicht aufbringen kann oder aus dem oben genannten Grund nicht aufbringen will, sucht sich über andere ebenso illegale Wege, wie die Mitnutzung von Passwörtern von Freunden, eine Lösung. Das illegale Erstellenlassen einer eigenen Website schwankt momentan zwischen 600 und 800 Dollar. Auf solchen Internetseiten werden dann zum Beispiel zu vermietende Zimmer, private Restaurants und Touristenbetreuung angeboten. Auch junge Künstler nutzen dieses Medium zur Werbung für ihre Plastiken bzw. Malereien. Die offiziell beim Ministerium registrierten Email-Konten stiegen von 60.000 im Jahr 2001 auf 480.000 im Jahr 2003 an. Die Dunkelziffer für Internetnutzer liegt aufgrund des bestehenden Schwarzmarktes und des zunehmenden Erfindungsreichtums jedoch weitaus höher. Man vermutet, dass die Zahl bereits das Zehnfache überschreitet.[1286]

Würde man diese potentiellen Nutzer einen legalen Zugang erwerben lassen, könnte man eventuell sogar eine neue Einnahmequelle erschließen, denn der Staat büßt derzeitig aufgrund der steigenden Unterwanderung der legalen Strukturen enorme Summen ein. Ähnlich wie für den Internetzugang hat sich aufgrund der Restriktionen auch im Bereich der Beschaffung von Computern ein reger Schwarzmarkt für diese Geräte und deren Aus- und Nachrüstung herausgebildet, weshalb auch die genaue Anzahl der Computer auf der Insel nicht bekannt ist. Die zumeist gestohlenen PCs werden von den „Neureichen" Kubas zu Preisen zwischen 600 und 1.200 Dollar erworben. Hervorzuheben ist, dass es auf Kuba keine Geschäfte gibt, in denen Computer zum Verkauf angeboten werden. Lediglich einige wenige der für den Betrieb benötigten Komponenten, die auch zum Teil in Kuba hergestellt werden, sind in staatlichen Geschäften zu hohen Preisen und mit etwas Glück erhältlich.[1287]

Die starke Kontrolle und Einschränkung im Bereich der Informationsgewinnung wurde von der Organisation „Reporter ohne Grenzen" als

---

[1286] vgl. Acosta, IPS Noticias, 01/2004: *Comunicaciones Cuba – Internet en dólares y fuera de casa*
[1287] vgl. IPS Enfoque 02/03: *Informatización de la sociedad*: 4ff

menschenrechtsverletzend eingestuft, weshalb sie Kuba im Jahre 2002 auf eine Liste für internetfeindliche Staaten setzte. Diesen Status haben gegenwärtig 45 weitere Länder.[1288] Eine Verbesserung dieser Situation ist nicht in greifbarer Nähe, da seit Januar 2004 die Beschränkungen durch einen neuen Regierungsbeschluss nochmals verschärft wurden. Es besteht ein Widerspruch in der von der Regierung auf dem Gebiet der Informatisierung betriebenen Politik, bei der sie einerseits die Bevölkerung durch Computerlehrgänge und die Ausstattung von Bildungseinrichtungen mit audiovisuellen Medien zur zunehmenden Nutzung der neuen Technologien anregt, aber andererseits den privaten Zugang zu ihnen derart einschränkt.[1289]

4.1.1.3 Kommunikation über Festnetz

Die Betreibung des Festnetzes und die Bereitstellung von internationalen Telefonverbindungen wurden ausschließlich dem Joint Venture ETECSA zugesprochen. Diese Firma hat seit 1996 einen Anstieg der Digitalisierung des nationalen Telefonnetzes von 7% auf 76% realisiert.[1290] Diese Zahl soll aber nicht darüber hinwegtäuschen, dass der Zustand im Bereich der Telekommunikation immer noch nicht befriedigend ist. Es handelt sich hierbei um einen der teuersten Sektoren für den kubanischen Staat. Viele der Investitionen haben einen vornehmlich sozialen Charakter. Im Escambray-Gebirge im Zentrum Kubas wurden im November 2002 durch ETECSA Telefonanlagen bereitgestellt, so dass nun die etwa 20.000 Bewohner der abgelegenen Siedlungen nicht mehr von der Außenwelt abgeschnitten sind. Priorität hatten hier vor allem Praxen der Familienärzte und Grundschulen. Ein weiteres Projekt ist beispielsweise auch das Verlegen von Glasfaserkabeln von Havanna bis Santiago de Cuba.[1291]

Die Kommunikation verbessern zu wollen, heißt auch die Ausstattung der Postämter zu modernisieren. Die Post, *Correos de Cuba,* ist als Unternehmen der Gruppe ETECSA untergeordnet und profitiert dem-

---

1288 vgl. IPS Enfoque 02/03: *Informatización de la sociedad*: 8

1289 vgl. IPS Cultura y Sociedad 04/03: *Ciencia – A propósito de informática 2003*: 19

1290 vgl. Oficina Nacional de Estadísticas, Anuario Estadístico de la República de Cuba, 2002: *Indicadores físicos del servicio nacional de telefonía – Tabla XI.12*

1291 vgl. IPS Enfoque 02/03: *Informatización de la sociedad*: 3ff zufolge auch von den staatlichen Investitionen in diese Firma. In Havanna Stadt und anderen Provinzhauptstädten wurden bereits 30 Postämter mit automatisierter Technik ausgerüstet, d.h. die alten Telexanschlüsse wurden durch Internetverbindungen ersetzt, um eine schnelle Datenübertragung zu ermöglichen. Dies kann jedoch nur als ein erster Schritt in Richtung Modernisierung der Infrastruktur gesehen werden, da noch weitere 1.014 Postämter auf solche Maßnahmen warten. Innerhalb der nächsten drei Jahre will der Staat laut Berichten von 2003 die nötigen Investitionen dafür aufbringen, was aufgrund der wirtschaftlichen Lage jedoch eher unrealistisch ist. Im neuen Haushaltsbudget sind dennoch 75 Millionen Dollar für die Verbesserung der Telekommunikationsstruktur vorgesehen.[1292]

Für die einheimische Bevölkerung ist es mehr als schwer, einen Festnetzanschluss zu bekommen. Wenn man aber in der glücklichen Lage ist, ein Telefon zu besitzen, kann man zu relativ erschwinglichen Preisen in nationaler Währung telefonieren und dabei die Sondertarife von ETECSA zum Beispiel nach 23 Uhr in andere Provinzen zu nutzen.[1293]

2002 wurden 80.000 Telefone in Privathaushalten angeschlossen, von denen viele bereits in den 60er Jahren beantragt worden waren. Lange Zeit waren Festnetzanschlüsse nur für diejenigen möglich, die in leitenden Funktionen im Regierungs- und Verwaltungsapparat tätig waren. Nur 5,2 von 100 Bürgern besitzen ein Privattelefon.[1294] Demzufolge werden die Warteschlangen vor den öffentlichen Telefonen noch lange weiter bestehen bleiben, da sie für viele die einzige und zudem billige Möglichkeit ist, mit entfernt wohnenden Verwandten und Freunden in Kontakt zu bleiben. Es sollte nicht unerwähnt bleiben, dass die Wartung der öffentlichen Telefone sehr zu wünschen übrig lässt, was den Unmut der Bevölkerung erweckt.[1295] Insgesamt stehen nur 2,2 öffentliche Telefone je 1.000 Einwohner zur Verfügung.[1296]

[1292] vgl. IPS Cultura y Sociedad 06/03: *Sociedad – Timbrazos en dólares*: 18f
[1293] vgl. ebd.: 18
[1294] vgl. IPS Enfoque 02/03: *Informatización de la sociedad*: 1ff
[1295] vgl. IPS Cultura y Sociedad 06/03: *Sociedad – Timbrazos en dólares*: 19
[1296] vgl. IPS Enfoque 02/03: *Informatización de la sociedad*: 1ff

Da aus dieser Situation heraus für viele Kubaner erst einmal das Erlangen eines Festnetztelefons Priorität hat, rückt der Besitz eines Mobiltelefons vorerst in weite Ferne.

4.1.1.4 Kommunikation über Mobilfunk

Ende 1991 kam es zur Gründung eines mexikanisch-kubanischen Joint Ventures CUBACEL in diesem Bereich. Erst seit 1993 wurden jedoch die ersten Mobiltelefone eingeführt. Der Beginn war schwierig, weil es nur wenige zahlungsfähige Kunden gab und die neue Technik einige Zeit brauchte, um auf Akzeptanz zu stoßen. Außerdem waren und sind die Tarife sehr hoch, was mit dem hohen Kapitalbedarf begründet wird, der für eine weitere Entwicklung in diese Richtung noch notwendig ist.

1998 wurden große Teile des ausländischen Kapitals der Firma vom kanadischen Unternehmen Sherrit International aufgekauft. Zwischen 1993 und 2000 durften neben Diplomaten und anderen ausländischen Personen auf der Insel zunehmend auch leitende Angestellte staatlicher Firmen diese Technik nutzen. Um einen Konkurrenten für CUBACEL zu schaffen, wurde 2001 vom Telekommunikationsministerium mit der C_COM eine 100% kubanische Gesellschaft geschaffen, die mit der GSM arbeitet. Dieses System hat den Vorteil, dass jeder Ausländer, der die Insel besucht, theoretisch sein eigenes Handy über das automatische *Roaming*-System weiterhin benutzen kann.

Seit Oktober 2002 unterliegt der Verkauf von *Prepaid*-Karten starken Beschränkungen. Es hatte sich gezeigt, dass einige Kubaner von befreundeten Ausländern oder Familienmitgliedern im Ausland inoffiziell mit GSM-Handys bzw. vorbezahlten Karten ausgestattet wurden, was bei den kubanischen Behörden auf Unverständnis stieß.

Zehn Jahre nach der Einführung des Mobilfunkservices sind mittlerweile etwa 20.000 Handys in Betrieb. Anfang 2003 kamen auf 1.000 Einwohner 1,5 Handybesitzer.[1297] Im Rahmen der allgemeinen Zentralisierung der kubanischen Wirtschaft seit 2000 wurden die beiden Anbieter CUBACEL und C_COM im Jahr 2004 fusioniert und ETECSA zugeordnet.

[1297] vgl. IPS Economics Press Service 05/03: *Comunicaciones – Los móviles en Cuba*: 1ff

Die weltweite Tendenz, mit einem Handy durch die Straßen zu spazieren und wichtig zu erscheinen, hat auch vor Kuba nicht Halt gemacht. Auf der Insel ist der Besitz eines Handys mittlerweile Unterscheidungsmerkmal und Statussymbol zugleich, da diese Technologie aufgrund der hohen Kosten für die Mehrheit der kubanischen Bevölkerung unzugänglich ist, was vom Staat auch so bezweckt wird. Trotzdem gibt es viele Kubaner, die für ein Mobiltelefon große Einschnitte in lebensnotwendigen Bereichen hinnehmen würden.[1298]

4.1.2 Energieversorgung

Überblick über die Energiepolitik des kubanischen Staates

Anlehnung der Ziele der Energiepolitik an eine nachhaltige Entwicklung gemäß Agenda 21

Programm zur Förderung regenerativer Energien

Programm zur Entwicklung nationaler Energiequellen (Schwerpunkt Erschließung eigener Erdöl- und Erdgasvorkommen)

Programm zur Verbesserung der Industrieproduktion, d.h.:
- Effiziente Nutzung von Rohstoffen und Energie
- Vermeidung toxischer Stoffe, giftiger Emissionen und Abfälle
- Reduzierungen der Umweltbelastungen durch genaue Analyse des Lebenszyklus der Produkte vom Rohstoff bis zu deren Entsorgung
- Umwelttechnische Forschungen zur Verbesserung der Produktion
- Regelmäßige Umweltfortbildungen für das gesamte Personal

Programm zum Energieeinsparen (PAEC):
- Motivation der Bevölkerung zum Sparen, z.B. über Tarifpolitik
- Umwelterziehung in der Grundschule
- Projekte wie z.B. Förderung der Nutzung von Energiesparlampen

4.1.2.1 Elektrifizierung und Verteilung

2001 waren 95% der Haushalte auf Kuba elektrifiziert, 1958 waren dies im Vergleich nur 56%. Die bisher noch nicht elektrifizierten Haushalte liegen in Bergregionen und abgelegenen Dörfern. Der

[1298] vgl. IPS Cultura y Sociedad 06/03: *Sociedad – Timbrazos en dólares*: 18f

Strom wird mittels Überlandleitungen aus den sieben zentralen Kraftwerken des Landes zu den Endverbrauchern transportiert. Auf der ganzen Insel gibt es Hochspannungsleitungen. Elektrische Energie ist mit 110V und 220V verfügbar. Im Jahr 2002 erzeugten die Stromversorgungszentralen 3.178 MW[1299] und verbrauchten dabei Brennstoff im Wert von circa 1.000 Millionen Dollar.[1300]

Dezentrale Netzeinspeisungen erfolgen im Grunde fast nur während der Zuckerrohrernte. Dann speisen drei auf Bagasse-Basis arbeitende Kraftwerke den nicht für die Zuckerraffination verwendeten Strom in das kubanische Netz ein. Die dezentrale Netzeinspeisung von einzelnen Windrädern, Solaranlagen oder Biogaskraftwerken wurde bisher noch nicht genügend in die Praxis umgesetzt. Besonders eine solare Netzeinspeisung wäre im Hinblick auf eine größere Unabhängigkeit vom Erdölmarkt interessant.

Heutzutage kommen, laut Aussagen der Regierung, Stromausfälle nur noch wegen Havarien vor. Geplante Stromabschaltungen, wie sie in den Anfangsjahren der Krise der 90er noch üblich waren, müssten nun nicht mehr befürchtet werden. Zwischen 18:00 Uhr und 20:00 Uhr wird am meisten Strom verbraucht.

Eine Regelung über die Vergütung des eingespeisten Stromes, wie sie in Deutschland angewandt wird, scheint in Kuba nicht zu existieren. Es besteht jedoch die Möglichkeit der Bilanzierung des eingespeisten und verbrauchten Stromes, so dass nur noch die Differenz zu vergüten ist. Je nach Projekt müssen derartige Details jedoch zusammen mit den zuständigen Behörden geklärt werden.[1301]

4.1.2.2 Stromerzeugung

Übliche Primärenergien zur Stromerzeugung sind Erdöl, Erdgas, Bagasse aus der Zuckerrohrherstellung, Diesel, Heizöl und Sonnenergie.

[1299] vgl. IPS Enfoque 20/03: *Energía, medio ambiente y sostenibilidad:* 2
[1300] vgl. IPS Revista Mensual 08/03: *Energía – Del candil a la luz eléctrica:* 14
[1301] vgl. Bergk; Hebeda, 2002: 31f

Erdöl und Erdgas

Die Energiebereitstellung ist auf Kuba ein absolutes Finanzproblem. Obwohl Erdgas und Erdöl neben Nickel und Kupfer zu den wichtigsten Bodenschätzen Kubas gehören, ist es sehr teuer und aufwendig, diese Rohstoffe zu finden, zu fördern, zu raffinieren und zu reinigen. Die Tropeninsel ist deshalb stark von Erdöl- und Erdgasimporten abhängig, die ebenfalls mit sehr hohen Kosten verbunden sind, was einer der Hauptgründe dafür ist, nun doch verstärkt auf eigene Erdöl- und Erdgasvorkommen zurückzugreifen. Im Jahr 2000 wurden bereits 50% des Stromes aus eigenem Erdöl und Erdgas produziert,[1302] 2003 lag dieser Prozentsatz bei 90%, 2004 bei 81,7%. Laut kubanischen Angaben soll jedoch erreicht werden, in Zukunft nur noch auf nationale Ressourcen bei der Energiegewinnung zurückzugreifen.[1303] Da sich die Werte jedoch nur auf die Erdöl-Belieferung der zentralen Kraftwerke beziehen, mindert diese Entwicklung die Importabhängigkeit des Landes nur in geringem Maße, da vor allem die Industrie und das Transportwesen davon nicht begünstigt werden können.

Erdöl

Insgesamt gibt es 19 Erdölvorkommen. Davon befinden sich 15 mit schwerem Öl an der Nordküste, mit dem größten Vorkommen in Puerto Escondido zwischen La Habana und Matanzas, wo bereits in zwölf Bohrlöchern gefördert wird. In den Vorkommen in Varadero und Boca de Jaruco werden täglich 30 bis 40 Tonnen Erdöl gefördert. An der Südküste existieren weitere vier Vorkommen mit mittelschwerem und leichtem Erdöl. Im Jahr 2000 wurden 2,65 Millionen Tonnen, 2001 vier Millionen Tonnen Erdöl und Erdgas in Joint Ventures mit Frankreich, Kanada, Großbritannien und Brasilien gefördert.[1304] Für den Transport existierten 2003 Pipelines mit einer Länge von 230 km.[1305]

[1302] vgl. IPS Revista Mensual 08/03: *Energía – Del Candil a la luz eléctrica:* 15

[1303] vgl. IPS Enfoque 20/03: *Energía, medio ambiente y sostenibilidad:* 3 und IPS Resumen Económico Anual 2004: *Petróleo – Venga la esperanza*

[1304] vgl. Bergk; Hebeda, 2002: 28

[1305] vgl. CIA: World Fact Book 2003, www.cia.gov (14.04.04)

Erdgas

Erdgas wird in Kuba zum Kochen benutzt. Nur die Hauptstadt Havanna besitzt jedoch ein Leitungsnetz für Erdgas. Sonst verwendet man Gasflaschen. Auf dem Land wird teilweise mit Feuerholz oder Holzreststoffen gekocht.[1306] Es ist geplant, die ganze Insel über Gasleitungen zu versorgen, wobei mit den Städten La Habana und Santiago de Cuba begonnen werden soll.[1307] Es gibt bereits Pipelines von 49 km Länge.[1308]

Erneuerbare Energien in Kuba

Trotz der hohen Anschaffungskosten für Anlagen zur Nutzung erneuerbarer Energiequellen hat sich die kubanische Regierung entschlossen, die Entwicklung auf diesem Gebiet so schnell wie möglich voranzutreiben.[1309] Für die Weiterentwicklung und Verbreitung von nachhaltigen Energiekonzepten sind neben Forschungsinstituten und Unternehmen der Ministerien SIME (für Metallverarbeitung und Recycling) und MINAZ (für Zucker) mittlerweile zahlreiche Organisationen und Gruppen auf Kuba tätig.[1310] Aufgrund der Bedeutsamkeit eines koordinierten Handelns im Energiebereich wurde im Oktober 2002 die FRE *(Frente de Energía Renovable)* gegründet, die als alle im Energiesektor tätigen Institutionen vereint.[1311] Generell besteht die Tendenz, dass außerhalb der Hauptstadt verstärkt auf erneuerbare Energien gesetzt wird.

Nutzung von Biomasse

Elektrischer Strom aus Bagasse

Bemerkenswert ist, dass der für die energieintensive Zuckerraffinerie benötigte elektrische Strom aus der Bagasse der Zuckerproduktion selbst gewonnen wird. Zum Beispiel würden, wenn man aus einer Zuckerrohrernte von 60 Millionen Tonnen Rohr sieben Millionen Tonnen Zucker gepresst hat, noch rund 17,5 Millionen Tonnen Bagasse entstehen. Der jeweils während der Zuckerraffinerie überschüssige

---

1306 vgl. Bergk; Hebeda, 2002: 28
1307 vgl. ebd.: 28
1308 vgl. CIA: *World Fact Book 2003*, www.cia.gov (14.04.04)
1309 vgl. IPS Revista Mensual 08/03: *Energía – Del candil a la luz eléctrica*: 15
1310 vgl. Bergk; Hebeda, 2002: 31
1311 vgl. IPS Economics Press Service 07/03: *Energía – A la caza de alternativas*: 1ff

Strom, meist um die 2 MW, wird in das nationale elektrische Netz eingespeist. Die Regierung hat nun die Modernisierung der bisher recht ineffizient genutzten Kraftwerke veranlasst.[1312] Dies war aufgrund ihrer strategischen Bedeutung auch dringend notwendig, denn sie decken fast 30% des Energiebedarfs des Landes.[1313]

Biogasherstellung

Derzeit wird aus Reisschalen, Sägemehl und -spänen, Kaffeekleie, Kokosschalen, Resten der Zucker- und Alkoholindustrie, aber auch aus der Gülle der Schweine- und Rindermastanlagen, Biogas in relativ modernen Biogasanlagen gewonnen, die sich jeweils in unmittelbarer Nähe befinden. Die Biogasproduktion trägt aufgrund der Verwertung des in der Landwirtschaft und der Industrie anfallenden organischen Mülls in gewisser Weise auch zur Entlastung der Böden bei.[1314]

Brennholz

Auf Kuba könnte man, laut Expertenaussagen, jährlich circa 3,5 Millionen m³ Holz als Brennholz verwenden, ohne das ökologische Gleichgewicht zu gefährden. Dieses Potential ist ungleichmäßig über das gesamte Land verteilt, wobei sich 73% davon auf sieben Provinzen und die Jugendinsel (Isla de la Juventud) konzentrieren.[1315]

Solarenergie

Jeder Quadratmeter kubanischen Territoriums erhält täglich durchschnittlich so viel Sonneneinstrahlung, dass die daraus zu gewinnende Energie einem halben Kilogramm Erdöl entspräche. Da dieser Wert aufgrund der klimatischen Bedingungen der Insel kaum Schwankungen unterliegt, würde dies auf ein Jahr und für die gesamte Fläche des Landes gerechnet, den unglaublichen Wert von vergleichsweise 20.000 Millionen Tonnen Erdöl ergeben. Der derzeitige nationale Verbrauch an Erdöl könnte dann mit nur 50 km² solartechnisch genutztem Territorium ausgeglichen werden.[1316] In Kuba ist die photovoltaische Solar-

[1312] vgl. Madruga, 2000
[1313] vgl. IPS Enfoque 20/03: *Energía, medio ambiente y sostenibilidad*: 8
[1314] vgl. ebd.: 8
[1315] vgl. IPS Economics Press Service 07/03: *Energía – A la caza de alternativas*: 3
[1316] vgl. IPS Enfoque 20/03: *Energía, medio ambiente y sostenibilidad*: 7

energienutzung aufgrund ihres ungeheuren Potentials eines der wichtigsten Themen im Bereich der erneuerbaren Energien.

Solare thermische Energie

Thermische Solarenergie wird hauptsächlich in sozialen Einrichtungen, wie Krankenhäusern, Kindergärten und Waisenhäusern, aber auch im Tourismusbereich zur Wassererwärmung genutzt. Das stark kalkhaltige Wasser auf Kuba macht besondere Kollektoren erforderlich, die auf der Insel selbst hergestellt werden.[1317] Außerdem benutzt man die Wärmeenergie der Sonne zum Trocknen von Holz, Heilpflanzen, Tabak, Samen etc. in speziell dafür entwickelten Trockenhäusern.[1318]

Solare photovoltaische Energie

Die direkte Umwandlung der Sonnenenergie in elektrischen Strom ist für die 5% der Bevölkerung, die aufgrund der Unzugänglichkeit ihrer Wohngebiete nicht ans nationale Stromnetz angeschlossen sind, die einzige Möglichkeit, um ihre bescheidenen Lebensumstände ein wenig zu verbessern.[1319] Die dezentrale Stromversorgung über Photovoltaik wird seit geraumer Zeit über Solidaritätsprogramme vorangetrieben. Hierbei ging es vor allem um die Elektrifizierung der Häuser von Familienärzten in bergigen und ländlichen Regionen über Photovoltaikanlagen von 400 Watt je Einheit. Zusammen mit KarEn, dem Berliner Verein zur Förderung alternativer Energien in der Karibik e.V. und anderen Organisationen wurden bis heute 360 Ärztehäuser damit ausgestattet, womit nun alle der 900 in unwegsamen Gegenden gelegenen Praxen elektrifiziert sind. Ein anderes Programm hat sich die Stromversorgung der rund 2.000 ländlichen Grundschulen zur Aufgabe gemacht. Diese wurden mit je einem 165 Watt-Modul ausgestattet, das für fünf Stunden Strom für ein Fernsehgerät mit 80 W, ein Videogerät mit 30 W und zwei Lampen mit jeweils 15 W liefern kann.[1320] Die Produktion von poly- und monokristallinen Photovoltaikmodulen zwischen fünf und 165 Watt erfolgt seit Dezember 2000 in einem Joint Venture zwi-

[1317] vgl. KarEn, 2002: 8
[1318] vgl. IPS Enfoque 20/03: *Energía, medio ambiente y sostenibilidad:* 10
[1319] vgl. IPS Revista Mensual 08/03: *Energía – Del candil a la luz eléctrica:* 14
[1320] vgl. Bergk; Hebeda, 2002: 30

schen Kuba, Italien, Spanien und Deutschland in Pinar del Río. Die hierfür notwendigen Komponenten werden jedoch importiert.

Bis vor kurzem musste man sich in den meisten dieser Gegenden mit Kerzen helfen, an Radio und Fernsehen zu Hause war nicht zu denken. Aus der Not heraus hatten die Bewohner sogar damit begonnen, die Fernsehausstattung der Schulen zu nutzen, womit sie die aufgeladene Energie für den nächsten Schultag oft bereits abends verbrauchten. Dies führte dazu, dass die öffentliche Nutzung verboten wurde und je separate Gemeinschaftsfernsehräume eingerichtet werden mussten.

2003 wurde mit Unterstützung von *Cubasolar*[1321] und seiner internationalen Kontakte dann in einem weiteren ehrgeizigen Hilfsprojekt damit begonnen, die 100.000 noch nicht an die Stromversorgung angeschlossenen Wohnungen mit Solarzellen auszurüsten. Wenn man bedenkt, dass die Kosten für die Elektrifizierung nur eines einzigen Hauses bei 1.870 US-Dollar liegen, da zusätzlich zur Solaranlage jeweils sechs Lampen, ein Fernseher und ein Radiokassettengerät mitgeliefert werden, ist es leicht vorstellbar, dass es noch einige Zeit dauern wird, bis in Kuba wirklich restlos alle Haushalte elektrifiziert sind.[1322]

Aufgrund des enormen Potentials Kubas auf dem Gebiet der direkten Umwandlung der Sonnenenergie in elektrischen Strom wurde nun eine erste netzeinspeisende Testanlage auf dem Naturkundemuseum in Pinar del Río in Betrieb genommen werden. Da ein zentraler Aspekt jeder Netzeinspeisungsanlage die Netzsicherheit ist, stellen die häufigen Schwankungen von Spannung und Frequenz im Stromnetz jedoch ein ernsthaftes Problem für die Verwirklichung derartiger Pläne dar.[1323]

Wasserkraft zur Stromerzeugung

Heutzutage werden etwa 80 GW pro Jahr aus Wasserkraft gewonnen. Man schätzt, dass bis 700 GW auf diese Art und Weise jährlich erzeugt werden könnten.[1324] Für dichter besiedelte und besser zugängliche Gemeinden entschied man sich für die Nutzung von Wasserener-

[1321] Anm.: in jeder Provinz vertretene Nichtregierungsorganisation für die Förderung, Erforschung, Anwendung, Verbreitung von regenerativen Energien und die Aufklärung darüber

[1322] vgl. IPS Revista Mensual 08/03: *Energía – Del candil a la luz eléctrica*: 14

[1323] vgl. Bergk; Hebeda, 2002: 32f

[1324] vgl. IPS Enfoque 20/03: *Energía, medio ambiente y sostenibilidad*: 9

gie.[1325] Seit 1959 wurden aus diesem Grund über 1.000 Wehre gebaut, passende Turbinen konstruiert und kleine Wasserkraftwerke angelegt. Über 180 kleine Anlagen werden momentan fast 30.000 Haushalte in 230 Ortschaften auf diese Art und Weise mit Energie versorgt.[1326]

Windenergie

Windmessungen seit 1994 an 23 verschiedenen Orten in Küstennähe haben gezeigt, dass die Standorte Kubas mit dem meisten Wind an der Atlantikküste, östlich der Provinzhauptstadt Matanzas liegen. Auf der Halbinsel von Turiguanó in La Loma in der Provinz Ciego de Ávila wurde im März 1999 ein aus Spendengeldern europäischer Solidaritätsprojekte finanzierter Windpark in Betrieb genommen. Die beiden Windkraftanlagen speisen 225 KW elektrischen Wechselstrom ins lokale Netz ein, wobei der Rotordurchmesser 28 m und die Turmhöhe 30 m beträgt. Eine weitere ähnliche Anlage gibt es noch in Cabo Cruz in der Provinz Granma.[1327] Ein zentraler Nachteil dieser Energiegewinnungsvariante ist, dass die Windkraft nicht ständig zur Verfügung steht und sie somit, wenn auf eine Energiespeicherung verzichtet werden soll, mit anderen Energieerzeugern gekoppelt werden muss. Derartige Hybrid-Systeme, bei denen außerdem Photovoltaik oder Dieselgeneratoren eingesetzt werden, sind für Kuba erstrebenswert. Auf Cayo Romano in der Provinz Camagüey arbeitet seit 1999 bereits die erste Hybridanlage (Wind/Diesel) mit 10 KW ohne Netzanschluss, die lediglich zur dezentralen Stromversorgung einer Flora-Fauna-Station dient. 2001 wurden drei kleine Wind-Photovoltaik-Anlagen in Betrieb genommen, die sich auf anderen nördlichen *cayos* befinden.[1328]

In Kuba werden außerdem seit jeher Windpumpsysteme benutzt. Auf der Insel gibt es über 7.000 Windpumpen zum Pumpen von Wasser, die über das gesamte Land verteilt sind. In Gebieten mit genügend Wind wurden bisher sehr positive Erfahrungen damit gemacht.[1329]

[1325] vgl. IPS Revista Mensual 08/03: *Energía – Del candil a la luz eléctrica*: 15
[1326] vgl. IPS Enfoque 20/03: *Energía, medio ambiente y sostenibilidad:* 9
[1327] vgl. Bergk; Hebeda, 2002: 29
[1328] vgl. KarEn, 2002: 9
[1329] vgl. IPS Enfoque 20/03: *Energía, medio ambiente y sostenibilidad:* 9

4.1.3 Transportsystem

Der Transport von Passagieren ist neben der Wohnraumsituation eines der schlimmsten Probleme für die Bevölkerung Kubas. Dies resultiert neben fehlenden bzw. veralteten Transportmitteln und dem schlechten Zustand der Straßen auch aus der Tatsache, dass aufgrund der hohen Kosten für Erdölimporte Brennstoff auf der Insel zu einer teuren Mangelware geworden ist. Sich in einem Fahrzeug von einem Ort an einen anderen bewegen zu wollen, ist, wenn man nicht über die nötigen Dollars verfügt, jedes Mal ein nervzehrendes Erlebnis. In den bergigen Gegenden ist die Lage am katastrophalsten.[1330]

Für ausländische Besucher und „neureiche" Kubaner, die Zugang zu Dollars haben, stellt der Transport keinesfalls ein solch gravierendes Problem dar. Zahlreiche staatliche Transportunternehmen sichern den Transport von Touristen in Taxis und klimatisierten Bussen ab, die für die Beförderung der Bevölkerung jedoch nicht vorgesehen sind.[1331] Wie deprimierend es sein muss, wenn an den stundenlang auf Transport wartenden Menschentrauben teilweise fast leere Touristenbusse oder regelrecht unbezahlbare klimatisierte Taxis vorbeifahren, lässt sich sicherlich leicht nachvollziehen.

Um wenigstens für die Bevölkerung der Hauptstadt, in der bei 5.600 Busfahrten täglich um die 600.000 Personen befördert werden müssen, die belastende Lage etwas zu lindern,[1332] sind seit Februar 2003 in der Metropole wieder 67 und in der Umgebung 21 Transportsammelpunkte in Betrieb, an denen so genannte *inspectores populares del transporte* (Transportinspektoren) den wartenden Passagieren freie Kapazitäten staatlicher Fahrzeuge zu Nutze zu machen.[1333] Solche Punkte waren bereits seit Beginn der Krise bis zum Jahr 1998 existent. Dass sie wieder eingeführt wurden, weist darauf hin, dass sich die Transportsituation verschlechtert hat. Die Inspektoren, die wegen der gelben Farbe ihrer Uniformen *amarillos* genannt werden, sind befugt, Verkehrskontrollen durchzuführen und die Fahrer, deren Lebensstandard im Allgemeinen

---

[1330] vgl. IPS Economics Press Service 21/03: *Población – Paradojas en las alturas:* 2
[1331] vgl. IPS Economics Press Service 18/03: *Transporte – Lejos de la realidad:* 7ff
[1332] vgl. IPS Cultura y Sociedad 01/03: *De todo un poco – Sobre el transporte:* 34
[1333] vgl. IPS Economics Press Service 01/03: *Economía general – De regreso a la realidad*: 1f

durch die Zuweisung eines Firmenautos höher ist, die sich weigern anzuhalten, bei der zuständigen Behörde anzuzeigen. Diese Sammelstellen, die vor allem im Berufsverkehr Erleichterungen schaffen sollen, werden montags bis freitags von sechs Uhr morgens bis sieben Uhr abends, samstags nur bis Mittag und an Sonntagen gar nicht betreut.[1334]

Wenn man nach langem Schlangestehen an einer Haltestelle endlich Platz in einem der stets überfüllten Busse oder *camellos*[1335] gefunden hat, zahlt man zwischen 40 Centavos und einem Peso für eine Fahrt innerhalb der Stadt bzw. in die nähere Umgebung. Seit 1998 sind auch private Taxifahrer mit Lizenzen für den Transport der Bevölkerung zugelassen, die linienartig durch die Stadt verkehren und 10 Peso pro Fahrt verlangen. Aufgrund der schlechten Einkommenslage auf der Insel können sich die meisten diesen Service jedoch nur selten leisten. So bleibt nur noch der *autostop*, das Trampen, als letzte Möglichkeit, die trotz des langen, oft ungewissen Wartens in brütender Hitze am Straßenrand von der gesamten Bevölkerung rege genutzt wird. Dies gilt auch für Reisen in andere Provinzen, für die die Transportsituation noch schlimmer ist. Viele warten Tag für Tag verzweifelt, sogar nächtelang, an den Stationen bzw. Zentralhaltestellen, um einen der begehrten Plätze für die wenigen staatlichen Überlandbusse, Züge, Flugzeuge oder Fähren zu bekommen, oft ohne Erfolg.[1336] Die privaten Taxis, die je nach Entfernung zwischen fünf und dreißig Dollar verlangen, sind für die meisten unerschwinglich.

Ein Fortbewegungsmittel, das im Alltag große Bedeutung hat, ist das Fahrrad. Als zu Beginn der 90er Jahre chinesische Fahrräder billig an die Bevölkerung verkauft wurden, gab es einen regelrechten Fahrrad-Boom. Die Zahl der Fahrradfahrer auf den Straßen ist seit einigen Jahren jedoch wieder rückläufig. Dies liegt daran, dass viele der Räder mittlerweile kaputt sind und dass es zu wenige, großteils überteuerte *parqueos*, bewachte Radstellplätze, gibt.[1337]

[1334] vgl. IPS Cultura y Sociedad 01/03: *De todo un poco – Sobre el transporte*: 34

[1335] Anm.: Diese von Lastkraftwagen angetrieben, kamelartig anmutenden Busse, in die über 300 Personen passen, werden zur Beförderung von Passagieren in Havanna eingesetzt.

[1336] vgl. IPS Economics Press Service 18/03: *Transporte – Lejos de la realidad*: 7ff

[1337] vgl. IPS Cultura y Sociedad 02/03: *Sociedad – Transporte gris, regresan los amarillos*: 7f

4.1.3.1 Verkehrsinfrastruktur

Eisenbahnverkehr

Alle wichtigen Orte des Landes sind über ein 4.252 km langes Schienennetz für Personen- und Gütertransporte verbunden. Nur 144 km davon können von Elektroloks befahren werden. Zudem existiert ausschließlich für Zuckerrohrtransporte noch ein zusätzliches Schienennetz von etwa 6.900 km Länge.[1338]

Straßenverkehr

Das 60.858 km lange Straßennetz ist nur etwa zur Hälfte asphaltiert.[1339] Einen Überblick gibt www.cubaroutes.com.

Flugverkehr

Das Land verfügte 2002 insgesamt über 161 Flughäfen bzw. -plätze mit unterschiedlicher Qualität und Länge der Start- und Landebahnen.

Länge	asphaltiert (70)	nicht asphaltiert (91)
über 3.047 m	7	-
2.438 m bis 3.047 m	10	-
1.524 m bis 2.437m	22	-
914 m bis 1.523 m	-	28
unter 914 m	31	63

Tabelle 17 *Flugplätze Kubas nach Qualität und Länge der Landebahnen (2002)*
Quelle: vgl. CIA: World Fact Book 2003, www.cia.gov (14.04.04)

Es gibt 11 internationale Flughäfen, die die wichtigsten Metropolen und Touristenzentren Kubas mit der ganzen Welt verbinden.

Schifffahrt

Die Insel verfügt über 240 km Wasserstraßen.[1340] Es gibt 21 Häfen mit internationaler Anbindung. Die bedeutendsten sind aus der nachfolgenden Karte ersichtlich.

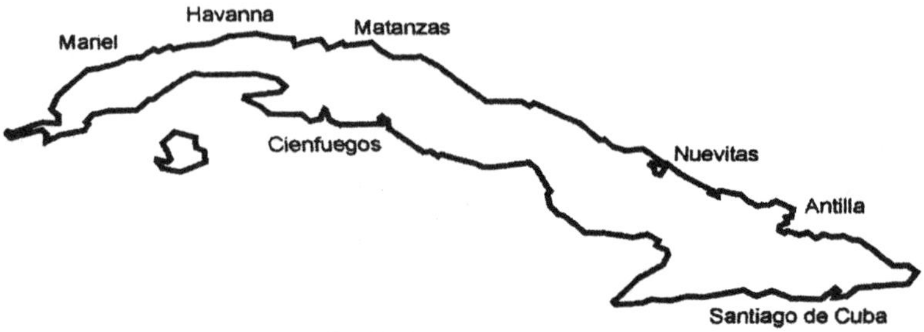

Abbildung 29 *Wichtigste Seehäfen Kubas*
Quelle: Consultores Asociados, 2002: Cuba: Inversiones y Negocios, CD-ROM

4.1.3.2 Fuhrpark des kubanischen Staates

Das US-Embargo wirkte sich in diesem Bereich innerhalb der ersten fünf Jahre nach Etablierung der Blockade besonders schädigend aus. Die ausbleibenden Ersatzteillieferungen legten fast die Hälfte aller auf der Insel zirkulierenden Fahrzeuge aus US-Produktion lahm, was einen Schaden von mehr als 200 Millionen Dollar verursachte. Allein in der Hauptstadt Havanna mussten über 2.000 Busse umgebaut oder gänzlich durch europäische Modelle ersetzt werden. Zu Beginn der 60er Jahre kam auch der Eisenbahntransport durch den Ausfall von 125 Diesellokomotiven und Triebwagen fast völlig zum Erliegen.[1341]

Eisenbahnverkehr

Im öffentlichen Schienenverkehr waren 2001 228 Diesel- und elf Elektroloks mit 5.144 Güterwaggons, 606 Personenwaggons und 49 Triebwagen im Einsatz. Für den nicht öffentlichen Eisenbahnverkehr fuhren 624 Diesel- und 266 Dampfloks. Das Waggoninventar lag in diesem Bereich bei 31.140, wobei die Gitterwagen für Zuckerrohr den größten Teil ausmachten.[1342] Die durchschnittliche Geschwindigkeit

---

[1338] vgl. Oficina Nacional de Estadísticas, Anuario Estadístico de la República de Cuba, 2002: *Inventario de la red y del parque ferroviario, 2001 – Tabla XI.5*

[1339] vgl. o.V.: *Verkehrsinfrastruktur Kubas*, www.erdkunde-online.de (25.03.04)

[1340] vgl. CIA: World Fact Book 2003, www.cia.gov (14.04.04)

[1341] vgl. IPS Economics Press Service 18/03: *Transporte – Lejos de la realidad*: 7ff

[1342] vgl. Oficina Nacional de Estadísticas, Anuario Estadístico de la República de Cuba, 2002: *Inventario de la red y del parque ferroviario, 2001 – Tabla XI.5* der von Lokomotiven angetriebenen Personenzüge lag bei 33,7 km/h,[1343] im Güterbereich bei 19,5 km/h.[1344]

Straßenverkehr

Der Fuhrpark für den Personentransport[1345] bestand 2001 aus insgesamt 6.628 Bussen (die Busse für den Arbeitertransport sind hier nicht enthalten), von denen 4.460 im öffentlichen Verkehr und 2.168 als Schulbusse eingesetzt waren und aus insgesamt 3.146 Autos.[1346] Im Lastkraftverkehr standen für öffentliche Nutzung 2.858 und für nicht öffentlichen Gebrauch 10.633 Fahrzeuge zur Verfügung.[1347]

Schiffsverkehr

Kuba verfügte 2001 über insgesamt 72 Handelsschiffe.[1348] Hierunter befanden sich acht Schüttguttransporter, 18 Tankschiffe, drei Containerschiffe, neun Kühlschiffe und 34 allgemeine Lastschiffe.[1349]

4.1.4 Wasserversorgung

Auch Kuba hat das Problem einer drohenden Süßwasserknappheit erkannt. Von der Konstruktion weiterer Wehre an Flüssen zur Erhöhung der verfügbaren Wassermengen wird jedoch abgesehen, um die Fließgewässer der Insel nicht zu gefährden. Um dennoch dem steigenden Wasserbedarf der Haushalte und der Industrie gerecht werden zu können, ist die nationale Politik auf Sparen und Rationalität im Umgang mit dem kostbaren Nass ausgerichtet. Aus diesem Grund wird auch ei-

---

[1343] vgl. Oficina Nacional de Estadísticas, Anuario Estadístico de la República de Cuba, 2002: *Indicadores seleccionados de explotación del transporte ferroviario de pasajeros – Tabla XI.6*

[1344] vgl. Oficina Nacional de Estadísticas, Anuario Estadístico de la República de Cuba, 2002: *Indicadores seleccionados de explotación del transporte ferroviario de carga de uso – Tabla XI.7*

[1345] Anm.: Die im Tourismussektor eingesetzten Fahrzeuge sind bei diesen Zahlen nicht enthalten. Die Zahlen betreffen lediglich den Transport der kubanischen Bevölkerung.

[1346] vgl. Oficina Nacional de Estadísticas, Anuario Estadístico de la República de Cuba, 2002: *Indicadores seleccionados del transporte de pasajeros – Tabla XI.8*

[1347] vgl. Oficina Nacional de Estadísticas, Anuario Estadístico de la República de Cuba, 2002: *Indicadores seleccionados del transporte automotor – Tabla XI.9*

[1348] Anm.: Motor- und Segelboote sind hier nicht mit erwähnt.

[1349] vgl. Oficina Nacional de Estadísticas, Anuario Estadístico de la República de Cuba, 2002: *Inventario de buques de carga de la flota mercante, 2001 – Tabla XI.11* ne weitreichende Sanierung der altertümlichen und baufälligen Wasserleitungs- und Bewässerungssysteme vorangetrieben, um unter anderem den Verlust von Wasser bei dessen Transport zu mindern.[1350] Mancherorts konnte mit ausländischer Hilfe damit bereits begonnen werden.

4.1.4.1 Trinkwasserversorgung

Jährlich werden pro Person etwa 2.100 m³ Wasser verbraucht, womit sich Kuba auf Platz 104 eines internationalen Rankings über die Verfügbarkeit von Wasser befindet.[1351] Laut offiziellen Zahlen ist für 95% der kubanischen Bevölkerung der Trinkwasserzugang gesichert, aber nur 72,3% bekommen das kostbare Nass über Wasserleitungen nach Hause geliefert. Eine Garantie für fließendes Wasser besteht nicht, da es dies oft nur zu gewissen Tageszeiten gibt. Viele Haushalte sind auf öffentliche Wasserstellen bzw. Tankwagenlieferungen angewiesen.[1352]

75% der 4.000 km umfassenden Wasserleitungen der Zwei-Millionen-Metropole Havanna befinden sich in reparaturbedürftigem Zustand. In den letzten Jahren gelang es dem kubanisch-spanischen Joint Venture „Aguas de La Habana" 500 km Rohre zu sanieren bzw. neue Leitungen zu verlegen. Diese Arbeiten, die mit einem Investitionsvolumen von 30 Mio. Dollar verbunden waren, konnten zwar die Situation von 60.000 Personen verbessern; insgesamt haben aber die Haushalte von 24.000 *habaneros*, vornehmlich in Habana Vieja, San Miguel de Padrón, Habana del Este und Boyeros, immer noch keinen Trinkwasseranschluss und müssen über Wassertankwagen versorgt werden, was mit hohen Transportkosten verbunden ist. Um diese Ausgaben zu senken, wurde dem Wassernetzanschluss aller Hauptstadteinwohner im Staatsplan höchste Priorität eingeräumt.[1353] Kritisch ist die Wasserversorgungssituation auch in den Provinzen Camagüey, Las Tunas und Holguín.[1354]

Ein Kredit der OPEC über zehn Mio. Dollar wird zu Sanierungsarbeiten am Wassernetz der Hauptstadt eingesetzt, worunter auch die Ab-

[1350] vgl. IPS Economics Press Service 09/03: *Agua – Buen inicio para la estación seca*: 16
[1351] vgl. IPS Enfoque 11/03: *Agua – Entre la sed y el diluvio:* 3
[1352] vgl. IPS Economics Press Service 09/03: *Agua – Buen inicio para la estación seca:* 16 und vgl. IPS Enfoque 11/03: *Agua – Entre la sed y el diluvio:* 7
[1353] vgl. IPS Enfoque 11/03: *Agua – Entre la sed y el diluvio:* 4
[1354] vgl. IPS Economics Press Service 09/03: *Agua – Buen inicio para la estación seca:* 17

wassersysteme des Einzugsgebiets der Flüsse Almendares und Vento fallen. Allein aus dem Gebiet des Vento stammen 40% des an die Hauptstadt gelieferten Wassers.[1355] Das Joint Venture „Aguas de La Habana" investierte hier weitere elf Millionen Dollar. Aus einem Kooperationsprogramm mit Kuwait werden zehn Mio. Dollar in die Verbesserung des Trinkwasserzugangs der zweitgrößten Stadt der Insel, Santiago de Cuba, fließen.[1356] Von der Regierung wurden 3,4 Millionen Dollar für die Verbesserung der prekären Wasserversorgung der ebenfalls im Osten gelegenen Stadt Manzanillo, in der nur aller sieben bis zehn Tage Wasserlieferungen erfolgen, freigegeben.[1357]

4.1.4.2 Gewinnung, Aufbereitung und Verteilung

Die weitgehend flächendeckende Wasserversorgung ist vor allem das Resultat der 3.000 Aquädukte, die in ländlichen Gegenden konstruiert wurden.[1358] Im Jahr 2002 wurden alle Ortschaften mit mehr als 300 Einwohnern mit solchen Leitungssystemen ausgestattet, wovon über 1,8 Mio. Menschen profitieren. In einem nächsten Schritt soll nun, abhängig von der Verbesserung der finanziellen Lage des Landes, mit Siedlungen zwischen 200 und 300 Einwohnern ebenso verfahren werden.[1359] Von dieser „Warteschleife" sind besonders kleine Dörfer in unzugänglichen Gebieten betroffen, da bisher nur circa ein Drittel von ihnen über Aquädukte mit Wasser versorgt wird.[1360] Das Wasserleitungsnetz Kubas weist eine Länge von circa 18.000 Kilometern auf. Es gibt rund 60 Trinkwasseraufbereitungs- und Entsalzungsanlagen, 1.500 Chlorierungsstationen und 241 Stauseen, die eine Gesamtkapazität von etwa 9.000 Millionen m³ haben.[1361] Ende 2002 enthielten sie 6.613 Millionen m³ Wasser, was 75,6% ihres Fassungsvermögens entsprach. 2003 wurde dieses Niveau mit einer Quote von 76% gehalten.[1362] Die wichtigsten Stauseen sind in folgender Tabelle ersichtlich:

1355 vgl. IPS Economics Press Service 09/03: *Agua – Buen inicio para la estación seca*: 17
1356 vgl. IPS Enfoque 11/03: *Agua – Entre la sed y el diluvio*: 5
1357 vgl. ebd.: 7
1358 vgl. IPS Economics Press Service 09/03: *Noticortas – Servicios hidráulicos al mundo*: 20
1359 vgl. IPS Economics Press Service 09/03: *Agua – Buen inicio para la estación seca*: 17
1360 vgl. IPS Enfoque 11/03: *Agua – Entre la sed y el diluvio*: 7
1361 vgl. IPS Economics Press Service 09/03: *Noticortas – Servicios hidráulicos al mundo*: 20
1362 vgl. IPS Economics Press Service 09/03: *Agua – Buen inicio para la estación seca*: 15f

Name des Stausees	Provinz	Kapazität in Mio. m³
Zaza	Sancti Spíritus	1.020,0
Alacranes	Villa Clara	352,4
Cauto El Paso	Granma	330,0
Hanabanilla	Villa Clara - Cienfuegos	292,0
Protesta de Baraguá	Santiago de Cuba	250,0
Carlos M. de Céspedes	Santiago de Cuba	244,6
Jimaguayú	Camagüey	200,0
Avilís	Cienfuegos	190,0
Porvenir	Camagüey	171,5
Mampostón	La Habana	153,8
Amistad Cubano-Búlgara	Camagüey	136,0

Tabelle 18 *Die größten Stauseen Kubas*
Quelle: o.V.: Cuba Físico – Mapa informativo, 2002

70% des Wassers wird für die Bewässerung genutzt. Mit den restlichen 30% wird Aquakultur betrieben, die Bevölkerung versorgt und es wird versucht, der Versalzung der Flüsse entgegenzuwirken. Teile der gestauten Reserven werden für den Tourismus verwendet.[1363] In sehr begrenztem Maße dienen die Stauseen auch der Energiegewinnung.[1364]

Bewässerung in der Landwirtschaft

Der größte Teil des angestauten Wassers wird zur Bewässerung landwirtschaftlicher Flächen verwendet. Aufgrund veralteter, nicht effizient arbeitender Systeme gibt es hohe Verluste an Wasser. Deshalb wurde vom Landwirtschaftsministerium mancherorts auf moderne, wassersparende Systeme umgerüstet. So wurden 2002 27% aller dem Gemüseanbau gewidmeten Flächen auf elektrische Bewässerung umgestellt.[1365]

4.1.4.3 Abwassersysteme

Die Infrastruktur der Kanalisation ist einer der schwächsten Punkte in der hydraulischen Entwicklung Kubas. Das Abwassersystem umfasst zwölf Kläranlagen und 564 Klärteiche.[1366] Nur 40% der Bevölkerung sind an die Kanalisation angeschlossen, die Fäkalien der restlichen 60%

1363 vgl. IPS Economics Press Service 12/03: *Medio Ambiente – Salvar el Río Cauto*: 13
1364 vgl. Casanovas, 2002: 95
1365 vgl. IPS Enfoque 11/03: *Agua – Entre la sed y el diluvio*: 7
1366 vgl. IPS Economics Press Service 09/03: *Noticortas – Servicios hidráulicos al mundo*: 20

gehen in hierfür vorgesehene Sammelgruben bzw. Latrinen. In Havanna, wo die Situation an die Anfänge des 20. Jahrhunderts erinnert, existieren 136.000 solcher Gruben, in deren Instandhaltung kaum investiert wurde. Im Rahmen des angelaufenen Sanierungsprogramms aus O-PEC-Geldern werden nun in Havanna hoffentlich auch in diesem Bereich einige Modernisierungen erreicht werden. Die UNO spendete außerdem vier Millionen Dollar, die dem Fluss Luyanó zugute kommen. Die umliegende Bevölkerung, die zuvor ihre Fäkalien direkt in den Fluss leitete, wird nun endlich an die Kanalisation angeschlossen.[1367]

4.2 Forschung und Entwicklung

"Die Basis für einen schnellen wirtschaftlichen Fortschritt in den kommenden Jahren liegt in der kontinuierlichen Entwicklung der Wissenschaft"
Ernesto „Che" Guevara[1368]

Diese Worte, zu lesen in der Eingangshalle des 1963 gegründeten kubanischen Instituts zu Erforschung der Zuckerrohrderivate (ICIDCA), deuten auf ein erklärtes Ziel der revolutionären Führung hin.[1369] Im Jahr 2001 waren fast 70.000 Personen im Bereich der Wissenschaft und Technik tätig.[1370] Die Ausgaben für Bildung und Wissenschaft machen einen beachtlichen Teil des gesamten Haushalts aus. 2002 flossen von insgesamt 11.468,7 Mio. Peso 2.751,6 Mio. in den Bildungssektor und weitere 168,4 Mio. in Wissenschaft und Technik.[1371]

Kubas Forschungszentren sind sehr aktiv und vor allem im Biotechnologiesektor kamen in letzter Zeit zahlreiche Präparate auf den Markt, die auch international Anerkennung finden. Fehlende Möglichkeiten des Vertriebs und des Marketings konnten in einigen Fällen in diesem Sektor über Joint Ventures mit ausländischen Unternehmen ausgeglichen werden.[1372] Die vielen biotechnologischen Innovationen sind in besonderem Maße auf die für kubanische Verhältnisse herausragenden

---

[1367] vgl. IPS Enfoque 11/03: *Agua – Entre la sed y el diluvio*: 5
[1368] vgl. Henkel, 2001: 349
[1369] vgl. ebd.: 349
[1370] vgl. Oficina Nacional de Estadísticas, Anuario Estadístico de la República de Cuba, 2002: *Trabajadores físicos en la actividad de ciencia y tecnología según nivel educacional – Tabla XVI.1*
[1371] vgl. IPS Economics Press Service 03/04: *Mirada profunda a las finanzas internas*: 6
[1372] vgl. Henkel, 2001: 349f

Arbeitsbedingungen am Zentrum für Genetik und Biotechnologie CIGB und die daraus resultierende enorm hohe Motivation der Forscher zurückzuführen.[1373] Andere relevante Sektoren, wie z.B. die Zuckerderivate, wurden bisher jedoch sträflicherweise vernachlässigt.[1374]

Patentrechten wurde seit Mitte der 90er Jahre eine neue Bedeutung zugeschrieben. Kuba trat den entsprechenden internationalen Verträgen bei[1375] und in den offiziellen Statistiken werden seit 1996 auch Zahlen für diesen Bereich angegeben.

Kuba kann zwar noch nicht als High-Tech-Standort bezeichnet werden, hat aber genügend Potential um den bereits eingeschlagenen Weg erfolgreich weiterzuverfolgen. Das zum großen Teil hoch qualifizierte und zudem überaus kreative Humankapital Kubas sollte hierbei noch viel stärker in Entwicklungsprozesse eingebunden werden.

Eigentlich erfolgt bisher nur im medizinisch-pharmazeutischen Sektor eine angemessene Nutzung der Forschungsergebnisse. Internationale Wissenschaftskooperationen können aufgrund des sich relativ schwierig gestaltenden Informationsaustausches und erstarrter bürokratischer Strukturen diese Lücke oftmals noch nicht ausreichend ausfüllen. Da das weltweite Interesse an einer Zusammenarbeit mit Kuba im F&E-Bereich stark zugenommen hat, sollte die Regierung in Zukunft noch mehr Flexibilität zeigen, um sich angesichts der schlechten finanziellen Lage des Landes solche Möglichkeiten des Technologie- und Know-how-Erwerbs nicht entgehen zu lassen.[1376]

[1373] vgl. Henkel, 2001: 353
[1374] vgl. ebd.: 368
[1375] vgl. ebd.: 355
[1376] vgl. ebd.: 367f

5 Natürliches Umfeld

5.1 Geographische Einordnung

5.1.1 Lage

Kuba ist als die größte Insel der Antillen[1377] 1.250 km lang und zwischen 30 km und 145 km breit. Die Insel liegt 175 km südlich von Florida, 200 km südwestlich von den Bahamas, 87 km nordwestlich von Haiti, 160 km nördlich von Jamaika und 200 km östlich von Mexiko.[1378] Die Antillen haben eine Fläche von insgesamt 235.700 km². Kubas Anteil daran beträgt 47%. Auch bei der Einwohnerzahl wird dieses Größenverhältnis deutlich. Von den ca. 34 Millionen Einwohnern der gesamten Antillen-Inselgruppe leben über elf Millionen auf Kuba.[1379] Die Republik Kuba, die im Grunde auf einem Archipel gelegen ist, umfasst nicht nur die Hauptinsel, sondern auch zahlreiche kleinere Inseln und Riffe, von denen die größte die Isla de la Juventud, die so genannte „Insel der Jugend" ist. Im Nordwesten Kubas befindet sich der Golf von Mexiko, im Nordosten der Atlantische Ozean und im Süden das Karibische Meer.

5.1.2 Entstehung der Insel

Kuba ist wie alle Inseln der Antillen aus geotektonischer Sicht einem Gebirge zugehörig. Dieses wurde durch Faltungen der Gesteinsschichten vor ca. 65 Mio. Jahren im Tertiär und durch Vulkanismus geformt. Auslöser hierfür war das Driften der nord- und südamerikanischen Landmasse. Bis heute erzeugen diese tektonische Spannungen See- und Erdbeben. Höhlen sowie fossile Meeresablagerungen hoch über dem Meeresspiegel deuten ebenso auf diese Entstehung hin.[1380]

[1377] Anm.: Als Antillen werden die gesamten Westindischen Inseln mit Ausnahme der Bahamas bezeichnet. Die Großen Antillen umfassen Kuba, Jamaika, Haiti, Dominikanische Republik und Puerto Rico. Die Kleinen Antillen erstrecken sich in einem Bogen von Puerto Rico bis zur Nordostküste Südamerikas. Vgl. Microsoft Encarta Enzyklopädie Professional 2004, DVD

[1378] vgl. Wöbke, 1995: 96 und Hoffmann, 2000: 14ff

[1379] vgl. Microsoft Encarta Enzyklopädie Professional 2004 DVD und González Novo/García Díaz, 1998: 6

[1380] vgl. Baedeker, 2001: 11

5.1.3 Administrative Gliederung

Das kubanische Wappen

Bereits im Wappen der Republik, mit dem Schlüssel in der Meerenge zwischen Florida und Yucatán, wird darauf verwiesen, dass die geographisch günstige Lage des Landes dessen geschichtliche Entwicklung enorm geprägt hat. Die aufgehende Sonne steht für die neugeborene junge Republik. In der linken unteren Hälfte werden die Balken der kubanischen Landesflaggen gezeigt. Auf der rechten Seite wird der Nationalbaum Kubas, die bis zu 40 m hoch werdende Königspalme, vor einer typischen Landschaft dargestellt. Getragen wird das Wappen von einem Bund aus elf Ruten, dem Symbol des kubanischen Freiheitskampfes. Eingefasst ist es von einem Eichenzweig rechterhand und einem Lorbeerzweig linkerhand, die Stärke und Sieg repräsentieren. Gekrönt von einer Jakobinermütze mit einem Stern steht das Wappen auch für Freiheit und das dafür vergossene Blut.[1381]

Abbildung 30 *Kubanisches Wappen*
Quelle: Offizielle Website der Botschaft von Kuba in Brasilien, www.embaixadacuba.org.br (08.02.04)

Kuba ist seit 1976 in 169 Bezirke und 14 Provinzen gegliedert, wobei die Isla de la Juventud den Status eines Sonderverwaltungsgebietes hat. Zuvor war die Insel nur dreigeteilt, ein Fakt, auf den auch die drei blauen Balken der Landesflagge hinweisen. Hierbei waren die Regionen des Westens viel reicher und bedeutender als die des Zentrums und des Ostens. Die administrative Neugliederung im Jahr 1976 hatte deshalb die Überwindung der regionalen Ungleichgewichte zum Ziel. Die neu entstandenen Provinzen sollten annähernd die gleiche Größe und das gleiche Gewicht haben.[1382] Es folgt eine Übersicht über die Provinzen.

1381 vgl. Offizielle Website von Periódico 26, www.periodico26.cu (17.11.03) und Cubanacán, www.cubanacan.cu (08.02.04)

1382 vgl. Hoffmann, 2000: 16f und Offizielle Website von Cubanacán, www.cubanacan.cu (08.02.04)

Provinzen	Gesamtfläche in km²	Angrenzende Inseln/Riffe in km²	Einwohner	Bevölkerungsdichte EW/km²
Pinar del Río	10.925	63	739.473	68
La Habana	5.731	39	711.590	124
Ciudad de La Habana	727	-	2.181.535	2.999
Matanzas	11.978	239	665.419	56
Villa Clara	8.662	719	836.350	97
Cienfuegos	4.178	1	398.569	95
Sancti Spíritus	6.744	12	463.258	69
Ciego de Ávila	6.910	589	413.447	60
Camagüey	15.990	1.832	791.815	50
Las Tunas	6.589	5	532.550	81
Holguín	9.300	6	1.035.825	111
Granma	8.372	10	835.218	100
Santiago de Cuba	6.170	-	1.041.373	169
Guantánamo	6.186	2	516.311	84
Isla de la Juventud	2.398	198	80.625	34

Tabelle 19 *Übersicht über Fläche, Einwohnerzahl und -dichte der Provinzen*
Quelle: Oficina Nacional de la República de Cuba, Anuario Estadístico de la República de Cuba, 2002: Extensión superficial, población y densidad, año 2001 – Tabla I.3

Abbildung 31 *Übersicht über die Lage der kubanischen Provinzen*
Quelle: Offizielle Website von Juventud Rebelde, www.jrebelde.cubaweb.cu (20.02.04)

5.2 Relevante Faktoren des natürlichen Umfeldes

5.2.1 Boden

Aufgrund der komplexen geologischen und geomorphologischen Situation Kubas weist das Land sehr viele verschiedene Bodentypen auf. Der Boden wird hauptsächlich durch siallitische, fersiallitische und ferralitische[1383] Verwitterung gebildet. Alle drei Verwitterungsformen sind typisch für feucht-warmes Klima.[1384] Es entstehen auf verschiede Art und Weise jeweils silikatische Tonmineralien, die vor allem reich an Eisen- und Aluminiumoxid sind.[1385] Tendenziell befinden sich die fruchtbareren Böden im Westen und im Zentrum des Landes. [1386]

Klassifikation laut FAO / UNESCO	Bodenmerkmale	Provinzen, in denen diese Böden besonders häufig vorkommen
Ferralsols	hoher Gehalt an Oxiden/ Hydroxiden von Aluminium, Eisen, Mangan	Pinar de Río, Camagüey, Holguín, La Habana
Luvisols	Böden mit Tonverlagerung	gesamtes Territorium
Cambisols	verlehmte verbraunte Landböden	gesamtes Territorium
Rendzinas	flachgründige Böden aus Kalkstein	Pinar del Río, Habana, Villa Clara, Sancti Spíritus, Cienfuegos, Holguín Santiago de Cuba, Guantánamo
Vertisols	starke Quellungs-/ Schrumpfungserscheinungen infolge hohen Tongehalts	Villa Clara, Sancti Spíritus, Camagüey, Las Tunas, Granma
Gleysols	starke hydromorphe Merkmale	gesamtes Territorium
Fluvisols	Auen- und Küstenböden mit geringer Profildifferenzierung	gesamtes Territorium
Arenosols	sandige Böden, grobe Textur	Pinar del Río, Isla de la Juventud
Leptosols	flachgründig, vorwiegend aus Festgesteinen	gesamtes Territorium

Tabelle 20 *Bodenarten Kubas, ihre Merkmale und Vorkommen*
Quelle: o.V.: Clasificación de los suelos de Cuba, www.medioambiente.cu (15.02.04) und Payer: Bodenhorizonte und Bodenklassifikationen, 2001, www.payer.de (15.02.04)

1383 Anm.: Ferralitisiert bedeutet vom Eisenoxid gerötet. Für Kubas Böden ist deshalb besonders ein rötlich-brauner Farbton charakteristisch.

1384 vgl. o.V.: *Programa Nacional de lucha contra la desertificación y la sequía*, www.medioambiente.cu (15.02.04)

1385 vgl. o.V.: *El suelo: concepto y formación*, www.edafologia.ugr.es (15.02.04)

1386 vgl. Oficina Nacional de Estadísticas, Anuario Estadístico de la República de Cuba, 2002: *Clasificación agroproductiva de los suelos de Cuba, 1996 – Tabla I.26*

Bodenschätze

Kuba ist vor allem für seine großen Vorkommen an Nickel bekannt, das als Nickelerz und Nickelkonzentrat eines der wichtigsten Exportgüter des Landes darstellt. Die Insel verfügt außerdem über Kobalt, Eisen, Chrom, Mangan, Blei, Zink, Kupfer, Gold, Erdöl und Erdgas. Das Land ist auch reich an Ton, Kalkstein, Kreide, Kaolin[1387], Marmor, Steinsalz, Kieselsäure, Kalziumkarbonat und Zeolith[1388]. 1960 begann der Staat mit der systematischen Erfassung der vorhandenen Bodenschätze, um deren Förderung voranzutreiben. Insgesamt wurden an 14 unterschiedlichen Stellen Erdölvorkommen festgestellt. Die Hälfte davon befindet sich auf dem Meeresboden, vor allem in der Gegend des Golfs von Mexiko. An Erdgas existieren auf der Insel 24 natürliche Lagerstätten. Die Nutzung beider Brennstoffe ist für Kuba von nationaler Priorität, um die Importabhängigkeit auf diesem Gebiet zu verringern. Anzumerken ist, dass Mangan, Blei und Zink bisher noch nicht gefördert wurden und dass die bekannten Kupfervorkommen bereits erschöpft sind.[1389]

Verschlechterung der kubanischen Böden

Die Degradierung der Böden ist eines der größten Umweltprobleme Kubas. Verantwortlich für ihren schlechten Zustand sind vor allem der Zuckerrohranbau der letzten 500 Jahre und die Abholzung für andere Zwecke. Mehr als 70% aller kultivierten Flächen des Landes leiden mehr oder weniger unter Erosion, Verdichtung, Versauerung oder Versalzung. Sogar die extremste Auswirkung der Degradierung, die Verwüstung, tritt bereits auf. Die im Osten gelegenen Provinzen sind von diesem Umweltproblem besonders stark betroffen.[1390] In den von Verwüstung bedrohten Regionen leben 25% der kubanischen Bevölkerung. Außerdem befinden sich dort die bedeutendsten Schutzgebiete Kubas.[1391] Ein erster Schritt in die richtige Richtung war die Anordnung

1387 Anm.: Kaolin ist ein weiches helles Tongestein, das auch als Porzellanerde bezeichnet wird. (vgl. Microsoft Encarta Enzyklopädie Professional 2004 DVD)

1388 Anm.: Zeolith ist ein feldspatähnliches Mineral, das u. a. zur Enthärtung von Wasser verwendet wird. (vgl. Microsoft Encarta Enzyklopädie Professional 2004 DVD)

1389 vgl. Casanovas, 2002: 100ff

1390 vgl. IPS Economics Press Service 16/03: *Medio Ambiente – Tierra agotada*: 1

1391 vgl. IPS Economics Press Service 10/03: *Medio Ambiente – Más vulnerables a los cambios climáticos*: 13

zur Reduzierung der Anbaufläche für Zuckerrohr im letzten Jahr. Diese Maßnahme setzte fast eine Million Hektar Land für Aufforstungen oder andere landwirtschaftliche, aber bodenfreundlichere, Zwecke frei.[1392]

Außerdem wurde das „Nationale Programm gegen Verwüstung und Trockenheit" ins Leben gerufen, das mit sechs Unterprogrammen dieser negativen Entwicklung entgegenwirken soll.[1393] 2003 wurde Kuba, aufgrund seiner Strategie zu Bodenverbesserung, der Zugriff auf finanzielle Mittel des Weltumweltfonds der UNO gewährt.[1394]

5.2.2 Wasser

Dem Land steht ein Potential von 24.000 Millionen m³ an Grund- und Oberflächenwasser zur Verfügung, von dem 60% genutzt werden.[1395]

5.2.2.1 Oberflächenwasser

Fließgewässer

Kuba hat 632 Fließgewässer, wovon 37 größere Flüsse sind. Nur acht dieser Flussgebiete haben nationale Priorität. Rund um diese Flussgebiete leben circa 25% der Bevölkerung.

Flussgebiete	Fläche in km²	Einwohnerzahl	Zahl der Kontaminierungsherde
Kuba	110.860	11.243.400	2.152
Cauto	9.540	1.172.000	178
Zaza	2.413	263.700	81
Cuyaguateje	723	40.200	10
Guantánamo-Guaso	2.347	410.000	67
Almendares -Vento	402	501.500	74
Ariguanabo	188	88.500	22
Toa	1.061	12.300	31
Hanabanilla	192	2.700	1

Tabelle 21 *Wichtigste nationale Flussgebiete*
Quelle: Oficina Nacional de Estadísticas, Anuario Estadístico de la República de Cuba, 2002: Cuencas hidrográficas de interés nacional, 2001 – Tabla I.21

[1392] vgl. IPS Economics Press Service 16/03: *Medio Ambiente – Tierra agotada*: 3
[1393] vgl. ebd.: 4
[1394] vgl. IPS Economics Press Service 17/03: *Ambiente – Fondos contra desertificación*: 1
[1395] vgl. IPS Enfoque 11/03: *Agua – Entre la sed y el diluvio:* 5

Bezüglich der geographischen Verteilung des Wasserpotentials haben die im Zentrum gelegenen Provinzen Sancti Spíritus und Ciego de Ávila die meisten Vorteile. Weniger begünstigte Regionen sind, wie bereits erwähnt, die Provinzen des Ostens Holguín, Las Tunas, Santiago de Cuba, Granma und Guantánamo. Fast alle Flüsse der Insel sind eher flach und weisen eine geringe Fließgeschwindigkeit auf. Aufgrund der geographischen Besonderheiten Kubas verlaufen die meisten Flüsse von Nord nach Süd beziehungsweise umgekehrt. Die Mehrheit der kubanischen Fließgewässer ist somit sehr kurz, weshalb ein großer Teil des Niederschlagswassers relativ schnell ans Meer abgegeben wird.[1396]

Ausnahmen von dieser Strömungsrichtung stellen der Río Toa und der Río Cauto dar. Beide verlaufen von Ost nach West. Der Río Cauto ist mit seinen fast 370 km Länge der größte und bedeutendste Fluss Kubas. Er entspringt in den Bergen der Sierra Maestra in der Nähe der Stadt Santiago de Cuba und mündet in den Golf von Guacanayabo. Das gesamte Flussgebiet ist von über einer Million Kubanern besiedelt und weist eine einzigartige Biodiversität auf. Der Fluss durchquert aufgrund seiner enormen Länge insgesamt vier Provinzen.[1397]

S.O.S. Cauto

Der Zustand des wichtigsten Flusses Kubas ist jedoch erschreckend. Durch menschlichen Einfluss mit landwirtschaftlicher Nutzung und Abholzung wurden die Degradierungsprozesse stark beschleunigt. Einleitungen durch die lokale Industrie und die Errichtung von Wehren sind weitere Ursachen für die Verschlechterung des Flusszustandes. In der Provinz erfährt der Fluss unterschiedliche Belastungen. Im Falle des Río Cauto sind die Uferböschungen bereits stark beschädigt und die Fließgeschwindigkeit hat sich verlangsamt. Hinzu kommt, dass die Trockenzeiten in seinem Einzugsgebiet, dem Südosten Kubas, immer ausgedehnter werden.

Aufgrund der schwerwiegenden Situation wurde ein „Nationales Programm zur Rettung des Río Cauto" erarbeitet, das von vielfältigen

---

[1396] vgl. IPS Economics Press Service 12/03: *Medio Ambiente – Salvar el Río Cauto*: 12ff und Oficina Nacional de Estadísticas, Anuario Estadístico de la República de Cuba, 2002: *Principales ríos por provincias – Tabla I.20* und Casanovas, 2002: 95

[1397] vgl. IPS Economics Press Service 12/03: *Medio Ambiente – Salvar el Río Cauto*: 12ff

Analysen und Maßnahmenkatalogen, wie Baumpflanzungen an den Ufern und Minimierung der Industrieeinleitungen, begleitet ist.

Dieses Programm erhält aufgrund seiner strategischen Wichtigkeit internationale Unterstützung. Außerdem wurden zusätzlich zum Staatlichen Institut für Hydrographie Beratergruppen und nationale Forschungszentren für diesen Bereich ins Leben gerufen.[1398]

Der Schutz von Fließgewässern wird jedoch vor allem durch zwei Faktoren wesentlich gebremst. Zum einen mangelt es trotz zentralstaatlicher Verwaltung oft an koordinierten Handlungen auf politisch-administrativer Ebene und zum anderen fehlt, wie in allen anderen Bereichen auch, das Geld. Ein weiteres Beispiel hierfür ist der 40 km lange Fluss Almendares, der während seines Verlaufs auch neun Kilometer durch Havanna zurücklegt und durch die Einleitungen von etwa 80 Industriebetrieben stark verschmutzt wird. Einige der Fabriken wurden zwar seit 2000 bereits geschlossen bzw. teilweise stillgelegt, was zu einer leichten Verbesserung führte, in anderen Zonen hingegen erfolgten auch weiterhin Industrieeinleitungen, die den zuvor erzielten Effekt wieder zunichte machen. Ein koordinierteres Zusammenspiel der Maßnahmen wäre für einen effektiven Schutz der Umwelt dringend erforderlich.[1399]

Stillgewässer

Natürliche Seen

Name des Sees	Provinz	Fläche in km²
De la Leche	Ciego de Ávila	67,0
Las Playas	Granma	14,1
Del Tesoro	Matanzas	9,0
El Pesquero	Pinar del Río	8,9
Maspotón	Pinar del Río	6,0
Alcatraz Grande	Pinar del Río	3,6

Tabelle 22 *Die größten natürlichen Seen Kubas*
Quelle: o.V.: Cuba Físico – Mapa informativo, 2002

[1398] vgl. IPS Economics Press Service 12/03: *Medio Ambiente – Salvar el Río Cauto*: 12ff
[1399] vgl. IPS Economics Press Service 11/03: *Medio Ambiente – Cuba apuesta por sostenibilidad*: 8

Stauseen

Fast ein Drittel des in den Gewässern aufgenommenen Niederschlagswassers wird in den 241 Stauseen des Landes gestaut. Ihre Kapazität ist momentan nur zu drei Viertel ausgenutzt, was angesichts der ausgedehnteren Trockenzeiten und Niederschlagsschwankungen dennoch ein recht akzeptabler Bestand ist.[1400]

5.2.2.2 Grundwasser

Von den 25% der jährlichen Niederschlagsmenge, die dem Land als Wasserreserve zur Verfügung stehen, sind 83% Oberflächenwasser und 17% Grundwasser. Von diesen Ressourcen können im Schnitt nur 62% genutzt werden. Ein Viertel davon ist nutzbares Grundwasser.[1401]

Die trockenste Provinz Kubas

In Las Tunas, einer der östlich gelegenen Provinzen Kubas, herrscht seit 2003 die kritischste Wassersituation in ihrer Geschichte. Von den sonst verfügbaren Süßwasservorkommen waren während der Trockenzeit nur 44% vorhanden. Sogar einige der Stauseen auf dem Gebiet der Provinz sind aufgrund der fehlenden Niederschläge völlig ausgetrocknet. Nur sehr intensive Regenfälle, die aufgrund der nunmehr ausgedehnteren Trockenzeiten immer rarer werden, könnten die Staubecken wieder auffüllen.

Diese Situation bewirkte, dass über 100.000 Menschen der Region über Wassertankwagen mit dem kostbaren Nass versorgt werden mussten. Selbst dabei erschöpften sich fast die knappen Wasserreserven. Sogar Großverbraucher wie Betriebe erklärten sich zu einem sparsameren Umgang mit Wasser bereit, um der Bevölkerung zu helfen.

Die Landwirtschaftsbehörden sahen sich gezwungen, die zu bewässernden Gebiete effektiver zu nutzen und konnten dadurch ihre Ernte sogar um 27% steigern. Es mutet paradox an, dass die größten Ernte-

[1400] vgl. IPS Economics Press Service 09/03: *Agua – Buen inicio para la estación seca*: 15

[1401] vgl. Offizielle Website des Büros der FAO für Lateinamerika und den Karibikraum, www.rlc.fao.org (16.02.04) erfolge der Geschichte der Provinz mit deren gravierendster historischer Trockenheitsperiode einhergingen.[1402] Aber auch der Zustand aller anderen angrenzenden östlichen Provinzen der Insel ist alarmierend.[1403] 2004 spitzte sich die Lage noch mehr zu. Es wurde als Kubas trockenstes Jahr der letzten 50 Jahre bewertet.[1404]

5.2.3 Luft und Klima

5.2.3.1 Luft

Luftfeuchtigkeit

Die relative Luftfeuchtigkeit liegt in Kuba bei circa 80%. Während der Sommermonate nimmt sie zu, was durch die warmen und feuchten Winde von Osten und Südosten begünstigt wird.[1405]

Emission

Nach 1990, als aufgrund der Wirtschaftskrise viele alte Fabriken geschlossen wurden, reduzierte sich die Luftverschmutzung. Neu angesiedelte Industrien mussten erst vom Umweltministerium CITMA autorisiert werden. Trotzdem hat sich der Smog besonders in den beiden größten Städten, Havanna und Santiago de Cuba, nun wieder merklich erhöht. Grund hierfür sind neben den Industrieanlagen auch die Abgase der vielen alten Kraftfahrzeuge, die sich täglich durch die Straßen quälen und die im Zuge der Zunahme des Tourismus gestiegene Anzahl neuer Autos. Sauberer wird die Luft erst wieder in der Peripherie der Großstädte, wo die Landwirtschaft die Oberhand hat und in Gebieten, wo das Straßennetz in einem sehr schlechten Zustand ist.[1406]

Ein weiteres Problem Kubas im Bereich der Emissionen ist der hohe Schwefelgehalt des auf der Insel geförderten Rohöls, das mancherorts ebenso wie Industrieasche, -pulver bzw. -ruß zu enormen Luftver-

[1402] vgl. IPS Economics Press Service 11/03: *Noticortas – Fuerte sequía en provincia oriental:* 18f

[1403] vgl. IPS Economics Press Service 09/03: *Agua – Buen inicio para la estación seca:* 15

[1404] vgl IPS Enfoque 06/05: *La sequía infinita:* 1

[1405] vgl. Oficina Nacional de Estadísticas, Anuario Estadístico de la República de Cuba, 2002: *Principales indicadores del clima – Tabla I.5*

[1406] vgl. IPS Economics Press Service 10/03: *Medio Ambiente – Más vulnerables a los cambios climáticos*: 14

schmutzungen führt. So z.B. ist stellenweise am Küstenstreifen zwischen Havanna und Matanzas wegen der dort angesiedelten Erdölförderung eine starke Geruchsbelästigung feststellbar. In der Stadt Nuevitas in der Provinz Camagüey oder in Mariel, das westlich von Havanna liegt, werden aufgrund von Zementfabriken, bei deren Standortplanung die Windrichtung nicht bedacht wurde, nun die umliegenden Siedlungen, die Flora und Fauna etc. von Luftschadstoffen wie Zementpulver beeinträchtigt. Ein großes Problem stellen auch die alten Kühlschränke dar, deren Austausch durch neuere, FCKW-freie Modelle sich wohl in Anbedacht der schwierigen wirtschaftlichen Lage Kubas noch sehr lang hinauszögern wird.[1407]

Wind

Die Standorte mit dem meisten Wind befinden sich an der Atlantikküste, östlich der Stadt Matanzas, da die Hauptwindrichtung auf Kuba Nordosten ist. Diesen ganzjährig wehenden Passatwinden hat die Insel ihr gemäßigtes Klima zu verdanken. Als optimale Windstandorte gelten Cayo Sabinal, Punta de Maisí, Cayo Guillermo, Cayo Santa María und die Halbinsel von Turiguanó. Werte von Bergstandorten und Gebieten im Landesinnern sind bisher nicht bekannt, da dort aus technischen Gründen noch keine Messungen durchgeführt wurden.[1408]

5.2.3.2 Klima

Temperatur

Kuba gehört zur subtropischen bis tropischen Klimazone. Juli und August sind die heißesten Monate. Im März beginnt die Temperatur aufgrund des permanenten Einflusses des sommerlichen Hochdruckgebietes des Nordatlantiks zu steigen. Zwischen September und Februar kommt es zu einem leichten Temperaturabfall. Die Temperaturschwankungen zwischen Tag und Nacht sind relativ gering. Die maximale Jahresdurchschnittstemperatur liegt bei 30°C, die minimale bei 21°C.[1409]

1407 vgl. Eduardo Cepero, 2000: 183f

1408 vgl. Bergk/Hebeda, 2002: 21

1409 vgl. Oficina Nacional de Estadísticas, Anuario Estadístico de la República de Cuba, 2002: *Principales inicadores del clima, 2001 – Tabla I.5*

Sonneneinstrahlung und Bewölkung

An weniger als 30 Tagen im Jahr scheint die Sonne nicht. Der durchschnittliche Bewölkungsgrad[1410] liegt zwischen 3/8 und 5/8.[1411]

Niederschlag

In Kuba unterscheidet man eine Regenzeit, die sich von Mai bis Oktober erstreckt und in der 80% der Niederschläge fallen, und eine Trockenzeit, die von November bis April dauert. In der Regenzeit kommt es meist am Nachmittag zu kurzen, heftigen Regenschauern.[1412] Niederschläge sind die Hauptquelle für die Herkunft der Wasserressourcen Kubas. Dabei ist jedoch zu beachten, dass der Verdunstungsgrad mit 75% sehr hoch ist.[1413] Von den 153 km³ Wasser, die jährlich durch Niederschlag auf die Insel gelangen, sind nur 38,1 km³ nutzbar.[1414]

Provinzen	Jährliche Gesamtmenge	Jan.	Feb.	März	Apr.	Mai	Juni	Juli	Aug.	Sep.	Okt.	Nov.	Dez.
Kuba	1.306	35	26	38	76	196	102	129	123	252	175	105	49
Pinar del Río	1.377	24	54	30	69	192	103	128	121	412	164	21	59
La Habana	1.499	8	20	15	126	230	140	154	182	323	158	76	67
Ciudad La Habana	1.191	10	12	14	131	163	100	163	62	270	109	68	89
Matanzas	1.545	30	74	14	79	108	94	177	114	415	163	237	40
Villa Clara	1.189	49	39	20	63	122	62	89	145	317	119	104	60
Cienfuegos	1.350	34	23	75	67	159	222	131	160	220	94	122	43
Sancti Spíritus	1.600	46	20	9	61	358	167	140	175	303	203	93	25
Ciego de Avila	1.015	40	13	17	47	102	107	140	56	196	168	111	18
Camagüey	1.171	10	13	39	41	200	139	107	87	312	159	40	24
Las Tunas	1.034	44	23	26	56	163	71	135	132	122	206	30	26
Holguín	1.349	73	19	85	103	209	62	114	126	184	278	48	48
Granma	1.157	34	29	49	67	166	86	157	104	142	209	59	55
Santiago de Cuba	1.490	53	26	61	68	296	89	114	163	191	180	181	68
Guantánamo	1.339	49	20	77	46	291	58	81	128	153	202	168	66

Tabelle 23 *Niederschlagsmenge in den einzelnen Provinzen (2001)*
Quelle: Oficina Nacional de Estadísticas, Anuario Estadístico de la República de Cuba, 2002: Lluvia total media anual 2001 – Tabla I.6

1410 Anm.: Weltweit wird in der Meteorologie der Achter-Code für die Angabe des Bewölkungsgrades verwendet. Hierbei gilt 0/8 als wolkenlos und 8/8 als bedeckt.

1411 vgl. Oficina Nacional de Estadísticas, Anuario Estadístico de la República de Cuba, 2002: *Principales inicadores del clima, 2001 – Tabla I.5*

1412 vgl. González Novo/García Díaz, 1998: 18

1413 vgl. Casanovas, 2002: 94

1414 vgl. Offizielle Website des Büros der FAO für Lateinamerika und den Karibikraum, www.rlc.fao.org (16.02.04)

Tropische Zyklone

In der Zeit von Juni bis November können in Kuba verstärkt Zyklone auftreten.[1415] Zyklone sind starke Wetterstörungen mit sehr hohen Windgeschwindigkeiten, die durch den Aufstieg feucht-warmer Luftmassen über dem Äquator verursacht werden und in tropische Tiefdruckgebiete, tropische Stürme und Hurrikane eingeteilt werden können. Das größte Zerstörungspotential haben der tropische Sturm und der Hurrikan. In der Karibik treten die Zyklone als Hurrikane auf. Diese werden in verschiedene Kategorien je nach Windgeschwindigkeit eingeteilt. Sie können Geschwindigkeiten von 118 km/h bis zu 250 km/h und mehr erreichen[1416] und Flutwellen von bis zu vier Metern Höhe auslösen.[1417] Als eine weitere Ursache für die Zunahme von Hurrikanen über dem Atlantik wird das klimatologische Ereignis *La Niña*, das Gegenphänomen von *El Niño*, verantwortlich gemacht. *La Niña* beruht auf der Wanderung ozeanischen Kaltwassers entlang des Äquators im Pazifik.[1418]

Besonders betroffene Regionen Kubas

Seit 1800 wurde Kuba von insgesamt 176 Hurrikanen heimgesucht.[1419] Die letzten verheerenden Ereignisse dieser Art erlebte Kuba im November 2001 mit Hurrican „Michelle", im August 2004 mit „Charley" und gleich darauf im September 2004 mit „Iván".[1420] Insgesamt leben circa 1.400.000 Kubaner in küstennahen und somit sehr gefährdeten Gebieten.[1421] Aus der folgenden Tabelle wird ersichtlich, dass der Westens Kubas besonders stark von diesem Naturphänomen betroffen ist.

[1415] vgl. Oficina Nacional Estadísticas, Anuario Estadístico de la República de Cuba, 2002: *Huracanes de diferentes intensidades que han azotados a Cuba – Tabla I.8*

[1416] vgl. Gasch, 1993: 97

[1417] vgl. IPS Economics Press Service 10/03: *Medio Ambiente – Más vulnerables a los cambios climáticos*: 12

[1418] vgl. Microsoft Encarta Enzyklopädie Professional 2004 DVD und CITMA y Agencia del Medio Ambiente, 2000: 4

[1419] vgl. Oficina Nacional de Estadísticas, Anuario Estadístico de la República de Cuba, 2002: *Número de veces que cada región ha sido azotada por huracanes de diferentes intensidades – Tabla I.9*

[1420] vgl. IPS Enfoque 21/04: *Huracanes – La rebelión del clima*: 1

[1421] vgl. IPS Economics Press Service 10/03: *Medio Ambiente – Más vulnerables a los cambios climáticos*: 13

Region	Gesamtzahl 1800 – 2001	Starke Intensität über 200 km/h	Mittlere Intensität 151 – 200 km/h	Schwache Intensität 118 – 150 km/h
Kuba	176	23	47	106
Westen	75	16	24	35
Zentrum	62	7	14	41
Osten	39	-	9	30

Tabelle 24 *Anzahl der Hurrikane pro Region (1800 bis 2001)*
Quelle: Oficina Nacional de Estadísticas, Anuario Estadístico de la República de Cuba, 2002: Número de veces que cada región ha sido azotada por huracanes de diferentes intensidades – Tabla I.8

Auswirkungen des Klimawandels auf Kuba

Wie viele andere Inseln auch ist das Land in besonderem Maße vom Klimawandel betroffen. Voraussichtlich wird es zu einem Anstieg des Meeresspiegels um einen Meter, zu ausgedehnteren Trockenzeiten im Osten der Insel und zu einem Temperaturanstieg kommen. Die Häufigkeit der Hurrikane wird höchstwahrscheinlich nicht ansteigen, wohl aber deren Intensität.

Anstieg des Meeresspiegels

Etwa 100.000 Einwohner von 94 küstennahen, weniger als einen Meter über dem Meeresspiegel gelegenen Ortschaften werden von diesem Phänomen direkt betroffen sein. Die dabei verlorengehende Fläche wird auf circa 42.000 ha geschätzt. Davon werden vor allem die küstennahen Ökosysteme, wie die für den Klimahaushalt überaus wichtigen Mangrovenwälder, betroffen sein.

Ausgedehntere Trockenzeiten

Während die südlichen Küsten im Westen des Landes immer mehr der Überschwemmung ausgesetzt sein werden, leiden die Regionen des Ostens in immer größerem Maße an Trockenheit. Generell hat sich die Niederschlagsmenge in der Regenzeit bereits verringert. Die sowieso schon geringere Nahrungsmittelproduktion und deren weiteres Absinken in den östlichen Gebieten werden den Wunsch vieler Menschen zur Abwanderung sicherlich noch verstärken.[1422]

[1422] vgl. IPS Economics Press Service 10/03: *Medio Ambiente – Más vulnerables a los cambios climáticos:* 13

Temperaturanstieg

Zu einer Erhöhung der normalen Durchschnittstemperatur kommt es in der Trockenzeit mittlerweile bereits in den dicht besiedelten Städten, insbesondere in den ohnehin schon heißesten Monaten Juli und August. Es müssten mehr Grünzonen in den Metropolen angelegt werden. Mittlerweile könnten auch bald Camagüey, Santa Clara und Guantánamo von der allmählichen Temperaturerhöhung betroffen sein.[1423]

5.2.4 Biodiversität

5.2.4.1 Flora und Fauna

Die hohe Konzentration an endemischen Arten und deren Bedrohung durch Habitatverlust machen die Karibik zu einem der *hottest hot spots* der Erde.[1424] Kuba ist nicht nur sehr artenreich, sondern erreicht mit einem Endemismus-Anteil[1425] von über 40% im Tier- und über 50% im Pflanzenreich einen Spitzenwert im internationalen Vergleich.[1426] Die meisten endemischen Arten sind noch sehr wenig erforscht. Auf das gesamte Spektrum der atemberaubenden Artenvielfalt Kubas einzugehen, würde den Rahmen dieser Ausarbeitung sprengen. Angemerkt sei nur, dass zahlreiche Palmen- und Orchideenarten und Edelhölzer die Flora der Insel bereichern. Sie beherbergt auch ein Nationalsymbol, die Blume *Mariposa* aus der Familie der Ingwergewächse, die ihren Namen ihrer schmetterlingsartigen Form verdankt. Kurios hierbei ist, dass es sich nicht um eine endemische Pflanze, sondern um eine aus Südostasien eingeführte Art handelt. Die weiße Farbe ihrer Blüten steht für die Reinheit der kubanischen Unabhängigkeitsideale und den Frieden, die Blütenform u.a. für die Anmut und Eleganz der kubanischen Frau.[1427]

Der wohl prominenteste Vertreter der heimischen Fauna ist der kubanische Nationalvogel *Tocororo* aus der Familie der Trogons. Sein Ge-

1423 vgl. IPS Economics Press Service 10/03: *Medio Ambiente – Más vulnerables a los cambios climáticos:* 14

1424 vgl. Niekisch; Wezel, 2003: 360

1425 Anm.: Als endemisch bezeichnete Arten kommen nur in einem begrenzten Gebiet vor.

1426 vgl. CITMA y Agencia del Medio Ambiente, 2000: 23

1427 vgl. Offizielle Website von Cubaweb, www.cubaweb.cu (09.02.04) fieder spiegelt die Farben der Nationalflagge Kubas wider. Da er in Gefangenschaft nicht überleben kann, steht er als Symbol für den Freiheitswillen des kubanischen Volkes.[1428]

Weitere Besonderheiten der Tierwelt Kubas sind die seltenen Seekühe, die bis zu 4,5 m lang werden können und vereinzelt noch auf der Halbinsel Zapata leben. Dort werden auf staatlichen Tierfarmen auch Echte Krokodile gezüchtet, deren wild lebende Artgenossen ähnlich wie die Riesenschildkröten auf Kuba längst ausgestorben sind. Außerdem gibt es auf der Insel eine Vielzahl von Vögeln, u.a. den nur 5,5 cm winzigen Hummelkolibri und den kubanischen Papagei, der vom Aussterben bedroht ist, Kaimane, Leguane und viele Schlangenarten, von denen keine giftig ist. Auch die Unterwasserwelt rund um Kuba besticht durch ihre Schönheit und Vielfalt, insbesondere nahe den Korallenriffen, die eine Ausdehnung von 3.400 km erreichen.[1429]

5.2.4.2 Wald

Als die Insel 1492 entdeckte wurde, waren 95% ihrer Fläche bewaldet. Von der ursprünglichen Vegetation Kubas ist heute nur noch wenig erhalten. In den letzten 50 Jahren reduzierte sich die Waldfläche nochmals rapide von 54% auf 14%. Die am wenigsten bewaldeten Provinzen Kubas sind heutzutage Cienfuegos, La Habana, Sancti Spíritus, Ciego de Ávila und Las Tunas. Sie liegen unter dem nationalen Durchschnittswert. Hauptgrund hierfür war vor allem die extensive Landwirtschaft im Bereich der Monokulturen, besonders für den Zuckerrohranbau. Große Teile wurden aber auch abgeholzt, um Tropenhölzer zu verkaufen oder z.B. für den Kaffee- und Tabakanbau und für die Nutzung von Weideland. Dem daraus entstandenen ökologischen Schaden, wie Bodenerosion, Biodiversitätsverlust und gestörtem Wasserhaushalt, versucht man seit 1959 mit groß angelegten Wiederaufforstungsprogrammen und der Schaffung von Nationalparks entgegenzuwirken.[1430] Nur in den Mangroven auf der Zapata-Halbinsel und an

---

[1428] vgl. Piessus Development, www.piessus.com (09.02.04)
[1429] vgl. Hoffmann 2000: 24 und o.V.: *Cuba Físico – Mapa informativo*, 2002
[1430] vgl. IPS Economics Press Service 11/03: *Medio Ambiente – Cuba apuesta por sostenibilidad:* 7f

den Nordhängen der Sierra Maestra blieb bis heute die ursprüngliche Vegetation erhalten.

Kuba ist derzeit die einzige Nation Lateinamerikas, deren Waldbestand sich nicht reduziert, sondern auf dem Weg der Rekultivierung ist.[1431] Derzeit sind bereits wieder 22% der Fläche des Landes bewaldet.[1432]

5.2.4.3 Schutzgebiete

Seitens der kubanischen Regierung wurden zahlreiche naturnahe Gebiete als Schutzgebiete ausgewiesen, um dem stetig voranschreitenden Biodiversitätsverlust entgegenzuwirken. 1963 wurde das erste Gebiet dieser Art eingerichtet. Es war jedoch zu jenem Zeitpunkt keine Selbstverständlichkeit, dass dieses und auch alle folgenden eine eigene Verwaltung bekamen. Denn die wenigen, in früheren Jahren ausgerufenen Schutzgebiete, hatten nur auf dem Papier als Nationalparks existiert.[1433]

Insgesamt wurden bisher 264 Schutzgebiete für Kuba definiert, wovon einem Teil bereits vom Ministerrat dieser Status anerkannt wurde. Die restlichen Gebiete wurden zumindest schon vom Umweltministerium CITMA dafür vorgeschlagen, über ihren Status wurde jedoch noch nicht entschieden. Trotzdem wird ihnen jetzt schon ein vorläufiger Schutz zuteil. Fast alle Schutzgebiete reichen bis in das Litoral.[1434] Von nationaler Priorität sind insgesamt 79 aller kubanischen Schutzgebiete. Sie sind in folgende Kategorien eingeteilt: sieben Naturreservate, 14 Nationalparks, 25 Naturdenkmale, sechs Ökologische Reservate, neun Florenschutzgebiete, acht Wildschutzgebiete, zwei Landschaftsschutzgebiete und acht Ressourcenschutzgebiete mit Management.[1435]

Zwei kubanische Nationalparks, Guanahacabibes an der Südwestspitze der Insel und Alejandro de Humboldt im Osten Kubas, wurden durch die UNESCO als Weltnaturerbe anerkannt. Schutzgebiete, wie das letztgenannte, haben aufgrund ihrer internationalen Priorität ein besseres Management als viele andere und sind zudem angemessener

---

[1431] vgl. IPS Economics Press Service 12/03: *Medio Ambiente – Salvar el Río Cauto:* 15

[1432] vgl. IPS Economics Press Service 10/03: *Medio Ambiente – Tierra agotada:* 4

[1433] Das erste Schutzgebiet der Insel wurde im Jahr 1930 ausgewiesen. Hierbei handelt es sich um den Pico Cristal im Osten Kubas.

[1434] vgl. Niekisch; Wezel, 2003: 360ff

[1435] vgl. CITMA y Agencia del Medio Ambiente, 2000: 31

ausgestattet. Der Nationalpark Alejandro de Humboldt wurde durch die deutsche Nichtregierungsorganisation Oro Verde erheblich unterstützt. Auch im Bereich des Tourismus werden die einzelnen Schutzgebiete unterschiedlich behandelt. Während die Mehrheit der Gebiete kaum touristisch erschlossen ist bzw. einer stark regulierten Besucherlenkung unterliegt, werden einige wenige, vor allem aufgrund ihrer Nähe zu den Touristenzentren des Landes, als Touristenattraktion vermarktet. An erster Stelle steht hierbei das Biosphärenreservat Ciénaga de Zapata, ein Sumpfgebiet in der Nähe der Schweinebucht.[1436]

5.2.5 Landschaftsbild

5.2.5.1 Küsten

Über 4.000 Inseln und Riffe säumen die Küstenlinie Kubas, die im Norden eine Ausdehnung von 3.209 km und im Süden 2.537 km erreicht. Zahlreiche dieser *cayos* wurden mit der Insel über Steindämme verbunden, um neue Destinationen für Touristen zu schaffen. Dabei wurde anscheinend jedoch nicht bedacht, dass der damit unterbundene Austausch von Meerwasser in diesen Gebieten katastrophale Folgen auf die küstennahen Ökosysteme haben könnte. Das Absterben der überaus wichtigen Mangroven ist nur eine der bisher sichtbaren Auswirkungen. Der Rückgang der Fischvorkommen in diesen Zonen ist ebenfalls auf die fehlende Zirkulation des Meerwassers zurückzuführen.[1437] In den Kuba umgebenden Meeren leben schätzungsweise 13.000 verschiedene Arten, wovon jedoch nur circa 9.000 bekannt sind.[1438]

Nur 10% der kubanischen Küste sind Sandstrände, der Rest sind großteils unwegsame, von Mangrovensümpfen durchzogene Gelände.[1439]

5.2.5.2 Relief

Kuba ist eher schwach reliefiert, bietet aber dennoch die verschiedensten Landschaftstypen. Diese lassen sich in Tiefebenen, die im Landes-

[1436] vgl. Niekisch; Wezel, 2003: 360ff
[1437] vgl. Hoffmann, 2000: 17f und o.V.: *Cuba Físico – Mapa informativo*, 2002
[1438] vgl. Offizielle Website von Radio Habana Cuba, www.radiohc.cu (16.02.04)
[1439] vgl. Hoffmann, 2000: 18

inneren von der Königspalme, einem kubanischen Nationalsymbol, dominiert werden, mittlere Höhenlagen bis zu 300 m sowie Gebirge bis zu 2.000 m Höhe untergliedern.[1440] Bei diesen Gebirgen handelt es sich um vier eindrucksvolle Bergmassive, die circa 25% der Fläche des gesamten Landes ausmachen und die von 6% der Bevölkerung bewohnt werden. Im Osten der Insel befindet sich zum einen die Sierra Maestra. Sie ist sowohl von ihrer Ausdehnung als auch von ihrer Höhe her das größte Gebirge Kubas. Ihr höchster Berg ist mit 1.974 m der Pico Turquino. Zum anderen erhebt sich an der östlichsten Spitze der Insel das Gebirgsmassiv Sagua-Nipe-Baracoa. Im Zentrum des Landes liegt das Gebirge Montañas de Guamuhaya, das auch als Sierra del Escambray bekannt ist, in der Nähe der Stadt Trinidad. Dessen höchste Erhebung liegt bei 1.156 m. Im westlichen Teil der Insel erstreckt sich über fast die gesamte Provinz Pinar del Río die Gebirgskette Cordillera de Guaniguanico, die 700 m nicht überschreitet.[1441]

Abbildung 32 *Geomorphologische Karte Kubas*
Quelle: Offizielle Website von Cubaweb, www.cubaweb.cu (09.02.04)

[1440] vgl. Baedecker, 2001: 11

[1441] vgl. Hoffmann 2000: 18f und o.V.: *Cuba Físico – Mapa informativo*, 2002 und Oficina Nacional de Estadísticas, Anuario Estadístico de la República de Cuba, 2002: *Principales alturas por provincias – Tabla I.4*

6 Wirtschaftssektoren

6.1 Sektoren mit Entwicklungspriorität

6.1.1 Tourismus

6.1.1.1 Allgemeine Beschreibung des Sektors

Der Tourismus ist der dynamischste Sektor Kubas. Er hat einen starken Multiplikatoreffekt auf andere Bereiche der Wirtschaft und kann als Motor für das bisherige Wirtschaftswachstum des Landes angesehen werden. Bis zum Jahr 2000 wurden im Tourismus Zuwachsraten von durchschnittlich 18% erzielt.[1442] Die jährliche Besucherzahl betrug in den letzten fünf Jahren mehr als 1,5 Millionen. Das Jahr 2002 war mit einem Einbruch im Tourismussektor verbunden, besonders aufgrund der Attentate vom 11. September 2001 und des allgemein erlangsamten Weltwirtschaftswachstums. Im Jahr 2003 konnte aber schon wieder ein beachtliches Wachstum erzielt werden.

Kubanische Experten geben an, dass bis zum Jahr 2005 jährlich drei Millionen Touristen das Land besuchen werden, bisher wurde jedoch nur die zwei Millionen Grenze knapp überschritten. Für das Jahr 2010 werden die Prognosen bei sechs Millionen Touristen angesetzt.[1443] Außerdem muss davon ausgegangen werden, dass Reisen nach Kuba in Zukunft auch für US-Bürger zugelassen werden. Der Druck seitens der Tourismusunternehmen der USA wächst. In amerikanischen Studien wurde ermittelt, dass durch die Aufgabe des Embargos innerhalb von fünf Jahren 1,9 Mrd. USD Mehreinnahmen für amerikanische Touristikunternehmen erzielt und mehr als 12.000 zusätzliche Jobs in den USA geschaffen werden könnten, bei einer Zahl von rund 1,5 Millionen US-amerikanischer Touristen jährlich.[1444]

Insgesamt gab es in Kuba Ende 2003 rund 41.500 Zimmer, die ungefähr zwei Millionen Touristen jährlich beherbergen können.[1445] Rund 70% aller Zimmer gehört der vier oder fünf Sterne Kategorie an.[1446] Ein Großteil dieser Kapazitäten konnte nur durch die Beteiligung aus-

---

[1442] vgl. IPS Economics Press Service 01/03: *Nuevo frenazo de locomotora:* 6
[1443] vgl. CPI/MINVEC, 2002: *Turismo:* 1
[1444] vgl. Sanders; Long, 2002: 3
[1445] vgl. IPS Economics Press Service 15/03: *Se mantienen mercados turísticos*: 11
[1446] vgl. CPI/MINVEC, 2002: *Turismo:* 4

ländischen Kapitals in Form von Joint Ventures geschaffen werden. Insgesamt gibt es bereits 75 Internationale Wirtschaftsallianzen in diesem Sektor.[1447] Das Ziel ist es, Kapazitäten für rund acht Millionen Touristen jährlich zu schaffen, insgesamt etwa 160.000 Zimmer.[1448] Man geht von einer für das Land verträglichen Maximalkapazität von 191.000 Zimmern aus. Das bedeutet, dass im Moment gerade mal 21% des gesamten Potentials ausgeschöpft sind. Die Zahlen verdeutlichen, dass besonders im Tourismussektor noch zahlreiche Möglichkeiten für ausländische Investoren bestehen.[1449]

Touristische Regionen

Es gibt acht touristische Pole, die die kubanische Regierung bevorzugt entwickeln möchte:[1450]

Region	Beschreibung
La Habana	Die Region zeichnet sich durch ihre Hauptstadt Havanna mit dem historischen Stadtzentrum aus, welches zum Weltkulturerbe erklärt wurde. Neben der kolonialen Architektur, den Museen und Kulturveranstaltungen bereichern die Strände Playas del Este das touristische Angebot. Es gibt einen internationalen Flughafen, ein gut ausgebautes Wasser- und Abwassernetz, eine relativ stabile Stromversorgung und einen Hafen für Kreuzfahrtschiffe. Ende 2001 gab es über 9.600 Zimmer.
Varadero	Varadero ist das touristische Zentrum, welches besonders wegen seiner kilometerlangen Strände attraktiv ist. Es gibt einen Golfplatz, drei Yachthäfen, einen internationalen Flughafen, eine unabhängige Wasserversorgung und Hunderte von Restaurants, Bars und Diskotheken.
Costa Sur Central	Die zentrale Südküste ist vor allem wegen der Kolonialstadt Trinidad attraktiv. Außer schönen Stränden befindet sich auch das Gebirge Sierra del Escambray in der Nähe. Durch die Konzentration von Kultur, Strand und Gebirge in einem Umkreis von wenigen Kilometern kann eine lange durchschnittliche Aufenthaltsdauer pro Tourist erreicht werden. Das Potential der Region ist noch nicht ausgeschöpft, da bisher nur 1.500 Zimmer existieren. Ein internationaler Flughafen wird projektiert.
Norte de Camagüey	Camagüey ist die drittwichtigste Stadt. In ihrer Nähe befinden sich sehr schöne Strände und vor der Küste liegt das zweitgrößte Korallenriff der Welt, weshalb diese Region besonders für den Wasser- und Tauchsport geeignet ist. Die Region ist über einen internationalen Flughafen leicht zugänglich. Ende 2001 existierten insgesamt 1.400 Zimmer.

[1447] vgl. Consultores Asociados, 2002: *Cuba: Inversiones y Negocios*, CD-ROM
[1448] vgl. IPS Resumen Económico Anual, 2003: 11
[1449] vgl. CPI/MINVEC, 2002: *Turismo:* 1
[1450] vgl. ebd.: 2

Jardines del Rey	Die „Gärten des Königs" bestehen aus kleinen, der Nordküste vorgelagerten Inseln. Die Insel Cayo Coco ist über einen Damm mit dem Festland verbunden. Auf Cayo Coco befindet sich ein internationaler Flughafen. Insgesamt gibt es in dieser Region 3.500 Zimmer.
Norte de Holguín	Im Norden von Holguín liegen einige der schönsten Strände Kubas, die über einen internationalen Flughafen erreichbar sind. Die Strände bilden einen schönen Kontrast zu den landschaftlich reizvollen Bergen der Region. Ende 2001 gab es 2.800 Zimmer. Die Region wurde in den letzten Jahren verstärkt erschlossen und ausgebaut.
Santiago de Cuba	Das reizvollste dieser Region ist die Stadt Santiago de Cuba, die auch als die Wiege der Revolution bezeichnet wird. In der näheren Umgebung befinden sich aber auch Strände und die Sierra Maestra mit dem höchsten Berg Kubas, dem Pico Turquino. Ende 2001 stand eine Kapazität von 1.600 Zimmern für den internationalen Tourismus zur Verfügung. Die Region besitzt ebenfalls einen internationalen Flughafen.
Archipiélago de los Canarreos	Diese Region besteht aus verschiedenen kleinen Inseln und der größten Insel Kubas, der Isla de la Juventud. Sie zeichnet sich besonders durch ihre schönen Strände aus. Auf der Isla de la Juventud können Höhlenmalereien der Ureinwohner bestaunt werden. Die Unterbringungskapazität beträgt 1.100 Zimmer.

Tabelle 25 *Touristische Regionen in Kuba*
Quelle: CPI/MINVEC, 2002: Turismo: 2f

Touristisches Angebot

Die Regierung setzt besonders auf eine Diversifikation des Tourismus und möchte nicht, dass das Land als reine „Strand-und-Sonne-Destination" vermarktet wird.[1451] Man erkannte, dass Wettbewerbsvorteile nur durch ein diversifiziertes Angebot erreicht werden können, welches möglichst viele Interessen abdeckt und damit den potentiellen Kundenkreis erhöht. Folgende Tourismusarten werden derzeit in Kuba ausgebaut:

Sonne und Strand[1452]

Im Moment entsprechen noch etwa 67% aller Zimmer dieser Kategorie. In allen der oben beschrieben Regionen existieren Unterbringungskapazitäten, die diese Art von Tourismus ermöglichen, für die der gesamte Karibikraum prädestiniert ist.

1451 vgl. IPS Economics Press Service 08/03: *Horizontes de un grupo hotelero:* 11ff
1452 vgl. CPI/MINVEC, 2002: *Turismo:* 4

Städtetourismus[1453]

Der Städtetourismus in Kuba konzentriert sich im Moment hauptsächlich auf Havanna, Trinidad, Cienfuegos und Santiago de Cuba. Rund 26% aller Zimmer sind dieser Art von Tourismus gewidmet. In drei der oben genannten Städte wurden bestimmte Zonen von der UNESCO zum Weltkulturerbe erklärt.

See- und Tauchsporttourismus[1454]

Diesem Segment sind im Moment nur 2% aller Zimmer gewidmet. Es gibt aber in allen größeren Touristenzentren Möglichkeiten, Wassersport zu betreiben, unter anderem Tiefseefischen, Wasserski, Parasailing und Tauchen. Das Land verfügt mittlerweile über fünf Yachthäfen, die mit allem nötigen Komfort ausgestattet sind. Des Weiteren liegen vor der kubanischen Küste Korallenriffe, die zu den schönsten und größten der Welt zählen. Es gibt 37 Tauchstationen und 550 Tauchpunkte, und laut Welttourismusorganisation gehört Kuba zu einer der besten 27 Tauchdestinationen weltweit.[1455]

Natur- und Ökotourismus[1456]

Für diese Tourismusart stehen ebenfalls ca. 2% der Zimmer zur Verfügung. Die Unternehmen Horizontes, Gaviota, Cubanacán, Gran Caribe, Rumbos und ECOSOL bieten Natur- und Ökotourismus an, unter anderem Vogelbeobachtungen, Zelten, Besuche von Krokodilfarmen und Biosphärenreservaten und Wanderungen.

Gesundheitstourismus[1457]

Die Qualität des Gesundheitssystems in Kuba sowie das angenehme Klima und die Naturschönheiten machen das Land zu einem wettbewerbsfähigen Anbieter von Gesundheitsdienstleistungen, die mit einem Urlaub verbunden werden können. Diesem Sektor stehen rund 2% aller Zimmer in Kuba zur Verfügung. Die Unternehmen Cuba-

---

[1453] vgl. CPI/MINVEC, 2002: *Turismo:* 4
[1454] vgl. ebd.: 4
[1455] vgl. IPS Economics Press Service 09/03: *Turismo: una industria en recuperación:* 2
[1456] vgl. CPI/MINVEC, 2002: *Turismo:* 4
[1457] vgl. ebd.: 5

nacán, SERVIMED, Gaviota und Horizontes bieten Programme an, meist befinden sich die Anlangen in der Nähe von Heilquellen.

Kongress- und Veranstaltungstourismus[1458]

Dieses Segment weist weltweit ein äußerst dynamisches Wachstum auf. Bereits seit einigen Jahren steigt die Zahl der internationalen Veranstaltungen in Kuba. Zahlreiche Hotels im gesamten Land verfügen über die nötigen Konditionen für die Durchführung internationaler Kongresse oder Symposien, darunter Audio- und Videogeräte, Möglichkeiten für Konferenzschaltungen, Aufzeichnungen und Simultanübersetzungen sowie qualifiziertes Personal.

Kreuzfahrttourismus[1459]

Die wichtigsten Häfen für Kreuzfahrtschiffe liegen in Havanna, Cienfuegos, Baracoa, Cayo Largo, Cayo Guillermo und Santiago de Cuba. 2003 kamen 86.000 Touristen mit acht Kreuzfahrtschiffen, von denen fünf reguläre Routen nach Kuba unterhalten, auf die Insel.[1460]

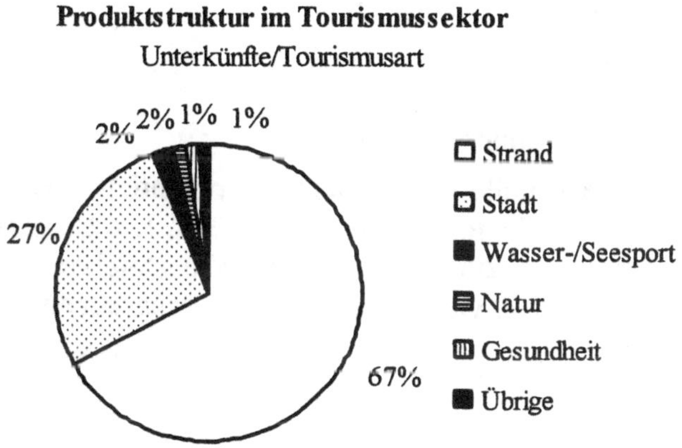

Abbildung 33 *Produktstruktur im Tourismussektor*
Quelle: Website der Unternehmensberatung CubaCon, www.cubacon.de (17.03.04)

[1458] vgl. CPI/MINVEC, 2002: *Turismo:* 5
[1459] vgl. ebd.: 5
[1460] vgl. IPS Economics Press Service 05/03: *Grupo hotelero por más agilidad:* 8f

Weitere Aktivitäten im Tourismussektor

- Gastronomie und Erholung (Restaurants, Bars, Diskotheken, Kabaretts, Golfplätze, Vergnügungsparks etc.)
- Einzelhandel
- Transport (Autovermietungen, Transport-/Taxiunternehmen)
- Reiseveranstalter

Diese Aktivitäten sind derzeit für ausländische Investoren gesperrt.

Wettbewerbsvorteile

Das Land hat viele Eigenschaften aufzuweisen, die als Vorteile für den internationalen Tourismus gewertet werden können, darunter:

- Das ganzjährige hervorragende Klima
- Die landschaftlichen Schönheiten, Strände und Korallenriffs
- Das hohe Bildungsniveau der Menschen
- Die äußerst geringe Kriminalitätsrate
- Die Gastfreundschaft der Kubaner
- Die gut ausgebaute Infrastruktur (elf internationale Flughäfen)
- Das große kulturelle Angebot
- Das moderne Gesundheitssystem

6.1.1.2 Investitionsmöglichkeiten

Die folgende Tabelle verdeutlicht den potentiellen Bedarf an Investitionen in diesem Sektor bis zum Jahr 2010. Die Schätzungen beziehen sich auf das Jahr 2003, als rund 41.500 Hotelzimmer fertig gestellt waren. Es wird von vier verschiedenen Szenarien ausgegangen.

Szenario	Besucher		Zimmer (in Tausend)		Nötige Investitionen in Mrd. USD von 2004 bis 2010
	Ø Wachstum/ Jahr	Mio.	Erforderlich	Zusätzlich	
A	9,6%	4,4	78,9	37,4	~5,39
B	11,8%	5,4	96,2	54,7	~7,89
C	13,3%	6,2	110,0	68,5	~9,90
D	19,4%	10,4	185,8	144,3	~21,00

Tabelle 26 *Potentieller Investitionsbedarf im Tourismussektor bis 2010*
Quelle: Unternehmensberatung CubaCon, www.cubacon.de (17.03.04) und eigene Berechnungen

Die nachfolgende Tabelle beschreibt die Aktivitäten aller im Tourismussektor tätigen kubanischen Unternehmen und mögliche Investitionsprojekte, die diese Unternehmen anbieten.

Unternehmen	Aktivitäten	Investitionsmöglichkeiten
Cubanacán	Betrieb von Hotels mit vier und fünf Sternen, Restaurants, Autoverleih und Wassersport, Gesundheitstouris- mus, Transport, Showprogramme, 38% Marktanteil im Tourismussektor	Beteiligung am Bau von Hotels in der vier und fünf Sterne Kategorie in den Regionen Costa Sur, Jardines del Rey, Norte de Camagüey und Norte de Holguín
Gran Caribe	Betrieb von Hotels der vier und fünf Sterne Kategorie mit über 9.500 Zimmern im gesamten Land, außerdem Betrieb der berühmten Bars *La Bodeguita, La Floridita* und des Kabaretts *Tropicana*	Joint Ventures für Bau und Betrieb von Hotels der vier und fünf Sterne Kategorie in den Gebieten Costa Sur, Jardines del Rey und Norte de Camagüey; Franchisingverträge von *La Bodeguita*, *La Floridita* und *Tropicana*
Horizontes	Betrieb von rund 7.000 Zimmern der drei und vier Sterne Kategorie, Naturtourismus, Gesundheitstourismus und Heilbäder	Bau und Betrieb von Hotels der vier Sterne Kategorie in Trinidad, Cayo Levisa, Cayo Coco und Santa Lucía
Rumbos	Stark wachsendes Unternehmen, Tätigkeiten im nationalen und internationalen Tourismus: Gastronomie, Unterkünfte, Ökotourismus, Delphinarium, Golfplätze, Flugschule und Diskotheken	Entwicklung verschiedener Parks (Vergnügungsparks, Themenparks), Bau einer Drahtseilbahn, Aufbau eines Netzes von Minihotels, Bau eines Golfplatzes für internationale Tourniere.
Marinas Puerto Sol	Aktivitäten vor allem im Seesport: Häfen, Bootstouren, Wassersportangebote	In den Gebieten Tarará, Cayo Largo, Cienfuegos und Varadero Entwicklung von Wasser- und Seesportzentren aller Art
Grupo Gaviota	Betrieb von Hotels der vier und fünf Sterne Kategorie, Yachthäfen, Restaurants, Tauch- und Wassersportzentren, Transportunternehmen, Autovermietung, Taxiservice	Entwicklung und Betrieb von Hotels der vier und fünf Sterne Kategorie, besonders in der Region im Norden der Provinz Holguín und Umgebung
Isla Azul	Betrieb von Hotelanlagen der zwei und drei Sterne Kategorie	Verhandlungen mit ausländischen Unternehmern im Bereich der Finanzierung und Kommerzialisierung von rund 20 Anlagen
Complejo de Convenciones	Betrieb des Messezentrums *Palacio de Conveciones* und Hotel *Palco*, von Restaurants in der Nähe des Messegeländes, der Ausstellungshalle *PABEXPO*, Durchführung von mehr als 500 Messen jährlich	Alle Projekte werden aus eigenen Mitteln oder nationalen Fonds realisiert, im Moment gibt es keine Möglichkeiten für ausländische Investitionen

Habaguanex S.A.	Widmet sich der Restauration der Altstadt Havannas, des Weiteren Betrieb von Hotels der vier und fünf Sterne Kategorie, Restauration verschiedener Hotelanlagen in der Innenstadt Havannas	Alle Projekte werden aus eigenen Mitteln oder nationalen Fonds realisiert, im Moment gibt es keine Möglichkeiten für ausländische Investitionen

Tabelle 27 *Unternehmen im Tourismussektor und Investitionsprojekte*
Quelle: CPI/MINVEC, 2002: Turismo: 6ff

Der gesamte Tourismussektor befindet sich aufgrund eines größeren Bestechungsskandals im Untenehmen Cubanacán in einem ausgeprägten Umstrukturierungs- und Rezentralisierungsprozess, der mit dem Austausch von Funktionären auf oberster Ebene und Unternehmenszusammenlegungen und Neustrukturierungen einhergeht.[1461] Interessierte Investoren wenden sich am besten direkt an das Tourismusministerium MINTUR, welches die entsprechenden Kontakte zu seinen Unternehmen vermittelt. Nichtsdestotrotz besteht uneingeschränktes Interesse am weiteren Ausbau des Sektors mithilfe ausländischer Beteiligung.

6.1.2 Biotechnologie und Pharmazie

6.1.2.1 Allgemeine Beschreibung des Sektors

Der Biotechnologiesektor gehört zu den strategisch wichtigsten Sektoren der kubanischen Wirtschaft. Er soll einerseits zu einer besseren sozialen Entwicklung beitragen, vor allem durch Fortschritte in den Bereichen Gesundheit, Lebensmittelindustrie und Landwirtschaft, und andererseits über den Export dringend benötigte Devisen generieren.

Mit der bisherigen Entwicklung des Sektors konnte dem Ziel bereits ein gutes Stück näher gekommen werden. Durch die Unterstützung des Staates und die großen Fortschritte in der wissenschaftlichen Entwicklung wurde der Biotechnologiesektor auch für den internationalen Markt wettbewerbsfähig gemacht. Mehr als 30.000 Angestellte und Wissenschaftler arbeiten in 220 Forschungszentren. Auch während der Krise in den 90er Jahren wurde der Sektor mit Priorität behandelt. Staatliche Investitionen wurden nie völlig gekürzt. Mithilfe der auslän-

[1461] vgl. IPS Resumen Económico Anual, 2005: 4

dischen Investition konnte eine technologische Basis geschaffen werden, welche die Entwicklung zahlreicher Produkte ermöglichte, die heute zum Teil weltweit vermarktet werden, zum Beispiel ein Impfstoff gegen Meningitis B. Insgesamt besitzt Kuba über 150 internationale Patente auf seine Produkte aus dem Biotechnologiesektor.[1462] International vermarktet werden vor allem ein Hepatitis-B-Impfstoff, verschiedene in der Krebsbehandlung eingesetzte Interferone, ein Epidermiswachstumsfaktor, der besonders bei Verbrennungen Verwendung findet, eine breite Palette monoklonaler Antikörper und ein preiswerter AIDS-Test. Den kubanischen Wissenschaftlern gelang es, einen synthetischen Impfstoff gegen AIDS zu entwickeln, der nun noch in klinischen Tests erprobt werden muss.[1463] Durch eine kontinuierliche Reinvestition der erzielten Gewinne versucht die Regierung, die verwendete Technologie ständig zu modernisieren und die internationale Wettbewerbsfähigkeit auszubauen. Insgesamt wurde bereits etwa eine Milliarde Dollar investiert, und Kuba hat mittlerweile gute Chancen, mit seinen Präparaten auf dem internationalen Markt Fuß zu fassen.[1464] Bisher machen die Exporte biopharmazeutischer Produkte allerdings nur etwa 2% der Gesamtexporte aus,[1465] was vor allem daran liegt, dass das Land keinerlei Erfahrung in der internationalen Vermarktung hat. Hinzu kommt, dass viele der Produkte nicht international registriert sind.[1466] Das Land hat im Bereich der Biotechnologie allerdings noch ein riesiges Potential, und da der Sektor Entwicklungspriorität hat und auf die Unterstützung durch ausländisches Kapital angewiesen ist, kann man von guten Chancen für ausländische Unternehmer ausgehen.

Der Sektor weist folgende Struktur auf:

[1462] vgl. CPI/MINVEC, 2002 (a): *Biotecnología*, CD-ROM
[1463] vgl. Henkel, 2001: 353
[1464] vgl. ebd.: 358
[1465] vgl. Oficina Nacional de Estadísticas, Anuario Estadístico de la República de Cuba, 2002: *Exportaciones de Productos Seleccionados* – Tabla VI.12
[1466] vgl. Henkel, 2001: 355

Institution	Beschreibung
Finlay-Institut	Das *Instituto Finlay* wurde 1991 gegründet und hat über 930 Angestellte. Es widmet sich hauptsächlich der Forschung, Entwicklung und Herstellung von Impfstoffen und genießt sowohl in Kuba als auch international hohes Ansehen. Das Institut koordiniert das nationale Programm für Impfstoffforschung, an dem 23 weitere Institute beteiligt sind. Auf internationaler Ebene ist das Finlay Institut an mehr als 40 Gemeinschaftsprojekten auf allen Kontinenten beteiligt. Das bekannteste seiner Produkte ist der Impfstoff VA-MENGOC BC®, der weltweit einzige Impfstoff gegen Meningitis B. Außerdem wird zurzeit an Impfstoffen gegen Cholera, Salmonellen, Amöben, Tuberkulose, Dengue, Hepatitis A und Pneumokokken geforscht. Weiterhin beschäftigt sich das Institut mit traditioneller Heilkunde, Diättherapien und oxidativem Stress. Die Vermarktung der Produkte wird durch das Unternehmen *Vacunas Finlay S.A.* übernommen, welches auch Verhandlungen mit ausländischen Partnern führt. Die Firma hat Vertretungen in 17 Ländern und befasst sich mit dem Transfer von Technologien, Lizenzen und Patenten für die Entwicklung und den Vertrieb pharmazeutischer Produkte. Ziel ist, über Joint Ventures und Allianzen die Absatzmärkte für kubanische Produkte auszuweiten.
Kubanisches Zentrum für Neurologie	Das CNC *(Centro de Neurociencas de Cuba)* widmet sich der Entwicklung und Produktion medizinischer Anlagen für die Diagnose von Erkrankungen des Zentralen Nervensystems und Anwendungen im Bereich der Molekularbiologie. Das Unternehmen NEURONIC S.A. besitzt das Exklusivrecht für die Vermarktung der Produkte des CNC.
Zentrum für Gen- und Biotechnologie	Das CIGB *(Centro de Ingeniería Genética y Biotecnología)* ist mit über 1.200 Angestellten das führende Institut für Biotechnologie. Die wichtigsten auch international vermarkteten Produkte sind ein Impfstoff gegen Hepatitis B, verschiedene Interferone und ein Epidermiswachstumsfaktor, der bei Verbrennungsopfern mit großen Erfolgen zum Einsatz gebracht wird. Zurzeit arbeitet das Zentrum an der Entwicklung eines nasalen Hepatitis B Impfstoffes, an einer Impfung gegen Grippeviren, Dengue und Hepatitis C und an einem HIV-Impfstoff. Weitere Projekte widmen sich der Entwicklung von neuen Therapien gegen Prostatakrebs, von Entzündungshemmern und Diagnosemethoden für HIV, Syphilis, Infarkten und Krebs. Ein wichtiger Zweig des Instituts befasst sich mit der landwirtschaftlichen und industriellen Biotechnologie und Genetik. Das 1995 gegründete und 51 Angestellte umfassende Unternehmen *Heber Biotec* hat das Exklusivrecht für die Vermarktung der Produkte, der Technologien und des Know-hows des CIGB. In drei Produktlinien (*Heberfarma* für Pharmazieprodukte, *Hebervet* für veterinärmedizinische Produkte und *Heberdiag* für Diagnoseprodukte) werden die Erzeugnisse des CIGB international vermarktet. Das Unternehmen ist auf der Suche nach strategischen Allianzen mit ausländischen Partnern für die Vergabe von Lizenzen, die Vermarktung und internationale Registrierung von Produkten. Außerdem möchte man mit Herstellern von Biotech-Produkten zusammenarbeiten, die in Kuba hergestellte Grundsubstanzen zu Medikamenten verarbeiten und diese registrieren lassen.

Nationales Zentrum für Tier- und Pflanzengesundheit	Die 416 Angestellten des CENSA *(Centro Nacional de Salud Animal y Vegetal)* entwickeln moderne Diagnose-, Prophylaxe- und Heilungsmethoden für Krankheiten, die die wirtschaftliche und soziale Entwicklung des Landes gefährden. Die Forschungslinien beziehen sich insbesondere auf veterinärmedizinische Diagnose und Impfstoffe, Kontrollmechanismen für Krankheiten und Schädlingsbefall bei Tieren und Pflanzen, Verbesserung der Milchqualität und der Nutztiervermehrung und genetische Studien. Das Zentrum sucht Partner für die Produktion und Vermarktung bestimmter Produkte, darunter SURFACEN, welches das Auftreten des Atemnotsyndroms bei Neugeborenen vermindert und STABILAK, welches die Eigenschaften von Milch bis zu 16 Stunden nach dem Melken ohne Kühlung erhält. Beide Produkte haben internationale Preise gewonnen.
Zentrum für molekulare Immunologie	Das 330 Angestellte umfassende *Centro de Inmunología Molecular* CIM ist im Bereich der Krebsforschung aktiv. Hauptsächlich werden monoklonale Antikörper hergestellt, die in der Krebsbehandlung und zur Behandlung von Transplantationspatienten eingesetzt werden. Das Unternehmen CIMAB S.A. vermarktet in Kuba und im Ausland Produkte für die Behandlung von Transplantationspatienten, für die immunologische Krebstherapie oder *in vitro* Erforschung von Störungen des Immunsystems. Das CIMAB sucht Allianzen mit ausländischen Unternehmen für Entwicklung und Vertrieb von Produkten für die Krebstherapie und gegen Störungen des Immunsystems.
Zentrum für pharmazeutische Chemie	Das CQF *(Centro de química farmaceútica)* stellt pharmazeutische Grundstoffe her. Für ausländische Unternehmen bietet sich die Möglichkeit der gemeinschaftlichen Produktion und des Vertriebs verschiedener Produkte des Zentrums, z.B. VINMANG, ein Antioxidant, und Q-ULCER, welches gegen Bakterium *Helicobacter pylori* wirkt.
Nationales Zentrum für Biopräparate	Das BIOCEN *(Centro Nacional de Biopreparados)* verfügt über 720 Angestellte und produziert auf industriellem Niveau vor allem die Produkte der anderen Forschungszentren, zum Beispiel den Hepatitis B Impfstoff. Es stellt außerdem Nährlösungen für Kulturen her.
Zentrum für Immunstörungsdiagnose	Das 244 Angestellte umfassende CIE *(Centro de Inmunoensayo)* entwickelt Diagnosesysteme für die Erkennung von Krankheiten, die durch HIV, HCV, HBV, Dengue und anderen Viren ausgelöst werden. Neben allen HI-Viren lassen sich Hepatitis-, Meningitis-, Lepra-, Toxoplasmose- und Herpesviren nachweisen.[1467] Das Unternehmen TECNOSUMA S.A. hat das Exklusivrecht für die weltweite Vermarktung der Produkte des CIE, die bisher jedoch nur in geringen Stückzahlen ins Ausland verkauft wurden.
Nationales Zentrum für die Zucht von Labortieren	Das CENPALAB *(Centro Nacional de Produccion de Animales de Laboratorio)* umfasst 414 Angestellte und widmet sich der Zucht von Labortieren für die anderen Institute des Sektors, außerdem produziert es Tierfutter und Impfungen für die Veterinärmedizin.

[1467] vgl. Henkel, 2001: 359

Nationales Zentrum für Wissenschaftliche Forschung	Das *Centro Nacional de Investigación Científica* CNIC verfügt über mehr als 1.000 Angestellte und fünf Produktionsanlagen für die Herstellung medizinischer Anlagen und des berühmten potenzsteigernden Medikaments PPG. Die aktuelle Forschung beschäftigt sich vor allem mit der Nanotechnologie. Das Unternehmen DALMER S.A. besitzt das Exklusivrecht für den weltweiten Vertrieb der Produkte.
Zentrum für Plazenta-Histotherapie	Dieses Zentrum mit 155 Mitarbeitern weist große Erfahrungen im Bereich der Erzeugung von Medikamenten aus der Plazenta auf, die international anerkannt sind. Das bekannteste Medikament ist MELAGENINA, welches bei der Behandlung von Vitiligo-Patienten (Pigmentstörung der Haut) mit großem Erfolg eingesetzt wird.

Tabelle 28 *Institute des kubanischen Biotechnologiesektors*
Quelle: CPI/MINVEC, 2002 (a): Biotecnología, CD-ROM

Sowohl im Bereich der Biotechnologie als auch der medizinischen Ausrüstung fehlen den Kubanern noch immer die nötigen Vermarktungs- und Vertriebsstrukturen. Die Produkte der biotechnologischen Forschung hatten immer Priorität in der Entwicklungspolitik des Landes und können daher auch auf internationalem Terrain langsam von sich reden machen. Die medizinischen Ausrüstungen *made in Cuba* finden bisher allerdings nur wenig Beachtung, obwohl die Ingenieure hochwertige Produkte geschaffen haben. Die Kubaner stellen Herz-Kreislaufmaschinen, Zentrifugen, Elektroenzephalographen, Tomographen, Sterilisationsgeräte und Elektrokardiographen her, die wesentlich günstiger als vergleichbare Produkte anderer Länder sind. Aufgrund der Devisenengpässe während der 90er Jahre wurde die Produktion eingeschränkt, der Vertrieb wurde vernachlässigt und das Informationsmaterial entsprach nicht internationalen Ansprüchen. Seit Mitte der 90er Jahre arbeitet man aber verstärkt mit der Weltgesundheitsorganisation WHO zusammen, um diese Produkte marktgerechter zu gestalten. Bisher konzentriert man sich auf Entwicklungsländer, die mit den kubanischen Produkten preiswert ausgestattet werden. Mithilfe ausländischer Unternehmen, die die Vermarktung übernehmen, könnten aber auch die Diagnosegeräte und medizinischen Ausrüstungen aus Kuba ihren Platz auf dem Weltmarkt finden.[1468]

[1468] vgl. Henkel, 2001: 358ff

6.1.2.2 Investitionsmöglichkeiten

Folgende Möglichkeiten gibt es für ausländische Unternehmer im Biotechnologiesektor:[1469]

- Gründung von Joint Ventures im Ausland, die mit kubanischen Technologien produzieren
- Erwerb von Lizenzen für den Vertrieb kubanischer Produkte
- Gründung internationaler Gemeinschaftsunternehmen für die Entwicklung neuer Produkte. Der ausländische Partner soll sich an der Entwicklung, den Kosten für die klinischen Tests und der Registrierung der Produkte im Ausland beteiligen und Zugang zu den führenden Märkten ermöglichen.

6.1.3 Grundstoffindustrie

6.1.3.1 Allgemeine Beschreibung des Sektors

Die Grundstoffindustrie vereinigt unter dem Ministerium MINBAS acht Unternehmensunionen:

- Cupet: Erdöl und Erdölderivate
- Unión Eléctrica: Energieerzeugung
- Geominera: Geologie, Bergbau (außer Nickel)
- Níquel: Nickelabbau und Verarbeitung
- Quimefa: Chemie und Pharmazie
- Goma: Gummi
- Papel: Papier
- Cemvit: Zement und Glas

Insgesamt existieren in diesem Sektor 74 Internationale Wirtschaftallianzen, davon vier Produktionskooperationen, neun Joint Ventures im Ausland, 26 Joint Ventures in Kuba und zwei WFOE.[1470] Ausländisches Kapital hatte einen enormen Einfluss auf einige Zweige dieses Sektors. Als Musterbeispiel kann der Nickelsektor genannt werden. Während der 90er Jahre erfolgten tief greifende Transformationen der Technologien, Produktionsformen und Organisationsstruktur dieser

---

[1469] vgl. CPI/MINVEC, 2003: 12

[1470] vgl. CPI/MINVEC, 2002: *Industria Básica y Sideromecánica:* 2

Industrie. Neben rigorosen Energiesparmaßnahmen, einer vertieften Ausbildung aller Mitarbeiter und der Zertifizierung von Produkten wurden durch die Gründung des Handelsunternehmens Caribbean Nickel S.A. auch die Vertriebsstrukturen modernisiert. Seit 1995 befindet sich die Nickelindustrie in ständigem Wachstum. Die Fabrik „Pedro Soto Alba" konnte ihre Produktion um 55%, die Fabrik „Ernesto Guevara" sogar um über 300% erhöhen. 1990 machte Nickel nur 6,5% aller Exporte aus, im Jahr 2000 waren es schon 34%.[1471]

Eine ähnliche Entwicklung erfuhren die Erdöl- und Zementindustrie, die dank der Beteiligung von ausländischem Kapital und Know-how ihre Produktion in wenigen Jahren vervielfachen konnten.[1472] Während die Förderung von Rohöl mit 4,1 Millionen Tonnen 2002 eine Rekordmarke erreichte, konnte auch bei der Produktion von Zement ein überzeugendes Ergebnis erzielt werden. Mit 1,9 Millionen Tonnen, von denen 1,1 Millionen Tonnen exportiert wurden, erreichte das Land die höchste Produktionsmenge seit zwölf Jahren.

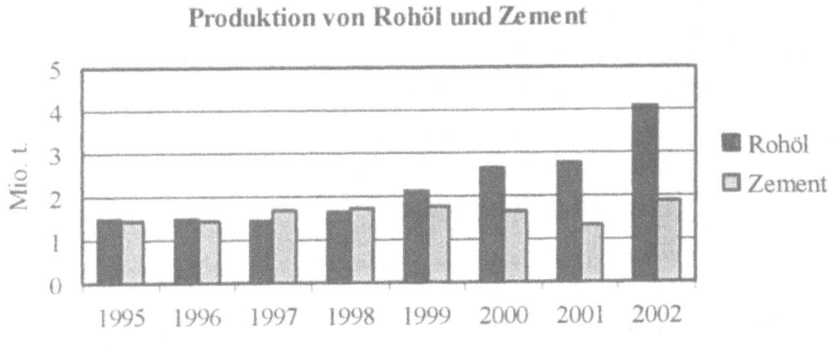

Abbildung 34 *Produktion von Rohöl und Zement (1995 und 2002)*
Quelle: Oficina Nacional de Estadísticas, Anuario Estadístico de la República de Cuba, 2002: Producción industrial total de productos seleccionados – Tabla VIII.4; Triana, 2003: 5 und IPS Economics Press Service 05/03: Avanza Industria Básica: 17

Im Jahr 2002 konnte die Grundstoffindustrie ein Wachstum von 8,2% verzeichnen. Die Produktivität war 1,67-mal höher als vor 1989. Durch die Umsetzung einer systematischen Strategie war es gelungen,

[1471] vgl. Marquetti, 2002 (b): 167ff
[1472] vgl. ebd.: 171ff

Kredite zu erhalten, Spitzentechnologie einzuführen, neue Märkte zu erobern und das Personal besser auszubilden. Aber nicht alle Zweige dieses Sektors zeigen das gewünschte Wachstum. Die größten Defizite weisen noch die Bereiche Wartung und Reparatur, Konstruktion und Engineering, industrielle Sicherheit, Exporte nicht-traditioneller Produkte und der Verkauf an den Deviseneinzelhandel auf.[1473]

Die Grundstoffindustrie zählt zu den Sektoren mit Entwicklungspriorität, da der Staat vor allem an einer Substitution von Importen interessiert ist, um Devisen freisetzen zu können. Besonders die Abhängigkeit von den Erdölimporten macht dem Land zu schaffen und bedroht dessen nachhaltiges Wachstum. Die eigene Produktion von Erdöl und anderen Grundstoffen, wie zum Beispiel Zement und Glas für den Bausektor, hat daher Priorität. Andere Bereiche der Grundstoffindustrie sollen vor allen die Exportgüterpalette bereichern, um auf diese Art und Weise dringend benötigte Devisen zu generieren. Um diesen Sektor aber wettbewerbsfähig und zu einem Träger der wirtschaftlichen Entwicklung des Landes machen zu können, ist das Land auf die Beteiligung ausländischen Kapitals und Know-hows angewiesen.

Erdölindustrie[1474]

Die staatliche Gesellschaft CUBAPETROLEO (CUPET) realisiert die Förderung und Raffination von Erdöl, die Erzeugung von Nebenprodukten, Transport, Lagerung und Vertrieb der Produkte sowie technische Dienstleistungen. Die Gesellschaft besteht aus drei Bohr- und Förderfirmen, vier Rohölraffinerien und 14 Distributionsunternehmen. Ingenieur- und Forschungszentren komplettieren das Unternehmen.

Etwa 120.000 km² des kubanischen Territoriums werden als abbaufähig angesehen. Das Gebiet wurde in 84 Blöcke aufgeteilt, sowohl auf dem Festland als auch auf See, um die Verhandlung mit ausländischen Partnern zu erleichtern.

Das kubanische Rohöl ist sehr schwer, mit einem hohen Anteil an Schwefel. Es wird vor allem in der Energiegewinnung, der Zementproduktion, der Schmierstoffherstellung und der Asphaltproduktion

---

1473 vgl. IPS Economics Press Service 05/03: *Avanza Industria Básica:* 16f
1474 vgl. CPI/MINVEC, 2002: *Industria Básica y Sideromecánica:* 2

verwendet. Der Rest des Rohöls wird unter Zugabe von leichterem importiertem Öl raffiniert. Während der letzten 15 Jahre wurden große Anstrengungen im Bereich des Transports, der Lagerung und der Verarbeitung von Rohöl unternommen. Es wurde z.B. eine Raffinerie in Cienfuegos mit einer Kapazität von drei Millionen Tonnen pro Jahr gebaut und eine Hafenanlage für Supertanker in Matanzas, die Tankschiffe mit einer Kapazität von bis zu 150.000 Bruttoregistertonnen empfangen und Rohöl und Benzin sowohl entgegen nehmen als auch verladen kann. Eine 187 km lange Pipeline verbindet die Hafenanlage mit der Raffinerie in Cienfuegos.

Geologie und Bergbau (außer Nickel)[1475]

Während der letzten 35 Jahre konnte das Land einen bemerkenswerten Erfahrungsschatz im Bereich der geologischen Erhebung, des Abbaus von Lagerstätten und der technologischen Forschung ansammeln. Die Unternehmensunion GEOMINERA verfügt über rund 1.500 hoch qualifizierte Angestellte. Mehr als 90 Lagerstätten wurde eingehend untersucht und teilweise abgebaut, wodurch die Produktion des Landes diversifiziert, die nationale Nachfrage stärker befriedigt und die Exportgüterpalette ausgeweitet werden konnte. Modernste Fördertechnologien stehen der Union zur Verfügung, die durch Forschungs- und Produktionsunternehmen unterstützt wird. Die Produktionskapazitäten umfassen Möglichkeiten zur Gewinnung und Bearbeitung von metallischen und nicht-metallischen Mineralen, Salz und Zeolithen.[1476]

Das zur Union gehörige Unternehmen Geominera S.A. widmet sich dem Vertrieb der verschiedenen Produkte und hat das Ziel, Joint Ventures mit ausländischen Unternehmen in Kuba und im Ausland für den Abbau und die Verarbeitung von Mineralien, die Vermarktung der Endprodukte und die Erstellung von Dienstleistungen bzw. den Verkauf von Know-how zu gründen.

[1475] vgl. CPI/MINVEC, 2002: *Industria Básica y Sideromecánica:* 3f

[1476] Zeolithe sind natürliche Minerale, die von submikroskopischen Kanälen durchzogen und daher als Biokatalysatoren bestens für den Einsatz in der Wasserwirtschaft geeignet sind. Vgl. o.V.: Quick-Info: Zeolithe, www.zeolith.de (18.03.04)

Zementindustrie[1477]

Vor mehr als 100 Jahren begann die Zementherstellung in Kuba mit einer Kapazität von 6.000 Tonnen jährlich. Während der 70er und 80er Jahre wurden verstärkt Produktionskapazitäten geschaffen und die Zementherstellung wurde diversifiziert. Momentan beträgt die installierte Kapazität rund fünf Millionen Tonnen.[1478] 2002 wurden aber nur knapp zwei Millionen Tonnen produziert, was vor allem auf Rohstoffengpässe zurückzuführen ist. Die veralteten Anlagen benötigen zu viel Rohöl, so dass sich die Produktion nicht rechnet.[1479] Andererseits sind die Anlagen nicht so veraltet, dass sie aufgegeben werden müssten. Bei voller Auslastung könnten die Fabriken den gesamten Bedarf der Region decken.[1480] Es fehlen nur die nötigen Inputs, die in diesem Fall von ausländischen Unternehmen kommen könnten.

Nickelindustrie[1481]

Seit mehr als 55 Jahren wird in der Provinz Holguín Nickel abgebaut und bearbeitet. Es gibt drei Fabriken mit einer Produktionskapazität von 70.000 Tonnen Nickel pro Jahr. Diese Kapazität ist bereits ausgelastet. Hinzu kommen andere Firmen, die die nötigen Infrastrukturen und Dienstleistungen bereitstellen. Das Nickelvorkommen in Kuba zählt zu den größten Vorkommen dieses Minerals weltweit.

Elektrizität[1482]

Ungefähr 70% der nationalen Energieerzeugung basiert auf Kohlenwasserstoffen, die größtenteils importiert werden müssen. Daher hat die Energieversorgung schon immer eine zentrale Rolle in der Entwicklungspolitik des Landes gespielt. Besonders nach 1990, als die Erdöllieferungen aus der ehemaligen UdSSR wegbrachen, fiel es Kuba schwer, auch nur eine minimale Stromversorgung aufrecht zu erhalten. Die effiziente Nutzung der verfügbaren Energiequellen hat seither oberste Priorität und wird als existenzielle Bedingung für wirtschaftlichen Fort-

---

[1477] vgl. CPI/MINVEC, 2002: *Industria Básica y Sideromecánica:* 5
[1478] vgl. ebd. 3f
[1479] vgl. IPS Economics Press Service 05/03: *Avanza Industria Básica:* 17
[1480] vgl. Burchardt, 1996: 212
[1481] vgl. CPI/MINVEC, 2002: *Industria Básica y Sideromecánica:* 5
[1482] vgl. ebd.: 5f

schritt gesehen. Daher wurde das Nationale Programm für energetische Entwicklung ins Leben gerufen, welches die Aufgabe hat, nationale Energiequellen zu erschließen. In diesem Sektor wurde die erste WFOE zugelassen. Im Rahmen eines Pilotprojekts erzeugt der Investor mit drei kleinen Elektrizitätswerken den gesamten Strombedarf der Isla de la Juventud. Die Gesamtkapazität der installierten Anlagen des Landes beträgt 3.270 MW und die jährliche maximale Nachfrage 2.150 MW. 78,6% der Energie werden in Thermoelektrizitätswerken mit Erdöl, nur 2,6% werden mit Gasturbinen und 1,3% in Wasserkraftwerken erzeugt. Andere Energiequellen wie zum Beispiel die Solarenergie spielen noch eine unbedeutende Rolle. Die Union Eléctrica hat das Monopol auf den Verkauf von Energie an die Bevölkerung und die Industrie.

Glasindustrie[1483]

Die Unternehmensunion Vidrieras Caribe setzt sich zusammen aus zwei großen Fabriken für Glasverpackungen, einem Hersteller für Dekorations- und Haushaltsgegenstände und einer Fabrik für Laborgegenstände aus Glas. Die Anlagen umfassen zwölf Glasöfen, in denen jährlich 125.000 Tonnen Glas eingeschmolzen und 420 Millionen Gefäße hergestellt werden können. Es besteht die Möglichkeit, die Gefäße zu dekorieren und farbig zu bedrucken. Eine ständige Qualitätskontrolle garantiert, dass die Behältnisse den vorgeschriebenen Standards entsprechen. Das Joint Venture Secrisa Caribe S.A. produziert und vermarktet zusätzlich Glasscheiben, Spiegel und Sicherheitsglas. Das Unternehmen produziert Qualitätsprodukte für den Tourismussektor. Das Joint Venture VITEM stellt Objektträger für den Laborbedarf her.

Gummiindustrie[1484]

Das Unternehmen POLIGOM umfasst die gesamte Herstellung neuer Reifen, 85% der Produktion runderneuerter Reifen, die gesamte Produktion von Schuhwerk aus Gummi und 80% der Herstellung industrieller Gummiprodukte. POLIGOM wird durch eine Mechanik-Abteilung unterstützt, die eine Werkstatt betreibt, alle benötigten Formen für die Gummiindustrie herstellt und über eine eigene Bau-

[1483] vgl. CPI/MINVEC, 2002: *Industria Básica y Sideromecánica:* 6
[1484] vgl. ebd.: 7

firma verfügt. Das Unternehmen besitzt insgesamt vier Fabriken für die Herstellung von Reifen, fünf Fabriken für die Erneuerung von Reifen, zwei Schuhfabriken, und drei Produktionsstätten für industrielle Gummiprodukte wie Schläuche, Ersatzteile, Dichtungen und Stöpsel.

Chemisch-pharmazeutische Industrie[1485]

Die Unternehmensunion QUIMEFA vereint mehr als 90 Produktionsstätten. Diese gehören zu insgesamt 27 Unternehmen. 15 davon widmen sich der pharmazeutischen Industrie, acht der Produktion chemischer Produkte, zwei weitere übernehmen die Wartung und andere technische Dienstleistungen, ein Unternehmen widmet sich der Forschung und Entwicklung und ein Unternehmen ist für den Import, Export, die Distribution und Kommerzialisierung zuständig.

Papierindustrie[1486]

Die kubanische Papierindustrie verfügt insgesamt über 18 Anlagen. Die Kapazität für die Herstellung von Papier und Karton beträgt 240.000 Tonnen pro Jahr. Drei der Fabriken nutzen Zuckerrohrbagasse als Rohstoff für die Papierherstellung. Es wurden drei Joint Ventures zugelassen, die Karton, Pappe und Sanitärprodukte (Toilettenpapier, Papiertaschentücher, Servietten, etc.) herstellen. Weitere Pläne für die Beteiligung ausländischen Kapitals existieren vorerst nicht.

6.1.3.2 Investitionsmöglichkeiten[1487]

Bereich	Investitionsmöglichkeiten
Erdölindustrie	**a) Golf von Mexiko** In der zum kubanischen Staatsgebiet gehörenden Zone des Golfs von Mexiko werden ausländische Unternehmen Sektoren für den Abbau von Erdöl angeboten. Es handelt sich um 58 Blöcke mit einer Größe von je 2.000 km² und einer durchschnittlichen Tiefe von 2.000 m. Man vermutet riesige Ölvorkommen für deren Abbau Spitzentechnologie benötigt wird. **b) nationales Territorium** Das kubanische Territorium wurde in 26 Blöcke unterteilt, in die ein ausländischer Unternehmer investieren kann. 16 liegen auf dem Land, zehn weitere auf See. Ihre Größe variiert zwischen 60 und 6.000 km².

1485 vgl. CPI/MINVEC, 2002: *Industria Básica y Sideromecánica:* 7
1486 vgl. ebd.: 8
1487 vgl. ebd.: 2ff

Geologie und Bergbau	**a) Lagerstätte „Delita"** Diese Lagerstätte befindet sich auf der Isla de la Juventud. Es handelt sich um die größte Goldlagerstätte des Landes. Die Minen eignen sich zum Abbau mittels Cyanidlaugung. **b) Lagerstätte „Santa Lucía-Castellanos"** In der Provinz Pinar del Río befindet sich die größte Lagerstätte sulfider Blei- und Zinkvorkommen des Landes. Ein Teil der nötigen Infrastruktur besteht bereits und ausführliche technische und geologische Studien wurden angefertigt. **c) Lagerstätten von Kalziumkarbonat hoher Reinheit** Die Lagerstätten von *Colina* und *Beluca*, in der Provinz Havanna, zeichnen sich durch einen hohen Gehalt an Kalziumkarbonat mit hoher Qualität aus. Die Lagerstätten liegen in einer industrialisierten Zone und sind daher bestens in die vorhandene Infrastruktur eingebunden. Man geht von einem Vorkommen von einigen Millionen Tonnen des Minerals aus. **d) Manganlagerstätten** Im Osten des Landes gibt es mehrere Manganlagerstätten, die bereits geologischen und technologischen Studien unterzogen wurden. Zum Teil stehen die nötigen Verarbeitungstechnologien zur Verfügung.
Elektrizität	**Bau neuer Elektrizitätswerke auf der Basis von Zuckerrohr-Biomasse** Die *Unión Eléctrica* arbeitet zurzeit gemeinsam mit dem Ministerium für Zucker MINAZ an einem Programm zur Nutzung von Biomasse aus Zuckerrohr als alternative Energiequelle. Es bestehen Möglichkeiten der Beteiligung ausländischen Kapitals und Know-hows.
Glasindustrie	**Modernisierung des Pressglaswerkes „Vidrios Lisa"** Das Werk stellt alle Gegenstände aus Glas her. Mit seiner Produktion deckte es den nationalen Bedarf an Tischgläsern und Flakons für Kosmetik und Medikamente und konnte einen Teil nach Zentralamerika und in die Karibik exportieren. Mithilfe ausländischer Investitionen sollen die Produktionslinien modernisiert werden, damit wettbewerbsfähige Produkte für den Binnenmarkt und den Tourismussektor hergestellt werden können. Der ausländische Partner soll Zugang zu Märkten, Rohstoffe und technische Assistenz beisteuern. Die Maximalkapazität beträgt 7,8 Millionen Einheiten. Außerdem soll eine Anlage für die Herstellung von Leuchtstoffröhren mit einer Kapazität von 500 Einheiten/Stunde (3,4 Millionen Einheiten pro Jahr) erworben werden.
Chemisch-pharmazeutische Industrie	**a) Herstellung und Export von Ammoniumnitrat in Cienfuegos** Momentan sind Anlagen für die Herstellung von 280.000 Tonnen Ammoniumnitrat jährlich mit Lagermöglichkeiten, Hafeneinrichtungen, Reparaturwerkstätten und einer unabhängigen Stromversorgung vorhanden. Der ausländische Partner soll Zugang zu Märkten, Technologien und Kapital für die Umgestaltung der Produktionsanlagen, die Umgestaltung der Lager und Abfüllanlagen und eine Erhöhung der Lagerkapazität von Ammoniak durch die Installation eines Tanks mit einer Kapazität zwischen 5.000 und 10.000 Tonnen einbringen. **b) Herstellung und Export von Ammoniumnitrat in Nuevitas** Die vorhandenen Anlagen haben eine Kapazität von 200.000 Tonnen jährlich, ebenfalls mit Hafen-, Lager- und Abfüllanlagen, Reparaturabteilungen und eigener Energieversorgung. Der Partner soll folgendes einbringen: Zugang zu externen Märkten, Startkapital, Investitionskapital für die Umgestaltung der Produktionsanlagen, so dass alternativ verschie-

	dene Arten von Ammoniumnitrat hergestellt werden können. **c) Herstellung und Export von Kunstseide in Matanzas** Die vorhandenen Anlagen haben eine Kapazität von 4.500 Tonnen pro Jahr. Es gibt zusätzlich eine Fabrik für die Herstellung von Hydrogensulfid, Schwefelsäure und Natriumsulfat. Der ausländische Partner soll folgendes einbringen: Zugang zu externen Märkten, Startkapital, Investitionskapital für die Modernisierung und Ausweitung der Produktion von Kunstseide, Technologie für die Produktion anderer Polyamide. **d) Herstellung von Schädlingsbekämpfungsmitteln für den Export** Es existieren bereits zwei Fabriken für die Herstellung von Herbiziden, Fungiziden und Insektiziden. Der ausländische Partner soll den Zugang zu externen Märkten, Startkapital und Investitionskapital für die Modernisierung der Anlagen beisteuern. **e) Herstellung von Antibiotika** Gesucht wird ein Joint Venture Partner, um die Auslastung freier Kapazitäten für die Herstellung semisynthetischer Antibiotika für den Export zu erreichen. Die Produktionskapazität beträgt 15 Millionen Kolben pro Jahr. Der kubanische Partner bringt das Gelände, die Anlagen, die Infrastruktur und die Arbeitskraft ein, der ausländische Partner soll das nötige Kapital und den Zugang zu externen Märkten beisteuern. **f) Herstellung und Vermarktung ökologischer Aerosole** Die Herstellung von Aerosolen soll an internationale Standards angepasst werden. Die kubanische Seite bringt das Gelände und die Gebäude, Arbeitskraft und Infrastruktur ein, der ausländische Partner die Finanzierung, die Technologie, und den Zugang zu externen Märkten. **g) Herstellung und Vermarktung von Medikamentenkapseln** Implementierung einer Anlage für die Herstellung weicher Kapseln für Medikamente und Nahrungsergänzungsmittel mit einer Kapazität von 200 Millionen Einheiten pro Jahr. Der kubanische Partner bringt das Gelände und die Gebäude, Arbeitskraft und die Infrastruktur ein. Der ausländische Partner soll die Finanzierung, die Technologie, die Schulung des Personals und den Zugang zu externen Märkten einbringen. **h) Herstellung und Vermarktung von chirurgischem Nähmaterial** Es soll ein Joint Venture für die Herstellung von chirurgischem Nähmaterial für den Binnenmarkt und den Export gegründet werden. Während der Verhandlung wird geprüft, was die beiden Partner einbringen. Der kubanische Partner *QUIMEFA* verfügt über hochqualifizierte Arbeitskraft, die eingebracht werden kann. Außerdem existieren bereits Gebäude, die als Produktionsstätte genutzt werden können.

Tabelle 29 *Investitionsmöglichkeiten in der Grundstoffindustrie*
Quelle: CPI/MINVEC, 2002: Indústria Básica y Sideromecánica: 2ff

6.1.4 Informatik und Telekommunikation

6.1.4.1 Allgemeine Beschreibung des Sektors

Das im Jahr 2000 gegründete Ministerium für Informatik und Kommunikation MIC[1488] reguliert, leitet und kontrolliert die Informatik, Telekommunikation, Informationsnetze, Radioübertragung, Postdienstleistungen und Elektronikindustrie des Landes. Außerdem koordiniert und organisiert das Ministerium den Prozess der Informatisierung der Gesellschaft.[1489] Dieser Prozess begann in Kuba erst vor wenigen Jahren und findet mit einigen Jahrzehnten Verspätung im Vergleich mit den meisten anderen Ländern der Welt statt.[1490]

Der Sektor umfasst 78 Unternehmen oder Institutionen. Neben 41 staatlichen Unternehmen gibt es auch sechs kubanische Handelsgesellschaften, sieben Joint Ventures, drei internationale Wirtschaftsallianzen und 13 Unternehmen mit Sitz im Ausland.

Die binnenwirtschaftlichen Indikatoren weisen auf gute Erfolge im Bereich der Technologisierung und Informatisierung hin. Große Teile des Telefonnetzes sind bereits digitalisiert, der Internetzugang für die Bevölkerung ist zwar immer noch gering, hat aber beständig zugenommen und alle wichtigen Institutionen Kubas sind im Internet präsent. Nationale Netzwerke verbinden mittlerweile die Unternehmen verschiedener Sektoren.[1491] Insgesamt wuchs der Kommunikationssektor im Jahr 2002 um 10,1%, wobei er auch im Jahr 2001 schon ein ähnlich dynamisches Wachstum aufwies. Dieses basierte vor allem auf der Digitalisierung des Telefonnetzes und auf der Gründung zahlreicher Unternehmen im Bereich der Informatik.[1492] Die Erfolge konnten wiederum nur durch die Beteiligung von ausländischem Kapital und Know-how erzielt werden. Zwischen 1995 und 2000 wurden mehr als 470 Millionen Dollar in den Sektor investiert. Für die Jahre 2000 bis 2004 sind weitere Investitionen in Höhe von 550 Millionen

[1488] vgl. IPS Enfoque 02/03: *Informatización de la sociedad:* 3
[1489] vgl. CPI/MINVEC, 2002: *Informática, comunicaciones y transporte:* 2
[1490] vgl. IPS Enfoque 02/03: *Informatización de la sociedad:* 1
[1491] vgl. CPI/MINVEC, 2002: *Informática, comunicaciones y transporte:* 2
[1492] vgl. Triana, 2003: 6

Dollar vorgesehen.[1493] Es bildete sich ein Informatik- und Kommunikationsdienstleistungssektor heraus, der vollständig von kubanischen Unternehmen und Joint Ventures dominiert wird und den gesamten nationalen Markt abdeckt.[1494] Anders sieht es im Bereich der Exporte aus. Die größten Exportaussichten sieht man im Bereich der Software und medizinischer Geräte.[1495] Es gibt in Kuba über 40 Firmen, die sich nur auf die Entwicklung von Software spezialisiert haben und insgesamt sind mehr als 20.000 Spezialisten in diesem Bereich beschäftigt.[1496] Da Kuba erst Anfang der 80er Jahre die Aufnahme in das RGW-Abkommen zur Förderung der Produktion im elektronischen Bereich gewährt wurde, begann das Land sehr spät mit der Herstellung elektronischer Geräte. Die Entwicklung dieses Sektors wurde wenige Jahre später durch den Zerfall des RGW stark gebremst, so dass nicht das gesamte Potential entwickelt werden konnte. Im Bereich der Software wird ebenfalls nicht das ganze Potential ausgeschöpft, da den Spezialisten der Zugang zu neuesten Technologien aufgrund finanzieller Schwierigkeiten nicht gewährt werden kann.[1497]

Die Einnahmen aus dem Export von Soft- und Hardware haben mit rund 2,5 Millionen Dollar im Jahr noch kein großes Gewicht innerhalb der Gesamtexporteinnahmen des Landes.[1498] Allerdings setzt der Staat große Hoffnungen auf diesen Sektor, da die Produktion mit einer hohen Wertschöpfung im Land und einer optimalen Nutzung der qualifizierten Arbeitskräfte einhergeht. Der Informatiksektor wird im Moment auf seine neue Rolle vorbereitet, z.B. durch die Gründung einer Universität für Informatik, die Einführung von Informatik-Studiengängen in anderen Universitäten und die massive Ausrüstung von Schulen mit Computern.[1499] Die Beteiligung ausländischer Unternehmen wird in der Entwicklung des Sektors eine große Rolle spielen, da Kuba auf den Transfer von Spitzentechnologien und den Zugang zu externen Märkten für den Vertrieb seiner Produkte angewiesen ist.

[1493] vgl. Marquetti, 2003: 23f
[1494] vgl. Triana, 2003: 6
[1495] vgl. Henkel, 2001: 361
[1496] vgl. Marquetti, 2003: 26
[1497] vgl. Henkel, 2001: 360ff
[1498] vgl. CPI/MINVEC, 2002: *Informática, comunicaciones y Transporte:* 2ff
[1499] vgl. IPS Economics Press Service 20/03: *¿Modelo terciarizado?:* 31

Elektronikindustrie[1500]

Der Elektroniksektor wird von einer Art Kombinat geleitet, das alle Aktivitäten steuert und die Strategien des Sektors definiert. Es koordiniert Herstellung und Vertrieb der Produkte und soll die Effizienz des Produktionsprozesses und die Wettbewerbsfähigkeit der Produkte erhöhen. Die Produktion umfasst Elektronikgeräte, Computer und deren Zubehör, Anlagen und Teile für die Telekommunikation und die Informatik, Fernseher, Audiogeräte, Energiespargeräte, Anlagen für die alternative Energieerzeugung (z.B. Solarzellen) und Antennen. Zum Leistungsspektrum gehören auch Dienstleistungen in diesen Bereichen, unter anderem die Einrichtung und Betreuung von Netzwerken. Der Unternehmensverband besteht aus 19 Firmen. Der Verband wird durch ein Forschungs- und Entwicklungszentrum wird unterstützt.

Informationstechnologie[1501]

Die Gruppe für Informationstechnologie GTI *(Grupo de la Tecnologia de la Información)* koordiniert diesen Bereich des Sektors. Es handelt sich um ein unabhängiges Unternehmen, welches 23 weitere Firmen aus den Bereichen Informatik, Automatik und Telematik unter sich vereint. Bei Verhandlungen mit ausländischen Unternehmen tritt die GTI aufgrund ihrer breiteren Verhandlungsbasis häufig als Partner auf. Die untergeordneten Firmen können jedoch unabhängig davon eigene Geschäfte mit ausländischen Partnern abschließen. Die Gruppe bietet in zwei Bereichen ihre Leistungen auf dem Weltmarkt an: einerseits im Bereich der Entwicklung und Durchführung von Projekten und andererseits im Bereich der Spezialsoftware. Weitere Geschäftsfelder sind: Installierung, Wartung und Reparatur von Kommunikationsanlagen und Netzwerken, Informationssysteme für den kubanischen Tourismussektor, Automatisierungsprojekte in den verschiedensten Industriezweigen, Entwicklung von Produkten für die Internetsicherheit, Geräte für den Medizinsektor und jegliche Art von Produkten und Dienstleistungen für die Unterhaltungsindustrie.

[1500] vgl. CPI/MINVEC, 2002: *Informática, comunicaciones y transporte:* 2ff
[1501] vgl. ebd.: 4f

Fernsprechwesen[1502]

ETECSA ist ein Joint Venture zwischen einem kubanischen und mehreren ausländischen Unternehmen und bietet Festnetz- und Mobilfunkleistungen in Monopolstellung an. Das Unternehmen hat das Exklusivrecht zur Installation und zum Betrieb von Festnetzanschlüssen in Kuba. Die Mobilfunkanbieter CUBACEL und C_COM wurden im Jahr 2004 der ETECSA angeschlossen. Die größten Anteile am Unternehmen besitzt eine italienische Telefongesellschaft.

Postwesen[1503]

Das staatliche Unternehmen *Correos de Cuba* ist verantwortlich für alle Postsendungen von und nach Kuba. Des Weiteren vertreibt die Firma die Pressemedien des Landes. *Correos de Cuba* hat einen Paketdienst, der sowohl auf nationaler als auch auf internationaler Ebene Postsendungen verschickt. Insgesamt gibt es über 1.000 Zweigstellen und das Unternehmen beschäftigt mehr als 15.000 Angestellte.

Funkwesen[1504]

Das Unternehmen RADIOCUBA ist für die Regulierung und Kontrolle aller nationalen und internationalen Radio- und Fernsehübertragungen und Funkübertragungen jeglicher Art verantwortlich.

6.1.4.2 Investitionsmöglichkeiten

Bereich	Investitionsmöglichkeiten
Elektronikindustrie	a) **Fertigstellung einer Fotovoltaik-Fabrikationslinie** Dieses Projekt soll in Pinar del Río ausgeführt werden. Der ausländische Unternehmer soll die Finanzierung, die Technologie, das nötige Know-how und 85% der externen Märkte einbringen. Der kubanische Partner steuert die Installation, einen Teil der Fabrikationslinie, entsprechend qualifiziertes Personal und die Inbetriebnahme bei. d) **Modernisierung der Anlagen für die Werkzeugproduktion** Das Unternehmen für die Herstellung von Elektrotechnik *(Empresa Productora de Técnica Electrónica)* in Havanna sucht einen Investor für die Modernisierung seiner Anlagen für den Bau von Werkzeugen. Der ausländische Partner sollte die Finanzierung, das Know-how, die Technologie und den Zugang zu externen Märkten mitbringen.

[1502] vgl. CPI/MINVEC, 2002: *Informática, comunicaciones y transporte:* 5f
[1503] vgl. ebd.: 5f
[1504] vgl. ebd.: 6

	e) Antennen Das Ziel dieses Projektes ist es, professionelle Antennen zu entwickeln und zu produzieren, besonders für Kommunikationsnetze. Das Projekt wird von der Antennenfabrik in Villa Clara durchgeführt. Benötigt werden Know-how, der Zugang zu Märkten und Finanzierung. **f) Beleuchtungsanlagen** Ein in Havanna ansässiges Unternehmen sucht einen Investor für die Entwicklung einer Fabrikationslinie für Beleuchtungsanlagen, Energiesparbeleuchtungen und Notbeleuchtungen. Der ausländische Partner soll die Finanzierung, die Technologie, das Know-how und den Zugang zu externen Märkten mitbringen.
Informationstechnologie	**a) Produktion und Vermarktung von Software** Die Informatikindustrie sucht ständig Beziehungen zu ausländischen Partnern, die Spitzentechnologie, Finanzierung oder Märkte für die Produktion und die Vermarktung von spezieller, genau auf die Kundenbedürfnisse abgestimmter Software beisteuern können.
Weitere Investitionsmöglichkeiten	Für die folgenden Bereiche werden ausländische Partner gesucht. Unternehmer, die sich für einen dieser Bereiche interessieren, sollten sich an das Ministerium für Informatik und Kommunikation MIC wenden. - Entwicklung und Installation von Kommunikationsnetzen - Lokaler Vertrieb von komplementären Produkten und Dienstleistungen - Installation und Montage von Spitzentechnologie - Automatisierung und Effizienzerhöhung im Energiesektor

Tabelle 30 *Investitionsmöglichkeiten im Informatik- und Kommunikationssektor*
Quelle: CPI/MINVEC, 2002: Informática, comunicaciones y transporte: 3ff

6.1.5 Zucker

6.1.5.1 Allgemeine Beschreibung des Sektors

Während der Zugehörigkeit zum RGW hatte das Land mittels extensiver Produktionsformen Zucker hergestellt. Das Zuckerrohr wurde auf enorm großen Flächen angebaut und maschinell geerntet und verarbeitet. Aufgrund der Abnahme- und Preisgarantien spielte der Kostenfaktor bei der Produktion nur eine untergeordnete Rolle. Die großen Flächen konnten allerdings nach dem Wegfall der Maschinen-, Erdöl- und Ersatzteillieferungen aus der UdSSR kaum noch bearbeitet werden und der Zucker musste auf dem Weltmarkt verkauft werden, wo die Preise weit unter den subventionierten Preisen des RGW lagen.[1505] Die Gesamtproduktion, die vor der Krise bei sechs bis sieben Millionen Tonnen jährlich gelegen hatte, sank während der 90er Jahre auf

[1505] vgl. Triana, 2002 (e): 18f

unter vier Millionen Tonnen. 1997 betrug der Ertrag der Felder weniger als 50% des Ertrags der 80er Jahre.[1506] Der Zuckersektor musste an die neuen Gegebenheiten angepasst werden. Im Jahr 2002 wurden die nötigen Maßnahmen unternommen, um die Produktion effizienter zu gestalten und die Kosten zu senken. Es wurden insgesamt 83 der 154 bestehenden Zuckermühlen geschlossen, wobei nur die effizientesten erhalten blieben. Außerdem wurde die bisherige Anbaufläche von 1,4 Millionen Hektar auf 700.000 Hektar reduziert. Vor allem diejenigen Flächen, deren Ertrag unter 38 Tonnen Zucker pro Hektar lag, wurden abgestoßen. Ziel der Maßnahmen ist es, Erträge von mindestens 50 Tonnen Zucker pro Hektar und 12% gemahlenen Zucker pro Einheit Zuckerrohr zu erhalten, um das „weiße Gold" wieder wettbewerbsfähig zu machen.[1507] Die Produktionskosten sollen auf vier bis fünf US-Cent pro Pfund gesenkt werden, damit sie unter dem durchschnittlichen Weltmarktpreis von sechs bis sieben US-Cent bleiben.[1508]

Die Zuckerrohrderivate spielen im Rahmen der derzeitigen Restrukturierung ebenfalls eine große Rolle. Um das Risiko aufgrund möglicher Preisschwankungen am Weltmarkt oder Ernteausfälle möglichst breit streuen zu können, will sich die Regierung verstärkt auf die Herstellung von Zuckerrohrderivaten konzentrieren. Die Industrie der Derivate begünstigt auch das Entstehen von Multiplikatoreffekten auf andere Bereiche der Wirtschaft.[1509] Kuba ist bestens für eine Ausweitung der Zuckerrohrderivate vorbereitet. Das Forschungsinstitut für Zuckerrohrderivate ICIDCA *(Instituto Cubano de Investigaciones de Derivados de la Caña de Azúcar)* entwickelte eine Vielzahl an Plänen für Pilotfabriken und neue Produkte. Aus Zuckerrohr können die verschiedensten Produkte, darunter Wachse, Enzyme, Hefen, biologische Waschmittel, Viehfutter und Spanplatten hergestellt werden. Keines dieser Produkte wird bisher in großem Stil produziert, obwohl einige auch auf internationalen Märkten gute Chancen hätten. Insbesondere trifft dies auf die Papierherstellung zu. Aus den großen Mengen an anfallendem Zuckerrohrstroh kann sogar Hochglanzpapier umweltscho-

---

[1506] vgl. IPS Economics Press Service 13/03: *Azúcar: Ante un nuevo reto:* 3

[1507] vgl. Triana, 2002 (e): 18f

[1508] vgl. IPS Economics Press Service 22/03: *En los umbrales de una nueva zafra azucarera:* 32

[1509] vgl. IPS Economics Press Service 11/03: *Azúcar espera inversión extranjera:* 17

nend gewonnen werden. Die Kubaner besitzen zwar die nötigen Technologien, sind aber noch weit von der Marktreife des Produktes entfernt. Ein weiterer interessanter Aspekt ist die Energiegewinnung aus Zuckerrohr. Die Lateinamerikanische Energiekommission geht davon aus, dass sich rund 60% des Energiebedarfs Kubas durch die anfallende Biomasse decken ließen.[1510] Leider wurde der Forschung auf dem Gebiet der Zuckerrohrderivate bis zum Jahr 2002 nur sehr wenig Priorität beigemessen. Außerdem konnten aufgrund der finanziellen Schwierigkeiten nicht die nötigen Technologien importiert werden, weshalb große Potentiale bisher ungenutzt blieben.[1511] Mittlerweile hat die Regierung aber die großen Möglichkeiten dieser Industrie erkannt und bemüht sich verstärkt um ausländische Investoren, welche die nötige Finanzierung für die Umsetzung innovativer Ideen und Technologien beisteuern sollen. Bisher gibt es zehn Joint Ventures im Bereich der Produktion von Zuckerrohderivaten, die in der gesamten Zuckerindustrie nur 8% der Gesamtproduktion ausmachen. Durch die Einführung neuer Technologien und den Zugang zu internationalen Märkten könnte sich deren Anteil auf 25% erhöhen.[1512] Viele Produkte könnten auf internationalen Märkten große Erfolge erzielen und den Exportsektor des Landes stärken. Einige Produkte, zum Beispiel Spanplatten aus Bagasse, Papier, Seife und Waschmittel, könnten zur Substitution von Importen beitragen.[1513] Im Rahmen der Restrukturierung des Zuckersektors ergeben sich also enorme Möglichkeiten für ausländische Investoren, die keinesfalls ungenutzt bleiben sollten.

Die kubanische Zuckerindustrie kann auf eine mehr als vier Jahrhunderte alte Tradition zurückblicken und verfügt über einen enormen Erfahrungsschatz. Die gesamte Industrie wird durch das Ministerium für Zucker MINAZ *(Ministerio del Azúcar)* reguliert und koordiniert.[1514] Die folgende Übersicht soll die Dimensionen des Zuckersektors in Kuba verdeutlichen:

1510 Anm.: Der Brennwert von 4,5 Tonnen Bagasse entspricht ungefähr dem von einer Tonne Erdöl. Bei der kubanischen Zuckerrohrernte fallen jährlich etwa 20 bis 25 Millionen Tonne Bagasse an. (vgl. Henkel, 2001: 364)

1511 vgl. Henkel, 2001: 364

1512 vgl. IPS Economics Press Service 11/03: *Azúcar espera inversion extranjera:* 17f

1513 vgl. Henkel, 2001: 363f

1514 vgl. CPI/MINVEC 2002: *Agroalimentaria y Pesca:* 22ff

Zuckerfabriken *(Centrales)*:	71
Melassefabriken:	14
Anbaufläche:	700.000 ha
Direkte und indirekte Arbeiter:	275.000
Angestellte mit Universitätsabschluss:	16.000
Mechanisierung der Ernte:	72%
Erntemaschinen:	3.000
Traktoren:	45.000
Lokomotiven:	800
Eisenbahnwagons:	30.000
Einsenbahnlinien:	7.000 km
Destillerien:	12
Rumfabriken:	15
Fabriken für Spanplatten:	6
Glukosefabriken:	2
Papierfabriken:	3
Wachsfabriken:	13

Institution	Beschreibung
Institut für Zuckerrohrforschung INICA	Das INICA *(Instituto de Investigaciones de la Caña de Azúcar)* beschäftigt sich mit der Züchtung neuer Zuckerrohrarten. Weitere Aufgabenfelder umfassen den Schutz vor Krankheiten und Insekten, die Be- und Entwässerung und die Biotechnologie. Das Institut hat 14 Zweigstellen, eine Quarantänestation, eine Biofabrik, mehr als 60 Versuchsanpflanzungen und acht Labors. Es beschäftigt mehr als 350 Forscher.
Kubanisches Institut für Zuckerforschung ICINAZ	Das ICINAZ *(Instituto Cubano de Investigaciones Azucareras)* ist auf die Entwicklung von Technologien und Anlagen für die Zuckerindustrie, Automatisierung, Korrosionsschutz, Wartung, Energiefragen und Mikrobiologie spezialisiert. Es verfügt über eine Testfabrik, sieben Pilotfabriken, 20 Laboratorien und über 200 Forscher.
Kubanisches Forschungsinstitut für Zuckerrohrderivate ICIDCA	Das ICIDCA *(Instituto Cubano de Investigaciones de Derivados de la Caña de Azúcar)* entwickelt Technologien für die Herstellung von Spanplatten aus Bagasse, 2-Furaldehyd, Dextran, Wachsen, Hefen, Alkoholen und Rum. Angewandte Biotechnologie gehört ebenfalls zu den Aufgabengebieten. Es besitzt zwölf Pilotfabriken, 30 Laboratorien und beschäftigt mehr als 140 Forscher.
Forschungsinstitut für Zellulose aus Bagasse CUBA-9	Dieses Institut hat sich der Erforschung und Entwicklung von Pulpe (Faserbrei für Papierherstellung), Zeitungspapier, Filtern, Karton und Pappe verschrieben. Es besitzt eine Papierfabrik, eine Pilotfabrik, zwölf Laboratorien und beschäftigt 65 Forscher.
Institut für Zuckerprojekte IPROYAZ	Das *Instituto de Proyectos Azucareros* verfügt über zahlreiche Erfahrungen auf dem Gebiet der Modernisierung und Projektierung von Fabrikanlagen, der Bewässerung und der landwirtschaftlichen Entwicklung. Rund 1.600 Angestellte arbeiten für das Institut.

Nationales Zentrum für Ausbildung in der Zuckerindustrie CENCA	Das Zentrum organisiert Aufbaustudiengänge, Trainings und nationale und internationale Konferenzen für Berufstätige in der Zuckerindustrie. Es verfügt über Lehrsäle, eine Bibliothek, ein Rechenzentrum, Aufenthaltsräume und Unterkünfte. Ein eigener Verlag publiziert verschiedene Dokumente bezüglich der Entwicklungen der Zuckerindustrie in Kuba und weltweit.
Unternehmensverband für industrielle Elektromechanik UEM	Die Unternehmen dieses Verbandes produzieren vor allem Teile für die Zuckermühlen, Pumpen, Filter, Kläranlagen und Kristallkochanlagen, Dampftöpfe, Trockenanlagen und Ventilatoren. Des Weiteren werden Anlagen für die Gewinnung von Zuckerrohrderivaten und Bewässerungsanlagen hergestellt. Insgesamt stehen ihnen 20 Fabriken und mehr als 6.000 Angestellte zur Verfügung.
Unternehmensverband für Eisenbahntransport GETF	Es handelt sich um ein Netz spezialisierter Werkstätten für die Herstellung von Ersatzteilen für den Eisenbahnbetrieb. Außerdem ist die Gruppe für die Wartung der Lokomotiven verantwortlich und unterstützt das Transportsystem des Zuckersektors. Für diese Aufgaben stehen mehr als 3.600 Angestellte zur Verfügung.
Unternehmensverband für Mechanisierungswerkstätten GETAMEC	Es handelt sich um ein Netz von Werkstätten, die sich auf die Produktion, Reparatur und Wartung von landwirtschaftlichen Maschinen, Transportfahrzeugen und Werkzeugen spezialisiert haben. In den 25 Einrichtungen sind rund 4.700 Angestellte beschäftigt.
Unternehmensverband für Bauvorhaben GECA	Der Verband realisiert Bauvorhaben im Zuckersektor. Er widmet sich der Herstellung von Baumaterial und Fertigteilen. Die GECA umfasst elf Baufirmen, ein Unternehmen, das Steinbrüche verwaltet und zwei Unternehmen für den Bau von Kleintalsperren und Straßen.
Unternehmensverband für Lebensmittel GEMA	Dieser Verband ist verantwortlich für die Versorgung der Zuckerarbeiter mit Lebensmitteln. Mit eigenen Anlagen werden Lebensmittel produziert, industriell verarbeitet und vertrieben.
Unternehmensverband für den Handel mit Zucker und Zuckerrohrderivaten UEOAD	Die Hauptaufgabe dieses Verbandes besteht im Vertrieb aller Produkte der Zuckerindustrie. Die Unternehmen sind auf den Transport, die Lagerung und die Verschiffung von Zucker, Melasse, Alkoholen und Spanplatten aus Bagasse spezialisiert.
TECNOAZUCAR	Das Unternehmen widmet sich vor allem dem Export von Zuckerrohrderivaten. Außerdem bietet es Beratungsleistungen, technische Assistenz und Technologietransfers auch auf internationalen Märkten an.

Tabelle 31 *Institutionen des Zuckersektors*
Quelle: CPI/MINVEC 2002: Agroalimentaria y Pesca: 22ff

6.1.5.2 Investitionsmöglichkeiten

Energieerzeugung[1515]

Aus wirtschaftlichen und ökologischen Gründen besteht in Kuba ein erhöhtes Interesse an der Nutzung von Biomasse, hauptsächlich Bagasse, zur Energiegewinnung. Eine Zuckermühle könnte nach Abzug des eigenen Energiebedarfs bis zu 100 KW/h zusätzliche Energie pro Tonne gemahlenen Zucker erzeugen. Bisher erzeugten die Zentralen aber nur Energie für den Eigenbedarf. Obwohl ein Großteil der Fabriken an das nationale Netz angeschlossen ist, werden bisher nur geringe Mengen an Energie eingespeist. Um diese Menge zu erhöhen, werden ausländische Investitionen für die Modernisierung der Energiegewinnungsanlagen benötigt. Zwei verschiedene Projektarten, für die verschiedene Fabriken in Frage kommen könnten, sind momentan von Interesse für den Staat:

- Bau neuer Blockheizkraftwerke
  Die bestehende Anlage zur Energiegewinnung der jeweiligen Fabrik soll durch ein neues System mit höherer Effizienz ersetzt werden. Es soll die gesamte anfallende Biomasse verarbeiten. Ein Großteil der erzeugten Energie wird auf dem nationalen Markt verkauft. Während der erntefreien Zeit soll die Anlage Biomasse anderer Fabriken verarbeiten. Die Möglichkeiten müssen für jede Zuckermühle geprüft werden.
- Installation neuer Dampfgeneratoren
  Durch die Installation eines Dampfgenerators soll der überschüssige Dampf bestimmter Betriebe für die Gewinnung von Energie genutzt werden. Dadurch könnte in der jeweiligen Fabrik der Verbrauch an Energie um 25% gesenkt und überschüssige Energie könnte in das nationale Netz eingespeist werden.

Industrie der Zuckerrohrderivate[1516]

Die Diversifikation der Zuckerindustrie hat momentan höchste Priorität und die Entwicklung der Derivatindustrie soll sich weitaus dynamischer als bisher entwickeln. Durch die Beteiligung ausländischer

---

[1515] vgl. CPI/MINVEC 2002: *Agroalimentaria y Pesca:* 24
[1516] vgl. ebd.: 24ff

Unternehmen soll der Zugang zu Kapital, Technologien und Märkten gesichert werden. Es existiert ein enormes Potential auf diesem Gebiet und die zukünftige Entwicklung kann auf einer soliden Basis an Spezialwissen und vorhandenen Anlagen und Einrichtungen aufbauen. Es müssen Investoren gefunden werden, die bereit sind, sowohl die Risiken als auch die möglichen Gewinne zu teilen. Das Ziel besteht darin, die Kapazitäten der Zuckerindustrie in Kuba bis zum Maximum auszunutzen und neue Produkte einzuführen, die sowohl auf dem nationalen Markt vertrieben als auch exportiert werden sollen.

In den folgenden Bereichen gibt es Investitionsmöglichkeiten für ausländische Unternehmer:

Herstellung von Alkoholen auf der Basis von Melasse

Das MINAZ verfügt über zwölf Alkoholdestillerien mit einer Kapazität zwischen 500 und 800 Hektoliter pro Tag. Die Unternehmen produzieren verschiedene Arten von Alkohol für den nationalen Markt und den Export. In den meisten Fällen ist die Modernisierung der Produktionsanlagen, eine Steigerung der Effizienz oder eine Ausweitung der Kapazitäten nötig. Folgende Projekte sollen mithilfe ausländischer Investitionen durchgeführt werden:

- Installation einer oder mehrerer Destillen für die Herstellung von extrareinem Alkohol mit einer Kapazität von 500 Hl/Tag in bereits vorhanden Destillerien
- Modernisierung bereits vorhandener Destillerien, Einführung von Verbesserungen im technologischen Prozess für die Herstellung qualitativ hochwertigerer Alkohole für den Export
- Bau einer neuen Destillerie mit einer Kapazität von 800 Hl/Tag unter Verwendung von Spitzentechnologie für die Herstellung extrareiner Alkohole für den Export
- Modernisierung der Produktionsanlagen für Rum und andere alkoholische Getränke mit dem Ziel der Kapazitätserhöhung
- Verdreifachung der Produktionsmenge an alkoholischen Getränken und Festigung der Produkte auf dem internen Devisenmarkt, Einführung neuer Sorten für den Export

Fertigungsanlagen für Spanplatten aus Bagasse

Es existieren sieben Fabriken für die Herstellung von Spanplatten aus Bagassepartikeln oder -fasern. In allen Fabriken gibt es Anlagen für die Gestaltung der Spanplatten mit Dekorationsfolien oder Holzverkleidung. Die Nachfrage nach diesen Produkten befindet sich besonders im Tourismussektor und der Möbelherstellung im Wachstum. Um den nationalen Bedarf decken zu können, ist eine Ausweitung der Produktionskapazitäten und eine Qualitätssteigerung nötig.

In folgenden Projekten sollen ausländischer Investoren partizipieren:

- Modernisierung der Produktionsanlagen für Spanplatten in den bestehenden Fabriken, Einführung von Technologien und Anlagen, die eine Erhöhung der Qualität ermöglichen. Die Kapazität der Anlagen beträgt zwischen 45.000 und 75.000 m^3 pro Jahr. Die Höhe der Investition beläuft sich auf rund ein bis zwei Millionen USD. Der ausländische Partner soll die Finanzierung, die Technologien und den Zugang zu externen Märkten einbringen.
- Entwicklung neuer Produkte auf der Basis von Spanplatten, die eine höhere Wertschöpfung im Land ermöglichen, zum Beispiel Fertigteile für Möbel.

Herstellung von Sorbitol

Sorbitol ist eine Substanz, die eine breit gefächerte Anwendung in der Kosmetikindustrie, der Herstellung von diätetischen Lebensmitteln, der Pharmazieindustrie und als Rohstoff für die Erzeugung von Vitamin C findet. Der Grundstoff von Sorbitol ist Glukose. Das MINAZ besitzt eine Anlage für die Herstellung von Sorbitol in Camagüey mit einer Kapazität von 10.000 Tonnen pro Jahr und zwei Anlagen für die Produktion von Glukose mit einer Kapazität von insgesamt 2.000 Tonnen pro Jahr. Die Binnennachfrage nach Sorbitol beträgt etwa 2.000 Tonnen pro Jahr. Der Rest der Produktion steht für den Export zur Verfügung. Die Kapazitäten können aber nicht voll ausgeschöpft werden, da das Land die benötigte Glukose nicht in ausreichenden Mengen herstellen kann. Daher ist das MINAZ daran interessiert, einen ausländischen Partner für den Bau einer Glukosefabrik mit einer Kapazität von 5.000 bis 7.000 Tonnen jährlich zu finden. Der ausländische Partner soll die Finanzierung für das Glukosewerk und den Zugang zu Märkten für Sorbitol einbringen.

Herstellung von Furfural

Furfural ist ein Produkt, welches durch die Behandlung zellulosehaltiger Materialien gewonnen wird. Aus diesem Stoff wird wiederum Furfurylalkohol gewonnen, der vor allem in der Herstellung von Harzen eingesetzt wird. Mithilfe ausländischer Unternehmer soll die Versorgung für alle Industrien gesichert werden, die Furfural in ihrem Produktionsprozess benötigen und diesen Grundstoff bisher nur auf dem Weltmarkt erwerben können. Das MINAZ verfügt über eine Fertigungsanlage von Furfurylalkohol in Camagüey mit einer Kapazität von 1.800 Tonnen pro Jahr. Die volle Kapazität kann aber nicht ausgeschöpft werden, da nicht genügend Furfural zur Verfügung steht. Das MINAZ sucht daher einen ausländischen Partner für den Bau einer Furfuralfabrik mit einer Kapazität von 2.000 Tonnen pro Jahr. Der Partner soll den Zugang zu internationalen Märkten für den Vertrieb des Furfurylalkohols beisteuern.

Herstellung von Dextran

Mit diesem Projekt sollen die Kapazitäten einer Fabrik in Matanzas von 450 Tonnen auf bis zu 900 Tonnen Dextran pro Jahr für den industriellen Gebrauch erhöht werden. Der ausländische Partner soll den Zugang zu externen Märkten, die Technologie und die nötigen Maschinen beisteuern.

Weitere Investitionsmöglichkeiten

Verschiedene Institutionen innerhalb des MINAZ suchen ausländische Partner für die Durchführung von Projekten, darunter:

- Kooperation im Bereich der Reparation von stationären Anlagen und Fahrzeugen in Kuba und in anderen Ländern.
- Kooperationen im Bereich der Produktion von Anlagen für die Zuckerindustrie, aufbauend auf die Produktionskapazitäten und technische Erfahrung der Kubaner.
- Integration aller technischen und produktiven Elemente der Zuckerindustrie (Projektstudien, Design von Anlagen, Forschung, Herstel-

lung verschiedener Anlagen, Bauwesen, Montage und Betreibung von Zuckerfabriken und Fabriken für Zuckerrohrderivate) für deren Verkauf ins Ausland, entweder als einzelne Komponenten oder als schlüsselfertige Produktionsanlagen.

6.2 Weitere Sektoren der kubanischen Wirtschaft

6.2.1 Landwirtschaft

6.2.1.1 Allgemeine Beschreibung des Sektors[1517]

Das Ministerium für Landwirtschaft MINAGRI *(Ministerio de la Agricultura)* ist die oberste Instanz aller landwirtschaftlichen Aktivitäten. Es kontrolliert die Nutzung der landwirtschaftlichen Flächen in Kuba. Die kultivierbare Fläche Kubas beträgt rund 6,7 Mio. Hektar, derzeit werden ca. 3,7 Mio. Hektar bebaut. Die Länderein, die sich seit 1959 fast vollständig in staatlichem Besitz befanden, wurden im Zuge der Agrarreform 1993 an Kooperativen und Privatbauern vergeben. Es gibt rund 4.200 Kooperativen und 200.000 private Produzenten. Nur 24% der gesamten Fläche befindet sich noch in staatlichem Besitz.

Das MINAGRI umfasst landesweit etwa 480 Unternehmen, die sich auf verschiedene Gebiete spezialisiert haben, darunter: Tabakanbau, Anbau von Bergkulturen (Kaffee, Kakao, Forstwirtschaft), Reisanbau, Schweine- und Rindfleischproduktion, etc. Weitere Unternehmen unterstützen die landwirtschaftliche Tätigkeit durch die Bereitstellung von Transportdienstleistungen, die Durchführung von Landwirtschaftsmessen, den Vertrieb von Produkten, Veterinärleistungen und biotechnologische Forschung. In 19 Forschungslabors und 38 Experimentalpflanzungen wird der Fortschritt der Landwirtschaft vorangetrieben. Das Unternehmen CATEC ist verantwortlich für den Im- und Export von Produkten, Dienstleistungen und Betriebsmitteln. 1998 wurde die Finanzinstitution FINAGRI S.A. gegründet, welche Finanzierungsmöglichkeiten für den Sektor anbietet. Insgesamt arbeiten rund 900.000 Angestellte in der Landwirtschaft.

[1517] vgl. CPI/MINVEC 2002: *Agroalimentaria y Pesca:* 2f

6.2.1.2 Investitionsmöglichkeiten[1518]

Bereich	Investitionsmöglichkeiten
Holzindustrie	a) **Modernisierung der Tischlerei des Unternehmens „El Brujo"** Das Unternehmen besitzt ein Sägewerk, eine Tischlerei und eine Anlage für die Trocknung von Holz. Hergestellt werden sollen Massivholztüren, Fenster, Fertigteilhäuser, Tür- und Fensterrahmen, Möbel. Ein Teil der Produkte soll exportiert werden. Der ausländische Partner soll Finanzierung, Technologien, Holz und Marktzugang einbringen. Die Nutzung von kubanischem Holz ist möglich. b) **Produktion und Vermarktung von Samen** Dieses Projekt umfasst die Produktion und den Export von bis zu 2.900 kg Samen verschiedener Forstkulturen, zum Teil auf der Basis von Klontechnik. Es handelt sich vor allem um Spezies, die auf Kuba endemisch sind. Die Technologien sind kubanischen Ursprungs und haben eine Kapazität von 2.900 kg Samen pro Jahr. Benötigt werden der Zugang zu Märkten, Finanzierung, Maschinen und Anlagen. c) **Produktion und Export von Pinienharz und dessen Derivaten** Dieses Projekt hat das Ziel, die Produktion von Pinienharz bis auf 6.000 Tonnen pro Jahr zu erhöhen. Außerdem soll eine Anlage zur industriellen Verarbeitung des Harzes und zum Gewinn von Terpentinöl und Kolophonium installiert werden. Der ausländische Partner soll Finanzierung, Marktzugang und Technologien und Anlagen einbringen.
Kaffeeanbau	Ausländische Partner sollen vor allem die nötige Finanzierung zur Ausweitung der Produktion des Rohstoffes und Marktzugang einbringen, damit die Exportmenge kubanischen Kaffees erhöht werden kann.
Verschiedene Kulturen	a) **Erzeugung von Kartoffeln** Das Projekt besteht in der Produktion von Kartoffeln auf einem 500 Hektar großen Gebiet und deren Export. Benötigt werden Finanzierung, Technologien, Anlagen und Maschinen und der Zugang zu Märkten. Die Erzeugung von virusfreien Kartoffelsamen und deren Verkauf auf dem nationalen und auf internationalen Märkten wäre möglich. b) **Erzeugung von Soja** Auf einer Fläche von bis zu 30.000 soll Soja angebaut werden. Die Produktion soll hauptsächlich auf dem Binnenmarkt verkauft aber auch exportiert werden. Der Investor soll Finanzierung, Know-how, Samen, Maschinen und Anlagen beisteuern. c) **Erzeugung von Getreide und Hülsenfrüchten** Dieses Projekt besteht in der Erzeugung von Getreide und Hülsenfrüchten auf einer Fläche von bis zu 5.000 Hektar. Die Produkte sollen sowohl auf dem Binnenmarkt verkauft als auch exportiert werden. Benötigt werden Finanzierung, Technologien, Maschinen und Anlagen.
Reisanbau	Folgende Möglichkeiten gibt es in diesem Sektor: - Erzeugung von Reis und dessen Trocknung - Import von Vollkornreis und dessen Schälung (eine Schälkapazität von 280.000 Tonnen Reis ist in Kuba noch ungenutzt) - Herstellung von *parboiled* Reis in den vorhandenen Installationen mit einer Kapazität von 240 Tonnen pro Arbeitstag

[1518] vgl. CPI/MINVEC, 2002: *Agroalimentaria y Pesca:* 4ff

Rinderzucht	Ausländische Unternehmer sollen in diesem Bereich vor allem Finanzierung und Technologien beisteuern. Das Ziel ist die Erhöhung der Produktion für den Binnenmarkt in Devisen und in nationaler Währung, damit Milchpulver- und Fleischimporte substituiert werden können. Eine Ausweitung der Produktion für den Export wird angestrebt.
Geflügelzucht	Die Beteiligung ausländischer Firmen in Forschungs- und Entwicklungsprojekten im Bereich der Genetik wird besonders gefördert. Es soll ein wissenschaftlich-technischer Austausch stattfinden. Das Ziel ist die Verbesserung der kubanischen Rassen bezüglich deren Effizienz und Resistenz.
Schweinezucht	Die Gruppe für Schweinefleischproduktion GRUPOR ist ermächtigt, mit ausländischen Partnern Kooperationsverträge abzuschließen, um Finanzierung, Zugang zu Märkten oder Technologien für die Umsetzung der Entwicklungsstrategien des Sektors zu erhalten. Ziel ist die Modernisierung, Qualitäts- und Effizienzsteigerung in der Schweinefleischindustrie.
Biologisch/ pharmazeutische Produkte	**a) Herstellung, Anwendung und Vermarktung von natürlichem Dünger** Das Projekt hat das Ziel, die Anlagen zur Herstellung von natürlichem Dünger zu modernisieren, die Kapazitäten zu erhöhen, die Qualität zu verbessern und die Produkte zu exportieren. Der Investor soll Kapital, den Zugang zu Märkten und Anlagen einbringen. **b) Mikroalgen und ihre Derivate** In Kuba wurden im Rahmen eines Pilotprojekts Mikroalgen (Spirulina) hergestellt, die aufgrund der guten Ergebnisse mittlerweile in zwei Industrieanlagen mit einer Kapazität von 100 Tonnen produziert werden. Es wird an der Erforschung und Entwicklung von Derivaten gearbeitet. Die Beteiligung ausländischen Kapitals kann auf zwei Arten erfolgen: - Entwicklung einer neuen Produktionsstätte für Spirulina Hierfür liegen bereits alle Machbarkeitsstudien vor. Die Fabrik soll eine Kapazität von 100 Tonnen pro Jahr haben. Der ausländische Partner soll Finanzierung und Marktzugang beisteuern, die Technologien werden vom kubanischen Partner eingebracht. - Herstellung von Kosmetika und Nahrungsergänzung mit Spirulina Die Produkte sollen hauptsächlich in die Karibik und nach Lateinamerika exportiert werden. Der ausländische Partner soll den Zugang zu Märkten und ein Minimum an Ausrüstung (vor allem Mischanlagen, Verpackungsanlagen, etc.) einbringen.
Bewässerung	Mithilfe ausländischer Investitionen soll die Produktion von Bewässerungsmaschinen ausgeweitet werden. Das Institut für Forschungen im Bereich der Bewässerung und Drainage *(Instituto de Investigaciones de Riego y Drenaje)* ist der Partner für dieses Projekt. Zur Verfügung stehen bereits zwei Extruder, sieben Injektionsmaschinen und ein Lager für Fertigteile. Benötigt wird insbesondere Technologie für die Produktion und Montage von Schläuchen, Rohren, Verbindungsstücken und Ventilen.

Tabelle 32 *Investitionsmöglichkeiten im Landwirtschaftssektor*
Quelle: CPI/MINVEC, 2002: Agroalimentaria y Pesca: 4ff

6.2.2 Lebensmittelindustrie

6.2.2.1 Allgemeine Beschreibung des Sektors[1519]

Das Ministerium für Lebensmittelindustrie MINAL *(Ministerio de la Industria Alimenticia)* ist verantwortlich für die Lebensmittelproduktion. Mehr als 450 Unternehmen über 2.000 verschiedene Lebensmittel und Getränke her. Das MINAL umfasst neun Kombinate und es gibt ein Forschungsinstitut für die Lebensmittelindustrie, welches sich der Erhöhung der Effizienz und der Qualität, der Entwicklung neuer Produkte und der Einführung neuer Technologien widmet.

Die Lebensmittelindustrie charakterisiert sich durch einen hohen Anteil an ausländischer Beteiligung, wodurch der Zugang zu modernen Technologien und neuen Märkten ermöglicht wurde. Es gibt siebzehn Joint Ventures und zwölf Produktionskooperativen in diesem Sektor. Die beiden kubanischen Unternehmen Corporación Cuba Ron S.A. und die Corporación Alimentaria S.A. (CORALSA) sind die beiden wichtigsten Verhandlungspartner für ausländische Unternehmen. Cuba Ron S.A. widmet sich der Produktion des kubanischen Rums und muss die stabile Belieferung der internationalen Märkte sichern. Der Rum *Havana Club* wird durch das Joint Venture Havana Club International in mehr als 90 Ländern vermarktet.

6.2.2.2 Investitionsmöglichkeiten[1520]

Bereich	Investitionsmöglichkeiten
Milchindustrie	Es werden insbesondere Projekte gefördert, die die Integration der Industrie und der Viehzucht fördern. a) **Linzenzerwerb für die Technologie des Speiseeises von Coppelia** Coppelia Speiseeis hat ein hohes internationales Prestige. Es kann eine Allianz gebildet werden, in der der kubanische Partner vor allem Know-how und spezialisiertes Personal einbringen würde. Die Produktion könnte auf Anlagen im Ausland erfolgen. b) **Herstellung von Kondensmilch** Dieses Projekt umfasst die Herstellung gezuckerter Kondensmilch für den Export. Es steht eine Fabrik mit einer Kapazität von 8.000 Tonnen pro Jahr in Granma zur Verfügung. Der ausländische Partner soll die Modernisierung der Anlagen finanzieren und Marktzugang schaffen.

1519 vgl. CPI/MINVEC, 2002: *Agroalimentaria y Pesca:* 14ff
1520 vgl. ebd.: 17ff

	c) Produktion von Käse und Streichkäse Es gibt vier Fabriken mit einer Kapazität von bis zu 1.000 Tonnen pro Jahr. Der ausländische Partner soll Finanzierung und Zugang zu externen Märkten einbringen. **d) Produktion von Joghurt und Milchdesserts** Für diesen Bereich ist es von Interesse, Technologien und Know-how für die Diversifizierung der Produktpalette zu erhalten. Die Produkte werden über den internen Devisenmarkt vertrieben bzw. exportiert. Der Partner soll Finanzierung, Know-how und Marktzugang einbringen.
Obst- und Gemüse-konserven	**a) Produktion von Gemüsekonserven** Dieses Projekt beinhaltet die Modernisierung der Fabrikationslinie einer Fabrik im Süden von Havanna. Der ausländische Partner soll die Finanzierung für den Erwerb von Spitzentechnologie für die Herstellung eines breiteren Sortiments an Gemüsekonserven einbringen. Die Produkte sollen im Binnenmarkt verkauft und exportiert werden. **b) Verarbeitungslinie für Tomatenmarkt und Fruchtfleisch** Es gibt zwei Projekte in dieser Richtung in Camagüey und Granma. Ziel ist die Erhöhung der Produktionskapazitäten und der Qualität der Produkte, da die nationale Nachfrage bisher nicht befriedigt und die Erntemenge der Region nicht verarbeitet werden kann. Jede Linie soll eine Kapazität von 12,5 Tonnen Tomatenmark, 5 Tonnen Mangomark und 3 Tonnen Guavenmark pro Stunde haben. Der ausländische Partner soll Finanzierung und Zugang zu Märkten mitbringen. **c) Erschließung neuer Exportmärkte** Es werden ausländische Partner gesucht, die daran interessiert sind, sich an der Suche neuer Märkte für alle exportfähigen Produkte dieses Sektors zu beteiligen. Die interessantesten Produkte sind: Tomaten-, Mango- und Guavenmark und Säfte und Nektar tropischer Früchte, die aus biologischem Anbau stammen. Die Industrie ist in der Lage, die Produkte an die Anforderungen internationaler Märkte anzupassen und die Verpackung der Produkte zu diversifizieren.
Süßwaren	**a) Herstellung von Bonbons** In Havanna und Santiago bestehen bereits Fabriken für die Herstellung von Bonbons und Lutschern. Die Kapazitäten betragen bis zu zehn Tonnen pro Schicht. Der ausländische Partner soll die Modernisierung der Anlagen finanzieren und den Zugang zu Märkten einbringen.
Dienstleis-tungen	**Produktion von Essenzen, Emulgatoren und Aromen** Es gibt eine Pilotfabrik, die vom Forschungsinstitut für die Lebensmittelindustrie betrieben wird. Dort werden diese Produkte für die Herstellung von Konfitüren, Erfrischungsgetränken und Milchprodukten produziert. Nun sollen mithilfe ausländischer Investoren modernere Technologien erworben werden, die eine Ausweitung der Produktionskapazitäten und die Einführung neuer Geschmacksrichtungen ermöglichen.

Tabelle 33 *Investitionsmöglichkeiten in der Lebensmittelindustrie*
Quelle: CPI/MINVEC, 2002: Agroalimentaria y Pesca: 17ff

6.2.3 Transportwesen

6.2.3.1 Allgemeine Beschreibung des Sektors[1521]

Das Ministerium für Transport MITRANS ist die oberste Instanz des Transportsektors. Der Luftverkehr wird direkt durch das Institut für zivile Luftfahrt IACC *(Instituto de Aeronáutica Civil de Cuba)* gesteuert und kontrolliert. Das MITRANS umfasst mehr als 250 Unternehmen und leitet deren Aktivitäten im Sinne der staatlich festgelegten Strategien.

6.2.3.2 Investitionsmöglichkeiten im Transportsektor

Bereich	Investitionsmöglichkeiten
Eisenbahntransport	**a) Entwicklung von verbrauchsarmen Lokomotiven** Das Projekt besteht darin, in Kuba Lokomotiven der neuesten Generation zu bauen. Unternehmer, die an einer Investition in dieses Projekt interessiert sind, sollen die ingenieurtechnischen Leistungen und den Bau der ersten Lokomotiven finanzieren, die mehrere Arten von Kraftstoff (Diesel, Biomasse, Gas) nutzen können. Benötigt wird neben der Finanzierung auch der Zugang zu Märkten. Die Loks wären besonders für Entwicklungsländer geeignet. **b) Nutzung des Eisenbahntransportes als Tourismusattraktion** Die vorhandenen Eisenbahnstrecken sollen als Transportmittel für Touristen ausgebaut werden. Es können ausländische oder kubanische Züge, zum Teil aus dem 19. Jahrhundert, genutzt werden. Der ausländische Partner muss Zugang zu Märkten einbringen. **c) Verbindung zwischen dem Flughafen Havanna und der Stadt** Im Zuge des ständig wachsenden Tourismus auf Kuba soll eine Schienenverbindung zwischen dem Flughafen José Martí und mehreren Punkten der Stadt Havanna erfolgen. **d) Verbindung zwischen den Flughäfen in Havanna und Varadero** Mit dieser Maßnahme soll vermieden werden, dass die Touristen bei der Durchreise durch die Hauptstadt den Unannehmlichkeiten des städtischen Verkehrs ausgesetzt sind.
Seetransport	**a) Reparation von Schiffen** Das Land ist an Finanzierung und Krediten für die Reparation von Seeschiffen interessiert. **b) Reparation und Produktion von Booten im Tourismusbereich** Zahlreiche private Schiffe bewegen sich jährlich in der Nähe Kubas. Durch einen effizienten Service könnten die Besitzer diese Schiffe dazu bewegt werden, Reparaturen in Kuba vornehmen zu lassen. Außerdem verfügt das Land über eine gewisse Erfahrung beim Bau von Yachten. In der Werft „Roberto Nodarse“ könnten ausländische Unternehmen in die Produktion von Yachten investieren. Der kuba-

[1521] vgl. CPI/MINVEC, 2002: *Informática, comunicaciones y transporte:* 7ff

	nische Partner stellt die Anlagen und den Zugang zum internen Markt zur Verfügung, der ausländische Partner muss die Finanzierung, Technologien und Zugang zu externen Märkten beisteuern. **c) Entwicklung von Frachthäfen** Aufgrund der geostrategischen Vorteile des Landes und der wirtschaftlichen Dynamik der Region sollen Häfen an der Nord- und Südküste für die Verschiffung großer Frachtmengen wie Schüttgut, Container, Fahrzeuge und Flüssigkeiten aufgerüstet werden. In Frage kommen die Häfen Mariel, Santiago de Cuba und Matanzas.
Lufttransport	**a) Ausbau des Flughafens „Juan Gualberto Gómez" in Varadero** Folgende Projekte sollen realisiert werden: - Ausweitung der Parkfläche für zwei weitere Flugzeuge: 25.400m² - Ausbau des Terminals für 2.500 Passiere pro Stunde: 2.604 m² - Anbindung der neuen Parkflächen an das Treibstoffsystem - Installation zwei neuer Gangways für die Parkpositionen 1 und 5 **b) Bau eines Flughafens in Trinidad** Der Flughafen wird in einer Entfernung von 6 km zur Stadt entstehen. Das touristische Potential wird auf 14.100 Zimmer geschätzt. Folgende Arbeiten müssen durchgeführt werden: - Bau der Landepiste: Länge: 3.000m, Breite: 45m - Parkfläche für 3 große und 2 mittlere Flugzeuge (300m x 140m) - Beleuchtungsanlage für die Piste, inkl. Notstromversorgung - Terminal für 600 Passagiere pro Stunde - Tower - Wegesystem, infrastrukturelle Anbindung, Parkplätze - Energie- und Wasserversorgung, Kommunikationssysteme, Abfallentsorgung **c) Transithotel im Terminal 3 des Flughafens Havanna** Dieses Hotel soll für Crews, Geschäftsreisende und Transitreisende zur Verfügung stehen. Es soll der vier oder fünf Sterne Kategorie angehören und 200 Zimmer haben. Außerdem muss ein Parkplatz gebaut und das nötige Wegesystem angelegt werden.
Überlandtransport und Verkehrsinfrastruktur	**a) Herstellung von Containern für Trockenfracht** Die in Kuba existierenden Anlagen in der Fabrik COMMEC sollen erweitert werden. Die Produktion an Standard- und speziellen Containern könnte auch exportiert werden. Die Produktionskapazität soll 800 bis 1.000 Container jährlich betragen. **b) Fertigung spezieller Fundamente** Der ausländische Partner soll Kapital und Technologie für geologische Studien und Bohrungen und die Anfertigung von Spezialfundamenten einbringen. Der kubanische Partner ist das Unternehmen TRANSPROY.

Tabelle 34 *Investitionsmöglichkeiten im Transportsektor*
Quelle: CPI/MINVEC, 2002: Informática, comunicaciones y transporte: 7ff

6.2.4 Hüttenwesen und Metallverarbeitung

6.2.4.1 Allgemeine Beschreibung des Sektors[1522]

Das Ministerium für Metallverarbeitung und Recycling SIME *(Ministerio de la Industria Sideromecánica y de Reciclaje)* ist die oberste Instanz dieses Sektors, der die Bereiche Hüttenwesen, Metallverarbeitung und Recycling umfasst. Mehr als 200 Unternehmen und Forschungszentren sind in das SIME integriert und in 62 Ländern mit Vertretungen präsent.

Hüttenwesen[1523]

ACINOX ist der Industrieverband für Stahl des SIME und hat eine Kapazität von 500.000 Tonnen unlegiertem Stahl pro Jahr. Die zugehörigen Unternehmen liefern alle möglichen Produkte aus Stahl und Edelstahl, Rohmaterialen für die Stahlindustrie und das Hüttenwesen und bieten Dienstleistungen im Bereich des Ingenieurwesens, des Transport und der Vermarktung an.

Metallverarbeitung und Mechanik[1524]

Die Unternehmen des SIME produzieren eine Vielzahl an Maschinen und Anlagen für die Zuckerindustrie, darunter Erntemaschinen, Bewässerungsanlagen und Transportmittel. Ein weiterer Bereich widmet sich der Herstellung von Transportsystemen für Lasten und Personen und den dazugehörigen Ersatzteilen. Außerdem werden Industrieanlagen, darunter Notstromaggregate, Druckluftkompressoren, Fabrikeinrichtungen und Instrumente für den medizinischen Bereich hergestellt. Des Weiteren werden Anlagen für den Ausbau der Infrastruktur (Pumpen, Schleusen, Energieversorgung, etc.), Konsumgüter und Produkte für den Tourismusbedarf hergestellt.

[1522] vgl. CPI/MINVEC, 2002: *Industria Básica y Sideromecánica:* 13
[1523] vgl. ebd.: 13
[1524] vgl. ebd.: 13f

Recycling[1525]

Die Leistungen der Unternehmen dieses Bereichs reichen vom Abriss von Industrieanlagen über das Recycling von Wertstoffen bis zur Beseitigung von Altlasten. Mithilfe von internationalen Projekten wird versucht, das technologische Niveau ständig zu verbessern.

6.2.4.2 Investitionsmöglichkeiten[1526]

Investitionsmöglichkeit	Beschreibung
Lieferung und Montage eines Transformators mit einer Leistung von 12 MVA + 20%	Das Unternehmen Antillana de Acero benötigt einen neuen Transformator, da der jetzige bereits zehn Jahre in Betrieb ist. Man verspricht sich von der neuen Anlage eine Reduktion der Schmelzzeit um 27% und eine Ertragssteigerung bei der Stahlproduktion. Die Investition soll durch eine Produktionskosteneinsparung um 0,67 USD pro Tonne Stahl finanziert werden.
Modernisierung der Kompressorenanlage im Unternehmen Antillana de Acero	Die Kompressoren aus dem Jahr 1963 mit einer Leistung von 6,3 bar und einer Arbeitsspannung von 6000 V sollen durch moderne Kompressoren mit einer Leistung von 7,5 bar und einer Spannung von 440 V ersetzt werden. Das Projekt umfasst auch den Einbau von Kaltluftleitungen, die Erneuerung der Energieversorgung, die Ebnung des Fundaments, etc. Die Investition soll durch eine Produktionskosteneinsparung von 0,43 USD pro Tonne Laminat finanziert werden.
Ausweitung des Exports von Haushaltsgeräten	Der Hersteller von Haushaltsgeräten INPUD möchte seine Exporte nach Lateinamerika ausdehnen und muss daher seine Kapazitäten erweitern. Bisher werden folgende Produktgruppen hergestellt: Haushaltsgeräte, Produkte aus Plastik (Flaschen, Tonnen, etc.), Elektrogeräte (Beleuchtung, Steckdosen, etc) und Werkzeuge (Formen, Stanzwerkzeuge, etc.).
Modernisierung der Produktionsanlagen für Formen und Stanzwerkzeuge	Das Unternehmen INPUD muss seine Anlagen für die Herstellung von Formen und Stanzwerkzeugen für die Bearbeitung von Metall und Plastik modernisieren. Hierfür werden Anlagen, Werkzeuge und Software benötigt. Mithilfe der Anlagen soll die Produktion wettbewerbsfähiger Produkte für den Export möglich werden.

[1525] vgl. CPI/MINVEC, 2002: *Industria Básica y Sideromecánica:* 14
[1526] vgl. ebd.: 14ff

Einrichtung einer Linie für Reinigung und Anstrich von Kanistern	Das Unternehmen „Marcel Bravo" möchte eine Linie für den Anstrich von Kanistern mit einer Kapazität von 800 Einheiten pro Schicht erwerben. Die Anlagen sollen die Kanister entfetten, die Oberfläche behandeln und automatisch innen und außen anstreichen und trocknen. Momentan liegt der monatliche Bedarf an Kanistern für die Verpackung von Ölen, Farben, Honig, Säften, etc. bei rund 40.000 Einheiten pro Monat.
Produktion von Rohren und Tanks	Das Unternehmen „Juan Manuel Márquez" möchte Spitzentechnologie mit einem hohen Automatisierungsgrad für die Herstellung von Rohren und Tanks für die Weiterleitung und Aufbewahrung verschiedener Stoffe erwerben. Die Produkte müssen äußerst resistent, dicht und umweltverträglich sein und eine Lebensdauer von 50 Jahren haben. Sie werden insbesondere im Bereich der Erdöl- und Erdgasförderung eingesetzt.
Herstellung von Verpackungen aus Metall	Der Unternehmensverband „Grupo Industrial Empaque" möchte die Produktion metallischer Verpackungen hoher Qualität für die verschiedensten Ansprüche aufbauen. Ziel ist es, 61% der nationalen Gesamtnachfrage an metallischen Verpackungen abzudecken und einen Teil der Produktion zu exportieren. Die Verpackungen sollen insbesondere im Lebensmittelbereich und der Leichtindustrie eingesetzt werden.
Modernisierung der Werkstätten DIVEP	Das Unternehmen DIVEP verwaltet seit 25 Jahren ein Netz von mittlerweile stark veralteten Werkstätten. Um den ständig steigenden Bedarf an Reparaturen und anderen Dienstleistungen decken zu können, müssen dringend Investitionen getätigt werden, um vorhandene Anlagen ersetzen und neue installieren zu können. Die Infrastruktur und die Gebäude sind bereits vorhanden.
Produktion von Ersatzteilen für Autos	Der Partner für dieses Projekt ist das Unternehmen AUTOPARTES der Gruppe UNECAMOTO, welches seine Anlagen für die Herstellung von Autoersatzteilen jeglicher Art modernisieren und erweitern möchte. Diese Investition soll Importe ersetzen, Devisen sparen und Arbeitsplätze schaffen. Die Produkte sollen den nationalen Markt befriedigen und in PKW und Kleintransportern zum Einsatz kommen.
Modernisierung von Plastfertigungsanlagen	Die Plastfertigungsfabrik „Cajimaya" sucht Investoren für die Finanzierung neuer Werkzeuge und Anlagen für die Verarbeitung von Plaste. Die Fertigung soll sich insbesondere auf Teile für Bewässerungsanlagen, Telekommunikationsnetze und Wasserleitungen spezialisieren. Das Land importierte in den letzten drei Jahren Rohre für 21 Millionen Dollar und möchte diese Importe durch eigene Produktion ersetzen. In den nächsten zehn Jahren könnten die Produkte zur Digitalisierung der Kommunikation beitragen, so dass man vom Vorhandensein eines großen Marktes ausgeht. Das Unternehmen verfügt über Infrastruktur und Gebäude. Die Anlagen sollen eine Kapazität von 7.000 Tonnen Rohmaterial pro Jahr haben.

Aufbau einer Flotte zur Verschrottung von Schiffswracks	Das Ziel dieses Projektes ist es, eisenhaltigen Schrott von havarierten Schiffen in der Region zu gewinnen, die nicht bis zu einer Verschrottungsanlage geschleppt werden können. Die Flotte soll aus einem Schlepper, einem Transportschiff und den nötigen Werkzeugen bestehen. Studien ergaben, dass mehr als 300.000 Tonnen verwertbarer Schrott die Häfen und Buchten der Länder der Region verunreinigt und behindert. Der ausländische Partner soll finanzielle Mittel und Anlagen mitbringen.
Aufbau einer Schrottpresse	Diese Anlage soll vor allem alle Transportfahrzeuge des westlichen Teils des Landes verschrotten und jährlich etwa 24.000 Tonnen Wertstoffe aus diesem Prozess gewinnen. Die Produktion dieser Anlage soll vollständig exportiert werden. Der ausländische Partner soll die finanziellen Mittel und Teile der Anlagen beisteuern.
Aufbereitung von städtischem Müll	Es wird eine Anlage zur Trennung und Klassifizierung von städtischem Müll mit großem Anteil an Handarbeit benötigt. In Kuba fallen mehr als 8.400 Tonnen Abfall pro Tag an. Rund 37% dieser Menge ist wieder verwertbar.
Gewinnung von festem Brennstoff aus städtischem Müll	Große Teile des anfallenden städtischen Mülls werden auf Deponien gelagert. Dabei handelt es sich vorwiegend um organisches Material und nicht recyclebare Stoffe. Diese Mischung hat einen relativ hohen Brennwert und könnte als Brennstoff in verschiedenen Industrien eingesetzt werden. Täglich fallen rund 28 Tonnen dieses Müllgemischs an. Es sollen verschiedene Technologien installiert werden, die für die Gewinnung von Energie aus diesen Materialien geeignet sind. Man geht davon aus, dass eine solche Anlage bis zu 10.000 Tonnen Brennmaterial pro Jahr gewinnen könnte.
Bau einer Schuttaufbereitungsanlage	In Kuba fallen riesige Mengen an Schutt aus dem Abriss von Gebäuden an. Gleichzeitig wird ein steigernder Bedarf an Füll- und Zuschlagstoffen verzeichnet, der aufgrund der hohen Umweltbelastung nur eingeschränkt durch die Erschließung neuer Steinbrüche gewonnen werden kann. Der anfallende Bauschutt könnte die Funktion des Rohstoffes bei der Gewinnung von Füllmaterial übernehmen. Daher wird der Bau einer Anlage vorgeschlagen, die rund 30.000 m^3 Schutt pro Jahr zu feinem bis groben Füllmaterial mahlen kann. Dieses soll für den Bau von Wegen, in der Konstruktion und der Herstellung von Baumaterial eingesetzt werden.
Bau einer Anlage für die Aufbereitung von Reifen	In Kuba gibt es eine wachsende Menge an Altreifen, deren Recycling eine wirtschaftliche Notwendigkeit geworden ist. Jährlich fallen rund 500.000 Tonnen Reifen an. Dieses Material könnte als Brennstoff in der Zucker- oder Zementindustrie eingesetzt werden. Eine Tonne Gummi hat einen Brennwert von 7641 kcal pro Kilo und entspricht somit einer Tonne Erdöl. Weitere Verwendungsmöglichkeiten könnten die unbrauchbaren Reifen in Form von Granulat zum Beispiel im Straßenbau oder in der Konstruktion finden.

Erweiterung der Kapazitäten für die Abwrackung von Schiffen	Die Unternehmensunion UERMP widmet sich dem Recycling von Wertstoffen und konzentriert sich hauptsächlich auf Eisenschrott. Aufgrund der hohen Nachfrage müssen neue Quellen für dieses Material erschlossen werden. In den nächsten zehn Jahren müssen 265 Boote und Schiffe der kubanischen Flotte abgewrackt werden. Diese und die Schiffe anderer Länder sollen aufgekauft werden. Die Kapazität der Abwrackungsanlage in Havanna soll auf sechs Schiffe gleichzeitig und 65.000 Tonnen Stahl pro Jahr erweitert werden.

Tabelle 35 *Investitionsmöglichkeiten im metallverarbeitenden Sektor*
Quelle: CPI/MINVEC, 2002: Industria Básica y Sideromecánica: 14ff

6.2.5 Bauwesen

6.2.5.1 Allgemeine Beschreibung des Sektors[1527]

Das MICONS *(Ministerio de la Construcción)* ist die für diesen Sektor verantwortliche staatliche Institution. Ihr Verantwortungsbereich erstreckt sich über die geologische und ingenieurtechnische Forschung für das Bauwesen, die Planung von Bauvorhaben und deren Durchführung, die Wartung und Sanierung von Gebäuden, den Bau staatlicher Großprojekte, die Herstellung von Fertigteilen aus Beton und die Produktion und Vermarktung von Baumaterialien. Das MICONS kontrolliert zudem die Einhaltung der geltenden Baurichtlinien und vergibt Baulizenzen. Es zeichnet für 60% aller Bauaktivitäten im Land verantwortlich. 318 Unternehmen sind dem MICONS untergeordnet und in drei Unternehmensverbände eingegliedert: GESTCONS für die Bereitstellung von Transportmöglichkeiten, GEICON für die Durchführung von Bauvorhaben und UREA für Architektur und Ingenieursdienstleistungen. Hinzu kommen Versicherungsgesellschaften, Sicherheitsfirmen und elf Handelsgesellschaften. Alle Unternehmen befinden sich im Prozess der Perfektionierung. Folgende Tabelle beschreibt kurz die Bereiche des Sektors, die sich der Herstellung von Baumaterialien widmen:

[1527] vgl. CPI/MINVEC, 2002: *Construcción y Recursos Hidráulicos:* 2ff

6.2.5.2 Investitionsmöglichkeiten

Bereich	Investitionsmöglichkeit
Füll- und Zuschlagstoffe	**Bau von Anlagen für die Produktion von Kalk** In Havanna und Ciego de Ávila sollen zwei Fabriken installiert werden. Der ausländische Partner soll Finanzierung, Technologien und Zugang zu Exportmärkten einbringen.
Keramik	**a) Modernisierung einer Fabrik für Bodenfließen** In der Provinz Havanna befindet sich eine Fabrik für Bodenfließen, die modernisiert werden soll. Die Fabrik ist für eine Maximalkapazität von 1,04 Millionen m² pro Jahr ausgelegt. Nach der Modernisierung sollen mindestens 3.700 m² pro Tag hergestellt werden. **b) Bau einer Fabrik für Bodenfließen** Das Ziel besteht darin, neue Kapazitäten in Höhe von 2,3 Millionen m² pro Jahr bzw. 7.000 m² pro Tag zu schaffen. Es ist bereits ein entsprechendes Gebäude mit der nötigen Infrastruktur und Büroräumen vorhanden. Der Investor soll Spitzentechnologie einbringen, damit die Qualität der Produkte erhöht werden kann. **c) Modernisierung einer Fabrik für Sanitäranlagen** Mithilfe ausländischer Beteiligung soll die bisherige traditionelle Produktion schrittweise durch Spitzentechnologie ersetzt werden, wodurch die Arbeitsbedingungen verbessert und der Energieverbrauch drastisch gesenkt werden könnte.
Aluminiumtischlerei, Elektroschaltkreise und metallische Strukturen	**a) Fabrik für Fließpressung und Lackierung von Aluprofilen** Die Investition soll in einer Fabrik in Havanna getätigt werden. Neben den Anlagen für die Herstellung und Veredelung von Aluprofilen sollen auch die Glasschneideanlagen modernisiert werden. Der ausländische Partner soll Technologie und Finanzierung einbringen. **b) Fabrik für die Herstellung von Aluminiumstrukturen** Es soll eine Fabrik in Havanna errichtet werden, die mindestens 10.000 Tonnen Aluminiumschrott pro Jahr zu Aluminiumstrukturen verarbeitet. Der lokale Markt weist eine potentielle Nachfrage von rund 2.800 Tonnen pro Jahr auf, weshalb der ausländische Partner Zugang zu Exportmärkten einbringen muss.
Faserzement, Dichtungen, PVC	**a) Rohre und Verbindungsstücke aus Gusseisen** Die bisherige Kapazität für diese Produkte beträgt 3.000 Tonnen pro Jahr. Der Investor soll Technologien, Zugang zu Märkten, eine Effizienzerhöhung der Schmelzöfen und Finanzierung einbringen. Die Nachfrage beträgt derzeit mehr als 100.000 Tonnen jährlich. **b) Rohre aus PVC** Dieses Projekt hat das Ziel, die bisherigen Importe an PVC-Rohren durch eigene Produktion zu ersetzen. Bisher können nur Rohre mit einem Durchmesser von 100 mm hergestellt werden, die neue Anlage soll Rohre mit bis zu 500 mm Durchmesser produzieren. Der Investor soll Technologien und Finanzierung einbringen. **c) Rohre aus Polyethylen** Mithilfe ausländischer Investition soll dieser Industriezweig in Kuba eingeführt werden, da eine steigende Nachfrage zu verzeichnen ist. **d) Herstellung von PVC-Granulat** Dieses Projekt umfasst die Einrichtung einer Fabrikationslinie für

	PVC-Granulat aus Rohmaterial. Für jedes PVC-Produkt soll somit eine optimale Mischung zusammengestellt werden können. Der Partner soll vor allem Technologien und Finanzierung einbringen. **e) Herstellung von Tanks und Kanistern aus Propylen** Es gibt in Havanna eine Fabrik für die Herstellung von Tanks aus Asbestzement. Um den Umwelteinfluss zu mindern, soll die Fabrik auf die Nutzung von Propylen umsteigen. Der Investor soll Technologien und Finanzierung beisteuern. **f) Herstellung von Gipskartonplatten** Die existierende Fabrik verwendet im Moment ebenfalls Asbest für die Herstellung von Platten und soll auf die Nutzung von Gipskarton umgestellt werden. Der ausländische Partner soll die nötigen Technologien und die Investitionskosten einbringen.

Tabelle 36 *Investitionsmöglichkeiten im Bauwesen*
Quelle: CPI/MINVEC, 20002: Construcción y Recursos Hidráulicos: 4ff

6.2.6 Leichtindustrie

6.2.6.1 Allgemeine Beschreibung des Sektors[1528]

Die Leichtindustrie blickt auf eine mehr als 60jährige Tradition zurück. Ab 1971 wurde dieser Industriezweig durch zahlreiche Investitionen ausgeweitet. 1990 erlebte der Sektor einen Einbruch aufgrund des Fehlens von Rohstoffen. Die Gesamtproduktion fiel um 70%. Ab 1994 erholte sich die Leichtindustrie wieder und viele der Fabriken nahmen ihre Tätigkeit wieder auf. 1997 wurde ein neuer Modernisierungsprozess initiiert. Mithilfe der Einführung von Spitzentechnologie soll die Wettbewerbsfähigkeit der Produkte wiederhergestellt werden. Es gibt sieben Unternehmensverbände, die vom Ministerium für Leichtindustrie MINIL *(Ministerio de la Industria Ligera)* koordiniert werden. Die Verbände widmen sich den Bereichen Textilien, Bekleidung, Leder und Schuhe, Möbel, Parfüm und Kosmetik, Plastik und Keramik und Druckereiwesen. Der Sektor umfasst mehr als 120 Unternehmen und Fabriken. Jeder Unternehmensverband hat eine Handelsfirma, die die jeweiligen Produkte in Kuba vertreibt oder exportiert. Die Produktionskapazitäten wurden einer Redimensionierung unterworfen, damit die Unternehmen flexibler auf die Entwicklungen des Marktes reagieren können. Es bestehen zurzeit 50 internationale Produktionskooperationen, neun Joint Ventures und zehn internationale Wirtschaftsallianzen.

[1528] vgl. CPI/MINVEC, 2002: *Industria Ligera:* 1

6.2.6.2 Investitionsmöglichkeiten[1529]

Bereich	Investitionsmöglichkeiten
Textilindustrie	a) **Herstellung von Stoffen für Kurzwaren und Kleidung** Das Textilunternehmen „Desembarco de Granma" in Santa Clara möchte sich für die Ausweitung der Produktion dieser Stoffe mit einem ausländischen Partner zusammenschließen. Die Nachfrage beträgt momentan zehn Millionen m² und kann nicht befriedigt werden. Der kubanische Partner bringt Fabrikanlagen, Infrastruktur, Personal und Zugang zum nationalen Markt ein. Der ausländische Partner soll Zugang zu Exportmärkten und Finanzierung beisteuern. b) **Herstellung von Geweben für Wandbespannung** 2001 wurde das Unternehmen BELLOTEX gegründet, um die Tourismusindustrie beliefern zu können. Die Produktionsmengen des Unternehmens sind aber noch zu gering. Der Bedarf liegt bei ca. 600.000 m² jährlich für Wandbespannungen und 2,5 Millionen m² für Gardinen. Mithilfe ausländischer Beteiligung soll das Werk 40% dieser Nachfrage decken können. c) **Herstellung und Vermarktung von Jutesäcken** Das Unternehmen SAKENAF II möchte sich für die Produktion und Vermarktung von Jutesäcken mit einem ausländischen Partner zusammenschließen. Es hat Kapazitäten für die Herstellung von 16 Millionen Säcken pro Jahr. Das Unternehmen steuert Fabrikanlagen, Infrastruktur und Personal bei, der Partner soll Marktzugang und Kapital einbringen. Die nationale Nachfrage nach Jutesäcken beträgt 5 Millionen pro Jahr.
Bekleidungsindustrie	a) **Produktionskooperation mit dem Unternehmen PUNTEX** Das Unternehmen PUNTEX sucht ausländische Partner, die im Rahmen einer Produktionskooperation die nötigen Rohstoffe und Technologien für folgende Produkte bereitstellen: Poloshirts für Männer, T-Shirts und Unterwäsche. b) **Produktionskooperationen in weiteren Bereichen** Gesucht werden ausländische Partner, die im Rahmen einer Produktionskooperation die nötigen Rohstoffen und Technologien für folgende Produkte bereitstellen: - Damenmode (Fabrik befindet sich in der Stadt Havanna) - Kindermode (Fabrik befindet sich in der Provinz Havanna)
Druckereiwesen	**Produktion und Vermarktung von Grafikdrucken** Gesucht werden ausländische Partner mit Interesse an der Herstellung und Vermarktung von Büchern, Broschüren, Zeitschriften, etc. für folgende Unternehmen: - Das Unternehmen „Juan Marinello". Es verfügt über deutsche Technologie für Drucke nach dem Offset Verfahren. Jährlich können 3.750 Tonnen Papier verarbeitet werden. Der ausländische Partner soll Kapital für den Erwerb von Rohstoffen und Ersatzteilen und Marktzugang einbringen. - Das Unternehmen „Haydeé Santamaría". Es verfügt über

[1529] vgl. CPI/MINVEC, 2002: *Industria Ligera:* 2ff

	deutsche Technologie für Drucke nach dem Offset Verfahren. Jährlich können neun Millionen Tonnen Papier verarbeitet und 25 Millionen Bücher hergestellt werden. Der ausländische Partner soll Kapital für den Erwerb von Rohstoffen, Materialien und Ersatzteilen und Marktzugang einbringen.
Plastik- und Keramikindustrie	**a) Produktion und Vermarktung von Sanitärrohren** Es soll ein Unternehmen für die Herstellung von Sanitärrohren gegründet werden. Man möchte 10,4 Millionen Meter Rohre und zwei Millionen Stück Einzelteile produzieren. 30% der Produkte sollen in Kuba verkauft werden. Der ausländische Partner soll Zugang zu Exportmärkten für die restliche Produktion und Finanzierung einbringen. **b) Produktion von extrudierten Polyethylennetzen** Das Unternehmen CEPIL in Ciego de Ávila sucht einen Partner für die Herstellung von Polyethylennetzen und deren Vermarktung. Die Produktionskapazität beträgt zehn Millionen Säcke. Es sind vier Extruder und sechs Nähmaschinen italienischer Herkunft aus dem Jahr 1989 vorhanden. Der Partner soll Marktzugang und Finanzierung beisteuern. **c) Produktion und Vermarktung von Polyethylenfolie** Das Unternehmen „Empresa Plásticos Industriales“ sucht einen Partner für die Produktion von Polyethylenfolie. Die Produktionskapazitäten ermöglichen die Herstellung von 1.200 Tonnen Folie pro Jahr auf einem Extruder, mit 36 m Länge und 6 m bis 8 m Breite. Der Partner soll Finanzierung in Höhe von 875.000 USD und Zugang zu Märkten beisteuern. **d) Produktion von Keramikprodukten** Das Kombinat für Keramikprodukte auf der Jugendinsel Isla de la Juventud stellt jährlich 1.900 Tonnen an Produkten aus Porzellan her, darunter Sanitäreinrichtungen, Dekorations- und Gebrauchsgegenstände und Isolatoren. Der ausländische Partner soll Finanzierung für den Kauf von Rohstoffen und Zugang zu Exportmärkten einbringen.
Leder- und Schuhindustrie	**Gründung von Produktionskooperationen** Dieser Industriezweig ist an der Gründung von Produktionskooperationen interessiert, in deren Rahmen der ausländische Partner Finanzierung, Technologien, Rohstoffe und Zugang zu Exportmärkten einbringen soll. Folgende Bereiche kommen in Frage: Formen und Material für die Herstellung von Gummischuhsohlen, Bestandteile für Schuhe, Formen und Rohstoffe für die Produktion Schuhe aus Plastik.
Möbelindustrie	**Gründung von Gemeinschaftsunternehmen** Die Gruppe DUJO sucht ausländische Partner, die im Rahmen von Kooperationen oder anderen Formen von Gemeinschaftsunternehmen Finanzierung, Technologien und Zugang zu Exportmärkten einbringen. Folgende Bereiche sind denkbar: Humidore, Beleuchtungsanlagen, Polstermöbel, Gartenmöbel, Küchenmöbel, Fenster und Markisen.

Tabelle 37 *Investitionsmöglichkeiten in der Leichtindustrie*
Quelle: CPI/MINVEC, 2002: Industria Ligera: 2ff

7 Marktbearbeitung

Viele der im Folgenden angegebenen Informationen stammen aus zehn Interviews mit deutschen Unternehmern, die im Juni/Juli 2003 in Havanna geführt wurden. Bei den Interviewpartnern handelte es sich sowohl um Unternehmer, die im Moment nur nach Kuba exportieren, als auch um solche, die entweder in einer der *Zonas Francas* Kubas ihren Firmensitz haben oder bereits ein Joint Venture mit einem kubanischen Partner gegründet haben. Ein weiterer Teil der Informationen stammt aus der Begleitung einer deutschen Firma bei der Aufnahme ihrer Geschäftstätigkeiten in Kuba durch die Autorinnen.

7.1 Allgemeines Vorgehen

Folgendermaßen entwickelt sich im Regelfall eine Geschäftsbeziehung oder eine Investition auf dem kubanischen Markt:

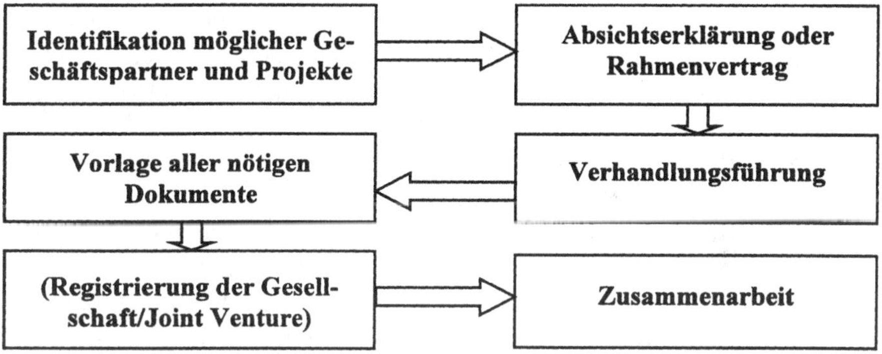

Abbildung 35 *Generelles Vorgehen bei der Bearbeitung des kubanischen Marktes Quelle: Centro de Promoción de Inversiones CPI/MINVEC, 2002 (a): "Invertir en Cuba", CD-ROM*

Zunächst muss ein kubanisches Unternehmen oder eine Institution ausfindig gemacht werden, die daran interessiert und befugt ist, mit einem ausländischen Unternehmen zusammen zu arbeiten, wobei es sich um ein einfaches Exportgeschäft bis hin zur Gründung eines Joint Ventures handeln kann. In Kuba ist es üblich, dass mit dem Partner zunächst eine so genannte Absichtserklärung *(carta de intención – let-*

ter of intent) unterzeichnet wird, die im Prinzip nur das Interesse beider Seiten an gemeinsamen Geschäften dokumentiert.[1530] Allerdings haben diese Erklärungen keine Verbindlichkeit und stellen für die kubanische Seite oft vor allem einen Prestigefaktor dar.[1531]

Während der Verhandlungen mit dem kubanischen Partner muss festgelegt werden, welche Form die zukünftige Zusammenarbeit annehmen soll. Ein einfaches Exportgeschäft muss, je nach Größenordnung, meist nur vom Ministerium, dem die kubanische Firma angehört, genehmigt werden. Kommt es zur Bildung eines Joint Ventures oder einer anderen Art von Kooperation, muss eine gemeinsame Machbarkeitsstudie angefertigt werden, die zusammen mit einem Vorschlag bezüglich des Gründungsvertrages, der Satzung und weiteren Dokumenten dem Ministerium für ausländische Investition und wirtschaftliche Zusammenarbeit MINVEC *(Ministerio para la Inversión Extranjera y Colaboración Económica)* vorgelegt werden muss. In den meisten Fällen muss außerdem eine Genehmigung des entsprechen zuständigen Ministeriums und des Verteidigungsministeriums MINFAR eingeholt werden. Das MINVEC leitet alle geprüften Unterlagen dem Exekutivkomitee des Ministerrates oder der zuständigen Regierungskommission weiter, welche das Investitionsprojekt genehmigen oder ablehnen.[1532] Im Falle der Genehmigung wird eine Regierungsresolution ausgestellt, die die Gründung der neuen Gesellschaft rechtskräftig macht. Diese muss im Register ausländischer Investitionen der Handelskammer eingeschrieben werden.[1533] Offizielle Quellen geben an, dass der gesamte Prozess von der ersten Verhandlung bis zur Einschreibung ein Jahr dauert,[1534] deutsche Unternehmer in Kuba gaben einen Zeitraum von etwa 2 Jahren an, bis das erste Geschäft getätigt oder die Einschreibung einer Gesellschaft vollzogen ist.[1535]

1530 vgl. CPI/MINVEC, 2002: *Cuba: Presentación General:* 20
1531 Interview mit einem deutschen Unternehmer in Havanna, 01.07.2003
1532 vgl. CPI/MINVEC, 2002: *Cuba: Presentación General:* 21
1533 vgl. ebd.: 21
1534 vgl. Brier Rivero, 2001: 24
1535 Interviews mit deutschen Unternehmern in Havanna, Juni/Juli 2003

7.2 Aspekte der Marktbearbeitung

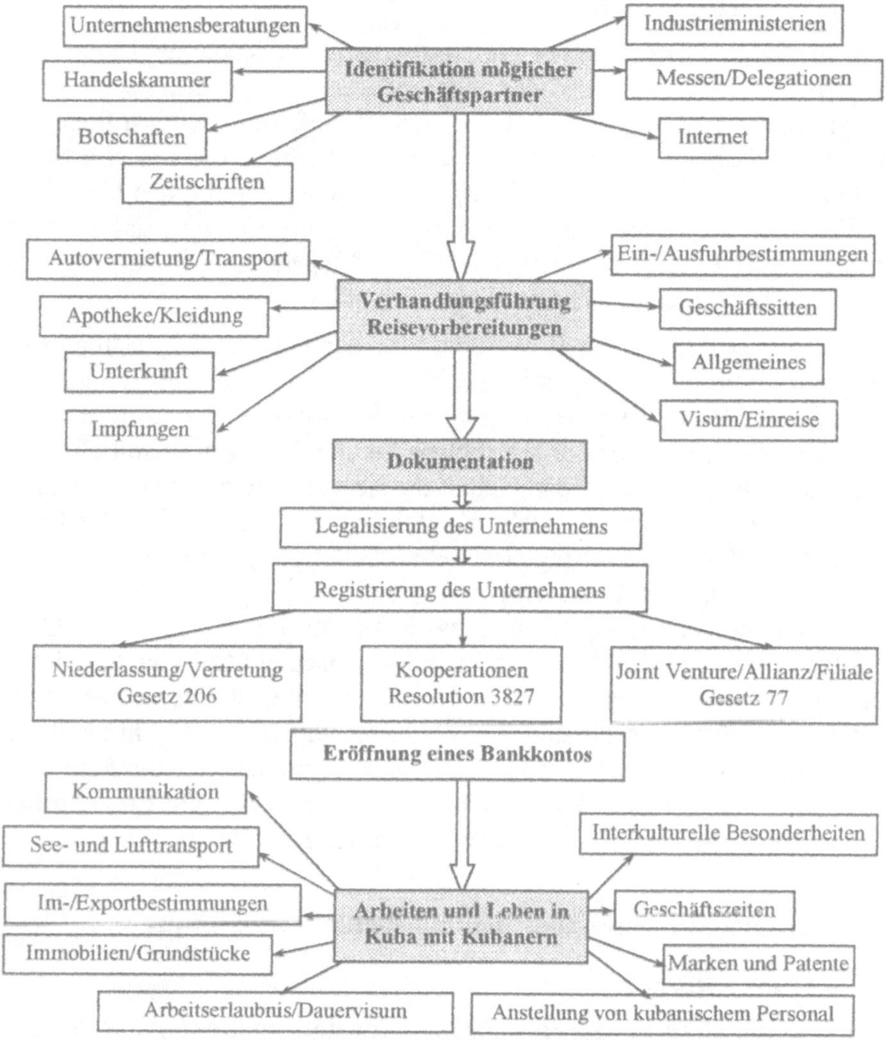

Abbildung 36 *Aspekte der Bearbeitung des kubanischen Marktes*
Quelle: eigene Erarbeitung auf der Grundlage der Interviews mit deutschen Unternehmern mit Kubaerfahrung

7.3 Identifikation von Geschäftspartnern

7.3.1 Allgemeine Hinweise

Die Identifikation möglicher Geschäftspartner in Kuba stellt kein großes Problem dar. Aufgrund der zunehmenden Verbreitung neuer Kommunikationstechnologien wird die Kontaktaufnahme und -pflege erleichtert. Nichtsdestotrotz ist ein Besuch in Kuba nötig, um alle Möglichkeiten zur Geschäftsanbahnung kennen zu lernen und das Vertrauen der Partner bei ersten Gesprächen zu gewinnen. Obwohl das Internet immer mehr Einzug in kubanische Geschäftspraktiken findet, ergeben sich Geschäfte meist aus persönlichen Kontakten.

Ausländische Unternehmer werden sehr schnell von Mittelsmännern angesprochen, die sich gegen Bezahlung als Vertreter anbieten. Diese Praktik ist illegal. Kubaner dürfen nur für ausländische Unternehmer arbeiten, wenn sie von der staatlichen Personalagentur vermittelt werden. In diesem Fall wird das Gehalt an die vermittelnde Stelle gezahlt. Des Weiteren vermitteln solche Kontaktmänner selten sinnvolle Kontakte. Die Verschlechterung der Lebensbedingungen treibt zahlreiche Kubaner dazu, sich komplementäre Einkommensquellen zu erschließen. Ausländische Unternehmer, die in kubanischen Augen viel Geld besitzen und keine Erfahrung auf dem kubanischen Markt haben, bieten sich hierfür an. Unternehmer mit Kuba-Erfahrung warnen davor, sich mit solchen Personen einzulassen.[1536] Es ist von großer Wichtigkeit für das Gelingen des Geschäftes, dass eine Vertrauensperson gefunden wird, die sich auf dem kubanischen Markt auskennt, die Sprache beherrscht und dieselben Ziele wie das Unternehmen verfolgt.

7.3.2 Informationsbeschaffung und Kontaktanbahnung

7.3.2.1 Das Internet

Das Internet stellt für die Beschaffung von Informationen und die Suche nach Geschäftspartnern eine kostengünstige Option dar, die allen

---

[1536] Interview mit einem deutschen Unternehmer in Havanna am 01.07.2003, Interview mit einer Vertreterin der Handelskammer in Havanna am 04.12.2003 und eigene Erfahrungen aus der Betreuung eines deutschen Unternehmens auf dem kubanischen Markt.

weiteren Bemühungen vorausgehen sollte. Alle wichtigen Institutionen Kubas verfügen über eine Website, auf der man sich über aktuelle Geschäftsmöglichkeiten, das Geschäftsumfeld und mögliche Partner informieren kann. Folgende Seiten sind empfehlenswert:

- Die Handelskammer der Republik Kuba: www.camaracuba.cu
  Informationen bezüglich Geschäftsmöglichkeiten, Messen, Gesetzgebung und Sektoren und zahlreiche Kontaktadressen
- *Cubaweb*: www.cubaweb.cu
  Links zu Institutionen und Unternehmen, Informationen zu Messen und Ausstellungen, landeskundliche Informationen
- Webseite der Regierung: www.cubagob.cu
  Informationen zum Land, zu den Provinzen, Statistiken sowie Links zu wichtigen Institutionen oder Unternehmen
- *Cuba a la mano* von IPS: www.ipsnoticias.net/cubaalamano
  Unabhängige Informationen über Wirtschaft, Politik und soziale Situation, zum Teil kostenlos, zum Teil nur gegen Gebühr erhältlich. Seit 2004 sind alle Artikel auch in Englisch erhältlich.
- Webseite der Zeitung *Granma International*: www.granma.cu
  Nachrichten aus Kuba, auch in Deutsch, offizielles Organ des Zentralkomitees der Kommunistischen Partei Kubas

7.3.2.2 Die Handelskammer der Republik Kuba[1537]

Informationen für ausländische Unternehmer

Die Handelskammer stellt für ausländische Unternehmer zahlreiche Informationen über den kubanischen Markt bereit, darunter:

- Informationen über kubanische Exporteure und Importeure
- Informationen zu Vertretungen ausländischer Unternehmen
- Das aktuelle Messe-, Ausstellungs- und Eventprogramm Kubas
- Informationen über die aktuelle Handelsgesetzgebung
- Allgemeine Hinweise für das Tätigen von Geschäften in Kuba

Viele der Informationen sind auf der Website zum Teil kostenlos erhältlich. Für den uneingeschränkten Zugang zu allen Informationen

[1537] vgl. Cámara de Comercio de la República de Cuba, 2002 (a): 13ff über Login und Passwort muss man sich für 50 USD jährlich für den *Campus Empresarial* registrieren lassen.

Förderung internationaler Beziehungen

Die Handelskammer organisiert Delegationsreisen kubanischer Unternehmen ins Ausland und knüpft für Delegationsreisen aus dem Ausland Kontakte mit kubanischen Firmen. Sie arbeitet mit über 80 Institutionen anderer Länder zusammen. Das *Eurocentro* für unternehmerische Zusammenarbeit bemüht sich darum, eine größere Annäherung zwischen europäischen und kubanischen Unternehmen zu erreichen.

Messen und Ausstellungen

Die Handelskammer organisiert die Teilnahme ausländischer Unternehmen an den kubanischen Messen und leitet selbst die virtuelle Messe FERCAMARA, in deren Rahmen kubanische Produkte und Dienstleistungen im Internet 365 Tage im Jahr ausgestellt werden.

7.3.2.3 Zeitschriften

Es gibt drei Zeitschriften, die sich vornehmlich der Wirtschaft widmen und die eine Rubrik Vermittlung von Geschäftskontakten enthalten:

- *Cuba Foreign Trade*[1538] erscheint aller drei Monate und wird von der kubanischen Handelskammer herausgegeben. Die Zeitschrift erscheint in Spanisch und Englisch und beinhaltet Informationen zu Aktivitäten der Handelskammer, der aktuellen Handelsgesetzgebung und Geschäftsmöglichkeiten in Kuba.
- *Opciones* erscheint wöchentlich und liefert aktuelle Informationen zu wirtschaftlichen Themen mit besonderem Fokus auf die Tourismusbranche. Ihr liegt immer ein Teil mit Geschäftskontakten bei. Sie ist im Internet unter der Adresse www.opciones.cubaweb.cu erhältlich.
- *Negocios* erscheint wöchentlich unter www.prensa-latina.org. Die Zeitschrift liefert Informationen zu einzelnen Sektoren und Unternehmen und Analysen bestimmter Aspekte der kubanischen Wirtschaft. Sie beinhaltet eine Sektion mit Geschäftsmöglichkeiten.

[1538] vgl. Cuba Foreign Trade, 03/02: 81

7.3.2.4 Messen und Delegationsreisen

Seit 1999 beteiligt sich Deutschland an der jährlich im November stattfindenden größten kubanischen Industriemesse FIHAV. 2002 nahmen 50 deutsche Aussteller daran teil.[1539] 2003 nahmen erstmals auch Unternehmer aus den USA teil.[1540] Der Antrag auf Beteiligung kann bei PABEXPO, dem Veranstalter der Messe, gestellt werden. Meist informieren auch die deutschen IHK über die mögliche Beteiligung. Die Unterlagen müssen mindestens 30 Tage vor Beginn der Messe eingereicht werden. Die Hälfte der Gebühren sind bei Antragstellung und die restlichen 50% mindestens 20 Tage vor Beginn der Messe fällig. Die Kosten für einen Stand betragen zwischen 60 USD/m^2 für einen Außenstand und 130 USD/m^2 für einen Stand im Ausstellungsgebäude. Informationen sind auf der Website von PABEXO zu finden.[1541] Weitere internationale Messen in Kuba sind:

Messe	Monat	Inhalt
FECONS	April	Konstruktionstechnologie, Transport- und Kommunikationsanlagen, Bauprojektierung
TECNOTUR	April	Technologie, Anlagen und Zubehör für Hotels, Restaurants, Cafeterias, Bars und Diskotheken
EXPOAGUA	Mai	Anlagen für die Wasserindustrie, Wasserbehandlung, Systeme für Wassermessungen und Qualitätskontrolle
INFORMATICA	Mai	Automatisierung, für die Herstellung elektronischer Komponenten, Robotertechnologie, Informationstechnologie
CUBADISCO	Mai	Musikmarkt, Musikinstrumente und Zubehör, Audio- und Videoanlagen und Zubehör, Musikvideos
EXPOAZUCAR	Juni	Anlagen und Zubehör für die Zuckerindustrie, Kommerzialisierung der Produkte der Zuckerindustrie
FIMAE	Juli	Technologie, Zubehör für Textil-, Schuh-, Bekleidungs- und Möbelindustrie, Beleuchtung, Innenausstattung
METANCIA	Juli	Schwerindustrie, Mechanik, Technologie, Industrie- und Haushaltsprodukte, Maschinen, Werkzeuge, Zubehör
FIT	Sept.	Anlagen, Zubehör und Dienstleistungen für den Transport
FIHAV	Nov.	Konsumgüter, Anlagen und Maschinen, Technologie, Rohstoffe, Dienstleistungen
FIART	Dez.	Kunsthandwerk

Tabelle 38 *Internationale Messen in Kuba*
Quelle: PABEXPO/Palacio de Convenciones, www.complejopalco.com (03.03.04)

[1539] vgl. offizielle Website des Auswärtigen Amtes, www.auswaertiges-amt.de (02.03.04)
[1540] vgl. Cámara de Comercio de la República de Cuba, www.camaracuba.cu (03.03.04)
[1541] vgl. www.complejopalco.com (03.03.04)

Es werden auch Delegationsreisen für Unternehmer nach Kuba durchgeführt. 2002 reiste der Wirtschaftsminister von Hessen mit einer Delegation nach Kuba, im April 2002 der Wirtschaftsminister von Baden-Württemberg und im März 2003 der Wirtschaftsminister von Bremen.[1542] Walter Döring, ehemaliger Wirtschaftsminister Baden-Württembergs, sagte nach seinem Besuch in Kuba: *„Ich kann unter dem Strich [...] feststellen, dass die Delegationsreise in dieses Land [...] ein außerordentlicher Erfolg war und dass wir alles dafür tun werden, dass die exzellenten Grundlagen, die mit diesem Besuch gelegt worden sind, [...] mit Leben und Inhalten gefüllt werden.“*[1543]

Solche Reisen sind eine gute Gelegenheit, besonders für kleine und mittelständige Unternehmen, sofort Kontakte zu den wichtigsten Unternehmern, Politikern und Institutionen zu knüpfen, da eine Delegation mehr Priorität und Ansehen genießt als ein einzeln reisender Unternehmer. Die baden-württembergische Delegationsreise traf sich zum Beispiel mit sieben kubanischen Ministern und dem Vizepräsidenten Carlos Lage und es wurden erste Absichtserklärungen unterzeichnet.[1544] Die zuständige IHK oder das jeweilige Wirtschaftministerium kann Auskunft über geplante Delegationsreisen geben. Die deutsche Unternehmensberatung CubaCon organisiert und begleitet Delegationsreisen im privaten und öffentlichen Auftrag und kann ebenfalls zahlreiche Informationen zu diesem Thema liefern.[1545]

Eine weitere Möglichkeit, um sich über den kubanischen Markt zu informieren und Kontakte zu Politikern und Wirtschaftsvertretern zu knüpfen, stellen die von deutschen IHK oder Banken organisierten kubanischen Wirtschaftstage dar, an denen hochrangige Delegationen aus Kuba teilnehmen, um über Geschäftsmöglichkeiten zu informieren. Oft sind auch deutsche Unternehmen beteiligt, die über ihre Erfahrungen auf dem kubanischen Markt berichten.[1546]

[1542] vgl. offizielle Website des Auswärtigen Amtes, www.auswaertiges-amt.de (02.03.04)
[1543] Döring, zitiert nach: Richert, Granma Internacional, 12.04.2002, www.granma.cu (03.03.04)
[1544] vgl. Richert, in: Granma Internacional, 12.04.2002, www.granma.cu (03.03.04)
[1545] vgl. CubaCon, www.cubacon.de (03.03.04)
[1546] vgl. CubaCon: *Events mit CubaCon,* www.cubacon.de (03.03.04) und Teilnahme der Autorinnen an der Kuba Wirtschaftspräsentation in München am 22.09.03

7.3.2.5 Die Unternehmensberatungen und das CPI[1547]

Es gibt Unternehmensberatungen in Kuba, die sich auf ausländische Unternehmen spezialisiert haben und diese entweder in marktwirtschaftlichen und/oder rechtlichen Fragen unterstützen. Das bekannteste dieser Unternehmen ist CONAS *(Consultores Asociados)*, welches unter anderem Marktstudien anfertigt, Investitionsprojekte betreut und rechtliche Hilfestellungen gibt. Außerdem publiziert das Unternehmen zahlreiche Dokumente mit Informationen für ausländische Unternehmer. Jährlich erscheint eine CD zum wirtschaftlichen Umfeld Kubas und zur Entwicklung und den Geschäftsmöglichkeiten in den einzelnen Sektoren, außerdem erscheinen häufig kommentierte Sammlungen der wichtigsten Gesetzestexte oder allgemeine Investitionsführer.

Eine weitere für die Förderung ausländischer Investitionen zuständige Institution ist das Zentrum für Investitionsförderung CPI *(Centro de Promoción de Inversiones)*, das dem Ministerium für ausländische Investitionen und wirtschaftliche Zusammenarbeit MINVEC angehört. Das CPI arbeitet häufig mit CONAS zusammen. Es wird zwar kein Rechtsbeistand angeboten, dafür werden aber jährlich Marktstudien durchgeführt, deren Ergebnisse in einem Investitionsführer veröffentlicht werden, der neben dem aktuellen wirtschaftlichen und rechtlichen Umfeld des kubanischen Marktes Angaben zu konkreten Geschäftsmöglichkeiten beinhaltet. Das CPI vermittelt auf Anfrage kubanische Geschäftspartner. Allein im Jahr 2003 wurden insgesamt 3.200 Unternehmer aus 85 Ländern durch das CPI beraten.[1548]

Mehrere deutsche Unternehmer gaben an, dass diese Beratungsfirmen eher wenig nützen, dafür jedoch relativ hohe Preise für ihre Dienste verlangen. Alle stimmten darüber überein, dass es besser ist, selbst die Informationen zu sammeln und eigene Kontakte zu knüpfen.[1549]

7.3.2.6 Die Botschaften

Mögliche Ansprechpartner für Unternehmer, die an einer Investition in Kuba interessiert sind, sind die deutsche Botschaft in Havanna und die

---

[1547] *Centro de Promoción de Inversiones* (Zentrum für Investitionsförderung)
[1548] Untoria Pedroso, in: Diario Granma, 25.01.2004, www.granma.cubaweb.cu (04.03.04)
[1549] Interviews mit deutschen Unternehmern in Havanna im Juni/Juli 2003

kubanische Botschaft in Deutschland. Beide können allgemeine Informationen zu Kuba, zu den einzelnen Sektoren und zu Gesetzgebung und neuen Regelungen bereitstellen. Des Weiteren pflegen sie enge Konakte zu allen wichtigen Institutionen des Landes und sind an der Organisation und Durchführung von Messebeteiligungen und Delegationsreisen beteiligt. Es ist auf jeden Fall sinnvoll, sowohl in der deutschen als auch der kubanischen Botschaft enge Kontakte zu knüpfen, da beide von großer Wichtigkeit für das Projekt sein können.

7.3.2.7 Die Ministerien

Alle kubanischen Unternehmen sind einem Ministerium unterstellt, welches oberste Entscheidungsinstanz für wichtige Projekte ist. Oft besitzt ein Ministerium ein zentrales Importunternehmen, welches je nach Bedarf der zugehörigen Unternehmen Güter und Dienstleistungen im Ausland einkauft. Überschreitet das Importgeschäft die Summe von 50.000 USD, muss das Ministerium das Geschäft autorisieren. Im Falle einer Investition ist es immer das Ministerium, welches den Projektvorschlag prüfen und genehmigen muss, bevor er an das Exekutivkomitee des Ministerrates oder die zuständige Regierungskommission geht. Es ist also von großem Vorteil, wenn Verhandlungen direkt an oberster Stelle im Ministerium angesetzt werden.

Das Ministerium für ausländische Investition und wirtschaftliche Zusammenarbeit MINVEC ist die zuständige Institution für alle Kooperationsprojekte mit ausländischen Unternehmen. Es prüft Anträge hinsichtlich ihrer Übereinstimmung mit politischen und wirtschaftlichen Zielen der Regierung und beteiligt sich aktiv an der Verhandlungsführung. Es vermittelt ebenfalls Kontakte zwischen ausländischen Unternehmen und möglichen kubanischen Partnern. Ein Geschäft in Kuba führt in den meisten Fällen nur über das MINVEC zum Erfolg.[1550]

[1550] vgl. Sitio del Gobierno Cubano, *Ministerio para la inversión extranjera y colaboración económica* MINVEC, www.cubagob.cu (04.03.04)

7.4 Verhandlungsführung[1551]

7.4.1 Geschäftsanbahnung

7.4.1.1 Das richtige Geschäft vorschlagen

Die Kubaner sind im Rahmen der Zusammenarbeit mit ausländischen Unternehmen vor allem an drei Dingen interessiert: Kapital, Technologie und/oder Märkte. Projektideen müssen mindestens einen dieser Faktoren beinhalten. Ausländisches Engagement wird nur in den Bereichen zugelassen, deren Entwicklung für das Land eine Priorität darstellt und wo keine eigenen Kapazitäten vorhanden sind. Ein spektakuläres Beispiel ist die Gründung eines Joint Ventures zwischen dem kubanischen Finlay Institut und dem US-amerikanischen Pharmaziemulti SmithKline Beecham. Kubanischen Wissenschaftlern war es gelungen, einen auf der Welt einmaligen Impfstoff gegen Meningitis B zu entwickeln. Es fehlten ihnen jedoch Erfahrung für den Vertrieb des Produktes und der Zugang zu den Märkten. Beides konnte der Pharmakonzern SmithKline beisteuern, der nun das Produkt, welches bisher als einziges kubanisches Produkt auf dem US-amerikanischen Markt verkauft wird, weltweit vermarktet. Unversehens wurde die Biotechnologie zur *„Hoffnungsträgerin der Revolution.“*[1552] Es ist offensichtlich, dass einem solchen Projekt alle Türen offen stehen. Man hat also wesentlich mehr Chancen, wenn man die Technologien verkaufen will, mit denen Aspirin hergestellt wird, als wenn man versucht, nur das Aspirin nach Kuba zu verkaufen. Ein Geschäft, mit dem man den kubanischen Markt erobern möchte, sollte immer beiden Seiten einen Nutzen bringen und langfristig angelegt sein, das schnelle Geld kann man in Kuba derzeit ganz bestimmt nicht machen.

Außerdem ist zu beachten, dass die kubanische Regierung die Bereiche, in denen bereits Joint Ventures mit ausländischen Unternehmen bestehen, vorerst für weitere Investitionen sperrt. Diese Verfahrensweise liegt darin begründet, dass der Staat an einer übersichtlichen Zahl von ausländischen Unternehmen interessiert ist. Der große Vor-

---

[1551] Anm.: Alle Informationen stammen aus Interviews mit deutschen Unternehmern in Kuba und aus eigenen Erfahrungen der Autorinnen bei der Betreuung eines deutschen Unternehmens auf dem kubanischen Markt.

[1552] vgl. Henkel, 2001: 349ff

teil ist, dass ein ausländischer Unternehmer, der es geschafft hat, eine Investition in Kuba zu tätigen, vorerst keine Konkurrenz zu befürchten hat. Andererseits ist es fast unmöglich, in einen Bereich zu investieren, an dem bereits ausländische Unternehmen beteiligt sind. Man sollte sich vor der Investition von Zeit und Geld in ein Projekt vorher erkundigen, ob bereits Joint Ventures im jeweiligen Bereich bestehen.

7.4.1.2 Die richtigen Vorbereitungen treffen

Das Klima des Landes und die Mentalität der Menschen wecken in vielen Besuchern den Wunsch, sich längerfristig in Kuba niederzulassen. Wer aber ernsthaft an Geschäften interessiert ist, muss sich gut auf die Gegebenheiten des Landes vorbereiten, sowohl auf die Mentalität, Kultur und Eigenheiten der Kubaner als auch auf das politische und legale Umfeld des Landes. Die Kubaner haben ein großes Talent, aus allem einen Vorteil zu schlagen, das sie aufgrund der Mangelwirtschaft schon in die Wiege gelegt bekommen. Deshalb kann es auch im Geschäftsleben vorkommen, dass man die Unkenntnis des ausländischen Partners auszunutzen versucht. Durch eine möglichst genaue Kenntnis der Gegebenheiten sichert sich der ausländische Unternehmer demzufolge selbst ab, verschafft sich aber auch Respekt und demonstriert sein Interesse am Markt und an dem konkreten Geschäft.

7.4.1.3 Den richtigen Verhandlungspartner finden

Für einen kubanischen Unternehmer stellt eine Verhandlung mit einem ausländischen Unternehmer einen Prestigefaktor dar. Man sollte daher vor Verhandlungsbeginn sicherstellen, dass der Partner die nötige Entscheidungsgewalt besitzt, um die Verhandlung zu einem Ergebnis zu führen. Oft stellt sich erst nach langen Verhandlungen und mehreren Besuchen heraus, dass die Entscheidung von jemand anderem getroffen werden muss, mit dem dann erneut verhandelt werden muss. Angesichts der hohen Reise- und Aufenthaltskosten kann dies ein großes Problem darstellen. Allgemein ist es günstig, die Verhandlungen möglichst weit „oben" in der Hierarchie zu führen. Deshalb ist eine gründliche Recherche hinsichtlich der Befugnisse des Verhandlungspartners und der Struktur des Unternehmens unerlässlich.

7.4.1.4 Der Faktor Zeit

Zeit ist für die meisten (deutschen) Unternehmer ein ebenso knappes wie teures Gut. Bevor man ernsthafte Verhandlungen mit kubanischen Unternehmen beginnt, sollte man sich deshalb genau überlegen, wie viel von diesem wertvollen Gut man zu investieren bereit und fähig ist. Zeit gehört zu den wichtigsten Dingen, die man in ausreichender Menge mitbringen sollte. Aufgrund der exzessiven Bürokratie dauert vieles in Kuba extrem lange. Da keiner eine Entscheidung treffen darf und möchte, aus Angst, die eigene Position durch eine Fehlentscheidung zu gefährden, wird immer alles nach oben delegiert, was viel Zeit in Anspruch nimmt. Für jede Handlung wird außerdem eine Vielzahl an Dokumenten benötigt, die beschafft werden müssen. Ein weiterer Grund für den hohen Zeitbedarf liegt in der Tatsache, dass gegenseitiges Vertrauen in Kuba unerlässlich für den Erfolg eines Geschäftes ist. Man muss sich also die Zeit nehmen, seine Geschäftspartner kennen zu lernen. Ständige Präsenz vor Ort ist von enormem Vorteil. Wenn es sich nicht um ein Projekt mit äußerster Priorität für den kubanischen Staat handelt, muss man mit ungefähr zwei Jahren rechnen, bevor das erste Geschäft zum Abschluss gebracht werden kann.

7.4.1.5 Der Faktor Geld

Die Bearbeitung des kubanischen Marktes ist verhältnismäßig teuer. Neben den Reisekosten fallen enorme Kosten für die Bereitstellung aller erforderlichen Dokumente und Garantien an. Ebenfalls nicht zu unterschätzen sind die Kosten für die Informationsbeschaffung. Ein ausländisches Unternehmen, welches sich für Geschäfte mit Kuba entscheidet, muss einen langen Atem haben, um bis zu zwei Jahre bis zum ersten Geschäftsabschluss überstehen zu können.

Außerdem muss beachtet werden, dass kubanische Unternehmen in der Regel große Zahlungsschwierigkeiten haben und nur schwer Kredite erhalten. Mit den neuen Regelungen bezüglich des Besitzes von Devisen könnte sich die Situation zusätzlich verschlechtern. Auch deutsche Kreditinstitute geben eher unwillig Kredite für Geschäfte mit Kuba. Man muss sich also genau überlegen, ob man ein Geschäft vorfinanzieren und Zahlungsziele von bis zu 360 Tagen akzeptieren kann.

Folgende Fragen sollte man sich also stellen, bevor man die ersten Schritte auf dem kubanischen Markt unternimmt:

- Hat mein Produkt oder Projekt einen langfristigen Nutzen (Importsubstitution, Exportfähigkeit, Multiplikatoreffekte auf andere Bereiche der Wirtschaft) für das Land?
- Kenne ich die Rahmenbedingungen des kubanischen Marktes bzw. kann ich die nötigen Informationen beschaffen?
- Habe ich Kontakt zu den tatsächlichen Entscheidungsträgern bzw. kann ich diesen Kontakt herstellen?
- Kann ich die nötige Zeit aufbringen?
- Kann ich das nötige Kapital aufbringen?

Nur wenn diese Fragen positiv beantwortet werden können ist das Risiko überschaubar und der Marktangang kann gewagt werden.

7.4.2 Reisevorbereitungen

7.4.2.1 Impfungen

Für diese Krankheiten sollte vor Reiseantritt ein Impfschutz bestehen:

Krankheit	Bemerkungen zur Impfung
Diphtherie	Muss alle zehn Jahre aufgefrischt werden
Hepatitis A	Muss auf jeden Fall durchgeführt werden
Hepatitis B	Bei Aufenthalten über einen Monat sowie Risikogruppen
Tetanus	Muss alle zehn Jahre aufgefrischt werden
Typhus	Bei unzureichenden Hygienebedingungen (bei Rucksackreisen, etc.)

Tabelle 39 *Empfohlene Impfungen vor Reisenantritt*
Quelle: Der reisemedizinische Infoservice des Tropeninstitutes der Universität München, www.fit-for-travel.de (04.03.04)

Man muss bedenken, dass einige der Impfungen im Abstand mehrerer Wochen wiederholt werden müssen, weshalb man sich rechtzeitig vor der Reise nach den Impfungen erkundigen sollte. Es gibt keine speziellen Impfvorschriften für die Einreise ins Land. Es besteht kein Malaria-Risiko.[1553] Mit folgenden Gesundheitsrisiken muss man rechnen:

1553 vgl. Der reisemedizinische Infoservice des Tropeninstitutes der Universität München, www.fit-for-travel.de (04.03.04)

Krankheit	Verbreitung	Vorsichtsmaßnahmen
AIDS	Bis November 2001 insgesamt 1.135 gemeldete Fälle (laut WHO)	Verwendung von sterilen Spritzen und Nadeln
Dengue-fieber	Landesweites Vorkommen	Schutz vor Mückenstichen
Darm-infektionen	Landesweites Vorkommen von Parasiten, Bakterien, Viren (Shigellen, Salmonellen, Amöben)	Sorgfältige Lebensmittel- und Trinkwasserhygiene
Tollwut	Landesweites Vorkommen	Impfung, Fernhalten von streunenden Tieren (Hunde und Katzen)

Tabelle 40 *Gesundheitsrisiken und Vorsichtmaßnahmen*
Quelle: Der reisemedizinische Infoservice des Tropeninstitutes der Universität München, www.fit-for-travel.de (04.03.04)

7.4.2.2 Visum und Einreise

Für den ersten Besuch genügt ein Touristenvisum. Bei der Buchung einer Pauschalreise wird dieses vom Reisebüro ausgegeben. Wenn man nur einen Flug bucht, muss man das Visum bei der kubanischen Botschaft erwerben. Die Kosten betragen 22,00 Euro, die Formulare können von der Website der Botschaft herunter geladen werden. Wenn man für Vertragsunterzeichnungen, die Legalisierung der Firma oder die Eröffnung eines Bankkontos nach Kuba fliegt, benötigt man ein Geschäftsvisum. Ein Geschäftsvisum muss bei der Konsularabteilung der kubanischen Botschaft in Berlin beantragt werden. Das Visum kostet derzeit 82,00 Euro und hat eine Gültigkeit von 30 Tagen. Es verfällt innerhalb von 30 Tagen ab Ausstellungsdatum, weshalb es frühestens einen Monat vor Reiseantritt beantragt werden kann. Die Bearbeitungszeit beträgt nur wenige Tage. Der Reisepass muss zum Zeitpunkt der Ausreise noch mindestens sechs Monate gültig sein.

7.4.2.3 Finanzen

In Kuba kann man in fast allen Bankfilialen Geld mit der Kreditkarte abheben. Die Karte darf nicht von einer Bank ausgestellt sein, die in US-amerikanischem Besitz ist oder die Beteiligung von US-Kapital aufweist (zum Beispiel Citibank, American Express). Diese Karten werden auf Kuba nicht akzeptiert. Es ist sinnvoll, sich zuvor bei der Bank zu erkundigen, ob es Probleme mit der Akzeptanz geben könnte. Ähnlich verhält es sich mit Reiseschecks. *American Express Traveller*

Checks werden nicht akzeptiert, weshalb man *Thomas Cook* Reiseschecks beantragen muss. Dies kann einige Tage in Anspruch nehmen und sollte daher rechtzeitig vor Reiseantritt veranlasst werden. In Kuba wird seit November 2004 fast ausschließlich der konvertierbare kubanische Peso CUC genutzt, den man am Flughafen, in Banken und Hotels problemlos gegen Devisen eintauschen kann. Möchte man US-Dollar in CUC tauschen, wird eine Gebühr von 10% der Gesamtsumme erhoben. Der CUC wird außerhalb Kubas nicht anerkannt. Restbestände müssen daher in Kuba zurückgetauscht werden. In Touristenzentren kann man auch mit Euro bezahlen. Mit dem traditionellen kubanischen Peso wird man kaum in Kontakt kommen.

7.4.2.4 Ein- und Ausfuhrbestimmungen

An jedem Flughafen wird man auf Zollbeamte treffen, deren Aufgabe es ist, den Drogenhandel und terroristische Akte zu verhindern, die Sicherheit der Bevölkerung zu sichern und die nationale Wirtschaft und Umwelt zu schützen. Sollten am Gepäck Kontrollen vorgenommen werden, muss man darauf achten, dass diePerson korrekt uniformiert ist und an der Brusttasche einen Ausweis mit Foto und Dienstnummer trägt. Sollte die Zahlung von Gebühren erforderlich sein, so darf dies nur an der Zentralkasse erfolgen. Man muss immer eine Quittung über den gezahlten Betrag fordern. Dies gilt ebenfalls für den Fall, dass Waren beschlagnahmt werden, auch hierfür erhält man eine Bestätigung. Auf diese Weise kann man das Risiko eindämmen, zu viele oder ungerechte Gebühren am Staat vorbei in die Tasche eines Zollbeamten zu zahlen.[1554] Folgende Ein- und Ausfuhrbestimmungen sind zu beachten:

	Einfuhr	Ausfuhr
Ohne Beschränkungen	- Dinge des persönliches Bedarf - Geschenke mit einem Wert von bis zu 50 USD - bis zu 10 kg Medikamente, in Originalverpackung - Devisen in unbegrenzter Menge - Haustiere, sofern die nötigen Impfzertifikate und Untersuchungen vorgewiesen werden können	- Dinge des persönlichen Bedarfs - bis 200 konvertierbare Pesos - Artikel ohne kommerziellen Zweck - alle Artikel, die vorübergehend importiert wurden (z.B. Laptop) - Artikel, die im Land erworben wurden, mit einem Wert von unter 1.000 CUC

[1554] vgl. Kubanische Zollbehörde: *Información a viajeros*, www.aduana.islagrande.cu (05.03.04)

Sonderregelungen	- Geld ab einem Wert von 5.000 UDS muss deklariert werden, sofern mehr als 5.000 Dollar wieder ausgeführt werden sollen - Mobiltelefone, Haartrockner, Laptops, elektrische Rasierer etc. für den persönlichen Bedarf dürfen eingeführt werden, müssen aber wieder mit ausgeführt werden - Geschenke mit einem Wert von 50 USD bis maximal 250 USD müssen deklariert werden, es werden Gebühren in Höhe von 100% des Wertes erhoben - tierische und pflanzliche Produkte dürfen nur eingeführt werden, wenn sie industriell verpackt sind - Für den Import von Funkgeräten, Faxgeräten, Telefonanlagen, TV- und Radioempfängern, GPS-Geräten, Antennen und Satellitenschüsseln ist die Erlaubnis des Ministeriums für Kommunikation MIC erforderlich, sonst werden die Geräte über einen Zeitraum von 30 Tagen einbehalten.	- es dürfen ohne entsprechende Dokumentation 23 Zigarren ausgeführt werden, bei mehr als 23 Zigarren muss die Rechnung vorgelegt werden und die Kiste muss das offizielle Hologramm aufweisen, sonst werden die Zigarren beschlagnahmt - Geld und Schmuck über 5.000 USD darf ausgeführt werden, sofern diese Güter zuvor eingeführt und deklariert wurden und die Zolldeklaration vorgewiesen werden kann - Kunstgegenstände mit einem Wert von über 1.000 USD dürfen ausgeführt werden, sofern das Nationalregister für Kulturgüter die nötige Erlaubnis erteilt hat
Verbote	Drogen und Rauschmittel; Explosivstoffe; Objekte, Fotos, Literatur mit obszönem oder pornografischem Inhalt; Schriften, die die innere Sicherheit und Ordnung gefährden, geschützte Tiere und Pflanzen	
	- schnurlose Telefone - Videorekorder, DVD-Player - Gefriertruhen oder Kühlschränke - Klimaanlagen - Kochplatten, Reiskocher, Mikrowellen, Bügeleisen, Friteusen	- Bücher, die mehr als 50 Jahre alt sind, Exemplare des Verlages *„Ediciones R"* sowie von kubanischen Bibliotheken gestempelte Exemplare

Tabelle 41 *Die wichtigsten Ein- und Ausfuhrbestimmungen*
Quelle: Kubanische Zollbehörde: Resolución 14, www.aduana.islagrande.cu (29.09.05)

Sendung von Paketen nach Kuba

Sendungen nach Kuba dürfen einen Wert von 200 Dollar nicht überschreiten. Name und Anschrift des Absenders und des Empfängers müssen deutlich an der Außenseite der Sendung angebracht sein.

Der Inhalt muss gegenüber den kubanischen Zollbehörden deklariert werden. Grundsätzlich müssen alle Pakete, die nach Kuba verschickt werden, von einer Konsularfaktur begleitet werden, die bei der Konsularabteilung der kubanischen Botschaft erhältlich ist.[1555] Liegt die Konsularfaktur nicht bei, werden die Pakete 60 Tage lang einbehalten. Werden sie in dieser Zeit nicht ausgelöst, gelten sie als verlassen und werden beschlagnahmt. Die Faktur kann nachgeschickt oder vom Empfänger im Land bezogen werden. Sie ist nicht erforderlich, wenn das Paket nur Medikamente in Originalverpackung enthält; in diesem Fall müssen auch keine Zollgebühren gezahlt werden. Gleiches gilt für ein Paket mit einem Gewicht von weniger als zwei Kilogramm.

Folgende Artikel darf eine Sendung nicht enthalten: verbotene Objekte, Bargeld, biologische oder pharmazeutische Erzeugnisse, Feuerwaffen und Munition, Tiere und Pflanzen und deren Nebenprodukte, Lebensmittel, die nicht industriell verarbeitet und hermetisch versiegelt sind und Medikamente ohne Originalverpackung. Die Zollbeamten inspizieren die Sendungen und bewerten den Inhalt, um die Höhe der vom Empfänger zu entrichtenden Zollgebühren zu bestimmen.[1556]

Sendungen von Pakten aus Kuba ins Ausland

Die Sendungen müssen den Angestellten der kubanischen Post oder des Paketdienstes offen vorgelegt werden. Es dürfen nur bis zu 25 Zigarren verschickt werden, nach Vorlage der offiziellen Rechnung. Für den Versand von Medikamenten wird ebenfalls die Vorlage der Quittung eines für den Verkauf autorisierten Fachgeschäftes gefordert. Bücher, die älter als 50 Jahre sind, sowie Ausgaben des Verlages *„Ediciones R“* dürfen nicht verschickt werden.[1557]

7.4.3 Aufenthalt in Kuba

7.4.3.1 Unterkunft

Über das Reisebüro oder direkt bei der Ankunft im Flughafengebäude können Hotelzimmer jeder Preisklasse gebucht werden. Es gibt neuerdings auch die Möglichkeit, ein Zimmer bequem via Internet zu buchen. Folgende Websites sind empfehlenswert:

[1555] vgl. kubanische Botschaft Berlin: *Konsularische Leistungen*, www.botschaft-kuba.de (05.03.04)
[1556] vgl. Kubanische Zollbehörde: *Tráfico postal y mensajería*, www.aduana.islagrande.cu (05.03.04)
[1557] vgl. ebd.

- www.supercubatravel.com
- www.solmelia.com
- http://es.hotelbase.com/cuba/

Weitaus billiger ist es, privat zu wohnen. Dort erhält man einen Einblick in den kubanischen Alltag, was für ein besseres Verständnis der Mentalität der Kubaner und für die zukünftige Vertrauensbasis bei Geschäftsbeziehungen von Vorteil sein kann. Die Mehrzahl der privat vermieteten Zimmer hat einen relativ hohen Komfort und die Besitzer bieten meist auch Frühstück und Abendessen an. Man sollte unbedingt beachten, dass der Vermieter eine Lizenz hat und nicht illegal vermietet. Ein Vermieter mit Lizenz ist dazu verpflichtet, die Daten seiner Mieter dem Ministerium für Außenbeziehungen MINREX mitzuteilen, wodurch diese offiziell gemeldet sind und sich möglicherweise Ärger bei der Ausreise ersparen. Folgendes Zeichen an Tür oder Fenster eines Hauses zeigt an, dass der Vermieter eine Lizenz besitzt:

Abbildung 37 *Zeichen für private Unterkunft mit staatlicher Lizenz*
Quelle: eigene Darstellung

Mittlerweile können Privatunterkünfte auch über das Internet gebucht werden. Einige Seiten angeführt sind zum Teil sogar auf Deutsch sind. Einige Beispiele sind:

- www.cubaguide.de/casas/
- www.viajaporcuba.com
- www.vidacubana.com

Die Preise für ein Zimmer betragen je nach Größe, Ausstattung, Saison und gastronomischem Service zwischen 20 und 60 CUC pro Nacht und stellen damit eine echte Alternative zum Hotel dar.

Wenn bereits Kontakt zu dem Unternehmen oder der Institution, mit der verhandelt werden soll, besteht, so kann man darum bitten, dass ein geeignetes Zimmer reserviert wird, in vielen Fällen verfügen Ministerien und Institutionen über eigene Gästezimmer.

7.4.3.2 Transport

Direkt am Flughafen können Autos jeder Klasse gemietet werden. Es gibt mehrere Unternehmen, die sich jedoch in Preis und Qualität kaum unterscheiden. Der größte Vermieter, TRANSTUR, verfügt über ein dichtes Netz an Filialen und ist deshalb vielleicht vorteilhafter, da im Falle eines Problems leichter ein Vertreter erreicht werden kann. Auch der Mietwagen kann im Internet vor Reiseantritt gebucht werden:

- www.transturentacar.cu
- www.cubacar.cubanacan.cu
- www.havanautos.cu

Die Preise für Mietwagen betragen derzeit je nach Größe des Wagens, Mietdauer und Saison zwischen 50 CUC und 150 CUC pro Tag. Leider ist der Zustand der Fahrzeuge oft zu bemängeln. Benzin ist nur sehr selten knapp und meist überall problemlos zu erhalten.

Bewegt man sich nur innerhalb von Havanna, kann man ohne Schwierigkeiten mit dem Taxi an jeden Ort gelangen. Die Preise für Taxis sind moderat und die telefonische Bestellung funktioniert problemlos. Diese Variante ist weitaus günstiger als ein Mietwagen.

7.4.3.3 Reiseapotheke und Kleidung

Eine gut bestückte Reiseapotheke ist für den Aufenthalt in Kuba unerlässlich. Neben Schmerz- und Fiebermittel, Wunddesinfektion und Wundheilsalben, Insekten- und Sonnenschutz sollten vor allem Mittel gegen Durchfall, Magenprobleme und Verstopfung in Kuba nicht fehlen. Erkrankungen durch Bakterien oder Viren kommen häufiger vor und können trotz konsequenter Nahrungsmittel- und Trinkwasserhygiene nie ganz ausgeschlossen werden. Erkältungsmittel sollten ebenfalls nicht fehlen, denn aufgrund der Klimaanlagen in Büros und öffentlichen Gebäuden treten Halsschmerzen, Schnupfen und Husten oft auf. Wer über einen längeren Zeitraum in Kuba bleibt, sollte Medikamente gegen Wurm- und Parasitenbefall mitnehmen.

In allen größeren Hotels gibt es Ärzte. Die internationalen Kliniken in Havanna (Cira García) sind sehr modern ausgestattet und können ohne Bedenken aufgesucht werden. Die Behandlung muss vor Ort bezahlt werden. Kubanische Krankenhäuser haben im Vergleich zu anderen

Ländern einen hohen Standard, europäische Bedingungen herrschen aber nicht. Kubanische Krankenhäuser sollten vermieden werden.

Die Temperaturen sind zwischen März und Oktober extrem hoch. Die Kleidung sollte dementsprechend gewählt werden. Synthetische Fasern sind für das kubanische Klima ungeeignet. Es ist auch nicht notwendig, zu Verhandlungen mit Krawatte, Anzug oder Kostüm zu erscheinen, es sei denn, die Verhandlung findet auf oberster Regierungsebene statt. Im Winter kann es hingegen recht kalt in Kuba werden, bisweilen fallen die Temperaturen auf unter 10 Grad. Wer im Winter reist, sollte daher auch an warme Kleidung denken.

7.4.4 Geschäftssitten[1558]

7.4.4.1 Sprache

Obwohl man mit Englisch relativ weit kommt, sprechen doch nur wenige Kubaner Englisch verhandlungsfest. Zudem sind viele Publikationen, Gesetzestexte und Websites nur auf Spanisch erhältlich. Wer ernsthaft an einer Investition interessiert ist, muss Spanisch sprechen können oder zumindest einen vertauenswürdigen Sprachmittler haben. Verhandlungen werden fast ausschließlich auf Spanisch geführt. Wer Verständnisprobleme hat oder sich nicht überzeugend ausdrücken kann, wird es äußerst schwer haben.

7.4.4.2 Begrüßung

Die Begrüßung ist informeller als in Deutschland. Beim Erstkontakt begrüßt man sich mit Handschlag. Man stellt jedoch bald fest, dass die Begrüßung bei jedem Treffen herzlicher wird. Neben dem Handschlag kommen unter Männern oft Umarmungen hinzu, Frauen werden mit Wangenkuss begrüßt. Natürlich hängt dies von der Stellung des Gegenübers und vom Grad des Vertrauens ab. Wird man beizeiten herzlich begrüßt, kann man dies als Indikator für Wertschätzung und Vertrauen werten und sollte angesichts der ungewohnten Herzlichkeit und Vertrautheit keinesfalls abwehrend oder misstrauisch reagieren.

[1558] Anm.: Die folgenden Informationen lehnen sich ausschließlich an die Interviews mit deutschen Unternehmern bzw. eigene Erfahrungen auf dem kubanischen Markt an.

Sind die Geschäftsbeziehungen gefestigt, wird man relativ schnell zum „Du" kommen. Man sollte jedoch warten, bis die kubanische Seite mit dem „Du" beginnt und die anfängliche Herzlichkeit nicht als Einladung zum duzen auffassen.

7.4.4.3 Visitenkarten

Visitenkarten sind von großer Wichtigkeit in Kuba und sollten zu jeder Gelegenheit verteilt werden. Die kubanischen Verhandlungspartner besitzen im Regelfall auch Visitenkarten. Besonders bunte und effektreiche Karten, möglichst mit Bild und auf Spanisch, kommen gut an und bleiben im Gedächtnis. Visitenkarten sind für beide Seiten hilfreich, wenn es Probleme beim Verständnis der Namen gibt.

7.4.4.4 Kleidung

In Kuba wird im Rahmen von geschäftlichen Aktivitäten in der Regel informellere Kleidung als in Deutschland getragen. Nur bei Verhandlungen mit hochrangigen Politikern oder anderen offiziellen Anlässen ist formelle Kleidung, also Kostüm oder Anzug, angebracht. Der Anzug wird in Kuba gern durch die so genannte *guayabera* ersetzt. Dabei handelt es sich um ein langärmeliges, einfarbig besticktes Hemd mit vier aufgesetzten Taschen, welches über der Hose getragen wird und sogar bei offiziellen Anlässen genutzt wird.[1559] Informelle Kleidung wird zwar toleriert, aber man sollte dies keinesfalls als Toleranz eines ungepflegten Erscheinungsbildes ausgelegen. Kubaner legen sehr viel Wert auf ihr Äußeres und erwarten dies auch von ihrem Gegenüber.

7.4.4.5 Termine/Pünktlichkeit

Wie in einem Großteil der Länder Lateinamerikas wird der Pünktlichkeit auch in Kuba weniger Wichtigkeit beigemessen als in Deutschland. Wenn man Termine vereinbart, muss man mit Verspätungen von bis zu einer halben Stunde rechnen. Für Kubaner ist dies kein Ausdruck von Geringschätzung, es ist einfach eine Gewohnheit, die von allen akzeptiert wird. Teilweise sind auch die Transportprobleme

---

[1559] vgl. Rizo; Portela, 2002: 19

schuld, wenn es der kubanische Verhandlungspartner nicht rechtzeitig zum Treffen schafft. Öffentliche Verkehrsmittel sind schlichtweg eine Katastrophe und Taxis sind für die meisten Kubaner unerschwinglich.

Für Kubaner stellt es allerdings auch ein geringeres Problem dar, wenn Termine kurzfristig vereinbart oder auch abgesagt oder verändert werden, wobei man umgekehrt natürlich auch damit rechnen muss, dass ein Termin von einem Kubaner kurzfristig abgesagt wird. Dies gilt aber allgemein eher für bereits gefestigte Beziehungen, bei Erstkontakten oder offiziellen Anlässen wird auf jeden Fall Wert auf Pünktlichkeit und langfristige Planung gelegt.

Man sollte versuchen, schon vor Beginn der Reise einen Zeitplan mit den kubanischen Partnern zu vereinbaren und zu bestätigen. Beginnt man damit erst in Kuba, wird man arge Zeitprobleme bekommen. Termine sollten nicht zu eng gelegt werden, da es sonst aufgrund der häufigen Verspätungen oder der Probleme beim Transport (die auch Ausländer treffen können) zu Überschneidungen kommen kann.

7.4.4.6 Gesprächsthemen/Small Talk

Jedes geschäftliche Treffen wird mit Small Talk und persönlichen Fragen eingeleitet, was bis zu einer halben Stunde dauern kann und dem Aufbau einer Vertrauensbasis dient, die für Kubaner in einer Geschäftsbeziehung sehr wichtig ist. Auch wenn man durch Fragen zur Familie, zum Befinden und zu den ersten Eindrücken befremdet ist oder aus Zeitmangel das Gespräch lieber gleich aufs Geschäft bringen möchte, sollte man dies nie zeigen, sondern alle Fragen freundlich beantworten und seinerseits ebenso Fragen stellen. Für Kubaner ist es wichtig, einen Geschäftspartner auch als Mensch kennen zu lernen.

Einige Themen sollten lieber nicht angesprochen werden, dazu gehören vor allem das politische System, die Machtstellung und die Nachfolge Castros, die Religion oder Menschenrechtsprobleme. Mit Kritik am System muss man äußerst vorsichtig sein. Solche Themen können höchstens unter sehr guten Freunden angesprochen werden, man sollte aber in jedem Fall warten, bis Kubaner von sich aus darauf zu sprechen kommen. Selbst wenn manche Kubaner mit dem System nicht einverstanden sind, einen gewaltigen Nationalstolz haben sie allemal.

7.4.4.7 Geschenke

Kleine Geschenke erhalten die Freundschaft. Dies gilt in Kuba wie anderswo auch. Kleine Aufmerksamkeiten öffnen in jeder Situation Türen und Herzen. Allerdings sollte es sich nur um Kleinigkeiten handeln, damit das Geschenk nicht als Bestechungsversuch ausgelegt werden kann oder überheblich wirkt. Besonders geeignet sind Kugelschreiber, Notizbücher, Süßigkeiten, Kosmetik, Arbeitsmappen, Feuerzeuge oder typische Erzeugnisse des Heimatlandes. Wenn man weiß, dass der Geschäftspartner Kinder hat, wird man mit Spielzeug oder Schokolade auf jeden Fall viel Freude bereiten. Einladungen zum Essen werden ebenfalls sehr wohlwollend aufgenommen und helfen, die Vertrauensbasis durch ein Treffen in privatem Rahmen auszubauen. Man hört immer wieder, dass mittlerweile auch Korruption ein ernstes Thema ist, und dass man Geschäfte zum Teil nur abschließen kann, wenn man die richtigen Personen beschenkt. Man kann nur schlecht einschätzen, wie weit verbreitet diese Praktik ist. Als Unternehmer muss man sich darauf einstellen, man sollte aber nur äußerst vorsichtig damit umgehen und derartige Geschäfte nicht von sich aus fördern. Bestechlichkeit ist in Kuba kein tolerierter Bestandteil des gesellschaftlichen Lebens wie in anderen Ländern Lateinamerikas und wird als Form der individuellen Bereicherung auf Kosten des Staates von der verachtet.

7.4.4.8 Verhandlungsumgebung

Kleinere Verhandlungen finden meist in einem Büro statt. Handelt es sich um wichtigere Treffen oder wollen sich die Geschäftspartner besser kennen lernen, sind Geschäftsessen mittags oder abends in einem Restaurant sehr beliebt. Die entspannte Umgebung hilft beim Aufbau eines Vertrauensverhältnisses. Außerdem bietet ein privates Essen dem kubanischen Partner die Möglichkeit, spezielle Wünsche zu artikulieren, die im Büro vielleicht nicht ausgesprochen werden können. Man sollte auf jeden Fall darum bemüht sein, alle wichtigen Partner zum Essen einzuladen. Bei solchen Treffen werden meist die wirklich wichtigen Fakten angesprochen und Entscheidungen getroffen.

7.4.4.9 Firmenpräsentation

Am Anfang der ersten Verhandlungen wird natürlich eine Präsentation des Unternehmens stehen. In Deutschland wird viel Wert auf nüchterne Präsentationen mit vielen Fakten gelegt, die einen Eindruck von Stabilität und Erfolg vermitteln sollen. Für Kubaner ist es ebenfalls wichtig, Sicherheit bezüglich der Seriosität des Unternehmens zu haben. Zu diesem Zweck fordern sie zahlreiche Bestätigungen von Banken und anderen Unternehmen ein. Mithilfe der Firmenpräsentation sollte deshalb eher versucht werden, Eindruck zu machen, als ein umfangreiches und realistisches Bild des eigenen Unternehmens zu liefern. Visuelle Hilfsmittel, Effekte und Broschüren sind sehr beliebt.

7.5 Legalisierung und Registrierung von Unternehmen

7.5.1 Legalisierung des Unternehmens in Kuba

Bevor man irgendeine Art von Geschäft auf dem kubanischen Markt tätigen kann, muss das Unternehmen legalisiert werden. Die Legalisierungspapiere sind für reine Exportgeschäfte, für die Einschreibung des Unternehmens in ein Register, die Gründung eines Joint Ventures oder die Eröffnung eines Bankkontos gleichermaßen wichtig.

Folgende Tabelle verdeutlicht die Schritte, die für die Legalisierung unternommen werden müssen, und die entsprechenden Kosten dar. Die Angaben stammen von einem mittelständigen sächsischen Unternehmen. Die Schritte sind für alle Unternehmen gleich, die Kosten können aber variieren, zum Beispiel falls die Dokumente weniger Seiten aufweisen und demzufolge weniger Stempel benötigt werden.

	Dokument	Anlaufstelle	Kosten
I	Gewerbeanmeldung, Handelsregistereintrag	Gewerbeamt, Amtsgericht	- ca. 16 € für den Registerbericht des Amtsgerichtes
II	Übersetzung der Dokumente durch vereidigten Übersetzer	Übersetzungsbüro	- Kosten je nach Zeilenanzahl (im Beispiel 319,60 €)
III	Bestätigung des Übersetzers	Amtsgericht	- 12 € für die Apostille[1560]
IV	Bestätigung der Apostille	Landgericht	- 26 € für die Beglaubigung der Apostille
V	Bestätigung der Apostille durch das kubanische Konsulat	Kubanische Botschaft	- 77, 32 € für Beglaubigung der Apostille
VI	Bestätigung der Dokumente durch das kubanische Konsulat	Kubanische Botschaft	- 90 € pro Stempel, jede Seite muss abgestempelt werden
VII	Bestätigung der Dokumente in Kuba durch das Ministerium für Außenbeziehungen MINREX	MINREX	- ca. 100 USD, abhängig von Seitenzahl
VIII	Beglaubigung der Dokumente durch einen Notar	Bufete Internacional	- 459, 85 € (im Beispiel, Summe kann variieren)

Tabelle 42 *Nötige Schritte für die Legalisierung des Unternehmens und Kosten Quelle: eigene Erarbeitung auf der Basis der Angaben eines deutschen mittelständigen Unternehmens*

Allein die nötigen Dokumente haben in diesem Fall rund 1.500 Euro gekostet. Hinzu kommen die Kosten für den Zeitaufwand. Man muss insgesamt ca. fünf Tage einplanen, da es vorkommen kann, dass Dokumente fehlen oder nicht korrekt unterschrieben oder abgestempelt sind. Außerdem sollte man kleinere Zuwendungen und Geschenke einplanen, die den Prozess in Kuba beschleunigen oder einen Angestellten auch mal dazu veranlassen können, „ein Auge zuzudrücken".

Eine ausländische Firma ist nur dann zum Handel mit kubanischen Unternehmen autorisiert, wenn sie die Legalisierungsurkunde besitzt. Sie berechtigt einen Unternehmer aber weder zum dauerhaften Aufenthalt in Kuba noch zur Eröffnung eines Büros, zur Einstellung von Mitarbeitern oder zum Kauf von Immobilien und der Einfuhr von Einrichtungsgegenständen oder Fahrzeugen. Hierfür muss das Unternehmen in ein kubanisches Register eingeschrieben sein, entweder im Register für

1560 Anm.: Die Apostille ist eine Form der Legalisierung einer Urkunde zwecks Verwendung im Ausland, wobei die Echtheit des Zertifikats durch eine inländische Behörde bestätigt wird. Das Konsulat der jeweiligen Botschaft muss diese Apostille gegebenenfalls (falls es zwischenstaatliche Abkommen nicht anders vorsehen) auch bestätigen. Vgl. Assoziierte Dolmetscher und Übersetzer in Norddeutschland e.V., www.adue-nord.de (05.03.04) ausländische Investitionen oder im Register für Niederlassungen ausländischer Handelsgesellschaften.[1561]

7.5.2 Unternehmensgründung und Registrierung

Es gibt drei Möglichkeiten, in Kuba zu investieren und sich als Unternehmen registrieren zu lassen:

- Joint Venture (empresa mixta) mit einem kubanischen Partner, als WFOE[1562] oder als Allianz (Gesetz 77)
- Niederlassung einer ausländischen Handelsgesellschaft (Gesetz 206)
- Beteiligung mittels Kooperationsvertrag im Bereich der Produktion oder Administration (Vereinbarung 3827)

Diese Formen wurden im Kapitel „politisch-rechtliches Umfeld“ beschrieben. Nun soll der Prozess der Verhandlung, Autorisierung und Einschreibung genauer betrachtet werden.

7.5.2.1 Gründung eines Joint Ventures, einer Allianz oder einer WFOE (Gesetz Nr. 77/1995)

Nachdem der ausländische Unternehmer einen geeigneten Partner gefunden hat, die Verhandlungen abgeschlossen sind und eine Entscheidung bezüglich der zukünftigen Form der Zusammenarbeit getroffen wurde, sind folgende Schritte nötig:

	Joint Venture	Internationale Allianz	WFOE
I	Beide Partner müssen zunächst alle Aspekte des zukünftigen gemeinschaftlichen Unternehmens aushandeln. Dazu zählen unter anderem die Höhe der jeweiligen Beteiligungen, die zukünftige Form der Geschäftsführung und Verwaltung und alle juristischen Dokumente. Außerdem muss eine Machbarkeitsstudie durchgeführt werden.		Das MINVEC verweist den Investor an die höchste Instanz des entsprechenden Investitionsbereiches, welche den Vorschlag prüft und eine Genehmigung ausstellt.

[1561] vgl. MINCEX, 2001: *Resolución 550:* Art. 1

[1562] Anm.: *Wholly Foreign Owned Enterprise,* Unternehmen, dass sich zu 100% in ausländischem Besitz befindet

<table>
<tr><td rowspan="5">II</td><td colspan="2">Die Bewerbung um die Gründung eines Joint Ventures oder einer Allianz muss von beiden Partnern unterschrieben dem MINVEC vorgelegt werden.</td><td>Gemeinsam mit dieser Instanz wird die Bewerbung dem MINVEC präsentiert.</td></tr>
<tr><td colspan="3">Folgende Dokumente müssen eingereicht werden:
Alle Dokumente, die von Behörden des Heimatlandes ausgestellt werden, müssen den unter 7.5.1 beschriebenen Prozess durchlaufen.</td></tr>
<tr><td colspan="2">a) Von beiden Seiten unterzeichnete Bewerbung
b) Vertrag über die Zusammenarbeit der Partner</td><td rowspan="2">a) Bewerbung
b) Genehmigung der höchsten Instanz des Investitionsbereiches
c) Satzung</td></tr>
<tr><td>c) Satzung des zukünftigen Unternehmens</td><td>c) Allianzvertrag</td></tr>
<tr><td colspan="3">d) Machbarkeitsstudie
e) Identitätsnachweis der ausländischen Investoren (Reisepass)
f) Solvenznachweis des ausländischen Unternehmens (Bilanzen des Vorjahres, Bankbürgschaften, Handelsnetze, Filialen)
g) falls ein Vertreter einer juristischen Person die Verhandlungen führt, ein Nachweis über dessen Legitimation und Bevollmächtigungen
h) Identitätsnachweis der ausländischen Firma (Handelsregisterauszüge, Gewerbeanmeldung, etc.)</td></tr>
<tr><td>III</td><td colspan="3">Die Unterlagen werden vom MINVEC bewertet. Innerhalb von zehn Tagen muss das Ministerium den Empfang bestätigen und seine Kritiken und Vorschläge hinsichtlich der Bewerbung mitteilen. Die Bewertung kann so oft zurückgewiesen werden, bis sämtliche Defizite eliminiert wurden.</td></tr>
<tr><td>IV</td><td colspan="3">Akzeptiert das MINVEC die Bewerbung, wird sie an das Exekutivkomitee des Ministerrates oder die entsprechende Regierungskommission weitergeleitet. Innerhalb von 60 Tagen müssen diese das Vorhaben genehmigen oder ablehnen.</td></tr>
<tr><td>V</td><td colspan="3">Wird das Investitionsvorhaben genehmigt, wird eine Regierungsresolution ausgegeben, die als Autorisierung für die Gründung des Joint Ventures oder der Allianz gilt. Dieses Schreiben legt die genauen Bedingungen, denen das Unternehmen unterworfen wird, sowie das Ziel und der Zeitraum der Investition fest.</td></tr>
<tr><td>VI</td><td colspan="3">Das Joint Venture oder die Allianz werden durch die öffentliche Beglaubigung eines speziellen Notariats des Justizministeriums bestätigt.</td></tr>
<tr><td>VII</td><td colspan="3">Innerhalb von 30 Tagen nach der Genehmigung des Investitionsvorhabens müssen das Joint Venture oder die Allianz im Register für ausländische Investitionen der Handelskammer der Republik Kuba eingeschrieben werden.</td></tr>
</table>

Tabelle 43 *Vorgehen für Investitionsvorhaben im Rahmen des Gesetzes 77/95*
Quelle: BES: Hernández; Marichal; Díaz, 2000: 28f, Rivero, 2001: 21ff, CPI/MINVEC, 2002: Cuba: Presentación General: 20f

Das System der *Ventanilla Única* (Ein-Schalter-System)

Um den Prozess der Gründung von Unternehmen mit ausländischer Beteiligung zu beschleunigen, wird Investoren seit einigen Jahren das System der *Ventanilla Única* zur Verfügung gestellt. Nachdem die Gründung eines Unternehmens autorisiert wurde, kann der Investor alle nötigen Papiere und ein standardisiertes Formular an das System der *Ventanilla Única* weiterleiten, woraufhin dann alle für das Funktionieren des Unternehmens nötigen Lizenzen und Autorisierungen beschafft werden. Der Unternehmer muss nicht mehr selbst alle Institutionen aufsuchen, sondern überlässt dies den Spezialisten dieser Einrichtung. Folgende Formalitäten können so erledigt werden.

- Bestätigung des Joint Ventures durch das Justizministerium
- Registereintragung des Unternehmens
- Import- und Exportgenehmigungen
- Einschreibung im Register der Nationalen Steuerbehörde
- Kontoeröffnung bei der Kubanischen Zentralbank
- Versicherungen
- Ein- und Ausreiseformalitäten

Mithilfe dieses Systems konnte die exzessive Bürokratie des Prozesses abgebaut werden und die ausländischen Unternehmer sparen Zeit und finanzielle Mittel.

7.5.2.2 Gründung einer Niederlassung oder Vertretung einer ausländischen Handelsgesellschaft (Resolution 206/1996)

Mit Inkrafttreten der Verordnung 206 im Jahr 1996 wurde ausländischen Handelsgesellschaften die Möglichkeit eingeräumt, eine Niederlassung *(sucursal)* in Kuba zu gründen oder sich durch eine hierfür autorisierte kubanische Institution *(agente)* vertreten zu lassen. Um dies zu veranlassen, muss die entsprechende Bewerbung dem Verantwortlichen des Registers für Niederlassungen und Vertretungen ausländischer Handelsgesellschaften vorgelegt werden. Folgende Dokumente müssen zum Zwecke der Bewerbung eingereicht werden:

Gründung einer Niederlassung	Vertretung durch eine Institution
Laut Resolution 206 von 1996:	
Ein Schreiben über die Gründe der Bewerbung, welches von der ausländischen Handelsgesellschaft oder dem Einzelunternehmer ausgestellt und unterschrieben wird. Die Unterschrift muss von einem Notar beglaubigt werden.	Ein Schreiben über die Gründe der Bewerbung, unterschrieben durch den autorisierten Vertreter der kubanischen Institution, und eine Kopie des Vertrages über die Vertretung der ausländischen Firma durch die kubanische Institution.

Kopie der Gründungsdokumente und der Satzung des ausländischen Unternehmens bzw. der Gewerbeerlaubnis des Einzelunternehmers*	
Vollmacht für den Vertreter vor Ort*	
Auflistung aller Produkte und Dienstleistungen, die Gegenstand der zukünftigen Handelsbeziehungen sein sollen, gemäß dem „Harmonisierten System zur Bezeichnung und Codierung von Waren" (HS)	
Bankauskunft über das Unternehmen, deren Ausstellung nicht mehr als drei Monate zurückliegen darf und über eine Institution des kubanischen Bankensystems vermittelt werden muss.	
Lebenslauf des Bevollmächtigten des Unternehmens	
Informationen über die Geschäftstätigkeit des ausländischen Unternehmens während der letzten fünf Jahre und Angaben zu Aktivitäten von Filialen in anderen Ländern	
Angaben über die Beziehungen zu kubanischen Unternehmen und das Handelsvolumen mit Kuba. Diese Informationen müssen von der obersten Instanz der jeweiligen kubanischen Unternehmens bestätigt werden.	
Zusätzlich laut Resolution 550 von 2001:	
Bewerbungsformular für die Einschreibung	
Handelsregisterauszug, der die Gültigkeit der Einschreibung der Gesellschaft oder des Unternehmers bestätigt und dessen Ausstellung zum Zeitpunkt der Bewerbung nicht älter als sechs Monate sein darf*	
Beglaubigte Kopie der Bilanzen des letzten Geschäftsjahres*	
Ein von den obersten Autoritäten der kubanischen Unternehmen, mit denen Handelsbeziehungen bestehen, ausgestelltes Zertifikat über den Wert der in den letzten drei Jahren getätigten Geschäfte, einschließlich Angaben zu den gehandelten Produkten, bestätigt durch die höchste Instanz der Unternehmen.	

Tabelle 44 *Benötigte Dokumente für die Gründung einer Niederlassung*
Quelle: vgl. Exekutivkomitee des Ministerrates, 1996: Resolución 206, Art. 10, www.embacuba.com.ar (29.09.05); MINCEX: Resolución 550, Art 2; und BES: Hernández; Marichal; Díaz, 2000: 34ff

Die Resolution 550 des Jahres 2001 verschärfte die Bedingungen für die Einschreibung einer Niederlassung einer ausländischen Handelsgesellschaft im Vergleich zur Resolution 206. Folgende Bedingungen gelten nun für die Genehmigung einer neuen Niederlassung:

* Alle Dokumente, die von Behörden/Institutionen des Heimatlandes ausgestellt werden, müssen den unter 7.5.1 (Legalisierung des Unternehmens) beschriebenen Prozess durchlaufen.

- Die Niederlassung des Unternehmens oder dessen Vertretung durch eine kubanische Institution muss unter Berücksichtigung der gehandelten Produkte, des Technologietransfers und des Prestiges des Unternehmens von Interesse für Kuba sein.
- Das eingezahlte Stammkapital des ausländischen Unternehmens darf nicht weniger als 50.000 USD betragen.
- Ausländische Unternehmen, die eine Niederlassung in Kuba gründen wollen, müssen über einen Zeitraum von mindestens drei Jahren Geschäfte mit kubanischen Unternehmen mit einem Volumen von mindestens 500.000 USD jährlich getätigt haben.

Hinsichtlich der Autorisierung einer Vertretung des ausländischen Unternehmens durch eine kubanische Institution gilt nur der erste Punkt.

Der Beauftragte des Registers für Niederlassungen und Vertretungen ausländischer Handelsgesellschaften der Handelskammer hat das Recht, weitere Dokumente zu erbitten. Wurde die Bewerbung akzeptiert, wird sie an das Ministerium für Außenhandel MINCEX weitergeleitet. Innerhalb von 60 Tagen wird die Entscheidung hinsichtlich Genehmigung oder Ablehnung der Einschreibung getroffen und dem Beauftragten der Handelskammer mitgeteilt. Wird der Antrag abgelehnt, kann sich das Unternehmen erst nach Ablauf eines Jahres erneut um die Einschreibung einer Zulassung bewerben.[1563]

Im Falle der Genehmigung gibt das Ministerium eine autorisierende Resolution aus, mit der sich das Unternehmen innerhalb eines Zeitraumes von 90 Tagen ab Ausstellungsdatum in das Register der Handelskammer eintragen lassen muss. Nach der Eintragung erhält das Unternehmen eine Lizenz mit einer Gültigkeitsdauer von fünf Jahren. Die Lizenz kann jederzeit um drei Jahre verlängert werden. Folgende Dokumente müssen für die Verlängerung eingereicht werden:

[1563] vgl. Exekutivkomitee des Ministerrates, 1996: *Resolución 206:* Art. 10, www.embacuba.com.ar (29.09.05); MINCEX, 2001: *Resolución 550:* Art. 2, und BES: Hernández Fernández; Marichal Aguilera; Díaz Rodríguez, 2000: 34ff

Niederlassung	Vertretung durch eine nationale Institution
Bewerbungsformular zur Erneuerung der Lizenz	
Zertifikate aller kubanischen Unternehmen, die für die Niederlassung Leistungen erstellt haben, die bestätigen, dass diese alle Zahlungen immer rechtzeitig beglichen hat	
Handelsregisterauszug, welcher die Gültigkeit der Einschreibung der Handelsgesellschaft oder des Einzelunternehmers bestätigt und dessen Ausstellung zum Zeitpunkt der Bewerbung nicht länger als sechs Monate zurückliegen darf*	
Kopie der Bilanzen des letzten Geschäftsjahres, beglaubigt von einem unabhängigen Prüfer*	
Zertifikat des Antragsstellers, das ein Handelsvolumen von jährlich mindestens 500.000 USD mit Kuba während der letzten drei Jahre bestätigt	

Tabelle 45 *Nötige Dokumente für die Verlängerung der Lizenz einer Niederlassung*
Quelle: MINCEX, 2001: Resolución 550, Art. 3 und Art. 4

Folgende Gebühren müssen für die Registrierung einer Niederlassung oder einer Vertretung gezahlt werden:

Leistung	Betrag in USD
Einschreibung	4.000,00
Anfangszahlung	3.200,00
2. Jahr	200,00
3. Jahr	200,00
4. Jahr	200,00
5. Jahr	200,00
Erneuerung der Einschreibung	2.000,00
Anfangszahlung	1.600,00
2. Jahr	200,00
3. Jahr	200,00
Einschreibung eines zusätzlichen Büros	300,00

Tabelle 46 *Kosten für die Registrierung einer Niederlassung oder Vertretung*
Quelle: Cámara de Comercio de la República de Cuba (c), 2001: Resolución 90, www.camaracuba.cu (30.09.05)

7.5.2.3 Beteiligung mittels Kooperationsvertrag im produktiven oder administrativen Bereich (Vereinbarung 3827/00 und Resolution 37/01)

Alle natürlichen und juristischen Personen mit Wohnsitz im Ausland können einen Kooperationsvertrag im produktiven oder administrativen Bereich mit einem Unternehmen Kubas eingehen.

* Alle Dokumente, die von Behörden/Institutionen des Heimatlandes ausgestellt werden, müssen den unter 7.5.1 (Legalisierung des Unternehmens) beschriebenen Prozess durchlaufen.

Im Bereich der produktiven Kooperationen ist der ausländische Partner dazu verpflichtet, natürliche oder finanzielle Ressourcen, Technologien und/oder Märkte für die Produktion einzubringen. Hinsichtlich der Kooperationen im administrativen Bereich müssen Know-how, Technologie und/oder Märkte beigesteuert werden. Hier gibt es zwei Arten: Kooperationen in der Hoteladministration und Kooperationen in der Administration von Produktionsbetrieben.

Die Genehmigung zur Schließung eines Kooperationsvertrages muss lediglich von der obersten Instanz des jeweiligen kubanischen Unternehmens, in den meisten Fällen das entsprechende Ministerium, erteilt werden, wodurch der Prozess beschleunigt und vereinfacht wird.

Kooperationsverträge im produktiven Bereich *(contratos para la producción cooperada)*[1564]

Der ausländische Kooperationspartner liefert oder finanziert Rohstoffe, Produktionsmaterialien, halbfertige Produkte, Technologie und technische Assistenz, zu einem vorher festgelegten Preis und mit dem Ziel, dass der kubanische Partner Produkte oder Dienstleistungen für den kubanischen Markt und/oder den Export erstellt. Der Kooperationsvertrag hat folgende Charakteristiken:

- Alle Ziele der Kooperation werden zwischen den Partnern ausgehandelt und im Vertrag festgehalten.
- Der Vertrag darf nur für die Produktion von Gütern oder Erstellung von Dienstleistungen geschlossen werden.
- Keiner der Partner leistet Einlagen, es wird kein gemeinsames Vermögen geschaffen.
- Es werden weder Risiken noch Einnahmen geteilt.

Nachdem die Schließung des Vertrages vom jeweiligen Ministerium oder einer anderen entsprechenden Instanz der Zentralverwaltung genehmigt wurde, müssen zwei Kopien des Vertrages innerhalb von 30 Tagen an das MINVEC geschickt werden, welches auch die Kontrolle und Überwachung der Kooperation übernimmt.

[1564] vgl. MINVEC, 2001: *Resolución 37: De los contratos de producción cooperada:* Kap. I, www.cubaindustria.cu (09.03.04)

Administrationskooperationen im produktiven Bereich (*contratos de administración productiva)*[1565]

In diesem Fall engagiert ein kubanisches ein ausländisches Unternehmen, damit dieses eine Produktionslinie, eine gesamte Produktionsanlage oder eine Dienstleistungslinie über einen festgelegten Zeitraum hinweg verwaltet. Die Vergütung des ausländischen Partners erfolgt auf der Basis der erzielten Ergebnisse. Dieser Vertrag hat folgende Charakteristiken:

- Ziel ist die Erhöhung der Effizienz der Anlage oder Aktivität, die Gegenstand der Administrationskooperation ist.
- Die Resultate werden nach festzulegenden Indikatoren gemessen.
- Die ausländische Firma handelt im Namen des kubanischen Unternehmens.

Folgende Unterlagen müssen von Seiten der ausländischen Firma an die oberste Instanz des Bereiches, in dem die Kooperation erfolgen soll, eingereicht werden, damit diese die Bewerbung dem MINVEC vorlegen kann:

- Von beiden Seiten unterschriebene Antragsstellung
- Identitätsnachweis der ausländischen Firma*
- Bankaval und Bilanzen des letzten Geschäftsjahres, bestätigt durch eine unabhängige Institution*

Das MINVEC prüft die Bewerbung innerhalb von zehn Tagen nach deren Eingang und teilt der jeweiligen obersten Instanz die getroffene Entscheidung mit. Wird das Projekt abgelehnt, werden den Antragstellern die Gründe hierfür mitgeteilt und die Bewerbung kann nach Eliminierung der Unzulänglichkeiten erneut eingereicht werden. Im Falle der Genehmigung gibt das MINVEC innerhalb von 15 Tagen eine Resolution aus, die den Vertrag autorisiert. Dies muss innerhalb von fünf weiteren Tagen der obersten Instanz mitgeteilt werden, die dann die Information an die Antragsteller übermittelt. Das MINVEC übernimmt Kontrolle und Überwachung der Kooperation.

[1565] vgl. MINVEC, 2001: *Resolución 37: De los contratos de administración productiva:* Kap. II, www.cubaindustria.cu (09.03.04)

* Alle Dokumente, die von Behörden/Institutionen des Heimatlandes ausgestellt werden, müssen den unter 7.5.1 (Legalisierung des Unternehmens) beschriebenen Prozess durchlaufen.

Administrationskooperationen im Tourismus *(Contratos de administración hotelera)*[1566]

Das Vorgehen bei der Antragstellung entspricht dem Vorgehen bei Administrationskooperationen im produktiven Bereich. Allerdings wird die Genehmigung oder Ablehnung nicht vom MINVEC ausgesprochen, sondern direkt vom Ministerium für Tourismus MINTUR. Am Ende jedes Geschäftsjahres muss das MINTUR innerhalb von 30 Tagen alle relevanten Informationen über die jeweiligen Administrationskooperationen an das MINVEC weiterleiten.

7.5.3 Eröffnung eines Bankkontos

Um Geschäfte in Kuba tätigen zu können, ist die Eröffnung eines Kontos bei einerkubanischen Bank sinnvoll, da es für kubanische Partner einfacher ist, Geld an eine kubanische Bank zu überweisen. Von dieser kann das Geld dann relativ problemlos an eine Bank im Ausland überwiesen werden.

Als mögliche Banken kommen nur die BFI *(Banco Financiero Internacional)* und die BICSA *(Banco Internacional de Comercio S.A.)* in Frage, da diese sich auf Geschäfte mit ausländischen Unternehmern spezialisiert haben und über die nötige Erfahrung verfügen.

Die Kontoeröffnung bei der BICSA gestaltet sich folgendermaßen:

Zunächst muss ein Firmenkonto eröffnet werden, erst dann kann man ein Privatkonto einrichten. Für die Eröffnung eines Kontos für eine Firma mit Sitz im Ausland muss ein Aval einer deutschen Bank möglichst in Spanisch oder Englisch an die BICSA übermittelt werden. Der hierfür benötigte SWIFT-Code[1567] lautet: BIDC CUHH XXX. Die Ausstellung des Avals darf bei Eröffnung des Kontos nicht länger als sechs Monate zurückliegen. Außer dem Aval müssen auch Handelsre-

---

[1566] vgl. MINVEC, 2000: *Acuerdo 3827*: Art. 3 und MINVEC, 2001: *Resolución 37:* Kap. III: *De los contratos de administración hotelera*, www.cubaindustria.cu (09.03.04)

[1567] Anm.: SWIFT ist die Abkürzung für Society for Worldwide Interbank Financial Telecommunications. Es handelt sich um eine von den Geldinstituten getragene Organisation, die ein Telekommunikationsnetz (SWIFT-Netz) für den Nachrichtenaustausch zwischen diesen bereitstellt. Der SWIFT-Code wird auch als BIC (Bank Identifier Code) bezeichnet, wobei es sich um einen international standardisierten Bankcode handelt, mit dem jedes Kreditinstitut weltweit identifiziert werden kann. Vgl. o.V.: Swift-Code, www.net-lexikon.de (07.03.04) gistereintrag, Gewerbeanmeldung und Gesellschaftervertrag vorgelegt werden, übersetzt in Spanische, beglaubigt durch das Konsulat der kubanischen Botschaft, bestätigt durch das MINREX und erneut beglaubigt durch einen Notar in Kuba. Um das Konto zu eröffnen, müssen erstmalig mindestens 1.000 CUC eingezahlt werden und es muss ein Mindestkontostand von 200 CUC beibehalten werden.

Für die Eröffnung eines Kontos für eine Firma mit Sitz in Kuba müssen ebenfalls alle oben genannten Dokumente vorgelegt werden. Statt des Avals kann auch eine Bestätigung einer kubanischen Institution, mit der das Unternehmen in Kontakt steht, genutzt werden. Außerdem ist eine Bestätigung über den Eintrag des Unternehmens in das Register der Handelskammer der Republik Kuba vorzulegen. Ein Konto wird nur für Gesellschafter, Vorgesetzte oder Aktionäre eines Unternehmens eröffnet.[1568]

Geschäftskredite werden außer in Ausnahmefällen nur kubanischen Unternehmen gewährt. Die Zinsen für Geldanlagen betragen zwischen 0,75% und 3,25%, je nach Dauer der Geldanlage. Kuba hat ein strenges Geldwäschegesetz, welches Bareinzahlungen nur bis zu einer Höhe von 10.000 Dollar pro Tag erlaubt. Die möglichen Zahlungsverfahren entsprechenden den international gängigen Verfahren.

7.6 Arbeiten und Leben in Kuba

7.6.1 Arbeits- und Aufenthaltsgenehmigung[1569]

Wenn die Lizenz zum Betreiben eines Unternehmens mit ausländischer Beteiligung erteilt wurde, egal in welcher Form, muss für den ausländischen Vertreter vor Ort eine befristete Aufenthalts- und Arbeitsgenehmigung beantragt werden, ohne die er nicht handlungsfähig wäre. Das Nationale Büro für Arbeitsgenehmigungen des Ministeriums für Arbeit und Sozialversicherung MTSS bearbeitet die Anträge und ist zuständig für Ausgabe, Aktualisierung und Entzug von Arbeitgenehmigungen.

[1568] vgl. BICSA, 2003, Informationsblatt: *Requisitos mínimos para la apertura de cuentas por personas jurídicas extranjeras* und Interview durch die Autorinnen mit Vertretern der BICSA am 03.12.2003

[1569] vgl. MININT/MTSS, 2000: *Resolución 1*, www.camaracuba.cu (09.03.04)

Der Antrag kann nicht vom ausländischen Unternehmer selbst sondern nur von kubanischen Institutionen, die dafür vom MTSS autorisiert worden sind, gestellt werden. Dazu gehören die Ministerien und andere Institutionen der staatlichen Zentralverwaltung, der Präsident der Zentralbank und der Präsident der Handelskammer.

Bevor diese Institutionen einen Antrag für eine Arbeitserlaubnis für einen Ausländer stellen, müssen sie prüfen, ob für diese Stelle nicht auch ein Kubaner in Frage käme. Es gilt der Grundsatz, dass Kubaner bei der Besetzung von Stellen Vorrang vor Ausländern haben.

Folgende Unterlagen müssen beim MTSS eingereicht werden:[1570]

- Entsprechend ausgefülltes Antragsformular
- Kopie des Reisepasses
- Beschreibung der zukünftigen Stelle in Kuba
- Drei Passbilder (3 cm x 3 cm)
- Kopie des Eintrags in das entsprechende kubanische Register

Wird der Antrag genehmigt, gibt das MTSS das entsprechende Visum beim Ministerium für Innere Angelegenheiten MININT in Auftrag. Erst dann wird die Arbeitserlaubnis ausgestellt und dem ausländischen Unternehmer nach seiner Ankunft im Land überreicht. Folgende Kosten sind mit der Ausstellung einer Arbeitserlaubnis verbunden:

Leistung	Preis in CUC
Ausstellung der Arbeitserlaubnis	205,00
Erneuerung der Arbeitserlaubnis	165,00
Duplikat wegen Verlust	45,00
Aktualisierung im Falle von Veränderungen	45,00
Bestätigung über Vorhandensein der Arbeitserlaubnis	25,00

Tabelle 47 *Gebühren im Zusammenhang mit der Arbeitsgenehmigung*
Quelle: MTSS, 1999: Resolución 32, www.camaracuba.cu (09.03.04)

Die gleiche Institution, die für den Unternehmer den Antrag für eine Arbeitserlaubnis gestellt hat, beantragt beim Ministerium für Innere Angelegenheiten die Ausstellung einer befristeten Aufenthaltsgenehmigung und das dazugehörige Ausweisdokument. Die Erstellung die-

[1570] vgl. Asesoría Legal en Cuba, www.legalcuba.com (13.03.04) ses Dokuments ist mit Gebühren in Höhe von 15 CUC verbunden.[1571] Die Arbeitserlaubnis ist nur für ein Jahr gültig und muss mindestens 45 Tage vor Ablauf der Gültigkeit erneuert werden, sonst verfällt sie.

In der Handelskammer der Republik Kuba gibt es ein Ein-Schalter-System, an dem unter Vorlage der Arbeitserlaubnis ebenfalls die Aufenthaltsgenehmigung erworben werden kann. Wer eine befristete Aufenthaltsgenehmigung besitzt, muss eine Ausreiseerlaubnis *(permiso de salida)* beantragen, falls er das Land verlassen möchte. Diese Erlaubnis ermöglicht die erneute Einreise ohne Visum. Die *permiso de salida* kann ebenfalls bei der Handelskammer zu einem Preis von 30,00 CUC erworben werden. Für einen Aufpreis von 20,00 CUC können derartige Dokumente schneller als vom Ministerium für Innere Angelegenheiten festgelegt beschafft werden, für einen Aufpreis von 30,00 CUC sogar fast sofort nach Antragstellung.[1572]

7.6.2 Kommunikation

7.6.2.1 Mobiltelefone

Die wohl einfachste Lösung des Kommunikationsproblems besteht in der Anschaffung eines Mobiltelefons, da hierfür keine langwierigen Anträge gestellt werden müssen. Das Unternehmen CUBACEL, im Februar 2004 aus der Fusion der beiden Anbieter Cubacel und C_COM mit dem staatlichen Telefondienstleister ETECSA entstanden, bietet in Monopolstellung Mobilfunkleistungen an.[1573]

Die Kosten für ein Mobiltelefon betragen je nach Vertragstyp und Technologie bis zu 120 USD einmalig für die Aktivierung und bis zu 435 USD monatliche Grundgebühr. Je nach Vertrag und Uhrzeit betragen die Gesprächskosten innerhalb Kubas für abgehende Gespräche zwischen 0,28 und 0,40 USD pro Minute, für eingehende Gespräche müssen teilweise bis zu 0,40 USD pro Minute gezahlt werden. Es ist auch möglich, ein *prepaid* Handy nur für die Zeit des Aufenthaltes zu mieten. Die Gebühr beträgt 3 USD täglich, die Gesprächskosten

---

[1571] vgl. MFP, 2000: *Resolución 302: Del impuesto sobre documentos*, www.mfp.cu (09.03.04)
[1572] vgl. Cámara de Comercio de la República de Cuba, 2002 (c): 40f
[1573] vgl. Cubacel: *Acerca de Cubacel*, www.cubacel.com (30.09.05)

innerhalb Kubas liegen zwischen 0,36 und 0,60 USD pro Minute.[1574] Die Netzverfügbarkeit in Kuba ist ziemlich gut, in allen Städten und Touristenzentren ist der Empfang problemlos möglich. Nur in abgelegenen Regionen kann es zu Engpässen kommen.

Alle ankommenden und abgehenden Gespräche werden über das Telefonnetz der kubanischen Telefongesellschaft ETECSA geleitet.[1575] Bei Telefonaten ins Ausland kommen daher zu den Mobilfunkgebühren noch die Gebühren der Telefongesellschaft ETECSA hinzu, die vom Staat festgelegt werden. Dementsprechend hoch sind die Preise.

Zielregion	Preis (USD/Minute)		
	Tag	Nacht	Nacht (Sommer)
Kanada und USA	1,80	1,20	1,00
Zentralamerika, Mexiko, Karibik	2,50	1,70	1,25
Südamerika	3,25	2,20	1,65
Spanien, Italien, Frankreich, Deutschland	3,80	2,55	1,90
Restliche Welt	4,20	2,80	2,10

Tabelle 48 *Festpreise für Internationale Telefongespräche*
Quelle: ETECSA, Tarifas, www.etecsa.cu (30.09.05)

7.6.2.2 Internet

Um einen Internetanschluss zu erhalten, muss ein Antrag beim Ministerium für Informatik und Kommunikation MIC gestellt werden, welches die entsprechenden Lizenzen vergibt. Die Internetverbindungen werden von ETECSA gelegt und eingerichtet. Die Preise hierfür sind staatlich festgelegt.[1576] Folgende Übersicht soll einen Einblick in die ungefähren Kosten geben.

[1574] vgl. Cubacel: *Cubacel contratos*, www.cubacel.com (30.09.05)
[1575] vgl. MIC, 2001: *Resolution 171*, www.cubagob.cu (10.03.04)
[1576] vgl. MIC, 2000: *Resolution 21*, www.hihavana.com (10.03.04)

Punkt zu Punkt Verbindungen *(point to point tunneling)* – nationale Ebene		
	Installation	**monatl. Grundgebühr**
Analog	150,00 USD	210,00 USD (0-4 km)
Aufpreis: 0-20 km		1,80 USD/km
20-150 km		1,62 USD/km
150-450 km		1,35 USD/km
Mehr als 450 km		1,14 USD/km
Digital		
64 kbps	350,00 USD	300,00 USD (0-4 km)
Aufpreis: 0-20 km		7,80 USD/km
20-150 km		6,00 USD/km
150-450 km		2,40 USD/km
mehr als 450 km		1,80 USD/km
2 mbps	750,00 USD	1.200 USD (0-4 km)
Aufpreis: 0-20 km		33,00 USD/km
20-150 km		30,00 USD/km
150-450 km		20,00 USD/km
mehr als 450 km		11,00 USD/km
Punkt zu Punkt Verbindungen *(point to point tunneling)* – internationale Ebene		
	Installation	**monatl. Grundgebühr**
64 kbps	1.500,00 USD	
Dauer des Vertrages: 1 Jahr		3.600,00 USD
5 Jahre		3.300,00 USD
15 Jahre		3.200,00 USD
2048 kbps	1.500,00 USD	
Dauer des Vertrages: 1 Jahr		36.000,00 USD
5 Jahre		29.700,00 USD
15 Jahre		24.400,00 USD
Internetverbindung (über Router)		
1:4 → mindestens 25% der Bandbreite stehen garantiert immer zur Verfügung		
Bandbreite:	**Installation**	**Monatliche Grundgebühr**
64 kbps	700,00 USD	600,00 USD
2048 kbps	14.000,00 USD	14.000,00 USD
1:1 → mindestens 100% der Bandbreite stehen garantiert immer zur Verfügung		
Bandbreite:		
64 kbps	2.500,00 USD	2.000,00 USD
2048 kbps	40.000,00 USD	40.000,00 USD

Internetverbindung über Modem (Mindestvorgaben für Provider)			
	Installation	**Monatl. Gebühr**	**Zusätzliche Stunden**
	70,00 USD		
Plan I (bis 5 h)		15,00 USD	3,00 USD
Plan II (bis 15 h)		30,00 USD	3,00 USD
Plan III (bis 40 h)		60,00 USD	3,00 USD
Plan IV (bis 100 h)		100,00 USD	1,00 USD

Tabelle 49 *Preise verschiedener Arten des Internetzugangs*
Quelle: MIC, 2000: Resolution 21, www.hihavana.com (10.03.04)

Eine ausführliche Preisliste für alle Arten von Internetanschlüssen befindet sich im Anhang der Resolution 21 des Ministeriums für Informatik und Kommunikation MIC aus dem Jahr 2000, die unter folgender Adresse im Internet gefunden werden kann: www.hihavana.com/Leyes/Informaticas/RESOLUCION%2021-2000.htm. Unter der Adresse www.infocom.etecsa.cu findet man Links zu allen in Kuba zugelassenen Internet-Providern.

7.6.3 Immobilien und Grundstücke

Als im Jahr 1995 ausländische Investitionen in den Immobiliensektor zugelassen wurden, erlaubte man den Joint Ventures, Wohnungen und Büros an Ausländer zu verkaufen, die keinen festen Wohnsitz in Kuba haben. Es wurden ständig neue Immobiliengesellschaften gegründet, da die Nachfrage nach Wohnraum trotz der hohen Kosten stieg. Da es aber keine klare Gesetzeslage hinsichtlich des Besitzes von Wohnfläche in Kuba gab, wurden diese Aktivitäten wieder eingeschränkt. Seit 2001 werden keine neuen Joint Ventures im Immobiliensektor zugelassen und an bestehende Unternehmen erging das Verbot, die Immobilien zu verkaufen. Kubanische Unternehmen kaufen nicht verkauften Wohnraum von Joint Ventures auf, um diesen zu vermieten.[1577]

Wer eine Arbeitserlaubnis und eine temporäre Aufenthaltsgenehmigung hat, kann in Kuba Büro- und Wohnraum mieten. Die Nutzung eines offiziellen Büros ist Pflicht, da sonst die Einschreibung in das entsprechende kubanische Register als ungültig gilt. Büroräume können nur bei einem vom Staat autorisierten Unternehmen gemietet werden. In Frage kommen hierfür hauptsächlich folgende Joint Ventures: *Inmobiliaria Siboney*, *Inmobiliaria Monte Barreto* und *Inmobiliaria Fénix*. Da der Staat die Vermietung von Immobilien an ausländische Unternehmer kontrolliert, sind die Preise entsprechend hoch. Keinesfalls dürfen private Räumlichkeiten kubanischer Staatsbürger als Büroräume genutzt werden.[1578]

1577 vgl. IPS Economics Press Service 11/03: *Negocios inmobiliarios, auge y declinación:* 27ff und Vincent, 2000: *Cuba se cierra* http://64.21.33.164/CNews/y00/jun00/01o4.htm (09.03.04)

1578 vgl. Asesoría Legal en Cuba, www.legalcuba.com (13.03.04)

In Kuba gibt es keinen Bodenmarkt, Grundstücke können nicht gekauft werden. Wenn für den Bau einer Fabrikhalle Fläche benötigt wird, dann wird ein staatliches Grundstück nach Genehmigung durch die entsprechende oberste Instanz des Investitionsbereiches, das Exekutivkomitee des Ministerrates und das Ministerium für Finanzen und Preise MFP an die kubanische Seite vergeben, damit diese es in das Gemeinschaftsunternehmen einbringen kann. Für die Nutzung des Bodens müssen beide Seiten Rechte an den Staat zahlen. Die Höhe der Gebühren wird vom Ministerium für Finanzen und Preise nach Schätzung des Bodenwertes festgelegt. Sie müssen innerhalb der ersten zwei Monate jedes Jahres gezahlt werden.[1579]

7.6.4 Import- und Exportbestimmungen

7.6.4.1 Allgemeine Bestimmungen

Alle Waren und Wertgegenstände, die nach Kuba importiert oder aus Kuba exportiert werden, müssen vor den Zollbehörden deklariert werden, auch wenn sie aufgrund von Sonderregelungen von Zollgebühren befreit sind. Alle Dokumente, die im Zusammenhang mit dem internationalen Handel stehen, müssen für fünf Jahre aufbewahrt werden.

Alle Produkte pflanzlichen oder tierischen Ursprungs müssen entsprechend den geltenden Normen zertifiziert und untersucht werden, bevor sie endgültig von den Zollbehörden für den Im- oder Export freigegeben werden.[1580]

7.6.4.2 Registrierung des Unternehmens mit ausländischer Beteiligung im Nationalen Zollregister

Joint Ventures, Allianzen und WFOE[1581]

Die Autorisierung für den Im- und Export von Waren wird vom Ministerium für Außenhandel MINCEX ausgestellt. Alle Unternehmen,

---

[1579] vgl. Mathéy, 2001: 96

[1580] vgl. Consejo de Estado, 1996: *Gesetzesdekret 162*, www.aduana.islagrande.cu (11.03.04)

[1581] vgl. Kubanische Zollbehörde: *Requisitos para la inscripción: importadores y exportadores comerciales*, www.aduana.islagrande.cu (11.03.04)

die eine solche Autorisierung erhalten, müssen sich in das Nationalregister für Importeure und Exporteure der Handelkammer der Republik Kuba und anschließend in das Zentrale Zollregister eintragen lassen. Folgende Dokumente werden hierfür benötigt:

- Korrekt ausgefülltes Antragsformular, erhältlich unter: www.aduana.islagrande.cu/comercial/sucursal/
- Kopie der Eintragsbestätigung in das Register für Importeure und Exporteure der Republik Kuba
- Bestätigung über die Eintragung des Unternehmens in das entsprechende Register ausländische Investitionen
- Kopie der Resolution des MINCEX, die zum Im- und/oder Exportport berechtigt
- Antrag auf Autorisierung eines Bevollmächtigten, der alle Zollangelegenheiten im Namen der Firma klären kann, falls der Geschäftsführer selbst diese Aufgabe nicht übernehmen kann. Für den Bevollmächtigten müssen monatlich 50,00 USD an die Zollbehörde gezahlt werden
- Einen Stempel für die Ausstellung des Dokuments (70,00 USD)

Niederlassungen ausländischer Unternehmen oder deren kubanische Vertreter[1582]

Diese Firmen müssen ebenfalls eine Genehmigung für den Im- und Export vom Ministerium für Außenhandel MINCEX beantragen. Für die Einschreibung in das Zentrale Zollregister werden folgende Unterlagen benötigt:

- Korrekt ausgefülltes Antragsformular, erhältlich unter: www.aduana.islagrande.cu/comercial/sucursal/
- Kopie der Bestätigung der Eintragung in das Register für Niederlassungen und Vertretungen ausländischer Handelsgesellschaften der Handelskammer, Vorlage des Originals zum Vergleich
- Kopie der Eintragung des Unternehmens bei der Nationalen Steuerbehörde ONAT

[1582] vgl. Offizielle Website der kubanischen Zollbehörde: *Requisitos para la inscripción: sucursales de sociedades mercantiles extranjeras y sus agentes*, www.aduana.islagrande.cu (11.03.04)

- Stempel für die Ausstellung des Dokuments (70,00 USD)

Seit September 2003 können Genehmigungen per Email eingeholt werden, was den Prozess für viele Unternehmer erleichtert.[1583]

7.6.4.3 Spezielle Regelungen für den Import von Fahrzeugen

Alle Vertretungen ausländischer Unternehmen oder Joint Ventures müssen den Kauf oder Import eines Fahrzeuges beantragen. Niederlassungen ausländischer Handelsgesellschaften stellen den Antrag bei der Handelskammer der Republik Kuba. Joint Ventures stellen den Antrag beim Ministerium für ausländische Investitionen und wirtschaftliche Zusammenarbeit MINVEC.[1584] Für den Import von Fahrzeugen mit einem Gewicht von bis zu zwei Tonnen muss eine Zollgebühr in Höhe von 100% auf den Wert des Fahrzeuges gezahlt werden.[1585] Als Berechnungsgrundlage gilt der Wert, der auf der Kaufrechnung für das Fahrzeug angegeben ist.[1586]

7.6.5 Registrierung von Marken und Patenten

Alle natürlichen und juristischen Personen können in Kuba die Registrierung einer Marke bzw. eines Patentes beantragen. Natürliche oder juristische ausländische Personen mit permanentem Wohnsitz in Kuba können ihren Antrag direkt beim Kubanischen Büro für Gewerbliches Eigentum OCPI *(Oficina Cubana de Propiedad Industrial)* stellen, Personen mit befristeter Aufenthaltsgenehmigung in Kuba müssen immer über einen offiziell autorisierten Vertreter die Eintragung einer Marke beantragen.[1587] Folgende Unternehmen kommen in Frage:[1588]

- Bufete Internacional
- CONAS (Consultores Asociados)
- Claim S.A.

1583 vgl. Kubanische Zollbehörde: *Novedades*, www.aduana.islagrande.cu (11.03.04)

1584 vgl. Kubanische Zollbehörde: *Artículos regulados: vehículos*, www.aduana.islagrande.cu (13.03.04)

1585 vgl. Comité Estatal de Finanzas, 1989: *Resolution 33*, www.aduana.islagrande.cu (14.03.04)

1586 vgl.Kubanische Zollbehörde, 2005: *Resolución 14*, www.aduana.islagrande.cu (29.09.05)

1587 vgl. Staatsrat, 1999: *Decreto Ley 203: De marcas y otros signos distintivos*, www.ocpi.cu (14.03.04)

1588 vgl. OCPI: *Agentes Oficiales*, www.ocpi.cu (14.03.04)

- Consultoría Jurídica Internacional
- Lex S.A.

Folgende Informationen bzw. Dokumente müssen zusammen mit dem Antrag auf Registrierung der Marke eingereicht werden:[1589]

- Name und Anschrift des Antragstellers
- Auflistung der Produkte oder Dienstleistungen, die geschützt werden sollen. Die Auflistung der Produkte muss unbedingt nach der Nizza Klassifikation erfolgen, die Auflistung von Bildbestandteilen nach der Wiener Klassifikation. Genaue Informationen hierzu findet man unter www.dpma.de/suche/ klassifikationen.html[1590]
- Grafische Darstellung der Marke (Name, Logo, Farben, etc.)
- Schreiben zur Autorisierung des kubanischen Unternehmens, das für den Antragsteller bei der OCPI alle Schritte für die Registrierung der Marke unternimmt. Das kubanische Gesetz legt fest, dass keines der Dokumente durch einen Notar oder das kubanische Konsulat des jeweiligen Landes beglaubigt werden muss. Es genügt die Unterschrift.[1591] Die folgende Übersicht verdeutlicht die Kosten, die durch die Registrierung einer Marke in Kuba entstehen. Es handelt sich um die Tariftabellen von Lex S.A., die Tarife der anderen vier autorisierten Unternehmen können davon abweichen.

Leistung	Gebühr in USD	Honorar in USD
Suche nach Überschneldungen mit bestehenden Marken	50,00	60,00
Bewerbung um Registrierung	250,00 (3 Klassen) 100,00 (weitere Klasse)	300,00 (3 Klassen) 200,00 (weitere Klasse)
Erneuerung des Eintrages	300,00	250,00
Verlängerung des Eintrages	50,00	50,00
Löschung des Eintrages	200,00	500,00
Gewährung der Rechte	140,00	30,00

Tabelle 50 *Kosten für die Registrierung einer Marke in Kuba*
Quelle: Lex S.A., www.lex-sa.com (14.03.04)

[1589] vgl. Informationsblatt von Lex S.A, überreicht während eines Interviews mit einem Spezialisten von Lex S.A. in Havanna am 17.07.2004

[1590] vgl. Staatsrat, 1999: *Decreto Ley 203: De marcas y otros signos distintivos:* Art. 10 und 11, www.ocpi.cu (14.03.04)

[1591] vgl. Staatsrat, 1999: *Decreto Ley 203: De marcas y otros signos distintivos:* Art. 32, www.ocpi.cu (14.03.04)

Die Ersteintragung einer Marke kostet insgesamt etwas über 800 USD. Auf der Website des Unternehmens findet man weitere Tariftabellen für die Eintragung anderer Eigentumsrechte.

Die Lizenz für eine Marke wird immer nur für maximal zehn Jahre erteilt. Danach kann die Eintragung beliebig oft um zehn Jahre verlängert werden.[1592] Auf der Website des kubanischen Büros für gewerbliches Eigentum können weitere Informationen, Antragsformulare und Tariftabellen abgerufen werden.

7.6.6 Rekrutierung kubanischer Angestellter

Im Kapitel „politisch-rechtliches Umfeld" wurde bereits eingehend auf die Arten der Personalrekrutierung eingegangen, die fast ausschließlich über eine staatliche Personalagentur möglich ist. Ausländische Unternehmer haben nur bei der Bestimmung von speziellen Fach- und Führungskräften ein größeres Mitspracherecht. Im Folgenden sollen die verschiedenen Tarifgruppen für kubanische Angestellte in Unternehmen mit ausländischer Beteiligung vorgestellt werden, damit man einen Einblick in die ungefähren Lohnkosten bekommt.

Tarifgruppe	Monatliches Gehalt	Stellenbeschreibung (in Auszügen)
Gruppe I	425,00 USD	Allgemeiner Dienstleister
Gruppe II	465,00 USD	Hausmeister, Instandhalter von Maschinen und Fahrzeugen
Gruppe III	515,00 USD	Lagerarbeiter, Gärtner, Lagerfacharbeiter
Gruppe IV	545,00 USD	Fahrer, Hausdame
Gruppe V	555,00 USD	Sekretärin
Gruppe VI	600,00 USD	Omnibusfahrer, Koch, Aufzugmechaniker
Gruppe VII	645,00 USD	Lagerleiter, Immigrationsbeamter, Touristenführer,
Gruppe VIII	685,00 USD	Verkaufsassistent, Designer, Busfahrer, Spezialisten im Bereich der Wartung und Instandhaltung
Gruppe IX	710,00 USD	Koch (internationale Küche)
Gruppe X	725,00 USD	Geschäftsleitungsassistent, Buchhalter, Computertechniker, Übersetzer und Dolmetscher
Gruppe XI	750,00 USD	Einkäufer, Verkäufer
Gruppe XII	775,00 USD	Außendienstmitarbeiter, Export-/Importspezialisten, Marketingspezialisten, Logistiker, Informatiker

[1592] vgl. Staatsrat, 1999: *Decreto Ley 203: De marcas y otros signos distintivos:* Art. 47, www.ocpi.cu (14.03.04)

Gruppe XIII	825,00 USD	Mechaniker im Bereich der Luftfahrt, Bereichsleiter, Elektroniker und Elektromechaniker
Gruppe XIV	840,00 USD	Abteilungsleiter, Spezialisten für Klimatechnik
Gruppe XV	900,00 USD	Verwalter, Geschäftsführer, Technischer Leiter
Gruppe XVI	970,00 USD	Handelsspezialisten, Spezialisten im Bereich Elektronik, Informatik, Luftfahrt, Telekommunikation
Gruppe XVII	1.000,00 USD	Architekten, Rechtsberater, Handelsbrater, Marketingspezialisten, Ingenieure, Vizerepräsentant
Gruppe XVIII	1.100,00 USD	Repräsentanen

Tabelle 51 *Tarifgruppen für Angestellte in Unternehmen mit ausländischer Beteiligung*
Quelle:MTSS, 2000: Instrucción 4, www.camaracuba.cu (30.09.05)

Es handelt sich hierbei nur um Richtwerte, die staatliche Personalagentur verhandelt den exakten Lohn mit dem Unternehmen je nach Aufgabenstellung und Verantwortlichkeit des Angestellten. Die Löhne werden an die Personalagentur gezahlt, in den meisten Fällen ist dies ACOREC S.A. Diese bezahlt dann die Angestellten in kubanischen Peso. Die oben aufgeführten Tarife enthalten bereits die entsprechenden Steuern und Abgaben.[1593]

Da der Lohn seine Motivationsfunktion für die Angestellten fast völlig einbüßt, muss auf andere Motivationsmöglichkeiten zurückgegriffen werden. Folgende Alternativen wurden während der Interviews mit deutschen Unternehmern mit kubanischen Angestellten erwähnt:

- Schuhe, Arbeits- und Freizeitkleidung, Kosmetika
- Reisen zu Verhandlungen ins Ausland
- Firmenwagen als Privatfahrzeug
- Nahrungsmittel, Restaurantgutscheine
- Medizinische Versorgung, Medikamente, Brillen
- Weiterbildungsmaßnahmen, Sprachunterricht
- Urlaub mit Hotelaufenthalt in Kuba

Bei der Kalkulierung der Personalkosten müssen die zusätzlichen Ausgaben für diese Motivationsmaßnahmen beachtet werden.

[1593] vgl. MTSS, 2000: *Instrucción 4*, www.camaracuba.cu (30.09.05)

7.6.7 Geschäftszeiten, Feiertage, sonstige Besonderheiten[1594]

Geschäftszeiten

Banken

Die Banken öffnen von Montag bis Freitag von 8:00 Uhr bis 15:00 Uhr. Am letzten Freitag jedes Monats schließen sie bereits um 12:00 Uhr. Große CADECAS in Havanna, in denen konvertierbare kubanische Peso gegen Devisen getauscht werden können, haben teilweise rund um die Uhr geöffnet. Unterbrechungen wegen Stromausfall oder Demonstrationen müssen in Kauf genommen werden.

Geschäfte

Geschäfte öffnen von Montag bis Freitag von 9:00 Uhr/10:00 Uhr bis 6:00 Uhr/7:00 Uhr, je nach Festlegung.

Öffentliche Verwaltungen

Öffentliche Verwaltungen öffnen Montag bis Freitag von 8:00 Uhr bis 17:00 Uhr, zum Teil auch vierzehntägig samstags. Mittagspause ist in der Regel von 12:00 Uhr bis 13:00 Uhr.

Bauernmärkte

Alle Märkte, die landwirtschaftliche Produkte verkaufen, sind täglich bis ca. 18:00 Uhr geöffnet. Montags sind sie generell geschlossen.

Feiertage

1. Januar:	Tag der Befreiung – Jahrestag des Triumphes der Revolution (1959)
1. Mai:	Internationaler Tag der Arbeit
25., 26., 27. Juli:	Feierlichkeiten anlässlich des Jahrestages des Sturms auf die Moncada-Kaserne
10. Oktober:	Feierlichkeiten anlässlich des Beginns des Unabhängigkeitskrieges (1868)

[1594] vgl. Cámara de Comercio de la República de Cuba, 2002 (a): 45f

25. Dezember:	Weihnachtsfeiertag

Nationale Gedenktage

Die nationalen Gedenktage haben keinen Einfluss auf die Arbeitsroutine.

28. Januar:	Geburtstag von José Martí (1853); Nationalheld Kubas
24. Februar:	Jahrestag der Neuaufnahme des Unabhängigkeitskrieges (1868)
8. März:	Internationaler Frauentag
13. März:	Jahrestag des Angriffs auf den Präsidentenpalast (1957)
19. April:	Jahrestag des Sieges in der Schweinebucht (1961)
30. Juli:	Tag der Märtyrer der Revolution
8. Oktober:	Todestag des Kommandanten Ernesto „Che“ Guevara (1967)
28. Oktober:	Jahrestag des Verschwindens des Kommandanten Camilo Cienfuegos (1959)
27. November:	Erschießung von sieben Medizinstudenten in Havanna (1871)
7. Dezember:	Todestag des in der Schlacht gefallenen Antonio Maceo (1896)

Ferien/Urlaub

Der Urlaub für Kubaner beträgt 30 Tage im Jahr. Meist wird er zwischen Juli und August genommen, weshalb in dieser Zeit keine Geschäftsreisen erfolgen sollten.

Elektrischer Strom

In der Regel liegt an den Steckdosen Einphasenstrom mit 110 Volt und 60 Herz an. In Hotelzimmern sind 220 Volt die Regel. Es wird ein Adapterstecker mit flachen Stiften (wie in den USA) benötigt.

7.6.7.1 Zeitverschiebung

Kuba ist im Vergleich zu Deutschland sechs Stunden zurück. Von April bis Oktober wird die Zeit auf Sommerzeit umgestellt, am gleichen Tag wie in Deutschland.

8 Marktbewertung

8.1 Einordnung Kubas im regionalen Kontext

Um den kubanischen Markt objektiv beurteilen zu können, ist ein Vergleich mit den Ländern der Region hilfreich. Für die Einordnung Kubas wurden zum einen die Mitgliedsstaaten der CARICOM und zum anderen weitere relevante Märkte Zentralamerikas herangezogen. Folgende Länder fließen in die Bewertung ein: Antigua und Barbuda, Barbados, Belize, Costa Rica, Dominika, Dominikanische Republik, El Salvador, Guatemala, Guayana, Haiti, Honduras, Jamaika, Kolumbien, Nicaragua, Panama, Saint Kitts und Nevis, San Vincente und Grenadinen, Surinam, Trinidad und Tobago und Venezuela. Aufgrund der Nichtverfügbarkeit relevanter Daten konnten Puerto Rico, die Bahamas, Montserrat, Grenada und Santa Lucia nicht mit herangezogen werden, obwohl sie aufgrund ihrer Zugehörigkeit zur CARICOM bzw. ihrer geografischen Lage ebenfalls einfließen sollten.

Grundlage der Einschätzung des jeweiligen Länderrisikos ist das Rating der HERMES Kreditversicherungs-AG. Für die Einordnung des jeweiligen Marktwachstums dienen die Statistiken der CEPAL zum durchschnittlichen Bruttoinlandsprodukt von 1991 bis 2001. Die jeweilige Marktgröße (Einwohnerzahl) soll auch in die Bewertung eingehen. Hierfür werden ebenfalls die Daten der CEPAL herangezogen.

Die jeweiligen Kategorien wurden folgendermaßen definiert:

	klein	mittel	groß
Länderrisiko	1, 2	3, 4, 5	6, 7
Marktwachstum (1991-2001)	< 2%	2% - 4%	>4%

Der Durchmesser der jeweiligen Kreise gibt die Größe der Märkte (Einwohnerzahl) folgendermaßen an:

In der folgenden Tabelle werden die Länderratings von HERMES und des französischen Kreditversicherers COFACE gegenübergestellt. Bezeichnenderweise stimmen die Werte in den meisten Fällen überein.

Länder	HERMES[1595]	COFACE[1596]
Antigua und Barbuda	7	n.v.
Barbados	3	n.v.
Belize	6	n.v.
Costa Rica	3	B
Dominika	5	n.v.
Dominikanische Republik	6	C
El Salvador	4	B
Guatemala	6	B
Guayana	7	n.v.
Haiti	7	D
Honduras	7	C
Jamaika	6	C
Kolumbien	6	B
Kuba	7	D
Nicaragua	7	D
Panama	4	A4
Saint Kitts und Nevis	6	n.v.
San Vincente und Grenadinen	5	n.v.
Surinam	7	n.v.
Trinidad und Tobago	2	A3
Venezuela	7	D

Tabelle 52 *Länderratings von HERMES und COFACE im Vergleich*
Quelle: HERMES Kreditversicherungs-AG, www.agaportal.de (27.02.04) und COFACE, www.coface.fr, @rating (27.02.04)

Kuba fällt bei beiden Ratings unter die risikoreichste Kategorie. Allerdings werden auch die meisten anderen Märkte der Region als relativ risikobehaftet eingestuft. Aufgrund der Daten von HERMES und CEPAL erscheint Kuba im Vergleich zu anderen Ländern der Region als sehr risikoreicher Markt mit wenig Wachstum während der letzten zehn Jahre. Tendenziell stellen sich Costa Rica, Trinidad und Tobago, El Salvador, Panama und die Dominikanische Republik als günstigste Märkte Zentralamerikas und der Karibik dar, wie folgendes Portfolio verdeutlicht:

[1595] Anm.: HERMES bewertet auf einer Skala von 1 (sehr geringes Risiko) bis 7 (sehr hohes Risiko).

[1596] Anm.: COFACE stuft auf folgender Skala ein: A1 (sehr geringes Risiko), A2, A3, A4, B, C und D (sehr hohes Risiko).

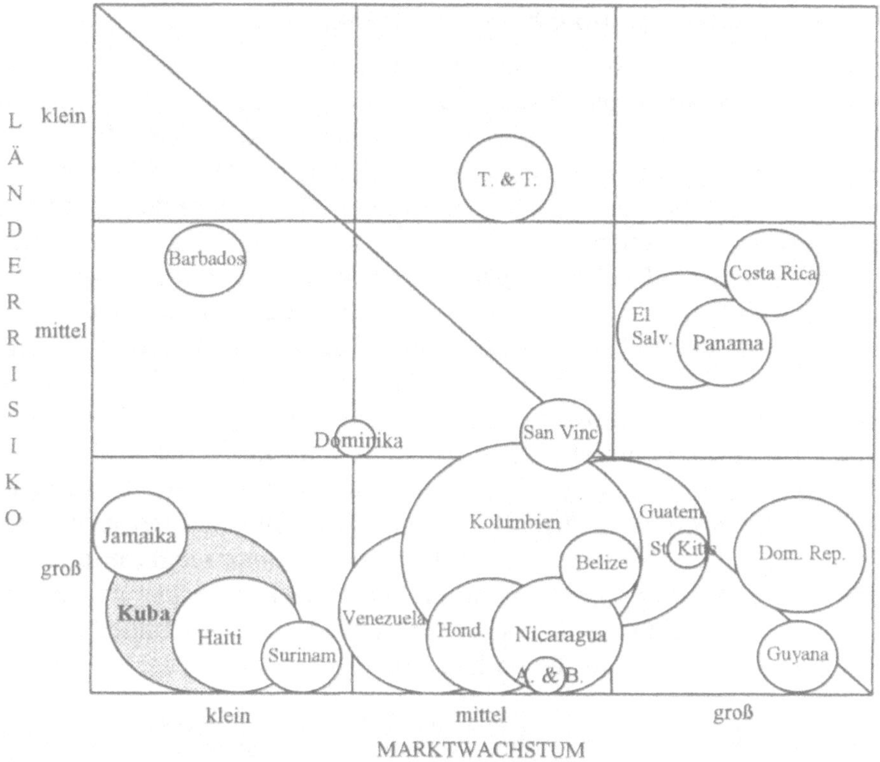

***Abbildung 38** Portfolio zur Einordnung des kubanischen Marktes in die Region Quelle: eigene Einordnung auf der Basis der Daten von HERMES, www.agaportal.de (27.02.04) und CEPAL, Anuario Estadístico de América Latina y el Caribe, 2002, www.eclac.cl (27.02.04)*

Allerdings basiert diese Einordnung auf wenigen Faktoren, die keinesfalls das gesamte wirtschaftliche, politische und soziale Panaroma eines Marktes wiedergeben können. Aus diesem Grund ist diese Übersicht lediglich ein grober Anhaltspunkt, der nicht überbewertet werden sollte. Für eine Investitionsentscheidung ist es von erheblicher Bedeutung, eine breitere Kriterienauswahl heranzuziehen. Daher werden im Folgenden die wichtigsten Punkte der vorangegangenen ausführlichen Analyse des kubanischen Marktes in die Marktbewertung einfließen.

8.2 Einschätzung anhand von Checklisten

Die folgende Einschätzung des kubanischen Marktes basiert auf einer Bewertung mittels Checklisten[1597] zu den Themen politisches Länderrisiko, Marktattraktivität, unternehmensinterne und -externe Exportrisiken, Investitionsrisiken, Standortattraktivität, Markt- und Standortsicherheit und Absicherungsnotwendigkeiten. Die hierbei herangezogenen Indikatoren beziehen sich nicht nur auf die üblichen politischen und volkswirtschaftlichen Aspekte, sondern umfassen auch betriebswirtschaftliche Faktoren, die für die Marktbearbeitung und Geschäftsabwicklung von hoher Relevanz sind. Die ausgewählten Kriterien wurden gewichtet und jeweils anhand einer fünfstufigen Skala bewertet. Die ermittelten Bewertungen der einzelnen Kriterien wurden für jede Checkliste summiert. Die Ergebnisse sind in der nachfolgenden Tabelle ersichtlich. Eine umfangreiche Analyse zahlreicher Dokumente, darunter auch nicht öffentlich zugängliche Informationen, eigene Erfahrungen vor Ort, Interviews mit deutschen Unternehmern in Kuba und Erfahrungen der Autorinnen aus der Begleitung eines deutschen mittelständigen Unternehmens bei der Marktbearbeitung bilden die Informationsgrundlage für die vorliegende Einstufung Kubas.

Checklisten	Maximale Bewertung	Bewertung Kubas	In % des Maximalwerts	Rating
Politisches Länderrisiko	395	272	68,9 %	3
Marktattraktivität	310	175	56,5 %	4
Unternehmensinterne Exportrisiken	520	227	43,7 %	4
Unternehmensexterne Exportrisiken	270	136	50,4 %	4
Investitionsrisiken	275	140	50,9 %	4
Standortattraktivität	420	244	58,1 %	3
Markt- und Standortsicherheit	210	155	73,8 %	2
Absicherungsnotwendigkeiten	160	78	48,8 %	4
Gesamt	**2.560**	**1.427**	**55,7 %**	**4**

1	2	3	4	5	6	7
sehr günstig	→					sehr ungünstig
(100% - 85%)	(84% - 71%)	(70% - 57%)	(56% - 43%)	(42% - 29%)	(28% - 15%)	(14% - 0%)

Tabelle 53 *Markteinschätzung anhand von Checklisten*
Quelle: Checklisten: Strunz; Dorsch, 2002: 320ff, Einschätzung: Autorinnen

---

1597 Anm.: Die Checklisten sind im Anhang zu finden.

Interessanterweise erfährt der kubanische Markt anhand der umfangreicheren Checklisten eine positivere Bewertung als bei den oben aufgeführten Kreditversicherungsgesellschaften. Der Grund hierfür könnte sein, dass die konkreten Risiken für Investitionen bzw. Exporte zum Teil weniger ausgeprägt sind und somit das Länderrisiko relativiert wurde. Besonders auffällig ist der Faktor Standortsicherheit, in den Indikatoren wie die niedrige Kriminalitätsrate, das geringe Streikrisiko oder das Nichtvorhandensein von Minderheiten- oder Religionskonflikten einfließen. Obwohl diese Listen die Gegebenheiten des kubanischen Marktes genauer erfassen als das vorhergehende Portfolio, handelt es sich dennoch nur um ein Orientierungsinstrument, welches unbedingt durch detailliertere Informationen ergänzt werden sollte, die für das jeweils angestrebte Projekt relevant sind. Indikatoren, die in obige Bewertung möglicherweise mit wenig Gewicht einfließen, sind für eine bestimmte Branche vielleicht von entscheidender Bedeutung, wodurch die Benotung sowohl günstiger als auch ungünstiger ausfallen könnte.

8.3 Einschätzung anhand eines Chancen-Risiken-Profils

Zusätzlich zu den vorangegangenen Einschätzungen kann zur besseren Visualisierung der Chancen und Risiken des kubanischen Marktes ein Raster herangezogen werden. Von den Autorinnen wurden hierzu auf einer Skala von eins bis zehn die allgemeinen politischen und wirtschaftlichen Rahmenbedingungen, die Nachfragespezifika, die Angebotsstruktur seitens der Lieferanten sowie die Wettbewerbssituation bewertet.

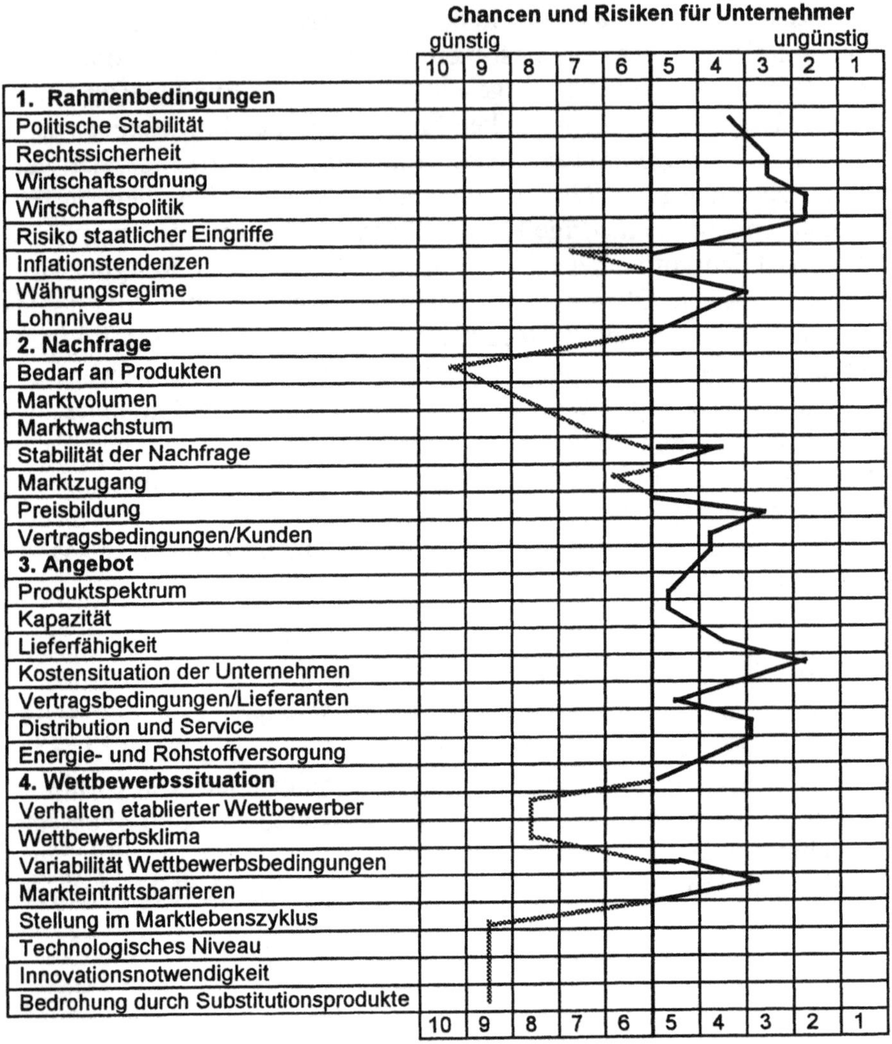

Abbildung 39 *Chancen-Risiken-Profil des kubanischen Marktes*
Quelle: Checklisten: Strunz; Dorsch, 2002: 242, Einschätzung: die Autorinnen

Besonders im Bereich der Nachfrage ergeben sich zahlreiche Chancen für Investoren und Exporteure, weil das Land einen enormen Bedarf an Konsum- und Industriegütern aufweist. Mit einer Einwohnerzahl von rund 11,2 Millionen zeichnet sich die größte Insel der Antillen durch ein nicht zu unterschätzendes Nachfragepotential aus.

Die Wettbewerbssituation stellt sich ebenfalls günstig dar, nachdem die hohen Markteintrittsbarrieren vom Unternehmer erst einmal überwunden wurden. Da der Staat sehr daran interessiert ist, den Überblick über die ausländischen Partner zu behalten, wird weiteren Unternehmern der Marktzugang verwehrt, sobald der bestehende Investitionsbedarf eines Sektors durch ein ausländisches Unternehmen weitgehend gedeckt ist. Daher befinden sich auf dem kubanischen Markt nur wenige ausländische Firmen, die in direkter Konkurrenz zueinander stehen, vielmehr unterstützen sich die meisten dort ansässigen deutschen Unternehmen gegenseitig. Kuba steht im Grunde noch am Anfang seines Marktlebenszyklus und weist daher einen hohen Bedarf an Innovationen und technologischer Modernisierung auf. Außerdem werden die Aktivitäten von Investoren und Exporteuren kaum durch Substitutionsprodukte bedroht.

Die allgemeinen Rahmenbedingungen sowie die Angebotsstruktur seitens der Lieferanten sind für ausländische Investoren und Unternehmer eher ungünstig.

8.4 Einschätzung anhand von Erfahrungsberichten

Im Zuge der Recherchearbeiten für diese Marktstudie kristallisierte sich heraus, dass Theorie und Praxis oftmals weit auseinander liegen. Durch ein bloßes Analysieren kubanischer und ausländischer Quellen zu den relevanten Themen hätte kein vollständiges Bild des tatsächlichen Investitions- und Geschäftsumfeldes gezeichnet werden können.

Aus diesem Grund wurden mittels Interviews Erfahrungsberichte von bereits vor Ort agierenden deutschen Unternehmern eingeholt. Ergänzt werden diese Informationen durch persönliche Erfahrungen der Autorinnen aus der Betreuung eines deutschen mittelständigen Unternehmens bei dessen Verhandlungen mit kubanischen Partnern im Zuge der Projektakquise und Konsolidierung der bestehenden Beziehungen.

Folgende Aspekte bezüglich des Investitionsumfeldes kamen bei diesen Interviews besonders häufig zur Sprache und können durch die eigenen Erfahrungen auf dem kubanischen Markt bestätigt werden.

8.4.1 Besondere Schwierigkeiten für ausländische Unternehmer

8.4.1.1 Informationsbeschaffung

Die Beschaffung relevanter Informationen über das kubanische Geschäftsumfeld gestaltet sich im Allgemeinen relativ schwierig. Von Deutschland aus stehen dem Unternehmer als Informationsquelle hauptsächlich das Internet und die kubanische Botschaft in Berlin zur Verfügung. Die dort erhältlichen Daten sind allerdings allgemein gehalten und oft unsortiert und unbewertet. Die Verlässlichkeit des in Kuba verfügbaren Datenmaterials ist nicht immer gewährleistet, da Statistiken teilweise „verschönt“ und gewisse Angaben sogar zurückgehalten werden. Die Einschätzung des Marktpotentials und der Risiken gestaltet sich unter diesen Umständen schwierig. Auch die vor Ort tätigen staatlichen Consultingfirmen sind laut den Aussagen der befragten Unternehmer nicht unbedingt von Nutzen, aber teuer.

Empfehlungen:

Eigene Recherchen vor Ort sind unbedingt notwendig. Die wertvollsten Informationen erhält man durch persönliche Gespräche mit relevanten Personen, weshalb die Schaffung informeller Netzwerke für erfolgreiche Geschäfte in Kuba unerlässlich ist. Eine häufige Präsenz vor Ort ist wichtig für die Pflege der aufgebauten Kontakte. Es ist immer empfehlenswert, den Markt zusammen mit einem kubanischen Partner zu bearbeiten, da dieser die nötigen Informationen, Marktkenntnisse und Kontakte einbringt.

8.4.1.2 Bürokratie

Die Bürokratie ist in Kuba besonders stark ausgeprägt. Für alle Geschäftsvorgänge werden zahlreiche Dokumente benötigt, die in den meisten Fällen übersetzt und von mehreren Stellen beglaubigt werden müssen. Dies ist in der Regel mit einem hohen Zeit- und Geldaufwand verbunden. Da sämtliche Anträge den aufgeblähten zentralstaatlichen Verwaltungsapparat bis in die höchsten Instanzen durchlaufen müssen, verzögert sich deren Bearbeitung zum Teil erheblich. Aus diesem Grund kann die Zeitspanne zwischen der Kontaktaufnahme und dem ersten richtigen Geschäft bis zu zwei Jahre betragen.

Empfehlungen:

Man sollte sich genau nach den Anforderungen der jeweiligen Stellen erkundigen und Hinweise von Partnern mit Erfahrung auf dem kubanischen Markt berücksichtigen, um die notwendigen Unterlagen im Moment der Antragstellung vollständig parat zu haben und somit zusätzliche und unnötige Verzögerungen und Kosten zu vermeiden. Es ist ratsam, sich intensiv mit den „Spielregeln" auseinanderzusetzen, um sich leichter im bürokratischen Dschungel zurechtzufinden. Geduld und Durchhaltevermögen sind zwei der wichtigsten Voraussetzungen, um auf dem kubanischen Markt bestehen zu können.

8.4.1.3 Rechtssicherheit

Die politische Situation ist im Moment stabil und die Rechtssicherheit für ausländische Unternehmer scheint auf den ersten Blick gewährleistet zu sein. Allerdings steht in den nächsten Jahren ein Umbruch bevor, wodurch die aktuelle Gesetzeslage beeinflusst und der bisher gewährte Investitionsschutz hinfällig werden könnte. Bereits an der derzeitigen Situation muss kritisiert werden, dass neue Regelungen und Gesetze teilweise nicht genügend verbreitet werden bzw. nicht transparent genug sind und dass manchmal sogar willkürlich Regelungen geschaffen werden, die sich auf die Unternehmensaktivitäten nachteilig auswirken können. Einige gesetzliche Bestimmungen werden auch nicht einheitlich auf alle Unternehmen angewandt. Besonders große Firmen mit mehr Verhandlungskapazität erhalten oft Zugeständnisse, die kleineren Firmen nicht gewährt werden. Der Staat selektiert auf diese Weise und greift in den Wettbewerb ein, indem er manchen Firmen Vorteile zugesteht, die er anderen vorenthält.

Die Probleme bezüglich der Rechtssicherheit liegen nicht nur in Kuba begründet, sondern ergeben sich auch maßgeblich aus der aggressiven US-Politik gegenüber der Insel, die insbesondere darauf abzielt, Investitionsströme ausländischer Unternehmer vom Land fernzuhalten.

Empfehlungen:

Man sollte darauf achten, dass weder die eigene Firma noch Lieferanten oder Dienstleister, die an den Geschäftsaktivitäten in Kuba beteiligt sein sollen, Beteiligung durch US-amerikanisches Kapital aufweisen. Es sollte versucht werden, die fehlende Transparenz in der kubanischen Gesetzgebung durch den regelmäßigen Kontakt zu staatlichen Institutionen und den Informationsaustausch mit Geschäftspartnern und der Botschaft ansatzweise auszugleichen.

8.4.1.4 Finanzierung

Aufgrund der wirtschaftlichen Krise des Landes sind sowohl auf der Seite des Staates als auch der kubanischen Unternehmen die finanziellen Mittel sehr knapp. Im Grunde muss jedes Geschäft auf irgendeine Art und Weise von einer staatlichen Institution (Banken, Ministerien, etc.) autorisiert werden. Sind nicht genügend Gelder für das jeweilige Projekt vorhanden, wird die Genehmigung nicht erteilt. Derartige Entscheidungen sind vor Beginn der Verhandlungen schlecht absehbar und können auch Projekte treffen, in deren Vorbereitung bereits viel Geld und Zeit investiert wurde. Da Kuba von renommierten Kreditversicherungsanstalten als sehr risikoreich eingeschätzt wird, sind viele Banken nicht bereit, Kreditlinien für Kubageschäfte zu gewähren.

Empfehlungen:

Ausländische Unternehmer müssen sich daher darauf einstellen, dass die angebotenen Zahlungsmodalitäten den erfolgreichen Abschluss eines Geschäfts in erheblichem Maße beeinflussen. Die Gewährung langer Zahlungsziele von bis zu 360 Tagen kann ein entscheidender Wettbewerbsvorteil gegenüber Konkurrenten sein und sogar größere Bedeutung als der Preis haben. Die Finanzierung des jeweiligen Projektes muss daher unbedingt vor Verhandlungsbeginn abgesichert sein. Dies könnte über zum Beispiel über die HERMES Kreditversicherungs-AG, die Bürgschaften für Kubageschäfte gewährt, erfolgen.

8.4.1.5 Machtkonstellationen

Aufgrund der starren hierarchischen Strukturen, die auch auf die Devisenwirtschaft übertragen wurden und in denen niemand seinen wertvollen Arbeitsplatz aufgrund von Fehlentscheidungen verlieren möchte, wird die Entscheidungsverantwortung generell bis in die höchsten Instanzen weitergeleitet. Dort werden Entscheidungen nicht von einzelnen Personen getroffen sondern von Fachkommissionen in zeitaufwendigen Prozessen auf Systemkonformität geprüft und autorisiert.

Empfehlungen:

Der Erfolg eines Geschäftes hängt maßgeblich auch davon ab, dass man gleich von Beginn an mit den richtigen Ansprechpartnern mit den nötigen Entscheidungskompetenzen verhandelt.

8.4.1.6 Infrastruktur

Die Anbindung von Büro- und Produktionsflächen in Kuba an die nötige Infrastruktur (Telekommunikation, Energie, Transport, Wasser) ist oftmals mit Problemen verbunden, da zum einen die Beantragung der erforderlichen Dienste und die Beschaffung der benötigten Geräte und Büromaterialien mit einem hohen Zeit- und Geldaufwand einhergeht und zum anderen hauptsächlich die Versorgung mit Energie und Wasser nicht immer konstant bzw. mit gleich bleibender Qualität gewährleistet werden kann.

Empfehlungen:

Vor allem bei Aktivitäten im Produktionsbereich, ist darauf zu achten, ob sensible und hochwertige Anlagen tatsächlich für die lokalen Gegebenheiten geeignet sind oder gegebenenfalls angepasst und mit nötigen zusätzlichen Sicherheitsmechanismen wie Notstromaggregaten ausgerüstet werden müssen.

8.4.1.7 Kontakte zu Kunden und Lieferanten

In Kuba wird der Vertrieb von Waren über staatliche Institutionen gelenkt, weshalb der Vertrieb und die Beschaffung von Gütern und Dienstleistungen nur über einige wenige zentrale Stellen erfolgt und kaum direkter Kontakt zu Endverbrauchern und Herstellern möglich ist. Dieser Umstand schränkt die Preisbildungsspielräume ausländischer Unternehmer ein und verteuert die für die Produktion notwendigen Komponenten. Auch die Markttransparenz ist durch die geringen Werbemöglichkeiten eingeschränkt, so dass kaum Informationen zu potentiellen Geschäftspartnern selbst eingeholt werden können und man immer wieder auf den Staat als Vermittler angewiesen ist.

Empfehlungen:

Die Präsenz von möglichen Kunden und Lieferanten auf den Messen des Landes sollte durch rege Beteiligung an diesen Veranstaltungen zur Kontaktaufnahme und Beziehungspflege genutzt werden.

8.4.1.8 Personalgewinnung

Aufgrund der Zwischenschaltung staatlicher Personalagenturen sind ausländische Unternehmer in ihrer Personalpolitik sehr eingeschränkt. Einerseits können kubanische Mitarbeiter nicht frei rekrutiert werden und andererseits müssen relativ hohe Löhne gezahlt werden, die jedoch fast vollständig vom Staat einbehalten werden und somit keinen Motivationsanreiz für die Arbeitskräfte darstellen. Alternative Anreizsysteme stellen einen zusätzlichen Kostenfaktor dar.

Empfehlungen:

Auch wenn sich die Lohnkosten zusätzlich verteuern, sollten alternative Motivationsmöglichkeiten genutzt werden, um die Leistung der Mitarbeiter zu steigern. Hierzu gehören zum Beispiel Sachgeschenke wie Kleidung und Kosmetika, Lebensmittel, Transporterleichterungen und Weiterbildungsmaßnahmen.

8.4.1.9 Weitere Aspekte

Die oben genannten und einige weitere Aspekte wurden auch von anderen ausländischen Unternehmen im Rahmen einer im Juli 2002 erstellten Umfrage der EU-Botschaften in Havanna erwähnt. Die Ergebnisse aus den Erfahrungsberichten wurden in folgendem Brief zusammengefasst und der kubanischen Regierung übersendet.

The Legal and Administrative Framework for Foreign Trade and Investment By European Companies in Cuba[1598]

[...] The European companies have expounded to the Economic and Commercial Advisers their experience of a legal framework which should improve in order to attract new investments and ensure that current ones prosper and expand their ac-

[1598] Cuba Trader, www.cubatraderpublications.com (12.02.04) tivities. On the basis of the compilation and analysis of the difficulties which have been reported, this working document has been prepared and it includes, after this statement of objectives, an analysis of general aspects and sections devoted to the six spheres in which most problems have been reported. [...] These are questions relating to the *rules on economic activity* in general, and on *foreign trade and foreign investment* in particular, where we believe that the situation can be improved without affecting the consistency of the main lines of economic policy. The majority of these problems increase companies' operating costs, and this increases import costs for the Cuban economy and/or slows the development of joint companies. A reduction in some of these costs will result in greater economic growth, an increase in the tax base and total takings, while the competitiveness of firms and of the country in general will improve.

Some General Principles

For European investors it is essential to have greater judicial security and a stable, transparent and reliable legal framework. The rules must be published and circulated and the editions of the Official Gazette must be available with greater regularity and the decisions of the Council of Ministers should be circulated more widely. Some European companies find it difficult to learn about some lower level legal decisions in time. At other times, decrees, circulars and other rules which have scarcely been published are applied to them and their application gives rise to fines and cases of lack of a proper legal defence. Normally the Administration is given a large margin of discretion in the granting of licences and in the taking of economic decisions. There should be greater respect for the conditions under which an investment is agreed, without alterations being made because of changes in the political or economic context and without them being subject to requirements which are difficult to meet.

The *practical application* of some provisions of the economic legislation is not uniform and offers advantages to some firms over others, generally to Cuban over joint ones, with the result that there are distortions in costs when there is unfair competition between firms. In this matter, experiences of foreign firms are very varied. While some entrepreneurs, on the basis of their negotiating capacity, are given some gestions, it seems that less help is given to the smaller ones. It is very common to require foreign firms to produce proofs and guarantees of their legitimacy and solvency which presuppose not inconsiderable costs, while foreign firms can rarely ask the Cuban party for similar guarantees. The high cost monopoly system in which public services to firms operate (communications, legal services, etc.) and the retail distribution channels also damage foreign firms who suffer high costs or are forced to charge selling prices which are too low.

In a modern and competitive economy, as the one which is being built in Cuba, the control of legality and of the use of public resources should not *prevent certain flexibility* so that managers can use the firm's resources in an efficient manner. An excess of controls and inspections may result in exasperating interventionism and convert entrepreneurial activity into a task where more energy is required to complete the most detailed formal aspects of the regulations than to produce efficiently. We believe that firms can be better helped to carry out their productive vocation by releasing them from some rigidities and from the pressures of so many stern inspections. Inspections are mechanisms for ensuring that rules are complied with, but an excess of them can be counterproductive. It will be more useful to help firms to comply with the rules than to prosecute them. Punishments may serve to guarantee the application of the law but should not be used as a mechanism for collecting taxes.

Another manifestation of public interventionism is the *application to joint firms of directives issued for Cuban ones* and which are manifested by pressure from the local partner in forms which damage the development of the firm. While the laws and decrees are understood to apply generally to all firms, the joint ones should not be subject to political guidelines in the same way as the Cuban ones are. These guidelines can only be applied to the joint firms partially and by consent of their management bodies.

Authorisations for Subsidiaries and Joint Firm Deals

Joint firm deals should be easier and clearer. Save for priority deals there is much delay because the negotiators are not always in a position to decide, they do not know every aspect of the tax law, or they change frequently; because of the differences in opinion between the local partner, the supervisory ministry and MINVEC; because sometimes part of the deal which has been concluded with one of these bodies has to be revised with another one; because there is not a defined strategy for the development of certain sectors or products, as in the case of sectors where contradictory concessions or authorizations are given; or because there is no agreement on the contributions to be made by the partners or on the costs of the joint firm, especially when the foreign partner is a small firm.

In the *running of firms*, agreements between partners are not respected in the same way by both parties. The Cuban partner is usually at one and the same time a firm, the Ministry supervising and regulating the activity and representative of the State, who sets the general conditions of the entrepreneurial activity. It has a great influence and indirect power over the joint firm and should be able to facilitate its development more. The interests and strategic objectives of the two partners often do not coincide and this results in artificial associations and in lack of clarity in the development of the firm.

In the case of *collaborative productions*, cases of difficulties have been reported when it comes to evaluating the contribution of each one of the parties, and serious difficulties have been reported in settling results since the Cuban partner frequently does not distinguish between income and expenditure imputable to the collaborative activity and the general activities of the firm with the result that it has difficulties paying the foreign partner its share. The subsidiaries of foreign firms suffer from restrictions on their activity which make it difficult for them to develop and which increase their costs. Among these is the ban on transporting and distributing their own products, activities which they have to subcontract at high cost and with a shortage of available service, and this redounds not only in difficulties for them but also in high costs for the country's imports and exports.

The regulation on subsidiaries (Decree 550/2001) attempts to modernize and put the sector into order but at the same time results in some [...] difficulties. The requirement for a minimum invoicing of 500,000 $ appears to be very rigid and does not meet what is really required. The requirement for minimal company capital forces individual entrepreneurs to form companies and have them audited. The guarantees that these measures claim to give can be found by other less costly means. Trust is put in the flexible application of these measures the current drafting of which adds to the administrative discretion which rules in this sphere and of which the delays in deciding on requests for a subsidiary are an example: in some cases these are protracted far beyond the stipulated six months.

The granting of import licenses by customs sections instead of items is a very positive step. It is hoped that one will be told the process by which firms which had old licenses can alter their classification. However, it is considered that the deadline given for presentation of the annual sales reports (before 31 January of each year) is excessively tight for many firms.

Customs, Imports, Customs Warehouses and Free-Trade Zones

The running of the General Customs [...] is perceived as being good apart from some practical problems. A large proportion of the difficulties reported is of a practical type and related to the behaviour of customs officers and importers.

The *practical difficulties* in Customs relate to cases such as the following: once a produce has been imported into the country and its duty paid, the Customs does not agree to cancel the operation when, for various reasons, the customer suddenly decides not to take possession of the goods. A situation then arises where he does not know what to do with the goods. Similar situations arise in the case of losses, breakages, goods to be returned under guarantee, goods past their expiry date, thefts of goods, etc. The consignments which are received by courier (DHL and similar) have to be dealt with by a customs agent who applies his minimum charge (some $60) even for consignments of little value or for simple catalogues or samples. Samples of no commercial value cannot be accorded a value of more than $20. The consideration of whether a given consignment is accepted within that value declared depends on the opinion of the customs officer. Similar problems have sometimes arisen for goods intended for *tastings, promotions and demonstrations*, practices which are customary internationally in many sectors and products, but which run into great difficulty in Cuba. A special problem arises on the occasion of Fairs for which products to be exhibited or used in promotions are submitted to excessively complex and rigorous procedures.

The deadline given for collection of *containers from the port* is tight and results in cases of confiscation and assignment to MINCIN, a circumstance which means that sales by auction of confiscated stock are frequent and distort the market.

There is also discrimination between Cuban and joint firms for differences in treatment in customs policy: in some cases because some priority firms are exempt from customs, in other cases because they pay duty in national currency while the joint firms have to pay them in dollars.

Importers on someone else's account, apart from honourable exceptions, appear to be more inconvenient middlemen than an efficient element of the system. In many cases they slow down the process since the majority do not have the resources for carrying out their work, so that the vendor and the purchaser often have to carry out part of the procedures. When the importer has problems with the ship-owner or the Container Terminal, the import operation is blocked. There have been cases where the equipment which was imported by one client has been diverted to another. Because of this the commission which they charge is barely justified and does nothing but make the final price higher. In some cases they complicate the system of payments and increase delays with the latter. When payments are made at different times, the importer can be charged his commission from the first payment. The lack of flexibility of the system is manifested in the case of imports or urgent goods, such as spares, since the system for picking up the goods makes difficult, delays, and increases the costs of those operations, generally for small sums. This generates a high cost because machinery is paralysed for many firms, both joint and Cuban.

Bids for public contracts for purchases are an attempt to improve public purchases the success of which is not guaranteed. There is a dearth of information among possible bidders concerning the system in general and concerning specific purchases for which bids are sought. The Contract Committees have not yet developed the administrative practice of public contracts open to competitive bids where not only price but also quality and post-sales service are influential. The records of suppliers which Cuban importers have to maintain are an effort to obtain the best possible prices but, in practice, they may be of little use. In some cases they may even become an obstacle to trade and be counterproductive since some of these importers ask potential suppliers for a lot of information and formal certificates which sometimes one has to take personally to Havana. The high cost of these procedures dissuades possible suppliers from fulfilling these requests before starting initial contacts on a hypothetical business relationship.

Some firms established in a Free-Trade Zone do not always comply with the obligation not to sell on the national market more than 25% of their turnover (both goods and services) because there are means of getting round this restriction. This means unfair competition for those established outside of them which bear much higher overheads and taxes. Whether sales to the diplomatic corps are included in this percentage or not is not clear.

Rigidities in the interpretation of the law in this respect are frequent. For example, companies established in customs warehouses are not allowed to store in the part of the store which they have contracted goods which they own but which are not the essential object of the activity, as for example furniture for assembling their stand at the Fairs.

Residence and Work Permits, Visas, Motor Vehicles

Obtaining work and residence permits and also exit visas for residents is a serious problem which requires the use of time which has to be diverted from the firm's normal activity. It also involves not inconsiderable costs. It is tedious that these permits have to be renewed every year and separately. It would in fact appear to be more reasonable to institute a system of permits valid for a number of years and which are negotiated and issued at the same time. Multiple exit visas should form part of these permits. At the moment they are only issued to a small number of senior foreign executives while many others, and the members of their families, have had serious difficulty in leaving the country, even in cases where there are personal or professional emergency situations in which travel visas are not always issued.

The requirement of a commercial visa for businessmen and technicians is an obstacle because very little is known about the existence of this type of visa, and this inclines many people to believe that they can come on a tourist visa. In addition problems arise because of their cost and, above all, for the delays in the Cuban consulates in Europe in issuing them.

The frequent problems associated with the possession of motor vehicles are very tedious and result in high costs, not only for the initial importation but for maintaining them and keeping them secure. Renewals of motor vehicle licences both of executives and of the firm itself and the limitations which apply to them appear excessive.

The renewal of driving licenses for personal vehicles should be done on a multiannual basis, coinciding with the residence and work permits, avoiding periods when one cannot move around because of lack of documentation. Company vehicles should be freely available to the firm with no restriction on their use to artificially established working hours.

Labour Aspects

The numerous general and specific difficulties in this sphere put up the price of the labour force to a point which makes them a major hindrance to greater flows of foreign investment, especially in activities related to exports. The following have been pointed out as specific questions. The rates approved for subsidiaries are considered minimal, as there are Employment Agencies which try to apply higher rates. The rates granted in joint and co-operative firm negotiations are not always respected, and this damages the viability of some entrepreneurial projects.

Various agencies insist on upgrading professional categories (storekeeper to head of store). Others prohibit a worker contracted for one function from carrying out another similar one or from moving for professional reasons to another work centre of the same firm. Cuban personnel, even in the management category, are often not allowed to represent and sign contracts on behalf of the subsidiary, which undermines the right of the latter to be represented by someone whom it considers trustworthy. Staffs are defined quite rigidly and it is then very difficult to adapt them to entrepreneurial circumstances. While some agencies do not agree to contracts for part-time staff, others force the contracting of a minimum number of staff (the Free-Trade Zone Office imposes a minimum of five people and three Cubans per foreigner) even when the structure of the firm does not require them. In any case, the system of staff selection is controlled by the employment agencies who try to impose their candidates (frequently not suitable professionally) and make it difficult to hire candidates identified by the foreign partner. They can withdraw a worker at any time, even against the partner's wishes, which is extremely harmful when time and resources have been invested in his specific training.

The difficulties and recent restrictions in the incentives system for the labour force and in the tax system for those costs are leading to increasing difficulties in hiring staff and improving the productivity of the firms. The growing black economy appears to offer better conditions than joint firms, even those focused on exports of goods or services. Wage conditions should be able to adapt better to the possibilities and needs of each firm and serve as a tool of company management rather than an instrument of social policy in the service of the authorities.

In the case of a fitting and justified dismissal, the Employment Agency for subsidiaries requires that it be compensated for the entire working life of the worker. This is not reasonable since these are justified dismissals. In the case of an unjustified dismissal it would be the Employment Agency who should pay compensation if appropriate since the worker, although providing his services for a subsidiary, is in reality employed by the Agency which has to take responsibility for the appropriate compensation.

Tax Aspects

The taxation system is perceived as in need of modernization which would make it more transparent, fair and efficient and in order to promote foreign investment, especially in activities related to exports. There is also a lack of an information service for the taxpayer which would clarify the numerous doubts and ambiguities which arise on the application of taxes.

There are various taxes of which the design could be improved and numerous fiscal and parafiscal fees which complicate company management and increase the costs of joint firms, which have to pay them in dollars while Cuban firms pay them in Cuban pesos. Finally, the tax authority interprets the rules very strictly and introduces more difficulties in the fulfilment of tax obligations and this results in numerous penalties appeals against which will have results which are not consistent with case law and which add a further feeling of judicial insecurity.

Some taxes and fees appear difficult to understand in a modern economy. For example the fee for advertising which affects mere cards advertising the plant of a firm as a function of its area. The fee for fire protection services does not appear to be easy to understand either, nor is the charge to hotels for rights to perform music.

The tax on entrepreneurial utilities is very strict in determining what expenses are deductible: incentives to staff or social or formal care for workers, the subsistence allowances to personnel moved out of the work centre are analysed with excessive detail to ensure they do not exceed the very low limits test.

The initial agreements on customs exemptions both for capital goods and for raw material are not always respected since the Ministry of Finances refuses applications for changes of criteria with respect to the initial agreements which it authorized and/or is very slow in responding to applications for exemptions, and this sometimes forces firms to import and pay duty rather than incur delays which are more costly than the duty. The rule on the right to import office material once a year is not clear or well known either.

here are no tax incentives to reinvestment of profits and Cuban partners often prefer to distribute dividends, thus slowing down future opportunities for the firm. Nor is there any incentive to export, an activity which is slowed by the high operating costs and by the lack of incentive to carry out promotional activities on foreign markets. A small example of this is that the maximum subsistence allowance acceptable taxwise for a Cuban executive transferred abroad is 22 $. Then there is the tax which is borne by all sales on the spot of firm with customs warehouses, even for those not recovered, while there is no known system for deducting them.

Financial System and Methods of Payment/Charging

The financial system suffers from some deficiencies, especially in relation to joint firms which it virtually never finances. The banks and finance houses offer insufficient and poor added value services for their high charges. For example they do not issue documentary letters of credit except at very-high cost and with high guarantees. Some banks require unrewarded minimum balances of 10,000 $ and no bank pays for accounts, charging instead numberless commissions and costs. Banking competition is also hampered by the practice of making it difficult to open accounts in a second or third bank, with the intention of assigning each client to one bank. There is no clearly defined procedure for handling bills of exchange: although it is established that this can be done in the provincial economic courts, in practice debtors try to use the arbitration system, which is neither the most efficient nor the cheapest for these cases. Claims by a foreigner for debts do not obtain the freezing of the accounts of a Cuban firm while this is done in the case of a foreigner's debts to a Cuban firm. In co-signed contracts the co-signers very frequently do not respect the terms agreed and apply the cash arising from the sales of goods to necessities other than payment to the co-signer.

The difficulties of state firms in meeting their payment obligations are seriously threatening some firms and increasing the risk premia which all operators have to pay for their operations with Cuba.

The supposed financial decentralization does not work in practice at times of difficulty since the finance houses drain funds from the most solvent firms in their sector to cope with the needs of the least solvent, in such a way that the whole sector is beginning to suffer arrears. Finally the State has to turn to the healthiest finance houses in order to meet the most urgent payments or those with political priority.

8.4.2 Besondere Anreize für ausländische Unternehmer

8.4.2.1 Humanressourcen

Aufgrund des für die Region beispielhaften Bildungssystems weisen kubanische Arbeitskräfte eine hohe Qualifikation auf. In Verbindung mit der ausgeprägten Kreativität und dem Erfindungsreichtum der Kubaner ergibt sich ein großes Forschungspotential. Tatsächlich existieren in vielen Sektoren interessante Ansätze mit guten Entwicklungsmöglichkeiten die bisher aufgrund des Kapitalmangels nicht umgesetzt werden konnten. Das Arbeitsklima in Kuba gestaltet sich angesichts der Herzlichkeit, Offenheit und Lebensfreude sehr angenehm.

8.4.2.2 Infrastruktur

Die soziale Infrastruktur des Landes ist im Vergleich mit anderen Entwicklungsländern gut ausgeprägt. Die Gesundheitsversorgung für ausländische Besucher mit Devisen hat einen exzellenten Ruf, und auch die Versorgung der kubanischen Bevölkerung ist trotz der Engpässe der letzten Jahre noch immer relativ gut gesichert. Zu erwähnen ist auch das facettenreiche Bildungs- und Kulturangebot, das den Arbeitsaufenthalt in Kuba auf jeden Fall bereichert.

8.4.2.3 Sicherheit

Die Kriminalitätsrate in Kuba liegt weit unter dem Durchschnitt anderer Länder Lateinamerikas. Im Zuge der Dollarisierung konnte zwar ein leichter Anstieg der Kriminalität beobachtet werden, dem jedoch bereits durch Maßnahmen der Regierung entgegengewirkt wird. Die persönliche Sicherheit ist somit auch in hohem Maße weiterhin gegeben. Organisierte Verbrechen, Mafiastrukturen und Wirtschaftskriminalität spielen in Kuba glücklicherweise bisher keine Rolle.

8.4.2.4 Investitionsförderung

Der Staat fördert bestimmte Unternehmensformen durch die Gewährung von steuerlichen Vorteilen und anderen Begünstigungen. Unternehmer, deren angestrebtes Projekt von besonderem Interesse für die Entwicklungsstrategien des Staates ist, verfügen über eine größere Verhandlungskapazität gegenüber dem kubanischen Partner und können weitere Vergünstigungen gewährt bekommen. Alle Aspekte eines Geschäftes sind dann prinzipiell verhandelbar und können an die Bedürfnisse beider Partner angepasst werden.

8.4.2.5 Nachfragepotential

Aufgrund der Marktgröße und der seit der Krise der 90er Jahre besonders stark ausgeprägten Mangelwirtschaft besteht ein enormes Nachfragepotential sowohl an Kosum- als auch an Industriegütern in den verschiedenen Sektoren.

8.4.2.6 Konkurrenzsituation

Der Staat hat Interesse an einer überschaubaren Unternehmenszahl im Bereich der ausländischen Beteiligungen. Daher wird in den verschiedenen Sektoren nur eine geringe Anzahl an Investitionen aus dem Ausland für eine eingeschränkte Zahl an förderungswürdigen Projekten zugelassen. Hat man diese relativ hohen Markteintrittsbarrieren erst einmal überwunden, hat man keinen Wettbewerb mit anderen ausländischen Unternehmern zu befürchten. Aufgrund des US-Embargos agieren momentan trotz der räumlichen Nähe zu diesem Markt nur wenige US-amerikanischen Unternehmen in Kuba, was sich ebenfalls positiv auf die Konkurrenzsituation für deutsche Investoren auswirkt.

8.4.2.7 Beziehung zu Kunden und Lieferanten

Aufgrund der Zentralisierung der Warenwirtschaft hat der ausländische Unternehmer nur zu einer begrenzten Zahl an Geschäftspartnern Kontakt. Dies ist insofern von Vorteil, als dass der Unternehmer weniger Aufwand für die Anbahnung und Pflege von Kontakten zu Handelspartnern betreiben muss und dass die zentralen Einkäufer prinzipiell je Geschäftsabschluss größere Mengen abnehmen. Außerdem haben die wichtigsten Handelsinstitutionen ihren Sitz in Havanna und sind daher leicht zu erreichen.

8.4.2.8 Industrialisierungsgrad

Während der Integration des Landes in das sozialistische Wirtschaftssystem wurde die Industrialisierung vorangetrieben. Daher verfügt das Land über zahlreiche industrielle Anlagen und die dazugehörige Infrastruktur, die aufgrund der schlechten finanziellen Lage still liegen, aber einen Grundstein für künftige Bauvorhaben und Investitionen in den industriellen Bereich bilden könnten.

8.5 Fazit

Der kubanische Markt weist eine Vielzahl von Problemfeldern aber auch Anreizen für eine Investition auf, kann jedoch nicht als generell positiv oder negativ eingeschätzt werden. Daher muss für jedes angestrebte Projekt eine detaillierte Analyse der jeweiligen Erfolgsfaktoren durchgeführt werden, wobei die speziellen Vor- und Nachteile genau abgewägt und die entsprechenden geschäftlichen und privaten Vorbereitungen rechtzeitig getroffen werden sollten. Erfahrungsgemäß können gut platzierte und auf die besonderen Anforderungen der kubanischen Entwicklungsstrategie zugeschnittene Projektvorschläge bestimmte Nachteile relativieren und durchaus zu Erfolgen führen.

Die oben benannten Aspekte und dazugehörigen Hinweise erscheinen auf den ersten Blick vielleicht selbstverständlich. Die Erfahrungen vor Ort haben aber gezeigt, dass sich gerade die Nichtbeachtung von trivialen Details sehr negativ auf den Verlauf der Geschäftsverhandlungen auswirken kann.

Anhang 1: Zeittafel[1599]

8000 V. CHR.	Erste Besiedlung durch die Siboneyes; weitere präkolumbische Einwandererwellen folgen
1492	Christoph Kolumbus landet an der Nordküste Kubas
1510-1515	Eroberung der Insel für die spanische Krone durch Diego Velázquez
1514	Gründung Havannas
1762-1763	Britische Besetzung von Havanna; Öffnung für Handel, Beginn des Sklavenhandels
1792-1795	Erster Zuckerboom
1810-1826	Unabhängigkeit erster spanischer Kolonien in Lateinamerika
1837	In Kuba erste Eisenbahn Lateinamerikas
1840	Kuba wird größter Zuckerproduzent der Welt
1840-1870	Rund 150.000 chinesische Kontraktarbeiter kommen nach Kuba
1868-1878	Erster Unabhängigkeitskrieg gegen Spanien, Niederlage der Kubaner
1878	Friedensschluss, den Rebellengeneral Antonio Maceo verweigert
1879-80	Rebellen unter Maceo kämpfen weiter gegen Spanien; sog. *Guerra Chiquita* („Kleiner Krieg")
1886	Endgültige Aufhebung der Sklaverei
1895-1898	Zweiter Unabhängigkeitskrieg; 24. Februar 1895: Beginn des Kampfes; 19. Mai 1895: Tod von José Martí
1898	Eingriff der USA in den Krieg, nach der Explosion des US-Kriegsschiffes Maine im Hafen von Havanna; Niederlage der spanischen Truppen; Friedensverhandlungen zwischen USA und Spanien ohne kubanische Beteiligung
1899-1902	Kuba unter Militärverwaltung der USA
1902	Gründung der Republik Kuba; ein Zusatz in der Verfassung (*Platt-Amendment*) gibt den USA das Recht zu Interventionen; Tomás Estrada Palma wird erster Präsident des Landes
1903	Pachtvertrag gibt den USA die Bucht von Guantánamo „auf ewig" als Marinestützpunkt
1906-1909	Zweite Besetzung Kubas durch die USA
1912	Blutige Niederschlagung einer Schwarzenrevolte im Osten Kubas
1920	Zuckerboom („Tanz der Millionen")
1924-1933	Herrschaft des Diktators Machado

[1599] Bis 2000: vgl. Hoffmann, 2000: 234ff

1925	Gründung der Kommunistischen Partei Kubas
1933	Sturz Machados nach Generalstreik unter Batista; Reformprogramm der Regierung Grau San Martin
1934	Sturz Grau San Martins durch Batista (mit Rückendeckung der USA); Aufhebung des *Platt-Amendment*
1940	Batista zum Präsidenten gewählt; neue, in vielem fortschrittlichere Verfassung
1944-1952	Amtszeiten von Grau San Martin ('44-'48) und Carlos Prío Socarrás ('48-'52) von Korruption und Gewalt geprägt
1951	Selbstmord des Oppositionsführers Eduardo Chibás
1952	Militärcoup Batistas; Präsidentschaftswahlen werden annulliert
1953	26. Juli: Sturm Fidel Castros auf die Moncada-Kaserne; im Prozess gegen Castro hält dieser seine Verteidigungsrede „die Geschichte wird mich freisprechen"
1955	Castro und seine Gefolgsleute werden amnestiert und gehen nach Mexiko
1956	Castro und 82 Rebellen landen im Osten Kubas, Beginn des Guerilla-Kriegs in der Sierra Maestra
1959	1. Januar: Triumph der Revolution, Radikalisierung der Revolution und Bruch mit den bürgerlichen Kräften, erste Agrarreform (Enteignung der Großgrundbesitzer)
1960	Eskalation des Konflikts mit den USA, erstes Handelsabkommen mit der Sowjetunion, Verstaatlichung ausländischer und einheimischer Großunternehmen, USA verhängen Wirtschaftsembargo, Gründung der Milizen und revolutionären Massenorganisationen
1961	USA brechen diplomatische Beziehungen zu Kuba ab; exilkubanische Invasion in der „Schweinebucht" wird zurückgeschlagen; Castro verkündet „sozialistischen Charakter" der Revolution; Alphabetisierungskampagne
1962	Die „Raketen-Krise" bringt die Welt an den Rand eines Atomkriegs: Sowjetunion stationiert Atomraketen auf Kuba; nach militärischer Seeblockade der USA zieht sie wieder ab; USA sichern zu, nicht militärisch in Kuba zu intervenieren
1963	zweite Agrarreform verstaatlicht auch alle mittleren landwirtschaftlichen Betriebe, „Che" Guevaras Guerilla-Expedition nach Bolivien scheitert, er wird von bolivianischen Militärs ermordet, Fidel Castro begrüßt sowjetischen Einmarsch in Prag, „revolutionäre Offensive" verstaatlicht private Kleinunternehmen
1970	Die Zehn-Millionen-Tonnen-Zucker-Ernte (*gran zafra*) scheitert; Beginn des „Prozesses der Institutionalisierung" mit Übernahme politischer und wirtschaftlicher Strukturen aus der UdSSR
1971	Der Dichter Heberto Padilla wird inhaftiert und zu öffentlicher Selbstkritik gezwungen; Beginn des „grauen Jahrfünfts" dogmatischer Kulturpolitik
1972	Kuba wird Vollmitglied im RGW

1975	Aufnahme diplomatischer Beziehungen zwischen Kuba und der Bundesrepublik
1975-1988	Kuba entsendet massive Truppenverbände in den Angola-Krieg
1976	Neue sozialistische Verfassung schreibt Kommunistische Partei als „führende Kraft in Gesellschaft und Staat" fest; die Strukturen der „Volksmacht" (*poder popular*) werden etabliert
1976-1980	Entspannungsphase zwischen USA und Kuba in der Amtszeit Carter; 1977 werden „ständige Vertretungen" als Botschaftsersatz eingerichtet
1980	Mehr als 125.000 Kubaner verlassen die Insel über den Hafen von Mariel in die USA
1983	Bei der Militärinvasion der USA in Grenada sterben 24 Kubaner
1986	Kampagne der *rectificación* („Korrektur von Irrtümern") als Gegenkurs zur Perestroika; Abschaffung der Bauernmärkte und nationalistische Reorientierung; offene Schuldenkrise gegenüber westlichen Kreditgebern
1989	Gorbatschow besucht Havanna; Einfuhr sowjetischer Perestroika-Publikationen wird verboten; „Fall Ochoa": der ranghöchste Militär hinter Fidel und Raúl Castro wird wegen Korruption und Konspiration zum Tode verurteilt
1989/90	Beginn der Wirtschaftskrise nach Zusammenbruch der sozialistischen Staaten in Osteuropa; Notprogramm *período especial* (Sonderperiode) verbindet quasi Kriegswirtschaft mit Außenöffnung in Tourismus und Devisensektoren; dramatischer Rückgang des Lebensstandards
1992	USA verabschieden Torricelli-Gesetz: Ausweitung des Embargos auf US-Tochterfirmen in Drittstaaten
1993	Tiefpunkt der Wirtschaftskrise; Legalisierung des US-Dollars; begrenzte Reformschritte: Arbeit auf eigene Rechnung, Umwandlung der Staatsfarmen in so genannten UBPC-Genossenschaften
1994	5. August: offene Unruhen in Havanna; mehr als 30.000 Kubaner verlassen auf selbstgebauten Flößen die Insel (*Balsero*-Krise); Zulassung freier Agrarmärkte
1996	Kubas Luftwaffe schießt zwei exilkubanische Kleinflugzeuge ab; erneute Verschärfung der US-Sanktionen durch Helms-Burton-Gesetz; in Kuba Kampagne gegen Reformkräfte
1997	Der 5. Parteitag der KP bestätigt Fidel Castro in allen Ämtern und bekräftigt seinen Bruder Raúl Castro als designierten Nachfolger
1998	Papst Johannes Paul II besucht Kuba
1999	In Havanna findet der 9. Iberoamerika-Gipfel statt; ein Teil der eingeladenen Staatschefs trifft sich demonstrativ mit Dissidenten
2000	Erbitterter politischer Streit um den 6jährigen kubanischen Flüchtlingsjungen Elián Gonzalez; im US-Kongress einigen sich die Spitzen beider Parteien auf eine Lockerung des Embargos für Nahrungs- und Arzneimittel; Ausweitung des Streits um die Reisefreiheitseinschränkung von US-Bürgern

2001	Mit dem Einzug Bushs ins Weiße Haus verschärfen sich die Beziehungen zwischen Kuba und den USA erneut; die Terroranschläge vom 11. September verursachen starke Einbrüche im kubanischen Tourismussektor; im November verursacht Hurrikan Michelle schwere Schäden
2002	Verstärkte Förderung der internen kubanischen Opposition durch US-Regierung; die Wirtschaft betreffend schlimmstes Jahr seit 1994, Einleitung von Reformen im Zuckersektor
2003	Migrationsproblematik droht zur Zerreißprobe zu werden; im Frühjahr Verhaftungswelle von Dissidenten und erstmals seit Jahren Anwendung der Todesstrafe für Bootsentführer, seitdem Verhärtung sämtlicher außenpolitischer Beziehungen und verschärfte Vorwürfe von Menschenrechtsverletzung; auffällige Informationszurückhaltung bezüglich wirtschaftlicher Indikatoren, erste Anzeichen für eine einsetzende Rezentralisierung
2004	Abschaffung des US-Dollars, zunächst nur in Unternehmen, seit dem 08. November auch für die Bevölkerung. Anstelle des US-Dollars tritt der Konvertierbare Kubanische Peso (CUC), der außerhalb Kubas nicht anerkannt ist; Sturz Castros von einem Podium führt zur Verunsicherung der Bevölkerung und externer Beobachter über den gesundheitlichen Zustand des *Comandante* und die Zukunft des Landes nach Castro

Anhang 2: Wichtige Kontakte

Ministerien:

Ministerio de Auditoría y Control
Ministerium für Überwachung und Kontrolle
Email: webmaster@one.cubagov.cu
Website: www.cubagob.cu

Ministerio de Ciencia, Tecnología y Medio Ambiente CITMA
Ministerium für Wissenschaft, Technologie und Umwelt
Capitolio Nacional, Industria y San José, Habana Vieja
Ciudad de la Habana
Tel: 0053 7 8670618
Fax: 0053 7 338654
Email: citma@ceniai.inf.cu
Website: www.cuba.cu/ciencia/citma/

Ministerio de Comercio Exterior MINCEX
Ministerium für Außenhandel
Infanta No. 16 esq. a 23, Vedado
Ciudad de la Habana
Tel: 0053 7 550393
Fax: 0053 7 550516
Email: webmaster@mincex.cu
Website: www.mincex.cu

Ministerio de Comercio Interior MCI
Ministerium für Binnenhandel
Habana 258, Habana Vieja
Ciudad de la Habana
Tel: 0053 7 625790
Email: webmaster@one.gov.cu
Website: www.cubagob.cu

Ministerio de Cultura MINCULT
Kulturministerium
Calle 2 entre 11 y 13, Vedado
Ciudad de la Habana
Tel: 0053 7 552236
Fax: 0053 7 552242
Email: atencion@min.cult.cu
Website: www.mincult.cu

Ministerio de Economía y Planificación MEP
Wirtschafts- und Planungsministerium
20 de Mayo e/ Territorial y Ayestarán Plaza de la
Ciudad de la Habana
Tel: 0053 7 8818789
Fax: 0053 7 816444
Email: mep@ceniai.inf.cu
Website: www.cubagob.cu

Ministerio de Educación MINED
Bildungsministerium
Obispo y Cuba No. 160, Habana Vieja
Ciudad de la Habana
Tel: 0053 7 628011
Fax: 0053 7 621531
Email: webmaster1@rimed.cu
Website: www.rimed.cu

Ministerio de Educación Superior MES
Ministerium für höhere Bildung
Edificio MES 23 y F, Vedado
Ciudad de la Habana
Tel: 0053 7 5523 14 bis 29
Fax: 0053 7 334391
Email: develop@reduniv.edu.cu
Website: http://169.158.24.169/

Ministerio de Finanzas y Precios MFP
Ministerium für Finanzen und Preise
Calle Obispo No. 211 esq. Cuba, Habana Vieja, Ciudad de la Habana
Tel: 0053 7 8671920
Fax: 0053 7 620252
Email: sdinformacion@mfp.gov.cu
Website: www.mfp.cu

Ministerio de Industrias Básicas MINBAS
Ministerium der Grundstoffindustrie
Ave. Salvador Allende No. 666
Ciudad de la Habana
Tel: 0053 7 707711
Fax: 0053 7 333845
Email: webmaster@one.gov.cu
Website: www.minbas.cu

Ministerio de Justicia MINJUS
Justizministerium
E No. 156, Vedado
Ciudad de la Habana
Tel: 0053 7 320516
Email: minjus@minjus.cu
Website: www.cubagob.cu

Ministerio de la Agricultura (MINAG)
Landwirtschaftsministerium
Ave. Boyeros y Conill, Edif. MINAG
Ciudad de la Habana Tel: 0053 7 8845427
Fax: 0053 7 8812837
Email: gestion@agrinfor.cu
Website: www.cubagob.cu

Ministerio del Azúcar MINAZ
Ministerium für Zucker
Calle 24 No 171-173 e/ N y O, Vedado
Ciudad de la Habana
Tel: 0053 7 305061 Email: webmaster@one.gov.cu
Website: www.cubagob.cu

Ministerio de la Construcción MICONS
Ministerium für Bauwesen
Ave Carlos Manuel de Céspedes y 35, Plaza de la Revolución
Ciudad de la Habana
Tel: 0053 7 704911
Fax: 0053 7 555303
Email: despacho@micons.cu
Website: www.cubagov.cu

Ministerio de la Industria Alimenticia MINAL
Ministerium d. Lebensmittelindustrie
Avenida 41 No 4455 e/ 48 y 50, Playa
Ciudad de la Habana
Tel: 0053 7 2368 01 bis 09
Fax: 0053 7 240517
Email: minal@minal.get.cma.net
Website: www.gubagob.cu

Ministerio de la Industria Ligera MINIL
Ministerium für Leichtindustrie
Empedrado No. 302 esq. Aguiar, Habana Vieja
Ciudad de la Habana
Tel: 0053 7 8670387
Fax: 0053 7 8670329
Email: relaint@minil.org.cu
Website: www.cubagob.cu

Ministerio de la Industria Pesquera MIP
Ministerium für Fischereiweisen
5ta. Ave. entre 246 y 248 No. 24606, Playa
Ciudad de la Habana
Tel: 0053 7 2097930
Fax: 0053 7 2049168
Email: info@fishnavy.inf.cu oder webpesca@telemar.cu
Website: www.cubamar.cu

Ministerio de la Industria Sidero-mecánica SIME
Ministerium für Hüttenwesen und Metallverarbeitung
Ave. de Rancho Boyeros y Calle 100, Boyeros
Ciudad de la Habana
Tel: 0053 7 452435
Email: sime@sime.co.cu
Website: www.cubagob.cu

Ministerio de la Informática y las Comunicaciones MIC
Ministerium für Informatik und Kommunikation
Ave. Independencia y 19 de Mayo
Plaza de la Revolución Ciudad de la Habana Tel: 0053 7 668000
Email: relaciones@mic.cu
Website: www.mic.gov.cu

Ministerio de la Inversión Extranjera y Colaboración Económica MINVEC
Ministerium für ausländische Investitionen und wirtschaftliche Zusammenarbeit
Ave. 1ra No. 1803 Miramar
Ciudad de la Habana
Tel: 0053 7 2026444
Fax: 0053 7 2046954
Email: edcy@minvec.cu
Website: www.cubagob.cu

Ministerio de las Fuerzas Armadas Revoulcionarias MINFAR
Ministerium der revolutionären Streitkräfte
Email: webmaster@one.gov.cu
Website: www.cubagob.cu

Ministerio del Interior MININT
Ministerium für Innere Angelegenheiten
Tel: 0053 7 307011
Email: webmaster@one.gov.cu
Website: www.cubagob.cu

Ministerio de Relaciones Exteriores MINREX
Ministerium für Außenbeziehungen
Calzada Nr. 360 e/ G y H, Vedado
Ciudad de la Habana
Tel: 0053 7 8326436
Fax: 0053 7 333430
eduardo@minrex.gov.cu oder webmaster@one.gov.cu
Website: www.cubaminrex.cu

Ministerio de Salud Pública MINSAP
Ministerium des Gesundheitswesens
23 y N, Vedado
Ciudad de la Habana
Tel: 0053 7 326264
Fax: 0053 7 333511
Email: webmaster@one.gov.cu
Website: www.infomed.sld.cu

Ministerio de Trabajo y Seguridad Social MTSS
Ministerium für Arbeit und Sozialversicherung
Calle 23 y Precio total, Vedado
Ciudad de la Habana
Tel: 0053 7 795009
Email: webmaster@one.gov.cu
Website: www.cubagob.cu

Ministerio de Transporte MITRANS
Transportministerium
Boyeros esq. Tulipán, Plaza de la Revolución
Ciudad de la Habana
Tel: 0053 7 8814067
Email: raulito.pl@mitrans.transnet.cu
Website: www.cubagob.cu/des_eco/mitrans

Ministerio de Turismo MINTUR
Tourismusministerium
Calle 19 No. 710 e/ Paseo y A, Vedado
Ciudad de la Habana
Email: webmaster@cubatravel.cu
Website: www.cubatravel.cu
www.cubagob.cu

Vertretung in Deutschland:
An Der Hauptwache 7, 60313, Frankfurt Main
info@cubainfo.de

Verwaltung:

ACOREC S.A.
Staatliche Personalagentur für Vertretungen ausländischer Unternehmen
5ta. Avenida No. 4003, e/ 40 y 42 Miramar
Ciudad de la Habana
Tel: 0053 7 2049560
Fax: 0053 7 2041245
Email: acorec@infocex.cu

Agencia de Servicios Aduanales S.A (Adesa S.A.)
Zolldienstleistungen
Anillo del Puerto e/ Pote y Línea del Ferrocarril, Habana Vieja, Ciudad de La Habana
Tel: 0053 7 608691
Fax: 0053 7 608044
Email: orield@cimex.com.cu

Cámara de Comercio de de Cuba
Handelskammer der Republik Kuba
Calle 21 No. 661 esq. a calle A, Vedado Ciudad de la Habana
Tel: 0053 7 8338040
Fax: 0053 7 333042
Email: bic@camara.com.cu
Website: www.camaracuba.cu

Kubanisches Büro für Gewerbliches Eigentum OCPI
Oficina Cubana de Propiedad Industrial
Calle Picota No. 15 e/ Luz y Acosta
Habana Vieja, Ciudad de la Habana
Tel: 0053 7 8624379
Fax: 0053 7 335610
Email: ocpi@ocpi.cu
Website: www.ocpi.cu

PABEXPO Pabellón de Exposiciones/Palacio de Convenciones
Calle 17 e/ 174 y 190, Playa
Ciudad de la Habana
Tel: 0053 7 271 513
Fax: 0053 7 271 9065
Email: pabexpo@pabexpo.get.tur.cu
Website: www.complejopalco.com

Sistema de Ventanilla Única
Ein-Schalter-System für Behördengänge
Handelskammer der Republik Kuba
Calle 21 No. 661 esq. a calle A, Vedado
Ciudad de la Habana
Tel: 0053 7 551452 oder 0053 7 8338040
Fax: 0053 7 333042
Email: bic@camara.com.cu
Website: www.camaracuba.cu

Zollbehörde der Republik Kubas
Aduana Cubana
Calle 6, esq. a 39, Playa
Ciudad de la Habana
Tel: 0053 7 555466
Fax: 0053 7 335222
Email: wwwadm@agr.aduana.cu
Website:www.aduana.islagrande.cu

Botschaften:

Kubanische Botschaft in Deutschland
Stavanger Straße 20
10439 Berlin
Tel: 030 44737023
Fax: 030 44737038
Email: embacuba-berlin@botschaft-kuba.de oder ofieco-berlin@botschaft-kuba.de
Website: www.botschaft-kuba.de

Konsularabteilung
Gotlandstraße 15,
10439 Berlin
Telefon: (030) 44 73 70 23
Fax: (030) 44 73 70 38
Email: consulberlin@t-online.de
(Montag bis Freitag 8:30 bis 11:30)

Deutsche Botschaft in Havanna
Embajada de la República Federal de Alemania
Calle 13 No. 562 esq. a B, Vedado
Ciudad de la Habana
Tel: 0053 7 8332569
Fax: 0053 7 8331586
Email: alemania@enet.cu
Website: www.deutschebotschaft-havanna.cu

Unternehmens-/ Rechtsberatung:

Bufete Internacional
Unternehmensberatung, Rechtsberatung, Notare, Marken und Patente
5ta. Avenida No. 4002 esq. a 40, Miramar
Ciudad de la Habana
Tel: 0053 7 2045126
Fax: 0053 7 2045125
Email: marcas@bufetei.get.tur.cu oder habana@bufetech.cha.cyt.cu

Claim S.A.
Registrierung von Marken und Patenten
Lamparilla No. 2, Lonja del Comercio, Oficina 6, Habana Vieja
Ciudad de la Habana
Tel: 0053 7 330743 oder 0053 7 330755
Fax: 0053 7 330746

Consultoría Jurídica Internacional
Rechtsbeistand, Registrierung von Marken und Patenten
Calle 16 No. 314 e/ 3ra. y 5ta. Avenida, Miramar
Ciudad de la Habana
Tel: 0053 7 2042490
Fax: 0053 7 2042303

CONAS (Consultores Asociados)
Unternehmensberatung, Rechtsberatung, Marken und Patente
5ta. Avenida No. 2201, esq. a 22, Miramar, Playa
Ciudad de la Habana
Tel: 0053 7 240207
Fax: 0053 7 244320
Email: conas@enet.cu conasint@enet.cu

CPI (Centro de Promoción de Inversiones)
Zentrum für Investitionsförderung
Calle 30 No. 512 e/ 5ta. Y 7ma., Miramar,
Ciudad de la Habana
Tel: 0053 7 2023873
Fax: 0053 7 2042105
Email: cpinv@cpinv.minvec.cu
Website: www.cubagob.cu

Lex S.A.
Rechtsbeistand, Notariat, Registrierung von Marken und Patenten
Calle 1ra. No. 1001 esq. a 10, Miramar
Ciudad de La Habana
Tel: 0053 7 2049093
Fax: 0053 7 2049533
Email: lexsa@lex-sa.cu
Website: www.lex-sa.com

EUROTIERRA GmbH
Kuba-Unternehmensberatung
Leipziger Str. 222
08058 Zwickau
Tel: +49 375 29 65 04
Fax: +49 375 29 65 14
Email: PWIZwickau@aol.com
Website: www.eurotierra.com

Immobilien:

Inmobiliaria Monte Barreto S.A.
Vermietung von Büros an ausländische Unternehmen und internationale Organisationen
Centro de Negocios Miramar, Oficina 101, 3ra. e/ 78 y 80 , Miramar
Ciudad de la Habana
Tel: 0053 7 244437/38
Fax: 0053 7 245277
Email: mbarreto@teleda.get.cma.net
Website: www.cubalse.cu

Inmobiliaria Siboney S.A.
Vermietung von Wohnungen an Diplomaten und ausländische Unternehmer
5ta. Avenida y 40, Miramar
Ciudad de la Habana
Tel: 0053 7 242068
Fax: 0053 7 336121
Email: pereda@msiboney.siboney.cubalse.cu
Website: www.cubalse.cu

Anhang 3: Checklisten zur Marktbewertung

Kriterien für die Beurteilung des politischen Länderrisikos	Gewichtung	Bewertung					Wert
		1	2	3	4	5	
Fade Signals							
Demographie							
Bevölkerungsstruktur (Alterspyramide)	1				■		4
Geographische Verteilung der Bevölkerung nach Ethnien	1					■	5
Macht- und Ordnungspolitik							
Abgespaltetsein von anderen Systemen	1		■				2
Grundlegende Divergenzen in Schlüsselfunktionen	1		■				2
Klientelismus	1		■				2
Einfluss des Militärs	2					■	10
Ökonomie							
Know-how-Defizite	1		■				2
Monolithische Strukturen	1		■				2
Ökologie & Technologie							
Know-how-Defizite	1		■				2
Weak Signals							
Demographie							
Anstieg einer ethnischen Minderheit	1					■	5
Binnenmigration	1				■		4
Emigration	1		■				2
Minderheitenschutz in der Verfassung	1					■	5
Urbanisierung	1				■		4
Macht- und Ordnungspolitik							
Existenz mehrerer Institutionen mit parallelen Funktionen	2				■		8
Unangekündigte Umbesetzungen in Schlüsselfunktionen	2	■					2
Ökonomie							
Strukturelle Defizite in Kombination mit Know-how-Defiziten	2	■					2
Ökologie & Technologie							
Ressourcenverknappung	2		■				4
Einschaltung internat. Organisationen in Problemlösungen	2		■				4
Strong Signals							
Demographie							
(Starkes) Bevölkerungswachstum	2					■	10
Macht- und Ordnungspolitik							
Instrumentalisierung von Minderheiten	2				■		8
Permanente persönliche Attacken zw. Spitzenpolitikern	3					■	15
Fehlende Presse- und Medienfreiheit	3	■					3
Unterdrückung von Minderheiten	3					■	15
Autonomiebestrebungen von Minderheiten	3					■	15
Entscheidungsschwächen der Eliten (bewusste Verzögerungen)	3	■					3
Ökonomie							

Verschlechterung Wirtschaft ohne Maßnahmen der Regierung	3			■			9
Ökologie & Technologie							
Konkrete Auswirkungen von Defiziten auf die Bevölkerung	3			■			6
Hyper Signals							
Demographie							
Gezielte und politisch motivierte Zwangsumsiedelungen	3					■	15
Genozide	3					■	15
Bevölkerungsaustausch (Flüchtlingsströme)	3				■		12
Macht- und Ordnungspolitik							
Abspaltungsankündigungen von Minderheiten	3					■	15
Armee- und Polizeieinsatz gegen Proteste	3				■		12
Wahlverhinderungen	3					■	15
Gezielte Wahlbeeinflussungen	3				■		12
Ökonomie							
Einstellung von internationalen Krediten	3		■				6
Permanente Proteste der Bevölkerung gegen Belastungen	3		■				6
Ökologie & Technologie							
Umweltkatastrophen	3			■			9
Summe (Vergleichsbasis)							***272***
Bewertung von 1 (hohe Eintrittswahrscheinlichkeit) bis 5 (geringe Eintrittswahrscheinlichkeit)							

Tabelle 54 *Checkliste zur Evaluierung des politischen Länderrisikos*
Quelle: Checklisten: Strunz; Dorsch, 2002: 320ff, Einschätzung: Autorinnen

Kriterien zur Beurteilung der Attraktivität eines Marktes	Gewichtung	Bewertung					Wert
		1	2	3	4	5	
Marktspezifische Kriterien							
Marktvolumen	3				■		12
Marktwachstum	3		■				6
Marktqualität	3		■				6
Ertragspotential	3		■				6
Angebotsvolumen (Kapazität)	2		■				6
Nachfragepotential	3				■		12
Kaufkraft der Bevölkerung*	3		■				6
Marktzugang (Markteintrittsbarrieren)	2	■					2
Konkurrenzsituation*	3			■			9
Wettbewerbsintensität	3				■		12
Art der Preisbildung	2			■			6
Spielräume bei der Preisgestaltung	2	■					2
Vertragsbedingungen	2		■				4
Substituierbarkeit der Produkte	2				■		8
Räumliche Nähe zu Kunden*	2					■	10
Räumliche Nähe zu Lieferanten*	2					■	10
Allgemeine Kriterien							
Demographische Veränderungen	1			■			3

Stabilität der Wirtschaftssituation*	3		■				6
Preis- und Währungsstabilität*	2		■				4
Zinsniveau*	1		■				2
Stetigkeit und Vorhersehbarkeit der Wirtschaftspolitik*	2	■					2
Steuer- und Abgabenbelastung*	2		■				4
Regionale Tarif- und Lohnunterschiede*	1					■	5
Möglichkeiten der Informationsbeschaffung*	2		■				4
Verfügbarkeit und Preise von Rohstoffen*	2			■			6
Verkehrsinfrastruktur (Verfügbarkeit und Zustand)*	2			■			6
Soziale Stabilität*	2			■			6
Ethnische und religiöse Spezifika*	2					■	10
Summe (Vergleichsbasis)							**175**
Bewertungskriterien von 1 (sehr ungünstig) bis 5 (sehr günstig) * siehe auch „Checkliste zur Beurteilung der Attraktivität eines Standortes"							

Tabelle 55 *Checkliste zur Beurteilung der Attraktivität des kubanischen Marktes*
Quelle: Checklisten: Strunz; Dorsch, 2002: 320ff, Einschätzung: Autorinnen

Probleme beim Export I – Unternehmensinterne Risiken	Gewichtung	Bewertung					Wert
		1	2	3	4	5	
Strategie							
Anforderungen an die Strategie	3		■				6
Markteinschätzung	3	■					3
Adaptierung an neue Verhältnisse	2		■				4
Projektakquisition	2		■				4
Politische Unterstützung aus dem Heimatland	2		■				4
Unterstützung vor Ort	3		■				6
Informationsbeschaffung	3		■				6
Beratung durch Kammern und Verbände	1				■		4
Marketing							
Marktforschung							
Verfügbarkeit von Daten/Umfeld	2		■				4
Verfügbarkeit von Daten/Branche	2		■				4
Verfügbarkeit von Daten/Konkurrenz	2	■					2
Verfügbarkeit von Daten/Kunden	2	■					2
Kosten der Marktforschung	2		■				4
Marktforschung vor Ort	3		■				6
Produktpolitik							
Qualität	2				■		8
Innovation	2			■			6
Preise und Konditionen	2		■				4
Kommunikationspolitik							
Sprachbarrieren	2		■				4
Kulturelle Probleme	2			■			6
Distributionspolitik							

Direkter Vertrieb/Stammhausmitarbeiter	3	■					3
Direkter Vertrieb/lokaler Vertreter (vor Ort)	3		■				6
Indirekter Vertrieb/Händler	2		■				4
Indirekter Vertrieb/Handelshäuser	2		■				4
Indirekter Vertrieb/Lizenzvergabe	2		■				4
Joint Venture	2		■				4
Messeteilnahme	2				■		8
Road Shows/Symposien	1	■					1
Gemeinschaftsausstellungen	2	■					2
Logistik – Infrastruktur	2			■			6
Transport	2			■			6
Lagerung	2		■				4
Kontrahierungspolitik							
Preisgestaltung	2		■				4
Akzeptanz der Konditionen	2		■				4
Finanzen							
Kosten der Marktbearbeitung	3	■					3
Finanzbedarf	3	■					3
Eigenkapitalfinanzierung	1			■			3
Fremdkapitalfinanzierung	1		■				2
Förderungen und Unterstützungen	1		■				2
Absicherung/Versicherungen	1		■				2
Finanzierung Liefer-/Zahlungsbedingungen	3		■				6
Kapitalbindungsdauer	1			■			3
Produktion							
Produktions- und Lieferkapazität							
Eigenfertigung	1				■		4
Fremdfertigung	1			■			3
Vor-Ort-Fertigung	1		■				2
Energie- und Rohstoffversorgung	2		■				4
Personal							
Geeignetes/qualifiziertes Personal	3				■		12
Bereitschaft zu Auslandsreisen/-aufenthalten	2				■		8
Erfahrung im Exportgeschäft	3			■			9
Personalbedarf	1				■		4
Interkulturelle Kompetenz	2		■				4
Verhandlungskompetenz	3	■					3
Verhaltensbedingte Barrieren	1	■					1
Sprachkenntnisse	1		■				2
Summe (Vergleichsbasis)							**227**
Bewertungskriterien von 1 (problematisch) bis 5 (nicht problematisch)							

Tabelle 56 *Checkliste zu unternehmensinternen Risiken beim Export nach Kuba*
Quelle: Checklisten: Strunz; Dorsch, 2002: 320ff, Einschätzung: Autorinnen

Probleme beim Export II – Unternehmensexterne Risiken	Gewichtung	Bewertung					Wert
		1	2	3	4	5	
Politische Risiken							
Politisches Risiko i.e.S.							
Unruhen	3			■			9
Boykott	2			■			6
Streiks	2				■		8
Blockaden	2		■				4
Institutionelle Markteintrittsbarrieren							
Tarifäre Handelshemmnisse	2		■				4
Nichttarifäre Handelshemmnisse	2		■				4
Konvertierungs- und Transferrisiko	1		■				2
Zahlungsverbots- und Moratoriumsrisiko	1		■				2
Ökonomische Risiken							
Marktrisiko							
Exportvolumen/Kapazität	2				■		8
Richtiges Produkt	3		■				6
Richtige Zielgruppe	3				■		12
Richtiger Zeitpunkt	3			■			9
Kursrisiko	2			■			6
Transportrisiko							
Verlust	1			■			3
Verspätete Lieferung	1			■			3
Logistik (z.B. falscher Ort)	1			■			3
Beschädigung	1			■			3
Annahmerisiko							
Nicht rechtzeitige Annahme	1		■				2
Mängel- und Qualitätsrügen	1			■			3
Kreditrisiko							
Zahlungsverzug	1	■					1
Zahlungsunwilligkeit	1			■			3
Zahlungsunfähigkeit	3	■					3
Spezifische Risiken							
Risiken der Angebotsphase	1		■				2
Risiken der Vertragsphase	1		■				2
Preis- und Konditionenrisiko	1		■				2
Haftungsrisiko (Produkt)	1			■			3
Risiken der Auftragsabwicklung							
Montagerisiko	1		■				2
Gewährleistungsrisiko	1		■				2
Verzugsrisiko	1			■			3
Kulturelle Faktoren							
Sprache	1		■				2
Verhalten von Geschäftsleuten	1		■				2

Geschäftspraktiken im Zielland	3		■				6
Konsumentenverhalten	3		■				6
Summe (Vergleichsbasis)							**136**
Bewertungskriterien von 1 (problematisch) bis 5 (nicht problematisch)							

Tabelle 57 *Checkliste zu unternehmensexternen Risiken beim Export nach Kuba*
Quelle: Checklisten: Strunz; Dorsch, 2002: 320ff, Einschätzung: Autorinnen

Kriterien zur Beurteilung einer Investition im Ausland*	Gewichtung	Bewertung					Wert
		1	2	3	4	5	
Strategische Aspekte							
Vergrößerung des Absatzmarktes	3			■			9
Erleichterter Marktzugang	2			■			6
Realisierung von Kostenvorteilen	3		■				6
Realisierung von Wettbewerbsvorteilen	3				■		12
Nutzung von Synergieeffekten	3			■			9
Verfügbarkeit von Ressourcen	3		■				6
„Sprungbrett" zu weiteren Märkten	2				■		8
Kontaktanbahnung	2				■		8
Investitionsbedarf/Einstiegskosten	2		■				4
Akzeptanzprobleme	2			■			6
Entscheidungs- und Kontrollmöglichkeiten	1		■				2
(Miss-)Erfolgsfaktoren							
Kooperationsform	1		■				2
Standort	3			■			9
Personal	3			■			9
Partnerwahl	3		■				6
Produktstrategie	3		■				6
Marketing	2		■				4
Vertrieb	2		■				4
Know-how-Transfer	1				■		4
Information							
Informationsbeschaffung	2		■				4
Unterstützung vor Ort	2		■				4
Beratung durch Kammern und Verbände	1			■			3
Finanzierung							
Verfügbarkeit ausreichender Mittel	3	■					3
Verfügbarkeit von Förderungen	1		■				2
Absicherung	2		■				4
Summe (Vergleichsbasis)							**140**
Bewertungskriterien von 1 (sehr ungünstig) bis 5 (sehr günstig)							
*Unternehmensexterne Risiken siehe „Probleme beim Export II"							

Tabelle 58 *Checkliste für eine Direktinvestition in Kuba*
Quelle: Checklisten: Strunz; Dorsch, 2002: 320ff, Einschätzung: Autorinnen

Standortfaktoren	Gewichtung	Bewertung					Wert
		1	2	3	4	5	
Politisch-rechtliches Umfeld							
Politisches System (z.B. Demokratie/Diktatur)	2		■				4
Stabilität der politischen Situation	3		■				6
Stabilität der Wirtschaftssituation	3		■				6
Behördliche Auflagen (Genehmigungsverfahren, Gebühren)	2	■					2
Staatliche Eingriffe (z.B. Gewerbefreiheit, Vertragsfreiheit)	2		■				4
Staatliche Förderprogramme (Zuschüsse, Begünstigungen)	2			■			6
Unterstützung durch öffentliche Stellen	1				■		4
Investitionsschutz	2			■			6
Ökonomisches Umfeld							
Preis- und Währungsstabilität	2		■				4
Zinsniveau	1		■				2
Bankensektor	2		■				4
Stetigkeit und Vorhersehbarkeit der Wirtschaftspolitik	2	■					2
Steuer- und Abgabenbelastung (Unternehmensgewinne, Löhne)	2		■				4
Verfügbarkeit von qualifiziertem Personal	3				■		12
Regionale Tarif- und Lohnunterschiede	1					■	5
Arbeitseinstellung und Mentalität	2			■			6
Arbeitsfrieden (vgl. Streikrisiko)	1				■		4
Gewerkschaftlicher Einfluss	1				■		4
Gesetzliche Einschränkungen personalpolitischer Maßnahmen	1	■					1
Konkurrenzsituation	3					■	12
Nachfragepotential	3					■	12
Kaufkraft der Bevölkerung	3	■					3
Technologisches Umfeld							
Innovationsnotwendigkeit	1					■	5
Innovationspotential	1				■		4
F & E-Möglichkeiten	1			■			3
Patentrecht/Schutzmöglichkeiten	1				■		4
Natürliches Umfeld							
Klimatische Bedingungen	1			■			3
Geographische Restriktionen	1			■			3
Möglichkeiten der Informationsbeschaffung	2		■				4
Verfügbarkeit /Preise Gewerbeflächen (Gebäude/Grundstücke)	2	■					2
Verfügbarkeit und Preise von Rohstoffen	2			■			6
Verkehrsinfrastruktur (Verfügbarkeit und Zustand)	2			■			6
Tarife des privaten/öffentlichen Nahverkehrs	1			■			3
Preise überregionaler Verkehrsmittel	1			■			3
Kommunikationsinfrastruktur (Verfügbarkeit und Zustand)	2		■				4
Preise für Kommunikationsdienste (z.B. Post)	1	■					1
Sicherheit bei Versorgung (Strom, Wasser) und Entsorgung	2		■				4
Tarife für Ver- und Entsorgung	1			■			3

Räumliche Nähe zu Kunden	2					■	10
Räumliche Nähe zu Lieferanten	2					■	10
Beratungsangebot (Steuerberatung, Unternehmensberatung)	1			■			3
Bildungsangebot (z.B. Schulen, Hochschulen, Weiterbildung)	1				■		4
Gesellschaftliches Umfeld							
Soziale Stabilität	2			■			6
Ethnische und religiöse Spezifika	2					■	10
Familienstrukturen	1				■		4
Gesundheitswesen	1					■	5
Kriminalität	2					■	10
Sicherheitsstrukturen (z.B. Polizei, Militär)	2				■		8
Bestehen von Institutionen (Medien, NGOs, Wahlen)	1		■				2
Zivilgesellschaftliche Strukturen	1	■					1
Summe (Vergleichsbasis)							**244**
Bewertungskriterien von 1 (sehr ungünstig) bis 5 (sehr günstig)							

Tabelle 59 *Checkliste zur Beurteilung der Attraktivität des Standortes Kuba*
Quelle: Checklisten: Strunz; Dorsch, 2002: 320ff, Einschätzung: Autorinnen

Kriterien der Standortsicherheit	Gewichtung	Bewertung					Wert
		1	2	3	4	5	
Naturkatastrophen							
Überschwemmung	1		■				2
Erdbeben	1					■	5
Stürme	1	■					1
Feuer	1				■		4
Kriminalität							
Wirtschaftskriminalität							
Betrug	1			■			3
Insolvenzstraftaten	1					■	5
Delikte im Bereich Anlage und Finanzierung	1					■	5
Wettbewerbsdelikte	1				■		4
Delikte im Bereich der Arbeitsverhältnisse	1			■			3
Betrug und Untreue bei Kapitalanlagen	1					■	5
Organisierte Kriminalität							
Illegaler Warentransport	1					■	5
Einbrüche und Diebstähle	1			■			3
Betrug	1			■			3
Korruption	2		■				4
Piraterie	1				■		4
Laden- und Transportdiebstähle	1			■			3
Mitarbeiterkriminalität							
Betrug	1			■			3
Veruntreuung	1			■			3
Unterschlagung	1		■				2

Produktfälschungen/Markenpiraterie	1					■	5
Armut und Umwelt							
Armut	2			■			6
Arbeitslosigkeit	2				■		8
Religiöser Fundamentalismus	2					■	10
Umweltzerstörung	1				■		4
Raubbau an Ressourcen (z.B. Rohstoffe, Humankapital)	1					■	5
Boykotte und Protestbewegungen							
Gegen Länder	1				■		4
Gegen Unternehmen	1					■	5
Streikrisiko	1					■	5
Grenzen moderner Kommunikation							
Abhören der Kommunikationswege	1			■			3
Informationsverluste (z.B. Viren, Hacker)	1			■			3
Wirtschafts- und Konkurrenzspionage							
Zeitweilig tätige Externe (z.B. Wissenschaftler)	1				■		4
Joint Venture Partner	1			■			3
Konkurrenten	1					■	5
Lieferanten	1				■		4
Nachrichtendienste							
Möglichkeit der Nutzung nachrichtendienstlicher Informationen	1			■			3
Bedrohung eigenes Unternehmen durch Nachrichtendienste	1				■		4
Proliferation							
Umgehung von Handelsbarrieren (z.B. Embargobruch)	1		■				2
Umgehung von Restriktionen durch Scheinfirmen	1		■				2
Umgehung von Restriktionen durch Lieferung über Drittstaaten	1		■				2
Umgehung von Restriktionen durch illegale Lieferungen	1	■					1
Summe (Vergleichsbasis)							**155**
Bewertungskriterien von 1 (sehr risikobehaftet) bis 5 (wenig risikobehaftet)							

Tabelle 60 *Checkliste zu Bedrohungen der Markt- und Standortsicherheit in Kuba*
Quelle: Checklisten: Strunz; Dorsch, 2002: 320ff, Einschätzung: Autorinnen

Beurteilung der Absicherungsnotwendigkeiten	**Gewichtung**	**Bewertung**					**Wert**
		1	**2**	**3**	**4**	**5**	
Risiken							
Politische Risiken							
Politisches Risiko i.e.S. (z.B. Krieg, Boykotte)	3		■				6
Zahlungsverbots- und Moratoriumsrisiko	1		■				2
Transfer- und Konvertierungsrisiko	2		■				4
Risiko von Gesetzesänderungen	2		■				4
Ökonomische Risiken							
Marktrisiko	3			■			9
Preisrisiko	2		■				4
Kreditrisiko (Zahlungsausfall)	3	■					3

Lieferungs- und Annahmerisiko	1		■				2
Kursrisiko	3			■			9
Transportrisiko	2			■			6
Standortrisiko	3			■			9
Transportversicherung							
Seetransport	1			■			3
Binnentransport	1			■			3
Lufttransport	1				■		4
Exportkreditversicherung							
Staatlich	3		■				6
Privat	2		■				4
Summe (Vergleichsbasis)							**78**
Bewertungskriterien von 1 (problematisch) bis 5 (nicht problematisch)							

Tabelle 61 *Checkliste zur Beurteilung der Absicherungsnotwendigkeit in Kuba*
Quelle: Checklisten: Strunz; Dorsch, 2002: 320ff, Einschätzung: Autorinnen

Literaturverzeichnis

Acosta, Dalia; Grogg, Patricia: *Periodismo, Cuba: en la cuerda floja*, 09/2003, IPS (Inter Press Service), Cuba a la mano, La Habana, www.ipsnoticias.net/cubaalamano/index.asp (02.10.03)

Acosta, Dalia: *Comunicaciones Cuba – Internet en dólares y fuera de casa*, 01/2004, IPS (Inter Press Service), Cuba a la mano, La Habana, www.ipsnoticias.net/cubaalamano/index.asp (15.01.04)

Acosta, Dalia: *Internet Cuba – Mayor control puede quedar en amenaza*, 02/2004, IPS (Inter Press Service), Cuba a la mano, La Habana, www.ipsnoticias.net/cubaalamano/index.asp (15.02.04)

Alarcón de Quesada, Ricardo (a): *Cuba y la lucha por la democracia*, La Habana: Editorial de Ciencias Sociales, 2002

Alarcón de Quesada, Ricardo (b): *Ley N° del Presupuesto del Estado para el Año 2003*, La Habana, 21.12.2002, www.mfp.cu/ley2003.htm (30.09.05)

Alarcón de Quesada, Ricardo: *Ansprache auf dem II. Welttreffen der Freundschaft und Solidarität mit Kuba*, La Habana, 10.11.2000, Archiv von Cuba-Sí, www.cubasi.de (20.10.03)

Alarcón de Quesada, Ricardo: *Interview mit dem Journalist Helio Doyle der brasilianischen Zeitschrift „Jornal de Brasil"*, 05.02.2001, Archiv von Cuba-Sí, www.cubasi.de (20.10.03)

Alarcón de Quesada, Ricardo: *Ley N° 98 del Presupuesto del Estado para el Año 2004*, La Habana, 23.12.2003, www.mfp.cu/Presupuesto2004.htm (30.09.05)

Alberto, Eliseo: *Rapport gegen mich selbst: Ein Leben in Kuba*, Zürich: Rotpunkt, 1996

Alfonso, Pablo: *Cuba: Una Visión Periodística*, Jährliches Treffen der "Association for the Studies of the Cuban Economy" (ASCE), Florida, 2002, http://lanic.utexas.edu/project/asce/ (04.10.03)

Álvarez Tabío, Pedro: *Antología mínima – José Martí*, Band 1, La Habana: Editorial de Ciencias Sociales, 1972

Anderson, Jean: *U.S. Economic Sanctions on Cuba, Iran and Libya Sanctions Act*, Manuskript des auf der Konferenz "Helms-Burton: A Loose Canon?" gehaltenen Vortrags, Washington D.C., 10.02.1997

Asamblea Nacional del Poder Popular de la República de Cuba (Nationalversammlung): *Proklamation gegen die Blockade*, La Habana, 13.09.1999, Archiv von Cuba-Sí, www.cubasi.de (20.10.03)

Asamblea Nacional del Poder Popular de la República de Cuba: *Decreto-Ley 172*, La Habana, 1997

Asamblea Nacional del Poder Popular de la República de Cuba: *Ley 80 – Ley de la reafirmación de la dignidad y soberanía cubanas*, La Habana, 24.12.1996, Archiv von Cuba-Sí, www.cubasi.de (20.10.03)

Assoziierte Dolmetscher und Übersetzer in Norddeutschland e.V., Infoblatt Segen und Fluch der neuen Freiheit: *Was ist eigentlich eine Apostille?*, www.adue-nord.de/infoblatt/infoblatt-2003-02.pdf (05.03.04)

Attfield, John: Cuba and the Middle East: The Gulf War and after, in: Kaplowitz, Donna R. (Hg.): *Cuba's Ties to a Changing World*, Colorado, 1993

Baedeker-Reiseführer: *Kuba*, 4. Auflage, Ostfildern: Baedeker, 2001

Baez, Luis; Elizalde, Rosa Miriam: *Los disidentes – Agentes de la seguridad cubana revelan la historia real*, La Habana: Editora Política, 2003

Banco Central de Cuba: *El sistema bancario y financiero de Cuba*, 5. Auflage, La Habana: Pontón Caribe, 2002

Banco Central de Cuba: *Emisiones – Billetes de pesos cubanos/billetes de pesos convertibles*, www.bc.gov.cu/Espanol/monedas_cubanas.asp (17.02.04)

Banco Central de Cuba: *La economía cubana en el período especial 1990-2000*, www.bc.gov.cu/Boletines/Otros/economia%20cubana.pdf (11.01.04)

Banco Central de Cuba: *Resolución 80-2004*, La Habana, 23.10.2004, www.tiempodecuba.34sp.com/modules.php?name=Content&pa=showpage&pid=55 (30.08.08)

Banco Central de Cuba: *Resolución 92-2004,* La Habana, 29.12.2004, www.bc.gov.cu/REvistaBCC/Revista%201%20del%202005/resolucion92.htm (02.06.2005)

Banco Internacional de Comercio S.A. (BICSA): *Requisitos mínimos para la apertura de cuentas por personas jurídicas extranjeras*, La Habana, 2003

Barredo, Lázaro; Rodríguez, Arleen: *El Camaján*, La Habana: Editora Política, , 2003

Barrio, Margarita; Carrasco, Juana, et.al.: *Nuevo incremento salarial para salud y educación,* 24.06.2005, www.mesaredonda.cu/noticia.asp?id=2812 (26.09.05)

Bergk, M.; Hebeda, M. A.: *Machbarkeitsstudie zur Energieversorgung des Botanischen Gartens Pinar del Río, Cuba ausschließlich mit erneuerbaren Energiequellen*, Technische Universität Berlin, 2002

BES (Bufete de Servicios Especializados): Mantilla Ramírez/Albiol Paps et.al. (Hg.): *La Empresa y el Empresario en Cuba – Libro Guía*, La Habana: Organización Nacional de Bufetes Colectivos ONBC, 2000

Blum, William: *A Brief History of United States Interventions 1945 to the Present*, Zmagazin, 22.10.2001, www.zmag.org/zmag/articles/blum/htm (10.01.04)

Brier Rivero, Roberto: *Perfil legal de la inversión extranjera en Cuba – 110 preguntas*, 3ra Edición, actualizada, editado por CONAS Consultores Asociados S.A., La Habana: Pontón Caribe, 2001

Burchardt, Hans-Jürgen: *Kuba – Der lange Abschied von einem Mythos*, Stuttgart: Schmetterling, 1996

Burchardt, Hans-Jürgen: *Kuba – Im Herbst des Patriarchen*, Stuttgart: Schmetterling, 1999

Burchardt, Hans-Jürgen: *Kuba nach Castro – Die neue Ungleichheit und das sich formierende neopopulistische Bündnis*, Internationale Politik und Gesellschaft IPG 3/2002, www.fes.de/ipg/ (14.01.04)

Burchardt, Hans-Jürgen: *La descentralización de las granjas estatales en Cuba*, Jährliches Treffen der "Association for the Studies of the Cuban Economy" (ASCE), Miami, 2000, http://lanic.utexas.edu/project/asce/ (04.10.03)

Bush, George W.: *Rede an die Nation vor dem Kongress*, Washington D.C., 20.09.2001, www.whitehouse.gov/news/releases/2001/09/20010920-8.html (06.01.03)

Camacho Casado, Ledys: *Interview mit dem Außenhandelsminister der Republik Kuba Raúl de la Nuez*, 2003, www.cubaminrex.cu (12.02.04)

Cámara de Comercio de Cuba: *Cuba Foreign Trade 03/02*, Offizielle Publikation der Handelskammer der Republik Kuba, La Habana, 2002

Cámara de Comercio de la República de Cuba (a): *Cuba, el CARICOM y sus países miembros*, La Habana, 2001, www.camaracuba.cu/Caribe/Cuba-Caricom.htm

Cámara de Comercio de la República de Cuba (a): *Guía de servicios 2002*, La Habana, Juni 2002

Cámara de Comercio de la República de Cuba (b): *Cuba en la ALADI*, La Habana, 2001, www.camaracuba.cu/Caribe/CaribeHomeEn.htm

Cámara de Comercio de la República de Cuba (b): *El Sistema Tributario para el Sector Empresarial – Disposiciones complementarias*, N° 22, La Habana, 2002

Cámara de Comercio de la República de Cuba (c): *Como negociar con Cuba*, La Habana, 2002

Cámara de Comercio de la República de Cuba (d): *Directorio de Importadores de la República de Cuba 2000 – 2001*, La Habana, 2002

Cámara de Comercio de la República de Cuba, Colección Jurídica: *Disposiciones complementarias a la ley de la zona franca*, La Habana, 2000

Cámara de Comercio de la República de Cuba: R*esolución N° 90 del 2001*: *Tarifa de honorarios del registro nacional de sucursales y agentes de sociedades mercantiles extranjeras*, La Habana, 03.12.2001, www.camaracuba.cu/Sucursales/Legislacion.asp (30.09.05)

Campa, Homero: *Prensa Extranjera en Cuba: las sutilezas del sistema*; www.saladeprensa.org/art87.htm (08.01.04)

Casanovas, Alfonso et.al (Hrsg.): *Estructura económica de Cuba*, Band 1, La Habana: Felix Varela, 2002

Cason, Jim/Brook, David: *Ausweisung von kubanischen Diplomaten – Eine politische Entscheidung erklärt das FBI*, Granma Internacional, 18.06.2003, www.granma.cu/aleman/2003/junio/mier18/eine.html (04.01.04)

Castañeda, Rolando H.: *Lecciones de la experiencia de reformas y de la crisis argentina para la transición cubana: Importancia del Proyecto Varela*, Jährliches Treffen der "Association for the Studies of the Cuban Economy" (ASCE), Florida, 2002, http://lanic.utexas.edu/project/asce/ (04.10.03)

Castro Ruz, Fidel: *Estamos más unidos y fuertes que nunca*, Diario Granma, 04.11.2001 www.granma.cubaweb.cu/2001/11/04/nacional/articulo16.html (11.01.04)

Castro Ruz, Fidel: *Interview der argentinischen Zeitung „Clarín"*, Buenos Aires, 26.05.2003, Archiv von Cuba-Sí, www.cubasi.de (20.10.03)

Castro Ruz, Fidel: *La historia me absolverá*, La Habana Editorial de Ciencias Sociales, 1973

Castro Ruz, Fidel: *Mensaje de Fidel Castro a la Mesa Informativa*, La Habana, 31.10.2004, www.tiempodecuba.34sp.com/modules.php?name=Content&pa=showpage&pid=55 (30.08.08)

Castro Ruz, Fidel: *Rede des Präsidenten der Republik Kuba zum Abschluss des V. Treffens zu Globalisierung und Entwicklungsproblemen im Palast der Konventionen in Havanna*, 02/2003, Archiv von Cuba-Sí, www.cubasi.de (21.01.04)

Castro Ruz, Fidel: *Rede zur Kundgebung anlässlich des Internationalen Feiertags der Werktätigen auf dem Platz der Revolution „Kuba und der Nazifaschismus"*, La Habana, 01.05.2003, Archiv von Cuba-Sí, www.cubasi.de (21.01.04)

Castro Ruz, Fidel: *Rede zur Übernahme seiner Ämter*, La Habana, 06.03.2003, Archiv von Cuba-Sí, www.cubasi.de (20.10.03)

Centro de Promoción de Inversiones CPI/MINVEC (a): *Invertir en Cuba*, CD-ROM, La Habana, 2002

Centro de Promoción de Inversiones CPI/MINVEC: *Invertir en Cuba*, La Habana, 2002

Centro de Promoción de Inversiones CPI/MINVEC: *Oportunidades para la inversión extranjera en Cuba*, La Habana, März 2003

CEPAL/ECLAC (Economic Commission for Latin America and the Caribbean): *Anuario estadístico de América Latina y el Caribe*, Veröffentlichung der Vereinten Nationen, Chile, 2002, www.eclac.cl (27.02.04)

CEPAL/ECLAC (Economic Commission for Latin America and the Caribbean): *The Cuban Economy. Structural Reforms and Economic Performance in the 1990s*, Mexico, 2001 (nicht publizierte Übersetzung des spanischen Originals)

Chuffart, Séverine: *Dollarisierung in Ecuador*, 2002, www.unibas.ch (15.02.04)

CIA (Central Intelligence Agency): *World Factbook*, 2003, www.cia.gov/cia/publications/factbook/ (14.04.04)

CITMA y Agencia del Medio Ambiente: *Situación ambiental cubana 1999*, La Habana, mayo de 2000

COFACE, Länderrating, www.coface.fr (27.02.04)

Cole, Ken: *Cuba from Revolution to Development*, London: Pinter, 1998

Comellas, Miguel: *En Varadero delegados de 43 países conocerán de novedosos proyectos*, Granma Internacional, 23. April 2003, www.granma.cu/espanol/abril03/mier23/16convencion.html (17.01.04)

Comité Estatal de Finanzas: *Resolución N° 33 del 1989*, La Habana, 1989, www.aduana.islagrande.cu/legalext/codigo11.htm (14.03.04)

CONAS (Consultores Asociados S.A.): *Ley del Sistema Tributario en Legislacion Tributaria N° 73/94*, La Habana, 1999

Consultores Asociados, S.A. (CONAS), Centro de Promoción de Inversiones (CPI)/MINVEC: *Cuba: Inversiones y Negocios*, CD-ROM, La Habana, 2002

Consultores Asociados, S.A. (CONAS), Centro de Promoción de Inversiones (CPI)/MINVEC: *Cuba: Inversiones y Negocios*, La Habana, 1994

Córdova, Efrén; García Moure, Eduardo: *Modern Slavery: Labor Conditions in Cuba*, ICCAS Occasional Paper Series, 2000, www.miami.edu/iccas/laborENG.pdf (15.11.03)

Corrales, Javier: *The Survival of the Cuban Regime: A Political Economy Perspective,* Jährliches Treffen der "Association for the Studies of the Cuban Economy" (ASCE), Florida, 2002, http://lanic.utexas.edu/project/asce/ (04.10.03)

Corteguera, Raúl; Henríquez, Pedro: *Mortalidad infantil en Cuba 1959-1999*, 03.07.2001, www.infomed.sld.cu/revistas/ped/vol73_3_01/ped01301.htm (23.02.04)

Crespo, Nicolás; Suddaby, Charles: *Impact of september eleven on tourism activities in Cuba and in the Caribbean*, Jährliches Treffen der "Association for the Studies of the Cuban Economy" (ASCE), Florida, 2002, http://lanic.utexas.edu/project/asce/ (04.10.03)

Cuba Policy Foundation: *America's Farmers bearing heavy burden for U.S. embargo against Cuba: New Report*, Januar 2002, Washington, www.cubafoundation.org (03.01.04)

Cuba Policy Foundation: *Estimated Agricultural Impacts of Expanded U.S. Tourism to Cuba*, Februar 2003, Texas, www.cubafoundation.org (03.01.04)

Cuba Policy Foundation: *Travel to Cuba benefits the US. Economy*, Juni 2002, Washington, www.cubafoundation.org (03.01.04)

De la Osa, José A.: *Cuba – 6,3 de mortalidad infantil en el 2003*, 03.01.2004, www.adelante.cu/noticias/24/1/3/salud.maternidad.php (23.02.04)

De Miranda Parrondo, Mauricio: *Contradicciones y Alternativas de la Reforma y la Reinserción de la Economía Cubana en la Década de los 90*, Ausarbeitung anlässlich des 11. Internationalen Kongresses der Vereinigung für Lateinamerikastudien (LASA), Chicago, 1998

De Miranda Parrondo, Mauricio: *Internalización, Mercado Interno y Desarrollo de la Economía Cubana*, Ausarbeitung anläßlich des 13. Internationalen Kongresses der Vereinigung für Lateinamerikastudien (LASA), Washington D.C., 2001

De Miranda Parrondo, Mauricio: *Los Retos de la Profundización de las Refomas Económicas en Cuba*, Referat anlässlich des Jahrestreffens der kanadischen Vereinigung für lateinamerikanische und karibische Studien (CALACS), Ottawa, 1999

Dill, Hans-Otto (Hg.): *José Martí – Mit Feder und Machete. Gedichte, Prosaschriften, Tagebuchaufzeichnungen*, Berlin/DDR: Rütten & Loening, 1974

Dill, Hans-Otto: *Ein halbes Jahrhundert kubanische Lyrik*, in: Ette, Ottmar; Franzbach, Martin (Hg.): *Kuba heute*, Frankfurt am Main: Vervuert, 2001, S. 465-488

Dixit, A.K.; Pindyck, R.S.: *The Options Approach to Capital Investment*, Harvard Business Review, May-June 1995, Boston, 1995, S. 103-115

Dutschke, R.; Käsemann, T.; Schöller, R.: *Der lange Marsch: Wege der Revolution in Lateinamerika*, München: Trikont, 1968

Echevarría León, Dayma; Blanco Rosales, Humberto: *Apuntes sobre el Proceso de Perfeccionamiento Empresarial*, unveröffentlichtes Dokument des CEEC, La Habana, 2003

Echevarría León, Dayma; García García, Silvia: *Reflexiones sobre el Proceso de Perfeccionamiento Empresarial. Apuntes para su estudio*, unveröffentlichtes Dokument des CEEC, La Habana, 2002

Eduardo Cepero, Eudel: *La situación ambiental de Cuba al finalizar el siglo XX*, Jährliches Treffen der "Association for the Studies of the Cuban Economy" (ASCE), Miami, 2000, http://lanic.utexas.edu/project/asce/ (04.10.03)

Espinosa Chepe, Oscar: *Cuba – La crisis se profundiza*, Jährliches Treffen der "Association for the Studies of the Cuban Economy" (ASCE), Florida, 2002, http://lanic.utexas.edu/project/asce/ (04.10.03)

Esser, Torsten; Frölicher, Patrick: Von der Schlitztrommel bis zum Synthesizer – 500 Jahre Musik auf Kuba, in: Ette, Ottmar; Franzbach, Martin (Hg.): *Kuba heute*, Frankfurt am Main: Vervuert, 2001, S. 683-732

Europäische Kommission (Comisión Europea): *Cuba y la Unión Europea*, Luxemburg: Amt für Veröffentlichungen der Europäischen Union, 2002

Europäische Kommission (Comisión Europea): *El Caribe y la Unión Europea*, Luxemburg: Amt für Veröffentlichungen der Europäischen Union, 2002

EUROPMI; VEAPME en colaboración con CPI/MINVEC: *2nd Cuba-European Union Business Opportunities Programme – Guía de Negocios en la República de Cuba*, patrocinado por Comisión Europea, mayo de 2000

Exekutivkomitee des Ministerrates (Comité Ejecutivo del Consejo de Ministros): *Resolución N° 206 del 1996,* La Habana, 1996, www.embacuba.com.ar/comercio/comercio3.html (29.09.05)

Fernández Barrios, Flor: *Die Stimme des Donners – Meine Kindheit auf Kuba*, München: Ullstein, 2000

Figueredo, Gilberto: *Se fortalece en la isla la Federación de Periodistas Cubanos*, 07.04.2003, www.cartadecuba.org/fepec.htm (08.01.04)

Fisk, Dan: *The LIBERTAD Act – It's working*, Manuskript des auf der Konferenz "Helms-Burton: A Loose Canon?" gehaltenen Vortrags, Washington D.C., 10.02.1997

Franzbach, Martin: Kleiner Gattungsabriss der kubanischen Literatur seit 1959, in: Ette, Ottmar; Franzbach, Martin (Hg.): *Kuba heute*, Frankfurt am Main: Vervuert, 2001, S. 445-464

Galeano, Eduardo: *Die offenen Adern Lateinamerikas*, 16. Auflage, Wuppertal: Hammer, 2002

García Gómez, Humberto: *Cuba – Socialismo de América para todos los tiempos*, La Habana: Editorial Caracolla, 1996

García, Anicia; Nova, Armando: *Economía agropecuaria en Cuba: importancia y transformación*, Boletín mayo-agosto, CEEC, La Habana, 2002

Gasch, Robert (Hg.): *Windkraftanlagen*, 3. überarbeitete und erweiterte Auflage, Stuttgart: Teubner, 1993

Gerber, Marion: *35 deutsche Verlage auf Buchmesse in Havanna*, Cuba Sí revista, Berlin, 01/2004

Gewecke, Frauke: Kubanische Literatur der Diaspora, in: Ette, Ottmar; Franzbach, Martin (Hg.): *Kuba heute*, Frankfurt am Main: Vervuert, 2001, S.551-616

González Novo, Teresita; García Díaz, Ignacio: Cuba – su medio ambiente después de medio milenio, in: *Legislación y estrategia ambiental nacional – Comercio exterior – Inversión extranjera*, La Habana: Editorial Científico-Técnica, 1998

González, Lázaro Raúl: *De los ardientes brindis criollos: destello ferroviario*, Cubanet, 14.08.2002, http://64.21.33.164/CNews/y02/ago02/14a5.htm (02.03.04)

Grabendorff, Wolf: The Relationship between the European Community and Cuba, in: Kaplowitz, Donna R. (Hg.): *Cuba's Ties to a Changing World*, Colorado, 1993

Gratius, Susanne: Kuba 1999: Zwischen Repression und Agonie, in: *Brennpunkt Lateinamerika N° 10*, Institut für Iberoamerika-Kunde, Hamburg, 28.05.1999, www.rrz.uni-hamburg.de/IIK/brennpkt/bpk9910e.pdf (15.03.04)

Grogg, Patricia: *Cuba – Unión Europea: Relaciones en su peor momento*, 10/2003, IPS (Inter Press Service), Cuba a la mano, La Habana, www.ipsnoticias.net/cubaalamano/index.asp (03.01.04)

Grogg, Patricia: *Cuba – Congreso disidente disgusta al gobierno y a opositores*, 05/2005, IPS (Inter Press Service), Cuba a la mano, La Habana, www.ipsnoticias.net/cubaalamano/index.asp (26.05.05)

Grogg, Patricia: *Cuba – Economía: Crecimiento, pese a todo*, 01/2004, IPS (Inter Press Service), Cuba a la mano, La Habana, www.ipsnoticias.net/cubaalamano/index.asp (03.01.04)

Grogg, Patricia: *Cuba – Más propuestas opositorias a la palestra*, 02/2004, IPS (Inter Press Service), Cuba a la mano, La Habana, www.ipsnoticias.net/cubaalamano/index.asp (15.02.04)

Grogg, Patricia: *Cuba's Admission to ALADI boosts ties with region*, 12.11.1998, www.sunsonline.org/trade/process/followup/ (24.01.04)

Grogg, Patricia: *EE.UU. Cuba – Turbulencia electoral y presión por cambios*, 09.01.2004, IPS (Inter Press Service), Cuba a la mano, La Habana, www.ipsnoticias.net/cubaalamano/index.asp (11.01.04)

Grogg, Patricia: *Reacción ante flexibilización de ingreso al país*, 02.10.2003, IPS (Inter Press Service), Cuba a la mano, La Habana, www.ipsnoticias.net/cubaalamano/index.asp (15.10.03)

Guilliard, Joachim: *Kuba unter Beschuss – US-Interventionspolitik, Terror und die Urteile von Havanna*, 02.07.2003, www.antikriegsforum-heidelberg.de (23.01.04)

Habel, Janette: Kuba. Die Revolution in Gefahr, in: *Fachgebiet Soziologie*, Universität Marburg, Köln, 1993

Hammer, Heinz: *Cuba im Fadenkreuz*, 08.06.2003, www.amistad-cuba.lu/cuba%20im%Fadenkreuz.htm (14.04.04)

Heinen, Guido: *Roth auf Kuba nicht erwünscht*, 26.09.2003, www.welt.de (03.10.03)

Henkel, Knut: Hightech made in Cuba – ein Hoffnungsschimmer für die krisengeplagte Wirtschaft, in: Ette, Ottmar; Franzbach, Martin (Hg.): *Kuba heute*, Frankfurt am Main: Vervuert, 2001, S. 349-370

HERMES Kreditversicherungs-AG: *Länderrating*, www.agaportal.de/pages/aga/deckungspolitik/laenderklassifizierung.html (27.02.04)

Hidalgo de los Santos, Vilma; Tabares Neyra, Lourdes; Doimeadiós Reyes, Yaima: El debate sobre regímenes cambiarios en economías dolarizadas – El caso de Cuba, in: Pérez Villanueva, Omar Everleny (Hg.): *Cuba: Reflexiones sobre su economía*, Universidad de La Habana, La Habana: Fermín Romero Alfau, 2002

Hoffmann, Bert: *90 Meilen – Ein Frontlauf. Kalter Krieg zwischen Washington, Miami und Havanna*, 12.09.03, www.freitag.de (20.09.03)

Hoffmann, Bert: *Helms-Burton und kein Ende? Auswirkungen und Perspektiven für Kuba, USA und Europa*, Lateinamerikainstitut Hamburg, 1997, www.rrz.uni-hamburg.de/IIK/publikat/probetxt.htm (31.03.04)

Hoffmann, Bert: *Kuba*, München: Beck, 2000

Hormeku, Tetteh; Ofei-Nkansah, Kingsley: El Acuerdo de Cotonou, in: *Control Ciudadano*, 2000, S. 76-78, twnafrica@ghana.com (27.10.03)

Hung González, Daniel: *Transport in the Caribbean*, MINCEX (Ministerio del Comercio Exterior), La Habana, 2001

Ila (Informationsstelle Lateinamerika e.V. Bonn): *Von der Lähmung zu Reformschritten? Cuba 1995: Die Anzeichen für einen Strukturwandel mehren sich*, N° 184, April 1995

Institut für Unabhängige Gewerkschaftsstudien (Instituto de Estudios Sindicales Independientes): *Análisis sobre el decrecimiento del nivel de la población y el poder de compra del salario y el tiempo de trabajo*, 1998, www.cubasindical.org (13.02.04)

International Labour Organization (ILO): *Convention 87 "Freedom of Association and Protection of the Right to Organise Convention"* (1948), www.ilo.org (02.01.04)

International Labour Organization (ILO): *Convention 95 "Protection of Wages Convention"* (1949), www.ilo.org (02.01.04)

IPS (Inter Press Service), Cultura y Sociedad 01/03, La Habana, enero de 2003, www.ipsnoticias.net/cubaalamano/ (21.10.03)

IPS (Inter Press Service), Cultura y Sociedad 01/04, La Habana, enero de 2004, www.ipsnoticias.net/cubaalamano/ (17.01.04)

IPS (Inter Press Service), Cultura y Sociedad 02/03, La Habana, febrero de 2003, www.ipsnoticias.net/cubaalamano/ (21.10.03)

IPS (Inter Press Service), Cultura y Sociedad 03/03, La Habana, marzo de 2003, www.ipsnoticias.net/cubaalamano/ (21.10.03)

IPS (Inter Press Service), Cultura y Sociedad 03/05, La Habana, marzo de 2005, www.ipsnoticias.net/cubaalamano/ (07.05.05)

IPS (Inter Press Service), Cultura y Sociedad 04/03, La Habana, abril de 2003, www.ipsnoticias.net/cubaalamano/(21.10.03)

IPS (Inter Press Service), Cultura y Sociedad 06/03, La Habana, junio de 2003, www.ipsnoticias.net/cubaalamano/ (21.10.03)

IPS (Inter Press Service), Cultura y Sociedad 07/03, La Habana, julio de 2003, www.ipsnoticias.net/cubaalamano/ (21.10.03)

IPS (Inter Press Service), Cultura y Sociedad 08/03, La Habana, agosto de 2003, www.ipsnoticias.net/cubaalamano/ (21.10.03)

IPS (Inter Press Service), Cultura y Sociedad 10/03, La Habana, octubre de 2003, www.ipsnoticias.net/cubaalamano/ (21.10.03)

IPS (Inter Press Service), Cultura y Sociedad 11/03, La Habana, noviembre de 2003, www.ipsnoticias.net/cubaalamano/ (27.12.03)

IPS (Inter Press Service), Cultura y Sociedad 12/03, La Habana, diciembre de 2003, www.ipsnoticias.net/cubaalamano/ (27.12.03)

IPS (Inter Press Service), Economics Press Service 03/03, La Habana, febrero de 2003, www.ipsnoticias.net/cubaalamano/ (21.10.03)

IPS (Inter Press Service), Economics Press Service 03/04, La Habana, febrero de 2004, www.ipsnoticias.net/cubaalamano/ (26.02.04)

IPS (Inter Press Service), Economics Press Service 04/03, La Habana, febrero de 2003, www.ipsnoticias.net/cubaalamano/ (21.10.03)

IPS (Inter Press Service), Economics Press Service 05/03, La Habana, marzo de 2003, www.ipsnoticias.net/cubaalamano/ (21.10.03)

IPS (Inter Press Service), Economics Press Service 06/03, La Habana, marzo de 2003, www.ipsnoticias.net/cubaalamano/ (21.10.03)

IPS (Inter Press Service), Economics Press Service 06/05, La Habana, marzo de 2005, www.ipsnoticias.net/cubaalamano/ (01.06.05)

IPS (Inter Press Service), Economics Press Service 07/03, La Habana, april de 2003, www.ipsnoticias.net/cubaalamano/ (21.10.03)

IPS (Inter Press Service), Economics Press Service 08/03, La Habana, abril de 2003, www.ipsnoticias.net/cubaalamano/ (21.10.03)

IPS (Inter Press Service), Economics Press Service 08/05, La Habana, abril de 2005, www.ipsnoticias.net/cubaalamano/ (01.06.05)

IPS (Inter Press Service), Economics Press Service 09/03, La Habana, mayo de 2003, www.ipsnoticias.net/cubaalamano/ (21.10.03)

IPS (Inter Press Service), Economics Press Service 10/03, La Habana, mayo de 2003, www.ipsnoticias.net/cubaalamano/ (21.10.03)

IPS (Inter Press Service), Economics Press Service 11/03, La Habana, junio de 2003, www.ipsnoticias.net/cubaalamano/ (21.10.03)

IPS (Inter Press Service), Economics Press Service 12/03, La Habana, junio de 2003, www.ipsnoticias.net/cubaalamano/ (21.10.03)

IPS (Inter Press Service), Economics Press Service 13/03, La Habana, julio de 2003www.ipsnoticias.net/cubaalamano/ (21.10.03)

IPS (Inter Press Service), Economics Press Service 14/03, La Habana, julio de 2003, www.ipsnoticias.net/cubaalamano/ (21.10.03)

IPS (Inter Press Service), Economics Press Service 15/03, La Habana, agosto de 2003, www.ipsnoticias.net/cubaalamano/ (21.10.03)

IPS (Inter Press Service), Economics Press Service 15/05, La Habana, agosto de 2005, www.ipsnoticias.net/cubaalamano/ (01.09.05)

IPS (Inter Press Service), Economics Press Service 16/03, La Habana, agosto de 2003, www.ipsnoticias.net/cubaalamano/ (21.10.03)

IPS (Inter Press Service), Economics Press Service 17/03, La Habana, septiembre de 2003, www.ipsnoticias.net/cubaalamano/ (21.10.03)

IPS (Inter Press Service), Economics Press Service 18/03, La Habana, septiembre de 2003, www.ipsnoticias.net/cubaalamano/ (21.10.03)

IPS (Inter Press Service), Economics Press Service 19/03, La Habana, octubre de 2003, www.ipsnoticias.net/cubaalamano/ (21.10.03)

IPS (Inter Press Service), Economics Press Service 20/03, La Habana, octubre de 2003, www.ipsnoticias.net/cubaalamano/ (27.12.03)

IPS (Inter Press Service), Economics Press Service 21/03, La Habana, noviembre de 2003, www.ipsnoticias.net/cubaalamano/(27.12.03)

IPS (Inter Press Service), Economics Press Service 22/03, La Habana, noviembre de 2003, www.ipsnoticias.net/cubaalamano/ (27.12.03)

IPS (Inter Press Service), Economics Press Service 23/03, La Habana, diciembre de 2003, www.ipsnoticias.net/cubaalamano/ (27.12.03)

IPS (Inter Press Service), Economics Press Service 24/03, La Habana, diciembre de 2003, www.ipsnoticias.net/cubaalamano/ (27.12.03)

IPS (Inter Press Service), Enfoque 01/04: *Identidad cultural y religiosidad popular*, La Habana, enero de 2004, www.ipsnoticias.net/cubaalamano/ (19.01.04)

IPS (Inter Press Service), Enfoque 02/03: *Informatización de la sociedad*, La Habana, febrero de 2003, www.ipsnoticias.net/cubaalamano/ (21.10.03)

IPS (Inter Press Service), Enfoque 04/03: *Cuba y la Convención de Cotonou*, La Habana, abril de 2003, www.ipsnoticias.net/cubaalamano/ (21.10.03)

IPS (Inter Press Service), Enfoque 05/03: *Alcohol – Un mal consejero*, La Habana, marzo de 2003, www.ipsnoticias.net/cubaalamano/ (21.10.03)

IPS (Inter Press Service), Enfoque 06/05: *La sequía infinita*, La Habana, marzo de 2003, www.ipsnoticias.net/cubaalamano/ (12.05.05)

IPS (Inter Press Service), Enfoque 07/03: *Homosexualidad en Cuba – lesbianas, las más rechazadas*, La Habana, abril de 2003, www.ipsnoticias.net/cubaalamano/ (21.10.03)

IPS (Inter Press Service), Enfoque 08/03: *El espiritismo en Cuba*, La Habana, abril de 2003, www.ipsnoticias.net/cubaalamano/ (21.10.03)

IPS (Inter Press Service), Enfoque 09/03: *Empleo: nuevo siglo, nuevas estrategias*, La Habana, mayo 2003 www.ipsnoticias.net/cubaalamano/ (23.11.03)

IPS (Inter Press Service), Enfoque 11/03: *Agua – Entre la sed y el diluvio*, La Habana, noviembre de 2003, www.ipsnoticias.net/cubaalamano/ (21.12.03)

IPS (Inter Press Service), Enfoque 16/03: *VIII Congreso Mundial Yoruba: Tambores cercanos*, La Habana, agosto de 2003, www.ipsnoticias.net/cubaalamano/ (21.10.03)

IPS (Inter Press Service), Enfoque 18/03: *Cuba y los procesos en la emigración: raíces, legado y retos del siglo XXI*, La Habana, septiembre de 2003, www.ipsnoticias.net/cubaalamano/ (21.10.03)

IPS (Inter Press Service), Enfoque 19/03: *El movimiento pentecostal en Cuba*, La Habana, octubre de 2003, www.ipsnoticias.net/cubaalamano/ (21.11.03)

IPS (Inter Press Service), Enfoque 20/03: *Energía, medio ambiente y sostenibilidad*, La Habana, octubre de 2003, www.ipsnoticias.net/cubaalamano/ (23.11.03)

IPS (Inter Press Service), Enfoque 21/04: *Huracanes – La rebelión del clima*, La Habana, noviembre de 2003, www.ipsnoticias.net/cubaalamano/ (12.05.05)

IPS (Inter Press Service), Resumen Económico Anual: *Cuba 2002, La crisis está de vuelta*, La Habana, 2003, www.ipsnoticias.net/cubaalamano/index.asp (21.10.03)

IPS (Inter Press Service), Resumen Económico Anual: *Cuba 2004, Un año de constantes tensiones*, La Habana, 2005, www.ipsnoticias.net/cubaalamano/index.asp (02.03.05)

IPS (Inter Press Service), Resumen Político Anual: *Cuba 2002, El retorno de los años duros*, La Habana, 2003, www.ipsnoticias.net/cubaalamano/index.asp (21.10.03)

IPS (Inter Press Service), Resumen Político Anual: *Cuba 2004, Entre el bien y el mal*, La Habana, 2005, www.ipsnoticias.net/cubaalamano/index.asp (15.04.05)

IPS (Inter Press Service), Revista Mensual 01/03, La Habana, enero de 2003, www.ipsnoticias.net/cubaalamano/ (21.10.03)

IPS (Inter Press Service), Revista Mensual 01/04, La Habana, enero de 2004, www.ipsnoticias.net/cubaalamano/ (19.01.04)

IPS (Inter Press Service), Revista Mensual 02/03, La Habana, febrero de 2003, www.ipsnoticias.net/cubaalamano/ (21.10.03)

IPS (Inter Press Service), Revista Mensual 02/05, La Habana, febrero de 2005, www.ipsnoticias.net/cubaalamano/ (10.05.05)

IPS (Inter Press Service), Revista Mensual 03/03, La Habana, marzo de 2003, www.ipsnoticias.net/cubaalamano/ (21.10.03)

IPS (Inter Press Service), Revista Mensual 04/03, La Habana, abril de 2003, www.ipsnoticias.net/cubaalamano/ (21.10.03)

IPS (Inter Press Service), Revista Mensual 04/05, La Habana, abril de 2005, www.ipsnoticias.net/cubaalamano/ (10.05.05)

IPS (Inter Press Service), Revista Mensual 05/03, La Habana, mayo de 2003, www.ipsnoticias.net/cubaalamano/ (21.10.03)

IPS (Inter Press Service), Revista Mensual 06/03, La Habana, junio de 2003, www.ipsnoticias.net/cubaalamano/ (21.10.03)

IPS (Inter Press Service), Revista Mensual 07/03, La Habana, julio de 2003, www.ipsnoticias.net/cubaalamano/ (21.10.03)

IPS (Inter Press Service), Revista Mensual 08/03, La Habana, agosto de 2003, www.ipsnoticias.net/cubaalamano/ (21.10.03)

IPS (Inter Press Service), Revista Mensual 09/03, La Habana, septiembre de 2003, www.ipsnoticias.net/cubaalamano/ (21.10.03)

IPS (Inter Press Service), Revista Mensual 10/03, La Habana, octubre de 2003, www.ipsnoticias.net/cubaalamano/ (24.11.04)

IPS (Inter Press Service), Revista Mensual 11/03, La Habana, noviembre de 2003, www.ipsnoticias.net/cubaalamano/ (24.11.04)

IPS (Inter Press Service), Revista Mensual 12/03, La Habana, diciembre de 2003, www.ipsnoticias.net/cubaalamano/ (27.12.04)

Jordan, David C.: *Revolutionary Cuba and the End of the Cold War*, Publisher Lanham, Maryland: University Press of America, 1993

Kaplowitz, Donna R.: Cuba's Foreign Policy: Old Goals, New Strategies, in: dies. (Hg.): *Cuba's Ties to a Changing World*, Colorado, 1993

KarEn (Verein zur Förderung alternativer Energien in der Karibik e.V.): *1992-2002 Zehn Jahre Solidarität*, Berlin: Druckhaus am Treptower Park, 2002

Kaufmann Purcell, Susan: Cuba, in: Haass, Richard N. (Hg.): *Economic Sanctions and American Diplomacy*, New York: Brookings Institution, 1998

Kubanische Regierung: *Erklärung an die eigene und die internationale Öffentlichke* Habana, 11.01.2002

Kubanische Zollbehörde (Aduana General de la República de Cuba): *Resolución N° 14 del 2005*, La Habana, 2005, www.aduana.islagrande.cu/res14-05.pdf (29.09.05)

Leiva, Aldo M.: *Cuban Labor Law: Issues and Challenges*, Jährliches Treffen der "Association for the Studies of the Cuban Economy" (ASCE), Miami, 2000, http://lanic.utexas.edu/project/asce/ (04.10.03)

Leonhard, Paul: *Agenten und Söldner der USA*, 25.04.2003, www.jungefreiheit.de (03.10.03)

Madruga, Emir: *Fuentes renovables de energía y la energización rural – algunas experiencias y recomendaciones*, Cubasolar, La Habana, 2000

Marquetti Nodarse, Hiram (a): *La empresa cubana: Principales retos que enfrenta*, Seminario 2002 des CEEC (Centro de Estudios de la Economía Cubana), La Habana, 2002

Marquetti Nodarse, Hiram (b): *Cuba: Importancia actual del imcremento de las exportaciones*, Seminario 2002 des CEEC, La Habana, 2002

Marquetti Nodarse, Hiram: *Cuba: Situación actual y perspectivas de las exportaciones de servicios*, Seminario 2003 des CEEC, La Habana, 2003

Marshall, Francine: Cuba´s Relations with Africa: The End of Era, in: Kaplowitz, Donna R. (Hg.): *Cuba´s Ties to a Changing World*, Colorado, 1993

Martin, Hans-Peter; Schumann, Harald: *Die Globalisierungsfalle. Der Angriff auf Wohlstand und Demokratie*, 7. Auflage, Hamburg: Rowohlt, 2002

Martínez, Osvaldo: *Intervención sobre los temas del plan de la economía nacional y el presupuesto del estado*, MINREX (Ministerio de Relaciones Exteriores), 2003, www.cubaminrex.cu (23.12.03)

Martínez, Pedro (kubanischer Parlamentsabgeordneter): *KUBA – Die Beziehungen zu den USA*, POONAL (Deutsche Ausgabe des wöchentlichen Pressedienstes lateinamerikanischer Agenturen, Ausgabe 198, 20.06.1995

Mathéy, Kosta: Wandel in der Wohnungspolitik Kubas, in: Ette, Ottmar; Franzbach, Martin (Hg.): *Kuba heute*, Frankfurt am Main: Vervuert, 2001, S. 83-100

Mayoral, María Julia; Peláez, Orfilio: *A Cuba no se toca – Mar de pueblo en la Quinta Avenida*, Diario Granma, La Habana, 13.06.2003

Mayoral, María Julia: Cuba recupera la soberanía monetaria, Diario Granma, La Habana, 09.11.2004, www.granma.cubaweb.cu/secciones/mesa/mesa402.htm (26.09.05)

Mayoral, María Julia: *Hay que seguir el trabajo con el registro electoral*, Diario Granma, La Habana, 28.12.2002

Mesa-Lago, Carmelo: *The Cuban economy in 1999-2001: Evaluation of performance and debate on the future*, Jährliches Treffen der "Association for the Studies of the Cuban Economy" (ASCE), Miami, 2001, http://lanic.utexas.edu/project/asce/ (04.10.03)

MFP (Ministerio de Finanzas y Precios): *Resolución N° 302 del 2000: Del impuesto sobre documentos,* La Habana, 2000, www.mfp.cu/leyes/r302-00.html (09.03.04)

MIC (Ministerio de Informática y Comunicaciones): *Resolución 171*, La Habana, 2001, www.cubagob.cu/des_eco/mic/docs/r171-01.htm (10.03.04)

MIC (Ministerio de Informática y Comunicaciones): *Resolución 21*, La Habana, 2000, www.hihavana.com/Leyes/Informaticas/RESOLUCION%2021-2000.htm (10.03.04)

Microsoft Encarta Enzyklopädie Professional 2004 DVD

MINCEX (Ministerio del Comercio Exterior): *Directorio de Exportadores de la República de Cuba 2002/2003*, 7. Auflage, La Habana, 2002

MINCEX (Ministerio del Comercio Exterior): *Resolución N° 550 del 2001*, La Habana, 2001

MININT (Ministerio del Interior) und MTSS (Ministerio de Trabajo y Seguridad Social): *Resolución N° 1*, La Habana, 2000, www.camaracuba.cu/Sucursales/Legislacion.asp (09.03.04)

Ministerrat (Consejo de Ministros): *De las zonas francas y parques industriales N° 165*, La Habana, 1996

MINJUS (Ministerio de Justicia): *Constitución de la República de Cuba*, Gaceta Oficial de la Republica de Cuba, La Habana, 31.01.2003

MINJUS (Ministerio de Justicia): *Ley de la Inversión Extranjera, N° 77*, Gaceta Oficial de la Republica de Cuba, La Habana, 06.09.1995

MINJUS (Ministerio de Justicia): *Ley Electoral N° 72*, Gaceta Oficial de la Republica de Cuba, La Habana, 02.11.1992

MINREX (Ministerio de Relaciones Exteriores): *Erklärung des Ministeriums für Auswärtige Angelegenheiten*, La Habana, 22.05.2003, Archiv von Cuba-Sí, www.cubasi.de (20.10.03)

MINREX (Ministerio de Relaciones Exteriores): *Resultados 2003 y proyecciones 2004 de la economía cubana*, www.cubaminrex.cu (23.12.03)

MINVEC (Ministerio de Inversión Extranjera y Colaboración Económica): *Resolución N° 37del 2001*, La Habana, 2001, www.cubaindustria.cu/webs/resol_37_2001.htm (09.03.04)

MINVEC (Ministerio para la Inversión Extranjera y la Colaboración Económica): *Acuerdo N° 3827del 2000 (Producciones cooperadas y contratos de administración)*, in: CPI (Centro de Promoción de Inversiones): *Invertir en Cuba*, CD-ROM, La Habana, 2002

Molina Díaz, Elda; Vera Paneque, Ignacio S.: *¿Incide el NAFTA en los niveles actuales de inversión extranjera en Cuba?*, unveröffentlichtes Dokument des CIEI (Centro de Investigaciones de Economía Internacional), La Habana, abril de 1999

Molina, Gabriel: *Viajes a Cuba – El senado de EE.UU. no ha levantado la prohibición*, Diario Granma, 28.10.2003, www.granma.cubaweb.cu (30.12.03)

Montaner, Carlos Alberto: *Cuba: Fin de fiesta – Castro da por terminado el período especial y retoma el socialismo puro y duro*, Jährliches Treffen der "Association for the Studies of the Cuban Economy" (ASCE), Miami, 2000, http://lanic.utexas.edu/project/asce/ (04.10.03)

Montoya Azahares, Yeline: Régimen laboral aplicable a la Ley 77/95, in: *Información jurídica*, Publicación mensual N° 12, Consultores Asociados S.A. (CONAS), La Habana, 1997

MTSS (Ministerio de Trabajo y Seguridad Social): *Instrucción N° 4*, La Habana, 17.05.2000, www.camaracuba.cu/Sucursales/legislación.asp (30.09.05)

MTSS (Ministerio de Trabajo y Seguridad Social): *Resolución N° 11 del 2005*, La Habana, 27.04.2005, www.cubasindical.org/phprint.php (26.09.05)

MTSS (Ministerio de Trabajo y Seguridad Social): *Resolución N° 32 del 1999*, La Habana, 1999, www.camaracuba.cu/Sucursales/Legislacion.asp (09.03.04)

Neuber, Harald: *Diplomatischer Amoklauf in USA*, 05.11.2002, Heise Zeitschriften, www.heise.de/tp/deutsch/inhalt/co/13548/1.html (13.01.04)

Niekisch, M.; Wezel, A.: Schutzgebiete in Kuba. Entwicklungen und Probleme, in: *Natur und Landschaft*, Band 78, Heft Nr. 8, S. 360-366, Bonn, 2003

Nova González, Armando: *Economía y dolarización*, Seminario 2003 des CEEC (Centro de Estudios de la Economía Cubanan), La Habana, 2003, www.nodo50.org/cubasigloXXI/economia/nova5_280203.pdf

o.V.: *¿Por qué nuestro socialismo es irrevocable?*, Juventud Rebelde, La Habana, 27.06.2002

o.V.: *Acuerdo de Asociación entre los países del Africa, Caribe y Pacífico (ACP) y la Comunidad Europea (Acuerdo de Cotonou)*, www.perspectivaciudadana.com (27.10.03)

o.V.: *Apitherapie – Heilwerte aus dem Bienenvolk*, Pro-Sanitate, www.pro-sanitate.ch/apitherapie.htm (25.03.04)

o.V.: *Ausgewiesener CDU-Politiker greift Kuba-Politik der EU an*, 21.05.2005, www2.welt.de/data/2005/05/21/721593.html (26.05.05)

o.V.: *Außenpolitik Kubas*, Auswärtiges Amt der Bundesrepublik Deutschland, www.auswaertiges-amt.de (13.01.04)

o.V.: *Clasificación de los suelos de Cuba*, www.medioambiente.cu (15.02.04)

o.V.: *Claudia Roth wurde Visum für eine Reise nach Kuba versagt*, 25.09.2003, www.auswaertiges-amt.de (03.10.03)

o.V.: *Commodity Price Data*, Worldbank, www.worldbank.org/prospects/pinksheets.htm (08.01.04)

o.V.: *Country programme document for Cuba*, Bevölkerungsfonds der UNO (United Nations Population Fund), 2003, www.unfpa.org (26.02.04) o.V.: *Cronología de una infamia*, 29.06.2000, www.elian.cu (04.01.04)

o.V.: *Cuba Físico – Mapa informativo,* La Habana: Ediciones Geo, 2002

o.V.: *Dictamen de la Comisión de Asuntos Constitucionales y Jurídicos sobre el proyecto de Ley de Reforma Constitucional Juventud Rebelde*, Juventud Rebelde, La Habana, 27.06.2002

o.V.: *Die Herkunft von Melasse*, Hansa Melasse Handelsgesellschaft, www.melasse.de (21.01.04)

o.V.: *El suelo: concepto y formación*, http://edafologia.ugr.es/introeda/tema01/procesp.htm (15.02.04)

o.V.: *Fallbeschreibung Kuba: 20 Jahre Haft für kubanische Wirtschaftswissenschaftlerin*, 28.08.2003, Internationale Gesellschaft für Menschenrechte, www.igfm.de (01.02.04)

o.V.: *Hacia el objetivo del milenio de reducir la pobreza en América Latina y el Caribe 2003*, Wirtschaftskommission für Lateinamerika und den Karibikraum (Comisión Económica para América Latina y el Caribe): www.eclac.cl (09.03.04)

o.V.: *Internationale Klassifikation für Schutzrechte*, Deutsches Patent- und Markenamt DPMA, www.dpma.de/suche/klassifikationen.html (23.02.04)

o.V.: *Kuba –Bilaterale Beziehungen*, Auswärtiges Amt der Bundesrepublik Deutschland, www.auswaertiges-amt.de (02.03.04)

o.V.: *Kuba-Reiseverbot: Kongress stoppt Bush*, Spiegel, 24.10.2003 www.spiegel.de/politik/ausland/0,1518,271095,00.html (21.12.03)

o.V.: *La mentira jamás podrá vencer a la verdad – Mensaje desde La Habana para amigos que están lejos*, Juventud Rebelde, La Habana, 19.04.2003

o.V.: *La nación es nuestro candidato*, Bohemia, La Habana, 26/1997

o.V.: *La ONU aprueba, por primera vez, una resolución contra Cuba impulsada por Estados Unidos*, 14.04.2005, El Mundo, http://www.elmundo.es/elmundo/internacional.html (12.05.05)

o.V.: *Las mentiras, los temores y las estupideces del imperio*, Diario Granma, 09.01.2004, www.granma.cubaweb.cu (10.01.04)

o.V.: *Nota oficial: Las posibles medidas de EE.UU. contra Cuba están previstas y serán enfrentadas*, Diario Granma, 18.04.2003 www.granma.cubaweb.cu (08.01.04) o.V.: *Plan terrorista para desestabilizar a Cuba,* Granma Internacional, 16.04.2003 www.granma.cu/espanol/abril03/mier16/15terrorismo.html (03.01.04)

o.V.: *Programa nacional de lucha contra la desertificación y la sequía,* www.medioambiente.cu/deselac/pan_cap1.htm (15.02.04)

o.V.: *Quick-Info: Zeolithe*, Zeolith-Homepage, www.zeolith.de (18.03.04)

o.V.: *Republik Kuba: „Manifest der Freiheit" lehnt Todesstrafe ab*, 14.08.2003, www.igfm.de (23.01.04)

o.V.: *Resultados de la votación de la ONU*, Daten aus der Rede Pérez Roques vor der UNO-Vollversammlung, Diario Granma, 04.11.2003, www.granma.cubaweb.cu (07.11.03)

o.V.: *Standpunkt – Der Jahrestag der Schweinebucht gibt Anlass, über das "business as usual" der USA zu reflektieren*, Radio Habana Cuba, 19.04.2002, Archiv von Cuba-Sí, www.cubasi.de (20.10.03)

o.V.: *Support for a democratic transition in Cuba,* Washington D.C., 28.01.1997

o.V.: *SWIFT-Code*, Net Lexikon, www.net-lexikon.de/SWIFT-Code.html (07.03.04)

o.V.: *Unos 14.000 becarios en aulas cubanas*, 09.04.2004, IPS (Inter Press Service), Cuba a la mano, La Habana, www.ipsnoticias.net/cubaalamano/index.asp (12.04.04)

o.V.: *Verkehrsinfrastruktur Kubas*, www.erdkunde-online.de/0851.htm (25.03.04)

OFAC (Office of Foreign Assets Control, U.S. Department of the Treasury): *What You Need To Know About The U.S. Embargo – An overview of the Cuban Assets Control Regulations*, Title 31 Part 515 of the U.S. of Federal Regulations, Washington D.C. and Miami, 1999

Offizielle Website der Beraterfirma Lex S.A., www.lex-sa.com (14.03.04)

Offizielle Website der Botschaft von Kuba in Brasilien, www.embaixadacuba.org.br (08.02.04)

Offizielle Website der Bundeszentrale für politische Bildung, www.bpb.de/wissen/ (15.02.04)

Offizielle Website der Freihandelszone der Amerikanischen Staaten FTAA, www.ftaa-alca.org (14.02.04)

Offizielle Website der Gemeinschaft Karibischer Staaten (Asociación de Estados del Caribe – AEC), www.acs-aec.org (12.02.04)

Offizielle Website der kubanischen Botschaft und Konsularabteilung in Berlin, www.botschaft-kuba.de (05.03.04)

Offizielle Website der kubanischen Handelskammer (Cámara de Comercio de la República de Cuba), www.camaracuba.cu (03.03.04)

Offizielle Website der kubanischen Nationalversammlung (Asamblea Nacional del Poder Popular de la República de Cuba), www.parlamentocubano.cu (23.01.04)

Offizielle Website der kubanischen Regierung (Sitio del Gobierno de la República de Cuba), www.cubagob.cu (04.03.04)

Offizielle Website der kubanischen Zollbehörde (Aduana General de la República de Cuba) www.aduana.islagrande.cu (05.03.04 und 11.03.04)

Offizielle Website der Tageszeitung Periódico 26, www.periodico26.cu (17.11.03)

Offizielle Website der Unternehmensberatung Asesoría Legal en Cuba, www.legalcuba.com/empresas.html (13.03.04)

Offizielle Website der Unternehmensberatung CubaCon, www.cubacon.de (03.03.04 und 17.03.04)

Offizielle Website der US-Regierung, http://usinfo.state.gov (17.12.03)

Offizielle Website der Vacacionar Travel S.A., www.cubaroutes.com (20.03.04)

Offizielle Website der Welthandelsorganisation, www.wto.org (12.02.04)

Offizielle Website der Zeitschrift Opciones, www.opciones.cubaweb.cu

Offizielle Website des Bayrischen Staatsministeriums für Wirtschaft, Infrastruktur, Verkehr und Technologie, www.stmwivt.bayern.de (02.03.04)

Offizielle Website des Büros der FAO für Lateinamerika und den Karibikraum (Oficina Regional de la FAO para América Latina y el Caribe), www.rlc.fao.org/paises/h2o/cuba.htm (16.02.04)

Offizielle Website des CEPEC (Centro de Promoción de Exportaciones de Cuba), www.cepec.softcal.cu (16.02.04)

Offizielle Website des Informationsdienstes für Politik, Politikerscreen, www.politikerscreen.de (16.02.04)

Offizielle Website des kubanischen Büros für Gewerbliches Eigentum OCPI (Oficina Cubana de Propiedad Industrial), www.ocpi.cu (14.03.04)

Offizielle Website des lateinamerikanischen Wirtschaftssystems SELA (Sistema Económico Latinoamericano), www.sela.org (07.02.04)

Offizielle Website des Palacio de Convenciones in Havanna, www.complejopalco.com (03.03.04)

Offizielle Website des Projects Varela, www.proyectovarela.org (08.01.04)

Offizielle Website des Radio Habana Cuba, www.radiohc.cu/espanol/medioambiente/medioambiente.htm (16.02.04)

Offizielle Website des reisemedizinischen Infoservice des Tropeninstitutes der Universität München, www.fit-for-travel.de/reisemedizin/reiseziele (04.03.04)

Offizielle Website des Unternehmens Cubacel, www.cubacel.com (30.09.05)

Offizielle Website des Unternehmens Cubanacan, www.cubanacan.cu (08.02.04)

Offizielle Website von Corazones, www.corazones.org/apologetica/practicas/santeria.htm (20.02.04)

Offizielle Website von Cuba Trader, www.cubatraderpublications.com/2002headlines/index.htm (12.02.04)

Offizielle Website von Cubaweb, www.cubaweb.cu (09.02.04)

Offizielle Website von ETECSA, www.etecsa.cu (30.09.05)

Offizielle Website von Juventud Rebelde, www.jrebelde.cubaweb.cu/secciones/perfiles/perfiles cuba.html (20.02.04)

Offizielle Website von Piessus Development, www.piessus.com/paginas/Tocororo.jpg (09.02.04)

Offizielle Website von Reliefweb, UNO, www.reliefweb.int/w/rwb.nsf (14.01.04)

Offizielle Website von Weltpolitik Net, Sachgebiet Weltwirtschaft, Begriffe der Außenwirtschaftspolitik, www.weltpolitik.net (14.02.04)

Oficina Nacional de Estadísticas (ONE), www.cubagob.cu/otras_info/estadisticas.htm (29.12.03)

Oficina Nacional de Estadísticas (ONE): *Anuario Estadístico de la República de Cuba 2001*, La Habana, 2002

Pacific (Policy Analysis Computing & Information Facility in Commerce): *International Trade and Business Reference Page*, University of British Columbia, http://pacific.commerce.ubc.ca/trade/ (13.02.04)

Payá Sardiñas, Oswaldo: *Rede zur Übergabe es Sarajov-Preises*, 17.12.2002, Strasbourg www.cartadecuba.org (03.01.04)

Payer, Alois; Payer, Margarete: *Einführung in Entwicklungsländerstudien 3, Grundgegebenheiten: Gelände und Böden*, 29.01.2001, www.payer.de/entwicklung/entw03a.htm (15.02.04)

Perera Robbio, Alina: *Un libro contra la mentira*, Juventud Rebelde, La Habana, 25.06.2003

Pérez Roque, Felipe: *Declaración del Ministerio de Relaciones Exteriores*, Diario Granma, La Habana, 11.06.2003

Pérez Roque, Felipe: *Pressekonferenz zum Problem der Verurteilung der Söldner im Dienste des Imperiums* (Stenografischer Dienst des Staatsrates), La Habana, 09.04.2003, Archiv von Cuba-Sí, www.cubasi.de (20.10.03)

Pérez Villanueva, Omar Everleny (a): *La inversión extranjera directa en Cuba. Peculiaridades*, La Habana, 2002, www.nodo50.org/cubasigloXXI/economia/villanueva2_300602.htm

Pérez Villanueva, Omar Everleny (b): *La administración del presupuesto del estado cubano, una valoración*, Seminario 2002 des CEEC (Centro de Estudios de la Economía Cubana), La Habana, 2002

Pérez Villanueva, Omar Everleny: *El papel de la inversión extranjera directa en el desarrollo económico. La experiencia cubana*, Seminario 2003 des CEEC (Centro de Estudios de la Economía Cubana), La Habana, 2003

Pérez Villanueva, Omar Everleny: *El papel de la inversión extranjera directa en las economías subdesarrolladas. El caso cubano*, Dissertationsschrift, Universidad de la Habana, La Habana, 1998

Pérez Villanueva, Omar Everleny: *La inversión extranjera directa en Cuba. Peculiridades*, Seminario 1999 des CEEC (Centro de Estudios de la Economía Cubana), La Habana, 1999

Pérez Villanueva, Omar Everleny: La Inversión Extranjera Directa en Cuba: Evolución y Perspectivas, in: Pérez Villanueva, Omar Everleny (Hrsg.): *Cuba: Reflexiones sobre su economía*, Universidad de La Habana, La Habana: Fermín Romero Alfau, 2002

Pérez-López, Jorge F.; Travieso-Díaz, Matías F.: *The contribution of BITs to Cuba's foreign investment programm*, Jährliches Treffen der "Association for the Studies of the Cuban Economy" (ASCE), Miami, 2001, http://lanic.utexas.edu/project/asce/ (04.10.03)

Pérez-López, Jorge F.: *Foreign Investment in Cuba: An Inventory*, Jährliches Treffen der "Association for the Studies of the Cuban Economy" (ASCE), Florida, 2004, http://lanic.utexas.edu/project/asce/ (21.07.05)

Pérez-López, Jorge F.: *The Cuban economy in an unending special period*, Jährliches Treffen der "Association for the Studies of the Cuban Economy" (ASCE), Florida, 2002, http://lanic.utexas.edu/project/asce/ (04.10.03)

Pérez-Stable, Marifeli: La Cuba que aún puede ser, in: Rodríguez Beruff, Jorge (Hg.): *Cuba en crisis: Perspectivas económicas y políticas*, San Juan de Puerto Rico: Editorial de la Universidad de Puerto Rico, 1995, S. 157-174

Pérez-Stable, Marifeli: *The Cuban Revolution. Origins, Course and Legacy*, New York/Oxford: Oxford University Press, 1993

Perl, Matthias: Die Sprachsituation in Kuba, in: Ette, Ottmar; Franzbach, Martin (Hg.): *Kuba heute*, Frankfurt am Main: Vervuert, 2001, S. 653-668

Phaf-Rheinberger, Ineke: Avantgardistische Strömungen in der Malerei des 20. Jahrhunderts, in: Ette, Ottmar; Franzbach, Martin (Hg.): *Kuba heute*, Frankfurt am Main: Vervuert, 2001, S. 733-748

Prensa Latina (Agencia Informativa Latinoamericana, S.A.): *Negocios en Cuba*, Wochenzeitschrift für Unternehmer, www.prensa-latina.org (23.02.04)

Quiñones Chang, Nancy: Inserción de Cuba en el Caribe: retos y potencialidades, in: *Cuba: Investigación económica*, año 7, N° 4 octubre/diciembre de 2001, Instituto Nacional de Investigaciones Económicas (INIE)

Richert, Hans Werner: *Wirtschaftsdelegation aus Baden-Württemberg*, Granma Internacional, 12.04.2002, www.granma.cu/aleman/abril02-2/delegation-a.html (03.03.04)

Rizo, Madeleine; Portela, Iliana: *Las normas de protocolo y la etiqueta. Su importancia en la vida empresarial*, Instituto del Comercio Exterior/MINCEX, La Habana, 2002

Rocker, Stefan: *Kuba – Kampfhähne als Exportschlager*, ARD Weltspiegel, 17.03.02, http://www.swr.de/weltspiegel/2002/03/17/index3.html (04.03.04)

Rodríguez García, José Luis: Cuba – El camino de la recuperación económica, in: Zentralkomitees der Kommunistischen Partei Kubas: *Cuba Socialista*, Ausgabe 16, La Habana, 1999

Rodríguez García, José Luis: *Informe sobre los resultados económicos del 2003 y el plan económico social para el 2004*, Radio Progreso, 2003, www.radioprogreso.cu (29.12.03)

Schuhler, Conrad: Die unmögliche Revolution, in: Schneider, Wolfgang (Hg.): *Kuba libre – Eine Insel spielt nicht mit*, Hamburg: KVV konkret, 2002

Schumann, Peter B.: Der kubanische Film im Kontext der Kulturpolitik, in: Ette, Ottmar; Franzbach, Martin (Hg.): *Kuba heute*, Frankfurt am Main: Vervuert, 2001, S. 669-682

Spadoni, Paolo: *Foreign investment in Cuba – Recent developments and role in the economy*, Jährliches Treffen der "Association for the Studies of the Cuban Economy" (ASCE), Florida, 2002, http://lanic.utexas.edu/project/asce/ (04.10.03)

Spadoni, Paolo: *The Current Situation of Foreign Investment in Cuba*, Jährliches Treffen der "Association for the Studies of the Cuban Economy" (ASCE), Florida, 2004, http://lanic.utexas.edu/project/asce/ (21.07.05)

Spadoni, Paolo: *The impact of the Helms-Burton legislation on foreign investment in Cuba*, Jährliches Treffen der "Association for the Studies of the Cuban Economy" (ASCE), Miami, 2001, http://lanic.utexas.edu/project/asce/ (04.10.03)

Staatliches Komitee für Arbeit und Sozialversicherung: *Resolution 476*, La Habana, 1980

Staatsrat (Consejo de Estado): *Decreto Ley N° 203: De marcas y otros signos distintivos*, La Habana, 1999, www.ocpi.cu/doc/DL203.PDF (14.03.04)

Staatsrat (Consejo de Estado): *Ley de aduana N° 162*, La Habana, 1996, www.aduana.islagrande.cu/dl162.htm (11.03.04)

Strunz, Herbert; Dorsch, Monique: *Algerien – Krise und Hoffnung*, Frankfurt am Main: Lang, 2002

Tabel, Steffen: *Terror im präsidialen Diskurs: Die Reden George W. Bushs nach den Terroranschlägen auf die USA am 11. September 2001,* Universität Siegen, 2002, www.medien-peb.uni-siegen.de/beta/m-ethik/index.php?author=st&page=34 (04.01.04)

Targ, Harry R.: *Cuba and the USA: A New World Order?*, New York, 1992

Triana Cordoví, Juan (a): *Cuba – Desempeño económico en el primer semestre del 2002*, Boletín enero-abril, CEEC (Centro de Estudios de la Aconomía Cubana), La Habana, 2002

Triana Cordoví, Juan (b): *La economía cubana en el primer trimestre del 2002*, Boletín mayo-agosto, CEEC (Centro de Estudios de la Aconomía Cubana), La Habana, 2002

Triana Cordoví, Juan (c): *Cuba 2002: tercer trimestre de la economía*, Boletín septiembre-diciembre, CEEC (Centro de Estudios de la Aconomía Cubana), La Habana, 2002

Triana Cordoví, Juan (d): *Necesidad de crecer y oportunidades para hacerlo*, Boletín septiembre-diciembre, CEEC (Centro de Estudios de la Aconomía Cubana), La Habana, 2002

Triana Cordoví, Juan (e): *Azúcar – Ajuste esperado en busca de la eficiencia necesaria*, Boletín mayo-agosto, CEEC (Centro de Estudios de la Aconomía Cubana), La Habana, 2002

Triana Cordoví, Juan: *El desempeño económico en el 2002*, Seminario 2003 des CEEC (Centro de Estudios de la Economía Cubana), La Habana, 2003

Triana Cordoví, Juan: *La economía cubana en el 2001, una perspectiva global*, Seminario 2002 des CEEC (Centro de Estudios de la Economía Cubanan), La Habana, 2002

Triana Cordoví, Juan: *La economía cubana en el año 2000*, Seminario 2001 des CEEC (Centro de Estudios de la Economía Cubana), La Habana, 2001

United Nations Conference on Trade and Development (UNCTAD): *World Investment Report 2003 –FDI Policies for Development: National and International Perspectives*, United Nations, New York und Genf, 2003, www.unctad.org/en/docs//wir2003_en.pdf (26.02.04)

Untoria Pedroso, Miguel A.: *Pasa balance el MINVEC a su trabajo del año 2003*, Diario Granma, 25.01.2004, www.granma.cubaweb.cu (04.03.04)

Urquiola Cruz, Armando J.; Díaz Duque, José A.: *Aspectos del desarrollo sostenible en Cuba*, Präsentation, Pinar del Rio, 2003

US-Kongress: *Cuban Democracy Act* (Public Law 102-484), Washington D.C., 1992

US-Kongress: *Cuban Liberty and Democratic Solidarity Act* (H.R. 927), Washington D.C., 1996

US-Kongress: Helms-Burton-Gesetz, in: *Blätter für deutsche und internationale Politik*, Ausgabe 09, Bonn: Blätter Verlagsgesellschaft, 1996

US-Kongress: *Platt Amendment*, Washington D.C., 1903, Archiv von Cuba-Sí, www.cubasi.de (20.10.03)

Valencia, Marelys: *Die erste lateinamerikanische Demonstration gegen ALCA*, Granma Internacional, 01.06.2001, www.granma.cu/aleman/junio01/erste-a.html (03.01.04)

Valle-Garay, Pastor: *Condenados – No son disidentes, se trata de vendepatrias*, Diario Granma, 16.04.2003, www.granma.cubaweb.cu (30.01.04)

Van Drimmelen, Rob: *Europäische Entwicklungspolitik: Neue Aufgabenstellungen für Kirchen und Nichtregierungsorganisationen*, Vortrag bei der 2. Mitgliederversammlung des Evangelischen Entwicklungsdienstes EED, 01.03.2001, Bonn: Thenée Druck, 2. Auflage, 2001, www.eed.de (27.10.03)

Varela Pérez, Juan: *Nueva y Prometedora Etapa*, Diario Granma, 2002, www.granma.cubaweb.cu (04.01.04)

Vincent, M.: *Cuba se cierra,* El País, 01.06.2000, N° 1490, http://64.21.33.164/CNews/y00/jun00/01o4.htm (09.03.04)

Wardenbach, Klaus: *Kurzbewertung des Cotonou-Abkommens aus VENRO-Sicht,* 23.06.2000, Verband Entwicklungspolitik Deutscher Nichtregierungsorganisationen e.V. www.venro.org/publikationen/archiv/cotonou_bewertung.pdf (05.04.04)

Webb, Justin: *Who lobbies Bush on Cuba?*, BBC News, 24.10.2003, http://news.bbc.co.uk/go/pr/fr/-/1/hi/world/americas/3212821.stm (01.04.04)

Wöbke, Manfred/Müller-Wöbke, Birgit: *Kuba – Hildebrand's Urlaubsführer*, 1. Auflage, Karto+Grafik, Frankfurt/Main, 1995

Xalma, Cristina: *Cuba: ¿Retirada del dólar, euroización o recuperación de la moneda nacional?*, Tiempo de Cuba, 31.10.2004, www.tiempodecuba.34sp.com/modules.php?name=Content&pa=showpage&pid=55 (30.08.08)

Zeuske, Michael (a): *Insel der Extreme – Kuba im 20. Jahrhundert*, Zürich: Rotpunkt, 2000

Zeuske, Michael (b): *Kleine Geschichte Kubas*, München: Beck, 2000

Zimmer, Gabi: *Fidel Castro verweigert Claudia Roth ein Visum. Altersstarrsinn und Machtposen erinnern an die letzte Zeit des DDR-Staatssozialismus*, 27.09.2003, taz N° 7168

Internationale Märkte

Herausgegeben von Prof. Dr. Herbert Strunz

Die Schriftenreihe „Internationale Märkte" veröffentlicht Monographien und Sammelbände, die sich der marktbezogenen Analyse von Ländern, Branchen und entsprechenden Aspekten des internationalen Managements widmen und wendet sich an ein am aktuellen Geschehen auf verschiedenen Märkten interessiertes Publikum. Autoren, die an einer Veröffentlichung interessiert sind, werden gebeten, sich mit dem Herausgeber der Reihe oder dem Verlag in Verbindung zu setzen.

Band 1 Herbert Strunz: Irak. Wirtschaft zwischen Embargo und Zukunft. 1998.

Band 2 Diana Kowalski: Die Erschließung des Marktes in der Tschechischen Republik. Instrumente, Probleme, Perspektiven. 1999.

Band 3 Herbert Strunz / Monique Dorsch: Libyen. Zurück auf der Weltbühne. 2000.

Band 4 Herbert Strunz / Monique Dorsch: Internationalisierung der mittelständischen Wirtschaft. Instrumente zur Erfolgssicherung. 2001.

Band 5 Herbert Strunz / Monique Dorsch: Algerien. Krise und Hoffnung. 2002.

Band 6 Rica Staiger: Tunesien. Aufstieg zwischen Orient und Okzident. 2003.

Band 7 Herbert Strunz / Monique Dorsch: Sicherheitspolitik und Wirtschaft. 2003.

Band 8 Kati Fleischmann: Schattenseiten des Marketing. Der Kampf um Märkte und Verbraucher heute. 2003.

Band 9 Susanne Klein: Umweltschutz in China. 2004.

Band 10 Franziska Wolf: Senegal. Entwicklungsland im Globalisierungswettlauf. 2004.

Band 11 Silvia Michal-Misak / Monique Dorsch / Herbert Strunz: Perspektiven der österreichischen Neutralität. Politische und ökonomische Auswirkungen. 2005.

Band 12 Mareike Martini / Tina Stopp: Kuba. Eine Insel zwischen ökonomischen Zwängen und ideologischen Träumen. 2006.

www.peterlang.de

FSC
www.fsc.org
MIX
Papier | Fördert gute Waldnutzung
FSC® C083411

Kolibri 360 GmbH
Ferdinand-Jühlke-Straße 7
99095 Erfurt, Deutschland
produktsicherheit@kolibri360.de

Druck:
CPI Druckdienstleistungen GmbH
im Auftrag der
Kolibri 360 GmbH
Ferdinand-Jühlke-Str. 7
99095 Erfurt